Administrative Law and Practice

演習 行政法

原田大樹
Hiroki HARADA

東京大学出版会

ADMINISTRATIVE LAW AND PRACTICE
Hiroki HARADA
University of Tokyo Press, 2014
ISBN 978-4-13-032385-7

はしがき

　「行政法の事例問題は難しい」「勉強しても解ける実感が得られない」との声をしばしば学生から耳にする。その原因として考えられるのは，次の3つの事情である。第1に，答案に何を書いていいか分からないことである。小テストや期末試験の答案でも，問題文の事実の要約と参照条文を言い換えただけの文章が並んでいるものや，行政活動が人権侵害であって許されないことだけが書かれた答案を目にすることがある。第2に，答案をどう構成すればよいか分からないことである。司法試験論文式の科目として長い歴史を持つ六法科目と比較すると，行政法の論述問題の答案構成技術はなお未確立な部分が多い。第3に，どうやって勉強すればよいか分からないことである。行政法総論の教科書で説明されている内容を完全に理解したとしても，事例問題に登場する具体的な個別の行政法令の解釈が直ちにできるようになるわけではない。2004年の法科大学院発足後に，（新）司法試験が採用した新たなスタイルの行政法の事例問題に対応するためのさまざまな演習書が刊行された背景には，こうした事情があると考えられる。

　本書もまた，上記のような学生の声に対応するために企画された行政法の演習書である。その特徴を一言で説明するとすれば，「事例問題が着実に解けるようにステップを区切って説明した単著の演習書」であることにある。本書の序では，まだ事例問題を解いたことがない初学者を主要な対象に，事例問題が学生のどのような能力を涵養しようとしているのか，答案構成の基本となる法的三段論法とは何か，行政法令はどのように読解すればよいのか説明している。第1部では，行政法の論述問題で出題される頻度が高い典型的な論点を5つ取り上げ，基本的な知識の確認や答案構成の方法の説明を行っている。第2部では，社会保障法や都市法の具体的な行政法令を素材に行政法総論のさまざまな論点と関連するやや短めの事例問題を20問設定し，行政法総論の知識を生かして行政法令を読み解く技術の向上を図っている。

第3部では，司法試験論文式とほぼ同形式・同程度の総合的な演習問題を8問（租税法・社会保障法・環境法・都市法から各2問）取り上げ，答案作成のステップや答案構成の方法を丁寧に説明している。さらに，具体的な答案のイメージがつかめないとの学生の声に応え，第1部と第3部については，参考答案例を付した。本書の詳細な使い方については，序の最後の「本書のねらいと学習方法」をご覧頂ければ幸いである。

＊　　　　　＊　　　　　＊

　法科大学院発足以前には，学部期末試験や大学院入試の行政法の問題で事例問題が出されることは例外的であり，「○○について論じよ」のような説明問題（一行問題）が主流であったと思われる。そのような時期に学生時代を過ごした我々の世代が大学に就職して講義を担当するのとほぼ同時期に（新）司法試験が始まり，個別の行政法令の法解釈力や行政法総論の十分な理解を踏まえた答案構成力が試される問題が毎年出されるようになった。このような出題スタイルの激変に対応するため，2006年度から九州大学法学部において開講した行政法Ⅰ・Ⅱにおいては，期末試験の出題の形式や内容を司法試験論文式に準拠させることとし，授業の中で数回実施する小テストでも簡単な事例問題を出して，その解き方を説明することとした。さらに2011年度から九州大学大学院法務学府（法科大学院）において開講した基礎行政法・応用行政法Ⅰでは，授業の復習課題として毎回事例問題を出題して学生に答案を準備させ，その回に身につけた行政法総論の知識を事例問題においてどのように応用するかを説明することとした。このような授業スタイルを，2013年度から京都大学法科大学院において開講している公法総合Ⅰ・Ⅱ・現代の行政法制でも踏襲している。本書第1部・第2部で出題されている事例問題の多くは，過去に担当したこれらの授業で実際に出題したものであり，授業後に寄せられた学生からの質問・意見・感想を踏まえた説明を本書で行っている。熱心に参加してくれた受講学生に御礼申し上げたい。

　また，新たなスタイルの演習書である本書が学生にとってさらに使いやすいものとなるために，初校段階で，京都大学法科大学院の仲卓真君，安永祐司君と，大阪大学大学院法学研究科の原島啓之君にお読み頂き，本書の構成面から個別の説明に至るまで実に多くのコメントを頂いた。さらに，本書第

3部第1章（租税法）については藤谷武史先生（東京大学）から，都市法については竹下憲治氏からも，初校に対するさまざまなコメントを頂戴した。年末年始の慌ただしい時期にもかかわらず丁寧に作業して下さった3人の学生諸氏や，貴重なご助言を下さった藤谷先生と竹下氏にも心より御礼申し上げたい。

＊　　　　＊　　　　＊

極めて実験的な色彩が強い作品ではあるものの，本書を大橋洋一先生に謹んで献呈させて頂きたい。一行問題全盛であった私の学部時代において，大橋先生が担当されていた行政法第二部では例外的に，当時先生が法学教室に連載されていた演習問題をベースに事例問題の解説がしばしばなされていた。また，法科大学院草創期に大橋先生が担当されていた公共法Ⅲでは，出されたばかりの重要な最高裁判決を素材に学生との活発な質疑応答が展開されていた。このような先生の魅力的な教育スタイルが，現在の私の授業方法に大きな影響を与えているように思われる。本書の刊行を一区切りとして，より学生にとって魅力的な授業方法の模索を続けたいと考えている。

本書の出版企画は前著『例解 行政法』の執筆過程で偶発的に生じたものであった。『例解 行政法』の第2部第2・4章（社会保障法・都市法）の発展演習の解答部分をどう掲載するか話し合っていた2013年1月に，解答部分を含む演習書を刊行するアイデアが東京大学出版会の山田秀樹氏との間で持ち上がり，『例解 行政法』の姉妹編として刊行することが同年6月に決定した。山田氏は，他の仕事に時間をとられて本書の執筆作業を後回しにしがちな私を的確に誘導し，前著刊行から約半年後となるタイミングでの刊行に漕ぎ着けて下さった。前著と同様に緻密な作業をして下さった山田氏と，東京大学出版会の関係者各位にも心より感謝申し上げたい。

2014年3月

原 田 大 樹

目　次

はしがき …………… i
文献略語表 …………… xii
対応表 …………… xiii

序　事例問題へのアプローチ …………………………………………… 1

1. 事例問題の目的（1）2. 答案構成の方法（2）3. 法律の読み方（4）
4. 本書のねらいと学習方法（13）

第1部　行政法の典型論点

1　法律と条例の関係 …………………………………………… 18

Focus（18）基礎知識の確認（18）［1. 委任条例と自主条例 2. 委任条例の違法性判断方法 3. 自主条例の違法性判断方法］事例（22）答案構成のステップ（26）参考答案例（27）類題（30）ステップアップ（30）

2　審査基準の法的性格 …………………………………………… 32

Focus（32）基礎知識の確認（32）［1. 行政基準の類型論 2. 解釈基準と裁量基準］事例（35）答案構成のステップ（37）参考答案例（38）類題（40）ステップアップ（40）

③ 行政裁量の統制 ……………………………………………………………… 42

Focus（42）基礎知識の確認（43）［1. 行政裁量の認定方法
2. 行政裁量の統制手法］事例（47）答案構成のステップ（49）
参考答案例（50）類題（52）ステップアップ（52）

④ 第三者の原告適格 ……………………………………………………… 54

Focus（54）基礎知識の確認（54）［1. 原告適格論の意義 2. 第三者の原告
適格の判断要素］事例（56）答案構成のステップ（60）参考答案例（61）
類題（65）ステップアップ（67）

⑤ 違法性の承継 …………………………………………………………… 69

Focus（69）基礎知識の確認（69）［1. 違法性の承継 2. 違法性の承継が
認められる条件］事例（71）答案構成のステップ（73）参考答案例（74）
類題（75）ステップアップ（75）

類題のヒント ……………77

第2部 論点別演習

第1章 行政過程論 …………………………………………………………… 81

① 租税法律主義 …………………………………………………………… 82

Milestone（85）事例のねらい 1. 社会保険料と憲法84条（86）
2. 介護保険法と憲法84条（88）3. 介護保険法と憲法92・25条（89）

② ラブホテル規制条例の違法性 ……………………………………… 91

Milestone（94）事例のねらい 1. 訴訟類型の選択（95）
2. 訴訟要件の充足（96）3. 違法性の主張（98）

③ 地方公共団体の自治権 ……………………………… 101

Milestone（103）事例のねらい　1. 不服申立資格判断の手がかり（105）
2. 取消訴訟の出訴資格（105）3. 地方公共団体の訴訟提起可能性（107）

④ 通達の法的性格 …………………………………………… 108

Milestone（110）事例のねらい　1. 遺族年金の支給要件（111）
2. 本件通達の法的性格（112）3. 具体的な違法主張（114）

⑤ 都市計画による高層建築物規制 ………………… 115

Milestone（119）事例のねらい　1. 土地利用規制の内容（121）
2. 地域地区の利用可能性（122）3. 地区計画の利用可能性（123）
4. 建築協定の利用可能性（124）

⑥ 景観法による高層建築物規制 …………………… 125

Milestone（129）事例のねらい　1. 景観計画と景観地区（130）
2. 地区計画の利用可能性（132）3. 民事訴訟の利用可能性（133）

⑦ 都市計画決定の裁量統制 …………………………… 134

Milestone（137）事例のねらい　1. 訴訟類型の選択（138）
2. 都市計画決定を争う方法（139）3. 違法性の主張（142）

⑧ 申請に対する処分手続と水際作戦 ……………… 144

Milestone（145）事例のねらい　1. 申請の有無（146）2. 拒否処分の
違法性（147）3. 申請型義務付け訴訟の本案勝訴要件の充足可能性（148）

⑨ 職権取消制限の法理 ………………………………… 149

Milestone（150）事例のねらい　1. 行政行為の職権取消制限（151）
2. 職権取消制限の考慮要素（152）3. 具体的な違法主張（153）

⑩ 指定の不正と行政行為の公定力 … 155

Milestone（159）事例のねらい 1. 介護保険における給付のしくみ（161）2. 介護報酬返還・加算金支払のしくみ（162）3. 指定と介護報酬支払との関係（163）

第2章 行政救済論

① 一部負担金免除拒否の処分性 … 168

Milestone（170）事例のねらい 1. 一部負担金免除の趣旨（171）2. 処分性を肯定する場合（172）3. 処分性を否定する場合（173）

② 診療報酬減点査定と高額療養費 … 174

Milestone（176）事例のねらい 1. 減点査定の法的性格（178）2. 減点査定と高額療養費（179）3. 一部負担金過払いの返還請求（180）

③ 措置委託契約の拒絶 … 182

Milestone（184）事例のねらい 1. 通知の法的性質（186）2. 訴訟類型と訴訟要件（186）3. 措置委託拒絶の許容条件（188）

④ 地区計画の処分性 … 189

Milestone（191）事例のねらい 1. 地区計画の段階構造（192）2. 地区計画の処分性（194）3. 地区計画と確認の利益（195）

⑤ 市街地再開発事業に対する訴訟 … 197

Milestone（203）事例のねらい 1. 第1種市街地再開発事業の行政過程（204）2. 高度利用地区指定（205）3. 市街地再開発促進区域指定（206）4. 組合設立認可（208）

⑥ 総合設計許可・建築確認取消訴訟の原告適格 ……………210

Milestone（212）事例のねらい　1. 総合設計許可の取消訴訟の原告適格（213）
2. 建築確認の取消訴訟の原告適格（216）3. 時の経過と取消対象の選択（217）

⑦ 大規模小売店舗の出店と地区計画 ……………220

Milestone（227）事例のねらい　1. 訴訟類型の選択（229）
2. 訴訟要件の充足（原告適格）（233）3. 違法性の主張（236）

⑧ 開発許可取消訴訟の原告適格と訴えの利益 ……………239

Milestone（243）事例のねらい　1. 原告適格（生命・身体の安全）（244）
2. 原告適格（財産権）（246）3. 狭義の訴えの利益（248）

⑨ 空き家の除却請求 ……………251

Milestone（257）事例のねらい　1. 訴訟類型の選択（259）
2. 訴訟要件の充足（259）3. 違法性の主張（263）

⑩ 通院移送費架空請求と住民訴訟 ……………266

Milestone（267）事例のねらい　1. 住民訴訟の訴訟類型と訴訟要件（268）
2. Aに対する不当利得返還請求の義務付け（270）3. 福祉事務所長に対する損害賠償請求の義務付け（271）

第3部 総合演習

答案作成のステップ ……………274

1. 問題文を読む（275）2. 条文を読む（276）3. 答案構成を考える（278）
4. 答案を書く（279）

第 1 章 租税法 ……………………………………………………… 281

事例 1 青色申告をめぐる紛争 ……………………………………… 282

Milestone（286）事例のねらい（287）前提知識の確認［1. 青色申告（288）2. 推計課税（288）］答案作成のヒント（289）設問1・2について（290）設問3・4について（293）答案例（295）

事例 2 法定外目的税をめぐる紛争 ………………………………… 298

Milestone（310）事例のねらい（311）前提知識の確認［1. 法定外税とは何か（311）2. 法定外税をめぐる法的紛争（313）3. 放置自転車対策税条例を読む（314）］答案作成のヒント（315）設問1について［1. 放置自転車対策税徴収までの過程（317）2. 訴訟類型の選択・訴訟要件の充足（318）］設問2について［1. 総務大臣同意の法的性質（320）2. Rの原告適格・重大性要件の充足可能性（323）］設問3について［1. 地方税法と放置自転車対策税条例との関係（324）2. 自転車法と放置自転車対策税条例との関係（325）3. 減免規定の利用（326）］答案例（327）

第 2 章 社会保障法 ……………………………………………… 335

事例 1 保育所廃止条例 ……………………………………………… 336

Milestone（350）事例のねらい（351）前提知識の確認［1. 保育所入所の法制度（352）2. 保育所民営化の行政過程（353）］答案作成のヒント（354）設問（A）について（356）設問（B）について［1. 訴訟類型の選択（358）2. 違法性の主張（362）］答案例（364）

事例 2 介護保険法の是正勧告 ……………………………………… 369

Milestone（377）事例のねらい（378）前提知識の確認［1. 勧告・公表の法的性格（379）2. 手続的瑕疵とその効果（380）］答案作成のヒント

（384）設問1について［1.不利益処分の行政過程（386）2.訴訟類型の選択（388）］設問2について［1.行政調査手続の違法性（393）2.勧告の違法性（394）］答案例（397）

第3章 環境法 405

事例1 原子力発電所をめぐる紛争 406

Milestone（416）事例のねらい（417）前提知識の確認［1.国家賠償法の「公権力の行使」（418）2.損失補償の根拠と要否（418）］答案作成のヒント（420）設問1について（421）設問2について（426）答案例（428）

事例2 産廃処理場設置をめぐる紛争 433

Milestone（445）事例のねらい（446）前提知識の確認［1.産廃処理場問題（447）2.産廃処理場と条例（448）3.産廃処理場と公害防止協定（448）］答案作成のヒント（449）設問1について［1.行政行為の附款（450）2.行政行為の附款の争い方（452）］設問2について［1.取消訴訟における訴訟参加（453）2.Cの訴訟参加可能性（456）3.Dの訴訟参加可能性（457）］設問3について［1.附款の適法性の判断基準（459）2.廃掃法と本件条例との関係（460）］答案例（464）

第4章 都市法 471

事例1 高層マンション建築 472

Milestone（482）事例のねらい（483）前提知識の確認［1.第三者の原告適格（484）2.取消訴訟における主張制限（487）］答案作成のヒント（488）設問1について［1.訴訟要件の充足（490）2.仮の権利救済（494）］設問2について［1.違法性の主張（495）2.原告側の主張制限（497）］答案例（498）

事例② 土地区画整理組合の賦課金 ……………………………505
　　　Milestone（513）事例のねらい（514）前提知識の確認［1. 土地区画整理と賦課金（515）2. 公共組合の意義（516）］答案作成のヒント（517）設問1について［1. 外部性・法的効果（518）2. 成熟性（521）］設問2について［1. 手続的瑕疵の主張（525）2. 実体的瑕疵の主張（527）］答案例（529）

判例索引 ……………535
事項索引 ……………539

● column ● 一覧

違法の主張と違憲の主張（31）
法形式と行政基準の類型論（41）
裁量統制基準の分立（53）
考慮事項の探究（68）
公定力概念の解体？（76）

◆ Tips ◆ 一覧

保護範囲と関連法令（247）
附則の役割（264）
「その他の」と「その他」（457）

文献略語表

■ 基本書

例解	原田大樹『例解 行政法』(東京大学出版会・2013年)

■ 判例集

判百 I	宇賀克也＝交告尚史＝山本隆司編『行政判例百選 I ［第6版］』(有斐閣・2012年)
判百 II	宇賀克也＝交告尚史＝山本隆司編『行政判例百選 II ［第6版］』(有斐閣・2012年)
判 I	大橋洋一＝斎藤誠＝山本隆司編著・飯島淳子＝太田匡彦＝興津征雄＝島村健＝徳本広孝＝中原茂樹＝原田大樹『行政法判例集 I 総論・組織法』(有斐閣・2013年)
判 II	大橋洋一＝斎藤誠＝山本隆司編著・飯島淳子＝太田匡彦＝興津征雄＝島村健＝徳本広孝＝中原茂樹＝原田大樹『行政法判例集 II 救済法』(有斐閣・2012年)
CB	稲葉馨他編『ケースブック行政法［第5版］』(弘文堂・2014年)

■ 演習書

石森	石森久広『ロースクール演習 行政法』(法学書院・2012年)
事案解析	大貫裕之＝土田伸也『行政法——事案解析の作法』(日本評論社・2010年)
事例研究*	曽和俊文＝金子正史編『事例研究行政法［第2版］』(日本評論社・2011年)
訴訟実務	中川丈久他編『公法系訴訟実務の基礎［第2版］』(弘文堂・2011年)
事例演習*	高木光他『行政法事例演習教材［第2版］』(有斐閣・2012年)
橋本	橋本博之『行政法解釈の基礎』(日本評論社・2013年)

＊：書名 頁数［執筆者名］の形式で引用する。

■（新）司法試験関連

出題趣旨	（新）司法試験論文式試験問題出題趣旨
採点実感	司法試験の採点実感等に関する意見

対応表

① 『例解 行政法』発展演習―本書第2部・論点別演習　対応関係表

『例解 行政法』		『演習 行政法』　第2部・論点別演習		
社会保障法	262頁1	第1章1	租税法律主義	82頁
	262頁2	第2章1	一部負担金免除拒否の処分性	168頁
	276頁1	第1章8	申請に対する処分手続と水際作戦	144頁
	277頁2	第2章10	通院移送費架空請求と住民訴訟	266頁
	293頁1	第1章4	通達の法的性格	108頁
	294頁2	第1章9	職権取消制限の法理	149頁
	316頁1	第1章3	地方公共団体の自治権	101頁
	316頁2	第2章2	診療報酬減点査定と高額療養費	174頁
	342頁1	第2章3	措置委託契約の拒絶	182頁
	342頁2	第1章10	指定の不正と行政行為の公定力	155頁
都市法	467頁1	第2章4	地区計画の処分性	189頁
	467頁2	第2章8	開発許可取消訴訟の原告適格と訴えの利益	239頁
	484頁1	第1章7	都市計画決定の裁量統制	134頁
	484頁2	第2章5	市街地再開発事業に対する訴訟	197頁
	491頁1	第1章5	都市計画による高層建築物規制	115頁
	491頁2	第1章6	景観法による高層建築物規制	125頁
	495頁1	第1章2	ラブホテル規制条例の違法性	91頁
	495頁2	第2章9	空き家の除却請求	251頁
	500頁1	第2章6	総合設計許可・建築確認取消訴訟の原告適格	210頁
	501頁2	第2章7	大規模小売店舗の出店と地区計画	220頁

② 本書第3部・総合演習　出典一覧表

	問題		出典	頁数
第1章	租税法1	青色申告をめぐる紛争	2010年度新司法試験・租税法	282
	租税法2	法定外目的税をめぐる紛争		298
第2章	社会保障法1	保育所廃止条例	新司法試験プレテスト*	336
	社会保障法2	介護保険法の是正勧告	2008年度新司法試験・行政法	369
第3章	環境法1	原子力発電所をめぐる紛争	法科大学院（既修者向け基幹科目）期末試験*	406
	環境法2	産廃処理場設置をめぐる紛争	2011年度新司法試験・環境法*	433
第4章	都市法1	高層マンション建築	2009年度新司法試験・行政法	472
	都市法2	土地区画整理組合の賦課金	2013年度司法試験・行政法	505

＊：一部改題

③ 論点表（行政法総論［『例解 行政法』第１部］との対応表）

Ⅰ 行政過程論

行政法総論の項目	租税法	社会保障法	環境法	都市法
1．行政法の基礎理論				
行政法の特色		Ⅱ-1-1 4		
法律による行政の原理		Ⅱ-1-1 1 2		
行政法の法源 ①	Ⅲ-1-2 84 85 86	Ⅱ-1-1 3	Ⅲ-3-2 112 120	Ⅱ-1-2 7 8
行政法と民事法		Ⅱ-1-10 38 Ⅱ-2-2 44		Ⅱ-1-6 22
2．行政組織の基礎				
行政組織の基礎理論				Ⅲ-4-2 129 130
国家行政組織				
地方行政組織	Ⅲ-1-2 77 78	Ⅱ-1-3 10		
3．行政手続の基礎				
行政手続の基礎理論	Ⅲ-1-1 71	Ⅱ-1-8 27 Ⅲ-2-2 96 97		Ⅲ-4-1 127 Ⅲ-4-2 135
情報公開制度				
情報の収集と管理	Ⅲ-1-1 72	Ⅲ-2-2 102		
4．行政活動の諸類型				
行政基準 ②		Ⅱ-1-4 12 13 14		Ⅲ-4-1 126 Ⅲ-4-2 136
行政計画				Ⅱ-1-5 15 16 17 Ⅱ-1-6 19 20 21 Ⅱ-2-4 48 Ⅱ-2-5 51
行政行為 ③	Ⅲ-1-1 73 74 Ⅲ-1-2 79	Ⅱ-1-8 26 Ⅱ-1-9 29 30 31 32 Ⅱ-1-10 33 34 35 36 Ⅲ-2-1 93 Ⅲ-2-2 104	Ⅲ-3-1 108 Ⅲ-3-2 111 114 119	Ⅱ-1-7 25（行政計画の裁量） Ⅱ-2-9 67
行政契約		Ⅱ-2-3 47 Ⅲ-2-1 87	Ⅲ-3-2 113	Ⅱ-1-5 18

対応表●xv

行政法総論の項目	租税法	社会保障法	環境法	都市法
行政指導		Ⅲ-2-2 98 103		
5．行政上の義務履行確保				
行政上の義務履行強制				
義務違反に対する制裁				

Ⅱ　行政救済論

行政法総論の項目	租税法	社会保障法	環境法	都市法
1．行政上の不服申立				
行政上の不服申立の種類				
行政不服審査の基本構造		Ⅱ-1-3 9		
2．行政訴訟				
行政訴訟の基本構造	Ⅲ-1-2 80 81	Ⅲ-2-1 88 Ⅲ-2-2 101	Ⅲ-3-2 115	Ⅱ-1-2 5 Ⅱ-1-7 23
取消訴訟の基礎 ①訴訟要件 ＞ 処分性	Ⅲ-1-2 82	Ⅱ-2-1 39 40 41 Ⅱ-2-2 42 43 Ⅱ-2-3 45 Ⅲ-2-1 89 92 Ⅲ-2-2 94 95 99		Ⅱ-1-7 24 Ⅱ-2-4 49 Ⅱ-2-5 52 53 54 Ⅱ-2-7 59 Ⅲ-4-2 131 132 133 134
取消訴訟の基礎 ①訴訟要件 ＞ 原告適格 (4)	Ⅲ-1-2 83			Ⅱ-2-6 55 56 Ⅱ-2-7 60 Ⅱ-2-8 62 63 Ⅲ-4-1 121 123
取消訴訟の基礎 ①訴訟要件 ＞ 訴えの利益				Ⅱ-2-6 58 Ⅱ-2-8 64 Ⅲ-4-1 124
取消訴訟の基礎 ②審理と終了 (5)	Ⅲ-1-1 75 76	Ⅱ-1-3 11 Ⅱ-1-10 37	Ⅲ-3-2 116 117 118	Ⅱ-2-6 57 Ⅱ-2-7 61 Ⅲ-4-1 122 128
さまざまな行政訴訟		Ⅱ-1-8 28 Ⅱ-2-3 46 Ⅲ-2-1 90 91 Ⅲ-2-2 100		Ⅱ-1-2 6 Ⅱ-2-4 50 Ⅱ-2-9 65 66
仮の権利救済				Ⅲ-4-1 125
客観訴訟		Ⅱ-2-10 68 69 70		

xvi●対応表

行政法総論の項目	租税法	社会保障法	環境法	都市法
3．国家賠償			
国家賠償の基本構造				
国家賠償法1条の責任			Ⅲ-3-1 105 107	
国家賠償法2条の責任				
4．損失補償			
損失補償の基本構造			Ⅲ-3-1 106 109 110	
国家補償の谷間				

※ 論点の分布を概観する趣旨から，1つの通し番号は1枠にのみ割り当てた。

※ 第2部・第3部の通し番号に対応する問題番号を，通し番号の前にⅡ-1-1（＝第2部第1章第1問）のように表示している。

事例問題へのアプローチ

1. 事例問題の目的

　事例問題を苦手にしている学生は多い。学生時代の私もその一人であった。にもかかわらず，教える側に回ると，授業でも毎回事例問題を出し，期末試験でも事例問題にかなりの配点を割いている。その理由の1つは，法学部に対する社会の期待に応えるためである。法学部出身者には，たとえ法曹専門職に就かなかったとしても，社会において「法律の知識をもっている人」「紛争を解決してくれる人」という役割が強く期待されている。そこで，具体的な事例で法的対応・紛争解決の道筋をつける能力を法学部において養成することは，法学部が社会から託された任務と考えられる。さらに，学習面に限ってみても，事例問題には次の3つの効用があるだろう。

　第1は，論理的で説得的な文章を書く力を養成することである。事例問題においては，示されている複雑な利害状況を自分なりに解きほぐし，両当事者が納得できるような論理を展開し，自分なりの結論を示す必要がある。換言すれば，結論を共有しない人に対しても理解可能な，論理的で説得的な文章を書くための技術を身につける必要があり，2. で示すように，その技術的方法はある程度定型化している。

　第2は，行政法総論で学ぶ抽象的な知識を実用的なものに変換して定着させることである。行政法総論なかでも行政作用法総論は，現実に存在する無数の個別行政実定法の共通部分を理論化したものであり，その概念や考え方は抽象化されている。それらを授業時に具体例と共に説明したとしても，理

解できたという実感を伴って学習することは難しい。そこで，そのような知識を具体的な事例にあてはめて「道具」として使ってみることで，改めてその意味や議論の重要性に気づくことはしばしばある。

　第3は，個別の行政法令を読み解く力を養成することである。行政法総論の最終的な目標は，抽象化された概念や考え方を理解・操作できるようにすることにあるのではない。行政法総論はあくまで，個別の行政法令の解釈や制度設計を検討する際の「道具」としての役割を担うものである。事例問題では問題の中に必ず個別の行政法令が（多くは複数）含まれ，そのしくみを読み解いた上で紛争をどう解決すればよいかを考えさせる構造になっている。3.で示すように，行政法令の読み方には一定のパターンがあり，事例問題を解く中で条文の読み方に習熟すれば，行政法令を読み解く力を飛躍的に高めることが可能になる。

　これら3つの効用のうち，第1の効用は法律学全般に当てはまるものであるのに対し，第2・第3の効用はとりわけ行政法に当てはまるものである。

2. 答案構成の方法

(1) 説得的な説明方法

　先に指摘したように，事例問題における答案は，結論を共有しない人に対しても理解可能で論理的・説得的である必要がある。紛争を解決する際には，当事者の双方の要求に満額回答を出すことはほとんど不可能である。そこで，誰もがその展開を追えるものであって，自らの主張が認められなかったとしてもやむを得なかったと思ってもらえるような説明の仕方でないと，論理的・説得的なものとは言えない。

　試験の採点を例にして，結論を問わず説得力を持つ説明方法を考えてみよう。試験を実施すれば，得点が高い学生と低い学生が必ず現れる。そのように得点分布が分散しなければ，的確な成績評価にならない。この場合に，例えば教員が「字がきれいなので100点」「自分の説明と違う説を採っているので50点」という採点方法を採るとすれば，その結果に学生は納得できるだろうか。点数が高い学生はともかく，低い点数がついた学生は，その結果に納得できないのが通例であろう。そこで教員側としては，まず合理的な採

点基準を作成し，その基準に基づいてそれぞれの学生の答案を採点する方法を採る。このようにすれば，点数が低い学生に対しても，採点基準と答案を示しながら，この論点が欠けているのでこの点数になったとの説明をすることができる。このように説明されれば，点数が低かった学生もなぜ点数が低いかを客観的に理解でき，自分の答案の点数が低いことがやむを得なかったと思ってもらえるだろう。

(2) 法的三段論法

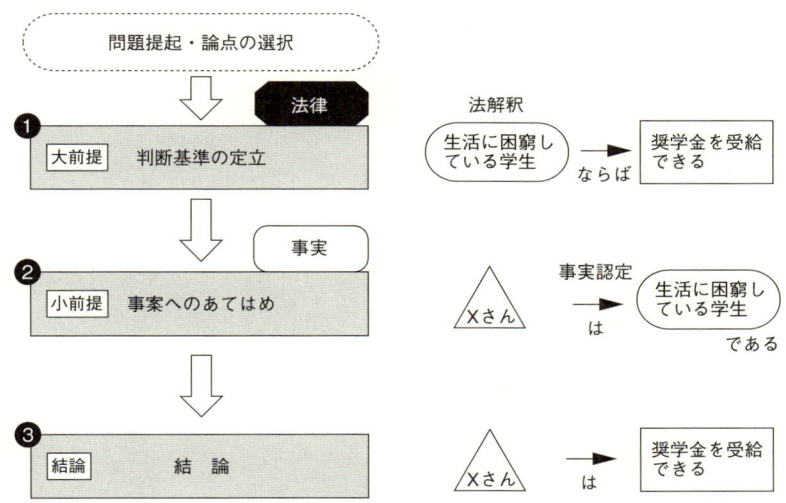

　このように，結論を問わず説得力を持つ説明方法として重要な要素は，一般的で合理的な判断基準が示されていることである。そして，判断基準を個別の事例にあてはめて結論を導出することで，恣意性をできるだけ排除した判断を行いうる。このような規範定立・あてはめ・結論の3段階の構造こそ法的三段論法であり，法律学の事例問題の答案の定型的な構成方法である（山下純司他『法解釈入門』（有斐閣・2013年）1-11頁［宍戸常寿］）。

　法律による行政の原理を基盤としている行政法においては，すでに法律の条文という形で①の判断基準が定立されていることが多く，その場合には条文から出発することになる。ただ，実際には条文の文言の意味が一義的に明

確ではない場面も多く，その時には当該条文を解釈する作業が必要になる。

次の②の段階では，具体的な事案を①で示された判断基準にあてはめる作業が行われる。行政法の事例問題の答案で最も重要なのはこの部分である。①で示した判断基準に事例から抽出した事実が該当するかどうかの法的評価が，この段階で示されることになるからである。

最後の③の段階では，判断基準の適用の結果としての結論が示される。

事例問題の答案の中心部分はおおむねこの構成になっており，その前に問題提起や論点の選択の部分が置かれることが多い。答案作成にあたってはこの問題提起の部分の書き方も重要である（この点は本書第3部で説明する）。本書第1部では，事例問題の答案例とともに，どのような構成で答案を書けばよいかを「答案構成のステップ」として図解で説明している。

3. 法律の読み方

(1) 行政法律の構造と読み方

行政分野を問わず，行政法律には共通の構造がある。この構造を知っていれば，法律の読解が容易になる（事例研究17-24頁［曽和俊文＝荏原明則］）。

```
都市計画法（昭和43年6月15日法律第100号）
 目　次
  第1章　総則（第1条―第6条）
  第2章　都市計画
    第1節　都市計画の内容（第6条の2―第14条）
    第2節　都市計画の決定及び変更（第15条―第28条）
  第3章　都市計画制限等
    第1節　開発行為等の規制（第29条―第52条）
    第1節の2　市街地開発事業等予定区域の区域内における建築等の規制（第52条
      の2―第52条の5）
    第2節　都市計画施設等の区域内における建築等の規制（第53条―第57条の6）
    第3節　風致地区内における建築等の規制（第58条）
    第4節　地区計画等の区域内における建築等の規制（第58条の2・第58条3三）
    第5節　遊休土地転換利用促進地区内における土地利用に関する措置等（第58条
      の4―第58条の11）
  第4章　都市計画事業
    第1節　都市計画事業の認可等（第59条―第64条）
```

```
    第2節　都市計画事業の施行（第65条—第75条）
　第5章　社会資本整備審議会の調査審議等及び都道府県都市計画審議会等（第76条
　　—第78条）
　第6章　雑則（第79条—第88条の2）
　第7章　罰則（第89条—第97条）
　附則
```

　例えば都市計画法の目次は上記のようになっており，総則が置かれた後に，様々な規制・給付のプログラムが各章に規定される構造となっている。

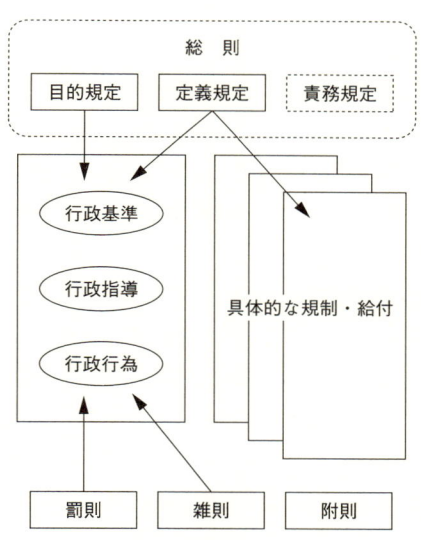

① 総則

　法律の冒頭に置かれているのが総則である。その最初に置かれていることが多いのが目的規定である。目的規定が単独で問題になることは多くないものの，後ろの条文の中にある行政行為（処分）に対する抗告訴訟における原告適格の判断に当たって，目的規定の内容がしばしば参照される（行政事件訴訟法9条2項）。

　その後ろに置かれていることが多いのが定義規定である。たとえ日常用語であっても，その法律の中では特定の意味で用いられていることがしばしばある。定義規定を確認しておけば，他の条文中にある用語を誤解せずに済

む。また定義規定にはその法律でしばしば登場する用語が挙がっているので，その法律がどのような内容を含むものかを大まかに知ることができる。

その後ろに責務規定が置かれていることがある。例えば都市計画法では，3条に次のような規定がある。

> （国，地方公共団体及び住民の責務）
> 第3条　国及び地方公共団体は，都市の整備，開発その他都市計画の適切な遂行に努めなければならない。
> 2　都市の住民は，国及び地方公共団体がこの法律の目的を達成するため行なう措置に協力し，良好な都市環境の形成に努めなければならない。
> 3　国及び地方公共団体は，都市の住民に対し，都市計画に関する知識の普及及び情報の提供に努めなければならない。

国・地方公共団体を名宛人とする責務規定は努力義務を定めたものにとどまり，特にここから何か行政作用法上の具体的な権限が導き出されるわけではない。また国民を名宛人とする責務規定も，国民に対して何らかの法的義務を課したものではない。

② **具体的な規制・給付の規定**

総則以降の章の規定では，具体的な規制・給付のしくみが置かれている。ここで役立つのが行為形式論の知識である（ 例解 50頁以下）。条文の内容からそこで定められている行為形式を特定し，行政法総論で説かれている当該行為形式に関する実体ルール・手続ルールを持ち出して問題を解決することになる。その際に重要なのは，条文間で視線を往復させることである。例えば，開発許可を定める都市計画法29条1項本文は

> （開発行為の許可）
> 第29条　都市計画区域又は準都市計画区域内において開発行為をしようとする者は，あらかじめ，国土交通省令で定めるところにより，都道府県知事（地方自治法（昭和22年法律第67号）第252条の19第1項の指定都市，同法第252条の22第1項の中核市又は同法第252条の26の3第1項の特例市（以下「指定都市等」という。）の区域内にあっては，当該指定都市等の長。以下この節において同じ。）の許可を受けなければならない。

と規定している。ここで「都市計画区域」「準都市計画区域」「開発行為」とは何を指すかはこの条文には書かれておらず，同法4条2項と12項の定義

規定を見なければ分からない。また，開発許可の要件についてもここには書かれておらず，後ろの 33 条と 34 条に規定が置かれている。さらに開発許可の法的効果については，例えば後ろの罰則規定を見なければ分からない。

> 第 92 条　次の各号のいずれかに該当する者は，50 万円以下の罰金に処する。
> 　一〜二　（略）
> 　三　第 29 条第 1 項若しくは第 2 項又は第 35 条の 2 第 1 項の規定に違反して，開発行為をした者
> 　四〜八　（略）

このように，問題となっている条文だけに視線を集中させるのではなく，関連している条文（準用規定を含む）と視線を往復させながら，行為形式が組み合わされた法的しくみを正確に把握することが重要なのである。

③ 雑則・罰則・附則

　法律の終わりの部分には雑則・罰則が置かれ，法律の本体部分にあたる本則が終わった後に附則が置かれていることが多い。雑則で規定されている内容は，費用負担・費用徴収，不服申立の特則，権限の委任などである。費用徴収規定は，②の部分で規定されている金銭債務の法的性格を判断する手がかりとなる。罰則の部分には行政刑罰や行政上の秩序罰に関する規定が置かれており，②で規定されている行政活動の法的効果を判断する手がかりとなる。このように，法律の後ろの部分にも，ある行政活動が法的にどう位置づけられるかを判断する手がかりが含まれている。附則には法改正に伴う移行措置が書き込まれており，実務上は重要な部分である（⇒**67**）。

(2) 食品衛生法を読む

　以上で示したような読み方に慣れるため，今度は食品衛生法の条文の一部を読んでみることとする（食品衛生法を素材に行政法を解説したものとして，高木光『ライブ行政法 初級編』（有斐閣・1993 年），事例演習 3-40 頁［高木光］）。

① 総則

> 第 1 条　この法律は，食品の安全性の確保のために公衆衛生の見地から必要な規制その他の措置を講ずることにより，飲食に起因する衛生上の危害の発生を防止し，もって国民の健康の保護を図ることを目的とする。

食品衛生法は，上記のような目的規定から始まっている。目的規定は，抗告訴訟における第三者の原告適格の判断の際に考慮されるほか，裁量が認められている処分の考慮事項（⇨④•column•）としても働きうる。例えば，行政側が規制権限を行使しなかったために食中毒事故が起きた場合に，規制権限不行使が違法かどうかを判断する要素（被侵害利益が法律の保護範囲内かどうかの判断要素）としても，上記の目的規定が利用される（⇨108）。

> 第2条　国，都道府県，地域保健法（昭和22年法律第101号）第5条第1項の規定に基づく政令で定める市（以下「保健所を設置する市」という。）及び特別区は，教育活動及び広報活動を通じた食品衛生に関する正しい知識の普及，食品衛生に関する情報の収集，整理，分析及び提供，食品衛生に関する研究の推進，食品衛生に関する検査の能力の向上並びに食品衛生の向上にかかわる人材の養成及び資質の向上を図るために必要な措置を講じなければならない。

続く2条（及び3条）の規定は責務規定である。上記の2条1項は「講じなければならない」と規定されているものの，その趣旨は国・県・市等の所掌事務や責務を明確にすることにある（日本食品衛生協会『新訂早わかり食品衛生法［第5版］』（日本食品衛生協会・2013年）19頁）。これは法律の留保で学ぶ組織規範に該当するものであり，私人に対する権利制限や義務賦課の根拠となるもの（根拠規範）ではなく，それゆえこの規定を根拠に一方的・強制的な措置をとることはできない（例解 13頁）。

> 第4条　この法律で食品とは，すべての飲食物をいう。ただし，薬事法（昭和35年法律第145号）に規定する医薬品及び医薬部外品は，これを含まない。
> 2〜6　（略）
> 7　この法律で営業とは，業として，食品若しくは添加物を採取し，製造し，輸入し，加工し，調理し，貯蔵し，運搬し，若しくは販売すること又は器具若しくは容器包装を製造し，輸入し，若しくは販売することをいう。ただし，農業及び水産業における食品の採取業は，これを含まない。
> 8　この法律で営業者とは，営業を営む人又は法人をいう。
> 9　（略）

さらに4条には定義規定が置かれている。後続の営業規制と関連する定義規定のみを抜粋して掲げた。例えば，次で説明するレストラン等の営業許可の対象となる「営業」とは何を意味するかは，その言葉の日常の意味で解釈するのではなく，上記の4条7項の定義規定に従うことになる。ここでは

「業として」と書かれているので、一定程度の反復継続性や事業規模・形態が必要と考えられる。例えば、友人を呼んでパーティーを開催する際に料理を振る舞う行為は「業として」にあたらないので、同項にいう「営業」には該当せず、営業許可を取る必要はないことになる。

② **具体的な規制規定——営業を例として**

> 第52条　前条に規定する営業を営もうとする者は、厚生労働省令で定めるところにより、都道府県知事の許可を受けなければならない。
> 2　前項の場合において、都道府県知事は、その営業の施設が前条の規定による基準に合うと認めるときは、許可をしなければならない。ただし、同条に規定する営業を営もうとする者が次の各号のいずれかに該当するときは、同項の許可を与えないことができる。
> 　一　この法律又はこの法律に基づく処分に違反して刑に処せられ、その執行を終わり、又は執行を受けることがなくなった日から起算して2年を経過しない者
> 　二　第54条から第56条までの規定により許可を取り消され、その取消しの日から起算して2年を経過しない者
> 　三　法人であって、その業務を行う役員のうちに前2号のいずれかに該当する者があるもの
> 3　都道府県知事は、第1項の許可に5年を下らない有効期間その他の必要な条件を付けることができる。

食品衛生法52条1項は、営業の際に都道府県知事の「許可」が必要と規定している。この行為形式を特定するにあたっては、その文言のほか、許可を得ないとどうなるかを突き止める必要がある。その手がかりとなるのは罰則規定の有無である。

> 第72条　第11条第2項（第62条第1項及び第2項において準用する場合を含む。）若しくは第3項、第16条（第62条第1項及び第3項において準用する場合を含む。）、第19条第2項（第62条第1項において準用する場合を含む。）、第20条（第62条第1項において準用する場合を含む。）又は第52条第1項（第62条第1項において準用する場合を含む。）の規定に違反した者は、2年以下の懲役又は200万円以下の罰金に処する。
> 2　前項の罪を犯した者には、情状により懲役及び罰金を併科することができる。

後ろの罰則規定を探すと、72条1項で無許可営業に対して2年以下の懲役または200万円以下の罰金が規定されている。そのため、許可を受けることで一般的な禁止が解除され、適法に営業できる地位が与えられていること

が分かる。それゆえ，52条1項は講学上の許可にあたる行政行為（例解 55頁）と特定できる（行政行為かどうかの性質決定は必ずしも罰則規定の有無に限定されないものの，講学上の許可かどうかは無許可の際の罰則規定の有無が重要な判断要素となる）。許可の要件としては，52条2項で「前条の規定による基準」とあるので，前条を確認すると，

> 第51条　都道府県は，飲食店営業その他公衆衛生に与える影響が著しい営業（食鳥処理の事業の規制及び食鳥検査に関する法律第2条第5号に規定する食鳥処理の事業を除く。）であって，政令で定めるものの施設につき，条例で，業種別に，公衆衛生の見地から必要な基準を定めなければならない。

との規定がある。許可要件は条例に委任されている（委任条例）。52条2項の規定の仕方からすると，基本的にはこの基準に合致していれば許可を与えなければならない（効果裁量は認められない）ことになっている。しかし52条2項但書は，過去に食品衛生法違反による不利益処分（許可の取消（撤回）等）を受けている場合には許可を与えないことができるとしている。ここでは，条文の「できる」という文言を手がかりに，効果裁量が認められる（⇨③）。さらに，52条3項では必要な「条件」を許可に付すことができるとする。これは行政行為の附款の一例である（例解 68頁）。

> 第56条　都道府県知事は，営業者がその営業の施設につき第51条の規定による基準に違反した場合においては，その施設の整備改善を命じ，又は第52条第1項の許可を取り消し，若しくはその営業の全部若しくは一部を禁止し，若しくは期間を定めて停止することができる。

　もし，許可を受けた営業者が事後的に食品衛生法51条の規定に基づく基準に違反した場合はどうなるのだろうか。同法56条はこの場合に都道府県知事が改善命令，（期間を定めた）営業停止，営業禁止，許可の取消（講学上の撤回）を行うことができるとする。条文上，処分の選択肢が示され，さらに文末が「できる」と規定されていることから，効果裁量（選択裁量・決定裁量）が認められている。この規定に基づく改善命令・営業停止命令・営業禁止命令に違反すると同法73条5号により1年以下の懲役または100万円以下の罰金が科される。他方，営業停止や営業禁止のような不作為義務は行政代執行法の対象とならない義務であるから（同法2条），その義務履行強制は個別の法律の根拠を要することとなる（同法1条）。そして食品衛生法にはこ

れを許容する規定がないから、これらの命令に従わない場合にレストランを封印する等の実力行使（直接強制）はできないことになる（例解77頁）。

> 第54条　厚生労働大臣又は都道府県知事は、営業者が第6条、第9条、第10条、第11条第2項若しくは第3項、第16条若しくは第18条第2項の規定に違反した場合又は第8条第1項若しくは第17条第1項の規定による禁止に違反した場合においては、営業者若しくは当該職員にその食品、添加物、器具若しくは容器包装を廃棄させ、又はその他営業者に対し食品衛生上の危害を除去するために必要な処置をとることを命ずることができる。
> 2　内閣総理大臣又は都道府県知事は、営業者が第20条の規定に違反した場合においては、営業者若しくは当該職員にその食品、添加物、器具若しくは容器包装を廃棄させ、又はその他営業者に対し虚偽の若しくは誇大な表示若しくは広告による食品衛生上の危害を除去するために必要な処置をとることを命ずることができる。

ところで、56条の前にも2つ、こうした監督権限を定める規定が置かれている。例えば54条は上記のように、第1項については厚生労働大臣または知事に、第2項については内閣総理大臣または知事にさまざまな権限を与えている。食品衛生法は食品・添加物等の「物」に注目した規制と飲食店のような「営業・営業者」に注目した規制とを書き分けており、56条の規定は営業に注目した規制に違反した場合の措置である。これに対して54条1項は食品・添加物等の「物」に対する規制にレストラン等の営業者が違反した場合の措置を規定したものである。また同条2項は食品表示に関する規制（これも「物」に対する規制の一種である）に営業者が違反した場合の措置である。なお、食品表示に関しては現在では消費者庁が所管していることから、内閣総理大臣（消費者庁長官に権限委任）に権限が与えられている。

54条1項で具体的に規定されている権限は、営業者に危険な食品等を廃棄させること（廃棄命令）、職員に危険な食品等を廃棄させること（即時執行）、営業者に危害除去のため必要な措置を採らせること（措置命令）である。廃棄命令・措置命令に違反すると、同法71条3号の規定により、3年以下の懲役または300万円以下の罰金が科される。

12 ● 序 事例問題へのアプローチ

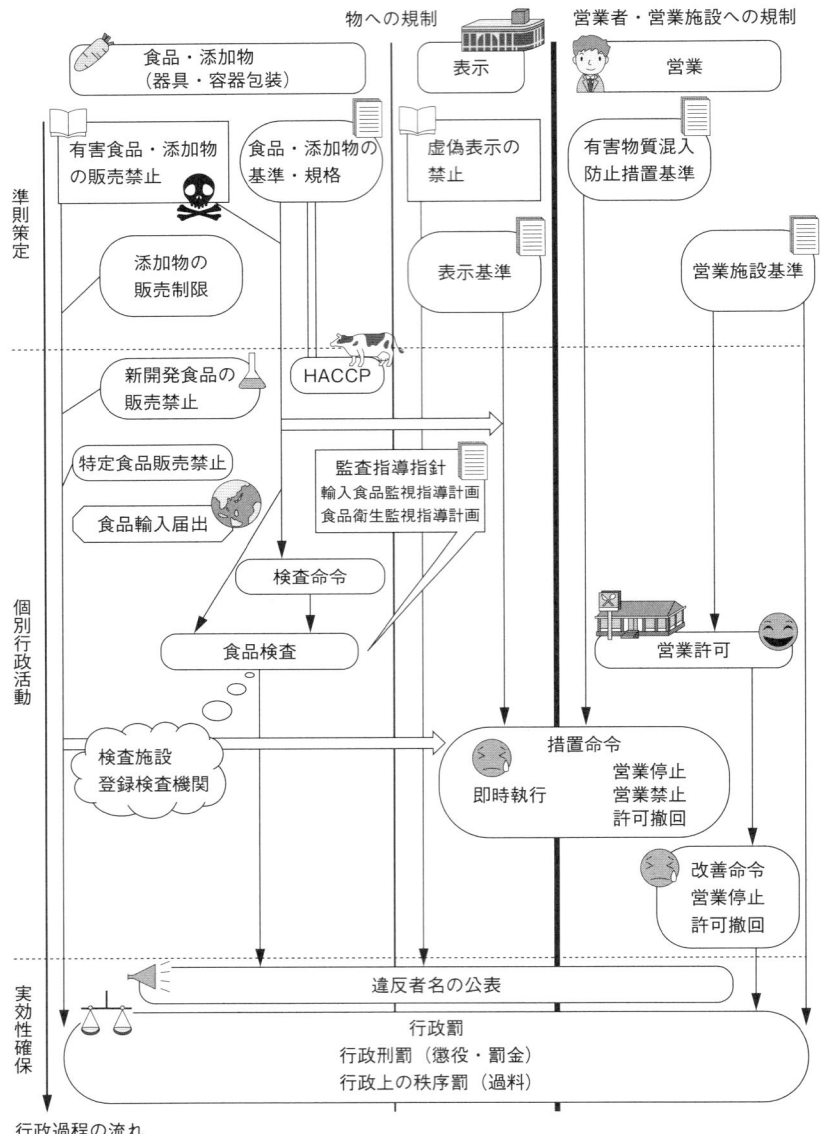

図　食品衛生法の行政過程

4. 本書のねらいと学習方法

　本書は，具体的な行政法令を読み解く力を身につけるための，単著の演習書として構想された。行政法令を読み解くためには，次の３つの要素が必要となる。

- 行政法総論の知識

　具体的な行政法令を分析する道具となるのが行政法総論の知識である。本書の姉妹編『例解 行政法』第１部がこの内容に対応する。また現在出版されている行政法の基本書の多くは行政法総論を解説しており，これらを読み込んで確実な理解を図ることが重要である。

- 参照領域（個別法分野）の知識

　英文の読解において，問題文の背景知識を知っていれば意味を読み解くのが楽になるのと同様に，具体的な行政法令が含まれる個別法分野の知識をはじめから一定程度持っていれば，法律の読解も容易になる。本書の姉妹編『例解 行政法』第２部がこれに対応している。

- 行政法令読解の経験

　英文の読解と同様，読解した法令の量が増え，経験が蓄積されれば，読解力は高まってくる。本書『演習 行政法』（とりわけ第２部）は，この行政法令読解の経験を増やすことを目的としている。

　本書は，体系的に事例問題の解き方や行政法令の読解方法が身につくように３つの部分から構成されている。それぞれのねらいと，想定している学習方法は以下の通りである。

■ 第１部 行政法の典型論点

　第１部では，行政法の事例問題で必ず問われる典型的な論点として「法律と条例の関係」「審査基準の法的性格」「行政裁量の統制」「第三者の原告適格」「違法性の承継」の５つを取り上げている。はじめに ●FOCUS で，なぜその論点が頻繁に取り上げられるのかを，出題者の立場から説明している。次に ●基礎知識の確認 で，その問題を解く上で必要な基礎的知識を短くまとめている。▶事 例は，過去の授業の中で復習課題として出題したものを中心としており，当該テーマに関する行政法総論の授業を受けていれば正

解に手が届く水準と思われる。事例の問題文と【参照条文】を照らし合わせ，行政法令の読解に慣れて欲しい。◉答案構成のステップ では，上述の 2. で説明した答案構成の方法を踏まえ，それぞれの問題についてどのような構成で答案を書けばよいかを3つのステップ（法的三段論法の三段とは必ずしも一致しない）にまとめて図解で説明した（答案作成の手順については第3部で説明している）。それが答案にどう反映されているかを確認するために，▶参考答案例 を掲載している。さらに，同一の論点でほぼ同一レベルの問題を・類題・として掲げた（類題の答案作成に向けた・類題のヒント💡・を第1部末にまとめて付している）。最後に，その論点をさらに深めるのに有用な第2部・第3部の問題を ステップアップ で示し，関連するやや高度な事項について•column•で解説した（初学者は最初は•column•を読みとばしてもよい）。

　第1部の主要な対象者は，行政法総論の学習を終え，あるいは行政法総論の学習と並行して事例問題を解き，条文の読み方に慣れたいと考えている学習者である（主として学部生上級者から法科大学院1〜2年生を想定している）。行政法総論の基本書と照らし合わせて基本的な事項を確認するとともに，答案作成のステップを見ながら実際に答案を作成する練習を行えば，次第に事例問題の解き方に慣れてくると思われる。また，第1部の◉基礎知識の確認 や•column•の部分では，行政法総論の授業では十分には触れられないやや高度な内容も含まれている。中級者以上の学習者はその部分を中心に内容を確認すれば十分であろう。さらに，第1部も含め本書の事例の多くは，当事者のいずれかの立場から行政活動の適法・違法性を主張するものとなっている。ただし，法律学の学習にとっては，立場（＝結論）を変えても法律論を組み立てることができる力の養成が重要である。そこで中級者以上の学習者は，本書が説明している立場とは逆の立場に立った場合にどのような立論が可能かを検討することに挑戦して欲しい。

■ 第2部 論点別演習

　第2部では，『例解 行政法』第2部第2章（社会保障法）及び第4章（都市法）に掲載している発展演習（各10問）の解説を示している。第2部の目的は，具体的な条文，あるいは参照領域に特徴的な法的しくみの読解に習熟することである。『例解 行政法』においては，関連する法制度の説明と対応さ

せて配列していたのに対して，本書では行政法総論（行政過程論・行政救済論）の構成の順番に並べ替えている（両分野の論点を含んでいる場合には，主要論点に着目していずれかに分類した）（⇨対応表①）。発展演習は難易度に開きがあるため，学習者の便宜を考慮して3段階のレベル表示を行っている（Level・1～3）。第1部を終えたばかりの学習者は，Level・1の問題にまずは挑戦して欲しい。

各問は，問題文に続いて【資料】では問題文に関係する法令の条文や通達等を掲げている。その後ろに，以降の小設問をまとめた Milestone を掲載しているので，解答の手がかりとして利用して欲しい。その後，事例問題がテーマとしている内容やこれに関する法制度の概要を 事例のねらい で説明している。また，▶Key Points◀では，その問題に含まれている行政法総論と参照領域（参照領域については『例解 行政法』の主要参照頁数）の論点を表示しているので，設問の内容がうまくつかめない場合や前提知識が必要な設問の場合には，まずここで挙げられている項目を行政法総論の基本書で復習したり，『例解 行政法』の内容を確認したりすることを勧める。

解説では，問題を解く上での考え方をいくつかの段階に区切って，小設問の形式で扱われている論点を示している。第2部・第3部の解説には通し番号が付されており（ Milestone にも同じ番号が示されている），論点ごとに対応表（⇨対応表③：行政法総論との対応表）で検索することができる。例えば，処分性に関する解き方が掲載されている問題を確認したい場合には，対応表③の処分性の部分に書かれている番号を追っていくと，本書に書かれている処分性関連の問題を押さえることができる。巻末の索引を使うと，より細かく網羅的に論点の検索が可能である。さらに，一部の問題には，条文の読み方に関する発展的な内容を含む◆Tips◆を付している。

第2部の主要な対象者は，『例解 行政法』など参照領域（行政法各論）の基本書を一読し，当該分野の考え方やしくみを一定程度理解している中級者（例えば行政法総論の学習を終えた法科大学院2年生以上）である。事例問題が素材にしている法的しくみの概要は『例解 行政法』で説明されているので，まずはその内容を確認してから問題演習を行って欲しい。説明の内容と条文を対照させることで，条文の意味内容を確実に理解し，条文の読解に慣れることができると思われる。

■ 第3部 総合演習

　第3部では，『例解 行政法』第2部で取り上げた4つの参照領域（租税法・社会保障法・環境法・都市法）から2問ずつ，複数の論点から構成される総合的な問題を出題している。形式は基本的に，司法試験の行政法の論文式問題に合わせている（出典については，対応表②で示した）。第2部と同様に，問題の難易度を3段階で表示し，解説の部分では論点ごとに通し番号を付している（第2部と同様，対応表③で検索可能である）。総じて問題のレベルは司法試験論文式とほぼ同程度であり，司法試験等の受験対策として利用されることを想定している。問題演習に入る前に，事例問題を解答する際の答案作成の手順や注意点を，司法試験出題趣旨・採点実感の内容も踏まえて整理している。

　各問は，問題文・会議録・資料（条文等）で構成される問題部と，その後に続く解説部に分かれている。問題部の最後には，第2部と同様に Milestone で解答の手がかりを示した。解説部ではまず，事例問題が問おうとしていることを 事例のねらい ，▶Key Points◀で示している。続いて ●前提知識の確認 で，その問題を解く上で必須の基本的知識やそれと関連するやや発展的な内容を説明している。また 答案作成のヒント💡 では，問題文のどの点に注目して答案構成を考えればよいかの簡単なアドバイスを示している。その後，各設問についての 解説 を掲載している。さらに，一部の問題には，条文の読み方に関する発展的な内容を含む◆Tips◆を付している。最後に，具体的な答案のイメージをつかんでもらう趣旨で，できるだけ内容をシンプルにした▶ 答案例 を示した。

　第3部の主要な対象者は，行政法総論・参照領域に関する学習を一通り終えた上級者である。第3部の全8問で，司法試験においてこれまで出題された主要な論点はカバーされているので，これらの問題の理解に自信が持てれば司法試験論文式の合格水準に達しているものと思われる。

第1部

行政法の典型論点

法律と条例の関係

◎ FOCUS

　法律と条例の関係は憲法・行政法にまたがる重要論点である。行政法の事例問題で出題者が試そうとしているのは，徳島市公安条例事件最高裁判決が示した基準を理解していることを前提に，矛盾抵触が問題となりそうな法律と条例のしくみを解釈論として提示できるかということである。その際には，法律が規制対象とした人権（憲法上の権利）の性格もあわせて考慮される。

◉ 基礎知識の確認

1. 委任条例と自主条例

　条例は，地方公共団体の議会が定める法規範であり，委任条例と自主条例に大別される（例解20頁）。委任条例は，法律の個別の委任規定に基づいて定められる条例である。例えば，以下の事例の公営住宅法16条5項は，家賃に関する事項を条例で定めなければならないと規定している。これに基づいて定められる条例（市営住宅条例・県営住宅条例など）は委任条例である。

　自主条例は，これとは異なり，個別の法律の委任規定に基づかずに制定される（法律が条例への授権に条件付けをしない場合に，当該規定を自主条例の制定の授権と解する見解として，碓井光明『都市行政法精義Ⅰ』（信山社・2013年）38頁）。憲法94条は地方公共団体の条例制定権を認めており，地方自治法14条1項

もこの条例制定権を確認している（同条を条例の一般的授権規定と解する立場もある）。例えば、「京都市みやこユニバーサルデザイン推進条例」は、国の法律の個別の委任規定に基づかず、京都市独自の政策判断によって制定された自主条例である。同じ「条例の違法性主張」でも、その条例が委任条例か、自主条例かによってその方法は大きく異なる。

委任条例と自主条例の区別は、通常は条例単位で決まる。ただし、地方公共団体の立法政策上の便宜から、1つの条例の中に委任条例の部分と自主条例の部分が混在するものも増加している。本事例の公営住宅条例もこのような性格を有する可能性がある。

2. 委任条例の違法性判断方法

委任条例は、法律の個別の委任規定に基づくものであり、行政基準の一種である法規命令と似た性格を持つ（制定主体が地方公共団体の議会である点が異なる）。そこで、違法性主張の場合にも法規命令の違法性主張と同様に、法律の授権規定の範囲内で条例が制定されたかどうかが中心となる。

3. 自主条例の違法性判断方法

自主条例の場合には、個別の法律の委任に基づくものではないので、上記の判断方法は不適当である。そこで、憲法94条にいう「法律の範囲内」（地方自治法14条1項は「法令に違反しない限りにおいて第2条第2項の事務に関し」と規定する）かどうかが問題となる（例解 21頁）。この点について、徳島市公安条例事件最高裁判決（判Ⅰ19 CB1-2 最大判1975（昭和50）・9・10刑集29巻8号489頁）は、一般的な判断基準を次のように定式化した。

> 条例が国の法令に違反するかどうかは、両者の対象事項と規定文言を対比するのみでなく、それぞれの趣旨、目的、内容及び効果を比較し、両者の間に矛盾抵触があるかどうかによってこれを決しなければならない。

さらに、具体的な判断基準として、横出し条例（法律が規制していない部分を規制する条例）と上乗せ条例（法律が規制している部分についてそれを超える内

容の規制を行う条例)の場合の考え方を次のように示している。

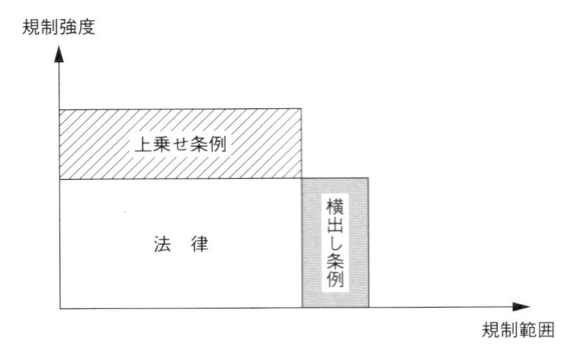

```
規制強度
 ↑
 │  ┌──────────────┐
 │  │//////////////│
 │  │ 上乗せ条例   │
 │  │//////////////│
 │  ├──────────────┼────┐
 │  │              │横出│
 │  │   法　律     │し条│
 │  │              │例  │
 │  └──────────────┴────┘──→ 規制範囲
```

(1) 横出し条例

> ある事項について国の法令中にこれを規律する明文の規定がない場合でも，当該法令全体からみて，右規定の欠如が特に当該事項についていかなる規制をも施すことなく放置すべきものとする趣旨であると解されるときは，これについて規律を設ける条例の規定は国の法令に違反することとなりうる

　伝統的な法律先占論という考え方によれば，法律が何らかの規制を行った領域は全体として条例による規制を許さない趣旨とされていた。すると逆に，法律が何も規制をしていない領域は条例を自由に制定してよいということになりそうである。もし国の立法者が条例の制定を許したくないなら，法律を制定すればよいからである。これに対して最高裁は，法律の規定がないことが直ちに条例によるいかなる規制をも許す趣旨と解するべきではなく，規定を置かなかったことが当該領域には規制を及ぼさない趣旨と解釈できれば，これを制約する条例の制定は国の法令違反となるとした。このような判断方法をとっている具体的な最高裁判例として，高知市普通河川管理条例事件判決（判Ⅰ20 最一小判1978(昭和53)・12・21民集32巻9号1723頁）がある。

(2) 上乗せ条例

> 特定事項についてこれを規律する国の法令と条例とが併存する場合でも、後者が前者とは別の目的に基づく規律を意図するものであり、その適用によって前者の規定の意図する目的と効果をなんら阻害することがないときや、両者が同一の目的に出たものであっても、国の法令が必ずしもその規定によって全国的に一律に同一内容の規制を施す趣旨ではなく、それぞれの普通地方公共団体において、その地方の実情に応じて、別段の規制を施すことを容認する趣旨であると解されるときは、国の法令と条例との間にはなんらの矛盾抵触はなく、条例が国の法令に違反する問題は生じえない

　法律先占論によれば、法律が何らかの規制を行った領域に条例はもはや立ち入ることができないと考えられていた。しかし最高裁は、ある領域に法律と条例が併存するだけで「法律の範囲内」に抵触するとは考えず、2つの判断基準を使ってより詳細に条文解釈を行うアプローチを示した。すなわち、

① 目的基準
対象が重なっていても、法律と条例の目的が異なっていれば条例制定は可能

② 全国一律基準
法律と条例の目的が共通でも、法律が全国一律同一内容の規制をする趣旨でなければ条例制定は可能

の2つである。法律と条例の関係をめぐる行政法の事例問題の多くは、上記の基準を踏まえて、問題文で挙げられている法律・条例の解釈を示し、矛盾抵触があると言えるかどうかを答えさせるものである。この作業をするには、法律・条例の規制の規定のほか、それぞれの目的規定や規制の実効性確保の規定など、さまざまな規定の間で視線を往復させ、全体としてどのような法的しくみになっているのかを正確に理解する必要がある。その能力があるかどうかで、行政法の解釈能力を確認しようとしているのである。

事 例

問題文 Y市では外国人登録者が急増し、外国人の低所得者層が市営住宅に入居希望を出しても入居できない事態が生じるようになった。そこでY市は、公営住宅法に基づく市営住宅条例を改正し、一定額を超える収入のある外国人登録者等に対し、明渡請求ができるとする規定を設けた。

Y市の市営住宅に5年居住し、市内で英会話教室を主宰している外国人登録者Xは、市役所の担当職員から、収入が限度額を超えているので明渡請求をすることがあり得ると告げられた。もし明渡請求がされた場合、Xはどのような違法主張が可能か。法律と条例の関係の問題に絞って検討しなさい。

【参照条文】

○公営住宅法（昭和26年6月4日法律第193号）（抜粋）

(この法律の目的)
第1条 この法律は、国及び地方公共団体が協力して、健康で文化的な生活を営むに足りる住宅を整備し、これを住宅に困窮する低額所得者に対して低廉な家賃で賃貸し、又は転貸することにより、国民生活の安定と社会福祉の増進に寄与することを目的とする。

(用語の定義)
第2条 この法律において、次の各号に掲げる用語の意義は、それぞれ当該各号に定めるところによる。
一 地方公共団体 市町村及び都道府県をいう。
二 公営住宅 地方公共団体が、建設、買取り又は借上げを行い、低額所得者に賃貸し、又は転貸するための住宅及びその附帯施設で、この法律の規定による国の補助に係るものをいう。
三〜十五 （略）
十六 事業主体 公営住宅の供給を行う地方公共団体をいう。

(家賃の決定)
第16条 公営住宅の毎月の家賃は、毎年度、入居者からの収入の申告に基づき、当該入居者の収入及び当該公営住宅の立地条件、規模、建設時からの経過年数その他の事項に応じ、かつ、近傍同種の住宅の家賃（次項の規定により定められたものをいう。以下同じ。）以下で、政令で定めるところにより、事業主体が定める。ただし、入居者からの収入の申告がない場合において、第34条の規定による請求

を行ったにもかかわらず，公営住宅の入居者がその請求に応じないときは，当該公営住宅の家賃は，近傍同種の住宅の家賃とする。
2　前項の近傍同種の住宅の家賃は，近傍同種の住宅（その敷地を含む。）の時価，修繕費，管理事務費等を勘案して政令で定めるところにより，毎年度，事業主体が定める。
3～4　（略）
5　前各項に規定する家賃に関する事項は，条例で定めなければならない。
（入居者資格）
第23条　公営住宅の入居者は，少なくとも次に掲げる条件を具備する者でなければならない。
　一　その者の収入がイ又はロに掲げる場合に応じ，それぞれイ又はロに定める金額を超えないこと。
　　イ　入居者の心身の状況又は世帯構成，区域内の住宅事情その他の事情を勘案し，特に居住の安定を図る必要がある場合として条例で定める場合　入居の際の収入の上限として政令で定める金額以下で事業主体が条例で定める金額
　　ロ　イに掲げる場合以外の場合　低額所得者の居住の安定を図るため必要なものとして政令で定める金額を参酌して，イの政令で定める金額以下で事業主体が条例で定める金額
　二　現に住宅に困窮していることが明らかであること。
（収入超過者に対する措置等）
第28条　公営住宅の入居者は，当該公営住宅に引き続き3年以上入居している場合において政令で定める基準を超える収入のあるときは，当該公営住宅を明け渡すように努めなければならない。
2　公営住宅の入居者が前項の規定に該当する場合において当該公営住宅に引き続き入居しているときは，当該公営住宅の毎月の家賃は，第16条第1項の規定にかかわらず，毎年度，入居者からの収入の申告に基づき，当該入居者の収入を勘案し，かつ，近傍同種の住宅の家賃以下で，政令で定めるところにより，事業主体が定める。
3　（略）
第29条　事業主体は，公営住宅の入居者が当該公営住宅に引き続き5年以上入居している場合において最近2年間引き続き政令で定める基準を超える高額の収入のあるときは，その者に対し，期限を定めて，当該公営住宅の明渡しを請求することができる。
2　前項の政令で定める基準は，前条第1項の政令で定める基準を相当程度超えるものでなければならない。
3　第1項の期限は，同項の規定による請求をする日の翌日から起算して6月を経過した日以後の日でなければならない。
4　第1項の規定による請求を受けた者は，同項の期限が到来したときは，速やかに，当該公営住宅を明け渡さなければならない。
5～7　（略）
8　第16条第4項及び第5項並びに第19条の規定は，第5項に規定する家賃又は

第6項に規定する金銭について準用する。
（公営住宅の明渡し）
第32条　事業主体は、次の各号のいずれかに該当する場合においては、入居者に対して、公営住宅の明渡しを請求することができる。
　一　入居者が不正の行為によって入居したとき。
　二　入居者が家賃を3月以上滞納したとき。
　三　入居者が公営住宅又は共同施設を故意に毀損したとき。
　四　入居者が第27条第1項から第5項までの規定に違反したとき。
　五　入居者が第48条の規定に基づく条例に違反したとき。
　六　公営住宅の借上げの期間が満了するとき。
2　公営住宅の入居者は、前項の請求を受けたときは、速やかに当該公営住宅を明け渡さなければならない。
3～6　（略）
（管理に関する条例の制定）
第48条　事業主体は、この法律で定めるもののほか、公営住宅及び共同施設の管理について必要な事項を条例で定めなければならない。

○ Y市営住宅条例（抜粋）

第1条　公営住宅法（昭和26年法律第193号。以下「法」という。）に基づく市営住宅及び共同施設の設置及び管理について必要な事項は、法及びこれに基づく命令の定めるところによるほか、この条例の定めるところによる。
第34条　市長は、毎年度、第21条第1項の規定により認定した入居者の収入の額が令第6条第5項（…）に定める場合に応じてその金額を超え、かつ、当該入居者が市営住宅に引き続き3年以上入居しているときは、当該入居者を収入超過者として認定し、その旨を通知する。
2　市長は、第21条第1項の規定により認定した入居者の収入の額が最近2年間引き続き令第9条（…）に規定する金額（ただし外国人登録者については令第9条を超えない範囲で市長が定める金額）を超え、かつ、当該入居者が市営住宅に引き続き5年以上入居しているときは、当該入居者を高額所得者として認定し、その旨を通知する。
3　入居者は、前2項の認定に対し、規則の定めるところにより意見を述べることができる。この場合において、市長は、意見の内容を審査し、理由があると認めるときは当該認定を更正するものとする。
第35条　収入超過者は、当該市営住宅を明け渡すように努めなければならない。
第37条　市長は、高額所得者に対し、期限を定めて、当該市営住宅の明渡しを請求することができる。
2　前項の期限は、同項の規定による請求をする日の翌日から起算して6月を経過した日以後の日でなければならない。
3　第1項の規定による請求を受けた者は、市長が定めた期限までに当該住宅を明け渡さなければならない。

① ○Y市営住宅入居事務取扱要綱（抜粋）

第1条　この要綱は，Y市営住宅条例（以下「条例」という。）により設置するY市営住宅に入居を認める外国人の取扱いについて必要な事項を定めるものとする。

2　外国人の入居に係る事務処理は，条例及びY市営住宅条例施行規則の規定に定めるもののほか，この要綱により処理するものとする。

第4条　条例第34条第2項における外国人登録者について令第9条を超えない範囲で市長が定める金額は，25万円とする。

答案構成のステップ

ステップ①　問題の切り分け

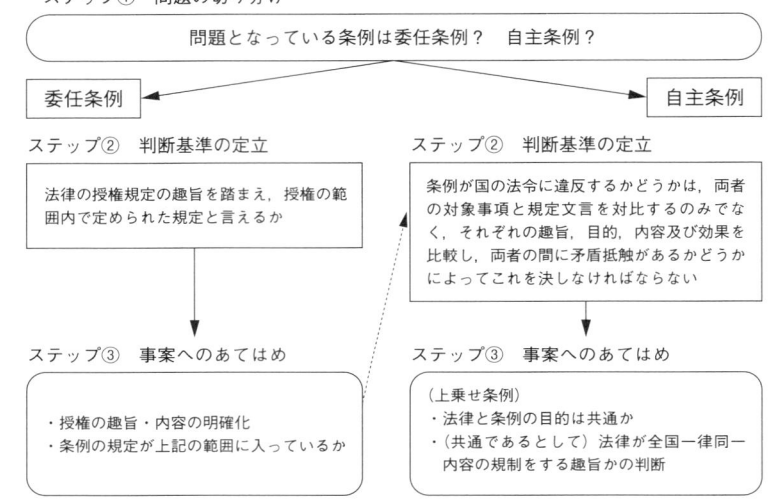

問題となっている条例は委任条例？　自主条例？

→ 委任条例　／　自主条例

ステップ②　判断基準の定立（委任条例）

法律の授権規定の趣旨を踏まえ、授権の範囲内で定められた規定と言えるか

ステップ②　判断基準の定立（自主条例）

条例が国の法令に違反するかどうかは、両者の対象事項と規定文言を対比するのみでなく、それぞれの趣旨、目的、内容及び効果を比較し、両者の間に矛盾抵触があるかどうかによってこれを決しなければならない

ステップ③　事案へのあてはめ（委任条例）

・授権の趣旨・内容の明確化
・条例の規定が上記の範囲に入っているか

ステップ③　事案へのあてはめ（自主条例）

（上乗せ条例）
・法律と条例の目的は共通か
・（共通であるとして）法律が全国一律同一内容の規制をする趣旨かの判断

　答案構成のステップは、大きく上記の3つに分けることができる。まず、委任条例と自主条例の場合とで判断の方法が違うので、問題となっている条例が委任条例なのか自主条例なのかを確定する必要がある。この事例では、法律の委任に基づく委任条例の可能性も法律の要件を独立に加重した自主条例の可能性もあるので、2つの場合に分けて検討する必要がある。本事例ではまず委任条例であることを前提に検討し、委任条例として違法との結論に達してから自主条例としての適法性を検討することになる。

　次に、判断基準の定立を行う。委任条例の場合には、法律の個別の委任規定を挙げた上で、その授権の趣旨・範囲内で条例が定められているかが条例の違法性の判断基準となる。自主条例の場合には、徳島市公安条例事件最高裁判決が示した一般的な基準が判断基準となる。

　続いて、事案へのあてはめを行う。委任条例の場合には、個別の委任規定のみならず、その他の規定も手がかりにして委任の趣旨・内容を明確に示した上で、条例の規定が法律の委任の範囲内にとどまっているかを論述する。自主条例の場合には、横出し条例のタイプであれば法律が規制をしなかった

ことが条例に独自の規制を委ねる趣旨なのかそれとも条例による規制を禁止する趣旨なのかを，法律の全体構造を踏まえて論述する必要がある。上乗せ条例のタイプであれば，まず，法律と条例の趣旨目的が同じかどうかを，法律・条例の目的規定を対比させて判断する。この段階で両者の目的が異なるという結論であれば，条例は適法となる。目的が共通であれば，法律が全国一律同一内容の規制をする趣旨かを判断する。全国一律同一内容の規制をする趣旨かどうかの判断の際には，以下のような点が考慮要素になる。

全国一律同一内容を基礎付ける要素	・法律により規制対象とされた人権の性格・規制手法・強度を考慮すれば，法律による規制が最高限度 ・法律が地方公共団体に明文で権限を授権した別の規定を反対解釈し，それ以外の点については全国一律に規制する趣旨を導出
条例による規制を許容する要素	・規制対象が地域性や地域固有の事情により左右され，全国一律同一内容の規制になじまない ・法律が地方公共団体に明文で権限を授権した別の規定の趣旨を拡張して理解し，問題となっている規制についても地方公共団体の自主的判断に委ねる趣旨を導出

参考答案例

　Y市が条例を改正し，公営住宅法にはない外国人居住者に対する所得制限規定（Y市営住宅条例34条2項）を追加したことから，Xは収入超過を理由に公営住宅の明渡請求を受けたとして，改正後のY市条例が公営住宅法の委任の範囲を逸脱する違法な条例であること，または法律の範囲内（憲法94条）で制定された条例とは言えないことから同条例が違法・無効であると主張して，これに基づく明渡請求を棄却するよう求めることが考えられる。条例の適法性の判断に際しては，当該条例が委任条例か自主条例かによってその基準が異なるため，以下では両者に分けて検討する。

1. 市営住宅条例を委任条例と解する場合

　公営住宅の明渡の要件を定める公営住宅法32条は，公営住宅の明渡

請求が可能な要件の1つとして「入居者が第48条の規定に基づく条例に違反したとき」（同法32条1項5号）を挙げている。また，公営住宅法48条は「事業主体は，この法律で定めるもののほか，公営住宅及び共同施設の管理について必要な事項を条例で定めなければならない。」と規定している。Y市営住宅条例34条2項がこの公営住宅法48条の委任に基づく委任条例の規定と考えた場合，委任条例の規定が違法であると主張できないか。

委任条例の規定が適法かどうかは，委任された条例の規定が法律の委任の範囲内にあると認められるかどうかで決定される。これを本件についてみれば，条例への委任を定めた公営住宅法48条の文言上，条例へ委任されている対象は公営住宅法で明確に定められている事項以外の住宅管理に関する必要事項である。そして，同法29条1項は，政令で定める基準を超える高額の収入がある者に対する明渡請求を認めているから，法律は政令で定める所得基準以外の基準を別途条例で定めることを予定していないと解すべきである。加えて，公営住宅法のこの他の規定から，外国人居住者を特別に扱う趣旨を読み取ることはできないから，外国人に対してだけ特別の所得制限を課す措置もまた，公営住宅法上予定されていないと考えられる。よって，Y市営住宅条例の規定は公営住宅法48条の委任の範囲を逸脱しており違法である。

2. 市営住宅条例を自主条例と解する場合

Y市営住宅条例は通常，全体として公営住宅法に基づく委任条例として制定されている。ただし，同一の条例の中に法律の委任に基づく規定と基づかない規定が併存することも可能ではあるので，外国人に対して特別の所得制限を課す規定だけをとらえてその部分は自主条例の規定と解することもできる。そこで以下では，Y市営住宅条例34条2項の規定を自主条例の規定と位置づけた上で，これが違法・無効であって，Xに対する明渡請求も違法になることを主張する。

日本国憲法94条によれば，地方公共団体は「法律の範囲内で」条例を制定することができる。条例が「法律の範囲内」と言えるかどうか

は，両者の対象事項と規定文言を対比するのみではなく，それぞれの趣旨，目的，内容及び効果を比較し，両者の間に矛盾抵触があるかどうかによって決定される。具体的には，法令と条例の目的が異なる場合であれば対象が同じでも矛盾抵触はない。また法令と条例が同一目的であったとしても，法令の規制が全国一律同一内容の規制をする趣旨でなければ，矛盾抵触はない（徳島市公安条例事件最高裁判決参照）。

　これを本件について見れば，まず法律と条例が同一目的に基づく規制をしているかどうかに関して，問題となっている所得制限規定が市営住宅条例に含まれていることは，同規定を含む市営住宅条例が公営住宅法と共通の目的である低所得者への低廉な住宅供給（公営住宅法1条）に資するものであると考えられる（Y市営住宅条例1条）。よって，公営住宅法とY市営住宅条例の規制目的は共通である。

　そこで，当該規定の許容性は，公営住宅法が利用関係に関して全国一律同一内容の規制をする趣旨と解釈できるかどうかで決せられることになる。公営住宅法はたしかに一方では，地域の事情に配慮する規定を置いている。家賃の決定に関しては法令で基準が示されているものの，最終的には条例で計算方法が規定されることとされている（同法16条5項）。しかし他方で，公営住宅の利用関係に関しては公営住宅法が包括的な規定を置いており，入居者資格や収入超過者への対応についても法律が詳細に規定している（同法23条・28条・29条）。そしてこれらに関しては政令への委任規定はあっても条例への委任規定が見られない。こうしたことから公営住宅法は，本件で問題とされた所得制限に関して言えば，地域ごとの規律ではなく全国一律同一内容の規律を想定していると解される。よって，公営住宅法と市営住宅条例は矛盾抵触関係にあり，市営住宅条例は違法である。

　以上の理由から，外国人に対してだけ特別の所得制限を課しうるY市営住宅条例の規定は公営住宅法の委任の範囲を逸脱し，または同法と矛盾抵触するために違法・無効であり，これに基づく明渡請求もまた違法となる。

・類題・

Y市は，有償ボランティアにより高齢者の輸送を行う福祉有償運送事業者を育成・支援するための条例制定に着手した。道路運送法によると，有償での旅客運送事業を行うためには国土交通大臣の許可を得なければならないとされている。また福祉有償運送事業の場合には国土交通大臣の登録が必要とされている。これらの法律上のしくみに抵触しないように条例を制定するにはどうすればよいか。

ステップアップ

　法律と条例の関係をめぐる論点はしばしば行政法の事例問題に登場する。本書第2部の論点別演習でも
- 行政過程論：1（租税法律主義）**3**，2（ラブホテル規制条例の違法性）**7 8**

で取り扱われており，第3部の総合演習でも
- 租税法：2（法定外目的税をめぐる紛争）**84 85**
- 環境法：2（産廃処理場設置をめぐる紛争）**112 120**
- 都市法：1（高層マンション建築）**126**

がこの論点と関係している。 **FOCUS** でも指摘したように，出題者は，判断基準それ自体を覚えているかよりも，委任条例と自主条例の区別ができているか，あてはめの際に問題となっている法律・条例のしくみが十分に理解できているかを重視している。こうした点に注意しながら問題演習を重ね，答案の書き方に慣れることが重要である。

•column• 違法の主張と違憲の主張

　条例の規定が憲法の保障する基本的人権との関係で過剰規制ではないかという問題は，憲法の事例問題においてもしばしば問われる。憲法で学ぶ違憲審査基準論では，人権侵害行為を捉えて，それが憲法上許容されるかどうかを，人権の種類や規制目的・強度・態様に応じたさまざまな審査基準を使って議論する。これに対して行政法では，条例と憲法との関係を直接論じることは稀であり，多くは法律と条例の関係の中で，特に全国一律基準のあてはめの中で人権の性質やその制約の合理性を加味した議論を展開することになる（原田大樹＝笹田栄司「行政法——憲法との共通点と相違点」法学教室 396 号（2013 年）4-18（8）頁）。

　違法の主張と違憲の主張は，どちらかしかできない場面も想定できる。例えば，憲法上の権利としての保障の程度が弱いような人権（本事例の外国人の人権もこれにあたる）の場合には，違憲の主張を展開するのが一般に難しい。逆に，ある人権を規制する法律が全くない状態で条例がこれに規制をかける場面では，法律と条例の関係を議論するのは困難である。ただし，現実にはそのような法律の空白領域はほとんど存在していないため，両方の主張が可能であることが多い。どちらの主張をするかは原告の判断に委ねられている（租税法領域においては法律と条例の抵触関係で議論することに独自の意義が認められると指摘するものとして，平良小百合「判批（神奈川県臨時特例企業税事件最高裁判決）」法政研究（九州大学）80 巻 2=3 号（2014 年）419-433（428）頁）。

審査基準の法的性格

◎ FOCUS

　処分要件に関する法令の定めをさらに具体化する審査基準・処分基準は，その法的性格によって違法性主張の方法が変わる。そのため審査基準・処分基準に関する事例問題は，行政基準論全体の基礎的な理解の確認と，行政基準に対する違法性主張の方法の十分な理解を試すのに格好の素材である。

● 基礎知識の確認

1. 行政基準の類型論

　行政機関が制定する法条の形式を持つ行政活動の基準を行政基準（行政立法）と呼ぶ。行政基準は一般に，次のように類型化される（例解 50 頁）。

(1) 法律の委任の有無・程度による類型化

　憲法で学ぶ「委任命令」「執行命令」の区別は，法律の委任の有無・程度を基準とする分類である。法律の個別の委任に基づくのが委任命令，概括的な委任規定（憲法 73 条 6 号，内閣法 11 条，内閣府設置法 7 条 3 項，国家行政組織法 12 条 1 項）に基づき法律を執行する細目を定めるのが執行命令である。

(2) 基準の規定する内容による類型化

　行政法で学ぶ「法規命令」「行政規則」の区別は、第一義的には基準が規定している内容に注目した分類である。その区別基準は、行政機関が策定した行政基準が「法規」にあたる内容を含むかどうかという点にあり、これを含めば法規命令、含まなければ行政規則（その代表例が「通達」である）と分類される（⇨•column•）。法規の理解にはいくつかのバリエーションがあるものの、「国民一般の権利義務に関係する法規範」（宇賀克也『行政法概説Ⅰ［第5版］』（有斐閣・2013年）269頁）という定義が最も一般的と思われる。国会が唯一の立法機関であると定める憲法41条（または法律による行政の原理の内容の1つである法律の法規創造力の原則（例解12頁））を前提とすると、法規命令と上述の委任命令とは重なり合うことになる（⇨•column•）。

(3) 行政手続法による類型化

　行政手続法は、同法が定める意見公募手続（同法38条以下）の対象となる行政基準を「命令等」と呼び、以下の4種類に区分している（同法2条8号）。第1は「法律に基づく命令・規則」であり、これは上記の委任命令とほぼ重なり合う。第2は「審査基準」であり、申請に対する処分を行う際の判断の基準とされている。第3は「処分基準」であり、不利益処分を行う際の判断の基準とされている。この両者は、処分の判断基準であるかどうかを定義要素としているため、**(2)** の分類における法規命令と行政規則の双方を含みうる。第4は「行政指導指針」であり、同一目的を達成するために複数の相手方に対して行政指導をする場合の基準とされている。行政指導が国民の権利・義務に何らかの変動を与える局面はほとんどないことを前提とすれば、行政指導指針のほとんどは、**(2)** の基準では行政規則に分類される。

2. 解釈基準と裁量基準

　上記の通り、審査基準・処分基準（以下「審査基準」で代表させる）の法的性格は多様であり、基準の内容や処分の根拠規定との関係を具体的に検討した上で、法的性格（法規命令か行政規則か）を確定させる必要がある。その理由は、法的性格の差異により、違法性の主張方法が異なるからである。

　審査基準が法規命令にあたるとすると、憲法41条または法律の法規創造

力の考え方から法規命令には法律の授権が必要で，法規命令の内容は裁判所を拘束する（裁判所は法規命令を法律と同等の効力を有する規範として適用しなければならない）。審査基準である法規命令に法律の授権がなければ，当該基準は違法・無効となる。そこで，審査基準の違法を理由とする不適用を求めるには，法律の授権が存在しないこと，または法律の授権の範囲を超え，授権の趣旨に反する審査基準が制定されていることを主張することになる。

これに対して，審査基準が行政規則にあたるとすると，行政規則には法律の授権は不要であるから，上記のような法律との関係での違法性主張はできないことになる。法律で定められている処分の根拠規定が裁量を認める趣旨かどうかを基準に，この種の審査基準は解釈基準（裁量が認められない場合）と裁量基準（裁量が認められる場合）に分けられる。違法性主張の方法は，どちらの類型かによって大きく異なる。

(1) 解釈基準

法の解釈は裁判所の専権事項と考えられており，解釈基準には裁判所は全く拘束されない。そこで，解釈基準としての審査基準の不適用を求める場合には，端的に処分根拠規定のあるべき解釈を提示し，行政が示した解釈基準は処分根拠規定の正しい解釈ではないと主張することになる。

(2) 裁量基準

処分根拠規定が行政の裁量（⇨③）を認めている場合には，裁判所の審査は裁量権の逸脱・濫用がある場合に限られる（行政事件訴訟法30条がこのことを確認的に規定している）。行政機関が裁量権行使のあり方について自ら基準を設定した場合，裁判所はその基準に合理性があるかを審査し，合理性があればこの基準を適用して判断を下すことができる。ただし，個別事情考慮義務が処分要件規定から導かれる場合や，そうでなくても問題となっている具体的事案において基準を機械的に適用することが不合理である場合には，裁判所は基準を適用せず判断を下すことができる。そこで，裁量基準としての審査基準を用いないよう求める場合には，基準に合理性がないこと，あるいは合理性は認められるもののこれを具体的事案に機械的に適用することに不合理があることを主張することになる（事例研究350頁［曽和俊文］）。

▶事例

問題文　Y市では奨学金条例（以下「本件条例」という）に基づき同市出身の成績優秀な大学生に対して奨学金を交付しており、条例では交付の対象となる大学生を、成績が優秀で経済的に困窮する大学生と規定していた。この条例に基づく市の審査基準であるY市奨学金条例に基づく奨学生の決定の基準（以下「本件審査基準」という）では、「GPA3.5以上で生計維持者の年収が500万円以下の学生、ただし市外で下宿している学生の場合には生計維持者の年収を考慮しない」とされていた。

市外のQ大学に進学し下宿生活しようとしているXは市に奨学金交付の申請をしたところ、市の担当者から、今年度から審査基準が変更されて審査基準の但書が削除されたため、下宿している学生でも親の年収要件を満たさないと奨学金が交付されないとの説明を受けた。Xの親は年収が510万円であるため、このままでは奨学金の受給対象とならない。Xが奨学金交付拒否処分を受けた場合に考えられる違法性主張の内容を検討しなさい。なおY市では、国の行政手続法と同内容の行政手続条例が制定されているものとする。

【参照条文】

○Y市奨学金条例（抜粋）

（目的）
第1条　この条例は、経済的な理由によって修学が困難な者に対し、奨学金を給付し、もって教育の機会均等を図ることを目的とする。
（定義）
第2条　この条例において、次の各号に掲げる用語の意義は、それぞれ当該各号に定めるところによる。
　(1) 奨学金　この条例により市長が給付する学資をいう。
　(2) 奨学生　奨学金の給付を受ける者をいう。
　(3) 自宅通学　奨学生がその生計を主として維持する者と同居する場合又はこれに準ずると認められる場合をいう。
（給付資格）
第3条　奨学金の給付を受けることができる者は、次に掲げる要件を満たすものと

する。
(1) その生計を主として維持する者が市内に住所を有していること，又は市長が特別の理由があると認める事由により市外に住所を有していること。
(2) 学校教育法（昭和22年法律第26号）に規定する学校のうち，次のいずれかに在学すること。
　ア　大学（通信による教育を行うもの及び短期大学を除く。）
　イ　高等学校（通信制の課程を除く。）
(3) 経済的に困窮し，修学が困難であること。
(4) 学業成績が優秀であること。

（奨学金の額）
第4条　奨学金の額は，次の各号に掲げる区分に応じ，それぞれ当該各号に掲げる額とする。
(1) 前条第2号アに規定する学校に在学する者　次に掲げる区分に応じ，それぞれ次に掲げる額
　ア　自宅通学　　　月額　1万5,000円
　イ　自宅通学以外　月額　2万4,000円
(2) 前条第2号イに規定する学校に在学する者　月額　1万円

（給付の申請）
第7条　奨学金の給付を受けようとする者（以下「申請者」という。）は，市長が別に定めるところにより，市長に申請しなければならない。

（奨学生の決定等）
第8条　市長は，申請者の学習成績並びに申請者の生計を主として維持する者（以下「生計維持者」という。）の収入の状況を勘案し，奨学生を決定する。
2　市長は，奨学生が第3条の給付資格を満たさなくなったと認めたときは，第1項の規定による奨学生の決定をその時点から取り消すことができる。

○Y市奨学金条例に基づく奨学生の決定の基準（抜粋）

第7条　条例第3条(3)及び(4)の認定の基準は，以下の通りとする。
GPA3.5以上で生計維持者の年収が500万円以下の学生。ただし市外で下宿している学生の場合には生計維持者の年収を考慮しない。

◎ 答案構成のステップ

ステップ①　問題の切り分け

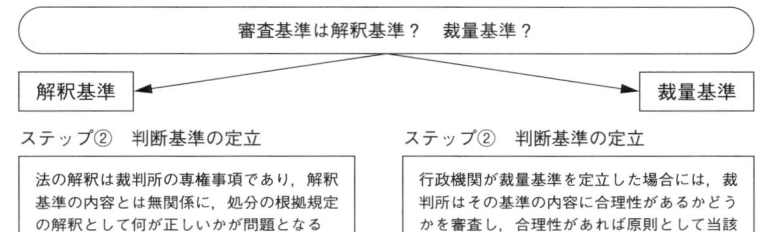

審査基準は解釈基準？　裁量基準？

　　　↙　　　　　　　　　　　↘
解釈基準　　　　　　　　　　　　**裁量基準**

ステップ②　判断基準の定立

法の解釈は裁判所の専権事項であり，解釈基準の内容とは無関係に，処分の根拠規定の解釈として何が正しいかが問題となる

ステップ②　判断基準の定立

行政機関が裁量基準を定立した場合には，裁判所はその基準の内容に合理性があるかどうかを審査し，合理性があれば原則として当該基準を適用することができる

ステップ③　事案へのあてはめ

・条例の他の規定から，下宿生に対する経済的負担を軽減する趣旨が読み取れる
・にもかかわらず，下宿生の所得要件を一律に課す新しい審査基準は，根拠規定の解釈として不適当

ステップ③　事案へのあてはめ

・下宿生の方が経済的負担が大きいにもかかわらず，下宿生にも所得要件を追加したことに合理性はない
・たとえ基準に合理性があるとしても，本件では基準をわずか10万円上回っているに過ぎず，基準の機械的適用は不合理

　答案構成のステップは，大きく3つに分けられる。最初に，本件審査基準が解釈基準にあたるのか，裁量基準に当たるのかを明らかにする必要がある（•column•で詳論するように，行政への基準策定の委任規定がないことから，本件審査基準を法規命令と考えることはできない）。本件条例3条3・4号の要件規定には一義的に意味を特定できない不確定概念（「経済的に困窮」「学業成績が優秀」）が用いられており，この規定によって行政に対する判断権が授権されたと解する余地がある。この場合には，本件審査基準は裁量基準と位置づけられることになる（以下の▶ 参考答案例 では裁量基準と性質決定している）。もし解釈基準と性質決定するのであれば，こうした要件は裁判所が客観的に確定できる（判断代置できる）性格のものであり，行政の判断を尊重する必要がないからという理由を挙げることが考えられる。この場合の審査基準は，行政が定型的な判断を行うための目安を示すに過ぎないことになる。

　次に，違法性主張の判断基準を定立する。本件審査基準を解釈基準と考える場合には，審査基準は法的に無視できるものであって，処分要件規定の解

釈として何が適切なのかだけが問題になる。これに対して本件審査基準を裁量基準と考えると，裁判所の審査権が裁量権の逸脱・濫用がある場合に制限されることとなるため，裁判所としては審査基準の内容の合理性を審査し，内容が合理的であれば原則としてこれを適用することができる。

最後に事案へのあてはめを行って結論を示す。解釈基準の場合には，本件条例の他の規定（例えば4条1号）から，下宿生に対する経済的負担を軽減する趣旨が読み取れ，条例の整合的解釈の観点からは，下宿生に対する配慮を本件条例3条3号の解釈にあたっても含めるべきこと，にもかかわらず新しい審査基準では生計維持者の所得要件を市外下宿者にも課すこととしており，これは条例の趣旨目的（1条）や他の条文との整合性の観点から不適切であることを主張することが考えられる。その結果，Xの親の年収が510万円であっても本件条例3条3号の要件を満たし，本号の要件の不充足を理由として拒否処分をすることは許されず，奨学金交付拒否処分は違法と考えられる。裁量基準の場合には，下宿生の所得要件を一律に課す新たな審査基準には合理性がないこと，仮に基準に合理性があるとしても本件でXの親の年収は基準をわずか10万円しか上回っておらず，また基準の変更直後の案件でもあることから，基準を機械的に適用したことは合理性を欠くとして裁量権の逸脱・濫用にあたり，奨学金交付拒否処分は違法と考えられる。

参考答案例

　Xが本件条例7条に基づき奨学金の申請をしたところ，給付資格を定める本件条例3条3号に関する本件審査基準7条が改正されて，市外の下宿生に対しても生計維持者の年収要件（500万円以下）が及ぼされることとなったため，Xは奨学金の対象とならないとの説明を受けた。そこで，このまま申請拒否処分がなされた場合にどのような内容の違法性主張をすべきか検討する。

　本件条例3条は，奨学金の給付資格として「経済的に困窮し，修学が困難であること」（同条3号），「学業成績が優秀であること」（同条4号）を規定している。また，本件審査基準7条は，本件条例3条3・4号の認定について「GPA3.5以上で生計維持者の年収が500万円以下の学

生。ただし市外で下宿している学生の場合には生計維持者の年収を考慮しない」と規定している。条例3条3・4号の規定は一義的に意味を特定できない不確定概念を用いており，また奨学金交付の可否は市の財政状況に依存している度合いが高い。さらに本件奨学金は高等教育に対するものであることも考慮すれば，これらの要件規定は行政機関に判断権を授権したもの（要件裁量）と考えられる。そうすると，本件審査基準はこの裁量権行使の準則を行政機関が自ら示した裁量基準にあたる。

　裁量基準が定立されている場合の裁量権の逸脱・濫用の有無の審査にあたっては，裁判所は裁量基準の内容に合理性があるかどうかを審査し，合理性があれば原則としてその基準を適用して当該処分の違法性を判断できる。ただし，処分の要件規定が個別事情考慮を行政機関に要請する趣旨を含む場合や，判断権の授権の趣旨が個別事情考慮になくても基準を具体的な場面で機械的に適用すると不合理な結果となる場合には，基準の内容とは異なる，事案に即した判断権の行使を行わなければ，当該処分は裁量権の逸脱・濫用として違法となる。

　これを本件について見れば，本件条例は経済的な理由によって修学が困難な者に対し奨学金を給付することで教育の機会均等を図ることを目的とし（1条），自宅通学者とそうでない者を区別し（2条3号），大学生であって自宅通学でない者には奨学金の額を増額する（4条1号）こととしている。これは自宅通学かどうかによって経済的負担が大きく異なることから，このような差異を設けているものである。そして，改正前の本件審査基準もこのことを前提に，市外で下宿する学生に対して生計維持者の年収を考慮しないと規定していたと考えられる。この但書を，特段の理由が示されることなく全部廃止したことは，条例の目的からみて合理性のある判断権の行使とは言いがたい。また，仮にこの判断が例えば市の財政事情の悪化などの何らかの理由によってその合理性を基礎付けうるとしても，Xの親の収入は510万円であって，審査基準の上限をわずか10万円上回るに過ぎない。このような但書の廃止が移行措置もなくなされているという事情をも勘案すれば，奨学金給付要件の縮

小に伴う不利益を最小限にするという観点からも，本件審査基準を機械的に適用して拒否処分を行うことは審査基準の合理的な適用と言えず，裁量権の逸脱・濫用であって違法と考えられる。

よって，Xが奨学金交付拒否処分を受けた場合には，当該処分は裁量権の逸脱・濫用にあたり，違法である。

・類題・

Y市は，母子家庭の児童の学習環境を向上させるため，学齢期にある母子家庭の児童に対して，市が指定した学習塾の月謝を補助する条例を制定した。条例で定められている給付資格は「父母が婚姻を解消した児童，父が死亡した児童，父が障害基礎年金の障害等級に該当する障害の状態にある児童，父の生死が明らかでない児童及びこれに準じる状態にある児童で規則に定めるもの」とされていた。そして規則において「父が引き続き1年以上遺棄している児童，父が法令により引き続き1年以上拘禁されている児童及び母が婚姻によらないで懐胎した児童」と定められていた。その後，Y市は市の財政が厳しくなってきたことから，規則を改正し，「母が婚姻によらないで懐胎した児童」を削除した。婚姻によらないで子を懐胎・出産し養育してきたXは，子が学齢期に到達したためY市に対して補助の申請を行ったところ，上記の規則改正を理由に拒否処分がなされた。Xはこの拒否処分の違法性をどのように主張すればよいか。

ステップアップ

事例問題において，行政基準との関係で処分の違法性が主張される場面は多い。本書第2部の論点別演習では，
- 行政過程論：4（通達の法的性格）13 14

がこの問題を取り上げている。また，第3部の総合演習では
- 都市法：2（土地区画整理組合の賦課金）136

がこの論点に関連している。

•column• 法形式と行政基準の類型論

　法規命令か行政規則かの区別は，第一義的にはその基準が定めている内容に基づくものである。しかし，国民の権利義務に関係していると思われる内容が行政規則に含まれていることはしばしばあるため，この基準の切れ味には疑問が生じうる。この点について，行政法学の基本書では以下の表のようなトリアーデが前面に押し出されている。

	内　容	法律の授権	外部効果
法規命令	国民の権利・義務	必要	あり
行政規則	行政内部事項	不要	なし

　そして，内容に関する基準で判断できない場合には，法律の授権があるかどうかで判断される場合がある。法律の授権がないとすれば，行政基準中に存在する国民の権利・義務に関係するように見える内容は法規命令ではないと解され，その外部効果（＝私人や裁判所に対する拘束力）を否定する解釈がなされるのである。このような発想の延長として，行政基準の法形式によって，法規命令か行政規則なのかが区分される。具体的には，
- 法規命令：［国の場合］府政令，省令，規則［地方公共団体の場合］規則
- 行政規則：通知，要綱，要領

と考えられている。告示はその内容により様々に性質決定がなされることから（例解 265 頁），法形式による判断はできない。

　このような取り扱いをするとすれば，端的に判断基準を変更し，法律の授権があれば法規命令，授権がなければ行政規則とすべきとも考えられる（この立場に立つ見解として，平岡久『行政立法と行政基準』（有斐閣・1995年）129 頁，大橋洋一『行政法Ⅰ［第 2 版］』（有斐閣・2013 年）140 頁）。このように定義すると，法規命令と委任命令は完全に同義となり，執行命令の概念は不要になる（授権がなければ行政規則に含まれる）。他方で，現在の区別基準によれば，国民の権利・義務を内容とする事項の基準が，法律の委任に基づかず制定された場合には，法形式の如何を問わず法律による行政の原理に反するとして当該基準を直ちに違法無効と処理しうる。

3

行政裁量の統制

◉ FOCUS

　行政裁量は，立法・行政・司法の相互作用が最も明瞭な形で現れる場面であり，それゆえ，行政法の基礎的知識や考え方を一定程度幅広く理解しなければ，議論の内容を把握できない。さらに，その理解を前提にして具体的な紛争事例を解決する答案構成力を高めるには，もう一歩の努力が必要となる。ここでは，行政裁量に関する基礎的な理解（例解 64 頁以下）があることを前提に，具体的な事例においてどのような点に注目して行政裁量の統制を検討すればよいのかを説明する。

　行政裁量の事例問題で出題者が確かめようとしているのは次の3点である。第1は，処分の根拠規定から裁量が認められることが，その理由とともに示されているかどうかである。行政裁量の有無は条文の解釈で決まるのであり，具体的な行政法令を読み解く力がここで試される。その際には，行政上の決定とそれによって影響を受ける権利利益との関係，特に憲法の人権規定との関係も意識されなければならない（渡辺康行「憲法上の権利と行政裁量審査」高橋古稀『現代立憲主義の諸相（上）』（有斐閣・2013 年）325-366 頁）。第2は，裁量を認めた理由に対応する形で，裁量統制の判断基準や統制の強弱が適切に選択されているかどうかである。第3は，選択した判断基準に従って事案を法的に評価し，裁量権の逸脱・濫用が認められるか丁寧に判断しているかどうかである。

基礎知識の確認

1. 行政裁量の認定方法

伝統的な行政裁量（自由裁量）の認定方法は，処分の性質（性質説）や法律の文言（文言説）であった。現在でもこの要素は，行政裁量の認定の際に重要な手がかりの1つとなる。これに加えて，行政裁量を認めうる実質的な理由の存否も重要である（橋本98頁）。

(1) 条文の文言

効果裁量を認めうる典型的な文言は「できる」規定である（例：生活保護法62条3項）。この場合には，裁量権の不行使が裁量権の逸脱・濫用となる場合を除くと，当該行政活動を行うかどうかの判断は行政に委ねられている。処分の必要条件規定（例：都市計画法34条1項）も，法律の要件を充足したからといって必ず許認可をしなければならないわけではないから，効果裁量の余地が認められる。これに対して「しなければならない」とする義務規定の場合には，効果裁量は否定される。

要件裁量を認めうる典型的な規定は，白地要件規定である。これは，要件について法律で規定を置かない方式をいう（例：墓地埋葬法10条1項）。また，一義的に意味が確定しない不確定概念（「公益」「合理的」など）を要件規定に用いている場合（例：土地収用法20条）も，要件裁量を肯定しうる。ただし多義的な概念を用いている場合でも（法律の趣旨目的からみて，多義的な概念であってもその具体的内容が客観的に決まりうるとする「覊束裁量」の概念が存在していることからも分かるように），裁判所が解釈によって一定の意味内容を導き出す可能性は残されている。例えば，土地収用法71条は収用に対する補償金の額について「相当な価格」という不確定概念を用いているものの，最高裁（判百Ⅱ216　判Ⅱ96　最三小判1997(平成9)・1・28民集51巻1号147頁）は収用委員会の裁量権を否定している。

(2) 行政裁量を認めうる実質的な理由

行政裁量が認められるためには，上記のような条文上の手がかりに加え

て、判断の性格・手続や決定の内容から行政裁量を認めうる実質的な理由が示されることも必要である。その典型的な理由付けは次の通りである。

① **効果裁量を認めうる実質的な理由**

学生・生徒に対する教育上の措置・懲戒や公務員の懲戒のように、行政機関の知識・判断能力が裁判所のそれを上回っていると定型的に評価できる場面では、効果裁量が認められやすい。また、決定の内容が例外的に一定の権利や地位を付与するもの（例：公共施設の目的外使用）であれば、これによって設定される地位に特権的な性格が認められ、効果裁量が肯定されやすい。

② **要件裁量を認めうる実質的な理由**

行政過程に裁判所では代替できない独自の機能があると認められる場合に、要件裁量が肯定されやすい。例えば都市計画のように、行政手続の中で様々な利害を衡量して決定を下すような場面では、行政の専門性・技術性や私人の参加手続の存在から要件裁量が認められやすい。また、原子力発電所の設置許可のように、高度に専門・技術的で将来予測の要素も含まれ、決定手続に専門家集団が介在する場合にも、要件裁量が認められやすい。

2. 行政裁量の統制手法

行政裁量が認められる場合には、裁量権の逸脱・濫用がある場合にのみ違法と評価される。そこで裁判所では、裁量が認められない場合の審査手法である「実体的判断代置」とは異なる統制手法がとられることになる。この行政裁量の統制手法の区分については、未だ共通理解はない。また、統制手法と審査密度（＝行政による判断を裁判所が尊重する程度）を分離して考える見解もある（村上裕章「判断過程審査の現状と課題」法律時報85巻2号（2013年）10-16頁）。以下では、統制手法を「社会観念審査」「実体的判断過程統制」「判断過程の過誤欠落審査」の3つに分け（⇨●column●）、統制手法と審査密度はある程度対応しているとの前提に立って説明する。

（1）社会観念審査

裁量権行使の結果（＝出された行政上の決定の内容やそれがもたらす不利益）に注目し、それが社会観念上著しく妥当を欠く場合に違法とする判断基準を言う。裁量権行使の要件・効果面という実体法的な要素の審査が中心で、「社

会観念」との比較による逸脱を要求することから，審査密度は一般に低い。

　社会観念審査が用いられる典型的な場面は，教育関連（判百Ⅰ84　判Ⅰ141　CB 4-6　最二小判 1996(平成 8)・3・8 民集 50 巻 3 号 469 頁［エホバの証人（剣道受講拒否）事件］)・出入国管理関連（判百Ⅰ80　判Ⅰ7　CB 4-4　最大判 1978(昭和 53)・10・4 民集 32 巻 7 号 1223 頁［マクリーン事件］)・公務員の懲戒処分（判百Ⅰ83　判Ⅰ140　CB 4-2　最三小判 1977(昭和 52)・12・20 民集 31 巻 7 号 1101 頁［神戸税関事件］）である。この審査手法は，行政による要件事実評価や決定の内容選択の結果を基本的に是認することから，行政機関の知識・判断能力が裁判所を上回っていると定型的に評価できる領域（例：行政による政策的判断）や，決定の内容に授益的・特権付与的性格が強い場合に用いられる傾向にある。

　社会観念審査を用いた場合のあてはめの際に用いられる具体的基準としては，事実誤認，目的違反・動機違反，行政上の法の一般原則（平等原則・信頼保護原則・比例原則）違反がある。これらのいずれかが認定できれば，当該裁量権行使が社会観念に照らして著しく妥当を欠くものと評価される。

(2) 実体的判断過程統制

　行政機関の判断の過程に注目し，その判断の中で考慮すべき要素が考慮されているかを審査する手法を言う。裁量権行使の「結果」ではなく，行政機関の「判断過程」（判断材料・判断方法）を実体法的な関心（要件の充足・効果の選択）から審査するものであり，一般に審査密度は中程度である（社会観念審査よりも審査密度が高いことが多い）。

　実体的判断過程統制は，原則的な裁量審査手法とされる（山本隆司「日本における裁量論の変容」判例時報 1933 号（2006 年）11-22（15）頁）。典型的に用いられる分野として，公務員の分限処分（判Ⅰ140 R 4　最二小判 1973(昭和 48)・9・14 民集 27 巻 8 号 925 頁［分限降任処分］），利益衡量的な性格が強い決定（都市計画・環境関連など）（判百Ⅰ79　判Ⅰ185　最一小判 2006(平成 18)・11・2 民集 60 巻 9 号 3249 頁［小田急訴訟本案判決］），例外的判断（目的外使用許可など）（判百Ⅰ77　判Ⅰ144　CB 4-8　最三小判 2006(平成 18)・2・7 民集 60 巻 2 号 401 頁［日教組教研集会事件］）等が挙げられる。

　実体的判断過程統制は，行政決定における考慮事項を基軸とする審査手法であり，考慮事項を考慮したかどうか審査する場合（考慮不尽・他事考慮）

と，考慮事項の重み付けの適否をも審査する場合（過大考慮・過小考慮）とがある。どちらの方法がとられるかは，処分根拠規定等の解釈によって決まる。

社会観念審査と実体的判断過程統制はともに裁量権行使の実体法的側面に注目するものであり，2つの判断基準が接合して用いられている最高裁判例も多い。考慮事項を十分に考慮しなかったことや考慮すべきでない事項を考慮したことが（結果＝決定内容の適否を裁判所が十分検討しなくても）社会観念上著しく妥当を欠くと考えられる場合には，両者の規範が接合しやすいと考えられる（高木光「社会観念審査の変容」自治研究90巻2号（2014年）20-34（28）頁）。

(3) 判断過程の過誤欠落審査

行政機関の判断の過程に注目し，判断の手続面に焦点を当てて，判断過程に過誤・欠落があるかどうかを審査する手法を言う。裁量行使の結果ではなく行政機関の判断過程に注目する点では，実体的判断過程統制との共通性を有する。しかし，考慮事項に注目するのではなく，手続的な問題点の有無を審査する点で両者は異なっている。審査密度は一般に中程度とされる。この手法は手続的瑕疵に注目した司法審査の一例であり，類似の手法として，理由提示義務違反がある。

判断過程の過誤欠落審査は，専門性・技術性に基づく比較的広範な要件裁量が認められている場合にのみ用いられる（判Ⅰ181 最三小判2012（平成24）・2・28民集66巻3号1240頁［生活保護老齢加算廃止訴訟］）。とりわけ，専門家が参加する行政手続が設定され，このことと裁量が認められる趣旨とが密接に関係しているような場合にこの手法がとられる（判百Ⅰ81 判Ⅰ139/Ⅱ17 CB 4-5 最一小判1992（平成4）・10・29民集46巻7号1174頁［伊方原発訴訟］）。これはこの審査手法が，法律の規定から考慮事項を抽出することが困難な場合に，手続の適正な実施の要素に注目して裁量統制を行うものであるからである。

判断過程の過誤欠落審査においては，専門家等の審議検討過程に不合理な点がないか，その判断結果を受けて下した大臣等の行政庁の決定過程に不合理な点がないかが重点的に確認される。

▶ 事例

問題文 学校法人Xは，4年制の学部の新設を目指し，文部科学大臣に大学設置認可の申請を行った。学校教育法によれば，設置認可の審査に当たっては，文部科学省に設置されている大学設置・学校法人審議会への諮問が義務付けられている。大臣は同審議会に諮問し，審議会はXに対して基準を満たすように種々の改善を求めた。Xはこれに従って改善を行い，審議会は大臣に対して設置認可を妥当とする答申を出した。しかし大臣は，18歳人口が減少し，私立大学の経営悪化や質の低下が目立つ現在にあってさらに大学の新設を認めることは政策的に妥当ではないとして，認可を与えなかった。審議会の答申を覆して大臣が認可しなかった例は，少なくとも過去30年は存在しなかった。Xの立場に立って認可拒否処分の違法を主張しなさい。

【参照条文】

○学校教育法（昭和22年3月31日法律第26号）（抜粋）

第3条　学校を設置しようとする者は，学校の種類に応じ，文部科学大臣の定める設備，編制その他に関する設置基準に従い，これを設置しなければならない。

第4条　次の各号に掲げる学校の設置廃止，設置者の変更その他政令で定める事項（次条において「設置廃止等」という。）は，それぞれ当該各号に定める者の認可を受けなければならない。これらの学校のうち，高等学校（中等教育学校の後期課程を含む。）の通常の課程（以下「全日制の課程」という。），夜間その他特別の時間又は時期において授業を行う課程（以下「定時制の課程」という。）及び通信による教育を行う課程（以下「通信制の課程」という。），大学の学部，大学院及び大学院の研究科並びに第108条第2項の大学の学科についても，同様とする。

一　公立又は私立の大学及び高等専門学校　文部科学大臣
二　市町村の設置する高等学校，中等教育学校及び特別支援学校　都道府県の教育委員会
三　私立の幼稚園，小学校，中学校，高等学校，中等教育学校及び特別支援学校　都道府県知事

2〜4　（略）

第83条　大学は，学術の中心として，広く知識を授けるとともに，深く専門の学芸を教授研究し，知的，道徳的及び応用的能力を展開させることを目的とする。

2　大学は，その目的を実現するための教育研究を行い，その成果を広く社会に提

供することにより，社会の発展に寄与するものとする。
第94条　大学について第3条に規定する設置基準を定める場合及び第4条第4項に規定する基準を定める場合には，文部科学大臣は，審議会等で政令で定めるものに諮問しなければならない。
第95条　大学の設置の認可を行う場合及び大学に対し第4条第3項若しくは第15条第2項若しくは第3項の規定による命令又は同条第1項の規定による勧告を行う場合には，文部科学大臣は，審議会等で政令で定めるものに諮問しなければならない。

○学校教育法施行令（昭和28年10月31日政令第340号）（抜粋）

（法第94条の審議会等で政令で定めるもの）
第42条　法第94条（法第123条において準用する場合を含む。）の審議会等で政令で定めるものは，中央教育審議会とする。
（法第95条の審議会等で政令で定めるもの）
第43条　法第95条（法第123条において準用する場合を含む。）の審議会等で政令で定めるものは，大学設置・学校法人審議会とする。

答案構成のステップ

ステップ①　行政裁量の有無の認定

条文から出発→裁量の有無・裁量が認められる理由の説明

ステップ②　裁量統制基準の選択

社会観念審査	実体的判断過程統制	判断過程の過誤欠落審査
その決定が全く事実上の根拠に基づかないと認められる場合であるか、もしくは社会観念上著しく妥当を欠く場合に限って、裁量権の逸脱・濫用となり違法となる	処分事由の有無の判断についても恣意にわたることは許されず、考慮すべき事項を考慮せず、考慮すべきでない事項を考慮して判断するとか、また、その判断が合理性をもつ判断として許容される限度を超えた不当なものであるときは、裁量権の逸脱・濫用となり違法となる	審議会等の調査審議及び判断の過程に看過し難い過誤、欠落があり、これに依拠してされた処分行政庁の判断に不合理な点があれば、裁量権の逸脱・濫用となり違法となる

ステップ③　事実へのあてはめ

重大な事実誤認、目的違反・動機違反比例原則違反、平等原則違反信頼保護原則違反	他事考慮、考慮不尽過大考慮、過小考慮	判断過程・手続の過誤欠落の有無

　行政裁量に関連する事例問題の答案構成は、大きく 3 つのステップに分かれる。まず、問題となっている行政上の決定（典型的には行政行為であるものの、それには限定されない）の根拠規定の解釈から、当該決定に裁量が認められるかどうか、認められるとしてそれがどのような実質的理由に基づくのかを示す必要がある。その際には、問題となっているのが要件裁量なのか効果裁量なのかを意識し、裁量権認定の理由付けや答案の構成に反映させる必要がある（効果裁量が問題となっている事例問題では、要件を充足するかどうかの部分は実体的判断代置によって確定させる必要がある）。

　次に、最初のステップで示した裁量が認められる理由と対応させる形で、裁量統制基準を提示する。例えば、行政機関が事情に通暁しており、知識や判断能力が（裁判所に比べて）高いことを裁量が認められる理由とした場合には、社会観念審査が選ばれることになる。

最後に，選択した裁量統制基準において典型的に利用される具体的基準を用いて，紛争事例へのあてはめを行い，裁量の逸脱・濫用が認められるかどうかを判断する。この段階では，紛争事例からきめ細かく重要な事実を拾い，それが法的にどう評価されるかを的確に位置づけることが必要となる。実体的判断過程統制で答案を書く場合には，あてはめの冒頭部分で考慮事項を整理し，それが本件事実関係のもとで適切に考慮されているかを検討する構成をとることが考えられる。

▶ 参考答案例

　学校法人Xは学部の新設に必要な文部科学大臣の認可（学校教育法4条1項）の申請を行ったところ，文部科学大臣は学部の新規設立の政策的当否を理由に申請を拒否した。この拒否処分の違法を主張する際には，認可に文部科学大臣の裁量が認められているかどうかが問題となり，もし裁量が認められているとすれば大臣の裁量権行使が逸脱・濫用にあたることを主張する必要がある。

　学校教育法4条1項1号によれば，大学の学部の設置の際には文部科学大臣の認可を得なければならない。その具体的な認可要件は法律には示されておらず，同法3条で文部科学大臣の定める設置基準に従うことが求められ，また同法83条以下で大学の目的や備えるべき組織等が規定されているに過ぎない。これは，一方で大学の設置認可が高等教育をはじめとする教育制度のあり方や大学に対する需要の変化（18歳人口の増減を含む）といった様々な要素を考慮しなければならないとする政策的判断の性格を伴ったものであり，他方で大学の設置が憲法で保障された学問の自由（憲法23条）との密接な関わりを持つものでもあることから，文部科学省に設置された大学設置・学校法人審議会（学校教育法施行令43条）における審議検討を踏まえ，文部科学大臣の合理的な裁量に委ねる趣旨と考えられる。

　このように，学校教育法が文部科学大臣に大学設置認可について裁量権を認めた趣旨は，社会情勢の変化に対応した教育制度のあり方を多様な利害関係に配慮しながら決定することと，学問の自由に配慮する観点

から専門家により構成される審議会の審議検討を尊重して決定することにあると考えられるから，その裁量権の行使が逸脱・濫用に当たるか否かの司法審査においては，その判断要素の選択や判断過程に合理性を欠くところがないかを検討し，その判断が重要な事実の基礎を欠くか，または社会通念に照らして著しく妥当性を欠くものと認められる場合に限って，裁量権の逸脱または濫用として違法となる。

　これを本件について見れば，学校教育法上，大学設置・学校法人審議会の答申が大臣を拘束することになってはいないから，答申と異なる判断を文部科学大臣が下しただけでは，裁量権の逸脱または濫用とは言えない。しかし，大学の設置の可否が学問の自由と密接に関わり，専門家の判断を要するという上述の性格からすれば，審議会の審議過程を経た答申を十分に考慮した上で大臣は認可の判断を行うことが，法律上求められている。また，従前の取り扱いから逸脱したという点だけでは裁量権の逸脱または濫用とは言えないものの，比例原則や平等原則の観点から裁量権濫用にあたるかどうかの考慮事項となることはあり得る。

　以上の見地から本件の事実関係を検討すると，大学設置・学校法人審議会は基準を満たすようにXに改善を求め，審議会は最終的に基準に適合すると判断して大臣に認可を妥当とする答申を行っている。しかも，審議会の答申を覆して大臣が認可を行わなかった例は少なくとも過去30年は存在しない。しかし大臣は，私立大学の経営悪化・質の低下傾向といった，Xによる認可申請における個別の事情とは直接的な関係を持たない高等教育政策全般に関わる課題を考慮し，設置認可妥当の答申に反して認可を拒否している。これは，審議会答申という法制度上最も重視すべき考慮事項を考慮せず，他方で私立大学の経営悪化・大学の質の低下等の本来重視すべきでない事項を重視し，その結果，社会通念に照らし著しく妥当性を欠いたものというべきであり，裁量権を逸脱・濫用し，本件認可拒否処分は違法である。

・類題・

一般廃棄物処理業者XはY市から1年ごとに許可を得て廃棄物の収集・運搬を行っていた。Xが翌年分の許可を申請したところ、Y市は「市立小中学校からの廃棄物の収集・運搬に限る」との条件を付けて許可を出した。Xはこの許可条件に不服で、Y市に理由を尋ねたところ、①営業実績に欠けること、②XはY市内に営業所を持たず緊急対応ができないこと、③Y市一般廃棄物処理計画に適合しないこととのことであった。しかし①については営業実績がないのは既存事業者との摩擦を心配したY市の行政指導に従ったためであり、②と③については、許可に条件が付かなかった前年と何も事情が変わっておらず、処理計画の内容の変更もなかった。Xはどのようにこの条件付許可の違法性を主張すればよいか。

ステップアップ

行政裁量の統制は、違法性主張の局面でしばしば登場する。本書第2部の論点別演習では、

- 行政過程論：7（都市計画決定の裁量統制）**25**
- 行政救済論：7（大規模小売店舗の出店と地区計画）**61**、9（空き家の除却請求）**67**、10（通院移送費架空請求と住民訴訟）**69**

が取り上げている。また、第3部の総合演習でも

- 社会保障法：1（保育所廃止条例）**93**、2（介護保険法の是正勧告）**103**
- 環境法：1（原子力発電所をめぐる紛争）**108**、2（産廃処理場設置をめぐる紛争）**119**

が扱っている。このうち**67**、**108**は消極的裁量濫用審査が、**119**では附款が問題となっている。行政裁量の事例問題では、裁量が認められる理由を条文解釈から説得的に示すことと、判断基準に従ったあてはめの際に考慮すべき事項を事例から丁寧に拾って法的評価を示すことが重要である。いずれも個別の行政法令の的確な読解力が要求される作業である。

•column• 裁量統制基準の分立

　日教組教研集会事件最高裁判決（判百Ⅰ77　判Ⅰ144　CB 4-8　最三小判 2006(平成 18)・2・7 民集 60 巻 2 号 401 頁）以降，最高裁は実体的判断過程統制を用いた判決を次々と下した。しかも，その判断は行政の行為形式を問わず（行政計画に関して前掲・小田急訴訟本案判決，行政契約に関して 判百Ⅰ99　判Ⅰ192　最一小判 2006(平成 18)・10・26 判時 1953 号 122 頁），また社会観念審査の要素も取り込んだ普遍的なものであったため，最高裁は裁量審査に関して実体的判断過程統制に一本化するのではないかとも思われていた。

　しかし，2012 年に出された 2 つの最高裁判決は，この予想とは異なるものであった。まず，君が代不起立訴訟（判Ⅰ12　最一小判 2012(平成 24)・1・16 判時 2147 号 127 頁）において最高裁は，それまでの判例法理に従い，公務員懲戒に関して社会観念審査を採用した。同判決では，減給以上の処分をする場合には行政が内部的に定めた処分基準を機械的にあてはめるのではなく，処分を基礎付ける具体的な事情が示されなければ，比例原則違反の観点から処分は違法となると判断しており，審査密度を高めた社会観念審査の枠組が示された。次に，生活保護法の老齢加算廃止をめぐる一連の最高裁判決において，判断過程の過誤欠落審査が採用された。最高裁がこの基準を本格的に用いたのは，1990 年前半に相次いで出された前掲・伊方原発訴訟や第一次教科書検定訴訟（判百Ⅰ82　判Ⅰ145　最三小判 1993(平成 5)・3・16 民集 47 巻 5 号 3483 頁）以来のことであり，この基準が事例判断的なものではなく，一定の局面で普遍的に利用されうるものと最高裁が考えていることが明らかになった（水俣病不認定訴訟に関する最三小判 2013(平成 25)・4・16 民集 67 巻 4 号 1115 頁でも，認定に関する行政裁量を否定する文脈でこの基準に言及していることが注目される）。すなわち，判断過程の過誤欠落審査は，要件裁量が広範に認められ考慮事項を要件規定から容易に導出できない場面において，手続の過誤・欠落の有無に注目した審査を行う手法として，実体的判断過程統制と相補的に用いることが構想されているように思われる。

第三者の原告適格

FOCUS

　行政救済法における典型的な論点の1つが，第三者の原告適格である。原告適格の答案構成は，もう1つの典型論点である処分性（さしあたり**24**を参照）とは異なりある程度定型化されているため，一度構成を理解してしまえば，何を書けばよいかで迷うことは少ない（処分性については事案に即した答案の書き方が求められるため，第2部以降で随時説明する）。しかし，問題となっている利益が法律によって保護されているかどうか，公益としてのみならず個々人の個別的利益としても保護されているかどうかの判断にあたっては，処分の根拠規定だけではなく，関連規定や関連法令まで広く視野に入れて，その法的しくみを丁寧に分析する必要がある。この作業を通じて個別の行政法令の理解度を確認でき，また実務上も極めて重要な論点であるため，第三者の原告適格が事例問題でしばしば出題される。

基礎知識の確認

1. 原告適格論の意義

　行政事件訴訟法9条1項は，「当該処分又は裁決の取消しを求めるにつき法律上の利益を有する者」に限り取消訴訟の提起が可能であると規定する。不利益処分の名宛人や申請に対する拒否処分の申請者のような，処分の直接

の相手方がこの規定にいう「法律上の利益を有する者」であることに疑いはない。問題になるのは専ら，このような処分の直接の相手方以外の第三者が取消訴訟を提起できるかどうかである。民事訴訟における形成訴訟や行政事件訴訟における客観訴訟の場合には，訴えの提起を認める条文の中に誰が訴える資格を有するかも具体的に規定されている（例：会社法831条）。これに対して行政事件訴訟の抗告訴訟の場合には，処分要件を定めた個別の行政実体法と行政事件訴訟法との組み合わせで出訴する構造になっているため，具体的に誰に出訴資格があるのかが法律上明確に書かれておらず，処分要件規定の解釈から行政事件訴訟法9条1項にいう「法律上の利益を有する者」に該当するかを判断しなければならないのである。

2. 第三者の原告適格の判断要素

　最高裁は第三者の原告適格を判断するに当たって，次の3つの要件を用いている。第1は，問題となっている行政処分によって「侵害」ないし不利益が生じる（おそれがある）ことである（不利益要件）。このように処分と自己の権利利益との結びつきが要求されることは，取消訴訟が主観訴訟として位置づけられていることからも基礎付けられる。第2は，その利益が処分の根拠規定によって保護されていることである（保護範囲要件）。裁判官が保護すべきと考える利益ではなく，立法者が法律の中で保護すべき利益を特定することが要求されている。第3は，法律により当該利益が，公益としてのみならず個々人の個別的利益としても保護されていることである（個別保護要件）。この要件が要求されている理由は，保護範囲要件まででよいとすると国民一般の利益（公益）として保護されている場合には国民が誰でも取消訴訟を提起できることになって，具体的な権利義務関係に基づく争いである主観訴訟とは言えなくなることが危惧されているからであろう。

　具体的な事件における原告適格の判断にあたっては，上記の3つの要件をクリアした上で，現に訴えている原告一人一人が原告適格を有するのかを判定する必要がある（競願事例の相手方のようにその範囲が明確である場合にはこの作業は容易である）。これを具体的な原告の切り出し（線引き）という。その際には，個別保護要件を充足すると判断した理由に応じて，被害の蓋然性などに着目した判断が必要となる（⇨121 123）。

▶事例

問題文　P市は海沿いの風光明媚な景観で知られている。A競艇施行組合はP市内にモーターボート競走の勝舟投票権の場外発売場（以下「本件施設」という）を設置する計画を立てた。これを知ったP市では議会・設置予定地域を中心に強い反対運動が起こり，市長がモーターボート競走法（以下「法」という）・同施行規則（以下「施行規則」という）の定める場外発売場に関する国の通達で規定されている設置市町村長の同意を行わなかったため，計画はしばらく遅延した。この間にP市は，公営競技全ての場外発売場の設置を規制するため「P市海岸地域の良好な環境・景観維持のための条例」（以下「本件条例」という）を制定し，場外発売場の設置を許可制とした。一方，A競艇施行組合は国土交通省と折衝を重ねた結果，設置市町村長の同意なしでも申請できるとの了解が得られたため，本件条例制定後に，法11条に規定された許可申請を行い，国土交通大臣はこれを許可した。

本件施設予定地に隣接する場所で病院を経営するX1と，予定地から100mのところに居住する周辺住民X2はこの許可に不満で，本件施設の建設で地域の良好な生活環境や医療施設の立地条件，さらには風光明媚な景観が失われることを危惧している。X1とX2が国土交通大臣の設置許可に対する取消訴訟を提起する場合，原告適格は認められるか。

【参照条文】

○モーターボート競走法（昭和26年6月18日法律第242号）（抜粋）

（趣旨）
第1条　この法律は，モーターボートその他の船舶，船舶用機関及び船舶用品の改良及び輸出の振興並びにこれらの製造に関する事業及び海難防止に関する事業その他の海事に関する事業の振興に寄与することにより海に囲まれた我が国の発展に資し，あわせて観光に関する事業及び体育事業その他の公益の増進を目的とする事業の振興に資するとともに，地方財政の改善を図るために行うモーターボート競走に関し規定するものとする。

（競走の施行）
第2条　都道府県及び人口，財政等を考慮して総務大臣が指定する市町村（以下

「施行者」という。）は，その議会の議決を経て，この法律の規定により，モーターボート競走（以下「競走」という。）を行うことができる。
2～4　（略）
5　施行者以外の者は，勝舟投票券（以下「舟券」という。）その他これに類似するものを発売して，競走を行ってはならない。
（場外発売場の設置）
第5条　舟券の発売等の用に供する施設を競走場外に設置しようとする者は，国土交通省令で定めるところにより，国土交通大臣の許可を受けなければならない。当該許可を受けて設置された施設を移転しようとするときも，同様とする。
2　国土交通大臣は，前項の許可の申請があったときは，申請に係る施設の位置，構造及び設備が国土交通省令で定める基準に適合する場合に限り，その許可をすることができる。
3　競走場外における舟券の発売等は，第1項の許可を受けて設置され又は移転された施設（以下「場外発売場」という。）でしなければならない。
（競走場内等の取締り）
第22条　施行者は，競走場内の秩序（場外発売場において舟券の発売等が行われる場合にあっては，当該場外発売場内の秩序を含む。）を維持し，かつ，競走の公正及び安全を確保するため，入場者の整理，選手の出場に関する適正な条件の確保，競走に関する犯罪及び不正の防止並びに競走場内における品位及び衛生の保持について必要な措置を講じなければならない。

○モーターボート競走法施行規則（昭和26年7月9日運輸省令第59号）（抜粋）

（場外発売場の設置等の許可の申請）
第11条　法第5条第1項の規定により場外発売場の設置又は移転の許可を受けようとする者は，次に掲げる事項を記載した申請書を国土交通大臣に提出しなければならない。
　一　申請者の氏名又は名称及び住所並びに法人にあっては代表者の氏名
　二　場外発売場の設置又は移転を必要とする事由
　三　場外発売場の所在地
　四　場外発売場の構造及び設備の概要
　五　場外発売場を中心とする交通機関の状況
　六　場外発売場の建設費の見積額及びその調達方法
　七　場外発売場の建設工事の開始及び完了の予定年月日
　八　その他必要な事項
2　前項の申請書には，次に掲げる書類を添付しなければならない。
　一　場外発売場付近の見取図（場外発売場の周辺から1000メートルの区域内にある文教施設及び医療施設については，その位置及び名称を明記すること。）
　二　場外発売場の設備の構造図及び配置図（1000分の1以上の縮尺による。）
　三　申請者が当該施設を使用する権原を有するか，又はこれを確実に取得することができることを証明する書類

四　場外発売場の経営に関する収支見積書
　　五　施行者の委託を受けて舟券の発売等を行う予定であることを証明する書類
（場外発売場の設置等の許可の基準）
第12条　法第5条第2項の国土交通省令で定める基準（払戻金又は返還金の交付のみの用に供する施設及び設備の基準を除く。）は，次のとおりとする。
　　一　位置は，文教上又は衛生上著しい支障をきたすおそれのない場所であること。
　　二　構造及び設備が入場者を整理するため適当なものであること。
　　三　競走の公正かつ円滑な運営に必要な次に掲げる施設及び設備を有していること。
　　　イ　舟券の発売等の用に供する施設及び設備
　　　ロ　入場者の用に供する施設及び設備
　　　ハ　その他管理運営に必要な施設及び設備
　　四　前号に掲げる施設及び設備は，告示で定める基準に適合するものであること。

○関連通達

「場外発売場の位置，構造及び設備の基準の運用について」（平成20年2月15日付国海総第139号海事局長から各地方運輸局長，神戸運輸監理部長あて通達）（抜粋）
1　場外発売場の基準
場外発売場の基準の運用については，次のとおりとする。
(1) 位置（省令［注：本件施行規則をいう，以下同じ］第12条第1項第1号）
　①　（略）
　②「衛生上著しい支障をきたすおそれがあるか否か」の判断は，医療施設から適当な距離を有している，救急病院又は救急診療所（都道府県知事が救急隊により搬送する医療機関として認定したものをいう。）への救急車の主たる経路に面していないなど総合的に判断して行う。
　③　（略）
　④医療施設とは，医療法第1条の5第1項の病院及び同条第2項の診療所（入院施設を有するものに限る。）をいう。
　⑤「適当な距離」とは，著しい影響を及ぼさない距離をいい，場外発売場の規模，位置，道路状況，周囲の地理的要因等により大きく異なる。

○P市海岸地域の良好な環境・景観維持のための条例（抜粋）

第1条（目的）
この条例は，景観法の趣旨とP市環境基本条例第15条の規定に基づき，海岸地域における公営競技の場外発売施設の建築等について必要な規制を行うことにより，同地域の良好な景観と生活環境を確保することを目的とする。
第2条（定義）
この条例において，次の各号に掲げる用語の意義は，それぞれ当該各号に定めるところによる。

(1) 公営競技　競馬法，自転車競技法，モーターボート競走法及び小型自動車競走法に基づく競技をいう。
(2) 場外発売施設　競馬法施行令2条に基づく競馬場外の勝馬投票券発売所又は払戻金交付所（同令17条の7により準用される場合を含む），自転車競技法5条に基づく場外車券売場，モーターボート競走法5条に基づく場外発売所及び小型自動車競走法8条に基づく場外車券売場をいう。
(3) 海岸地域　市内の海岸から5キロメートルまでの範囲の地域をいう。

第3条（立地規制地域の指定）
市長は，海岸地域において特に美しい景観を保っている地域，又は良好な生活環境を特に保護すべき地域を立地規制地域に指定することができる。

第4条（場外発売施設立地許可）
立地規制地域において場外発売施設を設置しようとする者は，その建設工事に着手する前に市長の許可を得なければならない。
2　市長は，第1項の許可の申請が次の各号に適合していると認めるときでなければ，同項の許可をしてはならない。
(1) 地方自治法2条4項に基づくP市基本構想に合致していること。
(2) 場外発売施設の立地要件として公営競技各法等の法令で定められている基準に合致していること。
(3) 文教施設・医療施設・都市計画法9条1項にいう第1種低層住居専用地域から適当な距離を有していること。
(4) 周辺環境と調和し，地域における景観と生活環境の維持に支障を来さないこと。
(5) 場外発売施設設置に関して立地予定地周辺住民の理解を得ていること。

第5条（立地許可手続）
市長は，第4条に基づく許可を与える前に，立地予定地から半径1キロメートル以内に住所を有する住民に対し，予め場外発売施設の建設計画の概要を規則の定めるところにより公告し，その日から2週間縦覧に供しなければならない。
2　前項の規定による公告があったときは，前項に定める周辺住民は，同項の縦覧期間満了の日までに，縦覧に供された建設計画について意見書を提出することができる。
3　市長は，第1項に定める周辺住民から求めがあった場合には，立地規制地域において場外発売施設を設置しようとする者の出席のもとで，公聴会を開催しなければならない。
4　市長は，第4条に基づく許可を与えるかどうかの判断の際に，前2項の手続で出された意見を十分考慮し，許可を与えた場合には意見を考慮した結果及び許可を与えた理由を公告しなければならない。

第8条（罰則）
第4条の許可を得ずに立地規制地域において場外発売施設を設置した者は，これを30万円以下の罰金に処する。

答案構成のステップ

ステップ①　原告適格の判断基準の定立

「法律上の利益を有する者」とは、当該処分により自己の権利若しくは法律上保護された利益を侵害され、又は必然的に侵害されるおそれのある者をいうのであり、当該処分を定めた行政法規が、不特定多数者の具体的利益を専ら一般的公益の中に吸収解消させるにとどめず、それが帰属する個々人の個別的利益としてもこれを保護すべきものとする趣旨を含むと解される場合には、このような利益もここにいう法律上保護された利益に当たり、当該処分によりこれを侵害され又は必然的に侵害されるおそれのある者は、当該処分の取消訴訟における原告適格を有する

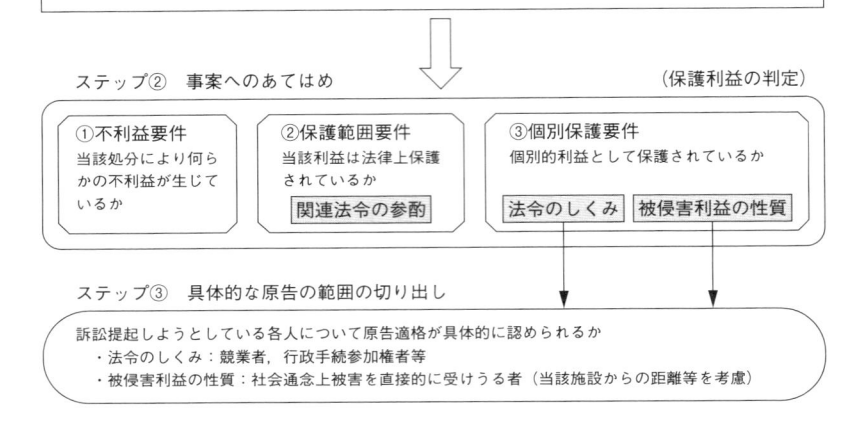

↓

ステップ②　事案へのあてはめ　　　　　　　　　　（保護利益の判定）

①**不利益要件**
当該処分により何らかの不利益が生じているか

②**保護範囲要件**
当該利益は法律上保護されているか
　関連法令の参酌

③**個別保護要件**
個別的利益として保護されているか
　法令のしくみ　　被侵害利益の性質

ステップ③　具体的な原告の範囲の切り出し

訴訟提起しようとしている各人について原告適格が具体的に認められるか
・法令のしくみ：競業者、行政手続参加権者等
・被侵害利益の性質：社会通念上被害を直接的に受けうる者（当該施設からの距離等を考慮）

　原告適格の答案構成は次の3つのステップからなり、この構成はほぼ定型化している。第1に、判断基準を定立する。行政事件訴訟法9条1項の「法律上の利益を有する者」の解釈として最高裁判例が示してきた判断基準（とりわけ重要なものとして、判百Ⅱ170　判Ⅱ39　CB 12-2　最二小判1989（平成元）・2・17民集43巻2号56頁［新潟空港訴訟］、判百Ⅱ171　判Ⅱ41　CB 12-5　最三小判1992（平成4）・9・22民集46巻6号571頁［もんじゅ訴訟］、判百Ⅱ177　判Ⅱ37　CB 12-11　最大判2005（平成17）・12・7民集59巻10号2645頁［小田急事件］）をベースに9条2項の解釈規定の存在にも言及する（上図及び▶参考答案例 参照）。

　第2に、問題となっている利益が法律上の保護を受けているかどうか（利益の性格）を、上記の判断基準に基づいて判断する。その際に検討すべき3つの要件が「不利益要件」「保護範囲要件」「個別保護要件」である（不利益要件をステップ③とまとめて書く方法もある）。保護範囲要件においては関連法令の参酌が必要となり、関連法令を持ち出す際にはなぜそれが関連法令と言

えるかを説明すべきである（関連法令の判断基準につき●column●参照）。また個別保護要件では，法令のしくみ（許認可数の限定・行政手続参加権の存在）や被侵害利益の性質（保護法益それ自体の重要性や被害回復の困難性）を手がかりに，当該利益が公益としてのみならず個々人の個別的利益としても保護されていることを示す必要がある（行政事件訴訟法9条2項は上記のような解釈を求める趣旨の規定である）。参考答案例では原告適格を肯定する方向で記述しており，本件条例を関連法令に含めた上で行政手続参加権に注目して個別保護要件を充足するとしている（この点は，本事例がモデルとした大阪サテライト事件最高裁判決（判百Ⅱ178　判Ⅱ45　CB12-12　最一小判2009（平成21）・10・15民集63巻8号1711頁）と異なる）。これに対しては，条例を関連法令に含めない見解や，法令の要件を実質的に書き換える条例を無効と考える見解（⇨①）もあり得る。

　第3に，具体的な原告の範囲の切り出しを行う。個別保護要件を認めた理由と対応させる形で，訴訟提起しようとしている各人について，原告適格が具体的に認められるかどうかを検討する。法令のしくみに注目して個別保護要件を充足すると判断した場合には，限定された許認可の申請者や行政手続参加権者が原告になりうる。また被侵害利益の性質に注目して個別保護要件を充足すると判断した場合には，許認可等に係る事業によって具体的な被害を受けるおそれがある地域の居住者等であれば原告になりうる。

▶ **参考答案例**

1. 原告適格の判断枠組

　本件では，許可処分の名宛人であるA競艇施行組合以外の第三者X1とX2の原告適格が問題となっている。行政事件訴訟法9条1項は，「当該処分又は裁決の取消しを求めるにつき法律上の利益を有する者」に限り取消訴訟の提起が可能であると規定する。この「法律上の利益を有する者」とは，当該処分により自己の権利若しくは法律上保護された利益を侵害され，又は必然的に侵害されるおそれのある者をいうのであり，当該処分を定めた行政法規が，不特定多数者の具体的利益を専ら一般的公益の中に吸収解消させるにとどめず，それが帰属する個々人の個

別的利益としてもこれを保護すべきものとする趣旨を含むと解される場合には，このような利益もここにいう法律上保護された利益に当たり，当該処分によりこれを侵害され又は必然的に侵害されるおそれのある者は，当該処分の取消訴訟における原告適格を有するものというべきである。そして，処分の相手方以外の者について上記の法律上保護された利益の有無を判断するに当たっては，当該処分の根拠となる法令の規定の文言のみによることなく，当該法令の趣旨及び目的並びに当該処分において考慮されるべき利益の内容及び性質を考慮し，この場合において，当該法令の趣旨及び目的を考慮するに当たっては，当該法令と目的を共通にする関係法令があるときはその趣旨及び目的をも参酌し，当該利益の内容及び性質を考慮するに当たっては，当該処分がその根拠となる法令に違反してされた場合に害されることとなる利益の内容及び性質並びにこれが害される態様及び程度をも勘案すべきものである（同条2項）。

2. 保護利益の判定
(1) 不利益要件

これを本件について見れば，施設予定地に隣接する場所で病院を経営するX1は，施設が建設されればその利用客らが多数にのぼることで静穏な環境の下で円滑に医療業務を行う利益を維持する上での支障が生じるおそれがある。また予定地から100m離れたところに居住する住民X2には静穏な生活環境が害されるおそれがある。さらに，風光明媚な場所に施設が建設されることで美しい景観が失われるおそれもある。

(2) 保護範囲要件

そこで次に，以上のような①医療従事者の利益，②生活環境利益・景観利益が，モーターボート競走法の処分根拠規定によって保護されているかどうかを，同法の関連規定及び目的を共通にする関連法令の規定の趣旨も参酌して検討する。

① 場外発売場の許可基準を定めるモーターボート競走法5条2項はその要件の定めを国土交通省令に委任しており，同項の委任を受けた同法

施行規則（以下「施行規則」という）12条には「位置は，文教上又は衛生上著しい支障をきたすおそれのない場所であること」（同条1号）との要件が規定されている。具体的には，医療施設からの適当な距離を有し，救急車の主たる経路に面していないことなどを考慮することが想定されているようである（「場外発売場の位置，構造及び設備の基準の運用について」1（1）②）。そこで，医療従事者の有する衛生面の利益は，法律上保護すべき利益に含まれていると考えることができる。

② 許可要件を定める施行規則12条には，生活環境利益や景観利益を保護すべきとする明文の規定はない。しかし，モーターボート競走法1条は，海事に関する事業の振興に寄与するとともに，観光に関する事業の振興も目的としている。そこで，風光明媚な環境の維持は観光の振興とも関わりが深いことから，同法は景観利益の維持にも配慮することを求めていると考えることができる。また，モーターボート競走法は，刑法187条の富くじの禁止を例外的に解除する特権を行政に与えるものであり（同法2条・22条），それゆえ場外発売場の設置による治安や生活環境の悪化を抑制することも同法の目的に含まれていると考えるべきである。さらに，これらの利益の保護を目的に制定されているP市海岸地域の良好な環境・景観維持のための条例（以下「本件条例」という）も，モーターボート競走法と目的を共通にする関連法令（本件条例1条）であり，その趣旨・目的をも参酌する必要がある。本件条例3条では，特に美しい景観を保っている地域または良好な生活環境を特に保護すべき地域を立地規制地域に指定し，同地域で場外発売施設を設置しようとする者は市長の許可を受けなければならないとしている（同条例4条1項）。またその許可要件として，周辺環境と調和し，地域における景観と生活環境の維持に支障を来さないこと（同条2項4号）が規定されている。こうした関連法令の趣旨をも参酌すると，許可の根拠規定であるモーターボート競走法5条1項は，生活環境利益・景観利益をも保護すべき利益に含めていると考えることができる。

(3) 個別保護要件

さらに、これらの利益が、公益としてのみならず、個々人の個別的利益としても保護されているかどうか検討する。

① 施行規則11条2項は、許可の申請書に場外発売場付近の見取図を添付することを要求し、その見取図の中で「場外発売場の周辺から1000メートルの区域内にある文教施設及び医療施設については、その位置及び名称を明記すること」を要求している。その規定の仕方は特定施設からの距離制限ではなく、場外発売場予定地から1000m以内に立地する医療施設の設置者の利益を一律に保護しているとまでは言えないものの、場外発売場が設置された場合の発売場の規模や地理的状況からみて衛生上の支障が具体的に生ずるおそれがある医療施設の設置者が静穏な環境の下で円滑に医療業務を行う利益を、個々の設置者の個別的利益としても保護する趣旨を含むと解すべきである（大阪サテライト事件最高裁判決）。

② 生活環境利益・景観利益が個別的利益としても保護されているかどうかは、関連法令である本件条例のしくみをも手がかりに判断すべきである。本件条例5条は立地許可手続を定めており、立地予定地から半径1km以内に住所を有する住民に対して計画の概要を公告・縦覧し、これら住民は意見書を提出できるほか、公聴会の開催要求をすることもできる。市長は、意見書及び公聴会で出された住民意見を十分考慮し、許可を与えるかどうか検討しなければならない。この参加手続規定の趣旨は、立地予定地に近い住民の生活環境利益が強く侵害されるおそれがあり、また風光明媚な景観を従前から享受してきた住民の景観利益は法的な保護に値するとの判断に基づくものと考えられる。そこで、条例に基づく参加権を有する住民（具体的には立地予定地から半径1km以内に住所を有する住民）には、生活環境利益・景観利益が個々人の個別的利益としても保護されていると解するべきである。

3. X1・X2の原告適格

以上の検討を前提に、X1・X2に原告適格が認められるかどうか判断

する。X1は予定地に隣接する場所で病院を経営しており，その地理的状況から見て場外発売場が開設された場合に衛生上の支障が具体的に生ずるおそれがあることが明らかである。そこでX1は，病院経営に伴う衛生上の利益の侵害に基づき処分の取消訴訟の原告適格を有すると考えられる。X2は予定地から100mのところに居住する住民であって病院経営者ではないから，衛生上の利益の侵害は問題にならない。他方でX2は本件条例に基づく手続的参加権を有しており，生活環境利益・景観利益の侵害から処分の取消訴訟の原告適格が認められる。

よって，X1・X2には許可処分取消訴訟の原告適格が認められる。

・類題・

宗教法人Aに対し，東京都○○区保健所長は墓地埋葬法に基づく墓地経営許可処分を与えた。これに対して不満を持つ本件墓地予定地から95mの距離に居住するXが同処分の取消訴訟を提起した。Xに原告適格は認められるか。

【参照条文】

○墓地，埋葬等に関する法律（昭和23年5月31日法律第48号）（抜粋）

第1条　この法律は，墓地，納骨堂又は火葬場の管理及び埋葬等が，国民の宗教的感情に適合し，且つ公衆衛生その他公共の福祉の見地から，支障なく行われることを目的とする。

第10条　墓地，納骨堂又は火葬場を経営しようとする者は，都道府県知事の許可を受けなければならない。

2　（略）

○東京都墓地等の構造設備及び管理の基準等に関する条例（抜粋）

第1条　この条例は，墓地，埋葬等に関する法律（昭和23年法律第48号。以下「法」という。）第10条の規定による経営の許可等に係る墓地，納骨堂又は火葬場（以下「墓地等」という。）の構造設備及び管理の基準並びに事前手続その他必要な事項を定めるものとする。

第6条　墓地の設置場所は，次に定めるところによらなければならない。

一　当該墓地を経営しようとする者が，原則として，所有する土地であること（地方公共団体が経営しようとする場合を除く。）。
　二　河川，海又は湖沼から墓地までの距離は，おおむね20メートル以上であること。
　三　住宅，学校，保育所，病院，事務所，店舗等及びこれらの敷地（以下「住宅等」という。）から墓地までの距離は，おおむね100メートル以上であること。
　四　高燥で，かつ，飲料水を汚染するおそれのない土地であること。
2　専ら焼骨のみを埋蔵する墓地であって，知事が，公衆衛生その他公共の福祉の見地から支障がないと認めるものについては，前項第2号及び第3号の規定は，適用しない。
第7条　墓地の構造設備は，次に掲げる基準に適合しなければならない。
　一　境界には，障壁又は密植した低木の垣根を設けること。
　二　アスファルト，コンクリート，石等堅固な材料で築造され，その幅員が1メートル以上である通路を設けること。
　三　雨水又は汚水が滞留しないように適当な排水路を設け，下水道又は河川等に適切に排水すること。
　四　ごみ集積設備，給水設備，便所，管理事務所及び駐車場を設けること。ただし，これらの施設の全部又は一部について，当該墓地を経営しようとする者が，当該墓地の近隣の場所に墓地の利用者が使用できる施設を所有する場合において，知事が，公衆衛生その他公共の福祉の見地から支障がないと認めるときは，当該施設に関しては，この限りでない。
　五　墓地の区域内に規則で定める基準に従い緑地を設けること。ただし，知事が，公衆衛生その他公共の福祉の見地から支障がないと認める場合は，この限りでない。
第12条　墓地等の管理者は，次に定める措置を講じなければならない。
　一～二　（略）
　三　墓地等を常に清潔に保つこと。
　四　（略）
第16条　第4条第1項又は第2項の許可を受けて墓地等を経営しようとする者又は墓地の区域若しくは墳墓を設ける区域を拡張しようとする者（以下「申請予定者」という。）は，当該許可の申請に先立って，墓地等の建設等の計画について，当該墓地等の建設予定地に隣接する土地（隣接する土地と同等の影響を受けると認められる土地を含む。）又はその土地の上の建築物の所有者及び使用者（以下「隣接住民等」という。）への周知を図るため，規則で定めるところにより，当該建設予定地の見やすい場所に標識を設置し，その旨を知事に届け出なければならない。
2　知事は，申請予定者が，前項の標識を設置しないときは，当該標識を設置すべきことを指導することができる。
第17条　申請予定者は，当該許可の申請に先立って，説明会を開催する等の措置を講ずることにより，当該墓地等の建設等の計画について，規則で定めるところにより，隣接住民等に説明し，その経過の概要等を知事に報告しなければならない。
2　知事は，申請予定者が，前項の規定による説明を行わないときは，当該説明を

④

> 行うべきことを指導することができる。
> 第18条　知事は，隣接住民等から，第16条の標識を設置した日以後規則で定める期間内に，当該墓地等の建設等の計画について，次に掲げる意見の申出があった場合において，正当な理由があると認めるときは，当該墓地等に係る申請予定者に対し，隣接住民等との協議を行うよう指導することができる。
> 　一　公衆衛生その他公共の福祉の観点から考慮すべき意見
> 　二　墓地等の構造設備と周辺環境との調和に対する意見
> 　三　墓地等の建設工事の方法等についての意見
> ２　申請予定者は，規則で定めるところにより，前項の規定による指導に基づき実施した隣接住民等との協議の結果を知事に報告しなければならない。

▶ ステップアップ

　取消訴訟の訴訟要件の一環として，または単独で，原告適格を論じさせる問題はしばしば出題される。本書第2部の論点別演習では，

- 行政救済論：6（総合設計許可・建築確認取消訴訟の原告適格）55 56，7（大規模小売店舗の出店と地区計画）60，8（開発許可取消訴訟の原告適格と訴えの利益）62 63

が取り上げている。また，第3部の総合演習でも

- 租税法：2（法定外目的税をめぐる紛争）83
- 環境法：2（産廃処理場設置をめぐる紛争）116 117 118（※訴訟参加資格）
- 都市法：1（高層マンション建築）123

が扱っている。原告適格の判断方法に関する発展的内容については63（◆Tips◆）と121で説明している。原告適格の事例問題は，書き方がある程度決まっているため，答案構成力で差がつくことはほとんどない。むしろ重要な点は，保護範囲・個別保護要件の部分で，問題となっている具体的な行政法令の解釈ができるかどうか，それを説得的に説明できるかどうかにある。

•column• 考慮事項の探究

　行政裁量の統制でも原告適格でも，処分の考慮事項の特定が重要な役割を果たしている（裁量統制の場面ではさらに，考慮事項を考慮したかどうか，重み付けが適切であったかどうかまで審査される）。行政決定における考慮事項の中核は，法律で明確に定められている要件規定に書かれている内容である。ただしそれに尽きるものではなく，環境影響評価法33条2項の横断条項（ 例解 399頁）のように，個別の許認可の要件規定に書かれていなくても環境配慮の要請が考慮要素として加えられることがある。裁量が認められない場合には，これら法定の要件や法定の横断条項を処分にあたっては考慮すればよく，それ以上に考慮事項を追加すると違法と評価されることになる。

　これに対して裁量が認められている場合には，法律上禁止されていない限り，法律で明示されている以外の考慮事項を発見する義務が行政にあると考えられている（小早川光郎『行政法講義下Ⅰ』（弘文堂・2002年）23頁）。原告適格の解釈規定である行政事件訴訟法9条2項が示すように，原告適格判断の際には目的を共通にする関連法令も参酌する必要があるから，処分要件規定に明示されていない事項が別の法令から考慮事項として導出されることもありうる。また，関連法令にも明示されないような考慮事項（例えば紛争回避）が考慮される場面もありうる（ 判百Ⅰ 131 判Ⅰ 137 CB 5-1 最二小判1982（昭和57）・4・23民集36巻4号727頁［通行認定留保事件］）。ただし，法律の保護範囲外の考慮事項は「法律上」保護されているとは言えないので，原告適格を肯定する要素にはならない。このように考慮事項の探究の問題は，法令の規定の的確な解釈を前提としつつ，それには尽きない要素の探究をも求められる点で，行政法の事例問題の中では最も難解な論点と位置づけられるのである（橋本108頁）。

5 違法性の承継

FOCUS

　行政過程論と行政救済論の双方に関わる論点として，違法性の承継がある。行政過程論では行政行為の公定力の一環として，行政救済論では取消訴訟における原告の主張制限の一種と位置づけられている。そのため，違法性の承継を正確に理解しているかどうかを試すことで，行政過程論・行政救済論の基礎的理解の有無を確認することができる。また，違法性の承継が認められる条件として挙げられる実体法的な要素と手続法的な要素を，事例で素材になっている行政法令から探し出して丁寧に論証できるかどうかによって，個別の行政法令を解釈する力の有無を確かめることもできる。

基礎知識の確認

1. 違法性の承継

　違法性の承継は，複数の行政行為（処分）が連続してなされる場合に問題となる。取消訴訟の訴訟物は処分の違法性一般とされ，取消訴訟において原告は当該処分の違法を基礎付ける全ての主張をすることができる。ただし，当該処分に先行する処分の違法性については通常主張することができず，その主張は先行処分そのものの取消訴訟で行わなければならない。ここで先行処分に対する取消訴訟の出訴期間が経過している場合には，先行処分の無効

の瑕疵を主張しなければならなくなり，救済面でのハードルが大きく上がる。

ここでもし後続処分の取消訴訟の中で先行処分の違法性主張ができるとすると（これを違法性の承継という），原告としては後続処分の取消訴訟の中で先行処分の取消しうべき瑕疵を主張すればよいことになる。

2. 違法性の承継が認められる条件

このように違法性の承継は，取消訴訟の出訴期間の制約や原告の主張制限を緩和する機能を持つ（⇨●column●）。では，いかなる場合に違法性の承継が認められるだろうか。

違法性の承継の可否は，先行処分と後続処分の要件・効果の一体性（一体的に一定の地位を与えるものか）という実体法的側面と，先行処分を争う手続的保障の不十分性（先行処分の存在を知りうるか，どの段階で不利益が現実化するか）という手続法的側面の双方の要素の考慮によって決せられる。最高裁は，たぬきの森事件判決（判百I 87　判II 75　CB 2-9　最一小判2009（平成21）・12・17民集63巻10号2631頁）において，安全認定と建築確認との間で違法性の承継が認められると判断した。そこでポイントとなったのは，安全認定と建築確認とはもともとは一体的に行われていたものであって，両者が結合して接道義務を充足しているとの法的効果が与えられること（結合して最終的な法的効果が発生した後に争わせてもよいと考えられること），安全認定を周辺住民が知ることは困難であるから，先行処分を取消訴訟で争うための手続的保障が不十分であること（安全認定の通知が申請者以外にはないこと）であった。

この両者の要素のうちどちらを重視すべきかは見解が分かれる。そもそも違法性の承継が議論になり得る前提として，2つの行政行為に密接な関係があることが必要であり（実体法的要素），その上で出訴期間制限を徒過しても国民の権利救済の実効性を図るべきかどうかの判断の際には先行処分を争う十分な機会があったか（手続法的要素）が考慮されると考えられる。最高裁が示した定式をこのように分析すれば，一般的には手続法的要素が違法性の承継を認めるかどうかのより大きな考慮要素となることが多いと思われる（宇賀克也『行政法概説I［第5版］』（有斐閣・2013年）346頁）。

事例

問題文 Y市は市内のP地区（第1種低層住居専用地域）の人口流出に歯止めをかけるため，学校法人Aが経営するB大学のキャンパスを誘致したいと考えた。第1種低層住居専用地域では通常，大学関係の建物を建築することはできない（建築基準法48条1項，同法別表第2）。しかし同項但書により特定行政庁が許可をすれば建築が可能となる。Aは特定行政庁である県知事に対して許可を求め，県知事は許可を出した。それから半年後にAはY市の建築主事に対して建築確認を申請し，建築主事は1ヶ月後に建築確認をした。B大学のキャンパスの建設予定地の隣地に住む住民Xらは，大学の設置による生活環境面での悪影響を心配し，建築確認取消訴訟を提起して，その中で特定行政庁の許可の違法性を主張している。Y市の立場に立って，このXらの違法性主張にどう反論したらよいか，検討しなさい。

【参照条文】

○建築基準法（昭和25年5月24日法律第201号）（抜粋）

（建築物の建築等に関する申請及び確認）
第6条 建築主は，第1号から第3号までに掲げる建築物を建築しようとする場合（…），これらの建築物の大規模の修繕若しくは大規模の模様替をしようとする場合又は第4号に掲げる建築物を建築しようとする場合においては，当該工事に着手する前に，その計画が建築基準関係規定（この法律並びにこれに基づく命令及び条例の規定（以下「建築基準法令の規定」という。）その他建築物の敷地，構造又は建築設備に関する法律並びにこれに基づく命令及び条例の規定で政令で定めるものをいう。以下同じ。）に適合するものであることについて，確認の申請書を提出して建築主事の確認を受け，確認済証の交付を受けなければならない。当該確認を受けた建築物の計画の変更（国土交通省令で定める軽微な変更を除く。）をして，第1号から第3号までに掲げる建築物を建築しようとする場合（…），これらの建築物の大規模の修繕若しくは大規模の模様替をしようとする場合又は第4号に掲げる建築物を建築しようとする場合も，同様とする。（以下略）

（用途地域等）
第48条 第1種低層住居専用地域内においては，別表第2（い）項に掲げる建築物以外の建築物は，建築してはならない。ただし，特定行政庁が第1種低層住居専用地域における良好な住居の環境を害するおそれがないと認め，又は公益上やむ

を得ないと認めて許可した場合においては，この限りでない。
2〜13　（略）
14　特定行政庁は，前各項のただし書の規定による許可をする場合においては，あらかじめ，その許可に利害関係を有する者の出頭を求めて公開による意見の聴取を行い，かつ，建築審査会の同意を得なければならない。ただし，前各項のただし書の規定による許可を受けた建築物の増築，改築又は移転（これらのうち，政令で定める場合に限る。）について許可をする場合においては，この限りでない。
15　特定行政庁は，前項の規定による意見の聴取を行う場合においては，その許可しようとする建築物の建築の計画並びに意見の聴取の期日及び場所を期日の3日前までに公告しなければならない。

答案構成のステップ

ステップ①　論点の指摘

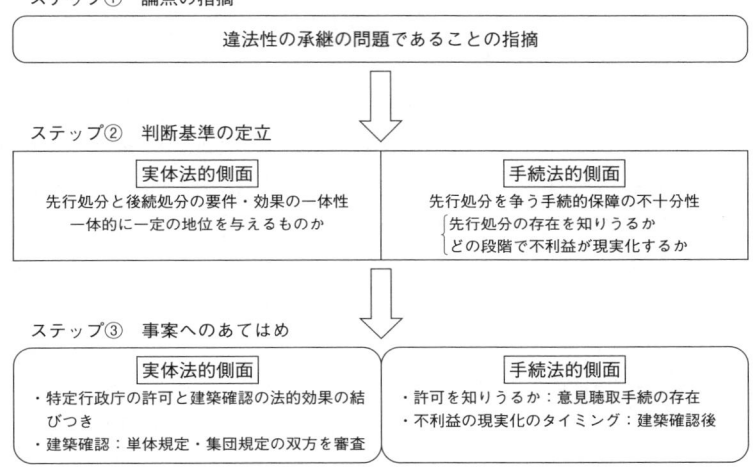

違法性の承継の問題であることの指摘

↓

ステップ②　判断基準の定立

実体法的側面	手続法的側面
先行処分と後続処分の要件・効果の一体性 一体的に一定の地位を与えるものか	先行処分を争う手続的保障の不十分性 ・先行処分の存在を知りうるか ・どの段階で不利益が現実化するか

↓

ステップ③　事案へのあてはめ

実体法的側面	手続法的側面
・特定行政庁の許可と建築確認の法的効果の結びつき ・建築確認：単体規定・集団規定の双方を審査	・許可を知りうるか：意見聴取手続の存在 ・不利益の現実化のタイミング：建築確認後

　違法性の承継に関する事例問題の答案構成のステップは3つに分かれる。第1に、当該事例で問われていることが違法性の承継の問題であることを指摘する必要がある（原告適格の場合のように論じるべきことが違法性の承継であることが明示されているケースはほとんどない）。出題者は事例の状況から、受験者が違法性の承継の問題であることに気づくことができるかどうかも試しているのである。

　第2に、違法性の承継が認められるかどうかをめぐる判断基準を定立する。上述の通り、たぬきの森事件最高裁判決は、実体法的側面と手続法的側面の双方からなる判断基準を示しているので、これを提示することになる。

　第3に、判断基準の事案へのあてはめを行う。今回の事例では、特定行政庁の許可（先行処分）（例解461頁）と建築確認（後続処分）との関係が問題になっている。立場が分かれるのは手続法的側面であり、不利益の現実化のタイミングを重視すれば違法性の承継が肯定され、先行処分を知ることができるかという点に注目すれば違法性の承継が否定される。この事例ではY市の立場でとの指定があるので、違法性の承継を否定する方向で答案を書くことになる。

参考答案例

　本件において，Xらは建築確認取消訴訟を提起し，その中で建築確認に先行する特定行政庁の許可の違法性を主張している。行政過程において複数の行政行為（処分）が連続する場合，それぞれの処分の違法性はそれぞれの取消訴訟の中でしか主張できないのが原則である。しかし，連続する処分の間に一定の関係が認められれば，後続処分の取消訴訟の中で先行処分の違法性を主張することが許される（違法性の承継）。

　違法性の承継が認められるかどうかは，（ⅰ）先行の行政処分が後続の行政処分と結合し，一体のものとして私人に一定の地位を与えるものと言えるかどうかという実体法的な要素と，（ⅱ）先行処分を同処分取消訴訟で争う手続的保障が原告に十分与えられていると言えるかという手続法的な要素を考慮すべきである（たぬきの森事件最高裁判決参照）。

　これを本件についてみれば，（ⅰ）建築基準法48条1項によると，特定行政庁が許可すれば，第1種低層住居専用地域内において建築してはならない建築物であっても建築が可能となる。これは，都市計画で定められた用途地域の建築制限の例外を設定するものであり，具体的に言えば同法6条の建築確認の審査基準のうち集団規定の内容がこの許可によって変更され，建築主はこの新たな基準に基づく建築確認により，適法に工事ができる地位を得ることになる。このように，特定行政庁の許可と建築確認とは，相結合し，一体のものとして私人に一定の地位を与えるものと言いうる。（ⅱ）他方，同法48条14項は，特定行政庁が同条1項の許可を与える際には利害関係者の出頭を求めて公開による意見の聴聞を行うよう義務付け，同条15項は特定行政庁が建築計画・意見聴取期日等を期日の3日前までに公告しなければならないとしている。このことからすればXらは，特定行政庁による許可がなされうることを知ることができ，許可が出された場合にはその取消訴訟を提起する余地があったものと考えられる。それゆえ本件において，先行処分を同処分取消訴訟で争う手続的保障が不十分であったとは言えず，違法性の承継は認められない。

よって，Xらが建築確認取消訴訟を提起し，その中で建築確認に先行する特定行政庁の許可の違法性を主張することはできない。

・類題・

　Y市では，伝統工芸品を生産する事業者のうち，特に優れた製品を製造する3つの事業者に限定して支援金を支給する条例を制定した。この条例によれば，専門家らで構成される評価委員会への諮問を経て市長が受給資格認定を行い，対象事業者にのみ通知を行う。通知を受けた対象事業者が給付を希望する場合には申請を行い，市長が給付決定を行う。製造事業者Xは競業者であるA・B・Cがこの給付を得ていることを噂で知り，調べてみると受給資格認定の際に自らの製品に批判的な専門家らが評価委員会で多数を占めていたことが分かった。しかし，受給資格認定からは，すでに半年以上が経過していた。受給資格認定には無効の瑕疵はないものとして，Xが受給資格認定の違法を抗告訴訟で主張する方法を説明しなさい。なお，Xの原告適格については検討する必要はない。

ステップアップ

　違法性の承継は，直接的な論点として問われることもあれば，その理解を前提にして訴訟類型・訴訟対象行為選択を行わせる形で出題されることもある。本書第2部の論点別演習では，
- 行政過程論：7（都市計画決定の裁量統制）**23**
- 行政救済論：6（総合設計許可・建築確認取消訴訟の原告適格）**57**

が取り上げている。本書第3部の総合演習では，訴訟類型選択との関係で
- 都市法：2（土地区画整理組合の賦課金）**134**

が違法性の承継の知識を必要としている。そこで，違法性の承継を論点とする事例問題の答案構成力とともに，違法性の承継の有無を踏まえて適切な訴訟類型選択ができる力も高めておく必要がある。

•column• 公定力概念の解体？

　違法性の承継は，行政過程論においては行政行為の公定力の部分で説明されることが通例である（例解 59 頁）。しかし，違法性の承継の場合には，先行処分の効果ではなく，後続処分の違法性主張の範囲に先行処分の違法も含まれるかが問題となっている。このような場合にまで公定力の概念で説明すべきかについて，学説の立場はなお不透明である（塩野宏『行政法Ⅰ［第5版補訂版］』（有斐閣・2013年）148頁の説明もあわせて参照）。

　行政行為の公定力は行政行為の法的効果の問題であって，これと区別して行政行為の要件判断の通用力を行政行為の遮断効果とする見解がある（小早川光郎「先決問題と行政行為」田中古稀『公法の理論（上）』（有斐閣・1976年）371-404頁）。この立場によると違法性の承継は，行政行為の違法性が当該行政行為自体の違法性を直接攻撃する取消訴訟・無効確認訴訟以外で当該訴訟の先決問題として審理されるべきかの問題であり，先行処分の要件事実の認定判断に遮断効果がないとすれば違法性の承継が認められることとなる。そして遮断効果が認められるためには，後続処分取消訴訟において先決問題として審理することが先行処分による行政目的の実現の妨げになること，先行処分の違法性について裁判所による判断を受ける機会が遮断効果を受ける者に認められていることが必要であるとする。

　近時では，ドイツ法の議論を参照しつつ，行政行為の公定力の概念を分解して分析的に考える見解も現れている（山本隆司「訴訟類型・行政行為・法関係」民商法雑誌130巻4＝5号（2004年）640-675（648-652）頁，同『判例から探究する行政法』（有斐閣・2012年）186-200頁［初出2011年］）。この見解によれば，「公定力」の概念は「規律・拘束力」「存続力」「構成要件的効力」「確認効果」に分解される。法規範として関係行政庁と利害関係ある私人を拘束する「規律・拘束力」を強化するのが，一定の手続を所定の期間内に取らなければ拘束力が否定できなくなる「存続力」である。そして違法性の承継の問題はこの両者の問題であって，法律が先行処分の性質にふさわしい行政手続・争訟手続を十分整備していない場合に，先行処分の（形式的）存続力を制限する法理と位置づけられている（行政行為の公定力論の現状に対する評価としてさらに参照，興津征雄「行政作用としての特許権発生と特許無効」知的財産法政策学研究（北海道大学）38号（2012年）13-75（とりわけ33-39）頁）。

・類題のヒント・

① 法律と条例の関係

　法律と条例の矛盾抵触を避けるためには，①規制対象が異なる②規制目的が異なる③法律が全国一律同一内容の規制を予定していない，の3つの観点から考える必要がある。②については条例の目的規定の書き方が，③については法律の中にある地方公共団体の自主性に配慮したと評価できる諸規定の解釈が問題となる。

② 審査基準の法的性格

　本問では規則の改正が問題になっている。この規則は条例の委任に基づいて制定されており，法規命令に分類される。そこで，条例の委任の範囲を逸脱し，委任の趣旨に反する規則の改正が行われていることを主張することが中心になる。参考となる最高裁判例として，判Ⅰ178　CB 1-6　最一小判2002（平成14)・1・31民集56巻1号246頁［児童扶養手当受給資格喪失処分事件］がある。

③ 行政裁量の統制

　本問では附款の適法性が問題となっている。附款を付すことができるかどうかの判断基準は，効果裁量の有無の判断と重なる部分が多い。附款の違法性主張も基本的には裁量が認められる場合と同じである（例解 68頁）。一般廃棄物処理は本来市町村が行うべきもので，これを分任させることとなる一般廃棄物処理業の許可は市町村に広範な裁量が認められるとされているため（例解 382頁），裁量統制手法としては社会観念審査を用いることが考えられる。具体的なあてはめの場面では，重大な事実誤認や信頼保護原則違反の主張が考えられる。

④ 第三者の原告適格

　本問は，東京地判2010（平成22）・4・16判時2079号25頁を簡略化したものである。大橋洋一『行政法Ⅱ』（有斐閣・2012年）93頁以下及び橋本155頁以

下に詳細で丁寧な解説があるので，あわせて参照して欲しい。許可処分による不利益として，墓地の構造不良を原因とする地下水への汚染による健康への不利益と，墓地設置に伴う生活環境上の不利益とが考えられる。2つの不利益が墓地埋葬法で保護されているかの判断に当たっては，東京都の墓地埋葬条例が関連法令に含まれることを説明した上で，同条例の規定から墓地埋葬法がこれらの利益を保護していることを論証する必要がある。さらにそれらの利益が個々人の個別的利益としても保護されているかどうかについては，条文上の手がかりと被侵害利益の性質の双方から検討することとなる。最後に，この検討を踏まえた上で，Xに具体的に原告適格が認められるかどうかの判断を示す必要がある。

⑤ 違法性の承継

この条例では，受給資格認定が市長の職権に基づいて行われ，認定を得た事業者が給付を希望する場合に給付決定の申請がなされる2段階構造になっている。先行処分である受給資格認定には無効の瑕疵がないとされていることから，違法性の承継が認められなければXが受給資格認定の違法を抗告訴訟で主張することはできない。そこで，違法性の承継が認められる2つの判断要素（実体法的に見た関連性・結びつき，先行行為を争う手続的保障の有無）を踏まえ，本件にあてはめて結論を導き出すことになる。

第2部

論点別演習

第1章 行政過程論

① 租税法律主義

Level·2

　Y市は被保険者X（第1号被保険者）に対して介護保険の保険料の賦課決定を行ったところ，Xは恒常的生活困窮者であり，保険料減免対象にあたるとして賦課処分の取消訴訟を提起した。この中でXは，介護保険法が保険料率を何ら具体的に規定しておらず，介護保険条例で定められている保険料率が介護保険法施行令の内容に拘束されているのは租税法律主義（憲法84条）に反すると主張した。この主張をどう考えればよいか。

【資料≫関係条文】

○介護保険法（平成9年12月17日法律第123号）（抜粋）

（保険料）
第129条　市町村は，介護保険事業に要する費用（財政安定化基金拠出金の納付に要する費用を含む。）に充てるため，保険料を徴収しなければならない。
2　前項の保険料は，第1号被保険者に対し，政令で定める基準に従い条例で定めるところにより算定された保険料率により算定された保険料額によって課する。
3　前項の保険料率は，市町村介護保険事業計画に定める介護給付等対象サービスの見込量等に基づいて算定した保険給付に要する費用の予想額，財政安定化基金拠出金の納付に要する費用の予想額，第147条第1項第2号の規定による都道府県からの借入金の償還に要する費用の予定額並びに地域支援事業及び保健福祉事業に要する費用の予定額，第1号被保険者の所得の分布状況及びその見通し並びに国庫負担等の額等に照らし，おおむね3年を通じ財政の均衡を保つことができるものでなければならない。

4　市町村は，第1項の規定にかかわらず，第2号被保険者からは保険料を徴収しない。

○介護保険法施行令（平成10年12月24日政令第412号）（抜粋）

（保険料率の算定に関する基準）
第38条　各年度における保険料率に係る法第129条第2項に規定する政令で定める基準は，基準額に当該年度分の保険料の賦課期日における次の各号に掲げる第1号被保険者の区分に応じそれぞれ当該各号に定める標準割合（市町村が保険料を賦課する場合に通常よるべき割合であって，特別の必要があると認められる場合においては，保険料収納必要額を保険料により確保することができるよう，市町村が次の各号の区分ごとの第1号被保険者数の見込数等を勘案して設定する割合）を乗じて得た額であることとする。
一　次のいずれかに該当する者　4分の2
　　イ　老齢福祉年金の受給権を有している者であって，次のいずれかに該当するもの（ロに該当するものを除く。）
　　　(1)　その属する世帯の世帯主及びすべての世帯員が，当該保険料の賦課期日の属する年度分の地方税法の規定による市町村民税が課されていない者（次号イ及び第3号イ並びに次条第1項第1号イ，第2号イ及び第3号イにおいて「市町村民税世帯非課税者」という。）
　　　(2)　要保護者であって，その者が課される保険料額についてこの号の区分による割合を適用されたならば保護を必要としない状態となるもの
　　ロ　被保護者
　　ハ　要保護者であって，その者が課される保険料額についてこの号の区分による割合を適用されたならば保護を必要としない状態となるもの（イ（(1)に係る部分を除く。），次号ロ，第3号ロ，第4号ロ又は第5号ロに該当する者を除く。）
二～五　（略）
六　前各号のいずれにも該当しない者　4分の6
2　前項の基準額は，計画期間（法第147条第2項第1号に規定する計画期間をいう。以下同じ。）ごとに，保険料収納必要額を予定保険料収納率で除して得た額を補正第1号被保険者数で除して得た額を基準として算定するものとする。
3～7　（略）
（特別の基準による保険料率の算定）
第39条　前条第1項の規定にかかわらず，特別の必要がある場合においては，市町村は，基準額に各年度分の保険料の賦課期日における次の各号に掲げる第1号被保険者の区分に応じ，それぞれ当該各号に定める割合を乗じて得た額を保険料率とすることができる。この場合において，市町村は，第6号に掲げる第1号被保険者の区分を合計所得金額に基づいて更に区分し，当該区分に応じて定める割合を乗じて得た額を保険料率とすることができる。　（以下略）

○京都市介護保険条例（抜粋）

（保険料率）
第4条　平成21年度から平成23年度までの各年度における保険料率は，次の各号に掲げる第1号被保険者の区分に応じ，当該各号に掲げる額とする。
　(1)　令第39条第1項第1号に掲げる者　27,060円
　(2)　令第39条第1項第2号に掲げる者　27,060円
　(3)　令第39条第1項第3号に掲げる者　40,590円
　(4)　令第39条第1項第4号に掲げる者　54,120円
　(5)　次のいずれかに該当する者　59,532円
　　ア　合計所得金額（地方税法第292条第1項第13号に規定する合計所得金額をいう。以下同じ。）が1,250,001円未満である者であり，かつ，前各号のいずれにも該当しないもの
　　イ　要保護者（生活保護法第6条第2項に規定する要保護者をいう。以下同じ。）であって，その者が課される保険料額についてこの号の区分による額を適用されたならば保護（同法第2条に規定する保護をいう。以下同じ。）を必要としない状態となるもの（令第39条第1項第1号イ（(1)に係る部分を除く。）又は次号イ，第7号イ若しくは第8号イに該当する者を除く。）
　(6)～(8)　（略）
　(9)　前各号のいずれにも該当しない者　108,240円
2　（略）
（保険料の減免）
第12条　市長は，次の各号の一に該当することにより，保険料の全部又は一部を納付することが困難であると認める者に対し，保険料を減額し，又は免除することができる。
　(1)　前条第1項第1号から第4号までのいずれかに該当するとき。
　(2)　その他別に定める理由があるとき。

○京都市介護保険規則（抜粋）

（保険料の減免の理由）
第31条　条例第12条第2号に規定する別に定める理由は，次の各号のいずれかに該当するときとする。
　(1)　（略）
　(2)　第1号被保険者が次に掲げる要件を備えており，かつ，活用することができる資産の額が著しく低く，保険料を納付することが困難であると区長が認めるとき。
　　ア　令第39条第1項第1号イ若しくはハ，第2号又は第3号に掲げる者であること。
　　イ　当該年度の保険料の賦課期日において，第1号被保険者の属する世帯の全員の前年の収入金額（その年において収入すべき金額（金銭以外の物又は権

利その他経済的な利益をもって収入する場合には，その金銭以外の物又は権利その他経済的な利益の価額）をいう。以下同じ。）の合計額が600,000円（第1号被保険者の属する世帯に当該第1号被保険者以外の者があるときは，600,000円に当該第1号被保険者以外の者1人につき240,000円を加算した額）を超えないこと。
　ウ　第1号被保険者の属する世帯に属さない者の医療保険各法の規定による被扶養者又は当該年度分の市町村民税若しくは前年分の所得税に係る扶養親族でないこと。
(3)　（略）

Milestone

1 社会保険料である介護保険料にも憲法84条（租税法律主義）の要請は及びますか。

2 介護保険料の算定基準に関する法律及び条例の定めはどのようになっていますか。

3 介護保険料に関する介護保険法・同法施行令・介護保険条例の規定方法は，租税法律主義の趣旨に適合的と言えますか。

4 保険料決定の違憲性・違法性を主張しうる憲法上のその他の論拠はありますか。

事例のねらい

　1997 年に制定された介護保険法は，それまで一般財源に頼っていた介護サービス給付を社会保険方式に転換した。その際には社会保険の権利性の強さが強調された反面で，もともと低所得者が（他の世代と比べて）多い高齢者から保険料を徴収することへの強い批判が見られた。制度設計の際には，この批判に対応して低所得者に配慮した保険料設定方式（所得段階別定額保険料方式）がとられた（例解 322 頁）。しかし恒常的低所得者に対する減免措置が法定されておらず，低所得者からの介護保険料徴収に関する法的紛争が各地で発生した。その際の論点の 1 つが租税法律主義（例解 173 頁）との関係である。ここでは，国民健康保険料に関する旭川市国保料訴訟（判百Ⅰ27 判Ⅰ2 最大判 2006（平成 18）・3・1 民集 60 巻 2 号 587 頁）（例解 252 頁以下）の理解を確認することと，介護保険法の保険料算定の特殊性に留意することを目的に上記事例を設定している。

　医療保険と介護保険とは，ともに財源調達方式として社会保険方式を採用している（例解 232 頁）。社会保険料は強制的に徴収される点では租税と同じであるものの，その使途が保険給付に限定されているため，保険給付の反対給付としての性格を有している（例解 164 頁）。この性格から賦課金額を法律で明確に定めるべきとする租税法律主義の要請が緩和されるのか，緩和できるとしてどの程度の規律密度が要請されるのかが問題となる。

▶Key Points◀
[行政過程論] 法律による行政の原理（租税法律主義），法律と条例の関係
[社会保障法] 費用調達の過程（例解 252 頁以下），介護保険法の財源調達の過程（例解 321 頁）

1. 社会保険料と憲法 84 条

> 社会保険料である介護保険料にも憲法 84 条（租税法律主義）の要請は及びますか。

旭川市国保料訴訟最高裁判決では，憲法 84 条が直接適用される租税の定義を「国又は地方公共団体が，課税権に基づき，その経費に充てるための資金を調達する目的をもって，特別の給付に対する反対給付としてでなく，一定の要件に該当するすべての者に対して課する金銭給付」とした（例解 254 頁）。社会保険料は，徴収された金銭が保険給付にのみ使われることから，反対給付としての性格を有することになる。また，介護保険法は給付に要する経費の半分を社会保険料以外の一般財源（租税等）で賄うこととしている（例解 321 頁）ものの，このような一般財源の投入があっても，保険料を支払ったことが保険給付を受け得る地位の前提となる関係（判決では「けん連性」という用語が用いられている）は維持されている。よって，介護保険料について租税法律主義が直接適用されることはない。

　他方で同判決は以下の通り，社会保険料をはじめとする租税以外の公課に対しても憲法 84 条の趣旨は及ぶと判断している。

> 租税以外の公課であっても，賦課徴収の強制の度合い等の点において租税に類似する性質を有するものについては，憲法 84 条の趣旨が及ぶと解すべきであるが，その場合であっても，租税以外の公課は，租税とその性質が共通する点や異なる点があり，また，賦課徴収の目的に応じて多種多様であるから，賦課要件が法律又は条例にどの程度明確に定められるべきかなどその規律の在り方については，当該公課の性質，賦課徴収の目的，その強制の度合い等を総合考慮して判断すべきものである。

　介護保険料は，保険料納付義務が法律で定められ，行政上の強制徴収制度が適用される。そのため，賦課徴収の強制の度合いは租税や国民健康保険料と同程度と考えられる。そこで，介護保険料に関する法律の規律が憲法 84 条の趣旨に適合するかどうかの判断にあたっては，同判決が国保料に関して提示した理由付けを手がかりにすることとしたい。同判決は，①国民健康保険条例が「保険料率算定の基礎となる賦課総額の算定基準を明確に規定した上で，その算定に必要な上記の費用及び収入の各見込額並びに予定収納率の推計に関する専門的及び技術的な細目にかかわる事項を」行政に委ねたこ

と、②「見込額等の推計については、国民健康保険事業特別会計の予算及び決算の審議を通じて議会による民主的統制が及ぶ」ことの2つを理由として挙げた上で、条例で保険料率を明確に規定せず、最終的な保険料を行政が確定して告示で示す方法を採用しても違法ではないと判断している。

2. 介護保険法と憲法84条

2 介護保険料の算定基準に関する法律及び条例の定めはどのようになっていますか。

　介護保険法129条1項は市町村に保険料徴収義務を課し、同条2項には保険料額の算定が「政令で定める基準に従い条例で定めるところにより」なされると規定されている。この政令・条例への委任の条件として同条3項は「おおむね3年を通じ財政の均衡を保つことができるものでなければならない」との規定を置く。保険料額に関する具体的な基準は介護保険法施行令38条に規定されており、同2項に規定する基準額（必要介護サービスの総費用のうち第1号被保険者からの保険料で賄うべき費用÷第1号被保険者の数）に所得に応じた割合（2/4〜6/4）を掛けることで保険料が計算される。さらに同法施行令39条は、特別の必要がある場合に上記の割合を標準として市町村が定める割合（一定以上の所得については上記の割合を超える割合で市町村が定めるもの）での保険料賦課を認めている。この規定を受けて、例えば京都市介護保険条例では、所得に応じた9つの段階に保険料を区別して規定している（最低27,060円、最高108,240円）（例解 322頁）。

3 介護保険料に関する介護保険法・同法施行令・介護保険条例の規定方法は、租税法律主義の趣旨に適合的と言えますか。

　旭川市介護保険料訴訟最高裁判決（最三小判2006(平成18)・3・28判時1930号80頁）は、憲法84条の趣旨が介護保険料にも及ぶこと（⇨**1**）を前提に、「介護保険法129条2項は、介護保険の第1号被保険者に対して課する保険

料の料率を，政令で定める基準に従い条例で定めるところにより算定する旨を規定し，具体的な保険料率の決定を，同条3項の定め及び介護保険法施行令38条所定の基準に従って制定される条例の定めるところにゆだねたのであって，保険者のし意を許容したものではない。そうすると，同法129条2項は，憲法84条の趣旨に反するということはできない」と述べている。

　さらに言えば，国民健康保険料の場合と比べ，以下の2点については介護保険料の場合の方が憲法84条の趣旨により適合的とも考えられる。第1は，法律の定めである。国民健康保険法は76条で保険者に「保険料を徴収しなければならない」と規定するのみで，委任の規定は明確に置かれておらず，委任の趣旨も法律上は示されていない。同法施行令29条の7の中で保険料に関する詳細が定められており，これを受けて条例が定められている。これに対して介護保険法は法律のレベルに委任規定が置かれ，一定の考慮事項が示されている。第2は，条例の定め方である。旭川市国保料訴訟最高裁判決で問題となったのは，条例中に保険料の具体的な金額の定めがないことであった。これに対して介護保険条例に関しては介護保険条例の中で保険料の金額が明確に定められている。

3. 介護保険法と憲法92・25条

> 保険料決定の違憲性・違法性を主張しうる憲法上のその他の論拠はありますか。

　この考え方に対して，介護保険条例における市町村の保険料決定の自由度のなさに注目し，介護保険料に関する介護保険法・同法施行令・介護保険条例の定めは憲法84条の趣旨に適合的ではないとの見解が示されている（伊藤周平『介護保険法と権利保障』（法律文化社・2008年）258頁，碓井光明『社会保障財政法精義』（信山社・2009年）96頁）。具体的には，①介護保険法施行令38・39条の規定は介護保険条例による保険料設定の内容を拘束しすぎており，市町村が実質的にみて保険料を「条例」で定めうるとは言えないこと，②介護保険法が国の制度であるから条例による保険料決定の自由度を制約し

ているとするなら，保険料に関する基準は政令である介護保険法施行令ではなく介護保険法本体で定めるべきであることが主張されている。

　①の点は，介護保険法（同法施行令を含む）が保険料に関する算定基準を詳細に規定しすぎており，憲法92条にいう「地方自治の本旨」に配慮したものとなっていないという主張とも考えられる。しかし，保険料という形式での金銭賦課は，租税とは異なり地方公共団体の存立基盤である自主財政権と密接に関わっているとまでは言えず，それゆえ地方税（例解182頁）と比較しても，保険料に関する国の立法裁量の余地はさらに広いものと考えられる。現在の介護保険法は財源の大枠（保険料と一般財源の比率）や財政調整のしくみ（例解323頁）を法律で規定し，介護保険料は介護保険給付にしか充てられないという意味での対価性が認められることを前提に，必要なサービスの見込みが決まると保険料が一定の範囲内に定まるシステムを採用している。そこで，保険料の点に限定して，保険料に関する国法の定めが過剰な規律であり地方自治の本旨に反すると主張するのは困難と思われる。

　②の点は，介護保険制度が憲法25条の保障する生存権の実現に関わる制度であるから，国の立法者自身が保険料のあり方を自ら決めるべきとの主張と考えられる。旭川市介護保険料訴訟における本来の争点は，生活保護を受給しうる恒常的低所得者が生活保護を受給していない場合に介護保険料の全額免除の規定がないことにあった。この点について最高裁は，介護保険法施行令38条が所得に応じた保険料を定め，境界層該当者（＝本来負担すべき保険料を負担すると生活保護の受給が必要となる者）にはより低い保険料負担を予定する負担軽減規定があること，一時的困窮者に対する保険料減免規定があること，生活保護受給者については生活扶助の中に介護保険料実費が加算されて支給されること（例解239頁）を指摘した上で，低所得者に対する配慮は一定程度なされているとして合憲と判断した。しかし，生活保護を受給していない低所得者が介護保険料を支払うことによって最低限度の生活を明らかに下回る場面においては，憲法25条1項が防御権的に働くと考えることはできないか（伊藤周平「介護保険料負担と生存権保障再考」賃金と社会保障1466号（2008年）4-32（18）頁）。具体的には，市町村の条例・規則で定められている減免規定を合憲解釈し，この種の低所得者に対する減免が認められなければ，保険料賦課を違憲・違法と解することができるように思われる。

② ラブホテル規制条例の違法性

Level・1

　Y町は，市街地の郊外にラブホテルが進出することを防ぐため，Y町市街地環境保全条例を制定した。それによると，町長が一定の区域を保全地域に指定し，保全地域内でラブホテルを新設する場合には町長の許可を得なければならない。許可を得ずに営業した場合には罰金が科される。町長はA地区を保全地域に指定したのに対し，ここでラブホテルを新設しようとしていたXは，A地区が都市計画法・風営法上はラブホテルの建設が可能なのに条例で規制するのは違法と考えている。Xが訴訟を提起する場合，その訴訟類型としてどのようなものが適切か，またどのような本案主張が考えられるか，検討しなさい。

【資料≫関係条文】
○風俗営業等の規制及び業務の適正化等に関する法律（＝風営法）（昭和23年7月10日法律第122号）（抜粋）

(目的)
第1条　この法律は，善良の風俗と清浄な風俗環境を保持し，及び少年の健全な育成に障害を及ぼす行為を防止するため，風俗営業及び性風俗関連特殊営業等について，営業時間，営業区域等を制限し，及び年少者をこれらの営業所に立ち入らせること等を規制するとともに，風俗営業の健全化に資するため，その業務の適正化を促進する等の措置を講ずることを目的とする。
(用語の意義)

第2条
1～5　（略）
6　この法律において「店舗型性風俗特殊営業」とは、次の各号のいずれかに該当する営業をいう。
　一～三　（略）
　四　専ら異性を同伴する客の宿泊（休憩を含む。以下この条において同じ。）の用に供する政令で定める施設（政令で定める構造又は設備を有する個室を設けるものに限る。）を設け、当該施設を当該宿泊に利用させる営業
　五～六　（略）
7～11　（略）
（店舗型性風俗特殊営業の禁止区域等）
第28条　店舗型性風俗特殊営業は、一団地の官公庁施設（…）、学校（学校教育法（昭和22年法律第26号）第1条に規定するものをいう。）、図書館（図書館法（昭和25年法律第118号）第2条第1項に規定するものをいう。）若しくは児童福祉施設（児童福祉法第7条第1項に規定するものをいう。）又はその他の施設でその周辺における善良の風俗若しくは清浄な風俗環境を害する行為若しくは少年の健全な育成に障害を及ぼす行為を防止する必要のあるものとして都道府県の条例で定めるものの敷地（これらの用に供するものと決定した土地を含む。）の周囲200メートルの区域内においては、これを営んではならない。
2　前項に定めるもののほか、都道府県は、善良の風俗若しくは清浄な風俗環境を害する行為又は少年の健全な育成に障害を及ぼす行為を防止するため必要があるときは、条例により、地域を定めて、店舗型性風俗特殊営業を営むことを禁止することができる。
3～12　（略）

○P県　風俗営業等の規制及び業務の適正化等に関する法律施行条例（抜粋）

（用語の定義）
第2条　この条例において、次の各号に掲げる用語の意義は、それぞれ当該各号に定めるところによる。
　一　第1種地域　別表第1に掲げる地域
　二　第2種地域　別表第2に掲げる地域
　三　第3種地域　第1種地域、第2種地域、第4種地域及び第5種地域以外の地域
　四　第4種地域　別表第3に掲げる地域
　五　第5種地域　別表第4に掲げる地域
（店舗型性風俗特殊営業の禁止地域）
第12条　店舗型性風俗特殊営業は、次の各号に掲げる営業の区分に応じ、それぞれ当該各号に掲げる地域においては、これを営んではならない。
　一　法第2条第6項……第4号の営業（同項第4号の営業にあっては、個室に自動車の車庫（略）が個個に接続する施設であって、個室に接続する車庫の出入

口が扉等によって遮へいできる構造設備，車庫の内部から個室に通ずる専用の人の出入口若しくは階段若しくは昇降機が設けられている構造設備又は個室と車庫とが専用の通路によって接続しているものにあっては当該通路の内部が外部から見えない構造設備を有するものに限る。） 県の全域
二　前号に掲げる営業以外の営業　第1種地域，第2種地域及び第3種地域

○Y町市街地環境保全条例（抜粋）

（目的）
第1条　この条例は，ホテル等の建築の適正化に関し必要な事項を定めることにより，町民の快適で良好な市街地の環境を保全し，併せて青少年の健全な育成を図ることを目的とする。
（定義）
第2条　この条例において，次の各号に掲げる用語の意義は，それぞれ当該各号に定めるところによる。
　一　ホテル等　旅館業法（昭和23年法律第138号）第2条第2項に規定するホテル営業又は同条第3項に規定する旅館営業の用に供することを目的とする施設をいう。
　二　建築　建築基準法（昭和25年法律第201号）第2条第13号に規定する建築，同条第14号に規定する大規模の修繕，同条第15号に規定する大規模の模様替又は同法第87条第1項に規定する用途の変更をいう。
　三　保全地域　良好な市街地の環境を保全し，青少年の健全な育成を図るためにホテル等の立地を規制すべき地区として町長が規則で指定する地域をいう。
（構造等の基準）
第3条　保全地域内のホテル等は，次に掲げる基準に適合したものでなければならない。
　一　客その他の関係者（以下「客等」という。）が，営業時間中必ず通過し，自由に出入りすることができ，かつ，外部から玄関の内部を見通すことのできる玄関を有すること。
　二　玄関に接近し，客等が自由に利用することのできるロビー又は応接室若しくは談話室（以下「ロビー等」という。）を有すること。
　三　ロビー等と一体で，開放的に客等と応接できるフロント又は帳場を有すること。
　四　食堂，レストラン又は喫茶室（以下「食堂等」という。）及びこれらに付随する調理室，配膳室等を有すること。
　五　会議，宴会又はその他催物の用に供することのできる施設（以下「会議室等」という。）を有すること。
　六　ロビー等又は食堂等の共用部分付近に便所及び洗面所を有すること。
　七　客室が，玄関，ロビー等の共用部分を通り，客室に入る構造になっていること。
　八　総客室に対する定員別の客室の構成が，別に規則で定める割合を有すること。

ただし，規則で定めるホテル等については，この限りでない。
　九　建築物，広告物及び広告物を提出する物件の形態，意匠及び色彩は，付近の住環境を損なわないもので，かつ，都市景観上の配慮がなされていること。
2　前項第2号から第5号までに掲げる構造等については，業種及び収容人員に相応した規模及び態様のものとしなければならない。
（許可）
第4条　保全地域内でホテル等を建築しようとする建築主は，あらかじめ町長に申請し，許可を得なければならない。
2　町長は，前項の申請があったときは，速やかに第12条に規定するホテル等建築審議会の意見を聴かなければならない。
（許可の要件）
第5条　町長は，前条第1項に規定する申請にかかるホテル等が第3条に規定する構造等の基準に適合していないと認めるときは，当該ホテル等の建築について許可を与えることができない。
（ホテル等建築審議会）
第12条　第4条第2項に規定するもののほか，この条例の施行に関する事項を審議するため，ホテル等建築審議会（以下「審議会」という。）を置く。
2　審議会は，委員8人以内で組織する。
3　委員は，次の各号に掲げる者のうちから町長が任命する。
　一　学識経験者
　二　関係行政機関の職員
　三　その他町長が適当と認める者
4～7　（略）
（罰則）
第13条　第4条第1項の規定による町長の許可を得ずにホテル等の建築を行った者は，10万円以下の罰金に処する。

Milestone

5 条例が設定している行政過程を踏まえ，どの行政上の決定を対象に訴訟を提起すればよいか検討して下さい。

6 保護地域指定（規則の制定）の違法を当事者訴訟（確認訴訟）で争う場合，確認の利益は認められますか。

7 Y町の条例は，風営法との関係で「法律の範囲内」（憲法94条）にあると言えますか。

8 Y町の条例の規制手法が，比例原則に違反しているかどうか検討して下さい。

第1章 行政過程論●95

事例のねらい

　地域の生活環境の保全は，基礎自治体である市町村の大きな課題の1つである。法令のシステムでは十分な規制が実現できない場合に，市町村が自主条例によって対応するケースはしばしば見られる。ここでは，東郷町ホテル等建築の適正化に関する条例をめぐる事件（名古屋地判2005（平成17）・5・26判タ1275号144頁，名古屋高判2006（平成18）・5・18判例集未登載）を素材に，法律と条例の関係に関する理解を確認することとしたい（⇨①）。

　風俗関連営業施設の立地規制として用いうるのは，都市計画法と風俗営業等の規制及び業務の適正化等に関する法律（風営法）である（例解 492頁）。都市計画法の用途地域の中には，風俗関連施設を建設してはならない類型が含まれている（例：第1種低層住居専用地域）。また，風営法では都道府県条例によって，規制対象地域を定めうる。しかし，用途地域の変更による規制強化は，当該地域の地価の下落をもたらす可能性があるため当該地域住民のコンセンサスを得にくく，また風営法に基づく規制権限は，都道府県にあって市町村にはない。本事例のような条例を市町村が制定して対応することの背景には，こうした事情が存する。

▶Key Points◀
［行政過程論］法律と条例の関係，比例原則
［行政救済論］確認の利益（確認訴訟）
［都市法］遊技施設・公営競技施設の立地規制（例解 492頁以下）

1．訴訟類型の選択

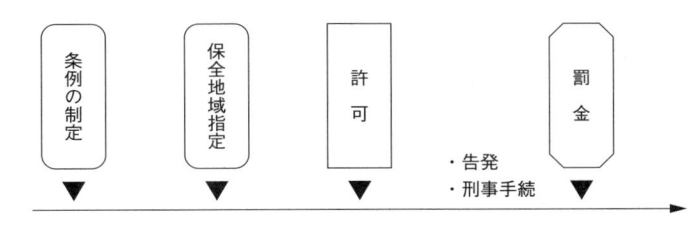

条例の制定　▼　保全地域指定　▼　許可　▼　罰金　▼
　　　　　　　　　　　　　　　　　　・告発
　　　　　　　　　　　　　　　　　　・刑事手続

5 条例が設定している行政過程を踏まえ，どの行政上の決定を対象に訴訟を提起すればよいか検討して下さい。

　Y町の条例において，町長が保全地域指定した場所についてのみ条例で定める立地規制が及んでいる（条例2条3号，4条1項）。本事例では，Xはまだ許可申請を行う段階に至っておらず，保全地域指定がなされたに過ぎない。そこで，訴訟類型としては次の2つが考えられる。

　1つは，条例4条の定める許可の申請を行い，Y町の不許可処分を待って，その取消訴訟と申請型義務付け訴訟を提起する方法である。無許可でホテル等の建築を行うと罰金（条例13条）が科されるため，4条の許可は行政行為（処分）と言いうる。この争い方であれば訴訟要件の充足はほぼ明らかであるものの，一旦申請をして拒否処分を待って争わなければならないため，救済のタイミングが遅くなる。

　そこでもう1つは，保全地域指定の違法を直截に争う方法である。保全地域指定は町長が規則で定める（条例2条3号）こととなっており，成熟性の観点（＝保全地域指定の後に許可がなされること）を重視すれば，処分性を肯定するのは困難であろう。そこで，当事者訴訟としての確認訴訟を用いて保全地域指定の違法を主張することが考えられる。

2. 訴訟要件の充足

6 保護地域指定（規則の制定）の違法を当事者訴訟（確認訴訟）で争う場合，確認の利益は認められますか。

　保全地域指定の違法を当事者訴訟としての確認訴訟で争う場合には，確認の利益が必要となり，具体的には対象選択の適否・即時確定の利益・方法選択の適否が問題となる（例解 131頁）。

① 対象選択の適否

　確認の対象としては，保全地域指定の違法確認（行為の違法確認）と，条例

上の許可を得ることなくホテル等の建築ができる地位の確認の2つが考えられる。後者の方が現在の権利義務の確認であるから，紛争解決に有効な対象と考えられる。

② 即時確定の利益

次に，地位の確認を行うことで，原告Xの現実の危険が回避できるかどうかが問題となる。XはA地区においてラブホテルの建設を行う準備をしており，条例がなければ都市計画法・風営法上は建築・営業が可能である。Xが求めているのは自己の具体的な法的地位の確認であって，保全地域指定の抽象的な違法性の確認ではないから，即時確定の利益を肯定できる。

③ 方法選択の適否

Xは，条例で設定された行政過程に従って許可の申請を行い，不許可処分を待って取消訴訟・申請型義務付け訴訟を提起することによっても，同様の目的を達成しうる。そこで，Xの法的地位の確認の他に適当な手段がないと言えるかどうかが問題となる。

この点について，君が代訴訟最高裁判決（判百Ⅱ214　判Ⅱ59　CB 15-6　最一小判2012（平成24）・2・9民集66巻2号183頁）は，懲戒処分以外の不利益は，同処分の差止訴訟（＝抗告訴訟）によって救済できないという意味で他に適当な方法がないため，職務命令に基づく公的義務の不存在確認訴訟を適法とした。本事例の場合，条例に基づく保全地域指定に伴ってXが受ける不利益は後続の不許可処分に対する取消訴訟等で争えば足りるので，同判決の射程が及ぶとすれば，方法選択の適否を充足しないことになる。

しかし，本事例では条例が存在しなければそもそも許可を得る義務はなかったのであり，条例に基づく手続を経由するコストを回避して適法にホテル等を建築することができるかどうかが争点になっている。このような状況は，省令改正による医薬品のネット販売の禁止が違法であるかどうかが争われた医薬品ネット販売禁止事件最高裁判決（判Ⅰ177　CB 1-10　最二小判2013（平成25）・1・11民集67巻1号1頁）に類似する。同判決は，省令制定に後続する不利益処分の有無やその差止訴訟の利用可能性を精査せずに，ネット販売ができる権利または地位の確認について確認の利益を認めている。その理由は判決中には示されていないものの，[1] もともと禁止されていなかった経済活動が省令の制定によって禁止されることとなったために，省令の禁止に

反して営業すると，法律がもともと定めていた不利益処分がなされる可能性が生じたという事情にあると考えられる。販売業者としては，違法な省令制定がなければ不利益処分を受ける可能性はなく，その省令が無効であることを前提に権利主張を行っているのであるから，省令の有効を前提に不利益処分がなされるのを想定してその差止訴訟を提起するよう求めることは，争点に対する結論を先取りしていることになる。また，[2] 経済的自由に対する侵害作用を法律の改正によらず行ったことは，法律による行政の原理（法律の留保原則）からみて違法であって省令は無効となることも考慮されていると思われる（石森 214 頁）。

そこで，条例の制定によって新たな行政上の義務（本件においては建築に際して町長の許可を取得する義務）が課されるような場合には，条例に基づく行政処分のタイミングを待たず，条例に基づく義務の発生が確定する保全地域指定の段階で，条例に基づく許可を得ずに建築ができることの地位の確認を求める確認の利益が肯定されると考えられる。

3. 違法性の主張

保全地域指定の段階での確認訴訟でも，後続の不許可処分を待っての取消訴訟（＋申請型義務付け訴訟）でも，違法性の主張の内容は共通である。徳島市公安条例事件最高裁判決（判Ⅰ 19　CB 1-2　最大判 1975（昭和 50）・9・10 刑集 29 巻 8 号 489 頁）が示した判断基準（例解 21 頁）を踏まえ，条例が法律に違反していると主張することになる。また，条例の制度設計のあり方に注目して比例原則違反を主張する可能性もある。条例が違法であることが確定すれば，憲法 94 条により条例は無効となり，X は条例に定められた許可を得ることなく建築行為を適法に行うことができる。

7　Y 町の条例は，風営法との関係で「法律の範囲内」（憲法 94 条）にあると言えますか。

Y 町の条例は，旅館業法（＝ホテルの営業規制）・建築基準法（＝建築行為の規制）・風営法（＝風俗営業の規制）がすでに規制している領域を対象として

いる。しかし，条例が国の法令に違反するかどうかは，両者の対象事項と規定文言を対比するのみでなく，それぞれの趣旨，目的，内容及び効果を比較し，両者の間に矛盾抵触があるかどうかによってこれを決しなければならない。本事例のように，特定事項についてこれを規律する国の法令と条例とが併存する場合でも，後者が前者とは別の目的に基づく規律を意図するものである場合や，両者が同一の目的であっても，国の法令が必ずしもその規定によって全国的に一律に同一内容の規制を施す趣旨ではない場合には，国の法令と条例との間には矛盾抵触はない（前掲・徳島市公安条例事件最高裁判決）。

　Y町の条例はホテル等の建築の適正化による市街地の環境保全と青少年の健全育成を目的としている（同条例1条）。この目的規定のみからは必ずしも条例の目的が明確ではないものの，条例のしくみ（同条例3・4条）はラブホテル等の風俗営業に対する規制を目的としている。これに対して風営法も，善良で清浄な風俗環境の維持や少年の健全育成を目的に掲げており（同法1条），両者の目的は相当程度重なり合う。

　風営法はラブホテル等の営業について禁止区域を定めている（同法28条）。同法は地域固有の事情に配慮するため，都道府県に対して施行条例の中で禁止区域の具体的な定めを置くことを求めている（同条2項）。これに対して同法は，市町村の規制権限については明確な定めを置いていない。風営法がこのような規制手法を採用しているのは，職業選択の自由・営業の自由を考慮した結果と考えられる。すなわち風営法は，地域的な事情を同法の委任による都道府県施行条例の中で考慮することを予定しており，市町村の自主条例による規制の強化は風営法の想定外と考えられる。それにもかかわらず制定されたY町の条例は，風営法の規制が全国一律同一内容のものとする同法の趣旨に反し，違法・無効である。

> Y町の条例の規制手法が，比例原則に違反しているかどうか検討して下さい。

　次に条例の制度設計に注目して，その違法性を主張する方法を検討する。同条例は，ラブホテルを直接の対象とすることなく，ラブホテルに類似する構造を持つホテルはすべて許可制のもとに置く方式を採用している。許可に

際してホテル等建築審議会の意見聴取手続（条例4条2項）は設けられているものの，構造に関する客観的要件に適合しなければ許可を与えない構造になっている（同5条）ことからすると，個別事情を配慮することなく一律にラブホテルまたはそれに類似する構造を持つ建築を禁止し，実質的にラブホテル営業を禁止するという経済的自由権に対する極めて厳しい規制態様・強度を持っている。仮に地域の風俗環境維持の目的が正当なものであるとしても，条例が採用する規制手段は強度に過ぎ，比例原則違反と言える。

　このような比例原則違反を，7で示した法律と条例の関係に組み込んで主張する方法（判Ⅰ23 福岡高判1983（昭和58）・3・7判時1083号58頁［飯盛町条例事件］）と，法律と条例の矛盾抵触関係とは独立に条例の合憲性（憲法22条との関係）の観点から主張する方法（東郷町事件地裁・高裁）の2つがあり得る。
① 飯盛町条例事件福岡高裁判決では，条例の規制が極めて強度であることを指摘し，「一般に旅館業を目的とする建築物の建築につき町長の同意を要件とすることは，職業の自由に対する強力な制限であるから，これと比較してよりゆるやかな制限である職業活動の内容及び態様に対する規制によっては，前記の規制の目的を十分に達成することができない場合でなければならないが，そのようなよりゆるやかな規制手段についても，その有無，適否が検討された形跡は窺えない」とした上で，「比例原則に反し，旅館業法の趣旨に背馳するものとして同法に違反するといわざるを得ない」と判断している。
② これに対して東郷町事件地裁判決では，条例が風営法との関係で矛盾抵触しないと判断した後に，「本件条例は，前記のとおり，ラブホテル等の顧客ができる限り他の者との接触を避けて密室的構造の客室を利用したいとの希望を有することに着目し，そのような希望に沿わない，いわば通常のホテル等が有する構造でない限り，建築について同意しないという規制手法を採用することによって，間接的にラブホテル等の建築を抑制しようとするものであるが，もとより本件条例の定める構造基準を満たすホテル等を，あえてラブホテル等として使用すること，すなわち性的な営みをする場所として提供すること自体を禁ずるものでなく，また，既存の建物をラブホテル等として利用することも禁ずるものでないことを考慮すると，その規制の手法，内容が比例原則に反するとまではいえない」として，条例に基づく規制を適法（合憲）とした。

③ 地方公共団体の自治権

Level・3

　外国人AはY県X市に転入したとして，国民健康保険の被保険者資格を取得したと届け出た。しかしXが調査したところ，Aは住所を転々と変えていることが分かった。そこでXはAに対して被保険者証を交付できないと通知した。これに対してAはY県の国民健康保険審査会に審査請求し，審査会は，AはX市の域内で継続的に居住する可能性が高いとして，Aに被保険者資格を認める裁決をした。Xはこれに対して不満である。どのような法的対応が考えられるか。

【資料≫関係条文】

○国民健康保険法（昭和33年12月27日法律第192号）（抜粋）

(この法律の目的)
第1条　この法律は，国民健康保険事業の健全な運営を確保し，もって社会保障及び国民保健の向上に寄与することを目的とする。
(保険者)
第3条　市町村及び特別区は，この法律の定めるところにより，国民健康保険を行うものとする。
2　国民健康保険組合は，この法律の定めるところにより，国民健康保険を行うことができる。
(被保険者)
第5条　市町村又は特別区（以下単に「市町村」という。）の区域内に住所を有する

者は、当該市町村が行う国民健康保険の被保険者とする。
（適用除外）
第6条　前条の規定にかかわらず、次の各号のいずれかに該当する者は、市町村が行う国民健康保険の被保険者としない。
　一　健康保険法（大正11年法律第70号）の規定による被保険者。ただし、同法第3条第2項の規定による日雇特例被保険者を除く。
　二〜十一　（略）
（資格取得の時期）
第7条　市町村が行う国民健康保険の被保険者は、当該市町村の区域内に住所を有するに至った日又は前条各号のいずれにも該当しなくなった日から、その資格を取得する。
（資格喪失の時期）
第8条　市町村が行う国民健康保険の被保険者は、当該市町村の区域内に住所を有しなくなった日の翌日又は第6条各号（第9号及び第10号を除く。）のいずれかに該当するに至った日の翌日から、その資格を喪失する。ただし、当該市町村の区域内に住所を有しなくなった日に他の市町村の区域内に住所を有するに至ったときは、その日から、その資格を喪失する。
2　市町村が行う国民健康保険の被保険者は、第6条第9号又は第10号に該当するに至った日から、その資格を喪失する。
（届出等）
第9条　被保険者の属する世帯の世帯主（以下単に「世帯主」という。）は、厚生労働省令の定めるところにより、その世帯に属する被保険者の資格の取得及び喪失に関する事項その他必要な事項を市町村に届け出なければならない。
2　世帯主は、市町村に対し、その世帯に属するすべての被保険者に係る被保険者証の交付を求めることができる。
3　市町村は、保険料（地方税法（昭和25年法律第226号）の規定による国民健康保険税を含む。以下この項、第7項、第63条の2、第68条の2第2項第4号、附則第7条第1項第3号並びに附則第21条第3項第3号及び第4項第3号において同じ。）を滞納している世帯主（その世帯に属するすべての被保険者が原子爆弾被爆者に対する援護に関する法律（平成6年法律第117号）による一般疾病医療費の支給その他厚生労働省令で定める医療に関する給付（第6項及び第8項において「原爆一般疾病医療費の支給等」という。）を受けることができる世帯主を除く。）が、当該保険料の納期限から厚生労働省令で定める期間が経過するまでの間に当該保険料を納付しない場合においては、当該保険料の滞納につき災害その他の政令で定める特別の事情があると認められる場合を除き、厚生労働省令で定めるところにより、当該世帯主に対し被保険者証の返還を求めるものとする。
4　市町村は、前項に規定する厚生労働省令で定める期間が経過しない場合においても、同項に規定する世帯主に対し被保険者証の返還を求めることができる。ただし、同項に規定する政令で定める特別の事情があると認められるときは、この限りでない。
5　前2項の規定により被保険者証の返還を求められた世帯主は、市町村に当該被

保険者証を返還しなければならない。
6〜15　（略）
（審査請求）
第91条　保険給付に関する処分（被保険者証の交付の請求又は返還に関する処分を含む。）又は保険料その他この法律の規定による徴収金に関する処分に不服がある者は，国民健康保険審査会に審査請求をすることができる。
2　前項の審査請求は，時効の中断に関しては，裁判上の請求とみなす。
（審査会の設置）
第92条　国民健康保険審査会（以下「審査会」という。）は，各都道府県に置く。
（組織）
第93条　審査会は，被保険者を代表する委員，保険者を代表する委員及び公益を代表する委員各3人をもって組織する。
2　委員は，非常勤とする。
（審査請求と訴訟との関係）
第103条　第91条第1項に規定する処分の取消しの訴えは，当該処分についての審査請求に対する裁決を経た後でなければ，提起することができない。

Milestone

9 行政不服審査法には，地方公共団体の制度利用可能性を否定する条文がありますか。

10 Y県国民健康保険審査会の裁決の取消訴訟をX市が提起することは可能ですか。

11 X市が被保険者資格をめぐる自らの判断を法的に貫徹できる方法はありますか。

事例のねらい

　本事例ではX市の判断に対して私人が行政不服申立を行い，Y県に設置された審査会がX市の判断と異なる判断を示している。保険財政支出を削減する観点から，X市としては審査会の判断を争いたいところである。行政不服申立や取消訴訟を誰が利用できるかという問題については，不服申立資格（当事者能力）と不服申立適格・原告適格に分けて議論するのが一般的である（宇賀克也『行政法概説Ⅱ［第4版］』（有斐閣・2013年）41頁）。後者が，具体的事件において誰が制度を利用するに相応しいかを論じるのに対し（その代表的な判例として，判百Ⅱ141　判Ⅱ36　CB 12-1　最三小判1978(昭和53)・3・14民集32巻2号211頁［主婦連ジュース訴訟］），前者は具体的事件を念頭に置かず，より一般的に制度が利用できる資格を論ずるものである。その際に問題となるのが地方公共団体の争訟制度利用可能性の問題であり，本事例がモデルとした大阪府国民健康保険審査会事件（判百Ⅰ1　判Ⅰ61　最一小判1974(昭和49)・5・30民集28巻4号594頁）がこの問題を扱っている。

　国民健康保険法の保険者は市町村または国民健康保険組合である（例解 298頁）。被保険者は被用者保険（健康保険・公務員共済）に加入していない者全員であり，市町村の区域内に住所を有していれば，適用除外でない限り当然に被保険者となる（国民健康保険法5・6条）。市町村は住民の移動を自ら把握できるわけではないので，転居等で住所を移した場合には世帯主が届け出る義務を負い（同法9条1項），世帯主は被保険者証の交付を市町村に求めることができる（同条2項）。本事例ではこの交付をX市が拒否している。国民健康保険法は審査請求前置（例解 88頁）を採用しているため（同法91条），Aはまず審査請求を行い，国民健康保険審査会の認容裁決を得た。この場合にこれを不服とするX市が裁決の取消訴訟を提起することができるのかが問題となる。

▶Key Points◀
［行政過程論］自治権の保障
［行政救済論］地方公共団体の不服申立資格
［社会保障法］給付主体（例解 236頁），医療サービスの給付主体（例解 295頁以下）

1. 不服申立資格判断の手がかり

> 行政不服審査法には，地方公共団体の制度利用可能性を否定する条文がありますか。

　行政不服審査法には，地方公共団体が申立人となることを禁止する明文の規定はない。しかし，不服申立ができるかどうかやその相手方・不服申立期間を処分の際に教示することを規定する行政不服審査法57条では，地方公共団体に対する処分のうち「固有の資格」において処分の相手方になるものについて適用しない（同条4項）との定めがある。これは単に教示義務を除外したのみならず，行政権の主体としての地方公共団体に対する処分について行政不服審査法そのものの適用を除外する趣旨と解されている（塩野宏『行政法Ⅱ［第5版補訂版］』（有斐閣・2013年）20頁）。同法の目的が「簡易迅速な手続による国民の権利利益の救済を図る」（1条1項）にあることから，地方公共団体が一般私人の立ち得ない地位で活動している場合（＝固有の資格）には制度の利用可能性を否定するべきと考えられるのである。

2. 取消訴訟の出訴資格

> Y県国民健康保険審査会の裁決の取消訴訟をX市が提起することは可能ですか。

　前掲・大阪府国民健康保険審査会事件においては，大阪市が府の審査会の裁決取消訴訟を提起した。これに対して最高裁は，次の2つの理由から大阪市には取消訴訟を提起する資格がないと判断した。
① 国民健康保険の保険者たる市町村は，国民健康保険審査会の裁決によってその事業運営主体としての権利義務に影響を受けることが避けられない。しかし，国民健康保険事業は本来的には国の行政事務であり，これを市町村が法の規定に基づいて遂行している。そうであるとすれば，事業主体として

の保険者の地位に基づく固有の利害を市町村は有しておらず，市町村はもっぱら行政作用を担当する行政主体としての地位に立つ。
② 国民健康保険審査会（国民健康保険法92条）そのものは，保険者である市町村に対して一般的な指揮命令権を有しない。しかし，審査会の任務は行政不服審査法に基づくものであり，保険者の処分の適正を確保する目的をもって，行政監督の見地から都道府県に第三者機関を設置したのである。こうした制度の趣旨からすれば，国民健康保険審査会と保険者たる市町村とは，保険者のした保険給付に関する処分の審査に関する限り，一般的な上級行政庁と下級行政庁と同様の立場に立ち，保険者は審査会の判断に拘束されることが制度上予定されている。もしこのような場合に，保険者である市町村に対して審査会の裁決に対する出訴を認めるとすると，第三者機関である審査会を設けて処分の相手方の権利救済を促進しようとしたことが，かえって通常の不服審査よりも権利救済の遅延の効果をもたらすこととなり，制度の目的が没却されることになりかねない。

　このように同判決は，①の部分では保険者としての市町村が固有の資格に立って（行政主体として）活動していることを示し，②の部分では法律が審査庁を創出した目的に注目している。②の「保険者のした保険給付に関する処分の審査に関する限り，一般的な上級行政庁と下級行政庁と同様の立場」という判示にのみ注目すれば，審査会と市町村とが行政内部関係に立っているので市町村の出訴資格を否定したようにも見える。しかし，判決文の②に対応する別の部分では「審査会自体が保険者に対し一般的な指揮命令権を有しないからといって，その審査手続が通常の行政的監督作用たる行政不服審査としての性質を失い，あたかも本来の行政作用の系列を離れた独立の機関が保険者とその処分の相手方との間の法律関係に関する争いを裁断するいわゆる行政審判のごとき性質をもつものとはとうてい解されない」と述べられており，上級・下級行政庁の関係を判決文が持ちだした趣旨は，処分庁と通常の指揮監督関係にない審査庁を法律によって審査庁にしたとしても，なお上級・下級行政庁の関係と考えることができるとしているにとどまる。それゆえ，この判決が市町村の出訴資格を否定した理由は，市町村が法律に基づく行政事務を遂行する立場にあること（①に対応）と，市町村の出訴を認めれば私人の権利救済を目的とする行政不服審査・行政訴訟制度の趣旨に反する

こと（②に対応）にあると考えられる。

3. 地方公共団体の訴訟提起可能性

> X市が被保険者資格をめぐる自らの判断を法的に貫徹できる方法はありますか。

　審査会の裁決によって保険者たるX市の処分が取り消され，裁決には関係行政庁を拘束する拘束力（行政不服審査法43条1項）が認められている。本事例においては，審査会はAが継続的に居住する可能性が高いとして審査請求認容裁決を下している（「住所」の解釈につき，判Ⅱ145 CB 18-10 最一小判平成16（2004）・1・15民集58巻1号226頁）。そこで，X市はこの判断と抵触する再度の被保険者証の交付拒否をすることはできない。ただし，後になってAに在留資格がなくなったといった，処分時からの事情変更が生じた場合には，再度の交付拒否が可能となる。

　理論的には，一方では国が市町村に対して国民健康保険事業の実施を法律で義務付け，そのための費用の支出を要求し，他方で市町村が都道府県に設置された国民健康保険審査会の裁決に対して訴訟を提起することができないのは憲法で保障された自治権の侵害であるとして，国民健康保険法の関連規定の違憲無効を前提に審査会の裁決の取消訴訟を提起するとか，国を被告とする国民健康保険法の関連規定の違憲無効確認訴訟を提起することが考えられなくはない（一般論として自治権侵害に基づく抗告訴訟の出訴資格を地方公共団体に認める見解として，塩野宏『行政法Ⅲ［第4版］』（有斐閣・2012年）252頁，地方公共団体の原告適格につき，石森255頁）。しかし，社会保障立法に関して立法者に広範な立法裁量が認められる傾向にあること，自治権の侵害にあたるかどうかを判断する憲法上の手がかりが豊富とはいえないことを前提とすると，都道府県に設置された専門性のある第三者機関である国民健康保険審査会に保険給付に関する処分の不服を審査させ，市町村に事業主体としての経済的利益を法的に主張させる機会を封じたとしても，違憲とまでは言いがたいように思われる。

④ 通達の法的性格

Level・2

　Xは夫Aの経営する会社からの役員報酬を年額900万円受けていた。Aが死亡後にXが遺族年金支給を求めたところ，XはAによって生計を維持していた配偶者（厚生年金保険法59条1項）にあたらないとして拒否処分を受けた。厚生年金保険法施行令3条の10は，生計維持の基準について「当該被保険者又は被保険者であった者の死亡の当時その者と生計を同じくしていた者であって厚生労働大臣の定める金額以上の収入を将来にわたって有すると認められる者以外」という要件を規定している。その金額は「国民年金法等における遺族基礎年金等の生計維持の認定に係る厚生大臣が定める金額について」（平成6・11・9庁保発第36号）と題する通達によって850万円とされている。この処分の違法性主張の内容を検討しなさい。

【資料≫関係条文・通知】

○厚生年金保険法（昭和29年5月19日法律第115号）（抜粋）

（受給権者）
第58条　遺族厚生年金は，被保険者又は被保険者であった者が次の各号のいずれかに該当する場合に，その者の遺族に支給する。ただし，第1号又は第2号に該当する場合にあっては，死亡した者につき，死亡日の前日において，死亡日の属する月の前々月までに国民年金の被保険者期間があり，かつ，当該被保険者期間に係る保険料納付済期間と保険料免除期間とを合算した期間が当該被保険者期間の3

分の2に満たないときは，この限りでない。
一　被保険者（失踪の宣告を受けた被保険者であった者であって，行方不明となった当時被保険者であったものを含む。）が，死亡したとき。
二　被保険者であった者が，被保険者の資格を喪失した後に，被保険者であった間に初診日がある傷病により当該初診日から起算して5年を経過する日前に死亡したとき。
三　障害等級の1級又は2級に該当する障害の状態にある障害厚生年金の受給権者が，死亡したとき。
四　老齢厚生年金の受給権者又は第42条第2号に該当する者が，死亡したとき。
2　前項の場合において，死亡した被保険者又は被保険者であった者が同項第1号から第3号までのいずれかに該当し，かつ，同項第4号にも該当するときは，その遺族が遺族厚生年金を請求したときに別段の申出をした場合を除き，同項第1号から第3号までのいずれかのみに該当し，同項第4号には該当しないものとみなす。

（遺族）

第59条　遺族厚生年金を受けることができる遺族は，被保険者又は被保険者であった者の配偶者，子，父母，孫又は祖父母（以下単に「配偶者」，「子」，「父母」，「孫」又は「祖父母」という。）であって，被保険者又は被保険者であった者の死亡の当時（失踪の宣告を受けた被保険者であった者にあっては，行方不明となった当時。以下この条において同じ。）その者によって生計を維持したものとする。ただし，妻以外の者にあっては，次に掲げる要件に該当した場合に限るものとする。
一　夫，父母又は祖父母については，55歳以上であること。
二　子又は孫については，18歳に達する日以後の最初の3月31日までの間にあるか，又は20歳未満で障害等級の1級若しくは2級に該当する障害の状態にあり，かつ，現に婚姻をしていないこと。
2　前項の規定にかかわらず，父母は，配偶者又は子が，孫は，配偶者，子又は父母が，祖父母は，配偶者，子，父母又は孫が遺族厚生年金の受給権を取得したときは，それぞれ遺族厚生年金を受けることができる遺族としない。
3　被保険者又は被保険者であった者の死亡の当時胎児であった子が出生したときは，第1項の規定の適用については，将来に向って，その子は，被保険者又は被保険者であった者の死亡の当時その者によって生計を維持していた子とみなす。
4　第1項の規定の適用上，被保険者又は被保険者であった者によって生計を維持していたことの認定に関し必要な事項は，政令で定める。

○厚生年金保険法施行令（昭和29年5月24日政令第110号）（抜粋）

（遺族厚生年金の生計維持の認定）

第3条の10　法第59条第1項に規定する被保険者又は被保険者であった者の死亡の当時その者によって生計を維持していた配偶者，子，父母，孫又は祖父母は，当該被保険者又は被保険者であった者の死亡の当時その者と生計を同じくしていた

者であって厚生労働大臣の定める金額以上の収入を将来にわたって有すると認められる者以外のものその他これに準ずる者として厚生労働大臣の定める者とする。

○国民年金法等における遺族基礎年金等の生計維持の認定に係る厚生大臣が定める金額について（平成6年11月9日庁保発第36号各都道府県知事あて社会保険庁運営部長通知）（以下「通達1」という）

国民年金法施行令（昭和34年政令第184号）第4条の8第1項及び第6条の4，厚生年金保険法施行令（昭和29年政令第110号）第3条の5第1項及び第3条の10並びに国民年金法等の一部を改正する法律の施行に伴う経過措置に関する政令（昭和61年政令第54号）第27条に規定する厚生大臣が定める金額は，年額850万円とし，平成6年11月9日から適用する。

○生計維持関係等の認定基準及び認定の取扱いについて〔厚生年金保険法〕（平成23年3月23日年発0323第1号日本年金機構理事長あて厚生労働省年金局長通知）（以下「通達2」という）（抜粋）

4　収入に関する認定要件
(1)　認定の要件
　①　生計維持認定対象者（障害厚生年金及び障害基礎年金並びに障害年金の生計維持認定対象者は除く。）に係る収入に関する認定に当たっては，次のいずれかに該当する者は，厚生労働大臣の定める金額（年額850万円）以上の収入を将来にわたって有すると認められる者以外の者に該当するものとする。
　　ア　前年の収入（前年の収入が確定しない場合にあっては，前々年の収入）が年額850万円未満であること。
　　イ　前年の所得（前年の所得が確定しない場合にあっては，前々年の所得）が年額655.5万円未満であること。
　　ウ～エ　（略）

Milestone

12　遺族厚生年金の支給要件は法律上どのように規定されていますか。

13　本件の2つの通達の法的性格はどのようなものと考えればよいですか。また，収入要件の判断に当たって，これらの通達はどのように機能すると考えられますか。

14　本事例においてXは処分のどのような違法性を主張すればよいですか。

事例のねらい

　遺族年金は、国民年金や厚生年金等の被保険者が死亡した場合に、その遺族の生計を維持させることを目的とする給付である。そのため、被保険者によって生計が維持されていたかどうかが、支給の1つの要件となっている。この要件に関する基準を定めているのが上記の通達であり、この要件を充足するかが争点となった場合には、上記通達の法的性質が問題となる。本事例がモデルとした東京地判 2002（平成 14）・11・5 判時 1821 号 20 頁でも、この点が議論されている。

　行政機関が定める法条の形式を持つ基準である行政基準は、国民の権利義務に関する内容を含む法規命令と、そうでない行政規則とに分けられる（⇨②）。通達は一般に、行政内部での取り扱いを統一することなどを目的として上級機関から下級機関に出されるものであり、行政規則に分類される。行政規則はさらにいくつかの類型に分けられ、解釈基準と裁量基準の区分がとりわけ重要である。

▶Key Points◀
［行政過程論］行政規則の類型論（解釈基準と裁量基準）
［社会保障法］遺族年金（例解 290 頁以下）、不正受給・過誤払の是正（例解 293 頁）

1. 遺族年金の支給要件

> 遺族厚生年金の支給要件は法律上どのように規定されていますか。

　遺族厚生年金の支給要件は厚生年金保険法 58・59 条に規定され、大きく 3 種類に分けられる（例解 289 頁）。

① 被保険者の被保険者期間

　死亡した被保険者の死亡日の属する月の前々月までに国民年金の被保険者期間があり、かつその被保険者期間のうち保険料納付済期間と保険料免除期間を合算した期間が被保険者期間の 2/3 を満たしていることが必要である

(厚生年金保険法58条1項)。

② 遺族

被保険者の妻については，次のような要件を考慮することなく「遺族」に該当する（同法59条1項但書）。妻以外については次のような（主として年齢に関する）条件を充足する必要がある。夫・父母・祖父母については55歳以上であること，子・孫については18歳に達する年度までであるか，20歳未満で障害等級1・2級であり未婚であることである（同法59条1項）。ただし，配偶者・子が第1の優先順位にあり，これらが受給権を獲得しない場合に限って父母，孫，祖父母の順に受給権獲得の可能性がある（同法59条2項）。

③ 生計維持

単に遺族に該当するだけでは遺族厚生年金の受給はできず，さらに被保険者によって生計を維持していたことが必要である（同法59条1項柱書）。この認定に関して必要な事項は政令に委任されており（同条4項），この委任規定を受けて厚生年金保険法施行令3条の10が「当該被保険者又は被保険者であった者の死亡の当時その者と生計を同じくしていた者」（生計同一要件）と「厚生労働大臣の定める金額以上の収入を将来にわたって有すると認められる者以外」（収入要件）の2つの要件を明確化している。

2. 本件通達の法的性格

> 本件の2つの通達の法的性格はどのようなものと考えればよいですか。また，収入要件の判断に当たって，これらの通達はどのように機能すると考えられますか。

① 通達1の法的性格

上記の施行令3条の10は「厚生労働大臣の定める金額」との規定をおいている。「○○大臣の定める」という規定は，「○○省令で定める」と異なって，法形式の指定を伴わない委任規定と考えられている（例解 16頁）。つまり，このような規定が置かれた場合には，省令で定めても大臣告示（国家行政組織法14条1項）（例解 265頁）で定めてもよい。この事例で仮に大臣告示

で金額が定められていれば，この大臣告示は法規命令の性格を持つ。

　ところが，遺族厚生年金の生計維持要件を判断する金額については，大臣告示が定められることなく，通達1の別添という形式で決定されている。法規命令と行政規則の区別基準を議会立法の授権の有無に求める見解（平岡久『行政立法と行政基準』（有斐閣・1995年）139頁）によれば，通達1は形式が通達であっても法規命令であると扱われるかもしれない。他方で，施行令が委任規定を置いているにもかかわらずこれに対応した告示を欠き，代わりに通達という形式が使われているのは，施行令の委任の趣旨に反し，また法的安定性・予見可能性を欠く違法な基準定立方法であると考えることもできる。

　これに対して，通達1を行政手続法の定める審査基準（同法2条8号）とみて，その適法性を検討するアプローチも考えられる。審査基準には公にする義務がある（同法5条3項）ため，基準を定めて公示するという機能に着目すれば，大臣告示と同等とも考えられる。この理解に立って通達1で大臣が基準を定めたことが違法でないと解するためにはさらに，基準を定める法律の委任に反して法規命令を制定しなくても違法ではないことが必要になる。そこで，施行令の規定は大臣に金額を定める権限を授権したにとどまる（義務付けたわけではない）と解することになる。そして，大臣が法規としての性格を有する告示ではなく，敢えて通達という形式を選択していることを考慮すると，通達1は厚生年金保険法59条1項が定める生計維持の概念に該当するかどうかの解釈基準を示したものと考えるのが自然と思われる。

② **通達2の法的性格**

　通達2は，厚生年金保険法59条の定める生計維持要件に関する審査基準であり，生計維持に関する厚生労働大臣の判断に裁量が認めらなければ解釈基準，裁量が認められれば裁量基準と性格付けられる。「生計を維持した」という不確定概念が用いられていることをどのように解釈するかが問題となる。

[1] 厚生年金保険は社会保険方式を採用し，被保険者から保険料を徴収し，保険事故が発生した場合には法令の定める定型的な給付を実現するものである。また，生計維持の有無に関しては専門技術的な判断は必要ない。こうした点に注目すれば，生計維持に関する厚生労働大臣の認定には裁量の余地はなく，それゆえ通達2は解釈基準と性格付けられる。

[2] 厚生年金保険法が定型的な給付を予定しているとしても，生計維持要件

の該当性判断に関してはその時々の経済情勢の影響を受けて基準が変動する可能性があるため、この部分に関しては厚生労働大臣に要件裁量の余地を認めたと解しうる。そうであるとすれば、通達2は裁量基準と位置づけられる。

3. 具体的な違法主張

> 本事例においてXは処分のどのような違法性を主張すればよいですか。

本事例では通達1において生計維持関係の基準として年額850万円という数字が提示されており、Xは年額900万円の報酬を受けていた。そこで、違法主張の方向性としては、①通達1の基準額自体が違法であること、②通達1の基準額は適法で合理的であるとしても通達2の内容を画一的に適用することが違法であること、の2種類が考えられる。

① 通達1の基準額を攻撃する方法

厚生年金保険法施行令の委任を受けた厚生労働大臣の基準は告示の形式では定められず、通達の形式で定められている。この通達を審査基準と捉えるとしても、13で述べたように通達1は解釈基準と考えるべきであり、裁判所は厚生年金保険法59条及び施行令3条の10の規定を独自に解釈すればよく、生計維持要件を充足するかどうかを通達の定める内容とは無関係に判断できる。

② 通達2の画一的な適用を攻撃する方法

通達2も解釈基準と捉えれば（13[1]）、上記と同様に裁判所はその内容に拘束されることなく、生計維持要件を充足するかどうかを独自に判断できることになる（通達2が裁量基準であるとすれば（13[2]）、裁判所はその合理性を判断し、内容が合理的であればこれを適用する 判百Ⅰ76 判Ⅰ100 CB8-5 最一小判1999(平成11)・7・19判時1688号123頁))。遺族の所得保障という遺族厚生年金の制度趣旨からすれば、生計維持要件の充足性は実質的な意味でXの収入かどうかという点を重視すべきである。例えば、本事例がモデルとした東京地裁の事件では、Xが得た役員報酬は実質的にはAの収入の一部であった。この場合には、収入維持要件は充足されると考えるべきである。

⑤ 都市計画による高層建築物規制

Level・2

　Xの隣地にはスーパーマーケットと社宅が数棟建てられていた。しかしこれらがいずれも取り壊されて空き地となっている。ここに大手の開発業者Aが目を付け，これらの土地を購入して高層マンションを建てる計画を進行させているとの情報がある。高層マンションの建築を抑制するためにとりうる法的手段を検討しなさい。

【資料≫関係条文】

○都市計画法（昭和43年6月15日法律第100号）（抜粋）

（地域地区）

第8条　都市計画区域については，都市計画に，次に掲げる地域，地区又は街区を定めることができる。

一　第1種低層住居専用地域，第2種低層住居専用地域，第1種中高層住居専用地域，第2種中高層住居専用地域，第1種住居地域，第2種住居地域，準住居地域，近隣商業地域，商業地域，準工業地域，工業地域又は工業専用地域（以下「用途地域」と総称する。）

二～二の四　（略）

三　高度地区又は高度利用地区

四～十六　（略）

2　（略）

3　地域地区については，都市計画に，第1号及び第2号に掲げる事項を定めるものとするとともに，第3号に掲げる事項を定めるよう努めるものとする。

一　地域地区の種類（特別用途地区にあっては，その指定により実現を図るべき

特別の目的を明らかにした特別用途地区の種類，位置及び区域
　二　次に掲げる地域地区については，それぞれ次に定める事項
　　イ　用途地域　建築基準法第52条第1項第1号から第4号までに規定する建築物の容積率（延べ面積の敷地面積に対する割合をいう。以下同じ。）並びに同法第53条の2第1項及び第2項に規定する建築物の敷地面積の最低限度（建築物の敷地面積の最低限度にあっては，当該地域における市街地の環境を確保するため必要な場合に限る。）
　　ロ　第1種低層住居専用地域又は第2種低層住居専用地域　建築基準法第53条第1項第1号に規定する建築物の建ぺい率（建築面積の敷地面積に対する割合をいう。以下同じ。），同法第54条に規定する外壁の後退距離の限度（低層住宅に係る良好な住居の環境を保護するため必要な場合に限る。）及び同法第55条第1項に規定する建築物の高さの限度
　　ハ〜ヘ　（略）
　　ト　高度地区　建築物の高さの最高限度又は最低限度（準都市計画区域内にあっては，建築物の高さの最高限度。次条第17項において同じ。）
　　チ〜リ　（略）
　三　面積その他の政令で定める事項
4　（略）
第9条　第1種低層住居専用地域は，低層住宅に係る良好な住居の環境を保護するため定める地域とする。
2　第2種低層住居専用地域は，主として低層住宅に係る良好な住居の環境を保護するため定める地域とする。
3〜16　（略）
17　高度地区は，用途地域内において市街地の環境を維持し，又は土地利用の増進を図るため，建築物の高さの最高限度又は最低限度を定める地区とする。
18〜22　（略）
（地区計画）
第12条の5　地区計画は，建築物の建築形態，公共施設その他の施設の配置等からみて，一体としてそれぞれの区域の特性にふさわしい態様を備えた良好な環境の各街区を整備し，開発し，及び保全するための計画とし，次の各号のいずれかに該当する土地の区域について定めるものとする。
　一　用途地域が定められている土地の区域
　二　用途地域が定められていない土地の区域のうち次のいずれかに該当するもの
　　イ　住宅市街地の開発その他建築物若しくはその敷地の整備に関する事業が行われる，又は行われた土地の区域
　　ロ　建築物の建築又はその敷地の造成が無秩序に行われ，又は行われると見込まれる一定の土地の区域で，公共施設の整備の状況，土地利用の動向等からみて不良な街区の環境が形成されるおそれがあるもの
　　ハ　健全な住宅市街地における良好な居住環境その他優れた街区の環境が形成されている土地の区域
2　地区計画については，前条第2項に定めるもののほか，都市計画に，第1号に

掲げる事項を定めるものとするとともに，第2号及び第3号に掲げる事項を定めるよう努めるものとする。
　一　主として街区内の居住者等の利用に供される道路，公園その他の政令で定める施設（以下「地区施設」という。）及び建築物等の整備並びに土地の利用に関する計画（以下「地区整備計画」という。）
　二　当該地区計画の目標
　三　当該区域の整備，開発及び保全に関する方針
3〜6　（略）
7　地区整備計画においては，次に掲げる事項（市街化調整区域内において定められる地区整備計画については，建築物の容積率の最低限度，建築物の建築面積の最低限度及び建築物等の高さの最低限度を除く。）を定めることができる。
　一　地区施設の配置及び規模
　二　建築物等の用途の制限，建築物の容積率の最高限度又は最低限度，建築物の建ぺい率の最高限度，建築物の敷地面積又は建築面積の最低限度，壁面の位置の制限，壁面後退区域（壁面の位置の制限として定められた限度の線と敷地境界線との間の土地の区域をいう。以下同じ。）における工作物の設置の制限，建築物等の高さの最高限度又は最低限度，建築物等の形態又は色彩その他の意匠の制限，建築物の緑化率（都市緑地法第34条第2項に規定する緑化率をいう。）の最低限度その他建築物等に関する事項で政令で定めるもの
　三　現に存する樹林地，草地等で良好な居住環境を確保するため必要なものの保全に関する事項
　四　前3号に掲げるもののほか，土地の利用に関する事項で政令で定めるもの
8　（略）
第58条の2　地区計画の区域（再開発等促進区若しくは開発整備促進区（…）又は地区整備計画が定められている区域に限る。）内において，土地の区画形質の変更，建築物の建築その他政令で定める行為を行おうとする者は，当該行為に着手する日の30日前までに，国土交通省令で定めるところにより，行為の種類，場所，設計又は施行方法，着手予定日その他国土交通省令で定める事項を市町村長に届け出なければならない。ただし，次に掲げる行為については，この限りでない。
　一　通常の管理行為，軽易な行為その他の行為で政令で定めるもの
　二　非常災害のため必要な応急措置として行う行為
　三　国又は地方公共団体が行う行為
　四　都市計画事業の施行として行う行為又はこれに準ずる行為として政令で定める行為
　五　第29条第1項の許可を要する行為その他政令で定める行為
2　前項の規定による届出をした者は，その届出に係る事項のうち国土交通省令で定める事項を変更しようとするときは，当該事項の変更に係る行為に着手する日の30日前までに，国土交通省令で定めるところにより，その旨を市町村長に届け出なければならない。
3　市町村長は，第1項又は前項の規定による届出があった場合において，その届

出に係る行為が地区計画に適合しないと認めるときは，その届出をした者に対し，その届出に係る行為に関し設計の変更その他の必要な措置をとることを勧告することができる。
4　市町村長は，前項の規定による勧告をした場合において，必要があると認めるときは，その勧告を受けた者に対し，土地に関する権利の処分についてのあっせんその他の必要な措置を講ずるよう努めなければならない。

○建築基準法（昭和 25 年 5 月 24 日法律第 201 号）（抜粋）

（市町村の条例に基づく制限）
第 68 条の 2　市町村は，地区計画等の区域（地区整備計画，特定建築物地区整備計画，防災街区整備地区整備計画，歴史的風致維持向上地区整備計画，沿道地区整備計画又は集落地区整備計画（以下「地区整備計画等」という。）が定められている区域に限る。）内において，建築物の敷地，構造，建築設備又は用途に関する事項で当該地区計画等の内容として定められたものを，条例で，これらに関する制限として定めることができる。
2～5　（略）
（建築協定の目的）
第 69 条　市町村は，その区域の一部について，住宅地としての環境又は商店街としての利便を高度に維持増進する等建築物の利用を増進し，かつ，土地の環境を改善するために必要と認める場合においては，土地の所有者及び借地権を有する者（（…）の規定により仮換地として指定された土地にあっては，当該土地に対応する従前の土地の所有者及び借地権を有する者。以下「土地の所有者等」と総称する。）が当該土地について一定の区域を定め，その区域内における建築物の敷地，位置，構造，用途，形態，意匠又は建築設備に関する基準についての協定（以下「建築協定」という。）を締結することができる旨を，条例で，定めることができる。
（建築協定の認可の申請）
第 70 条　前条の規定による建築協定を締結しようとする土地の所有者等は，協定の目的となっている土地の区域（以下「建築協定区域」という。），建築物に関する基準，協定の有効期間及び協定違反があった場合の措置を定めた建築協定書を作成し，その代表者によって，これを特定行政庁に提出し，その認可を受けなければならない。
2　前項の建築協定書においては，同項に規定するもののほか，前条の条例で定める区域内の土地のうち，建築協定区域に隣接した土地であって，建築協定区域の一部とすることにより建築物の利用の増進及び土地の環境の改善に資するものとして建築協定区域の土地となることを当該建築協定区域内の土地の所有者等が希望するもの（以下「建築協定区域隣接地」という。）を定めることができる。
3　第 1 項の建築協定書については，土地の所有者等の全員の合意がなければならない。ただし，当該建築協定区域内の土地（…）に借地権の目的となっている土地がある場合においては，当該借地権の目的となっている土地の所有者以外の土

地の所有者等の全員の合意があれば足りる。
4　（略）
（建築協定の認可）
第73条　特定行政庁は，当該建築協定の認可の申請が，次に掲げる条件に該当するときは，当該建築協定を認可しなければならない。
　一　建築協定の目的となっている土地又は建築物の利用を不当に制限するものでないこと。
　二　第69条の目的に合致するものであること。
　三　建築協定において建築協定区域隣接地を定める場合には，その区域の境界が明確に定められていることその他の建築協定区域隣接地について国土交通省令で定める基準に適合するものであること。
2　特定行政庁は，前項の認可をした場合においては，遅滞なく，その旨を公告しなければならない。この場合において，当該建築協定が建築主事を置く市町村の区域外の区域に係るものであるときは，都道府県知事は，その認可した建築協定に係る建築協定書の写し一通を当該建築協定区域及び建築協定区域隣接地の所在地の市町村の長に送付しなければならない。
3　第1項の規定による認可をした市町村の長又は前項の規定によって建築協定書の写の送付を受けた市町村の長は，その建築協定書を当該市町村の事務所に備えて，一般の縦覧に供さなければならない。
（建築協定の効力）
第75条　第73条第2項又はこれを準用する第74条第2項の規定による認可の公告（次条において「建築協定の認可等の公告」という。）のあった建築協定は，その公告のあった日以後において当該建築協定区域内の土地の所有者等となった者（当該建築協定について第70条第3項又はこれを準用する第74条第2項の規定による合意をしなかった者の有する土地の所有権を承継した者を除く。）に対しても，その効力があるものとする。

Milestone

⑮ 高層マンションの立地を防ぐには，どのような内容の土地利用規制を及ぼせばよいですか。

⑯ 地域地区を利用して高層マンションの立地を抑制するメリット・デメリットを整理して下さい。

⑰ 地区計画を利用して高層マンションの立地を抑制するメリット・デメリットを整理して下さい。

⑱ 建築協定を利用して高層マンションの立地を抑制するメリット・デメリットを整理して下さい。

事例のねらい

　都市計画法・建築基準法には，土地利用規制に関する法的しくみがいくつも存在する。これらはその規制効果の点において類似性があるものの，用いられる場面が微妙に異なっている。そこで本事例では，高層建築物の建築を抑制するという目的を設定して，これらのしくみがどのような特色を持ち，どのような場面で効果を発揮するのかを検討することとする。本事例は，行政計画・行政契約に関する行政法総論の知識を，都市法における具体例を使って定着させることを目的とするものである。

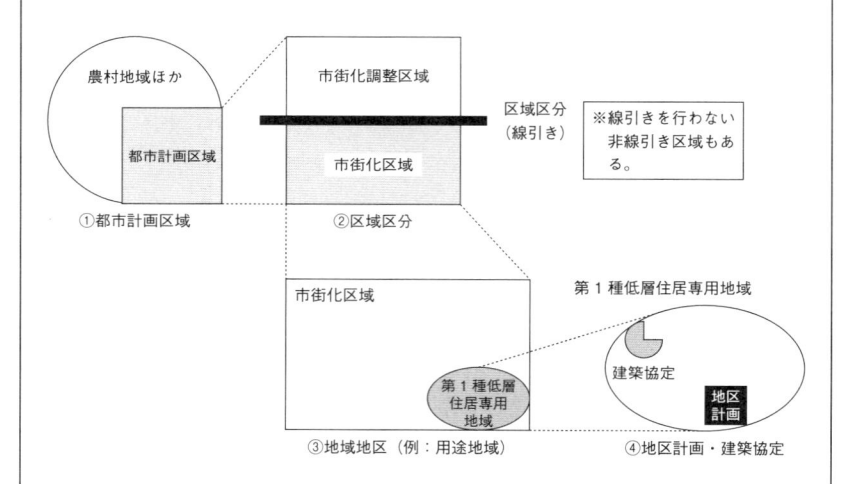

①都市計画区域　　②区域区分　　③地域地区（例：用途地域）　　④地区計画・建築協定

※線引きを行わない非線引き区域もある。

　都市計画法における空間管理は4つのレベルに分かれている（例解 422頁以下）。農村地域などの他の地域と都市地域とを区分するのが①都市計画区域の設定である。この都市計画区域は市街化を促進する市街化区域と，市街化を抑制する市街化調整区域の2つに②区域区分される（この他，非線引き区域もある）。①②（③の一部）の都市計画は，都道府県により策定される（都市計画法5条1項，15条1項）。これらは都市的土地利用がなされる範囲を確定するものであり，本事例のような個々の高層マンションの建築を規制するものではない。市街化区域の中ではさらに，建築物の用途や形態を地域ごとに指定する③地域地区による規制がなされる（その代表例が用途地域である）。さらに細かい街区単位について詳細な土地利用計画を定めるのが④地区計画である。この2つは市町村に

より策定される。この地区計画に類似する内容規制を土地所有者間の協定で実現するのが建築協定（例解 434 頁）である。

▶Key Points◀
[行政過程論] 行政計画，行政契約（私人間協定）
[都市法] 空間管理（例解 422 頁以下），形態規制（例解 424 頁以下），補完性原則（例解 433 頁以下），土地利用計画策定の行政過程（例解 437 頁以下）

1. 土地利用規制の内容

> 高層マンションの立地を防ぐには，どのような内容の土地利用規制を及ぼせばよいですか。

　我が国の都市計画法・建築基準法においては，概ね次の2種類の土地利用規制が用いられている（例解 424 頁以下）。
① ある地域にどのような目的の建物を建てることができるかを規制する手法を，用途規制という。住宅しか建てられない地域，工場や商業施設も建てられる地域など，我が国の都市計画法制では主として，地域地区の一種である用途地域（都市計画法8条1項1号）によって，その土地に建てられる建物の用途が決まっている。そこで，例えば低層の住宅しか建てられない第1種低層住居専用地域（同法9条1項，建築基準法48条1項）に指定することで，高層マンションの立地を防ぐことができる。
② 建築物の形や大きさを規制する手法を，形態規制という。とりわけ重要なのが建ぺい率と容積率である。建ぺい率は，建築面積の敷地面積に対する割合のことで（建築基準法53条1項），建ぺい率が低いと隣の建物との空間が空くことになる。また容積率は，建築物の延べ面積の敷地面積に対する割合のことで（同法52条1項），容積率が低いと高い建物は建てられない。しかし，たとえ容積率が低く設定されていても，広い土地を購入してその一部分にマンションを建て，周辺を駐車場等にすれば，高いマンションを建てることができる。このような方法による高層マンションの建築を抑制するために

は、**16**で説明する建築物の高さの最高限度を都市計画で定める必要がある。

2. 地域地区の利用可能性

16
> 地域地区を利用して高層マンションの立地を抑制するメリット・デメリットを整理して下さい。

　地域地区を利用して高層マンションの立地を抑制しようとする場合、具体的には次の2つの方法が考えられる。
① 代表的な地域地区である用途地域を使って、高層マンションの立地を抑制することが考えられる。例えば第1種低層住居専用地域・第2種低層住居専用地域（都市計画法9条1・2項、建築基準法48条1・2項）に指定すれば、指定しうる容積率は50％～200％となり（建築基準法52条1項1号）、高層建築物の建築はできない。また、第1・2種低層住居専用地域では建築物の高さの最高限度（建築基準法55条）を定めることができ、この方法によれば敷地面積と無関係に最高限度を超える建築物の建築を抑制できる（例解 438頁）。
② 端的に建築物の高さを規制する地域地区として、高度地区がある（都市計画法8条1項3号）。高度地区では建築物の高さの最高限度を定めることができるので、それよりも高い建物が建てられなくなる。
　地域地区を利用するメリットは、それが建築確認（建築基準法6条）の際の基準として機能するため、高層建築物の建築を未然に防ぐことができることにある。また、地域地区の規制に違反した建築物に対しては是正命令（建築基準法9条）・代執行による対処も可能となる。このように、行政機関が基準の内容実現を図る点に、地域地区の大きなメリットが認められる。
　地域地区を利用するデメリットとして次の2点がある。第1は、地域地区を指定する単位が一般に比較的広域となることである。地域地区は都市環境をマクロ的にコントロールすることを目的とする制度であるため、次に説明する地区計画のように街区を単位として細かな規制をかけることは難しい。マンション立地予定地とその周辺だけをピンポイントに規制するには、地域地区は不向きである。第2は、既存の地域地区の規制を変更すると、当該地

区の土地の経済的価値を下落させる可能性が高いことである。高層マンションの建築を抑制するためには，建築できる高さを制限する必要がある。その結果，その地域の土地の経済的な利用価値が下がることになり，地価が下落する可能性が高い。土地所有者が生活環境よりも土地の資産的価値を重視する場合には，このような規制強化に反対する可能性がある。

3. 地区計画の利用可能性

> 地区計画を利用して高層マンションの立地を抑制するメリット・デメリットを整理して下さい。

　これに対して地区計画（都市計画法12条の5第1項）は，道路・鉄道・河川等で囲まれた街区と呼ばれる比較的小規模を単位とする土地利用規制を行う都市計画である（複数街区にまたがる地区計画もありうる）。地域地区よりも狭域を対象とする点が，地区計画の第1のメリットである。地区計画の中心となるのは地区整備計画である（⇨48．例解 443頁）。地区整備計画においては，用途地域と同様に用途制限・建ぺい率・容積率を定めうるほか，壁面の位置の制限や高さ制限，さらには形態意匠（デザイン）など用途地域では定めることができない内容も定めることができる（都市計画法12条の5第2項1号）。このような規制メニューの豊富さが地区計画の第2のメリットである。

　地区計画のデメリットは2点存在する。第1は，地域地区（例：用途地域）と比較したデメリットである。地域地区の場合には規制の内容が建築確認の際の基準として機能するため，規制の実効性を確保することが容易である。これに対して地区計画の場合には，開発行為（例：建築のための整地）に関しては開発許可（都市計画法29条）の基準として機能するものの，建築確認の基準として地区計画の地区整備計画が機能するためには，地区計画とは別にこれと同内容の条例（地区計画条例）を制定する必要がある（建築基準法68条の2）。もしこの条例が制定されていない場合には，都市計画法上の届出・勧告（都市計画法58条の2）のみしか担保手段がなく，勧告に従わない場合には対応がとれない。第2は，次で説明する建築協定と比較したデメリットであ

る。地区計画も都市計画の一種なので（同法4条1項），たとえ狭域とはいえ，用途地域と同様に都市計画策定手続（例解 420頁）をとる必要がある（同法16条以下）。それには一定の時間がかかるので，状況に即応した対応が困難な可能性がある（そのような事例として 例解 465頁以下［国立マンション事件］）。

4. 建築協定の利用可能性

> 18
> 建築協定を利用して高層マンションの立地を抑制するメリット・デメリットを整理して下さい。

　建築協定は，建築基準法69条以下に基づく私人間協定であり，行政が契約締結の当事者となる行政契約とは異なる。建築協定は土地所有者たちが自らの土地利用に関するルールを定めて特定行政庁が認可を与えれば，事後に土地所有者となった者にもその協定の効力が及ぶ（第三者効・対世効）点に大きな特色がある（建築基準法75条）。

　建築協定のメリットは，第1に，土地所有者間で合意が成立すれば，建築物の敷地，位置，構造，用途，形態意匠といったさまざまな内容の規制を弾力的に決定することができることである。第2に，建築協定は都市計画ではないので都市計画策定手続を経る必要がなく，比較的素早く規制の効力を及ぼすことができることにある。

　他方，都市計画ではないという性格は，建築協定のデメリットにもなりうる。建築協定は都市計画と異なり，建築確認や是正命令などの基準としては機能しない。そこで建築協定の内容を遵守させるには，民事訴訟によるほかない（例解 434頁）。多くの建築協定では，協定を運営するための委員会組織が作られ，この委員会が履行状況の監視や，場合によっては訴訟活動を行っている。また，建築協定は締結時に全員合意（建築基準法70条3項）が必要であり，一人でも反対者がいると協定は成立しない（反対者は協定に入らないため，虫食い状態の協定になっていることもある）。それゆえ，本事例でAがすでに土地を獲得している場合には，Aが建築協定に加わることはあり得ないので，この手法で高層マンションの建築を抑制することはできない。

⑥ 景観法による高層建築物規制

Level・2

景観行政団体であるA市は，市の郊外を対象とする景観計画を策定し，その中で建築物の高さの最高限度を20mと定めた。開発業者Yは景観計画区域内の土地に高さ40mのマンションを建築する計画を立てた。A市は変更の勧告を検討しているもののYが受け入れる状況にはなく，また都市計画法・建築基準法上は40mの建物でも建てられる地域であるため，このままでは建築確認が出されそうである。予定地の隣地に住むXはこのマンション建設に不満である。どのような法的手段の利用が考えられるか検討しなさい。

【資料≫関係条文】

○景観法（平成16年6月18日法律第110号）（抜粋）

（目的）
第1条　この法律は，我が国の都市，農山漁村等における良好な景観の形成を促進するため，景観計画の策定その他の施策を総合的に講ずることにより，美しく風格のある国土の形成，潤いのある豊かな生活環境の創造及び個性的で活力ある地域社会の実現を図り，もって国民生活の向上並びに国民経済及び地域社会の健全な発展に寄与することを目的とする。

（定義）
第7条　この法律において「景観行政団体」とは，地方自治法（昭和22年法律第67号）第252条の19第1項の指定都市（以下この項及び第98条第1項において

「指定都市」という。）の区域にあっては指定都市，同法第252条の22第1項の中核市（以下この項及び第98条第1項において「中核市」という。）の区域にあっては中核市，その他の区域にあっては都道府県をいう。ただし，指定都市及び中核市以外の市町村であって，第98条第1項の規定により第2章第1節から第4節まで，第4章及び第5章の規定に基づく事務（同条において「景観行政事務」という。）を処理する市町村の区域にあっては，当該市町村をいう。

2～6　（略）

（景観計画）

第8条　景観行政団体は，都市，農山漁村その他市街地又は集落を形成している地域及びこれと一体となって景観を形成している地域における次の各号のいずれかに該当する土地（水面を含む。以下この項，第11条及び第14条第2項において同じ。）の区域について，良好な景観の形成に関する計画（以下「景観計画」という。）を定めることができる。

一　現にある良好な景観を保全する必要があると認められる土地の区域
二　地域の自然，歴史，文化等からみて，地域の特性にふさわしい良好な景観を形成する必要があると認められる土地の区域
三　地域間の交流の拠点となる土地の区域であって，当該交流の促進に資する良好な景観を形成する必要があると認められるもの
四　住宅市街地の開発その他建築物若しくはその敷地の整備に関する事業が行われ，又は行われた土地の区域であって，新たに良好な景観を創出する必要があると認められるもの
五　地域の土地利用の動向等からみて，不良な景観が形成されるおそれがあると認められる土地の区域

2　景観計画においては，次に掲げる事項を定めるものとする。

一　景観計画の区域（以下「景観計画区域」という。）
二　良好な景観の形成のための行為の制限に関する事項
三～四　（略）

3　前項各号に掲げるもののほか，景観計画においては，景観計画区域における良好な景観の形成に関する方針を定めるよう努めるものとする。

4　第2項第2号の行為の制限に関する事項には，政令で定める基準に従い，次に掲げるものを定めなければならない。

一　第16条第1項第4号の条例で同項の届出を要する行為を定める必要があるときは，当該条例で定めるべき行為
二　次に掲げる制限であって，第16条第3項若しくは第6項又は第17条第1項の規定による規制又は措置の基準として必要なもの
　イ　建築物又は工作物（建築物を除く。以下同じ。）の形態又は色彩その他の意匠（以下「形態意匠」という。）の制限
　ロ　建築物又は工作物の高さの最高限度又は最低限度
　ハ　壁面の位置の制限又は建築物の敷地面積の最低限度
　ニ　その他第16条第1項の届出を要する行為ごとの良好な景観の形成のための制限

5～11　（略）
（届出及び勧告等）
第16条　景観計画区域内において，次に掲げる行為をしようとする者は，あらかじめ，国土交通省令（第4号に掲げる行為にあっては，景観行政団体の条例。以下この条において同じ。）で定めるところにより，行為の種類，場所，設計又は施行方法，着手予定日その他国土交通省令で定める事項を景観行政団体の長に届け出なければならない。
　一　建築物の新築，増築，改築若しくは移転，外観を変更することとなる修繕若しくは模様替又は色彩の変更（以下「建築等」という。）
　二　工作物の新設，増築，改築若しくは移転，外観を変更することとなる修繕若しくは模様替又は色彩の変更（以下「建設等」という。）
　三　都市計画法第4条第12項に規定する開発行為その他政令で定める行為
　四　前3号に掲げるもののほか，良好な景観の形成に支障を及ぼすおそれのある行為として景観計画に従い景観行政団体の条例で定める行為
2　（略）
3　景観行政団体の長は，前2項の規定による届出があった場合において，その届出に係る行為が景観計画に定められた当該行為についての制限に適合しないと認めるときは，その届出をした者に対し，その届出に係る行為に関し設計の変更その他の必要な措置をとることを勧告することができる。
4～7　（略）
（変更命令等）
第17条　景観行政団体の長は，良好な景観の形成のために必要があると認めるときは，特定届出対象行為（前条第1項第1号又は第2号の届出を要する行為のうち，当該景観行政団体の条例で定めるものをいう。第7項及び次条第1項において同じ。）について，景観計画に定められた建築物又は工作物の形態意匠の制限に適合しないものをしようとする者又はした者に対し，当該制限に適合させるため必要な限度において，当該行為に関し設計の変更その他の必要な措置をとることを命ずることができる。この場合においては，前条第3項の規定は，適用しない。
2　前項の処分は，前条第1項又は第2項の届出をした者に対しては，当該届出があった日から30日以内に限り，することができる。
3～9　（略）
第61条　市町村は，都市計画区域又は準都市計画区域内の土地の区域については，市街地の良好な景観の形成を図るため，都市計画に，景観地区を定めることができる。
2　景観地区に関する都市計画には，都市計画法第8条第3項第1号及び第3号に掲げる事項のほか，第1号に掲げる事項を定めるとともに，第2号から第4号までに掲げる事項のうち必要なものを定めるものとする。この場合において，これらに相当する事項が定められた景観計画に係る景観計画区域内においては，当該都市計画は，当該景観計画による良好な景観の形成に支障がないように定めるものとする。
　一　建築物の形態意匠の制限

二　建築物の高さの最高限度又は最低限度
三　壁面の位置の制限
四　建築物の敷地面積の最低限度
（建築物の形態意匠の制限）
第62条　景観地区内の建築物の形態意匠は，都市計画に定められた建築物の形態意匠の制限に適合するものでなければならない。ただし，政令で定める他の法令の規定により義務付けられた建築物又はその部分の形態意匠にあっては，この限りでない。
（計画の認定）
第63条　景観地区内において建築物の建築等をしようとする者は，あらかじめ，その計画が，前条の規定に適合するものであることについて，申請書を提出して市町村長の認定を受けなければならない。当該認定を受けた建築物の計画を変更して建築等をしようとする場合も，同様とする。
2～5　（略）
（違反建築物に対する措置）
第64条　市町村長は，第62条の規定に違反した建築物があるときは，建築等工事主（建築物の建築等をする者をいう。以下同じ。），当該建築物の建築等の工事の請負人（請負工事の下請人を含む。以下この章において同じ。）若しくは現場管理者又は当該建築物の所有者，管理者若しくは占有者に対し，当該建築物に係る工事の施工の停止を命じ，又は相当の期限を定めて当該建築物の改築，修繕，模様替，色彩の変更その他当該規定の違反を是正するために必要な措置をとることを命ずることができる。
2～5　（略）
（工作物の形態意匠等の制限）
第72条　市町村は，景観地区内の工作物について，政令で定める基準に従い，条例で，その形態意匠の制限，その高さの最高限度若しくは最低限度又は壁面後退区域（当該景観地区に関する都市計画において壁面の位置の制限が定められた場合における当該制限として定められた限度の線と敷地境界線との間の土地の区域をいう。第4項において同じ。）における工作物（土地に定着する工作物以外のものを含む。同項において同じ。）の設置の制限を定めることができる。この場合において，これらの制限に相当する事項が定められた景観計画に係る景観計画区域内においては，当該条例は，当該景観計画による良好な景観の形成に支障がないように定めるものとする。
2～6　（略）
（開発行為等の制限）
第73条　市町村は，景観地区内において，都市計画法第4条第12項に規定する開発行為（次節において「開発行為」という。）その他政令で定める行為について，政令で定める基準に従い，条例で，良好な景観を形成するため必要な規制をすることができる。
2　（略）
第76条　市町村は，地区計画等の区域（地区整備計画，特定建築物地区整備計画，

防災街区整備地区整備計画，歴史的風致維持向上地区整備計画，沿道地区整備計画又は集落地区整備計画において，建築物又は工作物（以下この条において「建築物等」という。）の形態意匠の制限が定められている区域に限る。）内における建築物等の形態意匠について，政令で定める基準に従い，条例で，当該地区計画等において定められた建築物等の形態意匠の制限に適合するものとしなければならないこととすることができる。
2　（略）
3　第1項の規定に基づく条例（以下「地区計画等形態意匠条例」という。）には，第63条，第64条，第66条，第68条及び第71条の規定の例により，当該条例の施行のため必要な市町村長による計画の認定，違反建築物又は違反工作物に対する違反是正のための措置その他の措置に関する規定を定めることができる。
4～6　（略）
第101条　第17条第5項の規定による景観行政団体の長の命令又は第64条第1項の規定による市町村長の命令に違反した者は，1年以下の懲役又は50万円以下の罰金に処する。

Milestone

19 景観計画の法的性格とその実現手段を整理して下さい。
20 景観地区の法的性格とその実現手段を整理して下さい。
21 地区計画を利用して景観をコントロールすることはできますか。
22 景観計画が策定されていることは，民事訴訟（差止訴訟）の帰趨に影響を与えると考えられますか。

事例のねらい

　本事例も，行政法総論で学ぶ行政計画の知識を，都市法の具体例を使って定着させることを目的としている。具体的には，高層マンションの建築が問題となった国立マンション事件（例解 465 頁）と類似の事例が景観法施行後に起こった場合にどうなるかを考えることとしたい。景観法は，景観計画と景観地区という 2 つの規制手法を導入している。ただし景観と関連する項目すべてをこれらが規制・誘導できるわけではない。併せて，紛争を行政過程で解決する方策とともに，民事訴訟で解決を図る可能性も検討することとしたい。

▶Key Points◀
［行政過程論］行政計画，行政法と民事法
［都市法］都市景観の保全（例解 487 頁以下）

1. 景観計画と景観地区

19 景観計画の法的性格とその実現手段を整理して下さい。

　景観計画は景観法によって導入された規制手法で，景観行政団体（景観法 7 条：指定都市・中核市は当然に，それ以外の市町村は都道府県の同意を得て景観行政団体となり，これらが存在しない区域では都道府県が景観行政団体となる）により策定される。景観計画は比較的広域を対象に，良好な環境を都市計画の手段とは別の方法でコントロールするものである（例解 488 頁）。

　景観計画を策定しうる対象地域は景観法 8 条 1 項に列挙されている。景観計画で定めることができる内容は同条 2 項に規定されており，建築物のデザイン（形態意匠）のみならず，高さの最高限度・最低限度，壁面の位置の制限，敷地面積の最低限度のような都市計画（用途地域等）でも定めうる事項が含まれている。そのため景観計画の策定の際には，都市計画審議会の意見

聴取手続（同法9条3項）が予定されている。しかし，景観計画は都市計画ではないため，都市計画策定手続（ 例解 420頁）がとられるわけではない。

　景観計画に定められた内容の実現過程は，届出→勧告→命令→罰則の順に展開する。景観計画区域内において建築物の新築・増築等を行う場合には，景観行政団体の長に届出を行わなければならない（景観法16条1項）。その内容が景観計画に適合しない場合には，景観行政団体の長は必要な措置をとるよう勧告することができる（同条3項）。また，この勧告を経ずに変更命令（同法17条1項）を出すこともでき，この命令に違反すると刑事罰が科される（同法101条）。ただし，この命令を出すことができる対象は，景観計画に違反する建築行為等の全てには及ばない。同法17条1項には「形態意匠の制限に適合しないもの」という限定がかかっており，景観計画のうちデザインに関係するものについてのみ命令が可能となっている。景観計画は都市計画のような厳格な策定手続をとらないため，財産権に対する制限の程度に限界があるとの理解がここに見られる（国土交通省都市・地域整備局都市計画課監修・景観法制研究会編『逐条解説 景観法［第6版］』（ぎょうせい・2009年）61頁）。それゆえ，本事例において景観計画が策定され，高さの最高限度20mが定められていたにもかかわらず，Yはそれより高い建物を建てうる。

> 景観地区の法的性格とその実現手段を整理して下さい。

　景観法にはもう1つ，景観のコントロールのための手法が用意されている。それが景観地区であり，都市計画法上の地域地区の一種である（都市計画法8条1項6号，景観法61条）。その策定主体は市町村であり，策定手続は都市計画の手続による（都市計画法15条以下）。またその実現も，都市計画法・建築基準法が予定するシステムでなされる。景観地区は実務上，景観計画よりも狭域を対象に，より詳細で強度な規制を行うために用いることが想定されている（ 例解 489頁）。

　景観地区には，位置・区域・面積のほか，建築物の形態意匠の制限を必ず定めなければならず，さらに建築物の高さの最高限度・最低限度，壁面の位置の制限，敷地面積の最低限度を定めることもできる（景観法61条2項）。

　景観地区で定められた内容の実現手段は，建築物の場合と工作物・開発行

為の場合とで異なる。まず、建築物の場合には、建築基準法上必要な建築確認（建築基準法6条）と並行して、形態意匠に対する市町村長の認定（景観法63条）を得なければ、着工することができない。また、形態意匠に関して景観地区の制限に違反した建築物に対しては、市町村長が是正命令（同法64条）を出すことができる。次に、工作物の場合は、景観計画単独での規制はできず、条例で規制内容や形態意匠の認定・是正命令の規定をおけば、規制が可能となる（同法72条）。同様に、開発行為の場合も条例を定めることで景観に対する規制（例えば許可制）をすることが可能となる（同法73条）（国土交通省都市・地域整備局都市計画課監修・前掲書154頁）。ただし、以上のような規制に関しても、認定や是正命令といった強制的な要素を伴う措置をとりうる対象が、形態意匠の問題に限定されていることに注意が必要である。

　本事例では建築物が対象なので、景観地区で定められている規制内容のうち、景観法が定めている認定・是正命令の対象となるのは形態意匠にとどまり、建築物の高さに関しては景観法上のしくみでは規制できない。

2. 地区計画の利用可能性

> **21** 地区計画を利用して景観をコントロールすることはできますか。

　このように、景観計画も景観地区も、強制力を伴う規制は形態意匠に限定され、本事例で問題となっている建築物の高さについては特別な手段を追加していない。その理由は、建築物の高さの規制は都市計画法上の用途地域・高度地区や地区計画で規定した上で建築確認・是正命令（建築基準法6条、9条）で担保し、景観法の景観計画・景観地区はそれ以外の規制内容を扱うという役割分担が、景観法の立法時に採用されたためである。

　景観と高さを同時に規制する方法として景観法76条1項は、地区計画等の区域内における建築物の形態意匠に関して、政令で定める基準に従い市町村が条例で制限を課すことを認めている。この地区計画等形態意匠条例の中に、景観計画・地区にみられる計画認定制度や是正措置命令の規定を置くことができる（同条3項）。そこで市町村は、地区計画の建築規制を建築確認の

審査対象に含める地区計画条例（⇨17）に形態意匠の内容を追加した地区計画等形態意匠条例を制定することで，地区計画制度の枠内で景観のコントロールも行うことができる。

3. 民事訴訟の利用可能性

> 景観計画が策定されていることは，民事訴訟（差止訴訟）の帰趨に影響を与えると考えられますか。

　では，本事例においてXが，民事訴訟によってマンション建設を差し止めることはできないだろうか。国立マンション事件の民事訴訟（周辺住民と開発業者との間の訴訟）で最高裁（最一小判2006（平成18）・3・30民集60巻3号948頁）は，景観法の制定をも考慮した上で，良好な景観に近接する地域内に居住し，その恵沢を日常的に享受している者が有する良好な景観の恵沢を享受する利益は，法律上保護に値するものとした。しかし，行政上の規制が存在しなかった地域におけるマンション建築は「行為の態様その他の面において社会的に容認された行為としての相当性を欠くものとは認め難く」違法ではないとして，差止めを認めることはできないと判断した。違法性の判断の際に考慮されたのは「刑罰法規や行政法規の規制に違反するものであったり，公序良俗違反や権利の濫用に該当するものであるなどの事情」の有無であった。本事例では国立マンション事件とは異なり景観法が制定され，これに基づく景観計画が策定されており，その中で高さの規制もなされている。また，その高さ規制とYが建築しようとしている建築物の高さとの差はかなり大きい。景観計画への不適合が民事差止めに直結するわけではないものの（他に周辺の現在の土地利用状況やYの建築に至る経緯が考慮される可能性がある），景観計画の内容への不適合をも考慮して民事差止訴訟が認容される余地がある。ここでは民事紛争に時間的に先行する行政規制が民事上の請求権の内容形成の手がかりとして働くことになり（例解27頁），行政法と民事法の組み合わせによる問題解決の可能性を見出すことができる。

行政過程論

⑦ 都市計画決定の裁量統制

Level・2

　Y県知事はA公園事業を都市計画決定し、予定地の南側から道路に至る民有地を事業地とした。知事はさらに都市計画事業認可をしようとしている。民有地の所有者であるXは、隣の国有地を使って事業をすべきと考えており、この都市計画決定に不満である。Xはどのような訴訟を提起することが考えられるか。またこの都市計画決定の違法性をどのように主張すればよいか。

【資料≫関係条文】

○都市計画法（昭和43年6月15日法律第100号）（抜粋）

（目的）
第1条　この法律は、都市計画の内容及びその決定手続、都市計画制限、都市計画事業その他都市計画に関し必要な事項を定めることにより、都市の健全な発展と秩序ある整備を図り、もって国土の均衡ある発展と公共の福祉の増進に寄与することを目的とする。
（都市計画の基本理念）
第2条　都市計画は、農林漁業との健全な調和を図りつつ、健康で文化的な都市生活及び機能的な都市活動を確保すべきこと並びにこのためには適正な制限のもとに土地の合理的な利用が図られるべきことを基本理念として定めるものとする。
（定義）
第4条　この法律において「都市計画」とは、都市の健全な発展と秩序ある整備を図るための土地利用、都市施設の整備及び市街地開発事業に関する計画で、次章の規定に従い定められたものをいう。　（以下略）

都市法

5　この法律において「都市施設」とは，都市計画において定められるべき第11条第1項各号に掲げる施設をいう。（以下略）
14　この法律において「公共施設」とは，道路，公園その他政令で定める公共の用に供する施設をいう。
15　この法律において「都市計画事業」とは，この法律で定めるところにより第59条の規定による認可又は承認を受けて行なわれる都市計画施設の整備に関する事業及び市街地開発事業をいう。（以下略）

（都市施設）
第11条　都市計画区域については，都市計画に，次に掲げる施設を定めることができる。この場合において，特に必要があるときは，当該都市計画区域外においても，これらの施設を定めることができる。
一　道路，都市高速鉄道，駐車場，自動車ターミナルその他の交通施設
二　公園，緑地，広場，墓園その他の公共空地　（以下略）

（都市計画基準）
第13条　都市計画区域について定められる都市計画（区域外都市施設に関するものを含む。次項において同じ。）は，国土形成計画，首都圏整備計画，近畿圏整備計画，中部圏開発整備計画，北海道総合開発計画，沖縄振興計画その他の国土計画又は地方計画に関する法律に基づく計画（当該都市について公害防止計画が定められているときは，当該公害防止計画を含む。第3項において同じ。）及び道路，河川，鉄道，港湾，空港等の施設に関する国の計画に適合するとともに，当該都市の特質を考慮して，次に掲げるところに従って，土地利用，都市施設の整備及び市街地開発事業に関する事項で当該都市の健全な発展と秩序ある整備を図るため必要なものを，一体的かつ総合的に定めなければならない。この場合においては，当該都市における自然的環境の整備又は保全に配慮しなければならない。
（以下略）
十一　都市施設は，土地利用，交通等の現状及び将来の見通しを勘案して，適切な規模で必要な位置に配置することにより，円滑な都市活動を確保し，良好な都市環境を保持するように定めること。この場合において，市街化区域及び区域区分が定められていない都市計画区域については，少なくとも道路，公園及び下水道を定めるものとし，第1種低層住居専用地域，第2種低層住居専用地域，第1種中高層住居専用地域，第2種中高層住居専用地域，第1種住居地域，第2種住居地域及び準住居地域については，義務教育施設をも定めるものとする。
2　都市計画区域について定められる都市計画は，当該都市の住民が健康で文化的な都市生活を享受することができるように，住宅の建設及び居住環境の整備に関する計画を定めなければならない。　（以下略）

（建築の許可）
第53条　都市計画施設の区域又は市街地開発事業の施行区域内において建築物の建築をしようとする者は，国土交通省令で定めるところにより，都道府県知事等の許可を受けなければならない。ただし，次に掲げる行為については，この限りでない。

一　政令で定める軽易な行為
二　非常災害のため必要な応急措置として行う行為
三　都市計画事業の施行として行う行為又はこれに準ずる行為として政令で定める行為
四　第11条第3項後段の規定により離隔距離の最小限度及び載荷重の最大限度が定められている都市計画施設の区域内において行う行為であって，当該離隔距離の最小限度及び載荷重の最大限度に適合するもの
五　第12条の11に規定する都市計画施設である道路の区域のうち建築物等の敷地として併せて利用すべき区域内において行う行為であって，当該都市計画施設である道路を整備する上で著しい支障を及ぼすおそれがないものとして政令で定めるもの

2　第52条の2第2項の規定は，前項の規定による許可について準用する。
3　第1項の規定は，第65条第1項に規定する告示があった後は，当該告示に係る土地の区域内においては，適用しない。

（許可の基準）
第54条　都道府県知事等は，前条第1項の規定による許可の申請があった場合において，当該申請が次の各号のいずれかに該当するときは，その許可をしなければならない。
一　当該建築が，都市計画施設又は市街地開発事業に関する都市計画のうち建築物について定めるものに適合するものであること。
二　当該建築が，第11条第3項の規定により都市計画施設の区域について都市施設を整備する立体的な範囲が定められている場合において，当該立体的な範囲外において行われ，かつ，当該都市計画施設を整備する上で著しい支障を及ぼすおそれがないと認められること。ただし，当該立体的な範囲が道路である都市施設を整備するものとして空間について定められているときは，安全上，防火上及び衛生上支障がないものとして政令で定める場合に限る。
三　当該建築物が次に掲げる要件に該当し，かつ，容易に移転し，又は除却することができるものであると認められること。
　　イ　階数が2以下で，かつ，地階を有しないこと。
　　ロ　主要構造部（建築基準法第2条第5号に定める主要構造部をいう。）が木造，鉄骨造，コンクリートブロック造その他これらに類する構造であること。

（施行者）
第59条　都市計画事業は，市町村が，都道府県知事（第1号法定受託事務として施行する場合にあっては，国土交通大臣）の認可を受けて施行する。
2　都道府県は，市町村が施行することが困難又は不適当な場合その他特別な事情がある場合においては，国土交通大臣の認可を受けて，都市計画事業を施行することができる。
3　国の機関は，国土交通大臣の承認を受けて，国の利害に重大な関係を有する都市計画事業を施行することができる。　（以下略）

（認可等の基準）
第61条　国土交通大臣又は都道府県知事は，申請手続が法令に違反せず，かつ，申

請に係る事業が次の各号に該当するときは，第59条の認可又は承認をすることができる。
一　事業の内容が都市計画に適合し，かつ，事業施行期間が適切であること。
二　事業の施行に関して行政機関の免許，許可，認可等の処分を必要とする場合においては，これらの処分があったこと又はこれらの処分がされることが確実であること。

（建築等の制限）
第65条　第62条第1項の規定による告示又は新たな事業地の編入に係る第63条第2項において準用する第62条第1項の規定による告示があった後においては，当該事業地内において，都市計画事業の施行の障害となるおそれがある土地の形質の変更若しくは建築物の建築その他工作物の建設を行い，又は政令で定める移動の容易でない物件の設置若しくは堆積を行おうとする者は，都道府県知事等の許可を受けなければならない。
2　都道府県知事等は，前項の許可の申請があった場合において，その許可を与えようとするときは，あらかじめ，施行者の意見を聴かなければならない。
3　第52条の2第2項の規定は，第1項の規定による許可について準用する。

（都市計画事業のための土地等の収用又は使用）
第69条　都市計画事業については，これを土地収用法第3条各号の一に規定する事業に該当するものとみなし，同法の規定を適用する。
第70条　都市計画事業については，土地収用法第20条（同法第138条第1項において準用する場合を含む。）の規定による事業の認定は行なわず，第59条の規定による認可又は承認をもってこれに代えるものとし，第62条第1項の規定による告示をもって同法第26条第1項（同法第138条第1項において準用する場合を含む。）の規定による事業の認定の告示とみなす。　（以下略）

Milestone

23 本事例においては，どの行政活動を対象にしてどのような訴訟類型を用いてその違法性を主張するのが適切と考えられますか。

24 都市計画決定そのものを争う場合，どのような訴訟類型の利用が考えられますか。

25 都市計画決定の違法性を主張する際には，どのような点に注目すればよいですか。

事例のねらい

　都市施設の整備を争点とする紛争は非常に多い。その際に問題となるのは，段階的な行政の決定のうちどれを捉えて訴訟を提起するかという点と，都市計画に関連する諸決定で認められている行政裁量をどのように統制するかという点である（⇨③）。本事例では，林試の森公園事件（判Ⅱ16 最二小判2006（平成18）・9・4 判時1948号26頁）をモデルに，この2点を検討する。

　道路・公園・水道などの都市の基盤となる公共施設である都市施設は，都市計画として定めた上で整備する方法が採られる（都市計画法11条）。実際に整備事業に着手するにはさらに，都市計画事業認可を受ける必要がある（同法59条1項）。この事業認可は土地収用法上の事業認定と同じ効力を有する（都市計画法69条，土地収用法15条の14以下）ため，事業認可を得れば最終的には土地収用法上の収用裁決（土地収用法47条の2）によって強制的に施設用地を確保することができる（例解 428頁）。

▶Key Points◀
[行政過程論] 行政計画，行政裁量
[行政救済論] 処分性，確認の利益
[都市法] 土地収用と換地・権利変換（例解 428頁以下），都市施設整備の行政過程（例解 468頁以下）

1. 訴訟類型の選択

> 本事例においては，どの行政活動を対象にしてどのような訴訟類型を用いてその違法性を主張するのが適切と考えられますか。

　都市施設を整備する過程において，行政の決定は①都市施設に関する都市計画決定②都市計画事業認可③収用裁決の順でなされる（例解 468頁）。このうち②の事業認可は上述の通り土地収用法の事業認定と同等の法的効果を持ち，この段階でXの土地が収用されることが確実になるので，処分性が

認められる。また③の収用裁決は具体的に収用される土地が確定することになるので、処分性が認められる。そこで②と③の段階の決定に対して取消訴訟を提起することが考えられる。救済の実効性という観点からは、実際に収用されるまでに時間が相対的に多く残されている②の段階での取消訴訟が望ましい（林試の森公園事件においても事業認可の取消訴訟が用いられている）。

次に、違法性主張の内容を整理する。②の事業認可の取消訴訟においては、都市計画決定（①）には処分性が認められないとすると、都市計画決定の違法性と事業認可自体の違法性の両方を主張できる（これは処分→処分の連続ではないので違法性の承継（⇨5）の問題ではない）。③の収用裁決の取消訴訟においては、都市計画法の事業認可（②）と土地収用法の事業認定は同等の法的効果を有するので、事業認定と収用裁決の関係と同様に、事業認可（②）と収用裁決（③）との間には違法性の承継が認められる（例解 59, 118頁）。その結果、収用裁決の取消訴訟においては、都市計画決定（①）、事業認可（②）の違法と収用裁決自体の違法の全てが主張可能である。

2. 都市計画決定を争う方法

> 都市計画決定そのものを争う場合、どのような訴訟類型の利用が考えられますか。

では①の都市計画決定そのものを争うことは可能だろうか。訴訟類型の選択の際に最も重要なのは、対象となる行政活動に処分性が認められるかどうかである。ここで、処分性に関する答案構成のポイントを簡潔に整理する。

処分性の判断基準は「公権力の主体たる国または公共団体が行う行為のうち、その行為によって、直接国民の権利義務を形成しまたはその範囲を確定することが法律上認められているもの」（判百Ⅱ156　判Ⅱ18　CB 11-2 最一小判1964（昭和39）・10・29民集18巻8号1809頁［東京都ごみ焼却場事件］）と言えるかどうかである。すなわち、法令に基づく行政の認定判断行為であって、それによって国民の権利義務が変動・確定し、かつそれが最終的な決定であれば、処分性が認められる。この定式は、公権力性（「公権力の主体たる…行

為」），成熟性（「直接」），外部性（「国民の」），法的効果（「権利義務を形成しまたはその範囲を確定する」）の4つに分解できる（例解 103 頁）。処分性に関する論述問題では，この定式を示した後，問題とされている行政活動の法的性格を分析し，4つの要素の全てを充足することを示すことになる。本事例のような都市法関連で処分性が問題となる場合の多くは，成熟性が問題になっている。都市法では，本事例における都市計画→事業認可→収用裁決のように段階的に行政過程が進むことが多い。その最後の決定である収用裁決に処分性が認められることには争いがないのに対して，途中の段階の行為（中間的行為）に処分性が認められるかどうかが問題となる。

本事例のような都市施設に関する都市計画決定がされると，その予定地に対して建築許可制（都市計画法53条）がとられ，事業の実施を妨げるような堅固な建築物を建築することができなくなる（例解 470 頁）。また，都市計画決定がされると引き続いて事業認可がなされ，最終的には土地が収用される。このような法的効果に注目し，それが最終的決定と言えるのかどうかを検討することで，都市計画決定の処分性の有無を判断することになる。

① **都市計画決定に処分性がないと考える場合**

一般に都市計画決定のような中間的行為は，行政過程における最終的な決定ではないことから処分性が否定される傾向にある。ただし「都市計画」は都市計画法で定められている内容を有し，同法の手続により定められる計画の総称であるから（都市計画法4条1項），その法的性格や処分性の有無は具体的に都市計画で定められている内容に応じて異なっている（例解 419 頁）。

このうち，土地利用規制を内容とする用途地域に関する都市計画（同法8条1項1号⇨16）について最一小判1982（昭和57）・4・22民集36巻4号705頁（判百Ⅱ160 判Ⅱ31 CB 11-6）は，「土地所有者等に建築基準法上新たな制約を課し，その限度で一定の法状態の変動を生ぜしめるものであることは否定できないが，かかる効果は，あたかも新たに右のような制約を課する法令が制定された場合におけると同様の当該地域内の不特定多数の者に対する一般的抽象的なそれにすぎず，このような効果を生ずるということだけから直ちに右地域内の個人に対する具体的な権利侵害を伴う処分があったものとして，これに対する抗告訴訟を肯定することはできない」として，処分性を否定している。そして，建築確認の段階で争うことができることも処分性を否

定する理由としている（|例解| 440 頁）。この考え方は，本事例で問題とされている都市施設に関する都市計画にもあてはまる。都市計画決定されただけで土地収用がなされるわけではなく（法的効果の一般性・抽象性），また建築制限に不服があれば後続の建築不許可に対する取消訴訟を提起すれば良いと考えることができるからである。そうすると，都市計画決定を対象とする抗告訴訟は利用できず，その違法をこの段階で争うためには，公法上の当事者訴訟としての確認訴訟を用いるべきことになる。

　確認訴訟を提起するためには確認の利益が認められる必要がある。具体的には対象選択の適否・即時確定の利益・方法選択の適否が問題となる（|例解| 131 頁）。ここで確認の対象として考えられるのは，(a) 都市計画決定に伴う建築制限を受けないことの確認 (b) 将来土地収用を受けないことの確認 (c) 都市計画そのものの違法確認である。このうち (b) は実質的には収用裁決の差止訴訟と同じ争点であり，方法選択の適否の観点からはむしろ抗告訴訟の系統である収用裁決差止訴訟にすべきと考えられる（ただし，実際に土地が収用されるまでには裁決から一定の時間がかかるので，収用裁決取消訴訟とその執行停止で対応できる損害とも考えられ，この場合には収用裁決差止訴訟の重大性要件（行政事件訴訟法 37 条の 4 第 1 項）（|例解| 129 頁）を満たすとは言えない可能性がある）。また (c) は過去の事実の違法確認であり，現在の法律関係の確認が可能であればその方がより直截な確認対象の選択と考えられる。(a) については対象選択としては適切であるものの，建築許可の申請をして拒否処分を待ち，その取消訴訟を提起する方が方法選択として適切かもしれない。しかし，建築許可の申請のためには建物の設計などの一定の時間的・経済的コストを払う必要があり，それゆえそのようなコストをかける前に，許可を受ける必要があるのかという点を争点とするのは方法選択として適切である（加えて，都市計画決定によって地価下落が生じうることも不利益として想定できる）。また，現に都市計画決定がされている以上，もし X が堅固な建物を建てようとすると直ちに許可が必要になる状況となっているので，即時確定の利益も肯定できる。よって，都市計画決定に伴う建築制限を受けないことの確認訴訟を適法に提起できる。

② **都市計画決定に処分性があると考える場合**

　中間的行為に属するもののなかでも，土地区画整理法に基づく土地区画整

理事業計画について最高裁（判百Ⅱ159　判Ⅱ1　CB 11-15　最大判 2008（平成 20）・9・10 民集 62 巻 8 号 2029 頁）は次の理由から処分性を肯定している。第 1 は，事業計画が公告されると，施行区域内における土地の形質変更や建築物の建築が許可制の下におかれること，第 2 は，事業計画の決定によって施行区域内の宅地所有者が換地処分を受けうる地位に立たされること，第 3 は，換地処分まで待って取消訴訟を提起しても実効的な権利救済にならないことである。多数意見が最も力点を置いているのは，第 2 の「換地処分を受けうる地位」という要素である（例解 476 頁）。この考え方を本事例の都市施設に関する都市計画決定にあてはめると，第 1 の建築許可制については都市施設に関する都市計画決定でも同様であり，第 2 の点については，都市計画事業認可・収用裁決を経て最終的には収用を受けうる地位に立たされると言える。そこで第 3 の点に関する判断が，処分性を肯定できるかどうかの分岐点となる（同判決の藤田補足意見も参照）。事業認可の段階で取消訴訟を提起したとしても執行停止が認められる保証はなく，事業認可を前提に周辺住民が任意買収に応じれば X は事業認可取消訴訟で勝訴したとしても，コミュニティを失って孤立した生活を強いられることになってしまう（この点は土地区画整理事業との相違点である）。また当事者訴訟としての確認訴訟には判決の第三者効（行政事件訴訟法 32 条 1 項）が認められないため，画一的な解決という点からは取消訴訟による権利救済の方がその実効性が高い（判百Ⅱ211　判Ⅱ29　CB 11-16　最一小判 2009（平成 21）・11・26 民集 63 巻 9 号 2124 頁［保育所民営化条例］）（例解 105 頁）。以上の点から，都市施設に関する都市計画決定には処分性が認められると考えることもできるかもしれない。もし処分性が肯定できれば，都市計画決定に対する取消訴訟が可能となる。

3. 違法性の主張

> 25 都市計画決定の違法性を主張する際には，どのような点に注目すればよいですか。

　都市計画決定そのものを対象とするにせよ，都市計画事業認可を対象とす

るにせよ，本事例における違法性主張の主要な対象は，都市計画決定の違法性である（⇨23）。都市施設については，都市計画法11条1項で，道路・公園などの都市計画施設を定めることができるとされ，同法13条1項11号では「都市施設は，土地利用，交通等の現状及び将来の見通しを勘案して，適切な規模で必要な位置に配置することにより，円滑な都市活動を確保し，良好な都市環境を保持するように定めること」とされている。これは，何が必要な都市施設であり，どうすれば適切な配置となるのかは地域ごと・計画の時点ごとに異なるため，都市計画法が定める手続に従って諸利害を適切に衡量して決定することが期待されているからであると考えられる。このように都市施設に関する都市計画決定には幅広い要件裁量・効果裁量が認められており，都市計画決定の違法性の判断にあたっては，「当該決定又は変更が裁量権の行使としてされたことを前提として，その基礎とされた重要な事実に誤認があること等により重要な事実の基礎を欠くこととなる場合，又は，事実に対する評価が明らかに合理性を欠くこと，判断の過程において考慮すべき事情を考慮しないこと等によりその内容が社会通念に照らし著しく妥当性を欠くものと認められる場合に限り，裁量権の範囲を逸脱し又はこれを濫用したものとして違法となる」（判百Ⅰ79　判Ⅰ185　最一小判2006（平成18）・11・2民集60巻9号3249頁［小田急訴訟本案判決］）とされる。

都市施設の事業用地を選択するに際して公有地と民有地の2つの候補がある場合に，収用を避けるため公有地を選択しなければならないという準則は都市計画法上存在しない。しかし，適切な規模で必要な位置に都市施設を配置することを検討する際に，公有地と民有地のどちらであっても同程度の合理性がある場面においては，土地収用により特定者に犠牲が集中することを回避するために公有地を優先することも考慮事項の1つとなり得る（前掲・林試の森公園事件最高裁判決）。裁量判断に際してこの要素が考慮されていなかったとすれば，判断に合理性を欠き，他に特段の事情のない限り社会通念に照らして著しく妥当性を欠くものと言え，裁量権の逸脱・濫用にあたり，都市計画決定は違法である（民有地利用回避という考慮要素の重み付けの問題につき参照，山本隆司『判例から探究する行政法』（有斐閣・2012年）270-271頁［初出2010年］）。

⑧ 申請に対する処分手続と水際作戦

Level・1

　生活に困窮するXはY市の福祉事務所を訪れ，生活保護申請に関する相談をしようとしたところ，担当職員から生活保護受給は不可能であると告げられ，申請書を渡してもらえなかった。そこで翌日，Xは保護を申請する意思と氏名・住所・性別・生年月日・職業・保護を必要とする理由を書いたメモを福祉事務所に持ち込み，受け取ろうとしない担当職員の机上に置いて帰宅した。30日が経過しても応答が得られないため，Xは県知事に審査請求したところ，そもそも有効な申請書が提出されていないため生活保護開始決定がなされていないことに違法はないとの裁決がなされた。これに不満のXはYに対して拒否処分の取消訴訟と義務付け訴訟を併合提起した。Xの立場に立って拒否処分の違法性および義務付け訴訟の本案勝訴要件の充足を主張しなさい。

【資料≫関係条文】

○生活保護法（昭和25年5月4日法律第144号）（抜粋）

（申請保護の原則）
第7条　保護は，要保護者，その扶養義務者又はその他の同居の親族の申請に基いて開始するものとする。但し，要保護者が急迫した状況にあるときは，保護の申請がなくても，必要な保護を行うことができる。
（申請による保護の開始及び変更）

第24条　保護の開始を申請する者は，厚生労働省令で定めるところにより，次に掲げる事項を記載した申請書を保護の実施機関に提出しなければならない。ただし，当該申請書を作成することができない特別の事情があるときは，この限りでない。
　一　要保護者の氏名及び住所又は居所
　二　申請者が要保護者と異なるときは，申請者の氏名及び住所又は居所並びに要保護者との関係
　三　保護を受けようとする理由
　四　要保護者の資産及び収入の状況（生業若しくは就労又は求職活動の状況，扶養義務者の扶養の状況及び他の法律に定める扶助の状況を含む。以下同じ。）
　五　その他要保護者の保護の要否，種類，程度及び方法を決定するために必要な事項として厚生労働省令で定める事項
2　（略）
3　保護の実施機関は，保護の開始の申請があったときは，保護の要否，種類，程度及び方法を決定し，申請者に対して書面をもって，これを通知しなければならない。
4　前項の書面には，決定の理由を付さなければならない。
5　第3項の通知は，申請のあった日から14日以内にしなければならない。ただし，扶養義務者の資産及び収入の状況の調査に日時を要する場合その他特別な理由がある場合には，これを30日まで延ばすことができる。
6　保護の実施機関は，前項ただし書の規定により同項本文に規定する期間内に第3項の通知をしなかったときは，同項の書面にその理由を明示しなければならない。
7　保護の申請をしてから30日以内に第3項の通知がないときは，申請者は，保護の実施機関が申請を却下したものとみなすことができる。
8～10　（略）
（審査請求と訴訟との関係）
第69条　この法律の規定に基づき保護の実施機関又は支給機関がした処分の取消しの訴えは，当該処分についての審査請求に対する裁決を経た後でなければ，提起することができない。

Milestone

26　本事例におけるメモは保護の申請と考えることができますか。

27　申請の返戻（みなし拒否処分）の違法性について，どのような方法で，またどのような内容を主張すればよいですか。

28　拒否処分の違法性と申請型義務付け訴訟の本案勝訴要件とは，どのような関係に立っていますか。また，本案勝訴要件を充足するためにはどのような主張・立証が必要となりますか。

事例のねらい

　生活保護法は，申請保護の原則（同法7条）を採用している。しかし実際には，保護の申請をしようとしても，要件の不充足などを指摘して申請書を渡さない，あるいは申請書を受け付けない運用がなされている場合がある（このような実務対応を水際作戦と呼ぶことがある）。生活保護開始決定の拒否処分をすることなく，行政指導による対応にとどめることで，訴訟を回避することがそのねらいの1つである。そこで本事例では，このような水際作戦に対して保護希望者がどのような法的対応をとりうるかを検討することとする。

　生活保護開始決定（生活保護法24条3項）は地方公共団体の行政機関（福祉事務所等）による処分であるものの，その根拠が法律（生活保護法）に基づくから，行政手続法が適用される（行政手続法3条3項）。行政手続法7条は，申請書が行政機関の事務所に到達すれば，遅滞なく審査を開始しなければならないと規定する。同条を適用除外とする規定は生活保護法にはない。また行政手続法6条は，行政庁に標準処理期間の設定を要請し，設定した場合には公にすることを義務付けている。生活保護法は24条5項で標準処理期間を14日（特別の理由があれば30日）と定めており，この点で行政手続法を上回る水準の手続ルールを持っている。また生活保護法24条7項は，申請から30日経過しても通知がない場合には申請者は申請が却下されたとみなすことができるとしている（みなし拒否）。

▶Key Points◀
[行政過程論] 申請権，返戻・不受理の禁止（行政手続法）
[行政救済論] 拒否処分取消訴訟，申請型義務付け訴訟
[社会保障法] 生活保護開始決定の過程（例解 266頁以下）

1. 申請の有無

本事例におけるメモは保護の申請と考えることができますか。

生活保護法7条は申請保護の原則を定め，同法24条1項は同項1〜5号の内容が記載された申請書の提出を求めている。ただし同項但書は，申請書を作成することができない特別の事情があるときはこの限りでないと規定していることから，口頭による申請も排除されていない。また同法7条但書が職権による保護開始決定も可能と定めていることも含めて考えれば，「申請書」の提出が生活保護開始決定に必須とされているわけではなく，生活保護を申請する意思が確認できれば申請があったと考えることができる。

本事例では，Xは申請書の必要的記載事項を記載したメモを作成して担当職員の机上に置いており，生活保護の申請の意思は明確である。

2. 拒否処分の違法性

> 申請の返戻（みなし拒否処分）の違法性について，どのような方法で，またどのような内容を主張すればよいですか。

① 違法性主張の方法

生活保護法では，申請があった日から14日以内に保護開始決定（または拒否）の通知をすることが保護の実施機関に義務付けられている（同法24条5項）。そして，申請から30日以内に通知がないときは，申請が却下されたとみなすことができる（同条7項）。本事例では30日が経過しているので，このみなし拒否の規定を用いて，拒否処分の取消訴訟と認容処分の義務付け訴訟を併合提起することが考えられる。なお，生活保護法は審査請求前置（同法69条）を採用しているので，訴訟に進む前に審査請求する必要がある。

② 違法性主張の内容

行政手続法7条は，申請が行政庁の事務所に到達したときは，遅滞なく申請の審査を開始しなければならないと規定しており，返戻・不受理を禁止している。この申請に対する処分のルールは，生活保護法において適用除外とはされていない。ところで本事例では，みなし拒否処分の取消が問題となっているので，福祉事務所はXの保護の必要性について全く審査を行っていない（＝手続的瑕疵）ことが明らかである。そこで，有効な申請がなされて

いるにもかかわらず（⇨26）審査を行っていない点を捉え，このような取り扱いが違法であると主張することが考えられる（⇨97）。取消訴訟は義務付け訴訟と異なり，生活保護請求権があることを裁判所が認定しなくても，行政処分に違法性があれば取消判決を出すことができ，判決の拘束力（行政事件訴訟法33条1・2項）により，判決の趣旨に従って再審査をする義務が行政庁に課されることになる（例解 124 頁）。

3. 申請型義務付け訴訟の本案勝訴要件の充足可能性

> 拒否処分の違法性と申請型義務付け訴訟の本案勝訴要件とは，どのような関係に立っていますか。また，本案勝訴要件を充足するためにはどのような主張・立証が必要となりますか。

実質的に審査がなされていない申請に対する処分の取消訴訟においては，手続的瑕疵のみで取消判決を出し，判決の拘束力によって再審査させることができる。さらに進んで申請に係る処分の義務付けをも求める場合には，処分要件が充足されていること，処分しないことが裁量権の逸脱・濫用にあたることを主張立証する必要がある（行政事件訴訟法37条の3第5項）。

そこでXとしては，自らが生活に困窮していること，資産を活用してもなお生活保護基準以下の収入しか得られないことを主張立証することになる。生活保護開始決定の要件は健康で文化的な生活水準が維持できないことであり（生活保護法3条），具体的には厚生労働大臣が定める生活保護基準（同法8条1項）を下回る資産・収入しか得られていないことである（例解 264 頁）。この収入認定（例解 271 頁）の部分については政治的性格も専門技術的性格もないから，行政の裁量が認められる余地はない（最三小判平成16（2004）・3・16民集58巻3号647頁）。裁判所はXが健康で文化的な最低限度を下回っているかどうか（憲法25条1項，生活保護法1・3条），生活保護基準を踏まえて判断することになる（例解 275 頁）。

⑨ 職権取消制限の法理

Level・1

行政過程論

　Xは25年前に障害年金の支給裁定を受けていたところ，厚生労働大臣の再調査の結果，Xに保険加入の遺漏及び平均標準報酬月額の計算の誤りが見つかった。そこで大臣は前裁定を取り消して過去に遡って年金額を減額する再裁定処分を行い，内払調整及び今後支給する年金額を減額することとした。Xがこの処分の違法性をどのように主張すればよいか検討しなさい。

【資料≫関係条文】

○厚生年金保険法（昭和29年5月19日法律第115号）（抜粋）

（裁定）
第33条　保険給付を受ける権利は，その権利を有する者（以下「受給権者」という。）の請求に基いて，厚生労働大臣が裁定する。

（年金の支払の調整）
第39条　乙年金の受給権者が甲年金の受給権を取得したため乙年金の受給権が消滅し，又は同一人に対して乙年金の支給を停止して甲年金を支給すべき場合において，乙年金の受給権が消滅し，又は乙年金の支給を停止すべき事由が生じた月の翌月以後の分として，乙年金の支払が行われたときは，その支払われた乙年金は，甲年金の内払とみなす。

2　年金の支給を停止すべき事由が生じたにもかかわらず，その停止すべき期間の分として年金が支払われたときは，その支払われた年金は，その後に支払うべき年金の内払とみなすことができる。年金を減額して改定すべき事由が生じたにもかかわらず，その事由が生じた月の翌月以後の分として減額しない額の年金が支

社会保障法

払われた場合における当該年金の当該減額すべきであった部分についても、同様とする。
3　同一人に対して国民年金法による年金たる給付の支給を停止して年金たる保険給付を支給すべき場合において、年金たる保険給付を支給すべき事由が生じた月の翌月以後の分として同法による年金たる給付の支払が行われたときは、その支払われた同法による年金たる給付は、年金たる保険給付の内払とみなすことができる。

（年金額）
第 43 条　老齢厚生年金の額は、被保険者であった全期間の平均標準報酬額（被保険者期間の計算の基礎となる各月の標準報酬月額と標準賞与額に、別表各号に掲げる受給権者の区分に応じてそれぞれ当該各号に定める率（以下「再評価率」という。）を乗じて得た額の総額を、当該被保険者期間の月数で除して得た額をいう。第132条第2項並びに附則第17条の6第1項及び第29条第3項を除き、以下同じ。）の 1000 分の 5.481 に相当する額に被保険者期間の月数を乗じて得た額とする。
2〜3　（略）

（障害厚生年金の額）
第 50 条　障害厚生年金の額は、第 43 条第 1 項の規定の例により計算した額とする。この場合において、当該障害厚生年金の額の計算の基礎となる被保険者期間の月数が 300 に満たないときは、これを 300 とする。
2〜4　（略）

Milestone

29 厚生労働大臣は裁定取消を自由に行うことができると考えられますか。

30 職権取消の可否を検討する際には、どのような要素が考慮されるべきですか。

31 X の信頼保護の観点から、裁定取消の違法性主張の内容を検討して下さい。

32 行政側からはどのような反論が予想されますか。それを踏まえて違法性主張の内容を再検討して下さい。

事例のねらい

　要件を充足していないのに行政行為がなされた場合，それはその成立の当初から瑕疵を帯びたものとなる。この場合には職権取消の可否が問題となり，とりわけ授益的行政行為の場合には法律による行政の原理と相手方の信頼保護との緊張関係をどう調整するのかが課題となる。その典型例としてここでは年金裁定の問題を取り上げ，具体的にどのような要素を衡量すべきかを検討する。

　障害年金は厚生年金保険法・国民年金法に基づく現金給付で（例解 279, 288 頁），障害の程度に応じて一定額の年金が支払われる。障害を負ったという事実だけでは給付は開始されず，厚生労働大臣の裁定を受ける必要がある。この裁定は，法令が定めた要件を充足するかの認定判断行為であって，これを受けることにより年金の受給権が発生するから，行政行為（処分）である（例解 55, 104, 291 頁）。行政行為を行政庁が事後的に消滅させる方法としては，成立当初から瑕疵のある行政行為を消滅させる職権取消と，成立当初には瑕疵のない行政行為を事後的な事情変更を理由に消滅させる撤回とがある（例解 63 頁）。

▶Key Points◀
[行政過程論] 行政行為の職権取消，職権取消制限の法理
[社会保障法] 給付決定（例解 241 頁），年金保険の行政過程（例解 277 頁以下）

1. 行政行為の職権取消制限

> 厚生労働大臣は裁定取消を自由に行うことができると考えられますか。

　障害厚生年金の額は，被保険者期間と平均標準報酬額によって決まる（厚生年金保険法 43 条 1 項，50 条 1 項）。本事例では保険加入の遺漏及び平均標準報酬月額（2003 年 3 月までは，賞与部分を含めない平均標準報酬月額で計算されていた）の計算の誤りが問題となっているので，行政行為の成立当初からの瑕

疵が問題であり，本事例でいう取消は職権取消である。職権取消は法律による行政の原理の観点から本来存在してはならないはずの行政行為を消滅させるものであり，それゆえ職権取消についての法律の根拠を別途必要とせず，また原則として遡及効を伴う。他方で，行政行為の公定力の考え方に見られるように，行政行為にはその存続を保護すべきとする法的安定性の要請も認められることから，あらゆる場合において職権取消が自由に行える，あるいは職権取消を行った場合に遡及的に無効になるとは考えられていない（職権取消制限の法理）（例解 63 頁）。

伝統的な理解によると（田中二郎『行政法総論』（有斐閣・1957年）356-357頁），瑕疵ある行政行為の職権取消の場合には違法・不当であることに加えてその取消を必要とするだけの公益上の理由が必要であり，また相当の期間内に行政が取消権を行使しない場合には信義則に基づく失権が認められるべきとする。そして具体的な取消制限の態様として，「人民の既得の権利・利益を侵害する場合」には取消は「原則として許されない」とし，「それを正当化するに足るだけの強い公益上の必要」が取消の際には必要とする（同様の見解として，例えば小早川光郎『行政法 上』（弘文堂・1999年）300頁）。

これに対して最近では，公定力（行政行為の存続保障・信頼保護）の働く場面を限定し，逆に法律による行政の原理の実現を重視する傾向が強まっている。具体的には，法律による行政の原理を否定するに足る相手方・利害関係者の保護の必要性が認められるかどうかという観点から比較衡量すべきとする見解（塩野宏『行政法Ⅰ［第5版補訂版］』（有斐閣・2013年）171頁）や，取消の時期，緩和措置，違法性の内容・程度，存続により損なわれる第三者・公共の利益を考慮して判断すべきとする見解（芝池義一『行政法総論講義［第4版補訂版］』（有斐閣・2006年）169-173頁）が示されている。

2. 職権取消制限の考慮要素

職権取消の可否を検討する際には，どのような要素が考慮されるべきですか。

31 で示したように，職権取消の適法性の判断の際にはさまざまな要素が衡量される。大まかに整理すれば，法律による行政の原理を貫徹させるべきとする要請と，取消による相手方の不利益との比較衡量の図式となる。とりわけ授益的行政行為の取消の場合には相手方の不利益が大きいので，それを破る法治主義貫徹の要請があるかが問われることになる。

具体的には，取消が行われる時期・取消により失われる利益等の具体的事情から判断される取消により生じる相手方の不利益，取消による不利益の緩和措置や代償措置の有無，当該処分の違法の程度や内容，当該処分の違法状態が存続することにより第三者に与える影響を具体的に考慮すべきである。この比較衡量の結果として，取消の遡及効を制限すること（不遡及取消）もあり得る（東京地判 2004（平成 16）・4・13 訟月 51 巻 9 号 2304 頁）。

3. 具体的な違法主張

> Xの信頼保護の観点から，裁定取消の違法性主張の内容を検討して下さい。

本事例では，裁定がなされてから 25 年が経過してからの職権取消である。職権取消が遡及効をもつとすると，多大な金額を返還する必要があり，これが内払調整（厚生年金保険法 39 条，例解 293 頁）となった場合には，相当長期にわたって年金額が減額されることになる。一般に，年金は受給者の家計の収入の大半を占めており，もし大幅に減額されると生活が成り立たなくなるおそれが高い。この事例で X には年金を不正に受給しようと積極的な行動に出たという事情は示されておらず，また X への過払いが第三者の年金額の減額につながるなどの直接的な影響を生じさせるわけではない。そこで，遡及的な無効ではなく，取消時から無効として X の信頼を保護すべきであり，遡及的に無効とした本件処分は違法である。

> 行政側からはどのような反論が予想されますか。それを踏まえて違法性主張の内容を再検討して下さい。

　前掲・東京地判は**31**の主張を認めたのに対して，控訴審（東京高判 2004（平成 16)・9・7 判時 1905 号 68 頁）はこれを認めなかった。その理由は，年金過払いが年金財源に対して与える影響や年金給付の平等の観点から，過払いを放置することが公益に著しく反するという点にある。また，原告側に年金加入期間に関する資料が偏在しており，この事件では原告側の不正確な申告が原因で裁定の取消に至っていることも重視されている。そこで行政側からの反論として，裁定の取消を行わないことが公益性に反するとの主張と，取消の原因となったのは原告の不正確な申告にあるとの主張が考えられる。

　これを踏まえて X の違法性主張の内容を再検討すると，控訴審は確かに公益性に傾きすぎた判示を行っており（碓井光明『社会保障財政法精義』（信山社・2009 年）151 頁），本件の返還金額や遡及年数を是とするほどの公益性が本件裁定取消にあったのかどうかはかなり疑問である。他方で，一定の事実があれば法定の受給権が成立するという年金保険の特性や，その事実の立証に関して申請者の側が正しい情報を申請・申告することを前提に制度が成り立っているという点を重視すれば，原告側の帰責性を重く見た控訴審の判断に理由が全くないとは言えない。ただしこの場合であっても，障害年金給付が受給者の従前及び今後の生活を支える最も主要な収入源であることに配慮し，返還すべき「現存利益」から生活費の費消部分を除くことで X の負担が過大にならないように調整する必要があるように思われる（堀勝洋『年金保険法［第 3 版］』（法律文化社・2013 年）321 頁）。

⑩ 指定の不正と行政行為の公定力

Level・3

　指定居宅サービス事業者Xは、A県知事から指定を受けて介護保険サービスの提供を行っていた。A県はXが不正請求を行っていた事実を突き止め、Xに介護報酬を支払っていたY市にこれを通知した。Y市はこれを受けて不正請求分と加算金の支払いを請求するとともに、独自にXに関する調査を行ったところ、Xが不正の手段によって指定を得ていたことがわかった。そこでYは介護保険法22条3項に基づき、これまでにXに対して支払った介護報酬とその加算金を支払うよう請求した。Xはこれに対していかなる反論ができるか、検討しなさい。

【資料1≫関係条文】

○介護保険法（平成9年12月17日法律第123号）（抜粋）
　（平成17年法律第77号による改正前）

（不正利得の徴収等）
第22条　偽りその他不正の行為によって保険給付を受けた者があるときは、市町村は、その者からその給付の価額の全部又は一部を徴収することができる。
2　（略）
3　市町村は、第41条第1項に規定する指定居宅サービス事業者、第46条第1項に規定する指定居宅介護支援事業者又は介護保険施設（以下この項において「指定居宅サービス事業者等」という。）が、偽りその他不正の行為により第41条第6項（第53条第4項において準用する場合を含む。）、第46条第4項（第58条第4

項において準用する場合を含む。）又は第48条第5項の規定による支払を受けたときは，当該指定居宅サービス事業者等に対し，その支払った額につき返還させるほか，その返還させる額に100分の40を乗じて得た額を支払わせることができる。

○介護保険法（現行法）（抜粋）

（不正利得の徴収等）
第22条　偽りその他不正の行為によって保険給付を受けた者があるときは，市町村は，その者からその給付の価額の全部又は一部を徴収することができる。
2　前項に規定する場合において，訪問看護，訪問リハビリテーション，通所リハビリテーション若しくは短期入所療養介護，定期巡回・随時対応型訪問介護看護又は介護予防訪問看護，介護予防訪問リハビリテーション，介護予防通所リハビリテーション若しくは介護予防短期入所療養介護についてその治療の必要の程度につき診断する医師その他居宅サービス若しくはこれに相当するサービス，地域密着型サービス若しくはこれに相当するサービス，施設サービス又は介護予防サービス若しくはこれに相当するサービスに従事する医師又は歯科医師が，市町村に提出されるべき診断書に虚偽の記載をしたため，その保険給付が行われたものであるときは，市町村は，当該医師又は歯科医師に対し，保険給付を受けた者に連帯して同項の徴収金を納付すべきことを命ずることができる。
3　市町村は，第41条第1項に規定する指定居宅サービス事業者，第42条の2第1項に規定する指定地域密着型サービス事業者，第46条第1項に規定する指定居宅介護支援事業者，介護保険施設，第53条第1項に規定する指定介護予防サービス事業者，第54条の2第1項に規定する指定地域密着型介護予防サービス事業者又は第58条第1項に規定する指定介護予防支援事業者（以下この項において「指定居宅サービス事業者等」という。）が，偽りその他不正の行為により第41条第6項，第42条の2第6項，第46条第4項，第48条第4項，第51条の3第4項，第53条第4項，第54条の2第6項，第58条第4項又は第61条の3第4項の規定による支払を受けたときは，当該指定居宅サービス事業者等から，その支払った額につき返還させるべき額を徴収するほか，その返還させるべき額に100分の40を乗じて得た額を徴収することができる。

（居宅介護サービス費の支給）
第41条　市町村は，要介護認定を受けた被保険者（以下「要介護被保険者」という。）のうち居宅において介護を受けるもの（以下「居宅要介護被保険者」という。）が，都道府県知事が指定する者（以下「指定居宅サービス事業者」という。）から当該指定に係る居宅サービス事業を行う事業所により行われる居宅サービス（以下「指定居宅サービス」という。）を受けたときは，当該居宅要介護被保険者に対し，当該指定居宅サービスに要した費用（特定福祉用具の購入に要した費用を除き，通所介護，通所リハビリテーション，短期入所生活介護，短期入所療養介護及び特定施設入居者生活介護に要した費用については，食事の提供に要する費用，滞在に要する費用その他の日常生活に要する費用として厚生労働省令で定

める費用を除く。以下この条において同じ。）について，居宅介護サービス費を支給する。ただし，当該居宅要介護被保険者が，第37条第1項の規定による指定を受けている場合において，当該指定に係る種類以外の居宅サービスを受けたときは，この限りでない。

2～3　（略）

4　居宅介護サービス費の額は，次の各号に掲げる居宅サービスの区分に応じ，当該各号に定める額とする。

　一　訪問介護，訪問入浴介護，訪問看護，訪問リハビリテーション，居宅療養管理指導，通所介護，通所リハビリテーション及び福祉用具貸与これらの居宅サービスの種類ごとに，当該居宅サービスの種類に係る指定居宅サービスの内容，当該指定居宅サービスの事業を行う事業所の所在する地域等を勘案して算定される当該指定居宅サービスに要する平均的な費用（通所介護及び通所リハビリテーションに要する費用については，食事の提供に要する費用その他の日常生活に要する費用として厚生労働省令で定める費用を除く。）の額を勘案して厚生労働大臣が定める基準により算定した費用の額（その額が現に当該指定居宅サービスに要した費用の額を超えるときは，当該現に指定居宅サービスに要した費用の額とする。）の100分の90に相当する額

　二　短期入所生活介護，短期入所療養介護及び特定施設入居者生活介護これらの居宅サービスの種類ごとに，要介護状態区分，当該居宅サービスの種類に係る指定居宅サービスの事業を行う事業所の所在する地域等を勘案して算定される当該指定居宅サービスに要する平均的な費用（食事の提供に要する費用，滞在に要する費用その他の日常生活に要する費用として厚生労働省令で定める費用を除く。）の額を勘案して厚生労働大臣が定める基準により算定した費用の額（その額が現に当該指定居宅サービスに要した費用の額を超えるときは，当該現に指定居宅サービスに要した費用の額とする。）の100分の90に相当する額

5　（略）

6　居宅要介護被保険者が指定居宅サービス事業者から指定居宅サービスを受けたとき（当該居宅要介護被保険者が第46条第4項の規定により指定居宅介護支援を受けることにつきあらかじめ市町村に届け出ている場合であって，当該指定居宅サービスが当該指定居宅介護支援の対象となっている場合その他の厚生労働省令で定める場合に限る。）は，市町村は，当該居宅要介護被保険者が当該指定居宅サービス事業者に支払うべき当該指定居宅サービスに要した費用について，居宅介護サービス費として当該居宅要介護被保険者に対し支給すべき額の限度において，当該居宅要介護被保険者に代わり，当該指定居宅サービス事業者に支払うことができる。

7　前項の規定による支払があったときは，居宅要介護被保険者に対し居宅介護サービス費の支給があったものとみなす。

8　（略）

9　市町村は，指定居宅サービス事業者から居宅介護サービス費の請求があったときは，第4項各号の厚生労働大臣が定める基準及び第74条第2項に規定する指定居宅サービスの事業の設備及び運営に関する基準（指定居宅サービスの取扱いに

関する部分に限る。）に照らして審査した上，支払うものとする。
10～12　（略）
（指定居宅サービス事業者の指定）
第70条　第41条第1項本文の指定は，厚生労働省令で定めるところにより，居宅サービス事業を行う者の申請により，居宅サービスの種類及び当該居宅サービスの種類に係る居宅サービス事業を行う事業所（以下この節において単に「事業所」という。）ごとに行う。
2　都道府県知事は，前項の申請があった場合において，次の各号（…）のいずれかに該当するときは，第41条第1項本文の指定をしてはならない。
　一　（略）
　二　当該申請に係る事業所の従業者の知識及び技能並びに人員が，第74条第1項の都道府県の条例で定める基準及び同項の都道府県の条例で定める員数を満たしていないとき。
　三～十二　（略）
3　都道府県が前項第1号の条例を定めるに当たっては，厚生労働省令で定める基準に従い定めるものとする。
4～8　（略）
（指定居宅サービスの事業の基準）
第73条　指定居宅サービス事業者は，次条第2項に規定する指定居宅サービスの事業の設備及び運営に関する基準に従い，要介護者の心身の状況等に応じて適切な指定居宅サービスを提供するとともに，自らその提供する指定居宅サービスの質の評価を行うことその他の措置を講ずることにより常に指定居宅サービスを受ける者の立場に立ってこれを提供するように努めなければならない。
2　（略）
第74条　指定居宅サービス事業者は，当該指定に係る事業所ごとに，都道府県の条例で定める基準に従い都道府県の条例で定める員数の当該指定居宅サービスに従事する従業者を有しなければならない。
2　前項に規定するもののほか，指定居宅サービスの事業の設備及び運営に関する基準は，都道府県の条例で定める。
3　都道府県が前2項の条例を定めるに当たっては，第1号から第3号までに掲げる事項については厚生労働省令で定める基準に従い定めるものとし，第4号に掲げる事項については厚生労働省令で定める基準を標準として定めるものとし，その他の事項については厚生労働省令で定める基準を参酌するものとする。
　一　指定居宅サービスに従事する従業者に係る基準及び当該従業者の員数
　二　指定居宅サービスの事業に係る居室，療養室及び病室の床面積
　三　指定居宅サービスの事業の運営に関する事項であって，利用する要介護者のサービスの適切な利用，適切な処遇及び安全の確保並びに秘密の保持等に密接に関連するものとして厚生労働省令で定めるもの
　四　指定居宅サービスの事業に係る利用定員
4～6　（略）
（指定の取消し等）

第77条　都道府県知事は，次の各号のいずれかに該当する場合においては，当該指定居宅サービス事業者に係る第41条第1項本文の指定を取り消し，又は期間を定めてその指定の全部若しくは一部の効力を停止することができる。
　一〜八　（略）
　九　指定居宅サービス事業者が，不正の手段により第41条第1項本文の指定を受けたとき。
　十〜十三　（略）
2　（略）
（滞納処分）
第144条　市町村が徴収する保険料その他この法律の規定による徴収金は，地方自治法第231条の3第3項に規定する法律で定める歳入とする。

○指定居宅サービス等の事業の人員，設備及び運営に関する基準
　（平成11年3月31日厚生省令第37号）（抜粋）

（管理者）
第6条　指定訪問介護事業者は，指定訪問介護事業所ごとに専らその職務に従事する常勤の管理者を置かなければならない。ただし，指定訪問介護事業所の管理上支障がない場合は，当該指定訪問介護事業所の他の職務に従事し，又は同一敷地内にある他の事業所，施設等の職務に従事することができるものとする。

Milestone

33　介護保険法において指定と介護報酬の関係はどのようなものになっていますか。
34　指定及び指定取消の要件はどのように規定されていますか。
35　介護報酬の不正請求があった場合，介護保険法上どのような対応がなされますか。
36　Y市の返還請求に対してXはどのような反論が可能ですか。
37　最高裁の上記の理解は介護保険法の制度理解として妥当ですか。
38　不正請求の返還によっても被保険者に損害を与えないためにはどうすればよいですか。

事例のねらい

医療保険で採用されている現物給付方式は，提供される医療サービスの内容を一律に行政基準（保険医療機関及び保険医療養担当規則・診療報酬点数表）で決めており，この枠外のサービスと保険診療とを同時に提供することを禁止している（混合診療禁止原則）（例解 312 頁）。これに対して介護保険法では，保険給付と枠外のサービスを自由に組み合わせることができるように，現物給付方式ではなく現金給付の現物化という方式で給付を行っている（例解 331, 338 頁以下）。介護保険における給付提供法（指定権者・保険者と指定事業者との関係）と給付法（保険者と被保険者との関係）が交錯する複雑な領域において，法的しくみの正確な理解と行為形式の多様な用いられ方を確認するために，この事例を設定した。そのベースとなった判例は 判Ⅰ 167 最一小判 2011（平成 23）・7・14 判時 2129 号 31 頁である。

介護保険法における指定介護事業者の指定は，行政行為である（例解 308, 330 頁）。行政行為に対する不服の訴訟が取消訴訟に限定されている（取消訴訟の排他的管轄）ことから，行政行為は権限ある機関によって取り消されるまではたとえ違法であっても有効なものとして通用する（行政行為の公定力）。本事例では，不正の手段によって指定がなされ，それに基づいて介護保険の給付関係や報酬支払関係が展開している。そこで不正の手段で指定を受け，介護保険法に基づき受け取った介護報酬が不当利得になるのか（指定を受けていることと法律上の原因の有無との関係はどう理解されるのか）が問題となる。

▶Key Points◀
[行政過程論] 行政行為の公定力の範囲，加重返還金，行政法と民事法
[行政救済論] 住民訴訟
[社会保障法] 福祉・介護提供体制の整備（例解 323 頁以下），自己決定モデル（例解 338 頁以下）

1. 介護保険における給付のしくみ

> 介護保険法において指定と介護報酬の関係はどのようなものになっていますか。

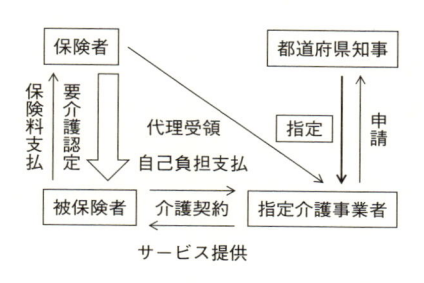

```
                  保険者 ─────────→ 都道府県知事
                  ↑  │      代理受領       │   ↑
              保  要                          指  申
              険  介  自己負担支払          定   請
              料  護                              │
              支  認                              │
              払  定                              │
                  ↓                              ↓
              被保険者  ──介護契約──→  指定介護事業者
                       ←──サービス提供──
```

　介護保険法においては現金給付の現物化という方式が採用されている（例解 338 頁）。法律上、介護保険給付は被保険者に対する現金給付と構成され、都道府県知事の指定する指定事業者からサービスを受ければ給付がなされる（例：介護保険法 41 条 1 項）。事業者側から見れば、指定を得ることは介護保険のサービスに参入する資格を得ることであり、指定を得たからといって何らかの報酬が約束されるわけではない（被保険者が当該事業者を選択してサービスを受けなければ報酬は発生しない）。

　要介護認定を受けている被保険者が指定事業者からサービスを受けたとき、厚生労働大臣が定める報酬基準に従って計算した費用の 90％ が介護サービス費として保険者（市町村）から被保険者に直接現金で支給されることが法律上は本則となっている（例：介護保険法 41 条 4 項）。ただし実際には、指定事業者に対して保険者からこの金額が支払われ、被保険者は 10％ 部分を指定事業者に支払うことになる（代理受領方式：介護保険法 41 条 6・7 項）。以上のようなしくみを前提とすると、介護報酬は指定事業者が被保険者にサービスを提供することによって発生しており、その前提として事業者が都道府県知事からの指定を得ておく必要があることになる。

34 指定及び指定取消の要件はどのように規定されていますか。

　指定の要件は介護保険法70条2項に定められており，その1つの要件として運営基準（厚生労働省令に定める基準に従い条例で定める）への適合が規定されている。例えば，指定居宅サービス等の事業の人員，設備及び運営に関する基準6条では常勤の専従管理者（＝当該施設の管理のみを担当する責任者）を置くことが求められており，これを満たしていなければ指定は与えられない。実際には専従管理者を置いていないにもかかわらず，これと異なる内容の指定申請書を提出して指定を得ると「不正の手段により」指定を受けたことになり，指定の取消事由に該当する（介護保険法77条9項）。

2. 介護報酬返還・加算金支払のしくみ

35 介護報酬の不正請求があった場合，介護保険法上どのような対応がなされますか。

　介護サービスの個別の提供に関する不正請求があった場合，介護保険法41条9項により市町村は審査支払の際にその部分の支払を拒絶することによって対応することができる。ただし同項では，運営基準への適合性の審査については指定居宅サービスの「取扱い」に関する部分（例：身体的拘束の禁止，一定回数以上の入浴）に限るとされているので，専従管理者を置いていないという人員に関する基準違反を理由に支払いを拒絶するのは困難である（岩村正彦「判批」季刊社会保障研究48巻1号（2012年）97-104（100）頁）。

　そこで市町村としては，介護保険法22条3項に基づき，偽りその他不正の行為による支払額の返還と加重返還金（4割増）の支払いを要求することが考えられる。2005年の法改正以前は「支払わせることができる」となっており，またこの返還請求は不当利得返還請求と考えられていたことから，民事執行によって支払わせることが可能とされていた。しかし改正後は「徴収することができる」と規定され，同法144条の規定を使って地方税滞納処

分の例によって徴収することができるようになった（碓井光明『社会保障財政法精義』（信山社・2009年）326頁）。

3. 指定と介護報酬支払との関係

> Y市の返還請求に対してXはどのような反論が可能ですか。

　介護サービスの個別の提供に関する不正請求ではなく，その前提である指定が不正の手段によって得られた場合でも，市町村は35で示したように介護保険法22条3項に基づいて支払額の返還請求が可能であろうか。2011年の最高裁判決は住民訴訟（4号請求）の事例（例解137頁）であるものの，この問題について次のような判断を示した。介護保険法22条3項は不当利得返還義務についての特則であり，それゆえ返還義務を事業者が負うには，事業者が介護報酬の支払いを受けたことに法律上の原因がないことが必要である。しかし指定取消はなされておらず，また指定が無効であるとするほどの瑕疵も認められない以上，法律上の原因がないということはできず，それゆえ介護報酬の返還義務を負わない。さらに宮川裁判官補足意見においては，指定取消を行うかどうかは知事の裁量に委ねられているのに，裁判所が返還義務を肯定すると実質上指定取消処分と同じ効力を生じさせることとなるから知事の裁量権を否定するに等しく，相当でないと思われるとしている。
　Xとしてはこのような最高裁判決の理解を前提に，指定取消がなされていない期間中の報酬については，（個別の不正請求に係るものでない限り）指定の公定力によって報酬を受けうる法的地位（法律上の原因）が有効に存続しているから，返還義務はないと主張することになる。

> 最高裁の上記の理解は介護保険法の制度理解として妥当ですか。

　このような最高裁の立場は，指定が有効であることを法律上の原因と捉えており，指定と報酬支払関係とを不可分一体のものと理解しているといえる。しかし，給付資格の認定（指定）と個別の給付関係（報酬支払関係）とは

介護保険上区別されており，前者は都道府県知事に，後者は保険者である市町村に権限配分されているとみるべきであろう（同旨，西上治「判批」自治研究89巻2号（2013年）142-157（153）頁）。その理由は，介護保険法が代理受領方式を採用しており，法制度としては保険者が被保険者に対する直接の現金給付を行っていると解されるからである。つまり，介護保険法上の金銭債権関係は被保険者と保険者との間にあり（現金給付），保険者と指定事業者との間にはないのである（被保険者は現金給付された金銭と自己負担部分を足し合わせて指定事業者に介護報酬として支払っているとするのが，介護保険法の本則である）。この理解によれば，指定処分の法的効果は介護報酬を受領しうる地位の創設にとどまり，個別具体的な被保険者との関係で介護報酬を受領しうるかという問題とは関係ないことになる（公定力の客観的範囲外）（例解 58 頁）。

　この考え方に立つと，市町村は不正の手段によって事業者が指定を得ており，その指定が取り消されていない場合であっても，介護保険法22条3項に基づく返還請求をすることが可能になる。しかし個別の不正請求の場合と異なり，指定が違法なものであったことを理由とする返還請求では，市町村から当該事業者に代理受領方式によって支払われた介護報酬の全てが対象となることになる。もし多額の返還請求が事業者に対してなされれば，事業者の経営が立ちゆかなくなり，被保険者に対する介護サービスの提供ができなくなるおそれもある。そこで市町村としては，不正の悪質性と介護サービスの安定供給の要請を衡量し，返還請求を行うかどうか判断することになる。

　この考え方を前提とすると，Xから反論のポイントは，介護保険法22条3項に基づく市町村の裁量権行使が裁量権の逸脱・濫用になる可能性を指摘することにある（⇨③）。例えば，重大な事実誤認や比例原則違反に注目する主張などが考えられる（例解 66 頁）。

　ところで，現金給付の現物化という方式をとる介護保険法において，市町村が事業者から不当利得を徴収すれば，当該事業者が被保険者に既に提供した介護保険給付を否定することになる。しかし，被保険者と事業者とは介護契約に基づき現にサービスの提供を受けている以上，被保険者は市町村が徴収した不当利得部分（費用の9割相当）を，介護契約に基づき，事業者に対して支払わなければならなくなる可能性がある。そのような事態になれば，被保険者の介護保険制度に対する信頼を揺るがし，また被保険者の経済的負担

を急激に高めることになる。さらに，不当利得の徴収によってXの経営が立ちゆかなくなると，地域における介護サービス供給に支障を来す可能性がある。ただしこれらの事情はいずれもXの法律上の利益とは関係ない違法主張であり，行政事件訴訟法10条1項によって遮断される（⇨61 122，例解118頁）。

> 不正請求の返還によっても被保険者に損害を与えないためにはどうすればよいですか。

上記のような状況において，被保険者は事業者が市町村に返還した部分の支払いを事業者に対して行わなければならなくなるのか。この点については介護契約の特殊性を念頭に置く必要があると思われる。介護契約は純然たる民事契約ではなく，介護保険法という行政法規のシステム形成を前提に，その枠内で展開されている（例解 340頁）。被保険者にとって介護契約の締結相手方は，介護保険法によって指定事業者に限定されており，指定事業者のサービス提供であれば定型的に9割分の費用が保険から賄われることになっている。このようなしくみのもとでは，市町村が同法22条3項の規定に基づき返還請求したとしても，指定事業者が被保険者に対して介護契約上有している報酬請求権には影響を与えない（被保険者が1割分を支払うという義務に変動はない）と解するべきである。その理由は，この契約が介護保険法に基づく給付を前提として初めて締結されるものであり，指定事業者は被保険者に対して保険でカバーされるはずの9割部分の報酬請求権を被保険者に対しては放棄していると契約解釈できるからである（別の説明方法として西上・前掲157頁は，正当に指定を受けた事業者であるとの被保険者の信頼を裏切った事業者による介護報酬請求は信義則違反によって遮断されるとする）。

第2章 行政救済論

① 一部負担金免除拒否の処分性

Level・1

Y市は同市国民健康保険条例において、国民健康保険法43条の定める一部負担金の減額に関する規定を置いていた。また同法44条の個別的減免措置については、要綱に基づき毎年対象者を判断するとしていた。Y市の国民健康保険の被保険者であるXは前年度まで一部負担金の免除を受けていたものの、Y市から届いた通知には、要綱に定める所得基準を上回ったため今年度は免除の対象者とならないと書かれていた。Xはこの決定に不満である。どのような訴訟類型の利用が考えられるか。

【資料≫関係条文】

○国民健康保険法（昭和33年12月27日法律第192号）（抜粋）

（療養の給付を受ける場合の一部負担金）
第42条　第36条第3項の規定により保険医療機関等について療養の給付を受ける者は、その給付を受ける際、次の各号の区分に従い、当該給付につき第45条第2項又は第3項の規定により算定した額に当該各号に掲げる割合を乗じて得た額を、一部負担金として、当該保険医療機関等に支払わなければならない。
一　6歳に達する日以後の最初の3月31日の翌日以後であって70歳に達する日の属する月以前である場合　10分の3
二～四　（略）
2　保険医療機関等は、前項の一部負担金（第43条前項の規定により一部負担金の割合が減ぜられたときは、同条第2項に規定する保険医療機関等にあっては、当

該減ぜられた割合による一部負担金とし、第44条第1項第1号の措置が採られたときは、当該減額された一部負担金とする。）の支払を受けるべきものとし、保険医療機関等が善良な管理者と同一の注意をもってその支払を受けることに努めたにもかかわらず、なお被保険者が当該一部負担金の全部又は一部を支払わないときは、保険者は、当該保険医療機関等の請求に基づき、この法律の規定による徴収金の例によりこれを処分することができる。
第43条　保険者は、政令の定めるところにより、条例又は規約で、第42条第1項に規定する一部負担金の割合を減ずることができる。
2　前項の規定により一部負担金の割合が減ぜられたときは、保険者が開設者の同意を得て定める保険医療機関等について療養の給付を受ける被保険者は、第42条第1項の規定にかかわらず、その減ぜられた割合による一部負担金を当該保険医療機関等に支払うをもって足りる。
3～4　（略）
第44条　保険者は、特別の理由がある被保険者で、保険医療機関等に第42条又は前条の規定による一部負担金を支払うことが困難であると認められるものに対し、次の各号の措置を採ることができる。
　一　一部負担金を減額すること。
　二　一部負担金の支払を免除すること。
　三　保険医療機関等に対する支払に代えて、一部負担金を直接に徴収することとし、その徴収を猶予すること。
2　前項の措置を受けた被保険者は、第42条第1項及び前条第2項の規定にかかわらず、前項第1号の措置を受けた被保険者にあっては、その減額された一部負担金を保険医療機関等に支払うをもって足り、同項第2号又は第3号の措置を受けた被保険者にあっては、一部負担金を保険医療機関等に支払うことを要しない。
3　（略）

○ Y市国民健康保険一部負担金の徴収猶予及び減免取扱要綱（抜粋）

（趣旨）
第1条　この要綱は、国民健康保険法（昭和33年12月27日法律第192号。以下「法」という。）第44条の規定による一部負担金の減免及び徴収猶予に関し、必要な事項を定めるものとする。
（対象者）
第2条　法第44条第1項に規定する特別な理由がある被保険者は、次の各号のいずれかに該当する一部負担金の支払の義務を負う世帯主（擬制世帯主を含む。以下「世帯主」という。）とする。
　(1)　震災、風水害、火災その他これに類する災害により死亡し、障害者となり、又は資産に重大な損害を受けたとき。
　(2)　干ばつ、冷害、凍霜等による農作物の不作、不漁その他これらに類する理由により収入が減少したとき。
　(3)　事業又は業務の休廃止、失業等により収入が著しく減少したとき。

(4) 前3号に掲げる理由に類する理由があったとき。
(一部負担金の減免)
第4条　保険者は，世帯主が第2条の各号のいずれかに該当したことによりその生活が著しく困難となった場合において，一部負担金の支払が困難であり減免又は徴収猶予の必要があると認める者に対し，別表の当該各号に掲げる区分に応じ当該各号に定める割合により，3か月以内の期間を限って一部負担金を減免又は徴収猶予するものとする。
2　前項に規定するその生活が著しく困難となった場合とは，生活保護法の生活保護基準を目安とするものとする。
(申請)
第5条　前2条の規定による一部負担金の徴収猶予又は減免の措置を受けようとする者は，あらかじめ保険者に対し一部負担金減額・免除・徴収猶予申請書（様式第1号）及び申請世帯の収入・資産等申告書（様式第2号）を提出しなければならない。ただし，徴収猶予については，急患その他緊急やむを得ない特別な理由がある者は，当該申請書を提出することができるに至った後，直ちにこれを提出しなければならない。
2　前年度に前2条の規定による一部負担金の減免又は徴収猶予の措置を受け，申請世帯の収入・資産に変動がなく，次年度も一部負担金の減免又は徴収猶予の措置を受けようとする者は，申告書の提出を要しない。
(通知)
第6条　保険者は，前条の申請に係る処分を決定したときは，その旨を申請者に国民健康保険一部負担金徴収猶予・減額・免除承認（不承認）通知書（様式第3号）により通知するとともに，承認被保険者には一部負担金減額・免除・徴収猶予証明書（様式第4号）を併せて発行するものとする。

Milestone

39 一部負担金免除にはどのような種類がありますか。どのような対象者が想定されていますか。

40 どのような点に注目すれば，一部負担金免除の処分性を肯定できると考えられますか。またその際には，どの訴訟類型が選択されますか。

41 どのような点に注目すれば，一部負担金免除の処分性を否定できると考えられますか。またその際には，どの訴訟類型が選択されますか。

事例のねらい

　国民健康保険は，被用者以外の市町村の住民を強制的に加入させる社会保険であり，低所得者もその中に含まれている。低所得者への対応として，国民健康保険条例（保険税を選択している場合には国民健康保険税条例）が保険料（税）の減免措置を定めるほか，国民健康保険法43・44条が一部負担金の減免を規定している。この減免の決定に処分性が認められるかによって，訴訟類型が異なってくる。本事例では，処分性の要素のうち，公権力性（法律に基づく認定判断としての性格）の有無（例解 104 頁）が問題となっている。

　国民健康保険の被保険者が保険医療機関で診療を受けた場合，保険者は診療報酬の7割分を保険医療機関に支払い，被保険者は3割分を保険医療機関に一部負担金として支払う（例解 310 頁）。この一部負担金は，国民健康保険法上は保険者が保険医療機関に対して支払うべき金銭の一部を被保険者に直接保険医療機関に対して支払わせる構成をとっている（⇨42 44）。一部負担金は財政支出の無制約な膨張を防ぐ機能を有する反面，一部負担金があまりに高額になると保険料を支払っていても低所得者が保険診療を事実上受けることができなくなるおそれがある。そこで国民健康保険法では，高額療養費（例解 315 頁）とともに一部負担金の減免制度を設けている（例解 261 頁）。

▶Key Points◀
[行政過程論] 行政規則（給付規則）
[行政救済論] 処分性
[社会保障法] 利用者負担（例解 261 頁），一部負担（例解 310 頁）

1. 一部負担金免除の趣旨

> 一部負担金免除にはどのような種類がありますか。どのような対象者が想定されていますか。

　国民健康保険法は一部負担金免除を2種類規定している。1つは，43条に

規定されている一般的減額であり，条例の定めるところにより対象者を個別に特定せずに減額するものである。これは，一部負担金を引き下げることで被保険者の保険給付を一律に手厚くする趣旨の制度である。もう1つは，44条に規定されている個別的減免であり，「特別の理由」がある被保険者に対してのみ一部負担金の減免を認めるものである。これは，一部負担金を支払うことになると医療サービスを受けることが困難になる低所得者を念頭に置いた減免措置である。生活保護法が最低生活を下回る生活保護受給者に対して医療扶助によって（保険料負担なしに）医療サービスの提供を行うしくみをもっていることから，この個別的減免の対象者には恒常的低所得者（生活保護の申請をすれば受給可能であるにもかかわらず本人の意思で申請していない人が主として念頭に置かれている）を含まないものとされている（国民健康保険中央会広報部編『国民健康保険法の解釈と運用』（社会保険出版社・2000年）338頁）。

2. 処分性を肯定する場合

> どのような点に注目すれば，一部負担金免除の処分性を肯定できると考えられますか。またその際には，どの訴訟類型が選択されますか。

　　国民健康保険法44条は「措置を採ることができる」と規定しており，その要件・効果に関する法律の規定は明確ではない。そこで，一部負担金の減免措置が行政事件訴訟法3条2項にいう「処分」にあたるかどうかが問題となる（⇨24）。本事例では処分性の定式のうち公権力性，具体的には法令に基づく行政の認定判断と言えるかどうかが問題となる（一部負担金免除の決定は最終的なものであり（成熟性），被保険者に対し（外部性）その負担金支払い義務を軽減・免除する効果（法的効果）を持つものである）。

　　本事例では，一部負担金減免の具体的な要件・効果・手続をY市の要綱（秋田地判2010（平成22）・4・30判例集未登載における仙北市のものをベースにしている）が定めている。しかし，減免の根拠となるのは国民健康保険法44条1項であり，要綱はこれを詳細化したにとどまる。そう解すると，一部負担金減免の決定は法律を根拠とする行政の認定判断行為であって，処分性を有す

る（判百Ⅱ164　判Ⅱ20　CB 11-11 最一小判 2003（平成 15）・9・4 判時 1841 号 89 頁 [労災援護費不支給事件]）。処分性が肯定されれば，申請に対する拒否処分の事例と考えられるため，訴訟類型としては拒否処分取消訴訟と申請型義務付け訴訟の併合提起が選択される。

3. 処分性を否定する場合

> どのような点に注目すれば，一部負担金免除の処分性を否定できると考えられますか。またその際には，どの訴訟類型が選択されますか。

　国民健康保険法 44 条 1 項は「措置を採ることができる」と規定しているにとどまり，ここに行政の認定判断行為が存在するのか，条文上は明確ではない。それゆえ，一部負担金の減免措置は国民健康保険法に基づく認定判断とは言い難く，むしろ要綱に基づく保険者の措置である。この結果，処分性が否定されると，訴訟類型としては当事者訴訟か民事訴訟が選択されることとなる。一部負担金は国民健康保険法という行政法規の存在を前提とするものであるから，当事者訴訟が適切である。

　給付訴訟を提起する場合には，要綱に基づく請求権が生じていることが必要である。しかし，要綱が定める対象事由には不確定概念が用いられており，免除請求権が客観的事実に基づいて一義的に発生するとは言いがたい。そこで，一部負担金免除を受けうる地位を確認する確認訴訟を提起する。

　確認訴訟が認められるためには確認の利益が肯定される必要があり，具体的には対象選択の適否・即時確定の利益・方法選択の適否が問題となる（例解 131 頁）。まず対象選択に関しては，上述の理由から一部負担金免除を受けうる地位とする。次に即時確定の利益に関しては，X はすでに通知を受け，このままでは今年度は免除を受けることができなくなるので肯定される。さらに方法選択に関しては，免除措置の決定には処分性がなく，また上記の理由の通り給付訴訟も適当ではないから，方法選択の面でも適切である。よって確認の利益が認められ，確認訴訟を適法に提起できる。

② 診療報酬減点査定と高額療養費

Level・2

　Y市の国民健康保険の被保険者であるXは、病気治療のためA病院に入院し、A病院の請求通りの一部負担金を支払った。この金額が高額療養費を受け取りうる額となったため、XはY市に対して高額療養費を請求した。しかし県国民健康保険団体連合会（国保連）の審査委員会は、A病院が行った薬品投与の一部が保険医療機関及び保険医療養担当規則（療担規則）に照らして適切ではないと判断し、Y市はこの判断を受けてXの請求の半額分の高額療養費のみを支払う決定を行った。Xは誰に対してどのような訴訟を提起すればよいか。

【資料≫関係条文】

○国民健康保険法（昭和33年12月27日法律第192号）（抜粋）

（保険医療機関等の責務）
第40条　保険医療機関若しくは保険薬局（以下「保険医療機関等」という。）又は保険医若しくは保険薬剤師（健康保険法第64条に規定する保険医又は保険薬剤師をいう。以下同じ。）が、国民健康保険の療養の給付を担当し、又は国民健康保険の診療若しくは調剤に当たる場合の準則については、同法第70条第1項及び第72条第1項の規定による厚生労働省令の例による。
2　前項の場合において、同項に規定する厚生労働省令の例により難いとき又はよることが適当と認められないときの準則については、厚生労働省令で定める。
（療養の給付を受ける場合の一部負担金）

第42条　第36条第3項の規定により保険医療機関等について療養の給付を受ける者は，その給付を受ける際，次の各号の区分に従い，当該給付につき第45条第2項又は第3項の規定により算定した額に当該各号に掲げる割合を乗じて得た額を，一部負担金として，当該保険医療機関等に支払わなければならない。
　一　6歳に達する日以後の最初の3月31日の翌日以後であって70歳に達する日の属する月以前である場合　10分の3
　二～四　（略）
2　（略）
（保険医療機関等の診療報酬）
第45条　保険者は，療養の給付に関する費用を保険医療機関等に支払うものとし，保険医療機関等が療養の給付に関し保険者に請求することができる費用の額は，療養の給付に要する費用の額から，当該療養の給付に関し被保険者（第57条に規定する場合にあっては，世帯主又は組合員）が当該保険医療機関等に対して支払わなければならない一部負担金に相当する額を控除した額とする。
2　前項の療養の給付に要する費用の額の算定については，健康保険法第76条第2項の規定による厚生労働大臣の定めの例による。
3　（略）
4　保険者は，保険医療機関等から療養の給付に関する費用の請求があったときは，第40条に規定する準則並びに第2項に規定する額の算定方法及び前項の定めに照らして審査した上，支払うものとする。
5　保険者は，前項の規定による審査及び支払に関する事務を都道府県の区域を区域とする国民健康保険団体連合会（加入している保険者の数がその区域内の保険者の総数の3分の2に達しないものを除く。）又は社会保険診療報酬支払基金法（昭和23年法律第129号）による社会保険診療報酬支払基金に委託することができる。
6～8　（略）
（高額療養費）
第57条の2　保険者は，療養の給付について支払われた一部負担金の額又は療養（食事療養及び生活療養を除く。次項において同じ。）に要した費用の額からその療養に要した費用につき保険外併用療養費，療養費，訪問看護療養費若しくは特別療養費として支給される額若しくは第56条第2項の規定により支給される差額に相当する額を控除した額（次条第1項において「一部負担金等の額」という。）が著しく高額であるときは，世帯主又は組合員に対し，高額療養費を支給する。ただし，当該療養について療養の給付，保険外併用療養費の支給，療養費の支給，訪問看護療養費の支給若しくは特別療養費の支給又は第56条第2項の規定による差額の支給を受けなかったときは，この限りでない。
2　高額療養費の支給要件，支給額その他高額療養費の支給に関して必要な事項は，療養に必要な費用の負担の家計に与える影響及び療養に要した費用の額を考慮して，政令で定める。
（設立，人格及び名称）
第83条　保険者は，共同してその目的を達成するため，国民健康保険団体連合会

(以下「連合会」という。）を設立することができる。
2～4　（略）
（審査委員会）
第87条　第45条第5項の規定による委託を受けて診療報酬請求書の審査を行うため，都道府県の区域を区域とする連合会（加入している保険者の数がその区域内の保険者の総数の3分の2に達しないものを除く。）に，国民健康保険診療報酬審査委員会（以下「審査委員会」という。）を置く。
2　（略）
（審査委員会の組織）
第88条　審査委員会は，都道府県知事が定めるそれぞれ同数の保険医及び保険薬剤師を代表する委員，保険者を代表する委員並びに公益を代表する委員をもって組織する。
2　委員は，都道府県知事が委嘱する。
3　前項の委嘱は，保険医及び保険薬剤師を代表する委員並びに保険者を代表する委員については，それぞれ関係団体の推薦によって行わなければならない。
（審査委員会の権限）
第89条　審査委員会は，診療報酬請求書の審査を行うため必要があると認めるときは，都道府県知事の承認を得て，当該保険医療機関等若しくは指定訪問看護の事業を行う事業所に対して，報告若しくは診療録その他の帳簿書類の提出若しくは提示を求め，又は当該保険医療機関等の開設者若しくは管理者，指定訪問看護事業者若しくは当該保険医療機関等において療養を担当する保険医若しくは保険薬剤師に対して，出頭若しくは説明を求めることができる。
2　（略）

Milestone

42 減点査定はどのような法的性格を有する行為ですか。減点査定に処分性は認められますか。

43 減点査定は被保険者に対する高額療養費の支給額に影響を与えますか。減点査定の結果として被保険者が払いすぎた一部負担金の一部を，高額療養費として保険者に負担させることは可能ですか。

44 減点査定の結果，過払いとなった分の一部負担金を，被保険者が指定保険医療機関に返還請求することは可能ですか。

事例のねらい

　医療保険給付をめぐる法律関係は複雑である（例解 305 頁以下）。医療保険の基本的な給付方法は現物給付（療養の給付）であり，被保険者（＝患者）は医療機関に対して一部負担金（例解 261，310 頁）を支払う義務を負う。この一部負担金が一定額を超えると，被保険者は保険者に対して現金給付である高額療養費（例解 315 頁）を請求することができる。この療養の給付と高額療養費の関係をどのように捉えればよいのか，不必要な保険診療がなされた場合に一部負担金はどうなるのかを検討することを目的に本事例を設定した。モデルとしたのは最二小判 1986（昭和 61）・10・17 判時 1219 号 58 頁である。

　現物給付方式の理念型は，給付主体である保険者と給付提供者である医療機関とが契約を締結し，被保険者への療養の給付に応じて保険者が医療機関に報酬を支払い，被保険者は保険者に対して保険料を納付するという関係で完結する。被保険者と医療機関との間の民事契約の成立は，医療保険給付システム上の前提とはされていない（例解 311 頁以下）。一部負担金は確かに被保険者が医療機関に対して支払ってはいるものの，法律上は本来保険者が医療機関に対して支払う金額の一部を被保険者に支払わせているものと整理されている。医療機関から報酬支払請求を受けた保険者は，療養の給付が療担規則に適合するものかどうかを審査し，もし不必要な医療が提供されていた場合には請求額からこの分を減額して支払う（これを減点査定という）（例解 310 頁）。このように医療保険給付をめぐる権利義務関係においては，被保険者と医療機関との契約から出発して金銭債権関係を追う民事法の発想とは異なる見方が要求されている。他方，減点査定がなされた場合には，結果として保険診療でカバーできない部分の医療が提供されており，その費用を最終的に誰が負担するのかという問題が生じる。この問題の解決にあたっては，被保険者と保険医療機関との間に民事契約（ないし事務管理）関係をも観念する可能性が生じる。

▶Key Points◀
[行政過程論] 行政契約（公法上の契約），公法上の不当利得
[行政救済論] 処分性
[社会保障法] 利用者負担（例解 261 頁），診療報酬と一部負担金（例解 310 頁），医療保険サービス給付の過程（例解 311 頁以下）

1. 減点査定の法的性格

減点査定はどのような法的性格を有する行為ですか。減点査定に処分性は認められますか。

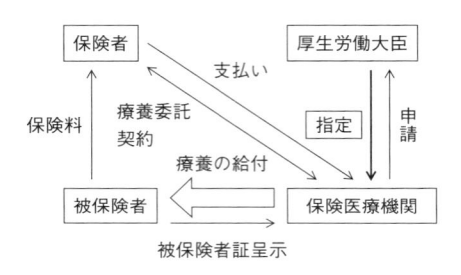

```
        保険者 ←──────── 厚生労働大臣
         ↑   ↖ 支払い      │
    保険料  療養委託        │
         │  契約    指定   申請
         │   │             │
         │   ↓療養の給付    │
       被保険者 ←────── 保険医療機関
              被保険者証呈示
```

　医療保険による医療提供のシステムは，厚生労働大臣が保険医療を提供しうる資格を認定する保険医・保険医療機関の指定段階と，それを前提に個別の被保険者に対して保険医療機関を通じて医療サービスが提供され（療養の給付）保険者が診療報酬を保険医療機関に支払う段階の2つに分けられる。前者の保険医療提供資格を認める行政の決定である「指定」は，法律の定める要件を充足したことを行政が認定判断すれば，法律の定める内容の権利義務関係が生ずる行政行為（処分）である。これに対して後者の個別の被保険者への給付は，被保険者が保険医療機関に被保険者証を呈示することにより保険者と保険医療機関との間で療養委託関係が成立し，これに基づいて保険者から保険医療機関に報酬が支払われることでなされる（例解309頁）。診療報酬の審査支払業務は本来，保険者の役割であるものの，実際には社会保険診療報酬支払基金や国保連に委託されていることが多い（国民健康保険法45条5項）。これらには診療報酬の審査を行う委員会（審査委員会）が設置され，保険者代表・診療側代表・公益代表の委員により審査される。その支払いは自己の名で（保険者の名ではなく）なされる（最一小判1973(昭和48)・12・20民集27巻11号1594頁）。

　次に，減点査定の法的性格を検討する。療養の給付を行った保険医療機関

は，国保連等に対して診療報酬明細書（レセプト）を提出し，被保険者の一部負担金を除く診療報酬の支払いを請求する。審査委員会がレセプトの内容を審査し，療担規則・診療報酬点数表で示されている保険医療の内容に該当しないと判断した場合には，当該医療行為の報酬請求を認めない。この決定を減点査定と呼んでいる。減点査定を受けると，保険医療機関は，請求した報酬額を支払ってもらえないことになり，この点では保険医療機関や被保険者の権利義務に影響を与えるように見える。しかし，何が保険医療の対象なのかは法令により（減点査定をまたず）決定されており，それゆえ減点査定は権利義務に変動をもたらす行為ではないと考えられる。言い換えれば，保険医療機関としては，法令で定める保険医療該当の医療行為をしていれば，それに応じた報酬は当然に得られるしくみになっており，それゆえ減点査定には処分性が認められない（最三小判1978(昭和53)・4・4判時887号58頁に言う「社会保険診療報酬支払基金が保険医療機関からの診療報酬請求に対して行ういわゆる減点の措置は，法律上，保険医療機関の診療報酬請求権その他の権利義務になんら不利益な対果を及ぼすものではない」とは以上のような意味である）。そこで，減点査定を受けた保険医療機関が当該医療行為は保険診療に当たると考える場合には，国保連等を被告として当事者訴訟（または民事訴訟）によって診療報酬支払いを請求することになる。

2. 減点査定と高額療養費

> 減点査定は被保険者に対する高額療養費の支給額に影響を与えますか。減点査定の結果として被保険者が払いすぎた一部負担金の一部を，高額療養費として保険者に負担させることは可能ですか。

　減点査定を受けると，減点査定を受けた部分の医療行為が保険外の扱いとなることになる。そこで，被保険者が保険医療機関に支払った一部負担金も，減点査定を受けた部分を除いた本来の保険診療の対象を基準に考えると金額が減るはずである（これを「過払い」という）。医療保険制度では，一部負担金が一定額を超えた場合に，保険者が当該被保険者に高額療養費を支払

うしくみがある。そこで、減点査定がなされると高額療養費も減額されることになるのかがここで問題となる。

この点につき1986（昭和61）年最判は、「療養取扱機関が被保険者に対し療養の給付として行った診療行為が客観的にみて右準則（引用者註：療担規則）に適合しないものであるときは、当該診療は、法所定の給付には診療に該当せず、したがって、被保険者が一部負担金の名目でその費用の一部を療養取扱機関に支払っているとしても、これについて法57条の2所定の高額療養費の支給を受け得る余地はない」と判示した。これは、高額療養費は現物給付である療養の給付による一部負担金が高額になった場合の補完的な給付であるとの認識のもとで、減点査定によって当該医療行為がそもそも保険診療の対象外とされれば、一部負担金についても保険給付の枠外とされ、高額療養費の支給を受けることはできないとの立場を採用したものである。療養の給付を基軸とする医療保険制度のしくみを素直に解釈すれば、おそらくこのような帰結になると考えられる。

通常の場合、仮に減点査定がなされても、被保険者に対して個別に減点査定の事実が知らされることはない。しかし、高額療養費の場合には、被保険者が保険者に一部負担金の合計額を計算した上で請求するため、減点査定があったかどうかが給付額に目に見えて影響する。1986（昭和61）年最判の考え方によれば、保険医療機関に対して払いすぎた一部負担金を保険者が高額療養費という形で被保険者に払い戻すことはない。そうすると、その部分を最終的に被保険者が負担する（＝一部負担金を支払ったまま）のか、保険医療機関が負担する（＝被保険者が保険医療機関に一部負担金の返還請求をする）のかが問題となる。

3. 一部負担金過払いの返還請求

減点査定の結果、過払いとなった分の一部負担金を、被保険者が指定保険医療機関に返還請求することは可能ですか。

前述の通り1986（昭和61）年最判は、保険者が高額療養費を支払う義務が

ないことを明らかにしただけであり，過払いとなった一部負担金を最終的にどう処理するのかについては争点にならなかった。これについての考え方としては，次の2つがありうる。

　第1は，被保険者は一部負担金の過払い部分を保険医療機関に請求できないとする立場である。これは，被保険者と保険医療機関との間に保険診療による医療の提供を内容とする民事契約または事務管理関係も，保険給付関係と並行して成立しているとみる考え方である。被保険者は現に保険医療機関から医療サービスを受けており，それが保険診療であることを前提に一部負担金を支払っている。保険医療機関は減点査定の結果を是認しておらず，国保連等の審査委員会との間に見解の相違がある。しかし減点査定に処分性が認められないとすると，審査委員会・保険医療機関・被保険者の三者間で画一的な解決が図られることなく，審査委員会と保険医療機関との関係では減点査定を前提に診療報酬額が確定し，保険医療機関と被保険者との間では，両者が保険診療と考えた診療内容を前提にその3割部分の自己負担が確定すると考えることができる。他方で，混合診療禁止原則（例解 312頁）が存在する以上，保険医療機関ははじめから保険診療外のサービスを含むものとして被保険者と民事契約を締結したと考えることはできないから，減点査定の結果得られなかった診療報酬を保険医療機関が被保険者に対して請求することはできないと考えられる（別の説明方法として，請求権放棄を内容とする契約解釈（⇨38）がありうる）。

　第2は，被保険者が一部負担金の過払い部分を保険医療機関に請求できるとする立場である。医療保険制度は現物給付を基軸に設計されており，療養の給付の対象にならなければ保険者からの報酬支払いの対象にならないのと同様に，一部負担金を支払う義務もないはずである。一部負担金は保険医療機関との契約に基づくものではなく，国民健康保険法に基づく義務として支払いが要求され，不払いの場合には保険者が滞納処分することになっている（同法42条）。このような法律の解釈からすれば，過払い部分の一部負担金は不当利得にあたり，被保険者は保険医療機関に対して不当利得返還請求訴訟を提起して，過払い部分を支払うよう請求することができる。

③ 措置委託契約の拒絶

Level・1

　社会福祉法人Xは児童養護施設の建設を計画し，所在地であるA市はその建設補助金を支出した。その補助条件の中には，XがA市からの10人を限度として優先的に措置委託児童を受け入れることという内容が含まれていた。Xが施設の運営を開始したところ，措置児童の多くがA市以外からのものとなり，10人の優先枠が守れなくなりそうになってきた。そこでXはY県知事に対して，A市以外からの措置児童の委託契約を当分の間受け入れないとする意思表示を行ったところ，知事は「児童福祉法46条の2により，知事の措置委託に対しては正当な理由がない限りこれを拒んではならず，貴施設の提示した理由は正当な理由とは認められないため，今後とも措置委託を行う」との通知を発した。この通知に不満のXはどのように不服を争えば良いか，またXの主張は認められるか，検討しなさい。

【資料≫関係条文】

○児童福祉法（昭和22年12月12日法律第164号）（抜粋）

第6条の3　（略）
2〜7　（略）
8　この法律で，小規模住居型児童養育事業とは，第27条第1項第3号の措置に係る児童について，厚生労働省令で定めるところにより，保護者のない児童又は保

護者に監護させることが不適当であると認められる児童（以下「要保護児童」という。）の養育に関し相当の経験を有する者その他の厚生労働省令で定める者（次条第1項に規定する里親を除く。）の住居において養育を行う事業をいう。
9　（略）
第7条　この法律で，児童福祉施設とは，助産施設，乳児院，母子生活支援施設，保育所，児童厚生施設，児童養護施設，障害児入所施設，児童発達支援センター，情緒障害児短期治療施設，児童自立支援施設及び児童家庭支援センターとする。
2　（略）
第25条の7　市町村（次項に規定する町村を除く。）は，要保護児童等に対する支援の実施状況を的確に把握するものとし，第25条の規定による通告を受けた児童及び相談に応じた児童又はその保護者（以下「通告児童等」という。）について，必要があると認めたときは，次の各号のいずれかの措置を採らなければならない。
　一　第27条の措置を要すると認める者並びに医学的，心理学的，教育学的，社会学的及び精神保健上の判定を要すると認める者は，これを児童相談所に送致すること。
　二～四　（略）
2　（略）
第26条　児童相談所長は，第25条の規定による通告を受けた児童，第25条の7第1項第1号若しくは第2項第1号，前条第1号又は少年法（昭和23年法律第168号）第6条の6第1項若しくは第18条第1項の規定による送致を受けた児童及び相談に応じた児童，その保護者又は妊産婦について，必要があると認めたときは，次の各号のいずれかの措置を採らなければならない。
　一　次条の措置を要すると認める者は，これを都道府県知事に報告すること。
　二～七　（略）
2　前項第1号の規定による報告書には，児童の住所，氏名，年齢，履歴，性行，健康状態及び家庭環境，同号に規定する措置についての当該児童及びその保護者の意向その他児童の福祉増進に関し，参考となる事項を記載しなければならない。
第27条　都道府県は，前条第1項第1号の規定による報告又は少年法第18条第2項の規定による送致のあった児童につき，次の各号のいずれかの措置を採らなければならない。
　一～二　（略）
　三　児童を小規模住居型児童養育事業を行う者若しくは里親に委託し，又は乳児院，児童養護施設，障害児入所施設，情緒障害児短期治療施設若しくは児童自立支援施設に入所させること。
　四　（略）
2～6　（略）
第35条　国は，政令の定めるところにより，児童福祉施設（助産施設，母子生活支援施設及び保育所を除く。）を設置するものとする。
2　都道府県は，政令の定めるところにより，児童福祉施設を設置しなければならない。
3　市町村は，厚生労働省令の定めるところにより，あらかじめ，厚生労働省令で

定める事項を都道府県知事に届け出て，児童福祉施設を設置することができる。
4　国，都道府県及び市町村以外の者は，厚生労働省令の定めるところにより，都道府県知事の認可を得て，児童福祉施設を設置することができる。
5〜7　（略）
第41条　児童養護施設は，保護者のない児童（乳児を除く。ただし，安定した生活環境の確保その他の理由により特に必要のある場合には，乳児を含む。以下この条において同じ。），虐待されている児童その他環境上養護を要する児童を入所させて，これを養護し，あわせて退所した者に対する相談その他の自立のための援助を行うことを目的とする施設とする。
第46条の2　児童福祉施設の長は，都道府県知事又は市町村長（第32条第3項の規定により保所における保育を行うことの権限及び第24条第1項ただし書に規定する保護の権限が当該市町村に置かれる教育委員会に委任されている場合にあっては，当該教育委員会）からこの法律の規定に基づく措置又は助産の実施若しくは母子保護の実施のための委託若しくは保育所における保育を行うことの委託を受けたときは，正当な理由がない限り，これを拒んではならない。
第58条　第35条第4項の規定により設置した児童福祉施設が，この法律若しくはこの法律に基づいて発する命令又はこれらに基づいてなす処分に違反したときは，都道府県知事は，同項の認可を取り消すことができる。

Milestone

45 本件の通知はどのような法的性格を持っていますか。

46 通知が処分でないとすると，どのような訴訟類型を選択すべきですか。またその訴訟要件を充足しますか。

47 本件で問題となっている事情は措置委託拒絶を許容する「正当な理由」に該当すると考えられますか。

事例のねらい

　社会福祉サービス提供の伝統的な方式である職権措置モデル（例解 331 頁）においては，行政にサービス提供・実施責任があり，サービスが民間の提供者によって提供される場合には行政と提供者との間で措置委託契約が締結される。本事例ではこの措置委託契約の法的性質と，契約締結強制が例外的に及ばない事由がありうるかを検討するものである。本事例のベースとなった事案として，津地判 2002（平成 14）・7・4 判タ 1111 号 142 頁がある。ただし，この事案では住民訴訟の 4 号請求（例解 137 頁）である点，特別養護老人ホームへの補助金支出が問題となっている点が，本事例とは異なる。

　社会保障制度におけるサービス給付の費用には，投資的経費と経常的経費の区別がある。投資的経費とは病院や福祉施設の建設のための経費であり，経常的経費とは個別の患者・利用者に対するサービス提供に要する経費である。医療保険においては医療保険に基づく診療報酬の中に両者が含まれている（一元的費用調達システム）。これに対して介護保険・社会福祉においては，施設建設費用が介護報酬・措置委託費に含まれていない二元的費用調達システム（例解 324 頁）が採られている。このため福祉施設が建設される際には，建設費の一部を賄うために行政から補助金が交付されるしくみがあり，通常は施設認可と同時に補助金交付も決定される（例解 327 頁）。施設完成後に当該認可施設は，措置権者から福祉の措置が必要な児童等の措置委託を受け，措置権者（＝行政）は施設に対して措置委託費を支払うこととなる。この措置委託契約については，施設側に対して契約締結強制が規定されている。本事例では，施設認可とともに国・県・市が一定の比率で交付する補助金とは別に，市が優先枠を確保するために補助金を交付している。施設側は市の要請に応じるため，他地域からの措置委託契約を拒否したいと考えている。このような事情が児童福祉法 46 条の 2 にいう「正当な理由」と言えるかどうかが問題となる。

▶Key Points◀
[行政過程論] 行政契約，契約締結強制
[行政救済論] 処分性
[社会保障法] 福祉・介護提供体制の整備（例解 323 頁以下），職権措置モデル（例解 331 頁以下）

1. 通知の法的性質

45 本件の通知はどのような法的性格を持っていますか。

　児童福祉法では，保護者のない児童又は保護者に監護させることが不適当であると認められる児童（要保護児童）（同法6条の3第8項）に関する支援状況の把握と措置対象者の児童相談所への送致を市町村の事務とし（同法25条の7），児童相談所長からの報告（同法26条1項1号）を受けて都道府県が児童養護施設に入所させる（同法27条1項3号）こととしている。この際に，都道府県が自ら設置・運営する施設（同法35条2項）以外の児童養護施設に当該児童への福祉サービスの提供を委託することができ，施設側は「正当な理由」がない限りこれを拒んではならない（同法46条の2）。措置委託契約は個別の措置児童ごとに成立する契約であり，この契約に基づいて施設からの福祉サービスの提供がなされることになる。

　本事例においては，Y県知事の「今後とも措置委託を行う」という通知の法的性格が問題となっている。児童養護施設の認可を得ていれば措置委託の対象となり，個別の措置委託契約は，措置を要する児童にとって当該施設の利用が適切と県が判断すれば，その段階で締結される。また，措置委託を継続する通知に関する法律の根拠規定は存在しない。このような法的しくみからすると，本件通知は法令に根拠を持つ認定判断ではなく，措置委託契約の申込みでもない，単なる精神的表示行為（観念の通知）と評価されることになり，その処分性は否定されることになる（最三小判2011（平成23）・6・14裁時1533号24頁は，契約の前段階での相手方選択に漏れた旨の通知について，「その者を相手方として当該契約を締結しないこととした事実を告知するもの」であるとして処分性を否定している）。

2. 訴訟類型と訴訟要件

46 通知が処分でないとすると，どのような訴訟類型を選択すべきですか。

またその訴訟要件を充足しますか。

　通知が処分でないとすると，通知を対象とする抗告訴訟は利用できず，公法上の当事者訴訟の利用可能性を議論する必要が出てくる（本事例では児童福祉法という行政法規に基づく措置委託関係が問題となっていることから，民事訴訟ではなく公法上の当事者訴訟の利用可能性を検討する）。

　本事例ではＸがＡ市の補助条件を守れるかが争点となっているので，ＸがＡ市以外からの措置児童に関する措置委託契約を締結する義務がないことの確認訴訟が想定できる。確認訴訟が認められるためには確認の利益が肯定される必要があり，具体的には対象選択の適否・即時確定の利益・方法選択の適否が問題となる（例解 131 頁）。

　本事例の争点の中心は，Ａ市の補助条件を守ることが児童福祉法 46 条の２の「正当な理由」に当たるかどうかであり，Ａ市以外からの措置児童に関する措置委託契約を締結する義務がないことを確認するのが，紛争の解決に最も適切な対象選択である。Ｘが受け入れている措置児童の現状からすると 10 人の優先枠が守れなくなるところまで来ており，補助条件を遵守できないと補助金の返還が必要となる蓋然性が高いから，即時確定の利益も認められる。さらに，措置委託の関係には処分性を有する行為は介在しないから抗告訴訟の利用可能性はなく，他に適切な給付訴訟も存在しないから，方法選択としても適切である。ただし，措置委託契約の締結拒否を理由とする認可取消処分の差止訴訟の方が，方法選択の上で適切と考える余地はある。

　児童福祉法 58 条では，児童福祉施設が法律に違反したときには認可を取り消すことができるとの規定を置いていることから，同法 46 条の２に違反した措置委託契約締結拒否は認可取消（講学上の撤回）につながりうる。認可が取り消されるとＸの施設は措置委託契約を締結する基礎資格を失うから（例解 329 頁），Ｘは措置児童を全く受け入れることができなくなる。そこで，Ｘが認可取消処分の差止訴訟を提起することも考えられる。他方，措置委託契約の締結拒否に伴う認可取消以外の不利益（例えば，Ａ市からの措置児童に関する委託契約のみをＹ県が締結しない可能性や，Ａ市が補助金の返還を請求する可能性）も存在し，またＸとしてはＡ市の補助条件を守るべきかが紛争の中心であるから，確認の利益を肯定してもよいと思われる。

3. 措置委託拒絶の許容条件

> 本件で問題となっている事情は措置委託拒絶を許容する「正当な理由」に該当すると考えられますか。

　児童福祉法46条の2の規定は，何が「正当な理由」なのかを明示していない。しかし児童福祉法27条は，要保護児童の保護に関する権限を県に与えた上で，県が設置する施設では処遇が間に合わない場合に認可施設に対する措置委託を行うことを予定し，誰をどこに委託するかについては児童相談所の専門的な判断をも尊重する（同法26条）こととされている。こうした児童福祉法全体のしくみからすれば，措置委託契約の締結を拒絶できる正当な理由としては，施設定員が一杯で受け入れることができないとか，当該児童の状況との関係で施設に受入能力がないといった理由に限られるべきである。これを本件について見れば，Xの拒絶の理由はA市の補助条件を守るためであり，拒絶を許容する正当な理由にはあたらないと思われる。

　加えて，児童福祉法は児童養護施設への措置児童に関して県に措置権限を割り当てており，市の役割は情報提供等に限定され（同法25条の7），児童養護施設への優先的な入所を決定する権限はない（もしXが，A市の補助条件が守れなくなることで補助金返還の可能性が出てくることを心配しているとすれば，A市を被告として，補助金返還義務の不存在を確認（当事者訴訟）する訴訟を提起し，その中で補助条件の一部が措置委託拒絶を原則として禁止した児童福祉法46条の2の規定に違反しているので，当該部分は無効であることを主張することが考えられる）。

　そうすると，本件で問題となっているA市の補助条件を守ることを理由とする措置委託契約の締結拒否は，児童福祉法46条の2にいう「正当な理由」にあたらない。

④ 地区計画の処分性

Level・2

　Y市は街並みの美しいP地区とその周辺を対象地域とする地区計画を策定して地区内の建築物の高さを30m以内に制限し，地区計画建築物条例においても同様の内容を規定した。対象区域内の高さ30mのマンションに居住するXらは，この地区計画によって所有する不動産の価額が低下することに加え，将来のマンション建替えが困難になることを危惧している。地区計画に対する不服の訴訟としてどのようなものが考えられるか。

【資料≫関係条文】

○都市計画法（昭和43年6月15日法律第100号）（抜粋）

（地区計画等）
第12条の4　（略）
2　地区計画等については，都市計画に，地区計画等の種類，名称，位置及び区域を定めるものとするとともに，区域の面積その他の政令で定める事項を定めるよう努めるものとする。

（地区計画）
第12条の5　地区計画は，建築物の建築形態，公共施設その他の施設の配置等からみて，一体としてそれぞれの区域の特性にふさわしい態様を備えた良好な環境の各街区を整備し，開発し，及び保全するための計画とし，次の各号のいずれかに該当する土地の区域について定めるものとする。
　一　用途地域が定められている土地の区域
　二　（略）

2　地区計画については，前条第2項に定めるもののほか，都市計画に，第1号に掲げる事項を定めるものとするとともに，第2号及び第3号に掲げる事項を定めるよう努めるものとする。
　一　主として街区内の居住者等の利用に供される道路，公園その他の政令で定める施設（以下「地区施設」という。）及び建築物等の整備並びに土地の利用に関する計画（以下「地区整備計画」という。）
　二　当該地区計画の目標
　三　当該区域の整備，開発及び保全に関する方針
3～6　（略）
7　地区整備計画においては，次に掲げる事項（市街化調整区域内において定められる地区整備計画については，建築物の容積率の最低限度，建築物の建築面積の最低限度及び建築物等の高さの最低限度を除く。）を定めることができる。
　一　地区施設の配置及び規模
　二　建築物等の用途の制限，建築物の容積率の最高限度又は最低限度，建築物の建ぺい率の最高限度，建築物の敷地面積又は建築面積の最低限度，壁面の位置の制限，壁面後退区域（壁面の位置の制限として定められた限度の線と敷地境界線との間の土地の区域をいう。以下同じ。）における工作物の設置の制限，建築物等の高さの最高限度又は最低限度，建築物等の形態又は色彩その他の意匠の制限，建築物の緑化率（都市緑地法第34条第2項に規定する緑化率をいう。）の最低限度その他建築物等に関する事項で政令で定めるもの
　三～四　（略）
8　（略）
（開発許可の基準）
第33条　都道府県知事は，開発許可の申請があった場合において，当該申請に係る開発行為が，次に掲げる基準（第4項及び第5項の条例が定められているときは，当該条例で定める制限を含む。）に適合しており，かつ，その申請の手続がこの法律又はこの法律に基づく命令の規定に違反していないと認めるときは，開発許可をしなければならない。
　一～四　（略）
　五　当該申請に係る開発区域内の土地について地区計画等（次のイからホまでに掲げる地区計画等の区分に応じて，当該イからホまでに定める事項が定められているものに限る。）が定められているときは，予定建築物等の用途又は開発行為の設計が当該地区計画等に定められた内容に即して定められていること。
　　イ　地区計画　再開発等促進区若しくは開発整備促進区（いずれも第12条の5第5項第1号に規定する施設の配置及び規模が定められているものに限る。）又は地区整備計画
　　ロ～ホ　（略）
　六～十四　（略）
2～9　（略）
（建築等の届出等）
第58条の2　地区計画の区域（再開発等促進区若しくは開発整備促進区（いずれも

第12条の5第5項第1号に規定する施設の配置及び規模が定められているものに限る。）又は地区整備計画が定められている区域に限る。）内において，土地の区画形質の変更，建築物の建築その他政令で定める行為を行おうとする者は，当該行為に着手する日の30日前までに，国土交通省令で定めるところにより，行為の種類，場所，設計又は施行方法，着手予定日その他国土交通省令で定める事項を市町村長に届け出なければならない。ただし，次に掲げる行為については，この限りでない。
　一　通常の管理行為，軽易な行為その他の行為で政令で定めるもの
　二～五　（略）
2　（略）
3　市町村長は，第1項又は前項の規定による届出があった場合において，その届出に係る行為が地区計画に適合しないと認めるときは，その届出をした者に対し，その届出に係る行為に関し設計の変更その他の必要な措置をとることを勧告することができる。
4　（略）

○建築基準法（昭和25年5月24日法律第201号）（抜粋）

（市町村の条例に基づく制限）
第68条の2　市町村は，地区計画等の区域（地区整備計画，特定建築物地区整備計画，防災街区整備地区整備計画，歴史的風致維持向上地区整備計画，沿道地区整備計画又は集落地区整備計画（以下「地区整備計画等」という。）が定められている区域に限る。）内において，建築物の敷地，構造，建築設備又は用途に関する事項で当該地区計画等の内容として定められたものを，条例で，これらに関する制限として定めることができる。
2～5　（略）

Milestone

48 地区計画はどのような法的性格を持っていますか。地区計画と用途地域の間には，どのような共通点・相違点がありますか。

49 地区計画に処分性は認められますか。地区計画の段階構造を意識して検討して下さい。

50 地区計画の処分性が否定され，当事者訴訟（確認訴訟）を用いて違法主張をする場合，確認の利益は認められますか。

事例のねらい

街区を単位とする狭域の都市計画である地区計画は，規制強化・緩和の双方で利用されている。ここでは地区計画の基本形というべき規制強化を内容とする計画に対して，区域内の居住者が不服を持った場合に利用可能な訴訟類型を探ることとする。最高裁の処分性に関する判例法理の展開を踏まえ，地区計画に処分性が認められるかどうか，認められないとして当事者訴訟（確認訴訟）の利用が可能かを検討する。

地区計画が規制強化に用いられる場面の典型は，ミニ開発や高層建築物建築の抑制である（後者の具体例である銀座ルールにつき参照，鳥居いつほ「商業地における景観と景観規制」学生法政論集1号（2007年）29-39頁）。本事例でも，狭域を対象に高さ制限を導入するのに地区計画が用いられている。地区計画による建築制限は，建築基準法の建築確認・是正命令でその実現が図られることから（⇨17），規制の実効性が強い反面，地区計画の導入によってマンションの建替えができなくなる場面も考えられる（例解 500頁）。

▶Key Points◀
[行政過程論] 行政計画
[行政救済論] 処分性，確認の利益（確認訴訟）
[都市法] 空間管理（例解 422頁以下），地区計画等（例解 442頁以下）

1. 地区計画の段階構造

48

> 地区計画はどのような法的性格を持っていますか。地区計画と用途地域の間には，どのような共通点・相違点がありますか。

地区計画は都市計画法に基づく狭域の都市計画であり（都市計画法12条の5），街区を単位として土地利用規制を強化・緩和したり，地区施設の整備を計画的に行おうとしたりする場合に用いられる。近時は緩和型の地区計画が

増加し（例解 445 頁），緩和措置の違法を地区計画区域外に居住する第三者が争う事例も見られる（⇨60）。

　地区計画の土地利用規制に関する部分は，用途地域（同法 8 条 1 項 1 号）とよく似ている。用途地域と異なるのは，用途地域よりも狭域が対象になる点と，用途地域よりも規制のメニューが多い点にある。

　規制に関して地区計画が用途地域と異なる点は，大きく 2 つある。1 つは，用途地域と異なり，建築物の建築のみならず，開発行為に対する規制内容を定めることができることである（都市計画法 12 条の 5 第 2 項）。これに対して，用途地域は建築についてしか規制できない。そしてもう 1 つは，地区計画の中に定められている内容や，地区計画条例の有無によって，地区計画の法的効果が変わってくることである。これに対して，用途地域の場合には規制内容を別途条例で定めることなく，建築確認の際の基準として機能する。

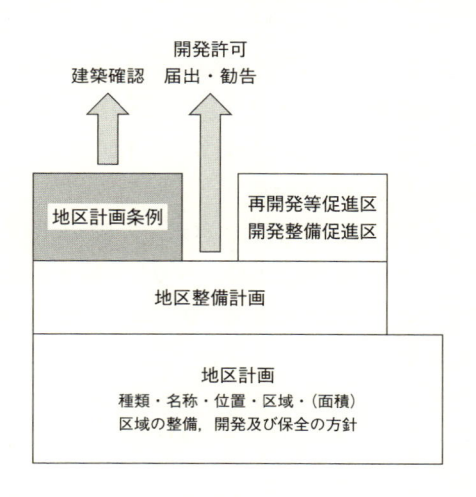

```
                   開発許可
         建築確認   届出・勧告
            ↑        ↑
    ┌──────────┬──────────────┐
    │ 地区計画   │ 再開発等促進区 │
    │   条例    │ 開発整備促進区 │
    ├──────────┴──────────────┤
    │        地区整備計画         │
    ├──────────────────────────┤
    │         地区計画            │
    │ 種類・名称・位置・区域・(面積)│
    │ 区域の整備，開発及保全の方針  │
    └──────────────────────────┘
```

　最もシンプルな地区計画は，地区計画の種類・名称・位置・区域が定められたものである（同法 12 条の 4 第 2 項）。これに地区計画の目標や，当該区域の整備，開発及び保全に関する方針が追加されたとしても，行政等の指針として働くだけで，規制効果は生じない（都市計画法制研究会編著『よくわかる都市計画法』（ぎょうせい・2010 年）98 頁）。地区計画の中にさらに，地区施設・地区の土地利用に関する計画（地区整備計画）が定められると（同法 12 条の 5 第 2 項），その内容が開発許可の基準となり（同法 33 条 1 項 5 号イ），開発許可

が不要となる小規模の開発行為に対しては届出・勧告が用いられうる（同法58条の2）。しかしこれだけでも建築確認の基準としては機能せず，市町村が別途，地区整備計画と同内容の条例（地区計画条例）を定めることで，その内容が建築確認の基準として扱われるようになる（建築基準法68条の2）。

2. 地区計画の処分性

> **49** 地区計画に処分性は認められますか。地区計画の段階構造を意識して検討して下さい。

　上記のように，一口に地区計画といっても，地区整備計画の有無・地区計画条例の有無によって，その法的性格が大きく異なっている点に注意が必要である。そこで以下では，①地区整備計画を含まない地区計画，②地区整備計画を含む（地区計画条例を制定していない）地区計画，③地区計画条例制定後の地区計画，の3つに分けて，その処分性を検討する。

① 地区整備計画を含まない地区計画

　地区整備計画を含まない地区計画は，区域内の私人に対する土地利用規制の効果を全く持たない（法的効果の欠如）。そのため処分性は否定される。

② 地区整備計画を含む（地区計画条例を制定していない）地区計画

　地区整備計画を含む地区計画は，区域内の私人に対する土地利用規制の効果を持ち，一定規模以上の開発行為に対する開発許可の基準として機能する。開発行為規制の法的効果と，それが狭域に限定して発生している点に注目すれば，地区計画の処分性を肯定しうる。他方，地区計画に対する不服は開発許可拒否処分の取消訴訟で争うことができる点に注目すれば，地区計画段階で具体的な権利義務の変動が発生しているとは言えず，地区計画に処分性を認めることはできない（成熟性の欠如）。また，開発許可を受けなくてよい開発行為や建築行為全般については届出義務（都市計画法58条の2）が課されているにとどまり，その後になされる勧告に従わなくても特段の不利益は予定されていない（法的効果の欠如）。このような理解に立てば，地区整備計画を含む地区計画の段階でも，処分性は否定される。

③ 地区計画条例制定後の地区計画

　地区計画条例制定後の地区計画は，区域内の私人に対する土地利用規制の効果を持ち，建築行為に対する建築確認の基準としても機能する。こうした法的効果と，それが狭域に限定して発生している点に注目すれば，地区計画の処分性を肯定しうる。他方，地区計画・地区計画条例に対する不服は建築確認拒否処分の取消訴訟で争うことができる点に注目すれば，地区計画段階で具体的な権利義務の変動が発生しているとは言えず，地区計画に処分性を認めることはできない（成熟性の欠如）。地区計画の処分性を否定した 判Ⅱ31 R 最二小判1994(平成6)・4・22判時1499号63頁は，「区域内の個人の権利義務に対して具体的な変動を与えるという法律上の効果を伴うものではなく，抗告訴訟の対象となる処分には当たらないと解すべきである」としており，紛争の成熟性の欠如を理由に処分性を否定したものと考えられる。このように，開発行為や建築行為を行おうとしている場合には，地区計画に続く開発許可・建築確認を捉えてその取消訴訟を提起することができることに注目し，成熟性を欠くとして地区計画の処分性が否定される可能性が高い。

　しかし，本事例が想定しているのは，区域内のマンションに居住するXが地区計画によって将来の建替えができなくなるという状況である（他に，地区計画の策定に伴う地価の下落という不利益も想定できる）。ここで仮に，争う立場によって処分性の有無を個々に判断する相対的行政処分論の立場に立つと，Xにとっては地区計画に後続する取消訴訟の対象となり得る行政活動が存在しないから紛争の成熟性があると考え，Xに対してのみ処分性を肯定する可能性がある（例解 439-440頁）。

3. 地区計画と確認の利益

> 地区計画の処分性が否定され，当事者訴訟（確認訴訟）を用いて違法主張をする場合，確認の利益は認められますか。

　上述の建替えができなくなるという不利益や地価下落という不利益は，相対的行政処分論の立場を採らなくても，地区計画に基づく建築制限の不存在

を確認する当事者訴訟（確認訴訟）の提起によって救済しうる。その際の訴訟要件として確認の利益の存否，具体的には対象選択の適否・即時確定の利益・方法選択の適否が問題となる（例解 131頁）。

① 対象選択の適否

建築制限を内容とする地区計画が策定されることにより，地区内の土地所有者は地価の下落や，将来のマンション建替えができなくなる不利益を受けることになる。そこで，地区計画に基づく建築制限を負わないことの確認を求める訴訟を提起することが考えられる。これは現在の法律関係の確認であるため，紛争の実効的解決の観点から適切な対象と考えられる。

② 即時確定の利益

地区計画が策定されれば，それまで存在しなかった高さ制限が導入されることになり，地区内での建築行為が制限されることから，直ちに地価が下落することが考えられ，これは財産権に対する不利益の現実の危険があることを意味する。また，地区内でマンションに居住する住民らがマンションの建替えを検討する場合には，工事費を捻出するために現在の住民以外の第三者に売却するための床が必要となるから，現状を上回る高さを確保しなければならない。確かに地区計画の違法は建築確認拒否処分の取消訴訟でも主張可能である。しかし，マンション建替えの場合には，建築確認にいたる前に居住者間での合意形成がなされる必要がある（例解 483頁）。もし地区計画が適法であれば，地区計画による建築制限によって採算がとれる建替えが不可能になり，Xらは合意形成やマンション建替えの設計作業を行えなくなる。マンションの建替えができなければ，老朽化したマンションにいつまでも住み続けることはできず，他の住居への転居が将来的に必要になる。こうした点から，地区計画の策定の段階でXらには同じ場所で継続的に居住し続ける利益に対する現実の危険があると考えられる。

③ 方法選択の適否

上述のように地区計画には処分性が認められないため，Xの不利益を争う他の適当な手段は存在しない。

以上から，確認の利益が肯定され，Xは適法に当事者訴訟（確認訴訟）を提起することができると考えられる。

⑤ 市街地再開発事業に対する訴訟

Level・2

　Y市は市内中心部で第1種市街地再開発事業による再開発ビルを建設することを促進するため，予定地を市街地再開発促進区域にする都市計画決定を行った。区域内に建築物を所有し，店舗を営業しているXは再開発事業に反対である。Xはこの後の行政過程の展開に伴って，どのような訴訟を提起することが考えられるか。

【資料≫関係条文】

○都市計画法（昭和43年6月15日法律第100号）（抜粋）

（地域地区）
第8条　都市計画区域については，都市計画に，次に掲げる地域，地区又は街区を定めることができる。
　一～二　（略）
　三　高度地区又は高度利用地区
　四～十六　（略）
3　地域地区については，都市計画に，第1号及び第2号に掲げる事項を定めるものとするとともに，第3号に掲げる事項を定めるよう努めるものとする。
　一　地域地区の種類（特別用途地区にあっては，その指定により実現を図るべき特別の目的を明らかにした特別用途地区の種類），位置及び区域
　二　次に掲げる地域地区については，それぞれ次に定める事項
　　イ～ト　（略）
　　チ　高度利用地区　建築物の容積率の最高限度及び最低限度，建築物の建ぺい率の最高限度，建築物の建築面積の最低限度並びに壁面の位置の制限（壁面

の位置の制限にあっては，敷地内に道路（都市計画において定められた計画道路を含む。以下この号において同じ。）に接して有効な空間を確保して市街地の環境の向上を図るため必要な場合における当該道路に面する壁面の位置に限る。次条第18項において同じ。）

　　リ　（略）

（促進区域）

第10条の2　都市計画区域については，都市計画に，次に掲げる区域を定めることができる。

　一　都市再開発法第7条第1項の規定による市街地再開発促進区域

　二〜四　（略）

2　促進区域については，都市計画に，促進区域の種類，名称，位置及び区域のほか，別に法律で定める事項を定めるものとするとともに，区域の面積その他の政令で定める事項を定めるよう努めるものとする。

3　促進区域内における建築物の建築その他の行為に関する制限については，別に法律で定める。

（市街地開発事業）

第12条　都市計画区域については，都市計画に，次に掲げる事業を定めることができる。

　一〜三　（略）

　四　都市再開発法による市街地再開発事業

　五〜七　（略）

2〜6　（略）

○建築基準法（昭和25年5月24日法律第201号）（抜粋）

（高度利用地区）

第59条　高度利用地区内においては，建築物の容積率及び建ぺい率並びに建築物の建築面積（同一敷地内に2以上の建築物がある場合においては，それぞれの建築面積）は，高度利用地区に関する都市計画において定められた内容に適合するものでなければならない。ただし，次の各号の一に該当する建築物については，この限りでない。

　一　主要構造部が木造，鉄骨造，コンクリートブロック造その他これらに類する構造であって，階数が2以下で，かつ，地階を有しない建築物で，容易に移転し，又は除却することができるもの

　二　公衆便所，巡査派出所その他これらに類する建築物で，公益上必要なもの

　三　学校，駅舎，卸売市場その他これらに類する公益上必要な建築物で，特定行政庁が用途上又は構造上やむを得ないと認めて許可したもの

2〜5　（略）

○都市再開発法（昭和44年6月3日法律第38号）（抜粋）

（目的）
第1条　この法律は，市街地の計画的な再開発に関し必要な事項を定めることにより，都市における土地の合理的かつ健全な高度利用と都市機能の更新とを図り，もって公共の福祉に寄与することを目的とする。
（市街地再開発事業の施行）
第2条の2　次に掲げる区域内の宅地について所有権若しくは借地権を有する者又はこれらの宅地について所有権若しくは借地権を有する者の同意を得た者は，1人で，又は数人共同して，当該権利の目的である宅地について，又はその宅地及び一定の区域内の宅地以外の土地について第1種市街地再開発事業を施行することができる。
　一～三　（略）
2　市街地再開発組合は，第1種市街地再開発事業の施行区域内の土地について第1種市街地再開発事業を施行することができる。
3～6　（略）
（都市再開発方針）
第2条の3　人口の集中の特に著しい政令で定める大都市を含む都市計画区域内の市街化区域（都市計画法第7条第1項に規定する市街化区域をいう。以下同じ。）においては，都市計画に，次の各号に掲げる事項を明らかにした都市再開発の方針を定めるよう努めるものとする。
　一　当該都市計画区域内にある計画的な再開発が必要な市街地に係る再開発の目標並びに当該市街地の土地の合理的かつ健全な高度利用及び都市機能の更新に関する方針
　二　前号の市街地のうち特に一体的かつ総合的に市街地の再開発を促進すべき相当規模の地区及び当該地区の整備又は開発の計画の概要
2～3　（略）
（第1種市街地再開発事業の施行区域）
第3条　都市計画法第12条第2項の規定により第1種市街地再開発事業について都市計画に定めるべき施行区域は，第7条第1項の規定による市街地再開発促進区域内の土地の区域又は次に掲げる条件に該当する土地の区域でなければならない。
　一　当該区域が高度利用地区，都市再生特別地区又は特定地区計画等区域内にあること。
　二　当該区域内にある耐火建築物（建築基準法第2条第9号の2に規定する耐火建築物をいう。以下同じ。）で次に掲げるもの以外のものの建築面積の合計が，当該区域内にあるすべての建築物の建築面積の合計のおおむね3分の1以下であること又は当該区域内にある耐火建築物で次に掲げるもの以外のものの敷地面積の合計が，当該区域内のすべての宅地の面積の合計のおおむね3分の1以下であること。
　　イ　地階を除く階数が2以下であるもの
　　ロ　政令で定める耐用年限の3分の2を経過しているもの

ハ 災害その他の理由によりロに掲げるものと同程度の機能低下を生じているもの
ニ 建築面積が150平方メートル未満であるもの
ホ 容積率（同一敷地内に2以上の建築物がある場合においては、その延べ面積の合計を算定の基礎とする容積率。以下同じ。）が、当該区域に係る高度利用地区、都市再生特別地区、地区計画、防災街区整備地区計画又は沿道地区計画に関する都市計画において定められた建築物の容積率の最高限度の3分の1未満であるもの
ヘ 都市計画法第4条第6項に規定する都市計画施設（以下「都市計画施設」という。）である公共施設の整備に伴い除却すべきもの
三 当該区域内に十分な公共施設がないこと、当該区域内の土地の利用が細分されていること等により、当該区域内の土地の利用状況が著しく不健全であること。
四 当該区域内の土地の高度利用を図ることが、当該都市の機能の更新に貢献すること。

（市街地再開発促進区域に関する都市計画）
第7条 次の各号に掲げる条件に該当する土地の区域で、その区域内の宅地について所有権又は借地権を有する者による市街地の計画的な再開発の実施を図ることが適切であると認められるものについては、都市計画に市街地再開発促進区域を定めることができる。
一 第3条各号に掲げる条件
二 当該土地の区域が第3条の2第2号イ又はロに該当しないこと。
2 市街地再開発促進区域に関する都市計画においては、都市計画法第10条の2第2項に定める事項のほか、公共施設の配置及び規模並びに単位整備区を定めるものとする。
3 市街地再開発促進区域に関する都市計画は、次の各号に規定するところに従って定めなければならない。
一 道路、公園、下水道その他の施設に関する都市計画が定められている場合においては、その都市計画に適合するように定めること。
二 当該区域が、適正な配置及び規模の道路、公園その他の公共施設を備えた良好な都市環境のものとなるように定めること。
三 単位整備区は、その区域が市街地再開発促進区域内における建築敷地の造成及び公共施設の用に供する敷地の造成を一体として行うべき土地の区域としてふさわしいものとなるように定めること。

（第1種市街地再開発事業等の施行）
第7条の2 市街地再開発促進区域内の宅地について所有権又は借地権を有する者は、当該区域内の宅地について、できる限り速やかに、第1種市街地再開発事業を施行する等により、高度利用地区、都市再生特別地区、地区計画、防災街区整備地区計画又は沿道地区計画に関する都市計画及び当該市街地再開発促進区域に関する都市計画の目的を達成するよう努めなければならない。
2 市町村は、市街地再開発促進区域に関する都市計画に係る都市計画法第20条第

1項の告示の日から起算して5年以内に，当該市街地再開発促進区域内の宅地について同法第29条第1項の許可がされておらず，又は第7条の9第1項，第11条第1項若しくは第2項若しくは第50条の2第1項の規定による認可に係る第1種市街地再開発事業の施行地区若しくは第129条の3の規定による認定を受けた第129条の2第1項の再開発事業の同条第5項第1号の再開発事業区域に含まれていない単位整備区については，施行の障害となる事由がない限り，第1種市街地再開発事業を施行するものとする。

3～5　（略）

（建築の許可）

第7条の4　市街地再開発促進区域内においては，建築基準法第59条第1項第1号に該当する建築物（同項第2号又は第3号に該当する建築物を除く。）の建築をしようとする者は，国土交通省令で定めるところにより，都道府県知事（市の区域内にあっては，当該市の長。以下この条から第7条の6まで及び第141条の2第1号において「建築許可権者」という。）の許可を受けなければならない。ただし，非常災害のため必要な応急措置として行う行為又はその他の政令で定める軽易な行為については，この限りでない。

2　建築許可権者は，前項の許可の申請があった場合において，当該建築が第7条の6第4項の規定により買い取らない旨の通知があった土地におけるものであるときは，その許可をしなければならない。

3　（略）

（土地の買取り）

第7条の6　都道府県又は市町村は，建築許可権者に対し，第3項の規定による土地の買取りの申出の相手方として定めるべきことを申し出ることができる。

2　建築許可権者は，前項の規定による申出に基づき，次項の規定による土地の買取りの申出の相手方を定めるときは，国土交通省令で定めるところにより，その旨を公告しなければならない。

3　建築許可権者（前項の規定により，土地の買取りの申出の相手方として公告された者があるときは，その者）は，市街地再開発促進区域内の土地の所有者から，第7条の4第1項の許可がされないときはその土地の利用に著しい支障を来すこととなることを理由として，当該土地を買い取るべき旨の申出があったときは，特別の事情がない限り，当該土地を時価で買い取るものとする。

4　前項の申出を受けた者は，遅滞なく，当該土地を買い取る旨又は買い取らない旨を当該土地の所有者に通知しなければならない。

5　第2項の規定により土地の買取りの申出の相手方として公告された者は，前項の規定により土地を買い取らない旨の通知をしたときは，直ちに，その旨を建築許可権者に通知しなければならない。

（認可）

第11条　第1種市街地再開発事業の施行区域内の宅地について所有権又は借地権を有する者は，5人以上共同して，定款及び事業計画を定め，国土交通省令で定めるところにより，都道府県知事の認可を受けて組合を設立することができる。

2　前項に規定する者は，事業計画の決定に先立って組合を設立する必要がある場

合においては，同項の規定にかかわらず，5人以上共同して，定款及び事業基本方針を定め，国土交通省令で定めるところにより，都道府県知事の認可を受けて組合を設立することができる。
3～4　（略）
5　組合が施行する第1種市街地再開発事業については，第1項又は第3項の規定による認可をもって都市計画法第59条第4項の規定による認可とみなす。第7条の9第4項ただし書の規定は，この場合について準用する。
（組合員）
第20条　組合が施行する第1種市街地再開発事業に係る施行地区内の宅地について所有権又は借地権を有する者は，すべてその組合の組合員とする。
2　（略）
（権利変換計画の決定及び認可）
第72条　施行者は，前条の規定による手続に必要な期間の経過後，遅滞なく，施行地区ごとに権利変換計画を定めなければならない。この場合においては，国土交通省令で定めるところにより，都道府県（第2条の2第4項の規定により市街地再開発事業を施行する場合に限る。以下同じ。）又は機構等（市のみが設立した地方住宅供給公社を除く。）にあっては国土交通大臣の，個人施行者，組合，再開発会社，市町村（同項の規定により市街地再開発事業を施行する場合に限る。第109条を除き，以下同じ。）又は市のみが設立した地方住宅供給公社（第2条の2第6項の規定により市街地再開発事業を施行する場合に限る。以下同じ。）にあっては都道府県知事の認可を受けなければならない。
2～5　（略）
（権利変換計画の縦覧等）
第83条　個人施行者以外の施行者は，権利変換計画を定めようとするときは，権利変換計画を2週間公衆の縦覧に供しなければならない。この場合においては，あらかじめ，縦覧の開始の日，縦覧の場所及び縦覧の時間を公告するとともに，施行地区内の土地又は土地に定着する物件に関し権利を有する者及び参加組合員又は特定事業参加者にこれらの事項を通知しなければならない。
2～5　（略）
（権利変換の処分）
第86条　施行者は，権利変換計画若しくはその変更の認可を受けたとき，又は権利変換計画について第72条第4項の政令で定める軽微な変更をしたときは，遅滞なく，国土交通省令で定めるところにより，その旨を公告し，及び関係権利者に関係事項を書面で通知しなければならない。
2　権利変換に関する処分は，前項の通知をすることによって行なう。
3　権利変換に関する処分については，行政手続法（平成5年法律第88号）第3章の規定は，適用しない。
（権利変換期日における権利の変換）
第87条　施行地区内の土地は，権利変換期日において，権利変換計画の定めるところに従い，新たに所有者となるべき者に帰属する。この場合において，従前の土地を目的とする所有権以外の権利は，この法律に別段の定めがあるものを除き，

消滅する。
2　権利変換期日において，施行地区内の土地に権原に基づき建築物を所有する者の当該建築物は，施行者に帰属し，当該建築物を目的とする所有権以外の権利は，この法律に別段の定めがあるものを除き，消滅する。ただし，第66条第7項の承認を受けないで新築された建築物及び他に移転すべき旨の第71条第1項の申出があった建築物については，この限りでない。

（占有の継続）
第95条　権利変換期日において，第87条の規定により失った権利に基づき施行地区内の土地又は建築物を占有していた者及びその承継人は，次条第1項の規定により施行者が通知した明渡しの期限までは，従前の用法に従い，その占有を継続することができる。ただし，第86条の規定の適用を妨げない。

（土地の明渡し）
第96条　施行者は，権利変換期日後第1種市街地再開発事業に係る工事のため必要があるときは，施行地区内の土地又は当該土地にある物件を占有している者に対し，期限を定めて，土地の明渡しを求めることができる。
2〜5　（略）

（建築工事の完了の公告等）
第100条　施行者は，施設建築物の建築工事が完了したときは，速やかに，その旨を，公告するとともに，第88条第2項又は第5項の規定により施設建築物に関し権利を取得する者に通知しなければならない。

（不服申立て）
第127条　次に掲げる処分については，行政不服審査法による不服申立てをすることができない。
一　第11条第1項若しくは第3項又は第38条第1項の規定による認可（事業基本方針の変更に係るものを除く。）
二〜七　（略）

Milestone

51 第1種市街地再開発事業の行政過程はどのように展開しますか。
52 高度利用地区指定に処分性は認められますか。処分性が認められない場合，高度利用地区指定しかなされていない段階での当事者訴訟（確認訴訟）の利用は可能ですか。
53 市街地再開発促進区域指定に処分性は認められますか。処分性が認められない場合，市街地再開発促進区域指定までしかなされていない段階での当事者訴訟（確認訴訟）の利用は可能ですか。
54 組合設立認可に対する取消訴訟は可能ですか。

事例のねらい

　都市計画法が定める都市基盤の整備の手法には，道路・公園などを単独で整備する都市施設と，土地区画整理事業・市街地再開発事業のように道路等と住宅地や商業地域などを合わせて整備する（これを面的な整備という）市街地開発事業がある（例解 429 頁）。都市再開発法がその詳細を定めている市街地再開発事業は，土地区画整理事業の手法である換地（例解 478 頁）を立体的に拡張したものである。両者の法的しくみには類似点が多いものの，行政過程の細部には差異がみられる。そこで，市街地再開発事業の典型である組合施行（第1種市街地再開発事業）を素材に，その行政過程の展開に応じた訴訟類型の選択を検討することで，このしくみの法的特色の理解を深めることとしたい。

　市街地再開発事業は，高度利用が必要にもかかわらずそれがなされていない中心市街地において再開発ビルを建設する事業である。これは，従前の土地所有権を区分所有建物の専有部分，共用部分持分及び敷地権上権の共有持分に変換する第1種市街地再開発事業（都市再開発法 60 条以下）と，施行者が従前の土地所有権を一旦取得して補償金を支払い，または区分所有建物の専有部分，共用部分持分及び敷地権の共有持分を旧所有者に給付する第2種市街地再開発事業（同法 118 条の 2 以下）とに大別される（例解 479 頁）。

▶Key Points◀
［行政過程論］行政計画
［行政救済論］処分性，確認の利益（確認訴訟）
［都市法］土地収用と換地・権利変換（例解 428 頁以下），市街地開発事業の行政過程（例解 473 頁以下）

1. 第1種市街地再開発事業の行政過程

第1種市街地再開発事業の行政過程はどのように展開しますか。

```
都市再開発方針 ⇒ 高度利用地区指定 ⇒ 市街地再開発促進区域指定 ⇒ 市街地再開発事業の都市計画決定 ⇒ 組合設立認可 → 権利変換 → 工事
                              ↘ 低度利用・不健全な土地利用 ↗
```

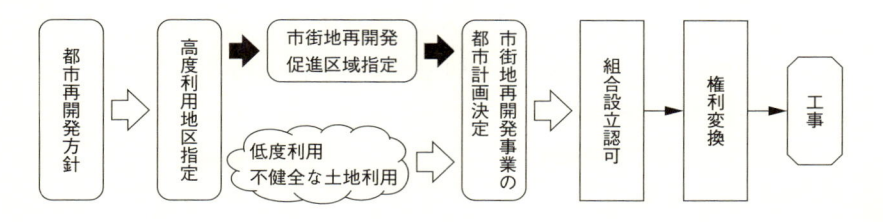

　市街地再開発組合が施行する第1種市街地再開発事業は、上の図のように進行する（例解 479頁）。基本的な骨格は市街地再開発事業の都市計画決定（都市計画法12条1項4号）→組合設立認可（都市再開発法11条1項）→権利変換（同法86条1項）であり、組合施行の土地区画整理事業とほぼ同じ（土地区画整理事業の都市計画決定（都市計画法12条1項1号）→組合設立認可（土地区画整理法14条1項）→換地（同法103条1項））である。大きな違いは2点ある。1つは、市街地再開発事業の都市計画決定の前に対象地区を選別する過程が存在することである（高度利用地区指定・市街地再開発促進区域指定）。もう1つは、権利変換の後に工事が行われることである（区画整理の場合には仮換地指定（土地区画整理法98条1項）→工事→換地となる）。

　権利変換は、個別の組合員（旧土地所有者等）を名宛人とし、これによって所有権の帰属が変更されることから（都市再開発法87条）、行政行為（処分）であることが明確であるので、これに対する取消訴訟の提起が可能である。そこでここでは、それよりも前の段階で訴訟を提起することができるかどうかを、決定の法的性格（処分性（⇒24）の有無）を踏まえて検討する。

2. 高度利用地区指定

> 高度利用地区指定に処分性は認められますか。処分性が認められない場合、高度利用地区指定しかなされていない段階での当事者訴訟（確認訴訟）の利用は可能ですか。

　高度利用地区は用途地域以外の地域地区であり（都市計画法8条1項3号、⇒16）、建築物の敷地の統合や土地の高度利用（高層建築物の建設）を促進す

べき地区である。市街地再開発事業の実施のためには，当該地域が高度利用地区（または都市再生特別区域，高度利用地区に準じた地区計画等）でなければならない（都市再開発法3条1号）。高度利用地区指定は，現実には，市街地再開発事業の実施を目的になされることが多い。また，これに先行する都市再開発方針（都市計画決定）と比較すれば，対象地域はより特定されている。しかし，高度利用地区指定だけでは市街地再開発事業の実施には繋がらない。高度利用地区指定は当該地区における容積率の最高限度及び最低限度や建ぺい率の最高限度などを指定するものであり（都市計画法8条3項2号チ），法的性格としては用途地域と同じである。そこで，用途地域に関する処分性が否定された 判百Ⅱ160 判Ⅱ31 CB11-6 最一小判1982（昭和57）・4・22民集36巻4号705頁の論理（⇨24）がここにも当てはまる。

そこで，高度利用地区指定しかなされていない段階での訴訟としては当事者訴訟（確認訴訟）が適切である。その際の訴訟要件として確認の利益の存否，具体的には対象選択の適否・即時確定の利益・方法選択の適否が問題となる（例解 131頁）。高度利用地区の建築制限を受けないことの確認を求めるとすると，現在の法律関係に関する確認となるため，対象選択は適切と考えられる。また，建築制限に関して処分性のある行為が併存しないため，方法選択の点でも適切である。さらに，建築制限を受けるとすると建築物を新築しようとする場合の設計が変わってくること，また容積率の最高限度が高く設定されることによって近隣に高層建築物が建築されて住環境が悪化するおそれがあることから，即時確定の利益も肯定できる。よってXは，高度利用地区の建築規制を受けないことの確認訴訟を適法に提起できる。

3. 市街地再開発促進区域指定

> 市街地再開発促進区域指定に処分性は認められますか。処分性が認められない場合，市街地再開発促進区域指定までしかなされていない段階での当事者訴訟（確認訴訟）の利用は可能ですか。

市街地再開発事業の都市計画決定がなされるには，当該地区が高度利用地

区に指定されており，かつその地区の現状の土地利用が低度利用で不健全なものであることが要求されている（都市再開発法3条）。このような限定の背景には，既存の居住者の居住環境を完全に変え，また居住者を一旦地区外に退去させるという市街地開発事業のドラスティックな性格がある。事業予定地の中には住居と一体で小売業やサービス業を営んでいる土地所有者も多く，こうした居住環境の変化は生業形態の激変とも連動するため，市街地再開発に関する関係者による合意形成には時間がかかることが多い。その間に堅固な建築物が事業予定地に建ってしまい，再開発が困難になることもありうる。

そこで，市街地再開発を促進するいわばバイパスとして設定されているのが，市街地再開発促進区域である（同法7条1項）。これは市町村が定める都市計画であり（都市計画法10条の2，15条1項），この対象となる区域に指定されると，単位整備区（都市再開発法7条2項）が同法3条各号の要件に該当するか否かを問わず（同法3条の本則では，施行区域がもれなく3条各号の要件を満たすことが要求されている）市街地再開発事業の都市計画決定が行えるようになる（国土交通省都市・地域整備局市街地整備課監修・都市再開発法制研究会編著『改訂7版逐条解説 都市再開発法解説』（大成出版社・2010年）86頁）。

市街地再開発促進区域に指定されると，①区域内の宅地所有者等に第1種市街地再開発事業の施行等によって土地の高度利用を行う努力義務が生じる（都市再開発法7条の2第1項）。そして，②市街地再開発促進区域に関する都市計画の告示から5年経過しても再開発事業が行われていない場合には，市町村が第1種市街地再開発事業を施行するものとされている（同条2項）。さらに，③区域内において建築許可制がとられ，高度利用地区に相応しくない木造等2階建て以下の建築の際には許可が必要になる（同法7条の4，7条の6）。このうち①はあくまで努力義務にとどまるため，処分性を肯定する要素にはならない。また③も建築許可や買取申出拒否の段階で争うことが考えられるため，やはり処分性を肯定する要素とは言えない。そこで，市街地再開発促進区域の指定が将来の第1種市街地再開発事業の実施を確定する効果を持つかどうかが，処分性判断のポイントとなる。この点については条文上「ものとする」規定となっており，市街地再開発促進区域の指定が必ず再開発事業の実施に繋がるとは解釈しにくい。また，市町村としては5年後に市街地

再開発促進区域の解除を行う判断もできる（国土交通省都市・地域整備局市街地整備課・前掲書127頁）。そこでこの②の要素も処分性を肯定するものとはならない。よって，市街地再開発促進区域の指定に処分性は認められない。

他方で，市街地再開発促進区域指定までしかなされていない段階においても，高度利用地区に適合しない建物の建築を許可制の下に置く制限が課されており，この要素に注目して当事者訴訟（確認訴訟）を提起することは可能と考えられる。すなわち，建築許可を得なくても適法に建築できることの確認訴訟を提起すれば，52と同様に確認の利益を肯定できると思われる。

4. 組合設立認可

> 54　組合設立認可に対する取消訴訟は可能ですか。

第1種市街地再開発事業を実施する組合は，都道府県知事の認可を受けて設立される（市街地再開発法11条1項）。この段階を捉えて訴訟を提起することも考えられる。しかし同法127条1号は，この認可を不服申立の対象外としている。その趣旨は「その処分自体が直接，関係権利者に法律上の効果を及ぼすものではなく，その後行われる権利変換の処分（第86条第2項）等によって初めて関係権利者に直接の効果が及ぶ」（国土交通省都市・地域整備局市街地整備課・前掲書645頁）ためとされる。これを前提とすると，最終的な決定である権利変換処分を待ってその取消訴訟を提起すればよく，組合設立認可の段階には成熟性が認められないから処分性はないとの見解もありうる。

しかし，処分性の認定にあたって重要な点は，最高裁が示している処分性の定式に該当する法的性格を当該行為が有しているかどうかにある。処分性を認める便法として用いられている不服申立規定の存在（例解 107頁）という要素は，ある行為が処分かどうか判然としない場合に，立法者が当該行為に処分性を認めようとしたものと考える手がかりとして用いられるものである。それゆえ，法律による不服申立の対象からの除外は処分性の否定に直結するものではなく，行政不服申立制度内部での効率的な紛争解決の観点から不服申立の対象の絞り込みを行ったと考えるべき場合もある。

本事例に類似する土地区画整理組合の設立認可に関して最高裁（判Ⅱ32　最三小判1985（昭和60）・12・17民集39巻8号1821頁）は，強制加入制の団体（土地区画整理組合）が設立され，その団体に土地区画整理事業の施行権が付与されることに注目して処分性を肯定している（⇨132）。同様の法的性格は市街地再開発組合にも認められるので（強制加入につき都市再開発法20条1項，施行権付与につき同法2条の2第2項），この理由付けから市街地再開発組合の設立認可に処分性を肯定することが可能である（そのように判断している下級審裁判例として，東京地判2012（平成24）・7・10判例集未登載）（橋本43頁以下は，組合施行における組合設立認可のタイミングに対応する独立行政法人都市再生機構施行の第1種市街地再開発事業における事業計画等認可の処分性を検討している）。そこで，組合設立認可に対する取消訴訟の提起は可能である。

⑥ 総合設計許可・建築確認取消訴訟の原告適格

Level・1

　Aは自己所有地にオフィスビルを建てる計画を立てた。当該地域での容積率を緩和してもらうため、Aは公開空地を設計に盛り込んだ上で、特定行政庁であるY県知事に総合設計許可を申請し、知事は総合設計許可を与えた。さらにAは建築主事に建築確認を申請し、建築確認を得た。建設予定地の周辺住民Xらは、このビルが建つと日照・通風・採光を良好に保つことができなくなり、また火災や地震の際の倒壊のおそれがあるとして、総合設計許可と建築確認の取消訴訟を提起しようとしている。Xらがその訴訟要件を満たすか検討しなさい。

【資料≫関係条文】

○建築基準法（昭和25年5月24日法律第201号）（抜粋）

（目的）
第1条　この法律は、建築物の敷地、構造、設備及び用途に関する最低の基準を定めて、国民の生命、健康及び財産の保護を図り、もって公共の福祉の増進に資することを目的とする。
（建築物の建築等に関する申請及び確認）
第6条　建築主は、第1号から第3号までに掲げる建築物を建築しようとする場合（増築しようとする場合においては、建築物が増築後において第1号から第3号までに掲げる規模のものとなる場合を含む。）、これらの建築物の大規模の修繕若しくは大規模の模様替をしようとする場合又は第4号に掲げる建築物を建築しよう

とする場合においては，当該工事に着手する前に，その計画が建築基準関係規定（この法律並びにこれに基づく命令及び条例の規定（以下「建築基準法令の規定」という。）その他建築物の敷地，構造又は建築設備に関する法律並びにこれに基づく命令及び条例の規定で政令で定めるものをいう。以下同じ。）に適合するものであることについて，確認の申請書を提出して建築主事の確認を受け，確認済証の交付を受けなければならない。当該確認を受けた建築物の計画の変更（国土交通省令で定める軽微な変更を除く。）をして，第1号から第3号までに掲げる建築物を建築しようとする場合（増築しようとする場合においては，建築物が増築後において第1号から第3号までに掲げる規模のものとなる場合を含む。），これらの建築物の大規模の修繕若しくは大規模の模様替をしようとする場合又は第4号に掲げる建築物を建築しようとする場合も，同様とする。

一　別表第1（い）欄に掲げる用途に供する特殊建築物で，その用途に供する部分の床面積の合計が100平方メートルを超えるもの
二　木造の建築物で3以上の階数を有し，又は延べ面積が500平方メートル，高さが13メートル若しくは軒の高さが9メートルを超えるもの
三　木造以外の建築物で2以上の階数を有し，又は延べ面積が200平方メートルを超えるもの
四　前3号に掲げる建築物を除くほか，都市計画区域若しくは準都市計画区域（いずれも都道府県知事が都道府県都市計画審議会の意見を聴いて指定する区域を除く。）若しくは景観法（…）第74条第1項の準景観地区（市町村長が指定する区域を除く。）内又は都道府県知事が関係市町村の意見を聴いてその区域の全部若しくは一部について指定する区域内における建築物

2〜15　（略）

（道路内の建築制限）
第44条　（略）
2　特定行政庁は，前項第4号の規定による許可をする場合においては，あらかじめ，建築審査会の同意を得なければならない。

（容積率）
第52条　建築物の延べ面積の敷地面積に対する割合（以下「容積率」という。）は，次の各号に掲げる区分に従い，当該各号に定める数値以下でなければならない。ただし，当該建築物が第5号に掲げる建築物である場合において，第3項の規定により建築物の延べ面積の算定に当たりその床面積が当該建築物の延べ面積に算入されない部分を有するときは，当該部分の床面積を含む当該建築物の容積率は，当該建築物がある第1種住居地域，第2種住居地域，準住居地域，近隣商業地域又は準工業地域に関する都市計画において定められた第2号に定める数値の1.5倍以下でなければならない。　（以下略）

（第1種低層住居専用地域又は第2種低層住居専用地域内における建築物の高さの限度）
第55条　第1種低層住居専用地域又は第2種低層住居専用地域内においては，建築物の高さは，10メートル又は12メートルのうち当該地域に関する都市計画において定められた建築物の高さの限度を超えてはならない。

2〜4　（略）

（建築物の各部分の高さ）
第56条　建築物の各部分の高さは，次に掲げるもの以下としなければならない。
　一　別表第3（い）欄及び（ろ）欄に掲げる地域，地区又は区域及び容積率の限度の区分に応じ，前面道路の反対側の境界線からの水平距離が同表（は）欄に掲げる距離以下の範囲内においては，当該部分から前面道路の反対側の境界線までの水平距離に，同表（に）欄に掲げる数値を乗じて得たもの
　二　当該部分から隣地境界線までの水平距離に，次に掲げる区分に従い，イ若しくはニに定める数値が1.25とされている建築物で高さが20メートルを超える部分を有するもの又はイからニまでに定める数値が2.5とされている建築物（ロ及びハに掲げる建築物で，特定行政庁が都道府県都市計画審議会の議を経て指定する区域内にあるものを除く。以下この号及び第7項第2号において同じ。）で高さが31メートルを超える部分を有するものにあっては，それぞれその部分から隣地境界線までの水平距離のうち最小のものに相当する距離を加えたものに，イからニまでに定める数値を乗じて得たものに，イ又はニに定める数値が1.25とされている建築物にあっては20メートルを，イからニまでに定める数値が2.5とされている建築物にあっては31メートルを加えたもの
　　イ～ニ　（略）
　三　（略）
2～7　（略）
（敷地内に広い空地を有する建築物の容積率等の特例）
第59条の2　その敷地内に政令で定める空地を有し，かつ，その敷地面積が政令で定める規模以上である建築物で，特定行政庁が交通上，安全上，防火上及び衛生上支障がなく，かつ，その建ぺい率，容積率及び各部分の高さについて総合的な配慮がなされていることにより市街地の環境の整備改善に資すると認めて許可したものの容積率又は各部分の高さは，その許可の範囲内において，第52条第1項から第9項まで，第55条第1項，第56条又は第57条の2第6項の規定による限度を超えるものとすることができる。
2　第44条第2項の規定は，前項の規定による許可をする場合に準用する。

Milestone

55 総合設計許可の取消訴訟を提起する場合，周辺住民Xらの原告適格は認められますか。

56 建築確認の取消訴訟を提起する場合，周辺住民Xらの原告適格は認められますか。

57 総合設計許可と建築確認との間に違法性の承継は認められますか。

58 総合設計許可と建築確認の狭義の訴えの利益は，工事完了とともに消滅すると言えますか。

事例のねらい

中心市街地でひときわ高いビルが建築される際にしばしば用いられるのが，総合設計許可である。一定規模の公開空地（敷地のうち一般に開放され，歩行者等が自由に通行できるオープンスペース）を確保することで総合設計許可（建築基準法59条の2）を得ると，都市計画法上の制限が緩和され，容積率が大幅に上乗せされることが多い。総合設計許可は都市計画ではないので，都市計画決定手続（例解 420 頁）を経ることなく，特定行政庁の許可のみで緩和措置が実現される（生田長人『都市法入門講義』（信山社・2010年）332頁）。こうした特性から総合設計許可をめぐる紛争事例は多い（例解 461, 498頁）。本事例では，総合設計許可とこれに後続する建築確認の取消訴訟を申請者以外の第三者が求める場合の原告適格（⇨ ④ ）を検討する。

建築確認の際に遵守が確認される基準には，建物そのものの安全性に関連する単体規定と，都市の土地利用を制御する観点から都市計画等で定められている集団規定の2種類がある（例解 426頁）。総合設計許可はこのうち集団規定の一部の適用除外を認める決定であり，特定行政庁（建築主事が置かれた市町村では市町村長，それ以外の市町村では都道府県知事）によってなされる。実際に建築物を建築するにはさらに建築主事または指定確認検査機関による建築確認を受ける必要があり，その際に単体規定と適用除外とならなかった集団規定への適合性が審査される（仲野武志「判批」行政判例百選Ⅱ［第6版］364頁）。

▶Key Points◀
［行政過程論］違法性の承継
［行政救済論］原告適格，狭義の訴えの利益
［都市法］単体規定と集団規定（例解 426頁以下），建築規制の行政過程（例解 457頁以下），大都市中心市街地の再生（例解 496頁以下）

1. 総合設計許可の取消訴訟の原告適格

総合設計許可の取消訴訟を提起する場合，周辺住民Xらの原告適格は

認められますか。

　取消訴訟の原告適格を定めている行政事件訴訟法9条1項にいう当該処分の取消を求めるにつき「法律上の利益を有する者」とは，当該処分により自己の権利若しくは法律上保護された利益を侵害され，又は必然的に侵害されるおそれのある者をいうのであり，当該処分を定めた行政法規が，不特定多数者の具体的利益を専ら一般的公益の中に吸収解消させるにとどめず，それが帰属する個々人の個別的利益としてもこれを保護すべきものとする趣旨を含むと解される場合には，このような利益もここにいう法律上保護された利益に当たり，当該処分によりこれを侵害され又は必然的に侵害されるおそれのある者は，当該処分の取消訴訟における原告適格を有するものというべきである。そして，処分の相手方以外の者について上記の法律上保護された利益の有無を判断するにあたっては，当該処分の根拠となる法令の規定の文言のみによることなく，当該法令の趣旨及び目的並びに当該処分において考慮されるべき利益の内容及び性質を考慮し，この場合において，当該法令の趣旨及び目的を考慮するにあたっては，当該法令と目的を共通にする関係法令があるときはその趣旨及び目的をも参酌し，当該利益の内容及び性質を考慮するにあたっては，当該処分がその根拠となる法令に違反してされた場合に害されることとなる利益の内容及び性質並びにこれが害される態様及び程度をも勘案すべきものである（同法9条2項）。具体的には，当該行政処分により何らかの不利益が生じること（不利益要件），その利益が公益として処分根拠規定の保護範囲に含まれていること（保護範囲要件），その利益が公益としてのみならず個々人の個別的利益としても保護されていること（個別保護要件）が要求される（⇨④，例解111頁）。

① 不利益要件

　違法な総合設計許可によって侵害されるXらの利益は，日照・通風・採光等の利益であり，また仮に総合設計許可に係る建築物の倒壊や火災が発生すれば，Xらの生命・身体の安全や財産権が侵害される可能性もある。

② 保護範囲要件

　建築基準法は，建築物の最低の基準を定めて国民の生命・健康・財産の保護を図ることを目的としている（同法1条）。同法52条・55条・56条は，建

物の容積率や高さを制限することで，建築物における日照・通風・採光等を良好に保つと同時に，地震による建物の倒壊や火災による延焼の危険を防止しようとするものである。総合設計許可（同法59条の2）は，敷地内に一定規模以上の空地を有する場合で安全・防火上の支障がない場合に限って，こうした規制を緩和することを認めている。容積率・高さ制限の趣旨をも考慮すれば，総合設計許可の根拠規定である建築基準法59条の2が許可要件として一定規模以上の空地を要求しているのは，当該建築物やその周辺の建築物の日照・通風・採光等の居住環境を確保するとともに，地震や火災等による当該建築物の倒壊・炎上に備え，その周辺の建築物やその居住者に重大な被害が及ぶことのないようにするためであると考えられる。それゆえ，日照・通風・採光等の居住環境に関する利益や，当該建築物の倒壊・火災時における周辺の建築物の財産権や居住者の生命・身体の安全は，総合設計許可の根拠規定である建築基準法59条の2の保護範囲に含まれている。

③ 個別保護要件

このような総合設計許可の根拠規定が保護しようとしている利益の内容の重大性，利益侵害の不可逆性からすれば，総合設計許可に関する同法59条2項は，許可に係る建築物が市街地の建築環境を維持するとともに，当該建築物により日照・通風・採光等が阻害されたり，地震・火災によって直接的に生命・身体の安全や財産権に危険が及んだりする範囲の居住者の生命，身体，生活環境や周辺の建築物の所有者の財産権を個々人の個別的利益としても保護すべきものとする趣旨を含むと解すべきである。よって，総合設計許可に係る建築物の倒壊や炎上等により直接的な被害を受けることが予想される範囲に存する建築物に居住し，またはこれを所有する者は，総合設計許可の取消訴訟の原告適格を有する。

Xらは建築予定地の近隣に住み，上記のような被害を直接受ける可能性があるから，Xらには総合設計許可の取消訴訟の原告適格が認められる。

最高裁（判百Ⅱ176　判Ⅱ43　CB 12-10 最三小判2002（平成14）・1・22民集56巻1号46頁，最一小判2002（平成14）・3・28民集56巻3号613頁）は以上のような理由から，総合設計許可に係る建築物の周辺住民（居住者・周辺の建築物の所有権者）の原告適格を肯定している。

2. 建築確認の取消訴訟の原告適格

> 建築確認の取消訴訟を提起する場合，周辺住民Xらの原告適格は認められますか。

原告適格の判断枠組は55で示したものと同じである（⇨④，例解111頁）。

① 不利益要件

違法な建築確認によって侵害されるXの利益は，日照・通風・採光等の利益であり，また仮に建築確認に係る建築物の倒壊や火災によってXの生命・身体の安全や財産権が侵害される可能性もある。

② 保護範囲要件

建築基準法6条が定めている建築確認は，建築物の建築工事の前に，建築計画が建築基準関係規定に適合するものであるかを審査するものである。建築確認は，建築基準法の目的である建築物の最低の基準を定めて国民の生命・健康・財産の保護を図る（同法1条）行政過程の中核に位置づけられるものであり，建築基準関連規定に適合しない違法建築物の出現を未然に防ぐことを目的とする。そして，建築工事の途中・終了時になされる中間検査（同法7条の3）・完了検査（同法7条）によって，建築基準関係規定と実際に建築される建築物との整合性が確保される。

総合設計許可（同法59条の2）は，この建築確認の基準である建築基準関連規定のうち，集団規定（例解426頁）の規制を緩和するものであり，敷地内に一定規模以上の空地を有する場合で安全・防火上の支障がない場合に限って許可がなされる。これは55で説明したように，当該建築物やその周辺の建築物の日照・通風・採光等の居住環境を確保するとともに，地震や火災等による当該建築物の倒壊・炎上に備え，その周囲の建築物やその居住者に重大な被害が及ぶことのないようにするためであると考えられる。総合設計許可は建築確認の要件を変更する効果を有するから，総合設計許可の根拠規定である同法59条の2は建築確認の根拠規定である同法6条の関連規定と言える。それゆえ，日照・通風・採光等の居住環境に関する利益や，当該建築物の倒壊・火災時における周辺の建築物の財産権や居住者の生命・身体の

安全は、建築基準法6条の保護範囲に含まれている。
③ 個別保護要件
　このような建築確認の根拠規定（及びその関連規定）が保護しようとしている利益の内容の重大性、利益侵害の不可逆性からすれば、建築確認法6条の規定は、建築確認に係る建築物により日照・通風・採光等が阻害されたり、地震・火災によって直接的に生命・身体の安全や財産権に危険が及んだりする範囲の居住者の生命、身体、生活環境や周辺の建築物の所有者の財産権を個々人の個別的利益としても保護すべきものとする趣旨を含むと解すべきである。よって、建築確認に係る建築物の倒壊や炎上等により直接的な被害を受けることが予想される範囲に存する建築物に居住し、またはこれを所有する者は、建築確認の取消訴訟の原告適格を有する。

　Xらは建築予定地の近隣に住み、上記のような被害を直接受ける可能性があるから、Xらには建築確認の取消訴訟の原告適格が認められる。

3. 時の経過と取消対象の選択

　総合設計許可も建築確認もともに処分性が認められる行為であり、55 56 で検討したように、それぞれの取消訴訟において周辺住民の原告適格が認められる。それでは、両方の処分に対する取消訴訟を提起するのがよいのだろうか。それともどちらか一方の処分の取消訴訟の提起で足りるのだろうか。以下で説明するように、この問いに対する解答は、時の経過とともに変わってくる。その際に重要なのは、違法性の承継（⇨57）と狭義の訴えの利益の消滅（⇨58）に関する理解である。先に結論を簡潔に述べれば、総合設計許可と建築確認との間には違法性の承継が認められるので、建築確認取消訴訟のみを提起してその中で総合設計許可の違法性を主張することができる。しかし、建築確認の取消訴訟の訴えの利益は建築工事の完了とともに失われる。これに対して総合設計許可の法的効果は集団規定の規制の緩和であるため、建築工事が完了してもその効果が存続するから、総合設計許可の取消訴訟の訴えの利益は工事完了後も失われない。

> 総合設計許可と建築確認との間に違法性の承継は認められますか。

　総合設計許可と建築確認の間は，通常あまり期間をおかないことが多い。建築主は，総合設計許可が得られると直ちに建築確認を申請することが一般的である。しかし，建築確認申請までにタイムラグがあった場合や，建築確認申請後に確認が留保されていた場合には，総合設計許可の出訴期間のみが経過することが起こりうる。もし総合設計許可と建築確認との間で違法性の承継（⇨5，例解 59 頁）が認められれば，建築確認の取消訴訟の中で総合設計許可の違法性を併せて主張することができ，原告側が出訴期間制限の不利益を受けずにすむことになる。

　違法性の承継が認められるためには，先行行為と後続の行為とが結合して初めて一定の法的効果を発生させること，先行行為を争う手続的保障が原告に十分与えられていないことが必要である（判百Ⅰ87　判Ⅱ75　CB 2-9 最一小判 2009（平成 21）・12・17 民集 63 巻 10 号 2631 頁［たぬきの森事件最高裁判決］）。

　これを本事例について見れば，総合設計許可は都市計画で定められた建築制限を緩和するものであり，これにより建築確認の要件が変更されることになる。そして建築確認を受けることにより，最終的に建築物が適法に建築できる地位が与えられることになる。このように，総合設計許可と建築確認とが結合して初めて，総合設計許可に係る建築行為を適法に行いうる地位が発生することとなるから，2 つの処分の実体法的な結びつきは認められる。また，総合設計許可に関して周辺住民の参加手続は法律上特に設けられておらず，建築確認があるまでは工事が行われることもないから，周辺住民がその存在を速やかに知ることはできない。具体的には，建築基準法 59 条の 2 第 2 項で同法 44 条 2 項が準用され，総合設計許可の際に建築審査会の同意が求められているにとどまり，用途地域規制を適用除外する例外許可（同法 48 条 1～13 項但書）（⇨60）に見られる利害関係者の公開による意見聴取（同条 14 項）やそれに先立つ建築計画等の公告（同条 15 項）は存在しない。

　以上の事情を考慮すると，総合設計許可がなされた上で建築確認がされた場合，総合設計許可が取り消されていなくても，建築確認の取消訴訟において総合設計許可の違法を主張することは許される。

> 総合設計許可と建築確認の狭義の訴えの利益は，工事完了とともに消滅すると言えますか。

　取消判決を下して処分を取り消しても紛争解決にとって意味がなくなっている場合には，狭義の訴えの利益が消滅する。典型的な例として，期限の定めがある営業停止命令が出され，その取消訴訟の係属中に期限が到来して営業停止命令が消滅した場合を挙げることができる。このような時の経過に伴う訴えの利益の消滅は，大きく3つの類型（法的状態の変化・事実状態の変化・過去の違法行為）に分けることができる（ 例解 113頁）。
① 総合設計許可の法的効果は，それに係る特定の建築物に限って都市計画上の建築規制を緩和することにあり（⇨55），その効果は総合設計許可に係る建築物の建築工事の完了とは関係なく存続する。仮に総合設計許可が取り消されれば許可の効力が遡及的に消滅し，もともとの集団規定の規制に戻ることになる。その結果，総合設計許可の有効を前提に建設された建築物は違法建築となってしまい，除却命令（建築基準法9条）の対象となりうる。
② 建築確認の法的効果は，適法に建築工事ができる地位を与えることにあるから，建築確認取消訴訟の訴えの利益は建築工事の完了とともに消滅する（ 判百Ⅱ183 判Ⅱ55 CB 13-4 最二小判1984(昭和59)・10・26民集38巻10号1169頁）。建築確認を受けた建築工事後の完了検査（同法7条）や，違法建築物に対して出される違反是正命令（同法9条）の要件規定はいずれも建築基準法やこれに基づく命令・条例の規定（建築基準関係規定）に適合していることであって，建築確認の通りに建築されていることではないからである。

　以上のような2つの処分の取消訴訟に関する狭義の訴えの利益の消滅時期を考慮すれば，［1］建築確認の取消訴訟の狭義の訴えの利益の消滅に備え，総合設計許可の取消訴訟と建築確認の取消訴訟の双方を提起しておくことが適切である（両者は相互に関連請求（行政事件訴訟法13条2号）であるから，総合設計許可取消訴訟を基本事件として建築確認取消訴訟を併合（ 例解 120頁）することも，その逆の併合をすることも可能である）。また，［2］建築確認の取消訴訟の狭義の訴えの利益が消滅しないように執行停止の申立て（同法25条2項）をして処分の効力を停止することが求められる（ 例解 135頁）。

⑦ 大規模小売店舗の出店と地区計画

Level・3

　地場のスーパーチェーンを経営するAは，準住居地域においてスーパーを出店しようとしている。Y市もまた，当該地域の利便性を高め，居住を促進するにはスーパーを立地させた方が良いと考え，同地区を対象とする地区計画を策定し，その中に開発整備促進区を設定した。地区計画対象区域内に居住して八百屋を営むX1と，対象区域に隣接する地区で商店を経営するX2は，Aが出店することで自分たちの経営が立ちゆかなくなることを恐れ，その出店を阻止したいと考えている。この場合，どのような訴訟類型の利用が考えられるか。また本案主張は認められそうか検討しなさい。

【資料≫関係条文】

○都市計画法（昭和43年6月15日法律第100号）（抜粋）

（目的）
第1条　この法律は，都市計画の内容及びその決定手続，都市計画制限，都市計画事業その他都市計画に関し必要な事項を定めることにより，都市の健全な発展と秩序ある整備を図り，もって国土の均衡ある発展と公共の福祉の増進に寄与することを目的とする。

（都市計画の基本理念）
第2条　都市計画は，農林漁業との健全な調和を図りつつ，健康で文化的な都市生活及び機能的な都市活動を確保すべきこと並びにこのためには適正な制限のもとに土地の合理的な利用が図られるべきことを基本理念として定めるものとする。

（地域地区）
第9条　（略）
2～6　（略）
7　準住居地域は，道路の沿道としての地域の特性にふさわしい業務の利便の増進を図りつつ，これと調和した住居の環境を保護するため定める地域とする。
8～22　（略）
（地区計画）
第12条の5　地区計画は，建築物の建築形態，公共施設その他の施設の配置等からみて，一体としてそれぞれの区域の特性にふさわしい態様を備えた良好な環境の各街区を整備し，開発し，及び保全するための計画とし，次の各号のいずれかに該当する土地の区域について定めるものとする。
　一　用途地域が定められている土地の区域
　二　用途地域が定められていない土地の区域のうち次のいずれかに該当するもの
　　イ　住宅市街地の開発その他建築物若しくはその敷地の整備に関する事業が行われる，又は行われた土地の区域
　　ロ　建築物の建築又はその敷地の造成が無秩序に行われ，又は行われると見込まれる一定の土地の区域で，公共施設の整備の状況，土地利用の動向等からみて不良な街区の環境が形成されるおそれがあるもの
　　ハ　健全な住宅市街地における良好な居住環境その他優れた街区の環境が形成されている土地の区域
2　地区計画については，前条第2項に定めるもののほか，都市計画に，第1号に掲げる事項を定めるものとするとともに，第2号及び3号に掲げる事項を定めるよう努めるものとする。
　一　主として街区内の居住者等の利用に供される道路，公園その他の政令で定める施設（以下「地区施設」という。）及び建築物等の整備並びに土地の利用に関する計画（以下「地区整備計画」という。）
　二　当該地区計画の目標
　三　当該区域の整備，開発及び保全に関する方針
3　次に掲げる条件に該当する土地の区域における地区計画については，土地の合理的かつ健全な高度利用と都市機能の増進とを図るため，一体的かつ総合的な市街地の再開発又は開発整備を実施すべき区域（以下「再開発等促進区」という。）を都市計画に定めることができる。
　一　現に土地の利用状況が著しく変化しつつあり，又は著しく変化することが確実であると見込まれる土地の区域であること。
　二　土地の合理的かつ健全な高度利用を図るため，適正な配置及び規模の公共施設を整備する必要がある土地の区域であること。
　三　当該区域内の土地の高度利用を図ることが，当該都市の機能の増進に貢献することとなる土地の区域であること。
　四　用途地域が定められている土地の区域であること。
4　次に掲げる条件に該当する土地の区域における地区計画については，劇場，店舗，飲食店その他これらに類する用途に供する大規模な建築物（以下「特定大規

模建築物」という。）の整備による商業その他の業務の利便の増進を図るため，一体的かつ総合的な市街地の開発整備を実施すべき区域（以下「開発整備促進区」という。）を都市計画に定めることができる。
　一　現に土地の利用状況が著しく変化しつつあり，又は著しく変化することが確実であると見込まれる土地の区域であること。
　二　特定大規模建築物の整備による商業その他の業務の利便の増進を図るため，適正な配置及び規模の公共施設を整備する必要がある土地の区域であること。
　三　当該区域内において特定大規模建築物の整備による商業その他の業務の利便の増進を図ることが，当該都市の機能の増進に貢献することとなる土地の区域であること。
　四　第2種住居地域，準住居地域若しくは工業地域が定められている土地の区域又は用途地域が定められていない土地の区域（市街化調整区域を除く。）であること。
5　再開発等促進区又は開発整備促進区を定める地区計画においては，第2項各号に掲げるもののほか，都市計画に，第1号に掲げる事項を定めるものとするとともに，第2号に掲げる事項を定めるよう努めるものとする。
　一　道路，公園その他の政令で定める施設（都市計画施設及び地区施設を除く。）の配置及び規模
　二　土地利用に関する基本方針
6～8　（略）
（適正な配置の特定大規模建築物を整備するための地区整備計画）
第12条の12　開発整備促進区における地区整備計画においては，第12条の5第7項に定めるもののほか，土地利用に関する基本方針に従って土地利用が変化した後の当該地区整備計画の区域の特性に応じた適正な配置の特定大規模建築物を整備することが合理的な土地利用の促進を図るため特に必要であると認められるときは，劇場，店舗，飲食店その他これらに類する用途のうち当該区域において誘導すべき用途及び当該誘導すべき用途に供する特定大規模建築物の敷地として利用すべき土地の区域を定めることができる。
（都市計画基準）
第13条　都市計画区域について定められる都市計画（区域外都市施設に関するものを含む。次項において同じ。）は，国土形成計画，首都圏整備計画，近畿圏整備計画，中部圏開発整備計画，北海道総合開発計画，沖縄振興計画その他の国土計画又は地方計画に関する法律に基づく計画（当該都市について公害防止計画が定められているときは，当該公害防止計画を含む。第3項において同じ。）及び道路，河川，鉄道，港湾，空港等の施設に関する国の計画に適合するとともに，当該都市の特質を考慮して，次に掲げるところに従って，土地利用，都市施設の整備及び市街地開発事業に関する事項で当該都市の健全な発展と秩序ある整備を図るため必要なものを，一体的かつ総合的に定めなければならない。この場合においては，当該都市における自然的環境の整備又は保全に配慮しなければならない。
　一～十三　（略）
　十四　地区計画は，公共施設の整備，建築物の建築その他の土地利用の現状及び

将来の見通しを勘案し，当該区域の各街区における防災，安全，衛生等に関する機能が確保され，かつ，その良好な環境の形成又は保持のためその区域の特性に応じて合理的な土地利用が行われることを目途として，当該計画に従って秩序ある開発行為，建築又は施設の整備が行われることとなるように定めること。この場合において，次のイからハまでに掲げる地区計画については，当該イからハまでに定めるところによること。

　　イ～ロ　（略）
　　ハ　開発整備促進区を定める地区計画　特定大規模建築物の整備による商業その他の業務の利便の増進が図られることを目途として，一体的かつ総合的な市街地の開発整備が実施されることとなるように定めること。この場合において，第２種住居地域及び準住居地域については，開発整備促進区の周辺の住宅に係る住居の環境の保護に支障がないように定めること。
　十五～十九　（略）
２～６　（略）
（公聴会の開催等）
第16条　都道府県又は市町村は，次項の規定による場合を除くほか，都市計画の案を作成しようとする場合において必要があると認めるときは，公聴会の開催等住民の意見を反映させるために必要な措置を講ずるものとする。
２　都市計画に定める地区計画等の案は，意見の提出方法その他の政令で定める事項について条例で定めるところにより，その案に係る区域内の土地の所有者その他政令で定める利害関係を有する者の意見を求めて作成するものとする。
３　（略）
（都市計画の案の縦覧等）
第17条　都道府県又は市町村は，都市計画を決定しようとするときは，あらかじめ，国土交通省令で定めるところにより，その旨を公告し，当該都市計画の案を，当該都市計画を決定しようとする理由を記載した書面を添えて，当該公告の日から２週間公衆の縦覧に供しなければならない。
２　前項の規定による公告があったときは，関係市町村の住民及び利害関係人は，同項の縦覧期間満了の日までに，縦覧に供された都市計画の案について，都道府県の作成に係るものにあっては都道府県に，市町村の作成に係るものにあっては市町村に，意見書を提出することができる。
３～５　（略）
（都市計画の決定等の提案）
第21条の２　都市計画区域又は準都市計画区域のうち，一体として整備し，開発し，又は保全すべき土地の区域としてふさわしい政令で定める規模以上の一団の土地の区域について，当該土地の所有権又は建物の所有を目的とする対抗要件を備えた地上権若しくは賃借権（臨時設備その他一時使用のため設定されたことが明らかなものを除く。以下「借地権」という。）を有する者（以下この条において「土地所有者等」という。）は，１人で，又は数人共同して，都道府県又は市町村に対し，都市計画（都市計画区域の整備，開発及び保全の方針並びに都市再開発方針等に関するものを除く。次項において同じ。）の決定又は変更をすることを提案す

ることができる。この場合においては，当該提案に係る都市計画の素案を添えなければならない。
2 　まちづくりの推進を図る活動を行うことを目的とする特定非営利活動促進法（…）第2条第2項の特定非営利活動法人，一般社団法人若しくは一般財団法人その他の営利を目的としない法人，独立行政法人都市再生機構，地方住宅供給公社若しくはまちづくりの推進に関し経験と知識を有するものとして国土交通省令で定める団体又はこれらに準ずるものとして地方公共団体の条例で定める団体は，前項に規定する土地の区域について，都道府県又は市町村に対し，都市計画の決定又は変更をすることを提案することができる。同項後段の規定は，この場合について準用する。
3 　前2項の規定による提案（以下「計画提案」という。）は，次に掲げるところに従って，国土交通省令で定めるところにより行うものとする。
　一　当該計画提案に係る都市計画の素案の内容が，第13条その他の法令の規定に基づく都市計画に関する基準に適合するものであること。
　二　当該計画提案に係る都市計画の素案の対象となる土地（国又は地方公共団体の所有している土地で公共施設の用に供されているものを除く。以下この号において同じ。）の区域内の土地所有者等の3分の2以上の同意（…）を得ていること。

○建築基準法（昭和25年5月24日法律第201号）（抜粋）

（用語の定義）
第2条　この法律において次の各号に掲げる用語の意義は，それぞれ当該各号に定めるところによる。
　一～三十四　（略）
　三十五　特定行政庁　建築主事を置く市町村の区域については当該市町村の長をいい，その他の市町村の区域については都道府県知事をいう。ただし，第97条の2第1項又は第97条の3第1項の規定により建築主事を置く市町村の区域内の政令で定める建築物については，都道府県知事とする。
（用途地域等）
第48条　（略）
2～6　（略）
7 　準住居地域内においては，別表第2（と）項に掲げる建築物は，建築してはならない。ただし，特定行政庁が準住居地域における住居の環境を害するおそれがないと認め，又は公益上やむを得ないと認めて許可した場合においては，この限りでない。
14 　特定行政庁は，前各項のただし書の規定による許可をする場合においては，あらかじめ，その許可に利害関係を有する者の出頭を求めて公開による意見の聴取を行い，かつ，建築審査会の同意を得なければならない。ただし，前各項のただし書の規定による許可を受けた建築物の増築，改築又は移転（これらのうち，政令で定める場合に限る。）について許可をする場合においては，この限りでない。
15 　（略）
（市町村の条例に基づく制限）

第68条の2　市町村は，地区計画等の区域（地区整備計画，特定建築物地区整備計画，防災街区整備地区整備計画，歴史的風致維持向上地区整備計画，沿道地区整備計画又は集落地区整備計画（以下「地区整備計画等」という。）が定められている区域に限る。）内において，建築物の敷地，構造，建築設備又は用途に関する事項で当該地区計画等の内容として定められたものを，条例で，これらに関する制限として定めることができる。
2～5　（略）
（再開発等促進区等内の制限の緩和等）
第68条の3　地区計画又は沿道地区計画の区域のうち再開発等促進区（都市計画法第12条の5第3項に規定する開発等促進区をいう。以下同じ。）又は沿道再開発等促進区（沿道整備法第9条第3項に規定する沿道再開発等促進区をいう。以下同じ。）で地区整備計画又は沿道地区整備計画が定められている区域のうち建築物の容積率の最高限度が定められている区域内においては，当該地区計画又は沿道地区計画の内容に適合する建築物で，特定行政庁が交通上，安全上，防火上及び衛生上支障がないと認めるものについては，第52条の規定は，適用しない。
2～5　（略）
6　地区計画又は沿道地区計画の区域のうち再開発等促進区又は沿道再開発等促進区内の建築物に対する第48条第1項から第12項まで（…）の規定の適用については，第48条第1項から第10項まで及び第12項中「又は公益上やむを得ない」とあるのは「公益上やむを得ないと認め，又は地区計画若しくは沿道地区計画において定められた土地利用に関する基本方針に適合し，かつ，当該地区計画若しくは沿道地区計画の区域における業務の利便の増進上やむを得ない」と，同条第11項中「工業の利便上又は公益上必要」とあるのは「工業の利便上若しくは公益上必要と認め，又は地区計画若しくは沿道地区計画において定められた土地利用に関する基本方針に適合し，かつ，当該地区計画若しくは沿道地区計画の区域における業務の利便の増進上やむを得ない」とする。
7　地区計画の区域のうち開発整備促進区（都市計画法第12条の5第4項に規定する開発整備促進区をいう。以下同じ。）で地区整備計画が定められているものの区域（当該地区整備計画において同法第12条の12の土地の区域として定められている区域に限る。）内においては，別表第2（わ）項に掲げる建築物のうち当該地区整備計画の内容に適合するもので，特定行政庁が交通上，安全上，防火上及び衛生上支障がないと認めるものについては，第48条第6項，第7項，第11項及び第13項の規定は，適用しない。
8　地区計画の区域のうち開発整備促進区（地区整備計画が定められている区域に限る。）内の建築物（前項の建築物を除く。）に対する第48条第6項，第7項，第11項及び第13項（…）の規定の適用については，第48条第6項，第7項及び第13項中「又は公益上やむを得ない」とあるのは「公益上やむを得ないと認め，又は地区計画において定められた土地利用に関する基本方針に適合し，かつ，当該地区計画の区域における商業その他の業務の利便の増進上やむを得ない」と，同条第11項中「工業の利便上又は公益上必要」とあるのは「工業の利便上若しくは公益上必要と認め，又は地区計画において定められた土地利用に関する基本方針

に適合し,かつ,当該地区計画の区域における商業その他の業務の利便の増進上やむを得ない」とする。
9　（略）

別表第2　用途地域等内の建築物の制限（第27条,第48条,第68条の3関係）（抜粋）
（と）準住居地域内に建築してはならない建築物
六　前号に掲げるもののほか,劇場,映画館,演芸場若しくは観覧場又は店舗,飲食店,展示場,遊技場,勝馬投票券発売所,場外車券売場その他これらに類する用途で政令で定めるものに供する建築物でその用途に供する部分（劇場,映画館,演芸場又は観覧場の用途に供する部分にあっては,客席の部分に限る。）の床面積の合計が1万平方メートルを超えるもの

○大規模小売店舗立地法（平成10年6月3日法律第91号）（抜粋）

（目的）
第1条　この法律は,大規模小売店舗の立地に関し,その周辺の地域の生活環境の保持のため,大規模小売店舗を設置する者によりその施設の配置及び運営方法について適正な配慮がなされることを確保することにより,小売業の健全な発達を図り,もって国民経済及び地域社会の健全な発展並びに国民生活の向上に寄与することを目的とする。
（大規模小売店舗の新設に関する届出等）
第5条　大規模小売店舗の新設（建物の床面積を変更し,又は既存の建物の全部若しくは一部の用途を変更することにより大規模小売店舗となる場合を含む。以下同じ。）をする者（小売業を行うための店舗以外の用に供し又は供させるためその建物の一部の新設をする者があるときはその者を除くものとし,小売業を行うための店舗の用に供し又は供させるためその建物の一部を新設する者又は設置している者があるときはその者を含む。以下同じ。）は,政令で定めるところにより,次の事項を当該大規模小売店舗の所在地の属する都道府県（以下単に「都道府県」という。）に届け出なければならない。
　一～六　（略）
2　（略）
3　都道府県は,第1項の規定による届出があったときは,経済産業省令で定めるところにより,速やかに,同項各号に掲げる事項の概要,届出年月日及び縦覧場所を公告するとともに,当該届出及び前項の添付書類を公告の日から4月間縦覧に供しなければならない。
4　第1項の規定による届出をした者は,当該届出の日から8月を経過した後でなければ,当該届出に係る大規模小売店舗の新設をしてはならない。
（説明会の開催等）
第7条　第5条第1項又は前条第2項の規定による届出（…）をした者は,経済産業省令で定めるところにより,当該届出をした日から2月以内に,当該届出に係る大規模小売店舗の所在地の属する市町村（以下単に「市町村」という。）内にお

いて，当該届出及び第5条第2項（前条第3項において準用する場合を含む。）の添付書類（第4項において「届出等」という。）の内容を周知させるための説明会（以下この条において「説明会」という。）を開催しなければならない。
2～5　（略）
（都道府県の意見等）
第8条　（略）
2　第5条第3項の規定による公告があったときは，市町村の区域内に居住する者，市町村において事業活動を行う者，市町村の区域をその地区とする商工会議所又は商工会その他の市町村に存する団体その他の当該公告に係る大規模小売店舗を設置する者がその周辺の地域の生活環境の保持のため配慮すべき事項について意見を有する者は，当該公告の日から4月以内に，都道府県に対し，意見書の提出により，これを述べることができる。
3　都道府県は，経済産業省令で定めるところにより，第1項の規定により市町村から聴取した意見及び前項の規定により述べられた意見の概要を公告し，これらの意見を公告の日から1月間縦覧に供しなければならない。
4～10　（略）
（都道府県の勧告等）
第9条　都道府県は，前条第7項の規定による届出又は通知の内容が，同条第4項の規定により都道府県が述べた意見を適正に反映しておらず，当該届出又は通知に係る大規模小売店舗の周辺の地域の生活環境に著しい悪影響を及ぼす事態の発生を回避することが困難であると認めるときは，市町村の意見を聴き，及び指針を勘案しつつ，当該届出又は通知がなされた日から2月以内に限り，理由を付して，第5条第1項又は第6条第2項の規定による届出をした者に対し，必要な措置をとるべきことを勧告することができる。
2～6　（略）
7　都道府県は，第1項の規定による勧告をした場合において，当該勧告に係る届出をした者が，正当な理由がなく，当該勧告に従わなかったときは，その旨を公表することができる。

Milestone

59　開発整備促進区を定める地区計画に処分性は認められますか。地区計画の処分性に関する最高裁判決（最二小判1994（平成6)・4・22）の射程はどこまで及ぶのかを考慮した上で検討して下さい。

60　開発整備促進区を定める地区計画の処分性を肯定する場合，本事例におけるX1・X2の原告適格は認められますか。

61　本件地区計画の違法性主張の内容として，どのようなものが考えられますか。

事例のねらい

　大規模小売店舗の進出に関する紛争は，百貨店の出店をめぐる昭和初期に端を発し，次第に郊外への大型店舗の出店をめぐる対立へと移行してきた（生田長人『都市法入門講義』（信山社・2010年）360頁）。百貨店法・大規模小売店舗法と続いてきた出店規制を直接の目的とする法律は日米構造協議を経て1998年に廃止され，その後は都市計画法による土地利用規制と大規模小売店舗立地法による届出義務・勧告の2つの方式がとられるようになった。しかし，都市計画法による規制は4つの住居専用地域と第1種住居地域，工業専用地域・市街化調整区域に限られていた（|例解| 499頁）。また2000年都市計画法改正で導入された準都市計画区域は，都市計画区域（＝農村地域などの他地域と区分された都市地域）の外での大規模小売店舗の出店を規制する手段として用いられることが期待されていたものの，開発を優先する選好が一般的に強い市町村のレベルに策定権限を与えたために機能しなかった（|例解| 436頁）。

　そこで，2006年の都市計画法・建築基準法改正により，店舗等の床面積1万㎡を超える大規模小売店舗（特定大規模建築物）の立地が第2種住居地域・準住居地域・工業地域・非線引き都市計画区域（＝区域区分を行っていない都市計画区域）で禁止された（準工業地域・近隣商業地域・商業地域ではこのような制約はない）。しかし大規模な店舗等の立地が禁止された地域でも，開発整備促進区を定める地区計画を策定すれば立地可能となった（|例解| 445頁）。この改正の結果，地区計画が規制緩和の方向で用いられる場面がさらに増加し，地区計画策定を地区外の第三者が争う場面がより想定されやすくなった（田代滉貴「都市計画策定主体の多元化と住民参加」学生法政論集（九州大学）7号（2013年）1-16頁）。しかし，最高裁は地区計画が狭域での規制強化に用いられていた時代にその処分性を否定した判決を示しているに止まり，後に登場した緩和型地区計画の取り扱いや2004年行政事件訴訟法改正が地区計画の争い方にどのような影響をもたらしているのかを検討しうる紛争事例はなお少ない。そこで本事例では，地区計画の新たな機能を踏まえてその法的性格と訴訟類型選択をどのように考えるかという点と，それを第三者が争いうるかという点，さらに違法性主張の際の基本的な考え方を論点として設定している。

▶Key Points◀
[行政過程論] 行政計画
[行政救済論] 処分性，原告適格，自己の利益と関係ない違法主張制限
[都市法] 空間管理（例解 422 頁以下），地区計画等（例解 442 頁以下），特定行政庁による建築規制緩和措置（例解 461 頁以下），地方都市中心市街地の活性化（例解 498 頁以下）

1. 訴訟類型の選択

開発整備促進区を定める地区計画に処分性は認められますか。地区計画の処分性に関する最高裁判決（最二小判 1994（平成 6)・4・22）の射程はどこまで及ぶのかを考慮した上で検討して下さい。

(1) 開発整備促進区の特色

すでに説明したように（⇨49），最高裁が地区計画の処分性を否定した事例（判Ⅱ 31 R 最二小判 1994（平成 6)・4・22 判時 1499 号 63 頁）は，地区計画が個人の権利義務を具体的に変動させるものではないことを理由に挙げていた。この事例は一般型地区計画であって，本事例で問題にしている緩和型とはやや異なる。地区整備計画を定めた一般型地区計画の法的効果は，[1] 開発許可の要件に含まれること（都市計画法 33 条 1 項 5 号），[2] 開発許可不要の開発行為等を行う前に市町村長へ届出を行い，市町村長が地区計画に適合しないと判断した場合には変更勧告がなされること（同法 58 条の 2），[3] 地区整備計画の内容を条例で定めた場合には建築確認の要件に組み込まれること（建築基準法 68 条の 2）である（例解 442 頁）。[1] や [3] については後続の行政過程に開発許可・建築確認があることから，それらの取消訴訟で地区計画の違法を争うことが可能であり（成熟性の欠如），[2] についてはあくまで勧告にとどまり法的拘束力がないことからすれば（法的効果の欠如），地区計画の処分性を否定する方向に傾く。

これに対して，本事例が取り上げている開発整備促進区は，2006 年の都

市計画法改正で大規模小売店舗の立地が新たに禁止された準住居地域（建築基準法48条7項，同法別表第2（と）6号）等において，開発整備促進区を含む地区計画を策定すれば大規模小売店舗の立地が可能になるという法的効果をもっている。また，一般型地区計画とは逆に，緩和型地区計画の場合には地区内の土地利用規制を緩和する内容を持つため，例えば周辺の環境とは調和しない超高層ビルが地区計画区域内に建設される可能性がある。この場合に，当該地区計画区域に隣接する地区外の第三者が，日照被害を受けることを理由にそのような地区計画の策定に反対する場面が想定できる。開発整備促進区が用いられている実例は，これまで静岡県富士宮市など数例しかない（日本経済新聞2013年2月7日朝刊）。そのためまだ紛争が表面化していないものの，今後活用が進めば，本事例のような紛争が起きる可能性はある。

(2) 開発整備促進区を定める地区計画の処分性

地区計画を対象とする訴訟類型として考えられるのは，地区計画に処分性を認めてその取消訴訟を提起することか，処分性を否定して当事者訴訟としての確認訴訟を提起することである。

① 地区計画の処分性を肯定する場合——地区計画の取消訴訟

地区計画の処分性を肯定するとすれば，前掲1994(平成6)年最判の射程を一般型地区計画に限定した上で（⇨48），開発整備促進区を定める地区計画の法的効果や紛争の成熟性の観点からその処分性を導出することが必要になる（相対的行政処分論の考え方から再開発等促進区を定める地区計画の処分性を肯定すべきとする見解として，富田裕「周辺住民による再開発等促進区を定める地区計画取消訴訟の考察」自治研究88巻9号（2012年）79-104頁）。その際に，単に建築規制を緩和する法的効果があると主張するのみでは不十分である。例えば，東京地判2010(平成22)・10・22判例集未登載は，市街地再開発を行うべき地区を特定する再開発等促進区を定める地区計画の処分性について，「地区計画によって開発行為や建築に関する制限が一般規制より強化される場合であっても，あるいは，その制限が緩和される場合であっても，その効果が一般的かつ抽象的なものであることに変わりはなく，一般規制を緩和する内容を含む地区計画であるからといって，それが直接国民の権利義務を形成し，又はその範囲を確定するものということはできない」とし，紛争の成熟性を

欠くことを理由に処分性を否定している。

　そこで，開発整備促進区を定める地区計画の土地利用規制（具体的には用途地域（⇨16））の適用除外に関する「最終的な決定」としての法的性格から紛争の成熟性を認め，地区計画の処分性を肯定することが考えられる。建築基準法68条の3第7項によれば，開発整備促進区で地区整備計画が定められている区域内において，特定行政庁（＝建築主事を置く市町村については市町村長，その他の市町村については都道府県知事（同法2条35号））が，交通上・安全上・防火上・衛生上の支障がないと「認める」と，用途地域の規制（＝建築物の用途規制）を定めた同法48条7項（準住居地域の場合）の適用が除外され，大規模小売店舗等が建築可能になる。また，交通上・安全上・防火上・衛生上の支障がないとは認められず，用途地域の規制の適用除外に該当しないと特定行政庁が判断した場合でも，同法48条7項但書の特定行政庁による例外許可（＝用途地域規制の適用を特定行政庁の個別の判断で除外する許可⇨⑤，例解458，461頁）の要件の中に地区計画との適合性が書き加えられることで（同法68条の3第8項），例外許可が得られれば用途地域規制の適用が除外されて，大規模小売店舗等が建築可能になる。この特定行政庁による例外許可の場合には，利害関係者への意見聴取と建築審査会の同意が手続上要求されている（同法48条14項）。これに対して開発整備促進区の場合には特定行政庁が「認める」と，例外許可の手続を経ることなく用途地域規制の適用が除外される。そこで，前掲2010（平成22）年東京地判が念頭に置いていた再開発等促進区の場合（同法68条の3第6項）と異なり，例外許可を経由せずに用途地域の規制を適用除外にできる開発整備促進区の場合には，地区計画策定の段階を土地利用規制緩和に関する最終的な決定と考えることができ，それゆえこの段階で処分性を認めることが考えられる。

② **地区計画の処分性を否定する場合――当事者訴訟（確認訴訟）**

　地区計画の処分性を否定するとすれば，前掲1994（平成6）年最判の理解を踏まえ，開発整備促進区を定める地区計画においてもその法的性格は一般型地区計画と同じであることを示す必要がある。前述のように，開発整備促進区の場合には特定行政庁の例外許可なしに，特定行政庁が交通上・安全上・防火上・衛生上の支障がないと「認める」ものについて用途地域規制の適用が除外される構造になっている（建築基準法68条の3第7項）。そこでこの特

定行政庁の「認める」という判断を「認定」として取り出した上で（国土交通省「第6版都市計画運用指針」（2013年）150頁は，特定行政庁の「認定等」によって用途制限緩和の特例措置がとられるとの理解を示す）これに処分性を認め，この段階で取消訴訟を提起することが考えられる。そうすれば，地区計画段階が用途地域規制の免除に関する最終的決定とはなお言えず（成熟性の欠如），それゆえ地区計画の処分性は否定されることになる。

　以上を前提に，地区計画の段階で当事者訴訟としての確認訴訟を提起するには，確認の利益が肯定される必要がある。具体的には対象選択の適否・即時確定の利益・方法選択の適否が問題となる（例解 131 頁）。

　[1] 対象選択の問題として，どのように現在の法律関係に還元できるかという問題がある。地区外の第三者 X2 に対して地区計画は何らかの建築制限を及ぼすものではない。また地区内の X1 も地区計画により建築制限がなされているわけではない。そこで，建築制限に従う義務の不存在確認という形式をとることができないので，地区計画の策定そのものの違法（過去の事実）を確認の対象とすることとする。

　[2] 即時確定の利益との関係では，地区計画に起因して，法令により保護法益に含まれている原告側の権利や地位に対して現に危険が存在するかという点が問題となる。本件においては，X1・X2 の競業者としての営業上の利益が問題となっている（この他，良好な居住環境の利益も問題となるものの，営業上の利益の場合よりも確認の利益が認められやすいと考えられるので，ここでは検討を省略する（⇨60））。開発整備促進区は「特定大規模建築物を整備することが合理的な土地利用の促進を図るため特に必要である」場合に用いられる（都市計画法 12 条の 12）。ここから直ちに競業者の営業上の利益が保護されていると解釈することは難しく，X1・X2 の営業上の利益に現に危険が存在するとしても即時確定の利益は否定されることになりそうである（災害時に避難する公園の広さが紛争の焦点となった当事者訴訟（確認訴訟）である東京地判 2012（平成 24）・4・27 判例集未登載では，震災対策条例に基づく広域避難場所指定や地域防災計画は個々人に具体的な権利ないし法律上の地位を与えるものではないから，広域避難場所に避難する利益には「現に危険・不安が存在しているものとはいい難い」として即時確定の利益が否定されている。本書も即時確定の利益の「利益」が行政法令によって保護法益に含まれていることは必要と考えるものの，同判決のように個別保

護まで要求する必要はないとの立場を採っている）。しかし，立法の経緯（⇨ 事例のねらい），例解 499 頁）をたどると，開発整備促進区は都市計画の手法を通じて大規模小売店舗の配置をコントロールするために設けられており，その際の考慮事項として現在の商店の配置を含む土地利用状況も含まれていると考えられる。それゆえ，開発整備促進区を含む地区計画の策定に起因して，法令により保護法益に含まれている原告側の地位に現に危険が存在すると考えられる。

　[3] 方法選択の適否に関しては，抗告訴訟との関係が問題となる。地区計画策定に後続する特定行政庁の認定においては交通上・安全上・防火上・衛生上の支障が判断され，競業者の利益の考慮は要件に含まれていないから，本件確認訴訟は認定に対する抗告訴訟では救済できない不利益の発生を防止するものであり，方法選択の面でも適切と考えられる（判百Ⅱ214　判Ⅱ59　CB 15-6　最一小判 2012（平成 24）・2・9 民集 66 巻 2 号 183 頁［君が代訴訟］）。

　よって，確認の利益が肯定できることから，X1・X2 は地区計画の違法確認訴訟（当事者訴訟）を適法に提起できる。

2. 訴訟要件の充足（原告適格）

> 開発整備促進区を定める地区計画の処分性を肯定する場合，本事例におけるX1・X2の原告適格は認められますか。

　59 で開発整備促進区を定める地区計画の処分性を肯定して取消訴訟を提起する場合には，さらに X1・X2 の原告適格（⇨ ④，例解 111 頁）が認められる必要がある。次にこの点について検討する。

　取消訴訟の原告適格を定める行政事件訴訟法 9 条 1 項にいう当該処分の取消を求めるにつき「法律上の利益を有する者」とは，当該処分により自己の権利若しくは法律上保護された利益を侵害され，又は必然的に侵害されるおそれのある者をいうのであり，当該処分を定めた行政法規が，不特定多数者の具体的利益を専ら一般的公益の中に吸収解消させるにとどめず，それが帰属する個々人の個別的利益としてもこれを保護すべきものとする趣旨を含む

と解される場合には，このような利益もここにいう法律上保護された利益に当たり，当該処分によりこれを侵害され又は必然的に侵害されるおそれのある者は，当該処分の取消訴訟における原告適格を有するものというべきである。そして，処分の相手方以外の者について上記の法律上保護された利益の有無を判断するに当たっては，当該処分の根拠となる法令の規定の文言のみによることなく，当該法令の趣旨及び目的並びに当該処分において考慮されるべき利益の内容及び性質を考慮し，この場合において，当該法令の趣旨及び目的を考慮するに当たっては，当該法令と目的を共通にする関係法令があるときはその趣旨及び目的をも参酌し，当該利益の内容及び性質を考慮するに当たっては，当該処分がその根拠となる法令に違反してされた場合に害されることとなる利益の内容及び性質並びにこれが害される態様及び程度をも勘案すべきものである（同法 9 条 2 項）。

① **不利益要件**

地区計画の決定によって地区内に居住する競業者 X1 と地区に隣接する場所に居住する競業者 X2 は，それまでであれば出店できなかった大規模小売店舗が同一商圏内に出店できるようになり，競争上の不利益を受けることになる。また X1 は地区計画の対象地区に居住し，X2 はこれに隣接する場所に居住しているので，良好な居住環境が害される不利益も受けることになる。

② **保護範囲要件**

次に，これらの不利益が法律上保護されているかどうかを検討する。地区計画の基準を定める都市計画法 13 条 1 項 14 号は，地区計画を「公共施設の整備，建築物の建築その他の土地利用の現状及び将来の見通しを勘案し，当該区域の各街区における防災，安全，衛生等に関する機能が確保され，かつ，その良好な環境の形成又は保持のためその区域の特性に応じて合理的な土地利用が行われることを目途として」定めるよう求め，また開発整備促進区を定める地区計画については，「特定大規模建築物の整備による商業その他の業務の利便の増進が図られることを目途として，一体的かつ総合的な市街地の開発整備が実施されることとなるように定める」こと，準住居地域等については「開発整備促進区の周辺の住宅に係る住居の環境の保護に支障がないように定める」ことを規定している。さらに，「土地利用に関する基本方針に従って土地利用が変化した後の当該地区整備計画の区域の特性に応じ

た適正な配置の特定大規模建築物を整備することが合理的な土地利用の促進を図るため特に必要であると認められるとき」（同法12条の12）という要件も開発整備促進区を定める地区整備計画には加えられている。

　また，大規模小売店の出店規制に関する大規模小売店舗立地法も，生活環境の保持という都市計画法と共通の目的（同法1条，都市計画法1・2条）を有する関連法令と考えられる。大規模小売店舗立地法は，大規模小売店舗の出店の届出後に届出の添付書類の縦覧（同法5条3項），届出者による説明会の開催を義務付け（同法7条1項），「市町村の区域内に居住する者，市町村において事業活動を行う者，市町村の区域をその地区とする商工会議所又は商工会その他の市町村に存する団体その他の当該公告に係る大規模小売店舗を設置する者」は意見書を提出できる（同法8条2項）と規定している。

　以上の検討から，競争上の利益や居住環境利益は，地区計画の根拠規定によって保護されている利益に含まれると考えられる。

③　個別保護要件

　これらの利益はX1及びX2の個々人の利益としても個別的に保護されていると言えるであろうか。都市計画法は確かに計画策定手続として，公聴会の開催（同法16条），都市計画の案の公告縦覧・意見書提出（同法17条），都市計画提案制度（同法21条の2）を定め，大規模小売店舗立地法も前述の通り意見書提出を認める。しかし，都市計画法に基づき都市計画案の意見書提出ができるのは「関係市町村の住民及び利害関係人」（同法17条2項）とかなり範囲が広く，また意見書に対する行政側の応答義務の規定はない。大規模小売店舗立地法の意見書提出も同様である。このように，行政手続に参加できる者の範囲がかなり広く，決定に対して与えうる影響も限定的であることから，これらの規定だけではX1・X2の利益が個々人の個別的利益としても保護されているとまでは言えないように思われる。

　では，個別保護要件を充足する方向の議論をするとすれば，どのような要素を手がかりにすることが考えられるだろうか。1つの方向性は，法令で定められている行政手続参加権への注目である。59で述べたように，開発整備促進区を定める地区計画による用途地域規制の適用除外は，そうでなければ必要となる特定行政庁の例外許可を不要としている。その結果，例外許可で必要となる「利害関係を有する者の出頭を求めて公開による意見の聴取を行

い，かつ，建築審査会の同意を得なければならない」（建築基準法48条14項）という手続ルールが適用されないことになる。同項の趣旨目的は，例外許可が特定行政庁のみの判断で都市計画により定められた用途地域規制の適用除外を認めるしくみであるため，利害関係者の意見を聴取した上で慎重に判断させることにある。特定行政庁が「認める」場合にこれと同一の法的効果をもたらす開発整備促進区を定める地区計画の規定と例外許可の規定とが趣旨目的を共通にするものと考えることができれば，同法48条14項も本件地区計画の関連規定に含めることができるかもしれない。そうであるとすれば，意見陳述という手続的権利の存在から，X1及びX2の利益の個別保護性を充足する可能性が出てくる。ただし，意見陳述に対する応答義務までは定められていないことから，個別保護性を肯定するのはやはり困難と思われる。

　もう1つの方向性は被侵害法益の性質や侵害の態様への注目（行政事件訴訟法9条2項）である。都市計画法13条1項14号ハは，準住居地域における開発整備促進区を定める地区計画について「住居の環境の保護に支障がない」ことを求めている。大規模小売店舗の出店に伴い，商品の搬入・搬出や消費者の来場による自動車交通量の増加が予想され，それに起因する騒音・振動により周辺住民に居住環境に関する生活環境被害が生ずるおそれがある。その被害の程度は大規模小売店舗の出店地域の近隣に居住する住民に限られ，このような被害を反復継続して受けた場合には住民の居住・生活環境に関する著しい被害にもなりかねない。そこでこのような侵害の態様に注目し，X1及びX2の生活環境利益についてのみ個別保護性を認めることが考えられる（判百Ⅱ177　判Ⅱ37　CB 12-11　最大判2005（平成17）・12・7民集59巻10号2645頁［小田急訴訟］）。

3. 違法性の主張

> **61** 本件地区計画の違法性主張の内容として，どのようなものが考えられますか。

① 裁量権の逸脱・濫用を中心とする違法性主張

　地区計画の基準を定める都市計画法13条1項14号は，地区計画を「その区域の特性に応じて合理的な土地利用が行われることを目途として」定めるよう求めている。都市計画法がこうした不確定概念を用いて地区計画の要件を規定している趣旨は，合理的な土地利用のあり方が地域ごと・計画の時点ごとに異なるため，都市計画法が定める手続に従って，行政機関が諸利害を適切に衡量してこれを決定することを期待しているからであると考えられる。このように地区計画に関する都市計画決定には幅広い要件裁量が認められており，都市計画決定の違法性の判断にあたっては「当該決定又は変更が裁量権の行使としてされたことを前提として，その基礎とされた重要な事実に誤認があること等により重要な事実の基礎を欠くこととなる場合，又は，事実に対する評価が明らかに合理性を欠くこと，判断の過程において考慮すべき事情を考慮しないこと等によりその内容が社会通念に照らし著しく妥当性を欠くものと認められる場合に限り，裁量権の範囲を逸脱し又はこれを濫用したものとして違法となる」（判百Ⅰ79　判Ⅰ185　最一小判2006（平成18)・11・2民集60巻9号3249頁［小田急訴訟本案判決］）とされる（⇨③，25）。

　本事例では地区計画の決定に関する違法性を基礎付ける事実が挙げられていないので，上記の判断基準のあてはめを詳細に検討することはできない。そこで，あてはめを行う際の観点のみ簡単に説明すると，地区計画策定の前に居住環境や競争上の利益に関係する十分な調査が行われたかどうか，地区計画策定の際に周辺の居住環境に関する生活環境利益が十分に考慮されたかどうか，不利益を軽減しうる代替案が検討されたかどうか（判Ⅱ16　最二小判2006（平成18)・9・4判時1948号26頁［林試の森公園事件］）等が，裁量権の逸脱・濫用の有無を具体的に判断する際に検討される。

② 原告側の主張制限

　取消訴訟においては，自己の法律上の利益と関係のない違法性を主張することができない（行政事件訴訟法10条1項）。これは，取消訴訟が主観訴訟であることに由来する当然の主張制限であると理解されている。この問題が主として議論されるのは，処分の名宛人以外の第三者が取消訴訟を提起する場面である。どのような場合に「自己の法律上の利益」と関係しないと言えるのかについては，以下の2つの立場がある（阿部泰隆『行政訴訟要件論』（弘文

堂・2003 年）115-142 頁，例解 117 頁）。

　1つは，行政事件訴訟法9条1項（原告適格）における「自己の法律上の利益」と同様に解釈する立場である。具体的には，問題となっている原告の不利益を公益として保護している保護規範（保護範囲要件）に加えて，個々人の個別的利益としてもその利益が保護されていること（個別保護要件）まで要求される。60で検討したように，原告の競争上の利益については個別保護要件を充足しないから，この利益に関係する違法性を主張することはできなくなる。そこで，原告が主張できる不利益は居住環境に関する生活環境上の違法に限定されることになる。

　もう1つは，行政事件訴訟法9条1項とは意味内容を一致させず，問題となっている原告の不利益が法律の保護範囲に含まれていることのみを要求する立場である（塩野宏『行政法Ⅱ［第5版補訂版］』（有斐閣・2013年）174頁）。一方では，取消訴訟の訴訟物は処分の違法性一般と理解されており，原告は処分の違法性を基礎付ける実体的・手続的違法事由を幅広く主張することができ，裁判所は必ずしも処分の全ての違法事由を認定しなくても，処分を取り消すことができる。他方で，取消訴訟は主観訴訟であるから，原告の利益と全く関係ない内容の違法性を主張させることは適切ではない。このような取消訴訟の基本構造を前提とすれば，原告に主張制限が及ぶのは，原告の利益が法律の保護範囲に含まれない場合に限られると考えられる。本事例において開発整備促進区を含む地区計画は，居住環境の確保に加え，合理的な土地利用の観点から特に必要である場合に限って，本来であれば建築できない大規模小売店舗の立地を認めるものである。そして59で説明したように，合理的な土地利用の観点には現在の商店の配置も考慮事項に含まれている。このように考えると，競争上の利益も都市計画法の保護範囲に含まれると考えることができ，原告は競争上の不利益に関する違法性の主張もできると思われる。

⑧ 開発許可取消訴訟の原告適格と訴えの利益

Level・2

　開発業者Aは宅地を開発する目的で急傾斜地を含む土地を購入し，知事Yから開発許可を得て工事に着工しようとしている。急傾斜地の下側に土地を所有しているX1と現にその土地に住んでいるX2は，開発の結果崖崩れが起きて，自らの生命や財産が危険にさらされることを恐れている。X1とX2が開発許可取消訴訟を提起する場合，その訴訟要件を満たすかどうか検討しなさい。

【資料≫関係条文】

○都市計画法（昭和43年6月15日法律第100号）（抜粋）

(目的)
第1条　この法律は，都市計画の内容及びその決定手続，都市計画制限，都市計画事業その他都市計画に関し必要な事項を定めることにより，都市の健全な発展と秩序ある整備を図り，もって国土の均衡ある発展と公共の福祉の増進に寄与することを目的とする。

(都市計画の基本理念)
第2条　都市計画は，農林漁業との健全な調和を図りつつ，健康で文化的な都市生活及び機能的な都市活動を確保すべきこと並びにこのためには適正な制限のもとに土地の合理的な利用が図られるべきことを基本理念として定めるものとする。

(定義)
第4条　この法律において「都市計画」とは，都市の健全な発展と秩序ある整備を図るための土地利用，都市施設の整備及び市街地開発事業に関する計画で，次章の規定に従い定められたものをいう。

2～11 (略)
12 この法律において「開発行為」とは,主として建築物の建築又は特定工作物の建設の用に供する目的で行なう土地の区画形質の変更をいう。
13 この法律において「開発区域」とは,開発行為をする土地の区域をいう。
14～16 (略)
(開発行為の許可)
第29条 都市計画区域又は準都市計画区域内において開発行為をしようとする者は,あらかじめ,国土交通省令で定めるところにより,都道府県知事(地方自治法(…)第252条の19第1項の指定都市,同法第252条の22第1項の中核市又は同法第252条の26の3第1項の特例市(以下「指定都市等」という。)の区域内にあっては,当該指定都市等の長。以下この節において同じ。)の許可を受けなければならない。ただし,次に掲げる開発行為については,この限りでない。
　一～十一 (略)
2～3 (略)
(開発許可の基準)
第33条 都道府県知事は,開発許可の申請があった場合において,当該申請に係る開発行為が,次に掲げる基準(第4項及び第5項の条例が定められているときは,当該条例で定める制限を含む。)に適合しており,かつ,その申請の手続がこの法律又はこの法律に基づく命令の規定に違反していないと認めるときは,開発許可をしなければならない。
　一～六 (略)
　七 地盤の沈下,崖崩れ,出水その他による災害を防止するため,開発区域内の土地について,地盤の改良,擁壁又は排水施設の設置その他安全上必要な措置が講ぜられるように設計が定められていること。この場合において,開発区域内の土地の全部又は一部が次の表の上欄に掲げる区域内の土地であるときは,当該土地における同表の中欄に掲げる工事の計画が,同表の下欄に掲げる基準に適合していること。

宅地造成等規制法(…)第3条第1項の宅地造成工事規制区域	津波防災地域づくりに関する法律第72条第1項の津波災害特別警戒区域
開発行為に関する工事	津波防災地域づくりに関する法律第73条第1項に規定する特定開発行為(同条第4項各号に掲げる行為を除く。)に関する工事
宅地造成等規制法第9条の規定に適合するものであること。	津波防災地域づくりに関する法律第75条に規定する措置を同条の国土交通省令で定める技術的基準に従い講ずるものであること。

　八～十三 (略)

十四　当該開発行為をしようとする土地若しくは当該開発行為に関する工事をしようとする土地の区域内の土地又はこれらの土地にある建築物その他の工作物につき当該開発行為の施行又は当該開発行為に関する工事の実施の妨げとなる権利を有する者の相当数の同意を得ていること。

2～8　（略）

（工事完了の検査）

第36条　（略）

2　都道府県知事は，前項の規定による届出があったときは，遅滞なく，当該工事が開発許可の内容に適合しているかどうかについて検査し，その検査の結果当該工事が当該開発許可の内容に適合していると認めたときは，国土交通省令で定める様式の検査済証を当該開発許可を受けた者に交付しなければならない。

3　（略）

（建築制限等）

第37条　開発許可を受けた開発区域内の土地においては，前条第3項の公告があるまでの間は，建築物を建築し，又は特定工作物を建設してはならない。ただし，次の各号の一に該当するときは，この限りでない。

一～二　（略）

（建築物の建ぺい率等の指定）

第41条　都道府県知事は，用途地域の定められていない土地の区域における開発行為について開発許可をする場合において必要があると認めるときは，当該開発区域内の土地について，建築物の建ぺい率，建築物の高さ，壁面の位置その他建築物の敷地，構造及び設備に関する制限を定めることができる。

2　前項の規定により建築物の敷地，構造及び設備に関する制限が定められた土地の区域内においては，建築物は，これらの制限に違反して建築してはならない。ただし，都道府県知事が当該区域及びその周辺の地域における環境の保全上支障がないと認め，又は公益上やむを得ないと認めて許可したときは，この限りでない。

（監督処分等）

第81条　国土交通大臣，都道府県知事又は市長は，次の各号のいずれかに該当する者に対して，都市計画上必要な限度において，この法律の規定によってした許可，認可若しくは承認を取り消し，変更し，その効力を停止し，その条件を変更し，若しくは新たに条件を付し，又は工事その他の行為の停止を命じ，若しくは相当の期限を定めて，建築物その他の工作物若しくは物件（以下この条において「工作物等」という。）の改築，移転若しくは除却その他違反を是正するため必要な措置をとることを命ずることができる。

一　この法律若しくはこの法律に基づく命令の規定若しくはこれらの規定に基づく処分に違反した者又は当該違反の事実を知って，当該違反に係る土地若しくは工作物等を譲り受け，若しくは賃貸借その他により当該違反に係る土地若しくは工作物等を使用する権利を取得した者

二　この法律若しくはこの法律に基づく命令の規定若しくはこれらの規定に基づく処分に違反した工事の注文主若しくは請負人（請負工事の下請人を含む。）又

は請負契約によらないで自らその工事をしている者若しくはした者
　三　この法律の規定による許可，認可又は承認に付した条件に違反している者
　四　詐欺その他不正な手段により，この法律の規定による許可，認可又は承認を受けた者
2～4　（略）

○宅地造成等規制法（昭和36年11月7日法律第191号）（抜粋）

（目的）
第1条　この法律は，宅地造成に伴う崖崩れ又は土砂の流出による災害の防止のため必要な規制を行うことにより，国民の生命及び財産の保護を図り，もって公共の福祉に寄与することを目的とする。
（宅地造成に関する工事の技術的基準等）
第9条　宅地造成工事規制区域内において行われる宅地造成に関する工事は，政令（その政令で都道府県の規則に委任した事項に関しては，その規則を含む。）で定める技術的基準に従い，擁壁，排水施設その他の政令で定める施設（以下「擁壁等」という。）の設置その他宅地造成に伴う災害を防止するため必要な措置が講ぜられたものでなければならない。
2　前項の規定により講ずべきものとされる措置のうち政令（同項の政令で都道府県の規則に委任した事項に関しては，その規則を含む。）で定めるものの工事は，政令で定める資格を有する者の設計によらなければならない。

○建築基準法（昭和25年5月24日法律第201号）（抜粋）

（建築物の建築等に関する申請及び確認）
第6条　建築主は，第1号から第3号までに掲げる建築物を建築しようとする場合（増築しようとする場合においては，建築物が増築後において第1号から第3号までに掲げる規模のものとなる場合を含む。），これらの建築物の大規模の修繕若しくは大規模の模様替をしようとする場合又は第4号に掲げる建築物を建築しようとする場合においては，当該工事に着手する前に，その計画が建築基準関係規定（この法律並びにこれに基づく命令及び条例の規定（以下「建築基準法令の規定」という。）その他建築物の敷地，構造又は建築設備に関する法律並びにこれに基づく命令及び条例の規定で政令で定めるものをいう。以下同じ。）に適合するものであることについて，確認の申請書を提出して建築主事の確認を受け，確認済証の交付を受けなければならない。当該確認を受けた建築物の計画の変更（国土交通省令で定める軽微な変更を除く。）をして，第1号から第3号までに掲げる建築物を建築しようとする場合（増築しようとする場合においては，建築物が増築後において第1号から第3号までに掲げる規模のものとなる場合を含む。），これらの建築物の大規模の修繕若しくは大規模の模様替をしようとする場合又は第4号に掲げる建築物を建築しようとする場合も，同様とする。
　一～四　（略）

2～15　（略）
（建築物に関する完了検査）
第7条　建築主は，第6条第1項の規定による工事を完了したときは，国土交通省令で定めるところにより，建築主事の検査を申請しなければならない。
2～3　（略）
4　建築主事が第1項の規定による申請を受理した場合においては，建築主事又はその委任を受けた当該市町村若しくは都道府県の職員（以下この章において「建築主事等」という。）は，その申請を受理した日から7日以内に，当該工事に係る建築物及びその敷地が建築基準関係規定に適合しているかどうかを検査しなければならない。
5　建築主事等は，前項の規定による検査をした場合において，当該建築物及びその敷地が建築基準関係規定に適合していることを認めたときは，国土交通省令で定めるところにより，当該建築物の建築主に対して検査済証を交付しなければならない。

○建築基準法施行令（昭和25年11月16日政令第338号）（抜粋）

（建築基準関係規定）
第9条　法第6条第1項（…）の政令で定める規定は，次に掲げる法律の規定並びにこれらの規定に基づく命令及び条例の規定で建築物の敷地，構造又は建築設備に係るものとする。
　一～十一　（略）
　十二　都市計画法（…）第29条第1項及び第2項，第35条の2第1項，第41条第2項（同法第35条の2第4項において準用する場合を含む。），第42条，第43条第1項，第53条第1項並びに同条第2項において準用する同法第52条の2第2項
　十三～十六　（略）

Milestone

62　X2の原告適格は認められますか。
63　X1の原告適格は認められますか。
64　訴訟係属中に開発行為が完了して工事完了検査がなされ，検査済証が交付された場合に，訴えの利益は消滅しますか。

事例のねらい

それまで開発されていなかった土地が開発される際に必要となるのが、開発許可（都市計画法29条1項）である。一定規模以上の開発行為を行う場合には都市計画法に基づく開発許可が必要であり、開発許可が得られるかどうかは開発の帰趨を決める大きなポイントになる。本事例では、開発許可をめぐる紛争で問題となる訴訟要件面での考慮、特に原告適格（⇨ ④）と狭義の訴えの利益を取り上げ、訴訟要件の理解と、都市計画法の開発許可のしくみの特色の把握を図ることとしたい。

我が国の土地利用規制は土地に対するもの（都市計画法の開発許可）と建物に対するもの（建築基準法の建築確認）とに大別される（例解 417頁）。このうち本事例で問題となっている開発許可は、開発行為の安全性の確保と、区域区分に関する都市計画の実効性の担保（開発行為によって都市的土地利用がなされる地域を市街化区域に限定し、市街化調整区域では都市的土地利用を抑制すること）を目的としている（例解 438、451頁）。これに対応する形で、開発許可の要件規定も二段階構造になっており、開発行為の安全性に関する都市計画法33条の基準はすべての開発行為に適用されるのに対し、都市的土地利用を抑制する都市計画法34条の基準は市街化調整区域の開発行為にのみ適用される。

▶Key Points◀
[行政救済論] 原告適格、狭義の訴えの利益
[都市法] 空間管理（例解 422頁以下）、開発行為規制の行政過程（例解 449頁以下）

1. 原告適格（生命・身体の安全）

> Ｘ2の原告適格は認められますか。

取消訴訟の原告適格を定めている行政事件訴訟法9条1項にいう当該処分の取消を求めるにつき「法律上の利益を有する者」とは、当該処分により自

己の権利若しくは法律上保護された利益を侵害され，又は必然的に侵害されるおそれのある者をいうのであり，当該処分を定めた行政法規が，不特定多数者の具体的利益を専ら一般的公益の中に吸収解消させるにとどめず，それが帰属する個々人の個別的利益としてもこれを保護すべきものとする趣旨を含むと解される場合には，このような利益もここにいう法律上保護された利益に当たり，当該処分によりこれを侵害され又は必然的に侵害されるおそれのある者は，当該処分の取消訴訟における原告適格を有するものというべきである。そして，処分の相手方以外の者について上記の法律上保護された利益の有無を判断するに当たっては，当該処分の根拠となる法令の規定の文言のみによることなく，当該法令の趣旨及び目的並びに当該処分において考慮されるべき利益の内容及び性質を考慮し，この場合において，当該法令の趣旨及び目的を考慮するに当たっては，当該法令と目的を共通にする関係法令があるときはその趣旨及び目的をも参酌し，当該利益の内容及び性質を考慮するに当たっては，当該処分がその根拠となる法令に違反してされた場合に害されることとなる利益の内容及び性質並びにこれが害される態様及び程度をも勘案すべきものである（同法9条2項）。具体的には，当該行政処分により何らかの不利益が生じること（不利益要件），その利益が公益として処分根拠規定の保護範囲に含まれていること（保護範囲要件），その利益が公益としてのみならず個々人の個別的利益としても保護されていること（個別保護要件）が要求される（⇨ ④．例解 111 頁）。

① **不利益要件**

X2 は開発予定地の下側に現に居住しており，仮に開発の結果崖崩れが起きると，自らの生命の安全が害されるおそれがある。

② **保護範囲要件**

都市計画法 33 条は開発許可の基準を定めており，同条1項7号は「地盤の沈下，崖崩れ，出水その他による災害を防止するため，開発区域内の土地について，地盤の改良，擁壁又は排水施設の設置その他安全上必要な措置が講ぜられるように設計が定められていること」を要求している。開発許可の処分要件規定の中に崖崩れへの配慮が見られることから，開発許可を定める都市計画法 29 条は，崖崩れに伴う不利益が発生しないように開発許可の権限が行使されることを要求していると考えられる。

③ 個別保護要件

崖崩れが発生した場合にX2には生命の安全が害されるおそれがあり，それゆえ都市計画法33条は，同法29条の開発許可の要件の中に，崖崩れが起きないような措置が設計で定められていることを要求している。現実に崖崩れが発生した場合には，崖の近くに居住する者にはその生命に直接的かつ重大な被害が生じるものと想定されることから，同法29・33条はこのような崖崩れによる被害の性質を考慮した上で，開発許可の要件規定を定めているものと考えられる。このような都市計画法の開発許可の規定の趣旨やそれが考慮している被害の性質に鑑みると，都市計画法29条は崖崩れの起きない都市環境の維持・形成を図ることのみならず，崖崩れの被害を直接受ける可能性のある地域に居住する者の個々人の個別的利益としてもこのような利益を保護すべきものとする趣旨を含むものと解するべきである（ CB 12-7 最三小判1997(平成9)・1・28民集51巻1号250頁は上記とほぼ同様の構成で，生命を保護法益とする場合の第三者の原告適格を肯定している）。

X2は急傾斜地の下の土地に居住しているから，崖崩れが発生した場合にその生命に対する直接的かつ重大な被害が生ずるおそれが高く，それゆえ開発許可の取消訴訟の原告適格が認められる。

2. 原告適格（財産権）

> X1の原告適格は認められますか。

原告適格の判断枠組は 62 で示したものと同じである（⇨ ④， 例解 111頁）。

① 不利益要件

X1は開発予定地の下側に土地を所有しており，仮に開発の結果崖崩れが起きると，自らの財産権が害されるおそれがある。

② 保護範囲要件・個別保護要件

都市計画法33条は開発許可の基準を定め，同条1項14号は，開発行為に関する工事の実施の妨げとなる権利を有する者の相当数の同意を得ていることを許可要件としている。これは，申請者が開発区域に私法上の権原（例：

土地所有権）を取得していないと開発行為ができないことから，開発許可を出したにもかかわらず開発ができない事態を避けるために置かれた規定であって，開発許可において財産権を個々人の個別的利益として保護する趣旨ではないと解されている（前掲・1997（平成9）年最高裁判決）。この考え方に立つと，開発許可の第三者の財産権は法律上保護されているとは言えず，それゆえX1の原告適格は否定される。

◆Tips◆ 保護範囲と関連法令

最高裁はその後，建築基準法の総合設計許可（⇨55）に関して，許可に係る建築物の倒壊・炎上等による被害が直接的に及ぶことが想定される周辺の他の建築物の所有者の原告適格を肯定した（判百Ⅱ176 判Ⅱ43 CB 12-10 最三小判2002（平成14）・1・22民集56巻1号46頁）。その際には，総合設計許可の要件規定（建築基準法59条の2）の中に防火等の観点から支障がないことが含まれていることやこの規定が保護しようとしている利益の性質・内容等に加え，建築基準法1条の目的規定の中に「国民の生命，健康及び財産の保護を図る」ことが明示されていることも手がかりとしている。本事例の開発許可との違いは，許可要件規定の中に周辺の建築物やその居住者の利益を考慮するよう求める要素が含まれ，建築基準法の目的規定が財産の保護を図ることを明確に目的に位置づけていたこと（保護範囲要件の充足），許可要件規定が保護しようとしている利益の性質・内容が重大なものであること（個別保護要件の充足）の2点にあった。

この2つの最高裁判決の判示を前提とすれば，本事例においてX1の原告適格を肯定するのはなお困難であるように思われる。その理由は，建築基準法と異なり都市計画法上には開発許可に係る開発行為の影響を受ける周辺住民の財産権を保護範囲に含めていると容易に解釈できる規定がないことである。もし，処分の根拠規定のみならずその関連法令から，開発許可の周辺住民の財産権が開発許可の考慮事項に含まれていることが示せれば，保護範囲要件の充足を主張しうると思われる。例えば開発許可の要件を定めた都市計画法33条1項7号は，開発区域内が宅地造成等規制法の宅地造成工事規制区域に含まれている場合には，同法9条の基準にも適合することを要求している。これは，宅地造成等規制法が定める宅地造成に関する工事の許可の要件をも開発許可の要件に含めることを意味しており，宅地造成等規制法は都市計画法29条の関連法令にあたることになる。そし

て宅地造成等規制法1条には,「宅地造成に伴う崖崩れ又は土砂の流出による災害の防止のため必要な規制を行うことにより,国民の生命及び財産の保護を図り,もって公共の福祉に寄与することを目的とする」と規定されていることも考慮すれば,同法の保護範囲には財産権も含まれていることが明らかである。そこで,本事例の開発区域の中に宅地造成工事区域が含まれているという事実関係が問題文中に含まれていれば,関連法令である宅地造成等規制法の規定を参酌し,X1の受けうる不利益が都市計画法29条の保護範囲に含まれていると言えると考えられる（⇨ 121 ）。

3. 狭義の訴えの利益

64 訴訟係属中に開発行為が完了して工事完了検査がなされ,検査済証が交付された場合に,訴えの利益は消滅しますか。

取消判決を下して処分を取り消しても紛争解決にとって意味がなくなっている場合には,狭義の訴えの利益が消滅する。典型的な例として,期限の定めがある営業停止命令が出され,その取消訴訟の係属中に期限が到来して営業停止命令が消滅した場合を挙げることができる（ 例解 113頁）。

最高裁（ CB 13-7 最二小判1993(平成5)・9・10民集47巻7号4955頁）は,都市計画法の開発許可は「あらかじめ申請に係る開発行為が同法33条所定の要件に適合しているかどうかを公権的に判断する行為であって,これを受けなければ適法に開発行為を行うことができないという法的効果を有するものであるが,許可に係る開発行為に関する工事が完了したときは,開発許可の有する右の法的効果は消滅するものというべきである」としている。つまり,開発許可の法的効果は開発行為が適法にできるという点にあると理解しているため,開発工事の完了とともに開発許可の取消訴訟の狭義の訴えの利益は消滅することになる。そこで,開発許可の取消訴訟を提起するとともに執行停止の申立て（処分の効力の停止）（行政事件訴訟法25条2項）を行い,工事を停止させておかなければ,時間の経過によって原告敗訴となってしまう。

最高裁のこの考え方は，建築基準法6条の建築確認に関する訴えの利益（判百Ⅱ183　判Ⅱ55　CB 13-4　最二小判1984(昭和59)・10・26民集38巻10号1169頁）の判示と同様の論理である（⇨58）。この判決では，建築確認を受けた建築工事のあとになされる完了検査（同法7条）や，違法建築物に対して出される違反是正命令（同法9条）の要件規定はいずれも建築基準法やこれに基づく命令・条例の規定（建築基準関係規定）に適合していることあって，建築確認の通りに建築されていることではないから，建築確認の法的効果は適法に建築工事ができる地位を与えることのみにあると理解し，建築確認取消訴訟の訴えの利益は建築工事の完了とともに消滅するとした。しかし，この建築確認と開発許可とで訴えの利益を同様に解しうるのかについては，以下の2点の疑問がある（例解 456頁）。

① 建築基準法6条（建築確認），7条（完了検査），9条（是正命令）はいずれも建築基準関係規定との整合性が処分要件となっている。つまり完了検査や是正命令の要件の中に，建築確認の内容との適合性は含まれていない。前掲・1984(昭和59)年最判はこの点に注目して，建築確認の法的効果は適法に工事を行いうる地位を与えることにあると解釈している。これに対して都市計画法の場合には，工事完了検査の処分要件は「開発許可の内容に適合していると認めたとき」（都市計画法36条2項）となっており，監督処分の要件は「この法律若しくはこの法律に基づく命令の規定若しくはこれらの規定に基づく処分に違反」（同法81条1項）することである。このように規定上，開発許可との適合性が後続の行政過程における処分要件に含まれている点が，建築基準法とは異なっている。そうすると，[1] 開発許可が違法であって取り消されれば，後続の完了検査の要件が欠如することになって，検査済証は無効または取消判決の拘束力（行政事件訴訟法33条1項）により職権取消の対象となるはずである。また，[2] 開発許可の要件を満たさないにもかかわらず開発許可が与えられ，これに基づいて開発行為を行った場合には，当該工事は都市計画法に基づく処分に違反したとは言えないので，監督処分の対象にならないことになる。このうち [2] の点について前掲・1993(平成5)年最判では，違法な開発許可を受けて工事をした者は「この法律に違反した者」に自動的に該当すると解釈し，違法な開発許可を取り消さなくても監督処分は可能であると理解して，訴えの利益を否定している。このような解釈も成

り立たないわけではないものの、この解釈は建築基準法と都市計画法の条文構造の違いを軽視しているようにも思われる。

② 建築基準法6条（建築確認），7条（完了検査），9条（是正命令）はいずれも建築基準関係規定との整合性が処分要件となっているため、建築確認の有効性が後続の行政過程に影響しない。しかし、開発許可の場合には、都市計画法・建築基準法上、その効力が工事完了後にも及ぶ場合が次の2つ存在する。1つは、用途地域が定められていない土地での開発行為について、知事が必要と認めるときは、建築物の建ぺい率・高さ・壁面の位置などを開発許可の中で定めることができる（都市計画法41条1項）。これらは開発行為がなされた土地に建築される建築物に対する規制を開発許可の中で定めているから、工事完了後も開発許可の法的効果が明らかに存続することになる。もう1つは、広く開発許可で土地を整地した後に建築物を建築するため建築確認を得ようとする場合である（多くの開発行為は最終的には建築物の建築を予定している）。建築基準法6条の建築確認の際には「建築基準関係規定」との整合性が審査され、建築基準法施行令9条12号が建築基準関係規定の中に都市計画法の開発許可・完了検査を含めているため、開発許可が適法であることが建築確認の要件となっている（実務上は、開発許可適合証明書が建築確認申請書に添付されている）。そこでもし開発許可が違法であるとして取り消されると、建築確認の要件の1つが欠落することになり、建築確認を受けることができなくなる。以上の2例のような場合には、前掲・1993(平成5)年最判の考え方（①[2]）を前提としてもなお、工事完了後の開発許可の訴えの利益が存続していると考えることができる。もしこのような理解に立った場合には、本件においては宅地開発が目的であり、開発行為の後に建築確認を得て家屋等を建築することが予定されているから、開発行為が完了しても開発許可の取消訴訟の訴えの利益は失われないと考えられる。

⑨ 空き家の除却請求

Level・2

　Y市は空き家管理条例を制定し，管理が不適切な空き家に対する是正命令権限を規定した。Aが所有する空き家は非常に危険な状態になっており，台風が来れば倒壊して近隣住民の生命や財産に危険が及ぶ可能性がある。条例で定められている周辺住民の申出を受けて，Y市はAに対して危険除去措置命令を出した。Aが従わなかったのでY市は公表措置をとったものの，なおAはこれに従う様子を見せていない。このような場合，措置命令の行政代執行を行うことと，危険が迫っている際には所有者の同意を得て市長が緊急安全措置を採ることの2つが条例で規定されている。Aの隣地に住むXらは，Y市に対してこのいずれかの措置によってAの空き家の除却か危険状態の改善をして欲しいと考えている。Xらが訴訟を提起する場合，その訴訟類型としてどのようなものが適切か，またどのような本案主張が考えられるか，検討しなさい。

【資料≫関係条文】

○建築基準法（昭和25年5月24日法律第201号）（抜粋）

（目的）
第1条　この法律は，建築物の敷地，構造，設備及び用途に関する最低の基準を定めて，国民の生命，健康及び財産の保護を図り，もって公共の福祉の増進に資することを目的とする。

（用語の定義）
第2条　この法律において次の各号に掲げる用語の意義は，それぞれ当該各号に定めるところによる。
　一　建築物　土地に定着する工作物のうち，屋根及び柱若しくは壁を有するもの（これに類する構造のものを含む。），これに附属する門若しくは塀，観覧のための工作物又は地下若しくは高架の工作物内に設ける事務所，店舗，興行場，倉庫その他これらに類する施設（鉄道及び軌道の線路敷地内の運転保安に関する施設並びに跨線橋，プラットホームの上家，貯蔵槽その他これらに類する施設を除く。）をいい，建築設備を含むものとする。
　二～三十五　（略）
（適用の除外）
第3条　（略）
2　この法律又はこれに基づく命令若しくは条例の規定の施行又は適用の際現に存する建築物若しくはその敷地又は現に建築，修繕若しくは模様替の工事中の建築物若しくはその敷地がこれらの規定に適合せず，又はこれらの規定に適合しない部分を有する場合においては，当該建築物，建築物の敷地又は建築物若しくはその敷地の部分に対しては，当該規定は，適用しない。
3　（略）
（保安上危険な建築物等に対する措置）
第10条　特定行政庁は，第6条第1項第1号に掲げる建築物その他政令で定める建築物の敷地，構造又は建築設備（いずれも第3条第2項の規定により第2章の規定又はこれに基づく命令若しくは条例の規定の適用を受けないものに限る。）について，損傷，腐食その他の劣化が進み，そのまま放置すれば著しく保安上危険となり，又は著しく衛生上有害となるおそれがあると認める場合においては，当該建築物又はその敷地の所有者，管理者又は占有者に対して，相当の猶予期限を付けて，当該建築物の除却，移転，改築，増築，修繕，模様替，使用中止，使用制限その他保安上又は衛生上必要な措置をとることを勧告することができる。
2　特定行政庁は，前項の勧告を受けた者が正当な理由がなくてその勧告に係る措置をとらなかった場合において，特に必要があると認めるときは，その者に対し，相当の猶予期限を付けて，その勧告に係る措置をとることを命ずることができる。
3　前項の規定による場合のほか，特定行政庁は，建築物の敷地，構造又は建築設備（いずれも第3条第2項の規定により第2章の規定又はこれに基づく命令若しくは条例の規定の適用を受けないものに限る。）が著しく保安上危険であり，又は著しく衛生上有害であると認める場合においては，当該建築物又はその敷地の所有者，管理者又は占有者に対して，相当の猶予期限を付けて，当該建築物の除却，移転，改築，増築，修繕，模様替，使用禁止，使用制限その他保安上又は衛生上必要な措置をとることを命ずることができる。
4　第9条第2項から第9項まで及び第11項から第15項までの規定は，前2項の場合に準用する。
第99条　次の各号のいずれかに該当する者は，1年以下の懲役又は100万円以下の罰金に処する。

一〜三　（略）
四　第9条第10項後段（第88条第1項から第3項まで又は第90条第3項において準用する場合を含む。）、第10条第2項若しくは第3項（これらの規定を第88条第1項又は第3項において準用する場合を含む。）、第11条第1項（第88条第1項から第3項までにおいて準用する場合を含む。）又は第90条の2第1項の規定による特定行政庁又は建築監視員の命令に違反した者
五〜十三　（略）
2　（略）

○Y市空き家等の適正管理に関する条例（抜粋）

（目的）
第1条　この条例は、空き家等の管理の適正化を図ることにより、倒壊等の事故、犯罪及び火災を防止し、もって市民の安全で健康な生活を確保することを目的とする。
（定義）
第2条　この条例において、次の各号に掲げる用語の意義は、当該各号に定めるところによる。
 (1) 空き家等　市内に所在する建物その他の工作物で、常時無人の状態にあるもの及びその敷地をいう。
 (2) 危険な状態　老朽化のために建物その他の土地の工作物（以下「建物等」という。）が倒壊し、若しくは建築材等を飛散させるおそれがあり、又は不特定の者が建物等に侵入して火災を発生させ、若しくは犯罪を起こすおそれがあることをいう。
 (3) 所有者等　建物等の所有者又は管理者をいう。
 (4) 市民等　市内に居住する者、市内に滞在する者及び市内に通勤又は通学する者をいう。
（市民等の申出）
第4条　市民等は、危険な状態になるおそれがある空き家等があると認めるときは、速やかに市にその情報を提供するものとする。
2　危険な状態である空き家等から規則で定める距離以内の区域に居住する20歳以上の者又は土地の所有権若しくは借地権を有する者（当該建築物等の建築物所有者等その他規則で定める者を除く。以下これらを「周辺住民等」という。）は、規則で定めるところにより、当該建築物等の建築物所有者等に除却、修繕その他の当該建築物等の危険な状態を除去するための措置（以下「危険除去措置」という。）をとらせるよう市長に申し出ることができる。
3　前項の規定による申出は、周辺住民等が複数ある場合には、規則で定める数以上の周辺住民等が共同で行うものとする。
（実態調査）
第5条　市長は、前条第1項の規定による情報提供があったとき、前条第2項の規定による周辺住民等からの申出があったとき、又は第3条に規定する管理が行わ

れていないと認めるときは，当該空き家等の実態調査を行うことができる。
2　市長は，前項の実態調査を行う場合において必要があると認めるときは，その職員に立入調査（当該空き家等に立ち入り，調査し，又は質問することをいう。以下この条において同じ。）をさせることができる。
3　前項の規定により立入調査を行う職員は，その身分を示す証明書を携帯し，関係者に提示しなければならない。
4　第2項の規定による立入調査の権限は，犯罪捜査のために認められたものと解釈してはならない。

（助言，指導又は助成）
第6条　市長は，前条の実態調査により，空き家等が危険な状態になるおそれがあると認めるとき，又は危険な状態であると認めるときは，当該空き家等の所有者等に対し，空き家等の適正管理について必要な助言又は指導をすることができる。
2　市長は，前項の助言又は指導に従って措置を行う者に対し，規則で定めるところにより助成を行うことができる。

（勧告）
第7条　市長は，前条の助言又は指導にもかかわらず，当該空き家等の状態が改善されないときは，当該空き家等の所有者等に対し，期限を定めて，必要な措置を講ずるよう勧告することができる。

（命令）
第8条　市長は，第4条第2項の規定による周辺住民等からの申出があったとき，空き家等の所有者等が前条の規定による勧告に応じないとき，又は著しく管理不全な状態であると認めるときは，当該空き家等の所有者等に対し，期限を定めて，必要な措置を講ずるよう命ずることができる。

（公表）
第9条　市長は，前条の規定による命令を行ったにもかかわらず，当該所有者等が正当な理由なく命令に従わないときは，次に掲げる事項を公表することができる。
（1）命令に従わない者の住所及び氏名（法人にあっては，主たる事務所の所在地，名称及び代表者の氏名）
（2）命令の対象である空き家等の所在地
（3）命令の内容
（4）その他市長が必要と認める事項
2　市長は，前項の規定により公表するときは，当該公表に係る所有者等に意見を述べる機会を与えなければならない。

（代執行）
第10条　市長は，第8条の規定による命令を受けた者が，当該命令に従わない場合において，他の手段によってその履行を確保することが困難であり，かつ，その履行を放置することが著しく公益に反すると認められるときは，行政代執行法（昭和23年法律第43号）の定めるところにより自ら義務者のなすべき行為をなし，又は第三者をしてこれをなさしめ，その費用を当該違反者から徴収することができる。

（緊急安全措置）

第11条　市長は，第4条第2項の規定による周辺住民等からの申出があり，空き家等の危険な状態が切迫していると認める場合には，規則に定めるところにより所有者等の同意を得た上で，危険な状態を回避するために必要な最低限度の措置（以下「緊急安全措置」という。）をとることができる。
2　市長は，第1項に規定する緊急安全措置を行うときには事前に次条に規定する空き家等審議会の意見を聴かなければならない。
（空き家等審議会）
第12条　市長は，個々の空き家等の状況及び対応方針について諮問するため，市長の附属機関として，空き家等審議会（以下「審議会」という。）を設置する。
（審議会の組織）
第13条　審議会は，前条の諮問事項に関し優れた識見を有する者のうちから，市長が委嘱又は任命する委員5人以内をもって組織する。
（審議会の運営）
第15条　（略）
2～4　（略）
5　審議会は，第11条第2項に基づく手続の際には，緊急安全措置の対象空き家等の所有者等の意見を聴かなければならない。
（罰則）
第19条　第8条の命令に従わず，必要な措置を講じなかった者は，5万円以下の過料に処する。

附則
（施行期日）
1　この条例は，平成25年10月1日から施行する。
（適用除外）
2　この条例の施行の際現に存する危険な状態である空き家等には，第8条の規定は，適用しない。
（適用除外空き家等への措置）
3　市長は，前項の規定により第8条の適用を受けない建築物等のうち，建築物の安全面及び防犯面から悪影響が特に著しいと認めるものについて，当該建築物等の建築物所有者等に対し，相当の期限を定めて，危険除去のため必要な措置（以下「危険除去措置」という。）をとることを命ずることができる。この場合においては，市は，当該命令に基づく危険除去措置によって通常生ずべき損失を時価によって補償しなければならない。
4　市長は，前項の規定による命令に基づく危険除去措置により著しく利益を受ける者がある場合においては，規則で定めるところにより，その利益を受ける限度において，その者に，当該命令に基づく危険除去措置に対する損失補償の費用の全部又は一部を負担させることができる。
5　附則3項による命令については，条例第9条及び第19条の規定を準用する。

○Y市空き家等の適正管理に関する条例施行規則（抜粋）

（趣旨）
第1条　この規則は，Y市空き家等の適正管理に関する条例（平成25年Y市条例第36号。以下「条例」という。）の施行に関し，必要な事項を定めるものとする。
（用語の定義）
第2条　この規則において使用する用語の定義は，条例において使用する用語の例による。
（危険な状態の建築物等からの距離）
第3条　条例第4条第2項の規則で定める距離は，50メートルとする。
（周辺住民等から除外する者）
第4条　条例第4条第2項のその他規則で定める者は，国及び地方公共団体とする。
（周辺住民等が複数ある場合の要請）
第5条　条例第4条第3項の規則で定める数は，周辺住民等の総数の3分の2とする。
（助成）
第6条　条例第6条第2項に定める助成は，予算の範囲内で，1件につき100万円を上限とする。
2　助成は危険度の高い建築物等から優先して行うものとする。助成要件の詳細は，市長が別に定める。
3　助成の申請を拒否する場合には，拒否通知の際にその理由を附記しなければならない。
（緊急安全措置の手続）
第7条　条例第11条第1項の規定により所有者等に同意を得る事項は，次のとおりとする。
　(1) 緊急安全措置の実施概要
　(2) 緊急安全措置の概算費用
　(3) 所有者等の費用負担
　(4) その他必要な事項
2　市長は，前項に規定する事項について，所有者等と同意した場合は，同意書兼協定書を締結する。
（緊急安全措置の費用）
第8条　前条の規定により緊急安全措置の実施に同意した所有者等は，緊急安全措置の実施後，所定の費用を納付しなければならない。
（委員）
第9条　条例第13条に規定する委員は，次の各号に掲げる者のうちから市長が委嘱又は任命する。
　(1) 学識経験者　1人
　(2) 弁護士　1人
　(3) 建築士　1人
　(4) 市職員　2人以内

(公開)
第10条　審議会の会議は，審議会が審議に支障がないと認めた場合を除き，公開しない。
(受益者負担)
第13条　条例附則第4項に規定する条例附則第3項の規定による命令に基づく危険除去措置により著しく利益を受ける者が負担する損失補償の費用の額は，当該危険除去措置によって，当該危険除去措置に係る建築物等の存する土地の価額が上昇する場合におけるその上昇する価額を限度とする。
2　条例附則第3項の規定による命令を受けた建築物所有者等と条例附則第4項の著しく利益を受ける者とが同一の場合は，条例附則第3項の規定に基づき補償する価額は，前項の損失補償の費用の額と相殺するものとする。

Milestone

65 本件ではどの行政活動を対象にして，どのような訴訟類型を選択するのが適切と考えられますか。

66 危険除去措置命令の代執行を求める直接型義務付け訴訟の訴訟要件を充足するかどうか検討して下さい。

67 危険除去措置命令の代執行を求める直接型義務付け訴訟の本案勝訴要件を充足するかどうか検討して下さい。

事例のねらい

　人口減少時代の到来とともに、居住世帯のない空き家は全国的に急増しており、管理の不十分さから建物等が危険な状態になったり、犯罪の舞台として使われるなど治安面における不安要素となったりしている。建物の劣化が進んだ場合には建築基準法上の是正措置命令（同法10条2項）のしくみが存在するものの、この規定の要件が厳しく機動的でないことや、他の手法と併用しての対応を行うため、地方公共団体の中には独自に空き家管理条例を制定して対処するところが2011年頃から現れている（例解 494頁）。そこで本事例では、空き家管理条例が定めている管理の是正やその義務履行確保のしくみを取り上げ、紛争が生じた場合の訴訟類型選択や違法性主張の際にどのようなことを考慮すべきか検討することとする。

　空き家管理条例に共通して見られるのは次の3つのしくみである（具体的な検討として、北村喜宣「空き家対策の自治体政策法務(1)」自治研究88巻7号(2012年)21-47頁）。第1は、空き家の実態調査（行政調査）の規定である（Y市空き家等の適正管理に関する条例（以下「Y市条例」という）5条）。中には立入調査権を定めた条例も見られる。第2は、危険な管理状態を是正することを目的とする助言・指導・勧告や命令である（同条例6～8条）。命令に従わなかった場合にはその事実を公表するとの規定が置かれ、その実効性を担保しようとしている（同条例9条）。さらに、義務不履行の場合に代執行を認める規定や即時執行に類する規定を置いている場合もある（同条例10・11条）。第3は、空き家管理に対する補助金等の助成措置である（同条例6条2項）。このうち本事例で問題となるのは第2の是正措置とその履行確保手段である。

▶Key Points◀
[行政過程論] 法律と条例の関係、行政裁量、行政上の義務履行強制
[行政救済論] 直接型義務付け訴訟（訴訟要件・本案勝訴要件）
[都市法] 空き家対策（例解 494頁以下）

1. 訴訟類型の選択

> 本件ではどの行政活動を対象にして，どのような訴訟類型を選択するのが適切と考えられますか。

　Xらが求めているのは，危険除去措置命令の代執行（Y市条例10条，行政代執行法2条）か緊急安全措置（同条例11条）である。このうち危険除去措置命令の代執行はいわゆる権力的事実行為（例解 94, 106頁）に該当するものなので，Xらが代執行を求める直接型義務付け訴訟を想定しうる。これに対して緊急安全措置は，一定の要件の下に危険状態を回避するための必要最低限の措置をとることを認めるものであり，措置命令→代執行のように一旦義務を課すというプロセスをとらないので，即時執行（例解 78頁）の一種とも考えられる。他方で，緊急安全措置には所有者の同意を得てという要件が含まれている。同意を得ないと緊急安全措置が実施できないということになれば，この措置は即時執行ではなく行政主体が所有者との間で締結する行政契約（例解 69頁）に基づくものと考えることができ（Y市条例施行規則7条2項），その履行は当事者訴訟または民事訴訟によることになる。この場合には，XらがY市に対して緊急安全措置をとる義務があることの確認訴訟を提起することが考えられるものの，所有者の同意が緊急安全措置をとる義務の前提条件となるため，実効的な救済手段とは言い難いだろう。そこで，危険除去措置命令の代執行を求める直接型義務付け訴訟を選択した上で，その訴訟要件を充足するかを検討する。

2. 訴訟要件の充足

> 危険除去措置命令の代執行を求める直接型義務付け訴訟の訴訟要件を充足するかどうか検討して下さい。

　直接型義務付け訴訟の訴訟要件は，①一定の処分（行政事件訴訟法3条6項

1号，同法37条の2第1項），②原告適格（同条3項），③重大な損害を生ずるおそれがあること（同条1・2項），④損害を避けるため他に適当な方法がないこと（同条1項）である。

　このうち，①一定の処分については65で説明した。②原告適格は，取消訴訟（⇨4），例解111頁）や差止訴訟における判断方法と全く同じである。③重大性要件と④補充性要件は，差止訴訟においても条文の文言上は同様の訴訟要件が課されている。しかし，直接型義務付け訴訟の際にこれらの要件について考慮すべき内容は，差止訴訟の場合とは異なっている点に注意が必要である（例解129頁）。③の重大性要件については，差止訴訟の場合には問題となる処分の取消訴訟とその執行停止では救済できない不利益と解されているのに対し，直接型義務付け訴訟においては行政過程を経ずに裁判所が直接救済を与えるべき必要性が高いことと考えられている（処分がされないことの適法性を疑わせる資料を原告に提出させる責任と捉える見解として，興津征雄『違法是正と判決効』（弘文堂・2010年）257頁，山本隆司「改正行政事件訴訟法をめぐる理論上の諸問題」論究ジュリスト8号（2014年）71-80（74）頁）。④の補充性要件については，差止訴訟の場合には当該差止訴訟と少なくとも同程度の実効的な救済を実現する他の訴訟（例：差し止めたい処分に先行する処分の取消訴訟）がないことが問題となりうるのに対し，直接型義務付け訴訟においては行政過程において申請に基づく紛争解決手続（例：更正の請求）が用意されていなければこの要件を充足すると考えられている。

① **一定の処分**

　Xらの請求は，危険除去措置命令の行政代執行の実施を求めることである。行政代執行は権力的事実行為であって処分性があり，またその内容も一定程度特定されていることから，一定の処分の要件を充足する。

② **原告適格**

　取消訴訟の原告適格を定めている行政事件訴訟法9条1項にいう当該処分の取消を求めるにつき「法律上の利益を有する者」とは，当該処分により自己の権利若しくは法律上保護された利益を侵害され，又は必然的に侵害されるおそれのある者をいうのであり，当該処分を定めた行政法規が，不特定多数者の具体的利益を専ら一般的公益の中に吸収解消させるにとどめず，それが帰属する個々人の個別的利益としてもこれを保護すべきものとする趣旨を

含むと解される場合には，このような利益もここにいう法律上保護された利益に当たり，当該処分によりこれを侵害され又は必然的に侵害されるおそれのある者は，当該処分の取消訴訟における原告適格を有するものというべきである。そして，処分の相手方以外の者について上記の法律上保護された利益の有無を判断するに当たっては，当該処分の根拠となる法令の規定の文言のみによることなく，当該法令の趣旨及び目的並びに当該処分において考慮されるべき利益の内容及び性質を考慮し，この場合において，当該法令の趣旨及び目的を考慮するに当たっては，当該法令と目的を共通にする関係法令があるときはその趣旨及び目的をも参酌し，当該利益の内容及び性質を考慮するに当たっては，当該処分がその根拠となる法令に違反してされた場合に害されることとなる利益の内容及び性質並びにこれが害される態様及び程度をも勘案すべきものである（同法9条2項）。

[1] 不利益要件

XらはAの所有する空き家等の隣地の住民であり，台風が来ればA所有の空き家が倒壊して生命・財産に対する不利益が及ぶおそれがある。

[2] 保護範囲要件

Y市条例はこのような倒壊事故を防止することを目的としており（同条例1条），市民等の申出（同条例4条）に基づく実態調査（同条例5条）を経て，市長が空き家等の適正管理について助言・助成を行い（同条例6条），これでも改善されない場合に勧告（同条例7条），命令（同条例8条）と進み，最終的には公表（同条例9条）及び代執行（同条例10条）の措置を予定している。そして，同条例8条は危険除去措置命令の要件として，（ア）危険な状態である空き家等から一定の距離に居住する者又は土地の所有者・借地権者ら周辺住民等からの申出があったとき（同条例4条2項参照），（イ）空き家等が危険な状態になるおそれがある又は危険な状態であると市長が認めた場合に必要な措置を講ずるよう勧告（同条例7条）しても所有者等が応じないとき，（ウ）空き家等が著しく管理不全な状態であると市長が認めるとき，の3つを規定している。これらはいずれも，空き家等の管理が極めて悪く，周辺住民の生命や財産上の利益に重大な侵害が生ずるおそれがある状況を念頭に置いており，このような場合に限って危険除去措置命令が出されることになる。さらにその代執行の要件を確認的に規定した同条例10条（行政代執行法

2条も参照）は，命令違反に加えて他の手段によってその履行を確保することが困難であり，かつその履行を放置することが著しく公益に反すると認められるときという要件を定めている。この代執行の規定及びその前提となる危険除去措置命令の根拠規定の趣旨からすれば，周辺住民等の生命や財産権は，これらの根拠規定の保護範囲に含まれていると考えられる。

［3］個別保護要件

代執行の前提である危険除去措置命令の根拠規定である同条例8条は，周辺住民等からの申出があった場合を要件に加えている。具体的には，空き家等から50m以内に居住・所有権等を有する周辺住民等が市長に対して措置を採るよう求める手続的権利を認めている（同条例4条2項，Y市条例施行規則3条）。この規定からすれば，同条例は空き家から一定距離に居住する住民の生命や財産権を公益としてのみならず個々人の個別的利益としても保護しているものと解することができる。

よって，空き家等から50m以内に居住する者または土地所有権・借地権を有する周辺住民等は，危険除去措置命令の代執行の義務づけを求める訴訟の原告適格を有する。

XらはAの所有する危険な状態である空き家等の隣地に居住しているので，原告適格が認められる。

③ **重大性要件**

直接型義務付け訴訟の提起が認められるためには，一定の処分がされないことにより重大な損害を生ずるおそれがある（行政事件訴訟法37条の2第1項）ことが必要であり，その判断にあたっては損害の回復の困難の程度を考慮するものとし，損害の性質及び程度並びに処分の内容及び性質をも勘案するものとされている（同条2項）。この要件は，行政過程を経由せずに直ちに裁判所による救済を求めることが適当な事例かどうかを判断するために設けられたものであり，それゆえ重大な損害が具体的に想定でき，裁判所による救済を与える必要性が高いことが必要と考えられる。

これを本件について見れば，A所有の空き家は管理の状態が悪く，実際に倒壊するおそれがある。もし現実に倒壊すれば，隣地に住むXらの建物等が損傷を受け，あるいはXら自身の生命・安全・健康に大きな被害が生ずるおそれが極めて大きい。こうした損害の性質や程度に注目すれば，代執

行がされないことにより重大な損害を生ずるおそれがあると言える。

よって，本件では代執行がされないことによりXらに重大な損害を生ずるおそれがあると言える。

④ 補充性要件

直接型義務付け訴訟の提起が認められるためにはさらに，その損害を避けるため他に適当な方法がないことが必要である（行政事件訴訟法37条の2第1項）。具体的には，義務付け訴訟と同程度の権利・利益保護を与える手続が行政過程に設定されているとすれば，その手続を履践することで原告の権利利益は救済される可能性があるから，裁判所による直接の救済を敢えて与える必要がないことにある。

これを本件について見れば，Y市条例11条が規定している緊急安全措置は，代執行の義務付けに代わる他の適当な方法にあたるとも考えられる。しかし65で説明したように，緊急安全措置を実施するためには相手方Aの同意が必要で，さらに空き家等審議会への意見聴取手続（条例11条2項）も存在する。このため，緊急安全措置が機動的に不利益を防止しうるとまでは言い難く，緊急安全措置が代執行の義務付けよりも適切な方法とは言えない。

よって，本件では代執行がなされる以外にXらの損害を避けるために他に適当な方法がないと言える。

以上の①〜④の検討から，Xらは危険除去措置命令の代執行を求める直接型義務付け訴訟を適法に提起できる。

3. 違法性の主張

> 危険除去措置命令の代執行を求める直接型義務付け訴訟の本案勝訴要件を充足するかどうか検討して下さい。

直接型義務付け訴訟の勝訴要件は，「行政庁がその処分をすべきであることがその処分の根拠となる法令の規定から明らかであると認められ又は行政庁がその処分をしないことがその裁量権の範囲を超え若しくはその濫用となると認められるとき」（行政事件訴訟法37条の2第5項）である。

危険除去措置命令の代執行の規定である本件条例10条は,「他の手段によってその履行を確保することが困難であり,かつ,その履行を放置することが著しく公益に反すると認められるとき」は代執行「できる」と規定する。これは,行政代執行が財産権に対する直接的で強度な実力行使を伴うことや,代執行に用いることができる行政資源が限られていること,さらに空き家等の危険性の高さや周辺環境の状況は個別事例によって大きく変わってくることから,こうした事情に精通し,状況に応じた総合的な判断を行うことを市長に求めているものと考えられる。それゆえ,代執行を行うかどうかは市長の裁量に任されているものと解するべきである。

　しかし,代執行の実施が市長の裁量に委ねられているとしても,その権限を定めた条例の趣旨・目的や,その権限の性質等に照らし,具体的事情の下において,その不行使が許容される限度を逸脱して著しく合理性を欠いていると認められるときは,裁量権の消極的な逸脱・濫用として違法となり,直接型義務付け訴訟の本案勝訴要件を充足することになる。

　これを本件について見れば,Y市はAに対して危険除去措置命令を出し(Y市条例8条),公表(同条例9条1項)まで行っているにもかかわらず,Aには命令に従う兆候が見られない。また,A所有の空き家の現状は極めて危険で,倒壊のおそれがあり,倒壊すればXらの生命や身体の安全,財産権に極めて重大な被害が生じるおそれがある。Y市は危険除去命令を出す過程においてA所有の空き家の危険な状況やXらに対する重大な被害の可能性を把握しており,Y市が代執行を行えばXらの被害を未然に防ぐことができると考えられる。このような現状において,Y市が代執行の権限を行使しないことは,その不行使が許容される限度を逸脱して著しく合理性を欠き,裁量権の逸脱・濫用にあたる。

　ゆえに,Xらが提起した危険除去措置命令の代執行を求める直接型義務付け訴訟の本案勝訴要件を充足する。

◆Tips◆　附則の役割

　法律・条例においては,本則の後ろに附則が置かれていることが多く(⇨序),場合によっては附則が本則より長いこともある。附則には,法

律・条例の施行日に関する定めや，制定改廃に伴う移行措置の規定が置かれている。行政法の学習者にとっては，本則を読むだけでも骨が折れる作業であるため，附則に目を通すことはほとんどないのではないかと思われる。しかし，附則の規定内容が，本則に定められている行政活動の適法性の判断に影響を与える場面もある。

本事例の【資料】では，Y市条例の附則を掲載している。本事例では周辺住民がY市に対して危険除去措置命令の代執行を求める直接型義務付け訴訟を提起する場面を念頭に置き，A所有の空き家がどの時点から危険な状態であったかについては問題文に含めなかった。Y市条例附則2項には，「この条例の施行の際現に存する危険な状態である空き家等」には，8条の規定は適用しないとの適用除外規定が置かれており，仮にA所有の空き家が条例施行以前から危険な状態にあれば，条例8条に基づく危険除去措置命令は出せないことになる。しかしそれでは，条例制定段階で解決すべき問題として認識されていた危険な空き家に対して何もできないことになる。そこで同条例附則3項は，適用除外となる建築物等のうち「建築物の安全面及び防犯面から悪影響が特に著しいと認めるもの」に危険除去措置命令を出しうると規定している。この附則3項に基づく命令は，条例8条に基づく命令と内容を同じくするものの，その要件規定を見れば，条例8条が周辺住民等からの申出があったときに直ちに命令が出せるのと比べて要件が厳格になっていることが分かる。附則3項はさらに「市は，当該命令に基づく危険除去措置によって通常生ずべき損失を時価によって補償しなければならない」という損失補償規定（通損規定）（例解 154，405頁）を置く。これは，条例制定によって新たな義務が課されることとなる「施行の際現に存する危険な状態である空き家等」の所有者に対する侵害の程度を緩和するために設けられている。

本事例と共通の事実関係において，仮にAがY市の条例8条に基づく危険除去措置命令を不服とし，その取消訴訟を提起した場合には，AはY市条例が建築基準法10条の規定の内容と矛盾抵触し，同条例は無効であると主張する可能性が高い。具体的には，Y市条例の規制が強度に過ぎ，所有権者に対する配慮を欠いたものであると主張することが考えられる。このような場合に，上記で説明した移行措置の存在は，条例が所有権者に対する一定の配慮を示している手がかりとして用いられ，条例に基づく規制のしくみが違憲・違法なものではないことを根拠付ける要素となりうる。

⑩ 通院移送費架空請求と住民訴訟

Level·1

　被保護者Aは通院移送費を架空請求し，約3000万円を不正に受給していた。しかしこの事実が報道された後も保護の実施機関Y市長は生活保護法78条に基づく費用徴収を不正受給額の半額分しか行わなかった。同市の住民Xは①Aへの不当利得返還請求をY市長に求め（地方自治法242条の2第4号），②市長から生活保護開始決定・実施に関する権限の委任を受けていたにもかかわらず，不正受給を見抜けずにY市に損害を与えた福祉事務所長に対して損害賠償を命令するよう求める（同号）住民訴訟を提起した。これらの主張は認められるか検討しなさい。

【資料≫関係条文】

○生活保護法（昭和25年5月4日法律第144号）（抜粋）

（基準及び程度の原則）
第8条　保護は，厚生労働大臣の定める基準により測定した要保護者の需要を基とし，そのうち，その者の金銭又は物品で満たすことのできない不足分を補う程度において行うものとする。
2　前項の基準は，要保護者の年齢別，性別，世帯構成別，所在地域別その他保護の種類に応じて必要な事情を考慮した最低限度の生活の需要を満たすに十分なものであって，且つ，これをこえないものでなければならない。
（医療扶助）
第15条　医療扶助は，困窮のため最低限度の生活を維持することのできない者に対

して，左に掲げる事項の範囲内において行われる。
一　診察
二　薬剤又は治療材料
三　医学的処置，手術及びその他の治療並びに施術
四　居宅における療養上の管理及びその療養に伴う世話その他の看護
五　病院又は診療所への入院及びその療養に伴う世話その他の看護
六　移送

（費用の徴収）
第78条　不実の申請その他不正な手段により保護を受け，又は他人をして受けさせた者があるときは，保護費を支弁した都道府県又は市町村の長は，その費用の額の全部又は一部を，その者から徴収するほか，その徴収する額に100分の40を乗じて得た額以下の金額を徴収することができる。
2～3　（略）
4　前3項の規定による徴収金は，この法律に別段の定めがある場合を除き，国税徴収の例により徴収することができる。

Milestone

68 住民訴訟にはどのような訴訟類型があり，本事例ではどれが利用可能ですか。また，住民訴訟の訴訟要件にはどのようなものがありますか。

69 Aに対して不当利得返還請求するようにY市長に求める4号請求は認められますか。

70 福祉事務所長個人に対して不正受給によって生じた損害を賠償するように命じることをY市長に求める4号請求は認められますか。

事例のねらい

　生活保護は健康で文化的な最低限度の生活を維持する最後のセーフティーネットであり，給付されるべき事例において給付されないという事態は避けられなければならない（漏給防止）。他方で，生活保護の不正受給は後を絶たない。伝統的な行政法の枠組では，競願事例のような自らも授益的措置を受けうる資格がある第三者が存在しない限り，給付の三面関係が紛争になることはないと考えられてきた。抗告訴訟や当事者訴訟のような主観訴訟では，自己の権利利益に関係しない訴訟を提起できないからである。しかし，生活保護費の支給も財務会計行為に該当するので，住民訴訟を用いれば，生活保護の濫給防止や濫給の是正を裁判所により実現することが可能となる。本事例では，住民訴訟の基本的な構造（例解 137 頁）を確認するとともに，生活保護の不正受給に対してどのような訴訟を提起しうるかを検討することとする。

　生活保護の給付は，申請に基づいて開始されることが通例である（生活保護法 7 条 ⇒ 26）。保護の実施機関は要保護者の現在の生活水準が生活保護基準（例解 264 頁）を下回っているかどうかを資産調査（同法 28 条）によって確認し（例解 269 頁），下回っている部分について生活保護開始決定（同法 24 条）を行う（例解 271 頁）。生活保護の内容は 8 種類に分けられており（同法 11 条），その多くは現金給付である。本事例で問題となっている移送費（同法 15 条 6 号）も現金給付である。

▶Key Points◀
［行政過程論］不正利得の徴収，加重返還金
［行政救済論］住民訴訟
［社会保障法］生活保護の行政過程（例解 263 頁以下）

1. 住民訴訟の訴訟類型と訴訟要件

　住民訴訟にはどのような訴訟類型があり，本事例ではどれが利用可能で

すか。また，住民訴訟の訴訟要件にはどのようなものがありますか。

　地方自治法 242 条の 2 は，4 種類の住民訴訟を定めている。具体的には，問題となる財務会計行為が行われる前にその差止めを求める請求（1 号請求），財務会計行為が処分である場合にその取消・無効確認を求める請求（2 号請求），財務会計行為を怠る事実の違法確認の請求（3 号請求），損害賠償・不当利得返還請求の義務付けの請求（4 号請求）の 4 種類である。本事例では，①A に対する不当利得返還請求を Y 市長に義務付ける請求（4 号請求）と，②福祉事務所長に対して損害賠償を命ずるよう Y 市長に義務付ける請求（4 号請求）が考えられる。

　住民訴訟の訴訟要件は［1］出訴者が当該普通地方公共団体の住民であること（地方自治法 242 条の 2 第 1 項）［2］財務会計行為を対象とすること（同法 242 条 1 項）［3］監査請求を経て出訴期間内に出訴すること（同条 2 項）である。このうち問題になるのは財務会計行為対象性である。財務会計行為を，財務会計処理を目的とする行為（例：地方公共団体の財産の価値を維持する行為）に限定する見方もあり得る（宇賀克也『地方自治法概説［第 5 版］』（有斐閣・2013 年）316 頁は，裁判例が財務会計処理を直接の目的としているかを重視して財務会計行為該当性を判断する傾向にあると指摘する）。本事例のうち①は生活保護法に基づく返還請求が問題となり，②では生活保護開始決定の適法性が紛争の中心である。これらはいずれも財務会計処理そのものの瑕疵を問題にしているわけではない。しかし，地方自治法 242 条 1 項は住民監査請求の対象となる行為として「違法若しくは不当な公金の支出」を挙げており，違法の内容を地方自治法の会計関連規定に限定してはいない。また，個別の行政法規で一定の金銭の支出や徴収が根拠付けられていれば地方自治法にいう財務会計行為でなくなるとすると，地方公共団体の公金全般を住民が統制する住民訴訟が効果を発揮する場面が著しく限定されることになる。そこで，財務会計行為該当性の判断にあたっては，地方自治法 242 条 1 項の「公金の支出」を忠実に文言解釈して判断するのが適切と考えられる。

2. Aに対する不当利得返還請求の義務付け

> Aに対して不当利得返還請求するようにY市長に求める4号請求は認められますか。

　本事例においては，約3000万円の保護費不正受給が発覚し，費用徴収はその半分しか行われていないので，約1500万円がAの不当利得としてなお残存していると考えることができる。そこでY市には生活保護法78条に基づく不当利得返還請求権があることになる。（さらに，平成25年法律第104号による改正後の生活保護法78条1項は加重返還金の請求を可能とし，同条4項で国税滞納処分（例解 76，217頁）による強制徴収を可能としている）。住民訴訟の4号請求では，訴訟の原告の選択に応じて，違法な財務会計行為を行った職員に対する損害賠償請求または財務会計行為の相手方に対する不当利得返還請求を地方公共団体の執行機関に義務付けることが可能である（大橋洋一『行政法Ⅱ』（有斐閣・2012年）279頁）。そこで，住民訴訟においてAに対して不当利得返還請求するようにY市長に求める請求は可能であることになる。

　しかし，このように解釈すると，なぜ生活保護法78条がわざわざ「一部」の徴収を認め，「できる」という規定にしたのかの説明がつかない。生活保護の不正受給にもいろいろな事例が想定でき，場合によっては行政が費用徴収すると被保護者が最低限度の生活を一時的にでも下回るおそれがあることも考えられる。そこで生活保護法は不当利得返還金・加重返還金徴収の根拠規定を置くとともに，その金額や徴収の有無についての判断を保護費の支弁者に第一次的には委ねたと考えるべきである（仙台高判2005（平成17）・11・30判例集未登載がこのような見解を示している）。そこで，本事例において返還金額を全体の半分とした判断に裁量権の逸脱・濫用が認められなければ不当利得返還請求の免除は適法であって，Aに対する不当利得返還請求を住民訴訟によってY市長に義務付けることはできないと思われる（結論同旨，碓井光明『社会保障財政法精義』（信山社・2009年）424頁）。

3. 福祉事務所長に対する損害賠償請求の義務付け

> 福祉事務所長個人に対して不正受給によって生じた損害を賠償するように命じることをY市長に求める4号請求は認められますか。

　本事例においては，Aが受け取った保護費が不正受給であったことは確定しているから，福祉事務所長の決定はその要件を充足しないものであったことが明らかである。そこで，民法709条に基づく損害賠償請求権が成立するためには，不正受給を見抜けなかったことについて過失が認められる必要がある。本事例がモデルとした滝川市の事件において，札幌地判2013（平成25）・3・27判例集未登載では注意義務違反を認め，福祉事務所長と保健福祉部福祉課長に賠償責任があると判断している。具体的には，請求された移送費があまりに高額であったこと，振込口座に不審な点がありそのことに容易に気づけるはずであったこと，症状の状況から見て高額の移送費を要するとは通常考えられないことが認定され，注意義務違反が認定されている。

第3部

総合演習

答案作成のステップ

　第3部 総合演習では，司法試験の論文式問題やその類題を使って，総合的な事例問題への対応方法を習得することを目指している。そこで，具体的な問題演習に入る前に，事例問題解答のステップを，「問題文を読む」「条文を読む」「答案構成を考える」「答案を書く」の4段階に分けて説明する（各事例の・答案作成のヒント💡・でも，具体的な事案に即して解答作成の際にポイントとなる事項を「①問題文を読む」「②条文を読む」「③答案構成を考える」の3つに分けて示している）。司法試験の行政法の論文式問題の出題意図は，以下の2013年度採点実感の採点方針に集約されている。

> 「採点に当たり重視していることは，問題文の基本的な事実関係を把握し，関係法令の趣旨・構造を正確に読み解いた上で，問いに対して的確に答えることができているか，基本的な判例等の正確な理解に基づいて，相応の言及をすることのできる応用能力を有しているか，事案を解決するに当たっての論理的な思考過程を，端的に分かりやすく整理・構成し，本件の具体的事情を踏まえた説得力のある法律論を展開することができているか，という点である。決して知識の量に重点を置くものではない。」

　行政法の事例問題で試されているのは，問題の素材として選択された参照領域に関する詳細な知識の有無ではない。むしろ，行政法総論の学習で身につけた考え方を生かして個別の行政法令をいかに読み解いたか，それを出題者の意図に沿う形で分かりやすく答案にまとめているかどうかという点こそ重要である。以下では，「問題文の基本的な事実関係を把握」する方法（⇨1），「関係法令の趣旨・構造を正確に読み解」く方法（⇨2），「問いに対

して的確に答え」「事案を解決するに当たっての論理的な思考過程を，端的に分かりやすく整理・構成」する方法（⇨3），「本件の具体的事情を踏まえた説得力のある法律論を展開する」方法（⇨4）を概観する。

1. 問題文を読む

司法試験の行政法の論文式問題では，問題文・法律事務所の会議録・参照条文の3点で問題が構成されることが通例である。出題者は，解答に当たって意味のある情報を，これら3つの部分に周到に埋め込んでおり，これらを丁寧に読み取って論点を探し出すことが最初の作業となる。

> 「問題文で丁寧に解答すべき課題を提示しているにもかかわらず，前提を誤解したり，設問の指示に従わない答案がかなり多く見られた。当然のことであるが，まずもって，設問をよく読み，正しく理解した上で答案を作成することが求められる。」（2013年度採点実感）
>
> 「問題文から離れた一般論・抽象論の展開に終始している答案が相変わらず多く見られた。設問と関係なく知識を披瀝しただけの答案には決して高い評価が与えられないことを改めて認識すべきである。」（2013年度採点実感）

① 問題文を読む際には，［1］紛争がどのような行政法令に基づき，どのようなしくみのもとで発生しているのか（例：建築基準法に基づく建築確認），［2］設問では何が問われているか（例：違法性主張の方法，違法性主張の内容），［3］設問に関連する論点としてどのようなものが想定されるか（例：処分要件の欠如，処分手続の瑕疵），［4］論点と関係する行政活動の法的効果や事例の事実関係に関してどのようなことが書かれているか，という点に気を配ることが重要である。

多くの事例問題の設問は，上記［2］でも示したように，違法性主張の方法＝訴訟手続上の問題（例：処分性・原告適格・執行停止の申立て）と，違法性主張の内容＝行政活動の適法性の問題の2つから構成されている。また，上記［3］でも示しているように，行政活動の違法性を論ずる際には実体法的

瑕疵（要件・効果規定との適合性）と手続法的瑕疵（行政手続法・行政手続条例との関係）の双方が問われることが多い（大橋洋一『行政法Ⅰ［第2版］』（有斐閣・2013年）120頁）。そこで上記［4］の作業をする際には，両者の要素を区別しながら問題文中の事実を読み取るとよい。

② 司法試験論文式の行政法の問題の大きな特徴は，法律事務所の会議録の中で，問題を解く上での様々なヒントが示されていることである。会議録では，素材となっている行政法令の法的しくみの解説や，設問で問われていることの明確化（論点の限定），さらには答案構成の方向性までも示されている。また問題文ではなく会議録の中で，答案構成上重要な事実や当事者の主張が示されていることも多い。このように会議録は，事例問題を解く上で必須の前提を示しており，これを読まずに解答しようとすると困難を極めると思われる。会議録を読む際には，どのような行政法上のしくみ・行政過程が紛争の核心に存在するのか，またどのような論点を取り上げて答案を構成すべきかに注目することが重要である（具体的な説明として，第3部第4章2 ・答案作成のヒント💡・ を参照）。

2. 条文を読む

問題文・法律事務所の会議録で紛争の中心になっている行政法的なしくみの概要をある程度把握したら，具体的な条文の読解の作業を行う。条文を理解する力は，行政法の事例問題で最も試されている能力であると言っても過言ではない（橋本12頁以下は，条文を読解する際の行政法的思考を「時間軸に沿った『仕組み』の解析」「行為要件・行為内容の解析」「規範の階層関係の解析」「制度趣旨に照らした考察」「基本原理に照らした考察」の5点に整理しており，行政法解釈上の指針として極めて示唆に富む）。

> 「時間内に問題文と資料から具体的事実関係及び法令の趣旨を的確に読み取って把握する能力が備わっているか否かを試すことに主眼を置いた。」（2006年度出題趣旨）
> 「法律実務家に求められる基本的素養を涵養するという原点に立ち返りつつ，初見の法令に関しても，その趣旨，目的，条文構造等を

分析・検討し，説得力のある結論を導くといった訓練が行われることを期待したい。」（2010年度採点実感）

① 参照条文に含まれているのは必ずしも法律に限らない。問題によっては施行令（政令）・施行規則（省令）や条例・規則，さらには通達・ガイドラインが含まれていることもある。これらの規範の法的効力は一様ではなく，効力には優劣関係があることを意識した上で，条文を読む必要がある。とりわけ重要な区別は，行政活動を法的に拘束する規範なのか，行政活動の考慮事項ないし条文解釈の手がかりを示すものなのかという点である。一般に，法律及び法律の委任を受けた政省令・委任条例は前者のグループに属し，通達・ガイドラインのような行政規則や自主条例は後者のグループに位置づけられる（⇨②）。

② 事例問題の中心となっている法律を読み解く際には，まずその法律がどのような目的に基づいて制定されているのか（目的規定），どのような法概念が用いられているか（定義規定）を確認することが重要である（⇨序）。次に，具体的な規制・給付を規定した条文を読み解く際には，条文相互の関係を時系列に沿って押さえる（例：行政基準の制定→行政調査→勧告（行政指導）→公表→是正命令（行政処分）→刑事罰）ことが求められる（本書でも，個別の行政法令のしくみの説明の際に時系列的な整理を行った図を多く示している）。そのうえで，原告が救済を求めているのが行政過程のどの時点なのかを特定し，救済手段の選択や違法主張の内容の検討を行うことになる。

③ 事例問題の参照条文として挙げられている法令の他に，行政通則法（例：行政手続法・行政不服審査法・行政事件訴訟法）の条文の参照も必要であることが多い。また，参照条文として挙げられている個別の行政法令の条文解釈にあたっては，当該行政法令の目的に適合的な解釈を行ったり，逆に行政通則法や行政上の法の一般原則に親和的な解釈を行ったりする必要がある場面が出てくることがある。法律の文言から出発して個別の行政法令が定めているしくみを正確に解析した上で，事例問題の紛争状況や当該行政法令の趣旨目的，さらには行政上の法の一般原則に遡って制定法の欠缺を補充する解釈を示すことができれば，高い行政法的な思考力があると評価される。

3. 答案構成を考える

　条文の読解作業をひとまず終えたら，再び問題文に戻り，どのような答案構成をすればよいかを考える。行政法の答案においても，問題文で問われていることを正確につかみ，紛争事例において原告が求めている内容から出発して答案を書き始めるという方式は民事法の答案と同様である。ただし行政法の場合には，条文が行政機関の行為義務の形式で書かれており，紛争の解決の中心は行政活動の適法性にあることから，答案の冒頭で問題提起・論点提示を行った後は，論点ごとに答案を書き進めるスタイルになることが多いように思われる。その際には法的三段論法（⇨序）を前提に，各論点に典型的な答案構成（⇨第1部）を用いて答案を書くことになる。

> 「法科大学院における基礎的な学習を前提として，具体的な事例で，適切な救済手段や訴訟方法を選択し，それと結びついた本案の主張を展開する力を試すものである。」（2007年度出題趣旨）
> 「判例の射程の検討が法律実務家として必要なスキルであることを法科大学院における学習でも常に意識すべきである。」「実務家に求められるのは，法律解釈による規範の定立と，丁寧な事実の拾い出しによる当てはめであり，こうした地に足のついた議論が展開できる法曹を育てることを求めたい。」（2012年度採点実感）
> 「会議録からの引き写しと，一般的・概括的な判断枠組みとの組合せから直ちに結論を導くような，検討の実質が伴わない答案が多く見られた。関係する条文と，その趣旨に関する理解をも組み合わせた上で，丁寧に論じることが求められる。」（2013年度採点実感）

① 答案で書くべき論点の選択を誤ると，極端に低い点数になるおそれがある。このような事態を避けるためには，先入観や思い込みを捨てて，虚心坦懐に問題文と会議録を読む姿勢が重要である。
② 多くの事例問題では著名な最高裁判決（の一部）が下敷きとなっている。しかし，最高裁判決の判示事項を知っていれば簡単に解ける問題にはなっておらず，問題となっている行政法令の法的しくみや事実関係の一部に最高裁

判例との相違があることが多い。この場合，出題者は最高裁判決の結論だけではなく，判決の射程についての緻密な検討を求めている（具体例として94 99）。そこで，条文を丁寧に挙げて法的しくみの特色を論述したり，事実関係を丁寧に摘示した上で法的評価を的確に加えたあてはめを示したりすることが期待されている。

4. 答案を書く

　答案の構成が決まったら，答案を書く作業に入る。答案を書く際には，以下の点に特に留意することが求められる。

> 「条文の引用が正確にされているか否かも採点に当たって考慮することとした。」（2008年度採点実感）
> 「条文を条・項・号まで的確に挙げているか，すなわち法文を踏まえているか否かも，評価に当たって考慮した。」（2009年度採点実感）
> 「字の上手・下手は関係ないが，読みやすさは大切であり，書きなぐった感じの乱雑な（特に乱雑かつ小さい文字を多用している）答案は，読解に非常に難渋した。採点者が判読困難な答案を作成することのないよう，受験者には改善を求めたい。」（2011年度採点実感）
> 「誤字・当て字が多く，中には概念の理解に関わると考えられるものも少なくなかった（例えば，換置処分，土地収容，損失保障など）。このような誤字の多用は，書面作成の基本的能力についても疑問を抱かせることになる。」（2012年度採点実感）
> 「誤字が多いもの，必要以上にひらがな・カタカナを多用しているもの，主語と述語が呼応していないもの，表現が極端な口語調であるなど稚拙なもの，冗長で言いたいことが分かりづらいものなど，文書作成能力自体に疑問を抱かざるを得ない答案が相当数見られた。」（2013年度採点実感）

① 条文の引用が的確で正確であることは，個別の行政法令の読解力があるかどうかを判断する１つの重要な指標である。法解釈を示す場面で中核とな

る条文が引用されているか，要件規定に下位規範への委任がある場合にその委任関係をきちんと追跡できているか，行政活動の法的効果を判断する際に当該活動の根拠規定のみならず関連する他の規定（例：刑事罰の規定）が適切に引用されているか，はとりわけ重要である。

② 極端に小さな字や乱雑に書き殴った字の答案は，採点者にとっては読む気を失わせるものとなってしまう。また，基本的な用語に誤字があると，その概念を本当に理解しているのかという点に疑義が生じ，そのような目で答案の他の部分が評価されるおそれもある。試験時間の制約上やむを得ない面はあるとしても，丁寧で読みやすい字で，誤字脱字のない答案を書く努力をすることは大切である。

③ 答案作成の際には，時間の制約も考慮する必要がある。一般に事例問題の採点基準は，答案を構成する各部分（条文解釈を含む判断基準の定立，事例へのあてはめ，結論）に対して点数が配分されているため，いくら判断基準の定立が完璧であっても，あてはめの部分が時間の都合で書けていない場合には大きく点数が下がってしまう。そこで，限られた試験時間の中で，答案のどの部分にどの程度時間をかければ全体として点数が伸びるかを意識して，答案を作成する必要がある。

第1章 租税法

事例 ① 青色申告をめぐる紛争

Level・2

　イタリア料理のレストランを経営する個人事業者である X は，所轄の Y 税務署長から青色申告の承認を受け，青色申告書により所得税の確定申告を行っていた。

　平成 21 年分の事業所得につき，X が確定申告書を提出したところ，所轄税務署の担当職員 A は，経費の過大計上を疑い，X のレストランにおいて臨場調査を行った。A が平成 19 年分から同 21 年分まで（以下「本件各年分」という。）の帳簿書類の提示を求めたところ，X は，机上に帳簿書類を積み上げ，「このとおり，帳簿書類はきちんと記録して保存してあるが，今は忙しいので見せられない。」と述べて，その提示をせず，その後の調査日程の調整にも言を左右にして応じなかった。その後，A は，再び X のレストランに出向いて本件各年分の帳簿書類の提示を求めたが，X は，前回と同様に，多忙などを理由に帳簿書類の提示をしなかった。他方，X は，その後，繰り返し A に電話をして，顧問税理士を探しているところであるから待ってほしい旨を述べた。A は，そのいずれの際にも，X に対し，税理士の選任は別として，帳簿書類を提示するよう求めたが，X は，「税理士が決まるまで待ってほしい。」あるいは「準備中でありもう少し待ってほしい。」などと答えた。その後，A が X のレストランに出向いて尋ねたところ，X は，「良い税理士がいないので，税理士に依頼するのはやめた。」と述べた。

その際，A は，繰り返し本件各年分の帳簿書類の提示を求めたが，X がやはり言を左右にしてこれに応じなかったので，X の帳簿書類の内容を確認することはできなかった。

そこで，所轄の Y 税務署長は，X に対し，青色申告承認取消処分を行うとともに，本件各年分の所得税の更正処分を行った。所轄の Y 税務署長は，上記更正処分において，X が経費として計上していた金額は虚偽のものであるとした上で，経費の額について推計により算定した金額を用いて処分を行っている。その推計の方法は，X のレストランの所在地と同市内でイタリア料理のレストランを経営している個人事業者で青色申告書を提出している者の中から，従業員数とテーブル数を基準に X と同規模のレストランを経営していると認められる者 4 人を抽出して，その収入金額に対する経費の額の割合の平均値を採って，X の申告した収入金額に乗じて経費の額を算出するというものであった。

以上の事案について，以下の設問に答えなさい。

設問 1

青色申告制度の趣旨と概要について，簡潔に説明しなさい。

設問 2

X に対する青色申告承認取消処分の適否について，根拠となる所得税法の規定に言及しつつ，具体的に論じなさい。

設問 3

推計課税が認められている実質的な根拠とそれが認められる要件について，簡潔に説明しなさい。

設問 4

X に対する推計課税の適否について論じなさい。

【資料≫参照条文】

○所得税法（昭和40年3月31日法律第33号）（抜粋）

（青色申告）
第143条　不動産所得，事業所得又は山林所得を生ずべき業務を行なう居住者は，納税地の所轄税務署長の承認を受けた場合には，確定申告書及び当該申告書に係る修正申告書を青色の申告書により提出することができる。

（青色申告者の帳簿書類）
第148条　第143条（青色申告）の承認を受けている居住者は，財務省令で定めるところにより，同条に規定する業務につき帳簿書類を備え付けてこれに不動産所得の金額，事業所得の金額及び山林所得の金額に係る取引を記録し，かつ，当該帳簿書類を保存しなければならない。

2　納税地の所轄税務署長は，必要があると認めるときは，第143条の承認を受けている居住者に対し，その者の同条に規定する業務に係る帳簿書類について必要な指示をすることができる。

（青色申告の承認の取消し）
第150条　第143条（青色申告）の承認を受けた居住者につき次の各号のいずれかに該当する事実がある場合には，納税地の所轄税務署長は，当該各号に掲げる年までさかのぼって，その承認を取り消すことができる。この場合において，その取消しがあったときは，その居住者の当該年分以後の各年分の所得税につき提出したその承認に係る青色申告書は，青色申告書以外の申告書とみなす。

一　その年における第143条に規定する業務に係る帳簿書類の備付け，記録又は保存が第148条第1項（青色申告者の帳簿書類）に規定する財務省令で定めるところに従って行なわれていないこと。　その年

二　その年における前号に規定する帳簿書類について第148条第2項の規定による税務署長の指示に従わなかったこと。　その年

三　その年における第1号に規定する帳簿書類に取引の全部又は一部を隠ぺいし又は仮装して記載し又は記録し，その他その記載又は記録をした事項の全体についてその真実性を疑うに足りる相当の理由があること。　その年

2　税務署長は，前項の規定による取消しの処分をする場合には，同項の居住者に対し，書面によりその旨を通知する。この場合において，その書面には，その取消しの処分の基因となった事実が同項各号のいずれに該当するかを附記しなければならない。

（青色申告書に係る更正）
第155条　税務署長は，居住者の提出した青色申告書に係る年分の総所得金額，退職所得金額若しくは山林所得金額又は純損失の金額の更正をする場合には，その居住者の帳簿書類を調査し，その調査によりこれらの金額の計算に誤りがあると認められる場合に限り，これをすることができる。ただし，次に掲げる場合は，その帳簿書類を調査しないでその更正をすることを妨げない。

一　その更正が不動産所得の金額，事業所得の金額及び山林所得の金額以外の各

種所得の金額の計算又は第69条から第71条まで（損益通算及び損失の繰越控除）の規定の適用について誤りがあったことのみに基因するものである場合
二　当該申告書及びこれに添付された書類に記載された事項によって，不動産所得の金額，事業所得の金額又は山林所得の金額の計算がこの法律の規定に従っていないことその他その計算に誤りがあることが明らかである場合
2　税務署長は，居住者の提出した青色申告書に係る年分の総所得金額，退職所得金額若しくは山林所得金額又は純損失の金額の更正（前項第1号に規定する事由のみに基因するものを除く。）をする場合には，その更正に係る国税通則法第28条第2項（更正通知書の記載事項）に規定する更正通知書にその更正の理由を附記しなければならない。

（推計による更正又は決定）
第156条　税務署長は，居住者に係る所得税につき更正又は決定をする場合には，その者の財産若しくは債務の増減の状況，収入若しくは支出の状況又は生産量，販売量その他の取扱量，従業員数その他事業の規模によりその者の各年分の各種所得の金額又は損失の金額（その者の提出した青色申告書に係る年分の不動産所得の金額，事業所得の金額及び山林所得の金額並びにこれらの金額の計算上生じた損失の金額を除く。）を推計して，これをすることができる。

○国税通則法（昭和37年4月2日法律第66号）（抜粋）

（当該職員の所得税等に関する調査に係る質問検査権）
第74条の2　国税庁，国税局若しくは税務署（以下「国税庁等」という。）又は税関の当該職員（税関の当該職員にあっては，消費税に関する調査を行う場合に限る。）は，所得税，法人税又は消費税に関する調査について必要があるときは，次の各号に掲げる調査の区分に応じ，当該各号に定める者に質問し，その者の事業に関する帳簿書類その他の物件（税関の当該職員が行う調査にあっては，課税貨物（消費税法第2条第1項第11号（定義）に規定する課税貨物をいう。第4号イにおいて同じ。）又はその帳簿書類その他の物件とする。）を検査し，又は当該物件（その写しを含む。次条から第74条の6まで（当該職員の質問検査権）において同じ。）の提示若しくは提出を求めることができる。
一　所得税に関する調査　次に掲げる者
　イ　所得税法の規定による所得税の納税義務がある者若しくは納税義務があると認められる者又は同法第123条第1項（確定損失申告），125条第3項（年の中途で死亡した場合の確定申告）若しくは第127条第3項（年の中途で出国をする場合の確定申告）（これらの規定を同法第166条（非居住者に対する準用）において準用する場合を含む。）の規定による申告書を提出した者
　ロ　所得税法第225条第1項（支払調書）に規定する調書，同法第226条第1項から第3項まで（源泉徴収票）に規定する源泉徴収票又は同法第227条から第228条の3の2まで（信託の計算書等）に規定する計算書若しくは調書を提出する義務がある者
　ハ　イに掲げる者に金銭若しくは物品の給付をする義務があったと認められる

者若しくは当該義務があると認められる者又はイに掲げる者から金銭若しくは物品の給付を受ける権利があったと認められる者若しくは当該権利があると認められる者

二～四　（略）

2～4　（略）

（提出物件の留置き）

第74条の7　国税庁等又は税関の当該職員は，国税の調査について必要があるときは，当該調査において提出された物件を留め置くことができる。

（権限の解釈）

第74条の8　第74条の2から前条まで（当該職員の質問検査権等）の規定による当該職員の権限は，犯罪捜査のために認められたものと解してはならない。

（身分証明書の携帯等）

第74条の13　国税庁等又は税関の当該職員は，第74条の2から第74条の6まで（当該職員の質問検査権）の規定による質問，検査，提示若しくは提出の要求，閲覧の要求，採取，移動の禁止若しくは封かんの実施をする場合又は前条の職務を執行する場合には，その身分を示す証明書を携帯し，関係人の請求があったときは，これを提示しなければならない。

Milestone

※租税法に関する前提知識に不安がある場合は，事例のねらい及び71 72の内容を予め確認してから問題を解くことを勧める。

71 青色申告はどのような目的の制度ですか。白色申告との違いはどこにありますか。

72 推計課税とはどのような課税方法のことですか。典型的にはどのような場面で用いられますか。

73 青色申告制度の趣旨と概要について，簡潔に説明して下さい。

74 Xに対する青色申告承認取消処分の適否について，根拠となる所得税法の規定に言及しつつ，具体的に論じて下さい。

75 推計課税が認められている実質的な根拠とそれが認められる要件について，簡潔に説明して下さい。

76 Xに対する推計課税の適否について論じて下さい。

解説

事例のねらい

　本事例は，2010年度の新司法試験・租税法第2問で出題された問題である（行政法の論文式問題ではないため，法律事務所の会議録は付されていない）。本問は，後述のような青色申告と推計課税に関する一定の理解があれば，租税法選択者でなくても行政法総論の知識を使って解答可能な問題である。ここでは，関係条文や関連判例を正確に挙げながら，青色申告（例解 179頁）と推計課税（例解 209頁）の制度趣旨を説明することができるか，またそれを本事例にあてはめて一定の結論を導き出すことができるかが課題となる。

　なお，本問の設問2では帳簿書類の保存方法に関して最高裁判例（最一小判2005（平成17）・3・10民集59巻2号379頁）が示した基準（「税務職員が必要と判断したときにその帳簿書類を検査してその内容の真実性を確認することができるような態勢の下に，帳簿書類を保存しなければならないこととしている」）を知らないと，解答するのが難しいかもしれない。行政法総論を学習しただけではこの判例に触れることは通常ないと考えられるため，ここで紹介した。

▶Key Points◀
[行政過程論] 行政行為の撤回
[行政救済論] 取消訴訟の立証責任
[租税法] 申告納税の原則（例解 177頁以下），申告納税（例解 197頁以下），
　取消訴訟における立証責任（例解 209頁）

●前提知識の確認

1. 青色申告

[71]
> 青色申告はどのような目的の制度ですか。白色申告との違いはどこにありますか。

　青色申告は，申告納税制度の普及のために導入された制度である。申告納税制度が機能するためには，納税者が帳簿書類に収支を記録し，それに基づいて税額を計算する方式が定着する必要がある。こうした帳簿を備え付けている者に青色の申告書（現在では申告書の色は青色ではない）で申告させ，これにさまざまな特典を設定することで，帳簿の備付けを推進しようとするのがその制度目的である。これに対し，普通の申告書で申告することを白色申告という。青色申告の対象となるのは，各事業年度の所得等に対する法人税と，不動産所得・事業所得・山林所得が生じる業務を行う個人の所得税である（法人税法 121 条，所得税法 143 条）。

　青色申告の特典には，租税実体法上のものと，租税手続法上のものとがある（例解 179 頁）。租税実体法上の特典として，青色申告特別控除（所得控除），租税特別措置の適用などがある。租税手続法上の特典として，推計課税の禁止，更正処分の理由附記がある。なお，本問が司法試験で出題された後の 2011 年に国税通則法改正がなされ，白色申告についても行政手続法の理由提示の規定が適用されることとなったため，租税手続上の特典については以前よりも白色申告との違いが相対化されている（例解 203 頁，藤谷武史「判批」行政判例百選Ⅱ［第 6 版］404 頁，[73]）。

2. 推計課税

[72]
> 推計課税とはどのような課税方法のことですか。典型的にはどのような

場面で用いられますか。

　課税額を確定させる際には，直接的な証拠から税額を積み上げる実額課税が原則である（例解 209 頁）。しかし，行政調査に対する相手方の協力が得られずに直接的な証拠を収集することができない場合には，間接的な資料を使って所得を推計し，税額を算定する推計課税が行われる（金子宏『租税法〔第 18 版〕』（弘文堂・2013 年）776 頁）。

　推計課税の具体的方法として，純資産増減法（純資産の増加額から所得を推計），比率法（所得金額の算定要素となる金額に一定の比率をかけて所得を推計），効率法（電力使用量・従業員数等の指標に同業者の所得金額の平均額をかけて所得を推計）などがある。本事例では効率法が用いられている。推計課税の適法性は，推計課税の必要性と合理性から判断される（金子・前掲書 779 頁）。

　納税義務の確定処分の取消訴訟における立証責任は，通常の場合課税庁側にあり，課税庁は課税要件事実や課税標準を直接的な資料から確定させる必要がある。しかし，この実額課税が相手方の不協力により不可能である場合には推計課税が行われ，その際には課税庁は推計課税の適法性（必要性と合理性）を主張立証すればよい。これに対して納税者側は，実額計算によって真実の税額を立証（実額反証）する必要がある。

●答案作成のヒント●

① 問題文を読む

　問題文の冒頭部分から，所得税法の青色申告が問題となっていることが分かる。臨場検査（行政調査としての税務調査，例解 48, 201 頁）やその後の度重なる税務署担当職員 A からの帳簿書類提示の要請を X は拒絶し続けており，実額課税が困難な状況となっていることが理解できる。Y 税務署長の対応は［1］青色申告承認取消処分（行政行為の撤回，例解 63, 179 頁）と［2］推計課税に基づく更正処分（例解 200, 209 頁）であり，設問 1・2 が［1］について，設問 3・4 が［2］について問うものとなっている。

② 条文を読む

　これを前提に条文を確認すると，［1］の青色申告については，所得税法

143条に青色申告の規定があり、同法148条で青色申告者の帳簿書類保存義務（同条1項）と税務署長の指示権（同条2項）が定められている。青色申告者が保存義務に違反し、または税務署長の指示に従わなかったときは、青色申告承認取消がなされうる（同法150条1項1・2号）。また、[2]の推計課税については、青色申告書に対する更正処分の場合には原則として推計課税ができないこと（同法155条1項柱書）、青色申告者に対してでなければ推計課税は可能であること（同法156条）が確認できる。

③ 答案構成を考える

[設問1・2]の解答にあたっては、青色申告を受けた場合の特典を規定した条文を摘示してその概要を説明すること、本事例においてXは帳簿書類提示の要請を拒絶し続けていることから、承認取消要件のうち帳簿書類の備付け・記録・保存（所得税法150条1項1号）が問題となる。

[設問3・4]の解答にあたっては、推計課税を許容する所得税法156条の規定を手がかりに、推計課税が認められる要件を示した上で、問題文に挙げられている事実を読み取って要件該当性を判断することが求められる。

設問1・2について

> 青色申告制度の趣旨と概要について、簡潔に説明して下さい。

青色申告制度は、申告納税制度を普及させるため、その基盤となる帳簿書類の備付けを図ることを目的に設けられた制度であり、所得税法・法人税法にそれぞれ規定がある。所得税法では143条で、不動産所得・事業所得・山林所得を生ずべき業務を行う居住者が、税務署長の承認を受けることで、青色申告を行うことができるとされている。

青色申告承認を受けると、帳簿書類の備付け・取引記録・保存の義務が課され（同法148条1項）、税務署長が帳簿書類について必要な指示を行うことができる（同条2項）。青色申告に対しては青色申告特別控除（租税特別措置法25条の2）、事業専従者控除の特例（同法57条）などの実体法上の特典があるほか、青色申告に対する更正処分は帳簿を調査して金額計算に誤りがあると

認められる場合に限って行うことができ（同法155条1項柱書），推計課税は禁止される。また更正処分の際には，通知書に理由を附記しなければならない（同条2項）。

　2011年に国税通則法改正がなされ，白色申告についても行政手続法の理由提示の規定が適用されることとなったため，白色申告に対する更正処分にも理由提示がなされる。ただし，両者には次の2点の相違がある（例解 203頁）。1つは，理由提示の対象となる処分の範囲である。青色申告に対する更正処分の理由附記は，所得税法上，増額・減額更正処分の双方に義務付けられている。これに対して白色申告に対する理由提示は，更正処分が行政手続法の不利益処分（行政手続法2条4号）に該当することが前提となっているので，減額更正処分の場合にしかなされない。もう1つは，理由提示の詳細度である。青色申告に対する更正処分の場合には，帳簿の記載を否認する際には帳簿書類の記載以上に信憑力のある資料を摘示して処分の具体的根拠を明らかにしなければならず，帳簿記載事実に対する法的評価を否認する際には更正処分の判断過程を逐一検証することができる程度の具体性が必要であることが，最高裁判例により確立されている。これに対して白色申告に対する更正処分の場合には，処分の根拠法令の規定内容，処分基準の存否・内容・公表の有無，処分の性質・内容，処分の原因となる事実関係の内容等を総合考慮して理由提示の程度が決定されることになる（判百Ⅰ128　判Ⅰ111/118　CB 3-9　最三小判2011（平成23）・6・7民集65巻4号2081頁）。白色申告の場合は青色申告ほど詳細な帳簿記帳義務が課されていないので，理由提示の程度は青色申告よりも緩やかなものになると考えられる。

Xに対する青色申告承認取消処分の適否について，根拠となる所得税法の規定に言及しつつ，具体的に論じて下さい。

　本事例では，Xは帳簿書類を備え付けてはいるものの，税務署の担当職員Aに対して提示を拒んでいる。Aは提示を求めているだけで，帳簿書類について指示を出しているわけではないので，所得税法150条1項2号の承認取消事由には該当しない。そこで，同項1号の要件に該当するかどうかが問題となる。

所得税法148条1項は「財務省令で定めるところにより，同条に規定する業務につき帳簿書類を備え付けてこれに不動産所得の金額，事業所得の金額及び山林所得の金額に係る取引を記録し，かつ，当該帳簿書類を保存しなければならない」と規定している。この点につき判例（最一小判2005（平成17）・3・10民集59巻2号379頁）は，法人税の青色申告承認取消に係る事案において，「帳簿書類を備え付けてこれにその取引を記録すべきことはもとより，これらが行われていたとしても，さらに，税務職員が必要と判断したときにその帳簿書類を検査してその内容の真実性を確認することができるような態勢の下に，帳簿書類を保存しなければならないこととしている」とし，検査に対して適時に提示することが可能な態勢で保存していなければ，帳簿書類の備付け・記録・保存が財務省令で定めるところに従って行われていないという要件に該当すると判断している。

　上記の2005（平成17）年最高裁判決を知らなくても，次のような思考過程をたどって判断基準を定立することが考えられる。所得税法150条1項によれば，青色申告承認の取消の要件は3つしかなく，このうち3号要件は本事例とは関係ないことが明らかである（本事例には取引の隠蔽・仮装の事実は書かれていない）。次に，2号要件は税務署長の指示に従わないことであり，担当職員Aからの提示の要請が税務署長の指示と言えるかどうかが問題となる。形式的に見れば，担当職員Aからの提示要請は税務署長による行為でもなければ指示でもないので，この要件に該当しない。また実質的に考えても，2号要件は所得税法148条2項の指示に違反したことが要求されており，同項は「帳簿書類について必要な指示」と規定しているから，帳簿書類の記帳方法についての具体的指示などが通常は想定されており，帳簿書類を見せることまではここに含まれていないと考えられる。最後に1号要件は「帳簿書類の備付け，記録又は保存」が行われていないことである。帳簿書類の備付け・記録・保存によって所得計算を正確に行わせることを促進する青色申告制度の趣旨から考えれば，計算が正確かどうかを税務職員が確認できることも，1号要件は当然に含んでいると考えることができる。

　これを本事例について見れば，Xは多忙や顧問税理士の選任等を理由に，度重なるAからの提示の要請に応じておらず，結果としてAは帳簿書類の内容を確認することができていない。そうするとXは，仮にAからの要請

時に所定の帳簿書類を備付け・記録・保存していたとしても，税務職員Aに対して適時にこれを提示することが可能なように態勢を整えて保存しなかったというべきであるから，所得税法150条1項1号の要件に該当し，Y税務署長は青色申告承認取消を適法になしうると考えられる。

設問3・4について

> 推計課税が認められている実質的な根拠とそれが認められる要件について，簡潔に説明して下さい。

　推計課税は，直接的な資料に基づく税額の算定とその積算では税額の計算ができない場合に用いられる。具体的には，帳簿書類が存在しないか存在しても信憑性に乏しい場合，質問検査権を行使しても相手方が非協力的で直接的な資料が入手できない場合である。こうした場合に税額の算定ができないことを理由に課税しないこととすると，帳簿書類を備え付け，あるいは質問検査に協力して納税した者との関係で公平を欠く状態になってしまうため，推計課税が認められている。所得税法では156条で，納税者の財産・収入・支出の状況等から課税標準・欠損金額を推計することを明文で認めている。

　推計課税は実額課税の原則の例外をなすものであるから，推計課税が認められるかどうかは，推計課税の必要性とその方法の合理性から判断される。
① 推計課税の必要性については，所得税法156条に明文で規定されているわけではない。しかし所得税法は申告納税制度を採用し，これを補充する質問検査権が国税通則法74条の2以下で規定されていることからすれば，税務調査等を行うことで直接的な資料で実額課税できる場合にまで推計課税することは認められないと考えられる。必要性を判断する具体的な要素として，帳簿書類が備え付けられているか，帳簿書類が正確で信頼性のあるものか，納税者が税務調査等に協力しているかが挙げられる。
② 推計課税の方法の合理性については，所得税法156条が挙げている方法の中でなるべく実額に近い金額が算定できるような合理的な方法が選択されなければならない。そのためには，最もよく所得が反映されると考えられる

指標を選択しているか，（効率法がとられる場合には）比較対象となる同業者の選定に合理性があるか，推計課税対象者の特殊事情が考慮されているかが具体的な判断基準となる。

76 X に対する推計課税の適否について論じて下さい。

所得税法 155 条 1 項柱書によれば，青色申告書に対する更正処分は「帳簿書類を調査し，その調査によりこれらの金額の計算に誤りがあると認められる場合に限り」することができる。また同法 156 条括弧書きの規定から，青色申告書に係る所得金額等に対する推計課税は禁止されている。本事例では設問 2（**74**）で検討したように，税務署長は青色申告承認処分の取消を適法になしうると考えられる。そこで，X に対する推計課税の適否は，所得税法 156 条（括弧書きを除いた部分）の問題となる。

所得税法 156 条は，所得税の更正処分の際に「その者の財産若しくは債務の増減の状況，収入若しくは支出の状況又は生産量，販売量その他の取扱量，従業員数その他事業の規模によりその者の各年分の各種所得の金額又は損失の金額」を推計して処分できると規定している。同条には，どのような場合に推計課税ができるかが，明文では示されていない。しかし**75**で説明したように，申告納税制度と質問検査権を規定している所得税法・国税通則法の構造からすれば，調査によって実額課税が可能な場合にまで推計課税がなされることは認められないと考えられる。具体的には，税務調査等によって帳簿書類の内容を税務署の担当職員が確認できる場合には，帳簿書類に基づく計算の真偽を確かめた上で実額課税がなされるべきである。また，それが不可能で推計課税が必要であるとしても，推計額ができる限り実額に近づくような推計の方法が選択されなければならない。

これを本事例について見れば，X は帳簿書類を税務署の担当職員 A に見せようとせず，最終的にその内容を確認することができなかったのであるから，X を対象とする税務調査を実施することも困難であり，それゆえ推計課税の必要性は存在したと考えられる。また，推計の方法として，X のレストランと同業種・同一地域・同規模の青色申告者を抽出し，その収入金額の平均値と X の申告した収入金額を比較する方式がとられており，このよ

うな方法をとれば、Xの実際の所得金額に近い金額が算定される可能性が高く、推計方法の面でも合理性が認められる。

以上の検討からすれば、Xに対する推計課税は適法と考えられる。

▶答案例

[設問1]

　青色申告制度は、申告納税制度の基盤となる帳簿書類の備付けを図るために設けられた制度であり、所得税法・法人税法にそれぞれ規定がある。所得税法では143条で、不動産所得・事業所得・山林所得を生ずべき業務を行う居住者が、税務署長の承認を受けることで、青色申告を行うことができるとされている。青色申告承認を受けると、帳簿書類の備付け・取引記録・保存の義務が課され（同法148条1項）、税務署長が帳簿書類について必要な指示を行うことができる（同条2項）。青色申告に対しては、控除制度をはじめとするさまざまな実体法上の特典があるほか、青色申告に対する更正処分は帳簿を調査して金額計算に誤りがあると認められる場合に限って行うことができ（同法155条1項）、推計課税は禁止される。また更正処分の際には、その通知書に理由を附記しなければならない（同条2項）。

[設問2]

　所得税法150条1項は、青色申告承認取消処分の要件を3種類（1号〜3号）定めている。本事例では、Xは帳簿書類を備え付けてはいるものの、税務署の担当職員Aに対して提示を拒んでいる。Aは提示を求めているだけで、帳簿書類について何か指示を出しているわけではないので、同項2号の承認取消事由には該当しない。また、提示を拒んでいるために取引の隠蔽等の真実性が疑われるかどうかは事実関係からは問題となっていないので、同項3号の承認取消事由にも該当しない。そこで、同項1号の「帳簿書類の備付け、記録又は保存が第148条第1項（青色申告者の帳簿書類）に規定する財務省令で定めるところに従って行なわれていないこと」の要件に該当するかどうかが問題となる。

そもそも青色申告制度は、申告納税制度の基盤である帳簿書類の備付けや正確な記録を促進するために設けられたものであり、帳簿書類が正確であることを前提に推計課税が禁止され、青色申告に対する更正処分には理由附記が義務付けられている（同法155条2項）。このような制度趣旨からすれば、同法150条1項1号にいう帳簿書類の保存義務は、単に帳簿書類を備え付けて取引を記録するのみならず、税務職員に対して適時に提示することが可能な態勢で保存していることも含まれており、税務職員への提示がなされなければ帳簿書類の備付け・記録・保存が財務省令で定めるところに従って行われていないという要件に該当すると解するべきである。

これを本件について見れば、Xは多忙や顧問税理士の選任等を理由に、度重なるAからの提示の要請に応じておらず、結果としてAは帳簿書類の内容を確認することができていない。そうするとXは、仮にAからの要請時に所定の帳簿書類を備付け・記録・保存していたとしても、税務職員Aに対して適時にこれを提示することが可能なように態勢を整えて保存していなかったというべきである。

よって、Xが帳簿書類の提示要請を拒絶したことは、所得税法150条1項1号の要件に該当し、Y税務署長は青色申告承認取消を適法になしうると考えられる。

[設問3]

推計課税は、直接的な資料に基づく税額の算定とその積算（実額課税）では税額の計算ができない場合に用いられる例外的な手段である。具体的には、帳簿書類が存在しないか存在しても信憑性に乏しい場合、質問検査権を行使しても相手方が非協力的で直接的な資料が入手できない場合である。こうした場合に税額の算定ができないことを理由に課税しないこととすると、帳簿書類を備え付け、あるいは質問検査に協力して納税した者との関係で公平を欠くため、推計課税が認められている。所得税法では156条で、納税者の財産の増減・収入支出の状況・生産量等・

事業規模から課税標準・欠損金額を推計することを明文で認めている。

推計課税が認められるかどうかは、推計課税の必要性とその方法の合理性から判断される。推計課税の必要性については所得税法156条に明文で規定されているわけではないものの、申告納税制度を採用し、これを補充する質問検査権（国税通則法74条の2以下）を認めていることからすれば、直接的な資料で実額課税できる場合にまで推計課税することは認められないと考えられる。具体的には、帳簿書類が備え付けられているか、帳簿書類が正確で信頼性のあるものか、納税者が税務調査に協力しているかが問題となる。また、推計課税の方法の合理性については、なるべく実額に近い金額が算定できるような合理的な方法が選択されなければならない。そのためには、最もよく所得が反映されると考えられる指標を選択しているか、効率法が採用される場合には比較対象となる同業者の選定に合理性があるか、推計課税対象者の特殊事情が考慮されているかが具体的な判断基準となる。

[設問4]

推計課税の適否は、[設問3] で示したように、推計課税の必要性と合理性から判断される。

これを本件について見れば、Xは帳簿書類を税務署の担当職員Aに見せようとせず、Aは最終的にその内容を確認することができなかったのであるから、Xを対象とする税務調査を実施することも困難であり、推計課税の必要性は存在したといえる。また、推計の方法として、Xのレストランと同業種・同一地域・同規模の青色申告者を抽出し、その収入金額の平均値とXの申告した収入金額を比較する方式がとられており、このような方法をとれば、Xの実際の所得金額に近い金額が算定される可能性が高く、推計方法の面でも合理性が認められる。

以上の点からすれば、Xに対する推計課税は適法と考えられる。

事例 ②

Level・3

法定外目的税をめぐる紛争

　○○県伊都市の中心部は放置自転車が多く，とりわけ駅周辺の放置自転車対策が大きな課題となっていた。伊都市は市営の駐輪場を中心部に設置しようとしたものの，駐輪場の用地確保に困難を来していた。伊都市には2つの鉄道会社が路線を有しており，伊都市内にのみ路線を有するO鉄道と私鉄大手のP鉄道の両社の結節点である伊都駅周辺の放置自転車が最も問題になっていた。

　伊都市は，放置自転車対策にあてる税源を確保し，市内中心部に駐輪場を建設することで放置自転車を削減することを目指し，地方税法5条7項に基づく法定外目的税として放置自転車対策税を課税する方針を打ち出した。この税は，市域内で旅客運送事業を行う鉄道事業者を納税義務者とし，前年度の旅客輸送人数に応じて課税するものであり，その使途は駐輪場の新設や維持管理その他の放置自転車対策経費に限定されている。

　O鉄道の経営者Qは，この放置自転車対策税が課税されると経営に重大な悪影響が出る恐れがあるとして，訴訟提起の可能性を検討するため，古墳山法律事務所を訪れた。O鉄道を使って通勤している定期券購入者Rは，この放置自転車対策税によってO鉄道の運賃が値上げされることを恐れ，値上げを防ぐ法的な手立てを求めて古墳山法律事務所に向かった。

　【資料1≫法律事務所の会議録】を読んだ上で，弁護士Tの立場

に立って，弁護士Sの指示に応じ，設問に答えなさい。なお，関連する法令・条規の抜粋を【資料2≫参照条文】に，関連する要綱の抜粋を【資料3≫関連要綱】に掲げてあるので，適宜参照しなさい。

設問1

O鉄道が訴訟提起する場合，どのような訴訟類型の利用が考えられるか。訴訟要件の充足可能性や救済の実効性の観点から，複数の可能性を比較検討した上で，最も適切と考えられる訴訟類型を答えなさい。

設問2

Rが自己の利益を主張しようとする場合，どのような訴訟類型の利用が考えられるか。またその訴訟要件を満たすと言えるか，答えなさい。

設問3

伊都市の放置自転車対策税条例は適法か。適法とする法律論及び違法とする法律論として考えられるものを示した上で答えなさい。

【資料1≫法律事務所の会議録】

弁護士S：本日は，O鉄道に関する案件とRさんの案件について，基本的な方針を話し合いたいと思います。法定外目的税が実際に課税されるまでにはいろいろな手続があるようですが，大まかに言うとどうなっているのですか。

弁護士T：はい，地方税法では特定の費用に充てるための法定外目的税の創設が認められており，条例を定めた上で総務大臣と協議して同意を得る必要があります（同法731条）。法定外目的税は1999年の地方分権一括法による改正で2000年に導入されています。2004年の法改正では特定少数の納税者が大半を納税することになる場合に，条例制定前に議会で意見を聴取する手続を導入しました。

弁護士S：そうすると，意見聴取→条例制定→総務大臣との協議→総務大臣の同意という順番になるね。

弁護士T：そうですね。そして，放置自転車対策税条例は申告納付の方法がとられているので，納税義務は通常は納税者による申告で確定することになります。

弁護士S：O鉄道が納税義務をめぐる訴訟を提起する場合，行政過程のどのポイントを捉えて争うのが適当なのかな。

弁護士T：おそらく，一旦税を支払った上で，条例の違法無効を理由に誤納金の還付を請求し，あるいは修正申告をした上で更正拒否処分の取消訴訟を提起するのが普通だと思います。

弁護士S：そうだね。でももう少し早く納税義務の存否を確定させる方法はないのかな。

弁護士T：検討してみます。

弁護士S：Rさんについてはどうかな。Rさんはそもそも納税義務者ではないし，仮にこの条例が有効でO鉄道に納税義務が生じたとしても，O鉄道が値上げするかどうかはまだ分からないよね。

弁護士T：Rさんがこの条例の適法性を争いうるとしたら，次の2つが考えられます。第1は，総務大臣の同意に対する取消訴訟です。第2は，O鉄道の運賃値上げの認可の差止訴訟です。鉄道運賃の上限を引き上げるためには，鉄道事業法16条が定めている国土交通大臣の認可を受ける必要があります。国土交通大臣が認可を行う場合には，運輸審議会への諮問が必要です（同法64条の2）。認可権限が地方運輸局長に委任されている場合（同法64条）にはこの諮問が不要となります。しかしこの場合には利害関係人・参考人の意見聴取手続が設けられています（同法65条）。ただ，差止訴訟は値上げ認可の申請が出されそうになってからということになるでしょうね。

弁護士S：第1の方法だと処分性と原告適格，第2の方法だと原告適格と重大性要件が問題になるだろうね。原告適格について，2004年の行政事件訴訟法改正で追加された9条2項は，この場合には何か効果を発揮するのかな。

弁護士T：検討してみます。

弁護士S：最大の問題はこの条例が違法かどうかだけど，条例の違法性についてはどのような主張がありうるのかな。

弁護士T：自転車の安全利用の促進及び自転車等の駐車対策の総合的推進に関する法律（自転車法）5条2項は鉄道事業者に対して駐車場の設置に協力する義務を定めています。ただ，具体的な金銭負担義務は定められておらず，この自転車法と条例との関係が議論の焦点になりそうです。

弁護士S：もう少し細かい議論として，条例14条の減免の規定を使ってO鉄道の経済的負担を軽くする方法はないのかな。

弁護士T：その点も含めて検討してみます。

【資料2≫参照条文】

○地方税法（昭和25年7月31日法律第226号）（抜粋）

（地方団体の課税権）

第2条　地方団体は，この法律の定めるところによって，地方税を賦課徴収することができる。
（地方税の賦課徴収に関する規定の形式）
第3条　地方団体は，その地方税の税目，課税客体，課税標準，税率その他賦課徴収について定をするには，当該地方団体の条例によらなければならない。
2　（略）
（市町村が課することができる税目）
第5条　市町村税は，普通税及び目的税とする。
2～3　（略）
4　鉱泉浴場所在の市町村は，目的税として，入湯税を課するものとする。
5　指定都市等（第701条の31第1項第1号の指定都市等をいう。）は，目的税として，事業所税を課するものとする。
6　市町村は，前2項に規定するものを除くほか，目的税として，次に掲げるものを課することができる。
　一　都市計画税
　二　水利地益税
　三　共同施設税
　四　宅地開発税
　五　国民健康保険税
7　市町村は，第4項及び第5項に規定するもの並びに前項各号に掲げるものを除くほか，別に税目を起こして，目的税を課することができる。
（法定外目的税の新設変更）
第731条　道府県又は市町村は，条例で定める特定の費用に充てるため，法定外目的税を課することができる。
2　道府県又は市町村は，法定外目的税の新設又は変更（法定外目的税の税率の引下げ，廃止その他の政令で定める変更を除く。次項及び次条第2項において同じ。）をしようとする場合においては，あらかじめ，総務大臣に協議し，その同意を得なければならない。
3　道府県又は市町村は，当該道府県又は市町村の法定外目的税の一の納税義務者（納税義務者となるべき者を含む。以下本項において同じ。）であって当該納税義務者に対して課すべき当該法定外目的税の課税標準の合計が当該法定外目的税の課税標準の合計の10分の1を継続的に超えると見込まれる者として総務省令で定めるもの（以下本項において「特定納税義務者」という。）であるものがある場合において，当該法定外目的税の新設又は変更をする旨の条例を制定しようとするときは，当該道府県又は市町村の議会において，当該特定納税義務者の意見を聴くものとする。
（総務大臣の同意）
第733条　総務大臣は，第731条第2項の規定による協議の申出を受けた場合には，当該協議の申出に係る法定外目的税について次に掲げる事由のいずれかがあると認める場合を除き，これに同意しなければならない。
　一　国税又は他の地方税と課税標準を同じくし，かつ，住民の負担が著しく過重

となること。
二　地方団体間における物の流通に重大な障害を与えること。
三　前2号に掲げるものを除くほか，国の経済施策に照らして適当でないこと。

（法定外目的税の徴収の方法）
第733条の3　法定外目的税の徴収については，徴収の便宜に従い，当該地方団体の条例の定めるところによって，普通徴収，申告納付，特別徴収又は証紙徴収の方法によらなければならない。

（法定外目的税の賦課徴収に関する申告又は報告の義務）
第733条の10　法定外目的税の納税義務者は，当該地方団体の条例の定めるところによって，当該法定外目的税の賦課徴収に関し同条例で定める事項を申告し，又は報告しなければならない。

（法定外目的税の減免）
第733条の13　地方団体の長は，天災その他特別の事情がある場合において法定外目的税の減免を必要とすると認める者，貧困により生活のため公私の扶助を受ける者その他特別の事情がある者に限り，当該地方団体の条例の定めるところにより，当該法定外目的税を減免することができる。ただし，特別徴収義務者については，この限りでない。

（法定外目的税の申告納付の手続等）
第733条の14　法定外目的税を申告納付すべき納税者は，当該地方団体の条例で定める期間内における課税標準額，税額その他同条例で定める事項を記載した申告書を同条例で定める納期限までに地方団体の長に提出し，及びその申告した税額を当該地方団体に納付しなければならない。
2　前項の規定によって申告書を提出した者は，申告書を提出した後においてその申告に係る課税標準額又は税額を修正しなければならない場合においては，当該地方団体の条例で定める様式によって，遅滞なく，修正申告書を提出するとともに，修正により増加した税額があるときは，これを納付しなければならない。

（法定外目的税に係る更正及び決定）
第733条の16　地方団体の長は，前条第2項の規定による納入申告書（第733条の14第1項の規定による申告書を含む。以下本節において同じ。）又は第733条の14第2項の規定による修正申告書の提出があった場合において，納入申告（同条第1項の規定による申告を含む。以下本節において同じ。）又は修正申告に係る課税標準額又は税額がその調査したところと異なるときは，これを更正することができる。
2　地方団体の長は，納税者又は特別徴収義務者が前項の納入申告書を提出しなかった場合においては，その調査によって，納入申告すべき課税標準額及び税額を決定することができる。
3　地方団体の長は，前2項の規定によって更正し，又は決定した課税標準額又は税額について，調査によって，過大であることを発見した場合，又は過少であり，かつ，過少であることが納税者又は特別徴収義務者の偽りその他不正の行為によるものであることを発見した場合に限り，これを更正することができる。
4　地方団体の長は，前3項の規定によって更正し，又は決定した場合においては，

遅滞なく，これを納税者又は特別徴収義務者に通知しなければならない。

○鉄道事業法（昭和61年12月4日法律第92号）（抜粋）

（目的）
第1条　この法律は，鉄道事業等の運営を適正かつ合理的なものとすることにより，輸送の安全を確保し，鉄道等の利用者の利益を保護するとともに，鉄道事業等の健全な発達を図り，もって公共の福祉を増進することを目的とする。

（許可）
第3条　鉄道事業を経営しようとする者は，国土交通大臣の許可を受けなければならない。
2～4　（略）

（事業基本計画等の変更）
第7条　鉄道事業の許可を受けた者（以下「鉄道事業者」という。）は，事業基本計画又は第4条第1項第8号若しくは第10号に掲げる事項を変更しようとするときは，国土交通大臣の認可を受けなければならない。ただし，国土交通省令で定める軽微な変更については，この限りでない。
2～3　（略）

（旅客の運賃及び料金）
第16条　鉄道運送事業者は，旅客の運賃及び国土交通省令で定める旅客の料金（以下「旅客運賃等」という。）の上限を定め，国土交通大臣の認可を受けなければならない。これを変更しようとするときも，同様とする。
2　国土交通大臣は，前項の認可をしようとするときは，能率的な経営の下における適正な原価に適正な利潤を加えたものを超えないものであるかどうかを審査して，これをしなければならない。
3　鉄道運送事業者は，第1項の認可を受けた旅客運賃等の上限の範囲内で旅客運賃等を定め，あらかじめ，その旨を国土交通大臣に届け出なければならない。これを変更しようとするときも，同様とする。
4　（略）
5　国土交通大臣は，第3項の旅客運賃等又は前項の旅客の料金が次の各号のいずれかに該当すると認めるときは，当該鉄道運送事業者に対し，期限を定めてその旅客運賃等又は旅客の料金を変更すべきことを命ずることができる。
　一　特定の旅客に対し不当な差別的取扱いをするものであるとき。
　二　他の鉄道運送事業者との間に不当な競争を引き起こすおそれがあるものであるとき。

（権限の委任）
第64条　この法律に規定する国土交通大臣の権限は，国土交通省令で定めるところにより，地方運輸局長に委任することができる。

（運輸審議会への諮問）
第64条の2　国土交通大臣は，次に掲げる処分等をしようとするときは，運輸審議会に諮らなければならない。

一　第16条第1項の規定による旅客運賃等の上限の認可
　二　第16条第5項の規定による旅客運賃等又は旅客の料金の変更の命令
　三～五　（略）
（意見の聴取）
第65条　地方運輸局長は，第64条の規定により，旅客運賃等の上限に関する認可に係る事項がその権限に属することとなった場合において，当該事項について必要があると認めるときは，利害関係人又は参考人の出頭を求めて意見を聴取することができる。
2　地方運輸局長は，その権限に属する前項に規定する事項について利害関係人の申請があったときは，利害関係人又は参考人の出頭を求めて意見を聴取しなければならない。
3　前2項の意見の聴取に際しては，利害関係人に対し，証拠を提出する機会が与えられなければならない。

○国土交通省設置法（平成11年7月16日法律第100号）（抜粋）

（所掌事務等）
第15条　運輸審議会は，鉄道事業法（昭和61年法律第92号）…（中略）…の規定により同審議会に諮ることを要する事項のうち国土交通大臣の行う処分等に係るものを処理する。
2～4　（略）
（公聴会）
第23条　運輸審議会は，第15条第1項に規定する事項及び同条第2項の規定により付議された事項については，必要があると認めるときは，公聴会を開くことができ，又は国土交通大臣の指示若しくは運輸審議会の定める利害関係人の請求があったときは，公聴会を開かなければならない。

○鉄道事業法施行規則（昭和62年2月20日運輸省令第6号）（抜粋）

（権限の委任）
第71条　法及びこの省令に規定する国土交通大臣の権限で次に掲げるものは，地方運輸局長に委任する。
　一～五　（略）
　五の二　法第15条第1項及び第2項の認可であって次に掲げるもの
　　イ　年間の旅客の運賃及び料金の収入額又は収入予想額（軌道事業を兼営する鉄道事業者にあっては，軌道事業による年間の旅客の運賃及び料金の収入額又は収入予想額を加算した額）30億円を基準として国土交通大臣が告示で定める鉄道事業者に鉄道線路を使用させ又は譲渡する場合の使用条件又は譲渡条件に係るもの
　　ロ～ハ　（略）
　六　法第16条第1項の認可であって次に掲げるもの

イ　前号イの告示で定める鉄道事業者の旅客運賃等に係るもの
　　ロ　イに掲げるもののほか，普通旅客運賃，定期旅客運賃その他の基本的な旅客の運賃（旅客の運送に係る路線の長さ，直通運輸の実施の状況等を考慮して国土交通大臣が告示で定める鉄道事業者（以下「特定旅客鉄道事業者」という。）にあっては，普通旅客運賃，定期旅客運賃，特別急行料金その他の基本的な旅客運賃等）に係るもの（軽微なものを除く。）以外のもの
　七～十六　（略）
２　（略）
第73条　法第65条第１項及び第２項の利害関係人（以下第75条までにおいて「利害関係人」という。）とは，次のいずれかに該当する者をいう。
　一　鉄道事業における基本的な旅客運賃等の上限に関する認可の申請者
　二　第１号の申請者と競争の関係にある者
　三　利用者その他の者のうち地方運輸局長が当該事案に関し特に重大な利害関係を有すると認める者

○自転車の安全利用の促進及び自転車等の駐車対策の総合的推進に関する法律
（昭和55年11月25日法律第87号）（抜粋）

（目的）
第１条　この法律は，自転車に係る道路交通環境の整備及び交通安全活動の推進，自転車の安全性の確保，自転車等の駐車対策の総合的推進等に関し必要な措置を定め，もって自転車の交通に係る事故の防止と交通の円滑化並びに駅前広場等の良好な環境の確保及びその機能の低下の防止を図り，あわせて自転車等の利用者の利便の増進に資することを目的とする。
（自転車等の駐車対策の総合的推進）
第５条　地方公共団体又は道路管理者は，通勤，通学，買物等のための自転車等の利用の増大に伴い，自転車等の駐車需要の著しい地域又は自転車等の駐車需要の著しくなることが予想される地域においては，一般公共の用に供される自転車等駐車場の設置に努めるものとする。
２　鉄道事業者は，鉄道の駅の周辺における前項の自転車等駐車場の設置が円滑に行われるように，地方公共団体又は道路管理者との協力体制の整備に努めるとともに，地方公共団体又は道路管理者から同項の自転車等駐車場の設置に協力を求められたときは，その事業との調整に努め，鉄道用地の譲渡，貸付けその他の措置を講ずることにより，当該自転車等駐車場の設置に積極的に協力しなければならない。ただし，鉄道事業者が自ら旅客の利便に供するため，自転車等駐車場を設置する場合は，この限りでない。
３　（略）
４　地方公共団体は，商業地域，近隣商業地域その他自転車等の駐車需要の著しい地域内で条例で定める区域内において百貨店，スーパーマーケット，銀行，遊技場等自転車等の大量の駐車需要を生じさせる施設で条例で定めるものを新築し，又は増築しようとする者に対し，条例で，当該施設若しくはその敷地内又はその周辺に自転車等駐車場を設置しなければならない旨を定めることができる。

5～6　（略）
（総合計画）
第7条　市町村は，第5条第1項に規定する地域において自転車等の駐車対策を総合的かつ計画的に推進するため，自転車等駐車対策協議会の意見を聴いて，自転車等の駐車対策に関する総合計画（以下「総合計画」という。）を定めることができる。
2　総合計画は，次に掲げる事項について定めるものとする。
　一～二　（略）
　三　自転車等駐車場の整備の目標量及び主要な自転車等駐車場の配置，規模，設置主体等その整備に関する事業の概要
　四　第5条第2項の規定により自転車等駐車場の設置に協力すべき鉄道事業者（以下「設置協力鉄道事業者」という。）の講ずる措置
　五～七　（略）
3　（略）
4　市町村は，総合計画を定めるに当たっては，第2項第3号に掲げる事項のうち主要な自転車等駐車場の整備に関する事業の概要については当該自転車等駐車場の設置主体となる者（第5条第4項の規定に基づく条例で定めるところにより自転車等駐車場の設置主体となる者を除く。）と，第2項第4号に掲げる事項については当該事項に係る設置協力鉄道事業者となる者と協議しなければならない。
5～6　（略）
7　総合計画において第2項第3号の主要な自転車等駐車場の設置主体となった者及び同項第4号の設置協力鉄道事業者となった者は，総合計画に従って必要な措置を講じなければならない。
（自転車等駐車対策協議会）
第8条　市町村は，自転車等の駐車対策に関する重要事項を調査審議させるため，条例で定めるところにより，自転車等駐車対策協議会（以下「協議会」という。）を置くことができる。
2　協議会は，自転車等の駐車対策に関する重要事項について，市町村長に意見を述べることができる。
3　協議会は，道路管理者，都道府県警察及び鉄道事業者等自転車等の駐車対策に利害関係を有する者のうちから，市町村長が指定する者で組織する。
4　前項に規定するもののほか，協議会の組織及び運営に関して必要な事項は，市町村の条例で定める。

○伊都市放置自転車対策税条例

（課税の根拠）
第1条　鉄道駅周辺における放置自転車等対策の推進を図るとともに，放置自転車等の撤去及び保管，自転車等駐車場等の施設整備及び維持管理その他放置自転車等対策事業に要する費用の一部に充てるため，地方税法（昭和25年法律第226号。以下「法」という。）第5条第7項の規定に基づき，放置自転車対策税を課す

る。
(用語)
第2条　この条例において，次の各号に掲げる用語の意義は，それぞれ当該各号に定めるところによる。
　一　鉄道事業者　鉄道事業法（昭和61年法律第92号）第7条第1項に規定する鉄道事業者のうち，伊都市の市域内（以下「市内」という。）において旅客運送事業を行う者をいう。
　二　乗車人員　市内に所在する鉄道駅から乗車した人員（ただし，同一鉄道事業者の鉄道駅において路線を乗り継いで乗車した者及び他の鉄道事業者の鉄道駅から連絡乗車券を利用して乗車した者を除く。）をいう。
(法等の適用)
第3条　放置自転車対策税の賦課徴収については，この条例に定めるもののほか，法令及び伊都市市税条例（昭和40年伊都市条例第20号）の定めるところによる。
(納税義務者等)
第4条　放置自転車対策税は，市内に所在する鉄道駅における前年度の旅客運送に対し，当該前年度の乗車人員を課税標準として鉄道事業者に課する。
(税率)
第5条　放置自転車対策税の税率は，1000人につき1000円とする。
(徴収の方法)
第6条　放置自転車対策税は，申告納付の方法によって徴収する。
(申告納付の手続)
第7条　放置自転車対策税を申告納付すべき納税者は，毎年10月1日から同月末日までに，課税標準たる前年度の乗車人員（以下「課税標準数」という。）及び税額その他規則で定める必要事項を記載した申告書を市長に提出するとともに，その申告した税額を翌年1月末日までに納付しなければならない。
2　前項の場合において，第14条第3項の規定による減免額の決定の通知があったときは，申告した税額から当該減免額を控除して納付することができる。
(期限後申告等)
第8条　前条第1項の申告書を提出すべき者は，当該申告書の提出期限後においても，第10条第4項の規定よる決定の通知があるまでは，前条第1項の規定によって申告書を提出するとともに納付することができる。
2　前条第1項又は前項の申告書を提出した者は，当該申告書を提出した後においてその申告に係る課税標準数又は税額を修正しなければならない場合においては，遅滞なく，規則で定める修正申告書を提出するとともに，その修正により増加した税額があるときは，これを納付しなければならない。
3　前項の修正申告書に係る税金を納付する場合は，当該税金に係る前条第1項に規定する納期限（納期限の延長があったときは，その延長された納期限。第12条第2項において同じ。）の翌日から納付の日までの期間の日数に応じ，当該税額に年14.6パーセント（修正申告書を提出した日までの期間又はその日の翌日から1月を経過する日までの期間については，年7.3パーセント）の割合を乗じて計算した金額に相当する延滞金額を加算して納付しなければならない。

(不申告に関する過料)
第9条　第7条第1項の規定によって申告すべき事項について正当な事由がなくて申告をしなかった場合においては，その者に対し，3万円以下の過料を科する。
2　前項の過料の額は，市長が定める。
3　第1項の過料を徴収する場合において発する納入通知書に指定すべき納期限は，その発した日から10日以内とする。
(更正及び決定)
第10条　市長は，第7条第1項の申告書又は第8条第2項の修正申告書の提出があった場合において，申告又は修正申告に係る課税標準数又は税額がその調査したところと異なるときは，これを更正することができる。
2　市長は，納税者が前項の申告書を提出しなかった場合においては，その調査によって，申告すべき課税標準数及び税額を決定することができる。
3　市長は，前2項の規定によって更正し，又は決定した課税標準数又は税額について，調査によって，過大であることを発見した場合又は過小であり，かつ，過小であることが納税者の偽りその他不正の行為によるものであることを発見した場合に限り，これを更正することができる。
4　市長は，前3項の規定によって更正し，又は決定した場合においては，遅滞なく，これを納税者に通知するものとする。
(更正及び決定等に関する通知)
第11条　前条第4項の規定による放置自転車対策税の更正又は決定の通知，法第733条の18第5項の規定による放置自転車対策税の過少申告加算金額又は不申告加算金額の決定の通知及び法第733条の19第4項の規定による放置自転車対策税の重加算金額の決定の通知は，規則で定める通知書により行うものとする。
(更正及び決定に係る不足税額等)
第12条　放置自転車対策税の納税者は，前条の通知書により通知を受けた場合においては，当該通知に係る不足税額（更正による不足税額又は決定による税額をいう。次項において同じ。）又は過少申告加算金額，不申告加算金額若しくは重加算金額をそれぞれ当該通知書に記載された納期限までに納付しなければならない。
2　前項の場合においては，その不足税額に第7条第1項に規定する納期限の翌日から納付の日までの期間の日数に応じ，年14.6パーセント（前項の納期限までの期間又は当該納期限の翌日から1月を経過する日までの期間については，年7.3パーセント）の割合を乗じて計算した金額に相当する延滞金額を加算して納付しなければならない。
(帳簿の記載義務等)
第13条　放置自転車対策税の納税義務者は，帳簿を備え，規則で定めるところにより乗車人員に関する事実をこれに記載し，第7条第1項に規定する納期限の翌日から起算して5年を経過する日まで保存しなければならない。
(減免)
第14条　市長は，次の各号のいずれかに該当する放置自転車対策税の納税者に対し，規則で定めるところにより放置自転車対策税を減免することができる。
　一　市内に所在する鉄道駅周辺において自転車等駐車場を市内に設置し，運営を

行っている者
　二　自転車等駐車場用地又は撤去自転車の保管用地等を伊都市に無償提供している者
　三　前2号に掲げるもののほか，放置自転車等対策に対して特別に寄与していると市長が認める者
2　前項の規定により放置自転車対策税の減免を受けようとする者は，規則で定める申請書を市長に提出しなければならない。
3　市長は，前項の申請書の提出を受けた場合は，調査のうえ減免額を決定し，納税者に通知するものとする。
（委任）
第15条　この条例の施行について必要な事項は，規則で定める。
（税収の使途）
第16条　市長は，市に納付された放置自転車対策税の税収総額から放置自転車対策税の賦課徴収に要する費用の総額を控除して得た金額を，放置自転車等の撤去及び保管，自転車等駐車場等の施設整備及び維持管理その他放置自転車等対策に要する費用に充てなければならない。

○伊都市放置自転車対策税条例施行規則（抜粋）

第6条　条例第14条第1項第1号及び第2号に該当する納税者に対しては，放置自転車対策税の全額を免除するものとする。
2　条例第14条第1項第3号に該当する納税者に対しては，市長が別に定めるところにより，放置自転車対策税の全額を免除することができる。

【資料3≫関連要綱】

○伊都市放置自転車対策税減免要綱（抜粋）

第3条　条例第14条第1項第3号にいう「放置自転車等対策に対して特別に寄与している」とは，以下の各号に該当する場合をいう。
　一　駅前において駅員等に自転車等を放置させないよう指示させ，放置自転車等を通行の邪魔にならない場所に整理させている者
　二　自転車等駐車場用地又は撤去自転車の保管用地等を伊都市に低廉な価格で賃貸している者
　三　前2号に掲げるもののほか，自転車等の放置を防止する活動を行っている者
2　市長は，前条各号の認定にあたって，当該鉄道事業者の市民に対するこれまでの貢献実績を考慮するものとする。

Milestone

※本事例は司法試験問題と比較して論ずべき点が多いため，司法試験の試験時間を目安に解答するのは難しいかもしれない。**77****78**は法定外税に関する前提知識を説明する趣旨の設問なので，本事例を解く前にざっと目を通すことを勧める。**86**は発展的な内容を含んでおり，本事例に対する解答としては必須の要素ではない。

77 地方税法の定める法定外普通税と法定外目的税はどのような性格の税ですか。また，現在どのような具体例がありますか。

78 法定外税をめぐってこれまでに生じた法的紛争の事例を簡潔に紹介して下さい。

79 伊都市放置自転車対策税条例は課税要件と課税手続についてどのような定めを置いていますか。

80 放置自転車対策税が賦課されるまでの過程を整理した上で，訴訟提起が可能になるタイミングとして，いくつかの候補を挙げて下さい。

81 訴訟を提起する場合に，どのような訴訟類型を用いるべきか，またその訴訟要件を満たすか検討して下さい。

82 総務大臣の同意はどのような法的性格を有する行為ですか。また，Rが同意に対する取消訴訟を提起することはできると考えられますか。

83 Rが将来的に予想されるO鉄道の運賃値上げ認可の差止訴訟を提起する場合，その訴訟要件を充足するか，原告適格と重大性要件に絞って検討して下さい。

84 地方税法と放置自転車対策税条例とはどのような関係に立っていますか。

85 自転車法と放置自転車対策税条例とは矛盾抵触関係にあると言えますか。

86 条例を全面的に無効とせずにO鉄道の経済的打撃を軽減する解決方法はありますか。

解説

事例のねらい

　1999年の地方分権一括法によって導入された法定外目的税は，地方公共団体の新たな税財源としても，また政策目的を税によって実現する経済的手法としても注目されてきた。他方で，目的税の場合には税負担が求められる対象者が特定されることから，なぜ新たな負担を負わなければならないのかをめぐる法的な紛争も生じることとなった。この事例では，2003年に東京都豊島区が制定した放置自転車等対策推進税条例をモデルに，法定外目的税の課税をめぐって生ずる可能性のある法的紛争に対してどのような解決策が考えられるか検討することをねらいとしている。

▶Key Points◀
［行政過程論］法律と条例の関係，地方公共団体への国の関与
［行政救済論］処分性，原告適格
［租税法］税の分類（例解 170頁），租税法における条例（例解 181頁以下）

● 前提知識の確認

1. 法定外税とは何か

地方税法の定める法定外普通税と法定外目的税はどのような性格の税ですか。また，現在どのような具体例がありますか。

我が国の租税はその徴税主体に注目すると国税と地方税に分けられる（例解 169 頁）。このうち地方税については地方税法がその枠組を定めており，具体的な税目・課税要件も法律で定められている。これに対して，地方税法上の税目の定めのない税を道府県（同法 4 条 3 項・6 項）・市町村（同法 5 条 3 項・7 項）が課すことを同法は許容しており，これを法定外税と呼ぶ。

　法定外税には法定外普通税と法定外目的税の 2 種類がある。普通税とは使途を限定せずに徴収する租税であり，目的税とは最初から特定の使途を予定して徴収する租税である（例解 170 頁）。戦後のシャウプ勧告を受けて，地方税法は法定外普通税のみを許容し，法定外目的税を認めていなかった。この背景には，目的税がその使途を特定している（納税者に対してのみ一定の公共サービスが提供されるなどの反対給付を想定している）ため租税一般の定義とは矛盾する性格を持つこと，納税者の負担と納税者に対する給付に対応関係がある場合には租税という形式ではなく分担金・負担金等の別の形式で徴収すべきと考えられていたことが背景にあった。しかし 1999 年の地方分権改革の際に，地方公共団体の税収を独自に確保する方策として法定外目的税も認められるべきとの意見が強まり，法定外目的税も加えられた。

　2011 年度には法定外普通税は 216 億円，法定外目的税は 100 億円が徴収されている。2013 年 1 月現在の導入状況は以下の通りである（対馬孝「最近の法定外税を巡る状況について」地方税 64 巻 3 号（2013 年）160-179 頁）。

	法定外普通税	法定外目的税
道府県	石油価格調整税（沖縄），核燃料税（福井・福島・愛媛・佐賀・島根・静岡・鹿児島・宮城・新潟・北海道・石川），核燃料等取扱税（茨城），核燃料物質等取扱税（青森）	産業廃棄物税（三重・鳥取・岡山・広島・青森・岩手・秋田・滋賀・奈良・新潟・山口・宮城・京都・島根・福岡・佐賀・長崎・大分・鹿児島・熊本・宮崎・福島・愛知・沖縄・北海道・山形・愛媛），宿泊税（東京），乗鞍環境保全税（岐阜）
市町村	砂利採集税（神奈川県中井町，神奈川県山北町），別荘等所有税（静岡県熱海市），歴史と文化の環境税（福岡県太宰府市），使用済核燃料税（鹿児島県薩摩川内市），狭小住戸集合住宅税（東京都豊島区），空港連絡橋利用税（大阪府泉佐野市）	山砂利採集税（京都府城陽市），遊漁税（山梨県富士河口湖町），環境未来税（福岡県北九州市），使用済核燃料税（新潟県柏崎市），環境協力税（沖縄県伊是名村・伊平屋村・渡嘉敷村）

2. 法定外税をめぐる法的紛争

> 法定外税をめぐってこれまでに生じた法的紛争の事例を簡潔に紹介して下さい。

　地方分権改革後の法定外税をめぐる最初の紛争となったのは，横浜市勝馬投票券発売税条例（2000年制定）であった。これは，日本中央競馬会の場外馬券売場の売上げに課税する法定外普通税で，税率は5％とされていた。これに対して総務大臣は，日本中央競馬会の国庫納付金の金額が減り，国の経済施策に照らして適当でないという理由で同意を拒否した（2001年3月31日）。不同意を不服とする横浜市は，国地方係争処理委員会に同年4月に審査を申し出て（地方自治法250条の13），同年7月に委員会は協議再開を勧告した（同法250条の14）。協議は平行線をたどり，横浜市は結局税源移譲に活路を求めて，新税の導入を断念した（2004年3月）。

　次に大きな紛争となったのは，本事例がモデルにしている豊島区の放置自転車等対策推進税条例である。同区は2003年に法定外普通税としての狭小住戸集合住宅税と法定外目的税としての放置自転車等対策推進税を徴収する条例を議会に提案した。導入をめぐり大きな紛争に発展したのは放置自転車等対策推進税の方であり，強い反対を示したのは納税義務が課されるJR東日本・東武・西武・東京メトロ・東京都交通局（鉄道5社）であった。豊島区は放置自転車の台数が多く，区の調査ではその7割が鉄道利用者とされ，鉄道事業者にも放置自転車対策のために応分の経済的負担を求めるべきとの考え方がこの条例の制定に繋がった。自転車法には商業施設に対する駐輪場付置義務の規定はあっても（自転車法5条4項により条例で定めれば付置義務がある），駅に対して付置義務の規定はない。このことも条例の制定の遠因となった（大原啓介「放置自転車税をめぐる議論の行方」都市問題96巻7号（2005年）88-91（89）頁）。同条例は2003年11月に区議会で成立し，12月に豊島区は総務大臣との協議を開始した。この協議の際に鉄道5社は強い反対運動を続け，総務大臣は区と鉄道事業者の意見を公開で聴取する手続を取った上で，鉄道5社と区が再協議するように要請した。その後，総務大臣は納税者

の理解を得るよう努力することを求める意見を付けた上で，同意した（2004年9月13日）。豊島区は実施を1年延期した上で鉄道5社との協議を続け，この中で鉄道5社が駐輪場用地の無償提供を提案し，駐輪場用地確保の目処が立ってきた。このため，同税は一度も徴収されないまま，2006年に廃止されている。

最高裁まで争われ，法定外税が違法と判断されたのが，神奈川県臨時特例企業税である。2001年3月に神奈川県は，外形標準課税（＝法人の所得に対してではなく，資本金や従業員数など規模を示す基準に注目して課税する方式）を先取りする趣旨で，臨時特例企業税条例を可決した。同年6月に総務大臣が同意し，法定外普通税として徴収が始まった。これは，過去5年間の欠損金を繰り越す（＝赤字が出た場合に翌年にも繰り越して翌年の黒字と相殺する）ことで法人事業税が課されていない資本金5億円以上の企業に対して，実質的に，その年の利益に対して3％の課税をするものであった（課税標準は繰越欠損金による課税所得減少額）。これに対して2005年10月に，いすゞ自動車が既に支払った臨時特例企業税の返還や条例の無効確認を求める訴訟を起こし（横浜地判2008（平成20）・3・19判時2020号29頁，東京高判2010（平成22）・2・25判時2074号32頁），2013年3月に最高裁は同条例の違法を認めた（最一小判2013（平成25）・3・21民集67巻3号438頁）。この結果，神奈川県は2012年度末までに約640億円を課税した企業に返還している。このほか，法定外税ではないものの，上記のような外形標準課税を独自に行おうとした東京都の銀行税条例につき，1審（東京地判2002（平成14）・3・26判時1787号42頁）・控訴審（東京高判2003（平成15）・1・30判時1814号44頁）ともに銀行側勝訴の判決を出し，最高裁で和解が成立している。

3. 放置自転車対策税条例を読む

> 伊都市放置自転車対策税条例は課税要件と課税手続についてどのような定めを置いていますか。

① 伊都市放置自転車対策条例（以下「本件条例」という）1条では，この条例

に基づく税が，地方税法5条7項の規定に基づく法定外目的税であることが示されている。地方税法は地方公共団体の課税権を枠付ける性格のものであり，地方税法の規定を根拠に課税がなされるわけではない。
② 課税要件（|例解| 168頁）については，同条例で明確に定められている。納税義務者は鉄道事業者（同条例2条1号の定義規定によれば，鉄道事業法7条1項に規定する鉄道事業者のうち市内で旅客運送事業を行う者）であり，課税標準は前年度の乗車人員（同条例2条2号の定義規定によれば市内に所在する鉄道駅からの乗車人数），税率は1000人につき1000円である（以上，同条例4・5条）。
③ 徴収の方法は申告納付であるから（同条例6条），税額は納税者からの申告書によって確定されることになる（|例解| 197頁以下，ただし減額の場合も修正申告である点は国税と異なる）。期限後申告には延滞金（同条例8条3項）が，また不申告には過料が科され（同条例9条1項），市長は決定によって税額を定める（同条例10条2項）。申告の額と税額が異なると市長が判断すれば，更正処分がなされる（同条3項）。
④ 本件条例には減免措置の規定がある（同条例14条）。自転車等駐輪場の整備・管理費の捻出が条例による法定外税の使途（同条例16条）であることに鑑み，駐輪場の設置者や用地無償提供者には免税措置が用意されている。

●答案作成のヒント💡●

① 問題文を読む

問題文から，紛争の中心は伊都市が放置自転車対策税を課税することにあることがわかる。課税に不満を持つのは，鉄道事業者であるO鉄道とO鉄道の定期券購入者のRである。設問では，O鉄道・Rが訴訟を提起する場合の訴訟類型の選択や訴訟要件の充足可能性の問題と，本件条例の適法性の問題が挙げられている。さらに，法律事務所の会議録を読むと，法定外目的税の課税が認められるまでの間に国と地方公共団体との間での協議があること，本件条例では申告納付方式が採られていること，鉄道運賃の値上げの場合には鉄道事業法の定める手続が必要になること，本件条例の適法性については自転車法との関係が問題となることが分かる。

② 条文を読む

　本事例では参照条文として多数の法令等が挙げられている。

　［設問1］は，O鉄道が放置自転車対策税を支払う義務があるかどうかと関係しているので，その課税要件を定める本件条例と，課税の大枠を規定している地方税法の規定を分析する必要がある。地方税法5条7項が市町村の法定外目的税を許容し，その新設手続が同法731条以下で定められている。これらの規定から，条例の制定（特定納税義務者への意見聴取）（同法731条3項）→総務大臣への協議の申出（同条2項）→総務大臣の同意（同法733条）という行政過程が設定されていることを読み取る必要がある。さらに，課税手続についても，申告書の提出（本件条例7条1項）→更正処分（同条例10条1項）という確定手続があることがわかる（例解 197頁以下）。

　［設問2］は，Rが鉄道運賃の値上げを阻止したいと考えているので，鉄道運賃に関する定めを置いている鉄道事業法を読み解く必要がある。鉄道運賃が値上げされる際には，同法16条1項の国土交通大臣の認可を受ける必要がある。その際には運輸審議会への諮問がなされなければならず（同法64条の2第1号），審議会では利害関係人が公聴会に参加することとされている（国土交通省設置法23条）。認可権限が地方運輸局長に委任されている場合には，利害関係人・参考人の意見聴取が規定されている（鉄道事業法65条）。

　［設問3］は，本件条例の適法性を問うものなので，条例・条例施行規則・減免要綱と，条例の内容と矛盾抵触関係に立ちうる地方税法・自転車法の規定を検討する必要がある。まず，地方税法の総務大臣同意要件（同法733条）を確認すると，3つの要件が規定されていることが分かる。放置自転車対策税との関係では同条2号（物の流通への障害）や3号（国の経済施策）が問題となりうる。次に自転車法5条2項は，鉄道事業者に対して地方公共団体の施策に「積極的に協力」することを求めている一方，同条4項は商業施設等に対して条例で駐輪場設置義務を定めることを許容している。この自転車法の規定が条例と矛盾抵触関係にあるのかどうかが問題となりうる。さらに，本件条例14条には減免規定があり，同条1項3号の「放置自転車等対策に対して特別に寄与していると市長が認める者」についてその具体的な認定条件は同施行規則6条2項によって市長が別途定めることとされている。これを定めているのが，減免要綱3条の規定である。

③ 答案構成を考える

　［設問１］の解答にあたっては，法定外目的税新設手続と納税義務確定手続における行政上の諸決定の法的性質（とりわけ処分性の有無）を特定した上で，どのタイミングでどの訴訟類型を使うことが考えられるかを整理し，その中で最も適切と考えられるものを選択することとなる。

　［設問２］の解答にあたっては，Ｒが受ける不利益は新税の課税に伴う運賃値上げであることに留意し，訴訟可能なタイミングの選択と，訴訟要件の充足可能性（とりわけ原告適格）を検討する必要がある。

　［設問３］の解答にあたっては，地方税法と条例の関係，自転車法と条例の関係の２つに注目して条例の適法性を議論することが求められる（余裕があれば，弁護士事務所の会議録で示唆されている条例の減免規定も条例の適法性の検討素材にできないか考えてみるとよい）。

設問１について

1. 放置自転車対策税徴収までの過程

> 放置自転車対策税が賦課されるまでの過程を整理した上で，訴訟提起が可能になるタイミングとして，いくつかの候補を挙げて下さい。

① 条例の制定	② 総務大臣同意	③ 納税義務確定	④ 徴収手続
特定納税義務者の意見聴取	協議 財務大臣の異議 地方財政審議会の意見	申告 無申告→決定 過少・過大申告→更正	督促 滞納処分 （差押・換価・配当）

　鉄道事業者に対して賦課されるまでの過程は３つに分けることができる。
① 地方税法そのものは課税根拠とならないため，地方団体は条例を制定することで課税根拠を設定しなければならない（地方税法２・３条）。地方税法731条３項は，法定外目的税の課税標準全体の1/10を超える割合を継続的に負担すると見込まれる特定納税義務者に対して，地方団体の議会で意見を

聞くことを求めている。

② 一般的には条例が可決された後に，地方団体は総務大臣に対して協議の申出を行う（地方税法 731 条 2 項）。総務大臣は，地方税法 733 条に掲げる要件に該当しない場合にはこれに同意しなければならない。

③ 納税義務の確定は，鉄道事業者の申告による（本件条例 6 条）。申告がなされない場合には市長が決定によって税額を確定することになる（同条例 10 条 2 項）。申告の内容が本来の税額と異なる場合には，市長は更正（増額・減額更正）によって税額を修正できる（同条例 10 条 1 項）。

以上の中で，訴訟提起が可能になりそうなタイミングを挙げるとすれば，
① 条例の制定
② 総務大臣の同意
③ 決定，更正
がある（④滞納処分もありうるものの，ここでは検討を省略する）。

2. 訴訟類型の選択・訴訟要件の充足

> 訴訟を提起する場合に，どのような訴訟類型を用いるべきか，またその訴訟要件を満たすか検討して下さい。

上記の行政活動を対象に訴訟提起する場合の訴訟類型の選択・訴訟要件の充足可能性を検討する。

① 本件条例をターゲットに訴訟提起するとすれば，条例を処分とみてその取消訴訟を提起するか，条例に基づく納税義務が存在しないことの確認訴訟（公法上の当事者訴訟）を提起するかが考えられる。

処分性の判断基準は「公権力の主体たる国または公共団体が行う行為のうち，その行為によって，直接国民の権利義務を形成しまたはその範囲を確定することが法律上認められているもの」（判百Ⅱ156　判Ⅱ18　CB 11-2 最一小判 1964（昭和 39）・10・29 民集 18 巻 8 号 1809 頁［東京都ごみ焼却場事件］）と言えるかどうかである（⇨24）。この定式は，公権力性，成熟性，外部性，法的効果の 4 つに分解できる（例解 103 頁）。条例制定は公権力の主体としての地

方公共団体の行為であり，条例によって住民の権利義務関係が規律されることから，この4つのうち公権力性・外部性・法的効果の3つは充足する。しかし条例は通常，住民の権利義務を一般的・抽象的に定めるものであるから，成熟性の要素を欠き，処分性が否定される。これに対して最高裁は，横浜市保育所民営化事件（判百Ⅱ211　判Ⅱ29　CB 11-16　最一小判 2009（平成 21）・11・26 民集 63 巻 9 号 2124 頁）で保育所廃止を内容とする条例に処分性を認め，その取消訴訟を可能と判断した（例解 336 頁）。その理由は条例に後続する行政上の決定なしに保育所が廃止されること（条例制定が実質的な最終決定であり成熟性の要素があること），保育所廃止により法的地位が侵害される集団が法的に見て特定されていること（契約に基づき当該保育所で保育を受けうる地位が現入所者に認められること）にあった（⇨88）。これに対して本件条例の場合にはそのような要素が存在しない（後続の行政活動によらず条例により直接納税義務が課されるわけではなく，鉄道事業者であれば誰もが納税義務を負う）ので，条例に処分性を認めることはできない。よって条例の取消訴訟は提起できない。

　条例が処分でないとすれば，条例に基づく納税義務不存在確認訴訟（公法上の当事者訴訟）を提起する可能性がある。確認訴訟で争う場合には，確認の利益が必要であり，具体的には対象選択の適否・即時確定の利益・方法選択の適否が問題となる（例解 131 頁）。このうち即時確定の利益に関しては，③の決定・更正を対象とする訴訟でも救済のタイミングとして問題がないとすれば，確認の利益が認められず訴訟要件を充足しないことになる。一般に租税債務は，事後的に金銭賠償で解決できる性格のものと考えられているから，納税すべき額が大きすぎて事業の運営に支障を来すような場合を除けば，即時確定の利益が認められない可能性が高い（方法選択の適否につき 6）。
② 総務大臣の同意に処分性があるとすれば，同意の取消訴訟を第三者の立場で提起することが考えられる（総務大臣の同意の法的性格は 82 で検討する）。
③ 本件条例の違法・無効を前提とすると，O 鉄道には申告する義務もないはずである。しかし市長は条例が適法・有効であることを前提に決定処分をすることになる。そこで決定処分を待ってその取消訴訟を提起するか，決定処分の差止訴訟を提起することが考えられる。このうち差止訴訟については重大性要件を満たすかどうか（処分がなされた後の取消訴訟と執行停止では救済が不十分となるような重大な損害か）が問題になる。加えて期限後申告となる

と延滞金（同条例8条3項）を支払わなければならないことから，敗訴に伴うリスクを抑えるには，一旦申告・納税してから争う方が適当であろう。

そこで，一旦申告した上で，条例の違法・無効を前提に修正申告し（同条例8条2項），更正拒否処分を持ってその取消訴訟を提起するか，条例の違法無効を前提に誤納金返還請求訴訟を提起することが考えられる。これ以外に，徴収された税額と同額の国家賠償請求をすることも考えられる（ただしこの方法では公務員の故意・過失（主観的要素）の立証も必要となる）。

設問2について

Rが O 鉄道の運賃の値上げを阻止しようとする場合には，値上げの前提になっている法定外税についての総務大臣同意を攻撃するか，運賃値上げを認める国土交通大臣の認可を攻撃するかの2つの可能性がある。

1. 総務大臣同意の法的性質

> 総務大臣の同意はどのような法的性格を有する行為ですか。また，Rが同意に対する取消訴訟を提起することはできると考えられますか。

① 地方税法731条2項は法定外目的税の新設の際に総務大臣と協議し，その同意を得なければならないと規定する（例解 182頁）。このうち「協議」は，地方公共団体に対する国の関与の類型の一種（地方自治法245条1号ニ）であり，協議が整わなかった場合には，普通地方公共団体の長・執行機関は国地方係争処理委員会に対して審査の申出をすることができる（同法250条の13第3項）。協議はこのように（少なくとも立案担当者の理解としては）対等な関係における両当事者の意思の合致と整理されており（松本英昭『新版逐条地方自治法〔第7次改訂版〕』（学陽書房・2013年）1064頁），公権力の行使に該当するような一方的な行為ではないとされている。これに対して協議の後に「同意」が必要な場合には，同意が得られないとその後の手続が進まないので，協議の義務を果たしただけでは意味がなく，このため公権力の行使に該

当する関与として扱われる（松本・前掲書1141頁, 碓井光明「法定外税をめぐる諸問題（上）」自治研究77巻1号（2001年）17-32（20）頁）。委員会は審査を行い, 勧告を出すとともにこれを公表する（同法250条の14）。この勧告に不服がある場合には普通地方公共団体の長・執行機関は関与の取消訴訟を提起することができ（地方自治法251条の5）, これは一種の機関訴訟と整理されている（▶ 答案例 ではこの理解を前提とした答案を示している）。

　同意の取消訴訟を私人Rが提起する場合に, 最初のハードルとなるのは, その処分性（とくに外部性）である（⇒81, 例解 105頁）。地方税法が法定外税に関する国の関与のしくみを定め, 総務大臣の同意を得なければ法定外税を課すことができないこととしていることから, 法定外税の課税の可否に関しては総務大臣と伊都市との関係は行政内部関係と捉えられる可能性がある。そうなれば, 成田新幹線事件最高裁判決（判百Ⅰ2 判Ⅰ60 CB 11-4 最二小判1978（昭和53）・12・8民集32巻9号1617頁）が判示するように, 同意は上級行政機関としての総務大臣が監督手段としての承認を与えるものであって, 直接国民の権利義務を形成し, 又はその範囲を確定する効果を持つものではないから, その処分性が否定されるかもしれない。あるいは, 立案担当者の整理の通り関与の取消訴訟が機関訴訟であるとすれば, そもそも行政事件訴訟法に基づいて私人がその取消を求めることはできなくなる（行政事件訴訟法42条）。これに対して学説上は, 関与の取消訴訟は地方公共団体に憲法上保障された自治権が侵害されたことに基づくものであって, 主観訴訟である（⇒10 11）との理解が強い。ただしその場合でも, 念頭に置かれているのは地方公共団体（このケースでは伊都市）が総務大臣の不同意を争う場面であって, 私人が同意を争う場面ではない。

　そこで, 処分性を肯定するとすれば, [1] 総務大臣の同意は, 地方税法の法定外税に関する要件に合致しているかどうかを認定判断する行為であり（公権力性）, [2] 同意が得られて初めて法定外税の課税を地方税法に違反せずになしうるという意味で国民の権利義務に影響を与え（外部性・法的効果）, [3] 法定外税の地方税法との適合性に関する最終的な決定である（成熟性）という要素に注目する必要がある。[2] との関係では, 注目する法的効果の内容を, 法定外税の適法性一般ではなく, 地方税法に違反しないで課税しうることに限定している（同意の法的効果をめぐる議論に関して参照, 宇賀克也『地

方自治法概説［第5版］』（有斐閣・2013年）148頁）。また［3］との関係では函数尺事件東京地裁判決（判Ⅱ35 東京地判1971(昭和46)・11・8行裁例集22巻11＝12号1785頁）が，「通達であってもその内容が国民の具体的な権利，義務ないしは法律上の利益に重大なかかわりをもち，かつ，その影響が単に行政組織の内部関係にとどまらず外部にも及び，国民の具体的な権利，義務ないしは法律上の利益に変動をきたし，通達そのものを争わせなければその権利救済を全からしめることができないような特殊例外的な場合には，行政訴訟の制度が国民の権利救済のための制度であることに鑑みれば，通達を単に行政組織の内部的規律としてのみ扱い，行政訴訟の対象となしえないものとすることは妥当でなく，むしろ通達によって具体的な不利益を受ける国民から通達そのものを訴訟の対象としてその取消を求めることも許されると解するのが相当である」として，通達の処分性を肯定したことが手がかりとなる。本件においてRは納税義務者となるわけではないので，O鉄道のように後続の行政活動を対象に訴訟を提起することはできないからである。

② このようにして同意の処分性を肯定したとしても，取消訴訟の提起までにはまだハードルがある。Rの原告適格（行政事件訴訟法9条1項）をどのように基礎付けるかという問題である。処分の名宛人以外の第三者の原告適格が認められるためには，当該行政処分により何らかの不利益が生じること（不利益要件），その利益が公益として処分根拠規定の保護範囲に含まれていること（保護範囲要件），その利益が公益としてのみならず個々人の個別的利益としても保護されていること（個別保護要件）が要求される（⇨ ④，例解111頁）。本件では，同意による値上がりの可能性という不利益がRに及ぼされる可能性があるとして（不利益要件），地方税法がこの利益を考慮するように処分要件や関連規定の中で総務大臣に義務付けているか（保護範囲要件），個々人の個別的利益としても保護されているのか（個別保護要件）が問題となる。地方税法733条に示されている同意の要件で関連がありそうなのは3号（「国の経済施策に照らして適当でないこと」）である。しかしこの規定が鉄道利用者の利益を保護範囲に含めていると言えるのか，さらにはその利益を個々人の個別的利益としても保護していると言えるのかはかなり疑わしい。

2. R の原告適格・重大性要件の充足可能性

> R が将来的に予想される O 鉄道の運賃値上げ認可の差止訴訟を提起する場合、その訴訟要件を充足するか、原告適格と重大性要件に絞って検討して下さい。

　鉄道利用者 R の利益が考慮されている行政法規としては、地方税法よりもむしろ鉄道事業法の方が適切である。そこで、R が将来的に予想される P 鉄道の値上げ認可の差止訴訟を提起するとして、原告適格（例解 109 頁）と重大性要件（例解 129 頁）を充足するか検討する。

① 周知の通り近鉄特急事件最高裁判決（判百Ⅱ172 判Ⅱ47 CB 12-3 最一小判 1989（平成元）・4・13 判時 1313 号 121 頁）では、定期券利用者の原告適格が否定されている。その理由は、認可処分そのものが鉄道利用者の契約上の地位に直接影響を及ぼすものではないこと、認可の趣旨が公共の利益の確保にあって利用者の個別的な利益を保護するものではないことにあった。このうち第 1 の点については、現在の鉄道事業法では上限認可制に変更されており（鉄道事業法 16 条 1 項）、認可された運賃の範囲内での運賃変更は届出で足りることから（同条 3 項）、認可と個別の輸送契約との関連性は薄くなっている。これに対して第 2 の点については、鉄道事業法に目的規定が設けられ、利用者の利益の保護が表明されていること、認可の際には利害関係人の意見を聴取することができるとする規定が置かれたこと（同法 65 条 1 項）が注目される。個別保護性については地方鉄道法よりも充足可能性が高まっているので、上限認可制が個別の契約に対して法的に影響を与えるものであることが論証できれば、同判決の存在を前提としても R の原告適格が認められうる。この点について、阿部泰隆「鉄道運賃値下げ命令義務付け訴訟における鉄道利用者の原告適格 (1)」自治研究 87 巻 6 号（2011 年）3-33（20）頁は、「認可は、契約前の行為で契約に影響を及ぼさないというのは皮相的であり、認可制度の趣旨からいえば、私法上の契約に任せた場合に生ずる独占の弊害を防止するために、鉄道会社の契約の自由を規制しているのであるから、それは利用者を保護する制度であり、それが不十分であれば、利用者は

重大な不利益を受けるのである」とする。また，北総鉄道訴訟東京地裁判決（東京地判 2013（平成 25）・3・26 判例集未登載）ではこの主張が認められ，「少なくとも居住地から職場や学校等への日々の通勤や通学等の手段として反復継続して日常的に鉄道を利用している者が有する利益は，『法律上保護された利益』に該当するというべきである」との判断が示されている。

② 差止訴訟の訴訟要件としての重大性要件は，取消訴訟を提起しその執行停止を申し立てたのでは十分に救済できない侵害行為の態様・被侵害法益の内容であることを意味する（判百Ⅱ214　判Ⅱ59　CB 15-6　最一小判 2012（平成 24）・2・9 民集 66 巻 2 号 183 頁［君が代訴訟］）。一般に経済的利益については事後的な金銭填補で救済できることから，この要件の充足が否定されやすい。そこで，定期利用者の特殊事情，例えば反復継続性や生活費に占める割合の高さといった事情からの論証が成功するかどうかがポイントであろう。本件においてＲは定期券利用者であり，反復継続して定期券購入費用を支払わなければならない立場にあるから，重大性要件を充足しうる。

設問 3 について

1. 地方税法と放置自転車対策税条例との関係

> 地方税法と放置自転車対策税条例とはどのような関係に立っていますか。

現在の学説の理解では，地方税法は地方税の課税の根拠となるものではなく，地方団体は条例によって課税の根拠をおく必要がある（例解 182 頁）。地方税法は，その際の大枠ないし条件を定めたものとされる。地方税条例と地方税法の関係について前掲・神奈川県臨時特例企業税事件最高裁判決は，地方公共団体に憲法上の課税権があることを認めている。他方で，地方税法のような地方税に関する準則法が立法されることが憲法上も予定され，地方公共団体の課税権はこれに従って行使されなければならないとした。そして，地方税法の定めと臨時特例企業税条例の規定との間に矛盾抵触があるか

どうかを検討し，同法の控除に関する規定を強行規定と理解した上で矛盾抵触を認め，条例を違法・無効と判断している。

これに対して本件で問題となっている放置自転車対策税条例は，神奈川県臨時特例企業税のように，地方税法上認められている控除分に実質的に相応する部分に対して課税するという方式をとっていない。そのため，本件では地方税法上の強行規定との矛盾抵触は問題にならない。

2. 自転車法と放置自転車対策税条例との関係

> 自転車法と放置自転車対策税条例とは矛盾抵触関係にあると言えますか。

むしろ矛盾抵触関係が問題になるのは，自転車の安全利用の促進及び自転車等の駐車対策の総合的推進に関する法律（自転車法）との関係である。そこで，徳島市公安条例事件最高裁判決（判Ⅰ19 CB1-2 最大判1975（昭和50）・9・10刑集29巻8号489頁）が示している定式を踏まえて，条例との矛盾抵触の有無を検討する（⇒①）。

日本国憲法94条によれば，地方公共団体は「法律の範囲内で」条例を制定することができる。条例が「法律の範囲内」と言えるかどうかは，両者の対象事項と規定文言を対比するのみではなく，それぞれの趣旨，目的，内容及び効果を比較し，両者の間に矛盾抵触があるかどうかによって決定される。具体的には，法令と条例の目的が異なる場合であれば対象が同じでも矛盾抵触はない。また法令と条例が同一目的であったとしても，法令の規制が全国一律同一内容の規制をする趣旨でなければ，矛盾抵触はない。

これを本件について見れば，自転車法は「自転車等の駐車対策の総合的推進等に関し必要な措置を定め」ることを目的とし（同法1条），本件条例は「鉄道駅周辺における放置自転車等対策の推進を図る」ことを目的としている（同条例1条）から，両者はともに放置自転車対策を促進するという共通の目的に基づくものである。

そこで，問題となるのは，自転車法が鉄道事業者に求めている経済的負担

が全国一律同一内容とする趣旨と言えるかどうかである。自転車法は，鉄道事業者に対して駐輪場設置の協力義務を定め（同法5条2項），また市町村との調整の組織として自転車等駐車対策協議会を設けることができると規定している（同法8条）。この規定から，自転車法が鉄道事業者に求めているのは「協力」にとどまり，具体的な金銭負担を税という形で求めるのは同法の趣旨に反するとも考えられる。自転車法の当該規定が設けられた際には，駅に駐輪場設置義務を課すことも検討された。しかし，既設の駅について遡及的に設置義務を課すことは困難と考えられ，結局駐車対策総合計画の策定による合意形成で駐輪場を増やすことが意図されたという（阿部泰隆「いわゆる自転車法の改正（2）」自治研究70巻11号（1994年）3-23（8）頁）。このような立法者の意図からしても，鉄道事業者に具体的な金銭負担を租税によって課することは，自転車法の趣旨に反するとも考えられる。

　他方で，自転車法5条2項は鉄道事業者が自ら駐輪場を設置する場合は鉄道用地の譲渡・貸付等の措置をとって協力する必要はないと規定している。このことからすると，自転車法は鉄道事業者が自ら駐輪場を設置するか，または地方公共団体による駐輪場設置に協力するかのいずれかを求めていると言える。そして，その協力のあり方として用地の譲渡・貸付が法律上は明示され，また自ら駐輪場を設置するにも土地が必要となるから，駐輪場設置のための土地に関する経済的な負担を求める趣旨が自転車法に含まれていると解釈できると考えられる。また，自転車法は市町村の総合計画（同法7条）や自転車等駐車対策協議会（8条）のしくみを予定しており，これらは地域事情を考慮した上で市町村に対して自転車対策を適切に行わせる趣旨と考えられる（地方自治法2条13項も参照）。それゆえ，地域事情を考慮し，駐輪場設置のための土地の確保が可能となる程度の税負担額にとどまるのであれば，自転車法の趣旨に反するとは言えないとも考えられる。

3. 減免規定の利用

条例を全面的に無効とせずにO鉄道の経済的打撃を軽減する解決方法

はありますか。

 86 で検討したように，本件条例は，これに基づく鉄道事業者の納税義務が駐輪場設置のための土地の確保が可能となる程度の負担にとどまるのであれば，自転車法との関係で矛盾抵触関係はなく，条例は適法と考えられる。そこで検討すべきは，本件条例によってO鉄道がどの程度の経済的負担を実際に負うことになるのかという問題であり，その際には納税義務の減免のしくみにも注目する必要がある。

 同条例14条1項3号は，「放置自転車等対策に対して特別に寄与していると市長が認める者」に対して市長が規則で定めるところにより放置自転車対策税を減免することができるとしている。そして同条例施行規則6条2項は，この場合には納税すべき額の全額の免除ができるとしている。さらに，伊都市放置自転車対策税減免要綱3条1項3号は，本件条例14条1項3号にいう「放置自転車等対策に対して特別に寄与している」に該当するものとして，「自転車等の放置を防止する活動を行っている者」を挙げ，要綱3条2項では，「市長は，前条各号の認定にあたって，当該鉄道事業者の市民に対するこれまでの貢献実績を考慮するものとする」との規定が置かれている。そこで，O鉄道が地域密着の事業者としてこれまで営業してきたという要素を考慮し，O鉄道に対する納税義務を減免することが考えられる。

 このように同条例は，放置自転車対策税の課税によって既存の鉄道事業者に多額の納税義務が生じることのないように減免規定を整備し，鉄道事業者の経済的負担に配慮している。このことも，同条例が自転車法の趣旨に反するものではないことを示す1つの手がかりとなると考えられる。

▶答案例

[設問1]
1.考えられる訴訟類型

　O鉄道が訴訟を提起する場合，伊都市の条例制定，総務大臣の同意，条例に基づく納税義務の確定の3つの段階での提起が考えられる（納税義務確定後の強制徴収における訴訟提起も考えられるものの，強制徴収段階での

行為に対する取消訴訟においては納税義務確定行為の違法性を主張できないため、ここでは検討しないこととする）。

① 条例の制定

伊都市が放置自転車対策税条例（以下「本件条例」という）を制定した段階でO鉄道が訴訟提起するとすれば、条例に処分性を認めてその取消訴訟を提起するか、条例の処分性を否定した上で条例に基づく納税義務が存在しないことの確認訴訟（当事者訴訟）を提起するかのいずれかが考えられる。

[1] 条例の取消訴訟

行政庁の処分（行政事件訴訟法3条2項）とは、公権力の主体たる国または公共団体が行う行為のうち、その行為によって、直接国民の権利義務を形成しまたはその範囲を確定することが法律上認められているものをいう。

これを本件について見れば、本件条例では後続の③の行政手続を経て納税義務が確定されることから、条例に最終的な決定としての性格は認められず、条例に処分性を認めることはできない。よって条例の取消訴訟は提起できない。

[2] 条例に基づく納税義務の不存在確認訴訟

条例に基づく納税義務の不存在確認訴訟を提起する場合には、確認の利益の充足が必要となる。具体的には対象選択の適否・即時確定の利益・方法選択の適否が問題となる。

これを本件について見れば、即時確定の利益に関して③の決定・更正を対象とする訴訟でも実効的な権利救済が可能であれば、即時確定の利益が認められず訴訟要件を充足しないことになる。租税債務は事後的に金銭賠償で解決できる性格のものと考えられているから、納税すべき額が大きすぎてO鉄道の事業の運営に支障を来すような例外的な場合を除けば、即時確定の利益は認められない。本件においてはそのような事情はないから、確認の利益を充足せず、納税義務の不存在確認訴訟は提起できない。

② 総務大臣の同意の差止訴訟・取消訴訟
　地方税法731条2項に基づく総務大臣の同意に処分性が認められれば，同意がなされる前にその差止訴訟を，同意がなされた後にその取消訴訟を提起することが考えられる。
　そこで同意の処分性の有無について検討すると，地方税法731条2項は，法定外目的税の新設の際に総務大臣への協議と同意を要求しているものの，同意が得られなかった場合の法定外税条例の効力については特に定めがない。これに対して地方自治法245条1号ニは同意を関与の類型の一種と位置付け，同法250条の2は同意を「許認可等」に含めており，その拒否に対しては同法250条の13第1項で，普通地方公共団体が国地方係争処理委員会への審査の申出を行いうることとされている。この勧告に不服がある場合には普通地方公共団体の長・執行機関は関与の取消訴訟を提起することができる（同法251条の5）。このように，総務大臣の同意は本件条例の有効性に影響を与えるものではなく，協議・同意は法定外税を課税するための手続的要件を国との関係で地方公共団体に課すものにとどまるから，同意には国民の権利義務を形成またはその範囲を確定する法的効果は認められない。
　よって総務大臣同意の処分性は否定されるから，同意に対する差止訴訟や取消訴訟は提起できない。
③ 納税義務の確定
　本件条例は申告納税方式を採用しており，O鉄道は本件条例7条1項に基づき放置自転車対策税の申告と納税が義務付けられている。O鉄道が条例が違法・無効であることを前提に申告を行わなかった場合には，市は本件条例10条2項に基づき決定処分によって税額を確定する。そこでO鉄道としては申告を行わず決定の差止訴訟を提起するか，決定が出された後にその取消訴訟を提起することが考えられる。
　また，O鉄道が一旦申告納税してから，条例の違法・無効を前提に修正申告（本件条例8条2項）を行い，更正拒否処分に対して取消訴訟を提起することも考えられる。

2. 最適な訴訟類型

①と②については，上記の検討のとおりその訴訟要件を欠くので，③の段階での訴訟が適切である。このうち申告を行わず決定処分を対象に訴訟を提起する方法については，O鉄道が敗訴した場合に延滞金の支払義務（本件条例8条3項）も発生することになり，敗訴時に支払わなければならない金額が大きくなってしまう。そこで，一旦申告納税してから，条例の違法・無効を前提に修正申告を行い，更正拒否処分に対して取消訴訟を提起するのが最も適切である。

［設問2］

RがO鉄道の運賃値上げを阻止しようとする場合，値上げの前提となっている法定外税についての総務大臣同意の差止訴訟または取消訴訟を提起するか，運賃値上げを認める国土交通大臣の認可の差止訴訟を提起するかが考えられる。このうち総務大臣同意については［設問1］で検討したようにその処分性が否定されるから，ここでは国土交通大臣の認可の差止訴訟の提起を検討する。

差止訴訟の訴訟要件は，一定の処分・処分の蓋然性・原告適格・狭義の訴えの利益・損害の重大性・補充性である（行政事件訴訟法37条の4）。

① 一定の処分・処分の蓋然性

差止対象は運賃上限の値上げ認可（鉄道事業法16条1項）であり，その処分性は認められ，その内容も一定程度特定されている。さらに，本件条例による新たな税負担を理由にO鉄道が認可申請すれば，原価の上昇が認められることから，認可がなされる蓋然性は高い。

② 原告適格・狭義の訴えの利益

Rは認可の申請者以外の第三者であるから，原告適格の有無が問題となる。差止訴訟の原告適格を定めている行政事件訴訟法37条の4第3項にいう「法律上の利益を有する者」とは，当該処分により自己の権利若しくは法律上保護された利益を必然的に侵害されるおそれのある者をいうのであり，当該処分を定めた行政法規が，不特定多数者の具体的利

益を専ら一般的公益の中に吸収解消させるにとどめず，それが帰属する個々人の個別的利益としてもこれを保護すべきものとする趣旨を含むと解される場合には，このような利益もここにいう法律上保護された利益に当たり，当該処分により必然的にこれを侵害されるおそれのある者は，当該処分の差止訴訟における原告適格を有するものというべきである（同条4項が準用する同法9条2項も参照）。

　これを本件について見れば，国土交通大臣の認可がなされれば，Rは運賃の値上げによる経済的不利益を受けることになる。

　そして本件処分の根拠規定である鉄道事業法16条2項は，その要件として「適正な原価に適正な利潤を加えたものを超えない」ことを要求している。また，上限の範囲内での運賃変更の際に必要な届出に対して「特定の旅客に対し不当な差別的取扱いをするものであるとき」には国土交通大臣は旅客料金変更命令を行いうること（同条5項），鉄道事業法が「鉄道等の利用者の利益を保護する」（同法1条）ことを法律の目的として明示していることをも考慮すれば，運賃に係る利用者の経済的利益は同法の保護すべき利益に含まれている。

　さらに鉄道事業法64条の2によれば運賃認可の際には運輸審議会への諮問が義務付けられ，また同法65条1項によれば，地方運輸局長に認可権限が委任されている場合には運輸審議会への諮問に代えて利害関係人の意見聴取手続が定められている。ここでいう利害関係人の選定にあたり，同法施行規則73条3号は「利用者」を特に例示し，特別な参加権を認めている。このことからすれば，鉄道事業法は運賃に係る利用者の経済的利益を，公益としてのみならず，個々人の個別的利益としても保護する趣旨を含むと解される。従って，少なくとも居住地から職場や学校等への日々の通勤・通学の手段として反復継続して日常的に鉄道を利用している者が有する利益は，「法律上保護された利益」に該当するというべきである。

　RはO鉄道を通勤に利用し，定期券を購入していることから，日々の通勤の手段として反復継続して日常的に鉄道を利用している者にあた

り，本件処分の差止訴訟の原告適格を有する。

また，認可処分はまだ出されていないので，狭義の訴えの利益は消滅していない。

③ 損害の重大性・補充性

差止訴訟における損害の重大性とは，処分がされた後に取消訴訟等を提起して執行停止の決定を受けることなどにより容易に救済を受けることができるものではなく，処分がされる前に差止めを命ずる方法によるのでなければ救済を受けることが困難なものであることを意味する。

これを本件について見れば，Rは日々の通勤の手段として反復継続して日常的にO鉄道を利用しており，運賃値上げによって経済的負担を継続的に負い，それがRの家計を圧迫することになる。このような不利益は事後的な金銭填補により実効的に救済することが困難であり，それゆえ損害の重大性が認められる。

差止訴訟における補充性とは，当該処分の差止判決と同等程度の救済を可能とする他の訴訟方法がないことを意味する。これを本件について見れば，値上げ認可に先行する総務大臣同意の取消訴訟は不可能であるから，補充性も充足される。

以上から，運賃値上げ認可の差止訴訟の訴訟要件が充足される。

[設問3]

地方公共団体は「法律の範囲内で」条例を制定することができる（憲法94条）。条例が法律の範囲内と言えるかどうかは，両者の対象事項と規定文言を対比するのみではなく，それぞれの趣旨，目的，内容及び効果を比較し，両者の間に矛盾抵触があるかどうかによって決定される。具体的には，法令と条例の目的が異なる場合であれば対象が同じでも矛盾抵触はない。また法令と条例が同一目的であったとしても，法令の規制が全国一律同一内容の規制をする趣旨でなければ，矛盾抵触はない。

これを本件について見れば，自転車法は「自転車等の駐車対策の総合的推進等に関し必要な措置を定め」ることを目的とし（同法1条），本件

条例は「鉄道駅周辺における放置自転車等対策の推進を図る」ことを目的としている（同条例1条）から，両者はともに放置自転車対策を促進するという共通の目的に基づくものである。

そこで，問題となるのは，自転車法が鉄道事業者に求めている経済的負担が全国一律同一内容とする趣旨と言えるかどうかである。自転車法は鉄道事業者に対して駐輪場設置の協力義務を定め（同法5条2項），また市町村との調整の組織として自転車等駐車対策協議会を設けることができると規定している（同法8条）。この規定から，自転車法が鉄道事業者に求めているのは「協力」にとどまり，具体的な金銭負担を税という形で求めるのは同法の趣旨に反するとも考えられる。

しかし，自転車法5条2項は，鉄道事業者が自ら駐輪場を設置する場合は，鉄道用地の譲渡・貸付等の措置をとって協力する必要はないと規定している。このことからすると，自転車法は鉄道事業者が自ら駐輪場を設置するか，または地方公共団体による駐輪場設置に協力するかのいずれかを求めていると言える。そしてその協力のあり方として用地の譲渡・貸付が法律上は明示され，また自ら駐輪場を設置するにも土地が必要となるから，駐輪場設置のための土地に関する経済的な負担を求める趣旨が自転車法に含まれていると解釈できる。また自転車法は市町村の総合計画（同法7条）や自転車等駐車対策協議会（同法8条）のしくみを予定しており，これらは地域事情を考慮した上で市町村に対して自転車対策を適切に行わせる趣旨と考えられる。それゆえ，地域事情を考慮し，駐輪場設置のための土地の確保が可能となる程度の税負担額にとどまるのであれば，自転車法の趣旨に反するとは言えない。

よって，伊都市の放置自転車対策税条例は適法である。

第2章
社会保障法

事例 ① 保育所廃止条例

Level・2

　次の事例について，後記〔8〕において弁護士Lが弁護士Mに検討を指示した（A）及び（B）の各事項について，弁護士Mのレポートを踏まえて論じなさい。なお，解答に当たっては，関係法令は，【資料≫参照条文】に示されているものと同一のものが，弁護士Mの検討の時点においても適用されるという前提に立ちなさい。

〔1〕地方自治法第252条の19第1項の指定都市（いわゆる政令市）であるA市は，児童福祉法（昭和22年法律第164号）及びA市立保育所設置条例（昭和39年制定。その後適宜改正）に基づき，平成24年4月の時点で，「A市立第1保育所」から「A市立第46保育所」まで，計46の市立保育所を設置し運営していた。

　児童福祉法にいう「保育所」には，公立保育所のほか，同法第35条第4項の認可を得た民間保育所（民間の法人等が設立し運営主体となる保育所）も含まれるが，平成24年4月の時点でA市には，公立保育所として46の市立保育所があるほか，認可された民間保育所が52施設存在していた。

〔2〕A市は，既存の市立保育所の一部を民間保育所に転換する方針（以下「市立保育所民営化方針」という。）を打ち出すこととした。その理由は，46の市立保育所を維持することが近い将来財政面で困難になるとの見通しであること，また，昨今の保育ニーズの量的拡大（保育所の受入れ能力を大幅に超える入所申込みがあり，いわゆる待

機児童が多数存在すること）や質的多様化（月曜日から金曜日における午前8時から午後5時まで等の時間帯において行われるいわゆる通常保育に加えて，延長保育や一時保育，休日保育などの希望が強いこと）に対応するには，公立保育所よりも民間保育所の方が優れている面があると考えられること等であった。

　A市長は，差し当たりA市内のB区においてこの方針を実施に移すこととした。それは，B区には市立保育所として第1保育所から第6保育所が設置されていたが，A市内では唯一，認可を受けた民間保育所が存在せず，前記保育ニーズに対応することが最も困難な地域と考えられたためである。

　A市長は，平成24年6月7日，B区における市立保育所民営化方針について記者会見を行い，次のように説明した。
「A市B区内にある市立保育所のうち，第5保育所と第6保育所を，平成25年3月31日限りで廃止し，同年4月1日からは，別に設置認可される2民間保育所に，それぞれ第5保育所及び第6保育所の敷地（市有地）の無償貸与，備品の無償譲渡，建物の有償譲渡を行う（児童福祉法第56条の7参照）。」
「当該2民間保育所には，市として次のことを求める（以下「移管条件」という。）。
① 民営化対象となる市立保育所で実施されている保育内容を継続すること
例）保育士の配置・年齢構成，通常保育の曜日及び時間帯，給食，保育料その他の保護者の経費負担，休園日，年間行事，健康診断，障害児保育など
② 保護者が求める新たな保育サービスの実施を積極的に検討すること
例）延長保育や一時保育の多様化，休日保育の導入など」
〔3〕記者会見後，A市保健福祉局の児童福祉担当の職員数名は，平成24年7月から8月にかけて，第5保育所及び第6保育所に入所している児童の保護者らを集めた説明会を数度にわたり開催し，市立保育所民営化方針について理解を求めた。説明会では，第5保

育所及び第6保育所に入所している児童について，保護者がそれぞれの移管先として予定されている民間保育所への入所を希望するならば，これを認める方針であることが明らかにされた。

これに対して，児童の保護者からは，保育士や児童の間の人間関係，保育時間や保育内容など，これまで第5保育所や第6保育所において形成されてきた良好な保育環境が，新しい保育所でもそのまま維持されることの確約を求める強い要望が出された。A市側は，A市の児童福祉部長（A市保健福祉局に児童福祉部が置かれている。）名の書面で，こうした希望が移管先の民間保育所において実現されるよう，市として最大限の努力を払うことを表明した。

〔4〕A市は，第5保育所及び第6保育所の敷地・施設等の移管先となる法人を募集し，選考の結果，法人H及び法人Iを選定することとした。A市は，平成24年11月10日，法人H及び法人Iとの間で，「保育所運営に関する協定」を締結し，前記の移管条件に関する詳細を定めた。その後，A市議会において，第5保育所及び第6保育所を，平成25年3月31日をもって廃止する旨の条例案（A市保育所設置条例の一部改正条例案）が平成24年12月5日に可決され，A市長は平成24年12月20日にこれを公布した（以下「廃止条例」という。）。法人H及び法人Iは，平成25年1月10日付けで，それぞれH保育所及びI保育所を設置することにつき，児童福祉法第35条第4項に基づく認可をA市長から取得した。

〔5〕Pは児童Q（平成21年5月26日生まれ）の保護者であり，Qについて，B区内での保育所入所を希望していた。平成24年1月5日，児童Qにつき，児童福祉法第24条第2項に基づき，入所を希望する保育所として第6保育所を記した申込書と添付文書を，A市保育実施条例施行規則第2条の定めるところにより，A市B区を管轄する福祉事務所長（以下「B区福祉事務所長」という。）に提出した。

B区福祉事務所長は，申込書及び添付文書に基づき，児童Qについて児童福祉法第24条第1項にいう「保育に欠ける」児童に該当すると判断し，保護者Pに対し，実施期間を平成24年4月1日

から平成28年3月31日までとして第6保育所において保育することを承諾する旨の通知を，平成24年2月21日付けで行った。児童Qは，平成24年4月から第6保育所において保育を受けている。

　保護者Pは，A市長の記者会見によって市立保育所民営化方針を知るところとなったが，第6保育所における保育士らと児童らの間の良好な関係や，保護者の間で評価の高い保育内容などが，新しい民間保育所にうまく引き継がれないのではないか，そのことで児童Qに悪影響が生ずるのではないかと不安を感じている。取り分け，第5保育所及び第6保育所に長年勤務し保護者からの信頼の厚いベテラン保育士のほぼ全員が，移管先である法人での勤務条件に不満を抱いて当該法人に移籍することを拒否しており，民営化がなされるならば一斉に退職するらしいという情報も得ており，移管先の民間保育所における保育環境の劣悪化を強く懸念している。

〔6〕平成25年1月16日，A市の児童福祉部長名で，第5保育所及び第6保育所に入所している児童の保護者一人一人にあてて，次のような内容の書面が送付された。

① 第5保育所及び第6保育所が平成25年3月31日付けで廃止され，両保育所の敷地，施設，備品等が同日付で直ちに，第5保育所に関してはH保育所に，第6保育所に関してはI保育所に，それぞれ引き継がれること。

② 第5保育所及び第6保育所に入所していた児童について，保護者が，B区内における他の市立保育所か，H保育所若しくはI保育所に転所することを希望する場合には，希望する保育所名とその順位を3つまで記した転所希望書を作成し，2月16日までにB区福祉事務所長あてに提出すること。なお，保育料は，市立保育所と，H保育所若しくはI保育所とで変わることはない。

③ 転所希望書が提出された場合は，当該児童に係る4月1日以降の保育の実施場所について，B区福祉事務所長の回答が3月上旬をめどに保護者に通知される予定であること。希望書が提出されなかった場合には，B区内における市立保育所又は認可された民間保育所での保育がなされないこと。

〔7〕保護者Pは，A市の市立保育所民営化方針に伴う自分の苦境について，平成25年1月20日，弁護士Lに相談した。弁護士Lは，児童福祉法及びA市における保育の実施状況について，同じ事務所の若手弁護士Mに調査を指示したところ，弁護士Mからは，1週間後に次のようなレポートが提出された。

① 市町村による「保育の実施」について

- 児童福祉法によれば，「保育に欠ける」児童について，市町村が「保育の実施」を行わなければならない。すなわち市町村は，当該児童について，公立の保育所（市町村立保育所又は都道府県立保育所）において，又は認可を受けた民間保育所に委託することによって，「保育の実施」を行うものと解されている。以上につき，同法第24条及び第35条を参照。

- A市において保護者の負担する保育料は，46の市立保育所と，52の認可民間保育所のいずれに入所するかによって変わることはなく，専ら保護者の前年度の所得等の状況や児童の年齢に応じて，月0円から月6万5,000円までの間で設定されている（数字は平成24年度のもの）。児童福祉法第56条第3項及びA市保育実施条例施行規則第22条を参照。

- 児童福祉法は，同法にいう「保育所」を「日日保護者の委託を受けて，保育に欠けるその乳児又は幼児を保育することを目的とする施設」と定義する（同法第39条第1項）。「日日保護者の委託を受けて」とは，事実行為として毎日，保育所が保護者から児童を預かり保育の上保護者に返すという意味であって，保護者と保育所が委託契約を毎日締結するという意味ではないと解されている。

- A市においては，A市長の「保育の実施」に係る権限が，児童福祉法第32条第2項に基づき，区毎に設けられた福祉事務所の長に委任されている。B区福祉事務所長はこの委任に基づき，保護者Pの申込みを処理している。

- 児童福祉法第24条に基づき，保護者は，市町村（福祉事務所）に，希望する保育所を記載した申込書を提出する。A市におけ

る実務運用を見ると,「保育に欠ける」と認められた場合,福祉事務所長は,保育所,保育期間,保育料を明記した入所承諾通知書をもって回答する。「保育に欠ける」と認められない場合や,希望者が保育所定員を超過して選考となり,選考に漏れた場合などは,入所不承諾通知書をもってその旨を回答する。
- 児童福祉法にいう「保育実施の解除」とは,保育所を退所させることであり,その事由について,A市保育実施条例施行規則第4条に規定がある。
- 保育所の利用関係については,例えば次のような見解が述べられている。
  (甲説)平成9年の児童福祉法改正により,保護者による保育実施の申込みと,これに対する市町村の応諾によって成立する利用契約関係へと変更された。
  (乙説)平成9年の児童福祉法改正により,保育所への入所承諾決定を申請する権利が明文で認められたが,保育所入所承諾決定は行政処分である。
- 平成9年改正前の児童福祉法においては,保育所に児童を入所させることは,市町村が「措置」という行政処分によってその裁量をもって保育所を決めて行うものであると解されていた。実際には,保護者から市町村(福祉事務所)に入所の申込みが行われ,その際に入所を希望する保育所の聴取りも行われていたが,これは,「措置」という行政処分を行うための端緒に過ぎず,「措置」を求める申請権が児童福祉法上認められているわけではないという行政解釈が示されていた。当時の条文は次のとおりである。
  第24条 市町村は,政令で定める基準に従い条例で定めるところにより,保護者の労働又は疾病等の事由により,その監護すべき乳児,幼児又は第39条第2項に規定する児童の保育に欠けるところがあると認めるときは,それらの児童を保育所に入所させて保育する措置を採らなければならない。ただし,付近に保育所がない等やむを得ない事由があるときは,その他の適切な保護を加えなければならない。

② 大都市特例について

- いわゆる政令市の区域においては，地方自治法第252条の19以下のいわゆる大都市等の特例として，児童福祉法において都道府県が処理することとされている事務の多くが，政令市において処理され，それに伴い，種々の読替規定がある。児童福祉法第59条の4第1項，児童福祉法施行令第45条第1項，地方自治法施行令第174条の26第1項を参照。
- 本件において，法人H及び法人Iに対し，それぞれH保育所及びI保育所についての設置認可を，知事ではなくA市長が行ったのも，大都市特例のゆえである。
- A市が行う「保育の実施」に要する保育費用の支弁については，児童福祉法第50条ではなく，同法第51条が適用されるものと解されている。保育の実施に伴う費用の支弁は，従来より市町村が負担していたものであり，大都市特例によって政令市が新たに行うことになったものではないからである。

③ 無認可保育所について

- 児童福祉法上の「保育所」は，公立保育所か，同法第35条第4項の認可を受けた民間保育所のいずれかである。
- このほかに，同法第39条が定義する「保育所」と同じ内容のサービスを，同法第35条第4項の認可を得ずに提供する民間施設があり，これは認可外保育所（無認可保育所）と呼ばれる。認可外保育所は，児童福祉法にいう「保育所」ないし「児童福祉施設」に当たらないため，児童福祉法第46条の最低基準に関する条例の適用などがない。認可外保育所は，それぞれが直接に，保護者と契約して，保育サービスを提供している。

〔8〕弁護士Lは弁護士Mに，次のように指示した。

「Pさんと面談したところ，Pさんは，保育士が絶対的に不足するであろうことが目に見えているH保育所やI保育所に子供を預ける気にはならないし，B区内の他の市立保育所は既にかなり定員を超過しているので，仮に特例的に受け入れてくれるとしても，子供を預けるには十分な環境ではないことを心配していました。ちなみに，B区内の無認可保育所は，どれも極めて規模が小さく，とても

受入れの余裕はなさそうです。Pさんによれば，こうした状況でのA市の市立保育所民営化方針にはかなり無理があり，やはり第6市立保育所でこのまま保育を受けたいので，転所希望書の提出もしたくないそうです。ただ，このまま何もしないと，保育実施の解除がされるかもしれません。そうすると4月以降，B区内ではQちゃんを預ける保育所がないことになってしまいますね。」

(A)「児童福祉法の仕組みはなかなか複雑なようですが，とりあえず，保育実施の解除の性格について，君のレポートに示されている見解や関連条文等を手掛かりにして，処分であるとの主張を構成してみてください。」

(B)「Pさんのお子さんが4月1日以降も第6保育所に行くことができるようにするためには，住民訴訟は少し迂遠ですし，間に合いそうにありませんね。廃止条例や，廃止条例制定後に予想される保育の実施の解除も視野に入れるとすると，A市に対してはどのような訴訟を提起することが考えられるか，その訴訟要件や本案上の主張について，検討した上で，どの訴訟類型を用いて主張するのが最も効果的かを示してください。」

注）本問を解答するに当たっては，仮の救済に言及する必要はない。

【資料》参照条文】

○児童福祉法（昭和22年法律第164号）（抜粋）

第1条　すべて国民は，児童が心身ともに健やかに生まれ，且つ，育成されるよう努めなければならない。
2　すべて児童は，ひとしくその生活を保障され，愛護されなければならない。
第2条　国及び地方公共団体は，児童の保護者とともに，児童を心身ともに健やかに育成する責任を負う。
第3条　前2条に規定するところは，児童の福祉を保障するための原理であり，この原理は，すべて児童に関する法令の施行にあたって，常に尊重されなければならない。
第4条　この法律で，児童とは，満18歳に満たない者をいい，児童を左のように分ける。

一　乳児　満1歳に満たない者
　二　幼児　満1歳から，小学校就学の始期に達するまでの者
　三　少年　小学校就学の始期から，満18歳に達するまでの者
2　（略）
第7条　この法律で，児童福祉施設とは，助産施設，乳児院，母子生活支援施設，保育所，児童厚生施設，児童養護施設，障害児入所施設，児童発達支援センター，情緒障害児短期治療施設，児童自立支援施設及び児童家庭支援センターとする。
2　（略）
第24条　市町村は，保護者の労働又は疾病その他の政令で定める基準に従い条例で定める事由により，その監護すべき乳児，幼児又は第39条第2項に規定する児童の保育に欠けるところがある場合において，保護者から申込みがあったときは，それらの児童を保育所において保育しなければならない。ただし，保育に対する需要の増大，児童の数の減少等やむを得ない事由があるときは，家庭的保育事業による保育を行うことその他の適切な保護をしなければならない。
2　前項に規定する児童について保育所における保育を行うことを希望する保護者は，厚生労働省令の定めるところにより，入所を希望する保育所その他厚生労働省令の定める事項を記載した申込書を市町村に提出しなければならない。この場合において，保育所は，厚生労働省令の定めるところにより，当該保護者の依頼を受けて，当該申込書の提出を代わって行うことができる。
3　市町村は，一の保育所について，当該保育所への入所を希望する旨を記載した前項の申込書に係る児童のすべてが入所する場合には当該保育所における適切な保育を行うことが困難となることその他のやむを得ない事由がある場合においては，当該保育所に入所する児童を公正な方法で選考することができる。
4　市町村は，第25条の8第3号又は第26条第1項第4号の規定による報告又は通知を受けた児童について，必要があると認めるときは，その保護者に対し，保育所における保育を行うこと又は家庭的保育事業による保育を行うこと（以下「保育の実施」という。）の申込みを勧奨しなければならない。
5　（略）
第33条の4　都道府県知事，市町村長，福祉事務所長又は児童相談所長は，次の各号に掲げる措置又は保育の実施等若しくは児童自立生活援助の実施を解除する場合には，あらかじめ，当該各号に定める者に対し，当該措置又は保育の実施等若しくは児童自立生活援助の実施の解除の理由について説明するとともに，その意見を聴かなければならない。ただし，当該各号に定める者から当該措置又は保育の実施等若しくは児童自立生活援助の実施の解除の申出があった場合その他厚生労働省令で定める場合においては，この限りでない。
　一～二　（略）
　三　母子保護の実施及び保育の実施　当該母子保護の実施又は保育の実施に係る児童の保護者
　四～五　（略）
第33条の5　第21条の6，第25条の7第1項第2号，第25条の8第2号，第26条第1項第2号若しくは第27条第1項第2号若しくは第3号若しくは第2項の措

置を解除する処分又は保育の実施等若しくは児童自立生活援助の実施の解除については，行政手続法第3章（第12条及び第14条を除く。）の規定は，適用しない。

第35条　（略）

2　都道府県は，政令の定めるところにより，児童福祉施設を設置しなければならない。

3　市町村は，厚生労働省令の定めるところにより，あらかじめ，厚生労働省令で定める事項を都道府県知事に届け出て，児童福祉施設を設置することができる。

4　国，都道府県及び市町村以外の者は，厚生労働省令の定めるところにより，都道府県知事の認可を得て，児童福祉施設を設置することができる。

5　（略）

6　市町村は，児童福祉施設を廃止し，又は休止しようとするときは，その廃止又は休止の日の1月前までに，厚生労働省令で定める事項を都道府県知事に届け出なければならない。

7　（略）

第39条　保育所は，日日保護者の委託を受けて，保育に欠けるその乳児又は幼児を保育することを目的とする施設とする。

2　（略）

第45条　都道府県は，児童福祉施設の設備及び運営について，条例で基準を定めなければならない。この場合において，その基準は，児童の身体的，精神的及び社会的な発達のために必要な生活水準を確保するものでなければならない。

2　都道府県が前項の条例を定めるに当たっては，次に掲げる事項については厚生労働省令で定める基準に従い定めるものとし，その他の事項については厚生労働省令で定める基準を参酌するものとする。

一　児童福祉施設に配置する従業者及びその員数

二　児童福祉施設に係る居室及び病室の床面積その他児童福祉施設の設備に関する事項であって児童の健全な発達に密接に関連するものとして厚生労働省令で定めるもの

三　児童福祉施設の運営に関する事項であって，児童（助産施設にあっては，妊産婦）の適切な処遇の確保及び秘密の保持，妊産婦の安全の確保並びに児童の健全な発達に密接に関連するものとして厚生労働省令で定めるもの

3　児童福祉施設の設置者は，第1項の基準を遵守しなければならない。

4　児童福祉施設の設置者は，児童福祉施設の設備及び運営についての水準の向上を図ることに努めるものとする。

第46条　都道府県知事は，第45条第1項及び前条第1項の基準を維持するため，児童福祉施設の設置者，児童福祉施設の長及び里親に対して，必要な報告を求め，児童の福祉に関する事務に従事する職員に，関係者に対して質問させ，若しくはその施設に立ち入り，設備，帳簿書類その他の物件を検査させることができる。

2　（略）

3　都道府県知事は，児童福祉施設の設備又は運営が第45条第1項の基準に達しないときは，その施設の設置者に対し，必要な改善を勧告し，又はその施設の設置

者がその勧告に従わず，かつ，児童福祉に有害であると認められるときは，必要な改善を命ずることができる。
4　都道府県知事は，児童福祉施設の設備又は運営が第45条第1項の基準に達せず，かつ，児童福祉に著しく有害であると認められるときは，都道府県児童福祉審議会の意見を聴き，その施設の設置者に対し，その事業の停止を命ずることができる。
第50条　次に掲げる費用は，都道府県の支弁とする。
　一〜六　（略）
　六の二　都道府県の設置する保育所における保育を行うことに要する保育費用（保育所における保育を行うことにつき第45条第1項の基準を維持するために要する費用をいう。次条第4号及び第5号並びに第56条第3項において同じ。）
　六の三〜九　（略）
第51条　次に掲げる費用は，市町村の支弁とする。
　一〜三　（略）
　四　市町村の設置する保育所における保育を行うことに要する保育費用
　五　都道府県及び市町村以外の者の設置する保育所における保育を行うことに要する保育費用
　六〜十二　（略）
第56条　（略）
2　（略）
3　第50条第6号の2に規定する保育費用を支弁した都道府県又は第51条第4号若しくは第5号に規定する保育費用を支弁した市町村の長は，本人又はその扶養義務者から，当該保育費用をこれらの者から徴収した場合における家計に与える影響を考慮して保育所における保育を行うことに係る児童の年齢等に応じて定める額を徴収することができる。
4〜10　（略）
第56条の7　保育の実施への需要が増大している市町村は，公有財産（地方自治法第238条第1項に規定する公有財産をいう。）の貸付けその他の必要な措置を積極的に講ずることにより，社会福祉法人その他の多様な事業者の能力を活用した保育所の設置又は運営を促進し，保育の実施に係る供給を効率的かつ計画的に増大させるものとする。
2　（略）

○児童福祉法施行令（昭和23年政令第74号）（抜粋）

※　この政令において，「法」とは児童福祉法を指す。
第27条　法第24条第1項の規定による保育の実施は，児童の保護者のいずれもが次の各号のいずれかに該当することにより当該児童を保育することができないと認められる場合であって，かつ，同居の親族その他の者が当該児童を保育することができないと認められる場合に行うものとする。
　一　昼間労働することを常態としていること。

二　妊娠中であるか又は出産後間がないこと。
三　疾病にかかり，若しくは負傷し，又は精神若しくは身体に障害を有していること。
四　同居の親族を常時介護していること。
五　震災，風水害，火災その他の災害の復旧に当たっていること。
六　前各号に類する状態にあること。
第36条　都道府県は，法第35条第2項の規定により，児童自立支援施設を設置しなければならない。
第37条　国，都道府県又は市町村の設置する児童福祉施設及び児童福祉施設の職員の養成施設は，法第49条の規定により，それぞれ厚生労働大臣，都道府県知事又は市町村長が，これを管理する。
第38条　都道府県知事は，当該職員をして，1年に1回以上，国以外の者の設置する児童福祉施設が法第45条第1項の規定に基づき定められた基準を遵守しているかどうかを実地につき検査させなければならない。

〇地方自治法（昭和22年4月17日法律第67号）（抜粋）

（公の施設）
第244条　普通地方公共団体は，住民の福祉を増進する目的をもってその利用に供するための施設（これを公の施設という。）を設けるものとする。
2～3　（略）
（公の施設の設置，管理及び廃止）
第244条の2　普通地方公共団体は，法律又はこれに基づく政令に特別の定めがあるものを除くほか，公の施設の設置及びその管理に関する事項は，条例でこれを定めなければならない。
2～11　（略）

〇児童福祉法施行規則（昭和23年厚生省令第11号）（抜粋）

※　この省令において，「法」とは児童福祉法を指す。
第24条　法第24条第2項（就学前保育等推進法第13条第2項の規定により読み替えて適用される場合を含む。）に規定する厚生労働省令の定める事項は，次のとおりとする。
一　保育所における保育を行うことを希望する保護者の氏名，居住地，生年月日及び職業（保護者が法人であるときは，法人の名称，代表者の氏名及び主たる事務所の所在地並びに当該申込みに係る児童の居住地）
二　保育所における保育を行うことに係る児童の氏名及び生年月日
三　保育所における保育を行うことを希望する理由
2　法第24条第2項（就学前保育等推進法第13条第2項の規定により読み替えて適用される場合を除く。）前段に規定する申込書は，保育所における保育を行うことを希望する保護者の居住地（保護者が法人であるときは，当該申込みに係る児

童の居住地。第4項及び第5項において同じ。）の市町村に提出しなければならない。
3～5　（略）

○児童福祉施設の設備及び運営に関する基準（昭和23年厚生省令第63号）（抜粋）

第5章　保育所
（設備の基準）
第32条　保育所の設備の基準は，次のとおりとする。
　一～八　（略）
（職員）
第33条　保育所には，保育士，嘱託医及び調理員を置かなければならない。ただし，調理業務の全部を委託する施設にあっては，調理員を置かないことができる。
2　保育士の数は，乳児おおむね3人につき1人以上，満1歳以上満3歳に満たない幼児おおむね6人につき1人以上，満3歳以上満4歳に満たない幼児おおむね20人につき1人以上（…），満4歳以上の幼児おおむね30人につき1人以上（…）とする。ただし，保育所1につき2人を下ることはできない。
（保育期間）
第34条　保育所における保育時間は，1日につき8時間を原則とし，その地方における乳幼児の保護者の労働時間その他家庭の状況等を考慮して，保育所の長がこれを定める。
（保育の内容）
第35条　保育所における保育は，養護及び教育を一体的に行うことをその特性とし，その内容については，厚生労働大臣が定める指針に従う。
（保護者との連絡）
第36条　保育所の長は，常に入所している乳幼児の保護者と密接な連絡をとり，保育の内容等につき，その保護者の理解及び協力を得るよう努めなければならない。

○A市立保育所設置条例（昭和39年条例第○号）（抜粋）

第1条　市内に居住する乳幼児の福祉を増進するため，本市に，保育所（以下「市立保育所」という。）を設置する。
第2条　市立保育所の名称及び位置は，次のとおりとする。
　A市立第1保育所　A市B区松野2丁目3番地
　A市立第2保育所　A市B区竹山3丁目4番地
　A市立第3保育所　A市B区梅田4丁目5番地
　A市立第4保育所　A市B区桃井5丁目6番地
　A市立第5保育所　A市B区桜丘6丁目7番地
　A市立第6保育所　A市B区菊川7丁目8番地
　　　︙

A市立第46保育所　A市G区桜谷8丁目9番地
第3条　（以下略）

○A市保育実施条例（昭和39年条例第○号）（抜粋）

第1条　この条例は，児童福祉法（昭和22年法律第164号）第24条第1項の規定に基づき，保育の実施に必要な事項を定めることを目的とする。
第2条　保育の実施は，児童の保護者のいずれもが次の各号のいずれかに該当することにより当該児童を保育することができないと認められる場合であって，かつ，同居の親族その他の者が当該児童を保育することができないと認められる場合に行うものとする。
　（ア）　昼間労働することを常態としていること。
　（イ）　妊娠中であるか又は出産後間がないこと。
　（ウ）　疾病にかかり，若しくは負傷し，又は精神若しくは身体に障害を有していること。
　（エ）　同居の親族を常時介護していること。
　（オ）　震災，風水害，火災その他の災害の復旧に当たっていること。
　（カ）　前各号に類する状態にあること。
第3条　申込みの手続その他保育の実施に必要な事項は，市長が別に定める。

○A市保育実施条例施行規則（昭和39年規則第○号）（抜粋）

第1条　この規則は，児童福祉法（昭和22年法律第164号。以下「法」という。），児童福祉法施行令（昭和23年政令第74号。以下「施行令」という。），児童福祉法施行規則（昭和23年厚生省令第11号。以下「施行規則」という。）及びA市保育実施条例（以下「実施条例」という。）の施行に関し必要な事項を定めるものとする。
第2条　保護者は，保育所に児童の保育を委託しようとするときは，保育所入所申込書を福祉事務所長に提出し，その承諾を得なければならない。
2　福祉事務所長は，保育上又は管理上適当でないと認めるときは，前項の承諾をしないことができる。
第3条　福祉事務所長は，前条の承諾又は不承諾を決定したときは，保育所入所承諾書又は保育所入所不承諾書によりこれを申込者に通知するものとする。
第4条　福祉事務所長は，次の各号に定める場合においては，児童につき，一時その出席を停止し，又は退所させることができる。
　（ア）　実施条例第2条に該当しなくなったとき
　（イ）　保護者が福祉事務所長の行う保育上の指示に従わないとき
　（ウ）　疾病その他の事由により他の児童に悪影響を及ぼすおそれがあるとき
　（エ）　第2条第2項に該当するに至ったとき
　（オ）　その他児童を出席させることが適当でないと福祉事務所長において認めるとき

> 第5条　福祉事務所長は，前条の規定により児童を退所させるときは，保育実施解除通知書によりこれを保護者に通知するものとする。
> 第22条　福祉事務所長は，法第56条第2項又は第3項の規定により，本人又はその扶養義務者から徴収金として，次に掲げる額を徴収する。
> 　（ア）　保育の実施に係る費用別表第1
> 　　　　⋮
>
> 別表第1　（略）

Milestone

　本事例は，2005年に実施された新司法試験プレテストの問題とほぼ同内容である（改変箇所については事例のねらいを参照）。プレテストでは公法系科目論文式の試験時間は4時間とされ，憲法・行政法から1題ずつが出題されていた。そのため，解答の目安時間はおおむね2時間程度と考えられる。

87　保育の実施の開始（保育所入所）と終了をめぐる法制度はどのように理解すればよいですか。

88　公立保育所を民間保育所に移管する際になされる行政上の決定を整理し，それらの諸決定に伴って保育の実施をめぐる保護者と市町村との権利義務関係がどのように変動するか説明して下さい。

89　保育の実施の解除の性格が処分であるとの主張を構成して下さい。

90　保育の実施の解除を対象とする抗告訴訟を提起するとして，訴訟類型として最も適切なものを選択した上で，その訴訟要件を充足するかどうか検討して下さい。

91　当事者訴訟を提起するとして，その訴訟要件を充足するかどうか検討して下さい。

92　保育所廃止条例に処分性は認められますか。また，保育所廃止条例取消訴訟とそれ以外の訴訟とを比較し，どちらが実効的な権利救済と言えるか検討して下さい。

93　保育所廃止・民営化が違法であることを主張して下さい。

解 説

事例のねらい

　本事例は，2005年に実施された新司法試験プレテストの行政法の問題である（一部改題）。その後，児童福祉法の本問と関係する規定が一部改正され（2010年の地方分権改革［義務付け・枠付けの廃止］に関連する児童福祉最低基準の政令から委任条例への変更と，2012年の子ども・子育て支援法による公立保育所に対する代理受領・直接契約制の導入），また2009年には横浜市保育所民営化条例事件最高裁判決（判百Ⅱ211　判Ⅱ29　CB 11-16　最一小判2009（平成21）・11・26民集63巻9号2124頁）が出されている。そこで，ここではプレテストの事例の時点を2012（平成24）〜13（平成25）年に変更し，また保育所廃止条例に処分性が認められることを前提とする設問に変更した（併せて設問と関係ない参照条文を削除した）。直接契約制の導入（例解337頁）は2015年度とされているため，この点については従前のしくみを前提とする。

　本事例では，保育所の民営化に対する訴訟類型の選択と，違法性主張とが問われている。プレテストの際には，保育の実施の解除の処分性を導出した上で（設問(A)），条例による保育所廃止に続く実施解除の差止訴訟または従前の保育所での保育を受ける地位の確認を求める当事者訴訟としての確認訴訟を提起して民営化の違法を主張する（設問(B)）ことが想定されていた。しかし前掲・横浜市保育所民営化条例事件最高裁判決は，保育所廃止条例の処分性を端的に肯定したので，本事例においては，これらの訴訟類型の相互比較の中でどれが最も適切かを説明する必要がある。

▶Key Points◀
［行政過程論］行政行為の定義，行政契約，行政裁量
［行政救済論］処分性，差止訴訟，確認の利益（確認訴訟）

[社会保障法] 外部化モデル（例解 334 頁以下）

●前提知識の確認

1. 保育所入所の法制度

> 保育の実施の開始（保育所入所）と終了をめぐる法制度はどのように理解すればよいですか。

　1997 年の児童福祉法改正以前は，保育所入所「措置」という用語が用いられ，保育所の入所の法関係は全体として行政行為（処分）によって規律されると考えられていた（措置制度）。しかし，法改正によって「措置」が保育の「実施」（同法 24 条 4 項）という用語に変更されるとともに，保育を希望する保護者が市町村に「申込書」を提出する（同条 2 項）こととされ，希望の保育所で保育してもらえることが法文上明確化された（同条 2・3 項）。立案担当者はこの改正を契約制度の導入と位置づけていた。これに対して学説上は，保育の実施義務が市町村に課されたままであることや，保育の実施費用の全部または一部を保護者から徴収できる（同法 56 条 3 項）とする規定が残されたままであることに注目し，保育の実施（の決定）を申請に対する処分と解する見解がなお有力である。問題文〔7〕に示された弁護士 M のレポートにある甲説・乙説の対立はこれを示したものである。

　この法的なしくみを行政法学の観点から整合的に説明しようとすれば，市町村の保育の実施義務の有無を判断する部分（行政行為）（同法 24 条 1 項）と保護者が選択した保育所で保育してもらえる地位を設定する部分（契約）（同条 2・3 項）との重畳と解するのが妥当と考えられる（例解 241，336 頁）。以下の設問（A）（B）については，このような理解を前提に説明を試みることとする。なお児童福祉法上，保育の実施の申込みをするのは「保護者」（同法 24 条 1 項）であって児童本人ではないことから，訴訟提起の際の原告は「保護者」に統一した。

2. 保育所民営化の行政過程

> 公立保育所を民間保育所に移管する際になされる行政上の決定を整理し，それらの諸決定に伴って保育の実施をめぐる保護者と市町村との権利義務関係がどのように変動するか説明して下さい。

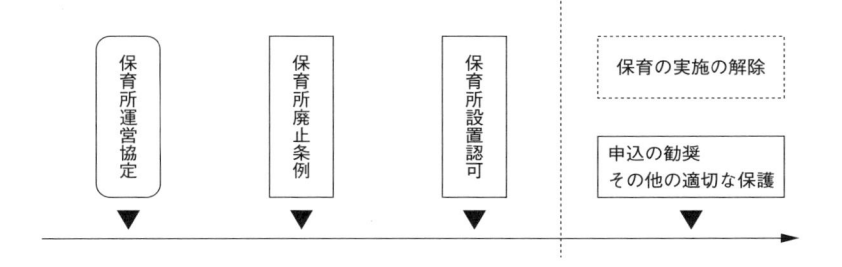

```
保育所運営協定 → 保育所廃止条例 → 保育所設置認可 ┊ 保育の実施の解除
                                              ┊ 申込の勧奨
                                              ┊ その他の適切な保護
```

　問題文の〔4〕によると，本件では公立保育所の移管先となる法人H・Iとの間で保育所運営に関する協定が締結されて移管条件の詳細が決められ，その後保育所設置条例の一部改正（＝保育所廃止条例）によって保育所の廃止を決定し，その上で法人H・Iに対する保育所設置認可（児童福祉法35条4項）を与えている。このまま保育所廃止条例が施行されると第5・第6保育所が廃止され，Qを預ける保育所が消滅することになる。

　保育所廃止条例に保育の実施の権利義務関係を変動させる効力はなく，保育所廃止後に改めて保育の実施の解除（同法33条の4）を行うことが必要と考えると，保育の実施の解除によって初めてQの保育の実施を委託する法関係が消滅することになる（プレテストの出題者はこのような理解を前提としていたのかもしれない）。しかし，特定の保育所での保育を受ける地位はその保育所が消滅すれば当然に消滅すると考えると，このような保育の実施の解除がなされることなく，保育所廃止条例の法的効果として当該保育所での保育を受ける地位が消滅することになる。この場合でもQが「保育に欠ける」というA市の認定判断（同法24条1項）はなお有効で，A市にはQに対する保育の実施義務があるから，保護者Pに対して別の保育所を指定して申

込みを行うように勧奨（行政指導）するか，保育所による保育ではない「その他の適切な保護」（同項但書）を行うかが必要となると考えられる。

　保育所民営化の行政過程にはこの他，新たな民間保育所に対する認可もある。ただし，Qが現在通っている保育所が消滅することは保育所廃止条例の法的効果であって，新たな民間保育所の認可の法的効果ではない。そのため，認可取消訴訟を提起しても実効的な救済には結びつかない。

●答案作成のヒント●

① 問題文を読む

　問題文の〔2〕で，A市が市立保育所の民営化を行おうとしていることが紹介されている。具体的には第5・6保育所を2013（平成25）年3月31日限りで廃止し，4月1日からは民間の認可保育所に保育所の施設等をA市が無償譲渡するとされている。これに対して，第6保育所にQを預けているその保護者Pは，民営化によって保育所における保育環境が悪化することを心配している。他の市立保育所は定員超過になっており，また無認可保育所にも受入れの余裕がないことから，Pの希望は4月以降も第6保育所で保育を受けることにある。設問は，保育の実施の解除が処分であるとの主張を構成すること（設問（A））と，2013（平成25）年4月以降もPがQを第6保育所で保育してもらえるようにするための訴訟類型選択・訴訟要件の充足の主張及び本案主張の検討（設問（B））の2つである。

② 条文を読む

　本事例では参照条文に多数の法令等が挙げられている。

　設問（A）については，児童福祉法33条の4の保育の実施の解除の根拠規定を見つけることが出発点となる。その法的性質の特定の手がかりとなるのは，同法33条の5が保育の実施の解除について行政手続法第3章（不利益処分に関する手続）の適用を除外していること（ただし同法12条［処分基準の設定要請］・14条［理由提示］は適用される）である（例解59頁）。この適用除外規定は，保育の実施の解除を不利益処分とみていることの手がかりとなる。また，保育の実施の解除の法的性格を判断するにあたっては，保育の実施の開始（児童福祉法24条）のしくみが手がかりとなりうる。この規定の意味を弁

護士 M のレポート（問題文〔7〕）をも参考に検討することが必要になる。

　設問（B）については，訴訟の対象として保育所廃止条例と保育の実施の解除の2つが問題文で示されている。このうち保育所の設置・廃止については，児童福祉法35条3項と6項が，市町村による児童福祉施設設置・休廃止の際に事前届出を要求していること，地方自治法244条の2第1項が公の施設の設置を条例によると定めていること，これを受けてA市保育所設置条例が制定されており，保育所民営化の際には同条例2条から当該保育所が削除されることによって公立保育所の廃止がなされうることを，条文をたどって把握する必要がある。また保育の実施の解除については，保育所廃止後にQの新たな保育所が決まらなければ，設問（A）でその法的性格を検討した保育の実施の解除がなされる可能性があることになる。

③ 答案構成を考える

　設問（A）の解答にあたっては，保育の実施解除の根拠規定から出発して，児童福祉法がどのような法的性格を与えているかを説明すること，また保育の実施開始の決定との関係をも視野に入れて処分性が肯定できるかを検討することが求められる。

　設問（B）の解答にあたっては，保育所廃止の行政過程のどの行政上の決定を捉えて訴訟を提起すればよいか，その際にどの訴訟類型を用いればよいかをまず検討する。具体的には，保育所廃止を内容とする条例の制定と保育の実施解除とを比較し，それぞれの法的効果を他の条文の内容も踏まえて確定させ，それに対応した訴訟類型を選択し，訴訟要件を充足するか検討することになる。また，本案主張の手がかりとしては，Pが問題文の〔8〕の部分で保育士の数や保育所にいる児童の人数（広い意味での保育の質）を問題にしていることに注目し，保育の質に関連する規定である児童福祉法45条と同条2項の委任を受けて定められた省令である「児童福祉施設の設備及び運営に関する基準」に焦点を絞る。問題文では，A市長が民営化の方針を打ち出したのが民営化予定日から1年を切った前年6月であること（移行措置への注目⇨**67◆Tips◆**），ベテラン保育士のほぼ全員が移管先法人の勤務条件に不満を抱いて一斉に退職する可能性があること（基準違反となる蓋然性の高さ），代替の保育施設（公立保育所・無認可保育所）にいずれも受入れの余裕がないことが指摘されており，こうした点を踏まえて保育所民営化が違法であ

ることを主張する必要がある。

設問（A）について

> 保育の実施の解除の性格が処分であるとの主張を構成して下さい。

　行政庁の処分（行政事件訴訟法3条2項）とは、公権力の主体たる国または公共団体が行う行為のうち、その行為によって、直接国民の権利義務を形成しまたはその範囲を確定することが法律上認められているものをいう。処分性の4つの要素（公権力性・成熟性・外部性・法的効果）のうち、ここで問題になるのは公権力性である（例解 103頁以下）。公権力性の有無の判断に際しては、当該行為に一方的な命令・強制の性格があるかどうか、あるいはそのような性格がなくても行政が法令の根拠に基づき一方的に権利義務関係を変動・確定させているか（規律力）が基準となる。

　保育の実施の解除は、保育の実施の開始によって設定された権利義務関係を消滅させる行為であるため、その法的性格を検討するにあたっては、保育の実施の開始の法的性格が手がかりとなる。保育の実施の開始における権利義務の変動は［1］市町村の保育の実施義務の有無を判断する行為と、［2］保護者が選択した保育所で保育してもらえる地位を設定する行為とで変動する。

　［1］児童福祉法24条1項は、児童の「保育に欠ける」ところがある場合には、市町村は保育所において保育しなければならないと規定する。この市町村の判断が、法令の根拠に基づき一方的に権利義務関係を変動させているかを検討する。まず、「保育に欠ける」の要件の詳細は児童福祉法施行令27条で規定されており、これに従い市町村の条例で、具体的な要件が規定されている。次に、保育の実施の権利義務関係と密接に関わる、保育に欠けると認定された場合に提供される保育の実施の内容については、保育所を含む児童福祉施設の設備・運営に関して都道府県条例で最低基準が定められることとされており（同法45条）、この基準を維持させるための行政調査権や改善命令・事業停止命令の権限が都道府県知事に与えられている（同法46条）。さらに、保育の実施費用は市町村の支弁とされており（同法51条4号）、市

町村は本人または扶養義務者から，保育費用をこれらの者から徴収した場合における家計に与える影響を考慮して保育所における保育を行うことに係る児童の年齢等に応じて定める額を徴収することができる（同法56条3項）。このように，保育の実施の要件（保育に欠ける）や保育の実施の権利義務関係（保育の実施の内容，これを担保するための監督権限，費用負担者）はいずれも児童福祉法（及びその下位法令・委任条例）によって定められている。それゆえ，保育に欠けるかどうか（いずれかの保育所で保育を実施する義務が市町村にあるかどうか）の認定判断は児童福祉法24条1項に基づくものであり，この判断によって上述のような児童福祉法に基づく権利義務関係が成立することになるから，この決定は行政行為（処分）と考えられる（例解 242頁）。

［2］他方で児童福祉法24条は，保護者からの「申込み」（同条1項）の際に保護者の「希望する保育所」（同条2項）を申込書に記載させ，当該保育所における保育を希望した児童のすべてが入所する場合には適切な保育ができない場合に，当該保育所に入所する児童を公正な方法で選考することができるとしている（同条3項）。そうすると，特定の保育所における保育の実施の希望者が定員を下回っていれば，市町村は保護者の希望通りに当該保育所で保育しなければならないことを意味する（前掲・横浜市保育所民営化条例事件最高裁判決）。これは［1］と異なり，保護者の希望する「特定の」保育所で保育の実施を行うことを市町村に求めており，保護者の選択権を法的に保障するために行政契約の方式が法定されている（例解 336頁）。

これに対して，児童福祉法33条の4が規定する保育の実施の解除は，上記の区別で言えば，［1］のいずれかの保育所での保育の実施を解除することを意味すると考えられる。なぜならば［2］については，市町村による保育所入所承諾の際に保育所と保育の実施期間を定めて保育所利用関係が設定されることで保育の実施がなされる保育所が市町村と保護者の間で確定され，また児童福祉法上入所後に保護者の希望に反して別の保育所に移らせることを想定した条文が存在しないからである。それゆえ保育実施の解除は，市町村が一旦認定した当該児童が「保育に欠ける」との判断とそれに基づく保育の実施の権利義務関係を，事後的な事情変更を理由に消滅させる行為であり，行政行為の撤回（例解 63頁）にあたるから，処分性を有する。加えて，児童福祉法33条の5は，保育の実施の解除について行政手続法第3章の不

利益処分手続（ただし同法12・14条を除く）を適用しないと規定している。これは，立法者が保育の実施の解除を不利益処分とみた上で，33条の4に規定する意見聴取手続の存在を理由に行政手続法の一般ルールの適用を除外したものと考えることができ，保育の実施の解除を処分とみる解釈を裏付けるものである（事案解析175頁）。

設問（B）について

1. 訴訟類型の選択

本件において，Qが4月1日以降も第6保育所に行くことができるようにするためには，保育の実施の解除を対象とする訴訟（⇨90），保育所入所契約に基づく訴訟（⇨91），保育所廃止条例を対象とする訴訟（⇨92）の3つの訴訟の利用が考えられる。

90
> 保育の実施の解除を対象とする抗告訴訟を提起するとして，訴訟類型として最も適切なものを選択した上で，その訴訟要件を充足するかどうか検討して下さい。

上記の通り，保育の実施の解除は処分であるから，もしA市が解除を行えば，その取消訴訟を提起することが考えられる。しかし，現時点ではまだ解除がなされていないから，保育の実施の解除の差止訴訟（行政事件訴訟法3条7項）を提起するのが最も適切と考えられる。

差止訴訟の訴訟要件は，一定の処分・処分の蓋然性・原告適格・狭義の訴えの利益・損害の重大性・補充性である（同法37条の4）。

① 一定の処分・処分の蓋然性

差止対象は保育の実施の解除であり，設問（A）における検討（⇨89）からその処分性が肯定される。また，その内容も一定程度特定されている。さらに，A市児童福祉部長名で「希望書が提出されなかった場合には，B区内における市立保育所又は認可された民間保育所での保育がなされないこと」（問題文〔6〕参照）が書面で通知されているから，このままPが転所希

望書を出さなければ，保育の実施の解除がなされる蓋然性が高い。
② 原告適格・狭義の訴えの利益
　Ｐは保育の実施の解除の名宛人なので原告適格を有し，解除処分の発令前なので狭義の訴えの利益も消滅していない。
③ 損害の重大性・補充性
　差止訴訟における損害の重大性とは，処分がされた後に取消訴訟等を提起して執行停止の決定を受けることなどにより容易に救済を受けることができるものではなく，処分がされる前に差止めを命ずる方法によるのでなければ救済を受けることが困難なものであることを意味する（判百Ⅱ214　判Ⅱ59　CB 15-6　最一小判2012（平成24)・2・9民集66巻2号183頁［君が代訴訟］）。これを本件について見れば，仮に保育の実施の解除がなされてからその取消訴訟を提起して執行停止の申立てをしたとしても，執行停止の決定を得るまでには時間を要する。保育の実施は児童の発達にとって極めて重要であり，一時的にでもそれが欠落すると児童に大きな悪影響を与えることを考慮すれば，保育の実施の解除による損害の重大性が肯定できる。
　差止訴訟における補充性とは，当該処分の差止判決と同等程度の救済を可能とする他の訴訟方法がないことを意味する（前掲・君が代訴訟）。これを本件について見れば，保育の実施の解除に先行する保育所廃止条例の取消訴訟が不可能であれば，補充性も充足される（⇨92）。
　以上から，保育所廃止条例取消訴訟が許されない限り，差止訴訟の訴訟要件は充足される。

> 当事者訴訟を提起するとして，その訴訟要件を充足するかどうか検討して下さい。

　第6保育所が廃止されることにより，保護者ＰとＡ市との間の契約に基づき保育の実施の場所として確定されていた保育所が消滅する。しかし保育所廃止後もＱが「保育に欠ける」状態にあることに変化はないと考えられ，そうであるとすればＡ市にはＱに対する保育を実施する義務があることになる（⇨89の［1］の関係）。さらにＡ市はＰとの間で保育の実施期間を定めて第6保育所での保育の実施を承諾しているから（⇨89の［2］の関係），Ｐは

この契約に基づき第6保育所で保育サービスを保育の実施期間満了まで提供するようA市に対して求める給付訴訟、または同保育所で保育を受ける地位の確認訴訟を提起することが考えられる（行政事件訴訟法4条後段）。

① 給付訴訟

給付訴訟の訴訟要件は給付請求権の主体であるかどうかであり、請求権の存否は本案の問題であるから、訴訟要件の部分を詳細に論ずる必要はない（仮に将来の給付の訴えにあたるとしても、本件の場合には即時の履行を確保する必要があるから、その訴えの利益は認められるべきである）。なお、給付訴訟を提起した場合に、契約に基づき第6保育所で保育を受けることを求める請求権がPに認められるかは、93で検討する本案主張が認められるかによる。

② 確認訴訟

確認訴訟が認められるためには確認の利益が肯定される必要があり、具体的には対象選択の適否・即時確定の利益・方法選択の適否が問題となる（例解 131 頁）。

[1] 確認の対象は第6保育所で保育を受けうる地位の確認であり、これは現在の法律関係に基づく訴えであるから、対象選択は適切である。

[2] すでに保育所廃止条例は成立し、第6保育所が現実に廃止される時期が迫っている。Pは、A市の入所承諾によりQを保育実施期間の満了まで第6保育所で保育してもらうことを期待しうる法的地位を有しており（前掲・横浜市保育所民営化条例事件最高裁判決）、第6保育所の廃止はこの法的地位に現実の危険を及ぼしうるものであるから、即時確定の利益も認められる。

[3] そこで、給付訴訟（⇨①）、保育の実施の解除の差止訴訟（⇨90）または保育所廃止条例取消訴訟（⇨92）が許容されない限り、第6保育所で保育サービスを受ける地位の確認訴訟は方法選択としても適当と考えることができ、確認の利益が充足されることになる。

92

保育所廃止条例に処分性は認められますか。また、保育所廃止条例取消訴訟とそれ以外の訴訟とを比較し、どちらが実効的な権利救済と言えるか検討して下さい。

① 保育所廃止条例の処分性

　一般に条例は不特定多数者を対象とする法規範定立行為であって，処分性はない（成熟性の要素の欠如）。しかし，保育所廃止条例の場合には，他に後続の行政決定を経ることなく，条例そのものの法的効果として保育所が廃止される。また，児童福祉法は保護者と市町村との間でどの保育所において保育を実施するかを契約によって決定する方式を採用しており，廃止が予定される保育所で児童が保育されている保護者は，当該児童が保育実施期間の満了まで当該保育所の利用ができる地位が，廃止条例によって直接的に奪われる（前掲・横浜市保育所民営化条例事件最高裁判決，例解 336 頁）。このような廃止条例の法的性格からすれば，保育所廃止条例には処分性が肯定できる。

② 保育所廃止条例取消訴訟とそれ以外の訴訟との比較

　保育の実施の解除は，いずれかの保育所での保育の実施を解除することであり，市町村に保育の実施を義務付けている児童福祉法 24 条 1 項の規定からすれば，市町村が当該児童はもはや「保育に欠ける」状態ではないと認定することを意味する。また，保護者と市町村との契約による特定の保育所における保育の実施は，当該特定の保育所が存続する限りにおいて保護されるべきものではあるものの，その保育所が廃止されることを法的に禁止する効果を持つとまでは言い難い。このことは，児童福祉法 35 条 6 項が市町村による児童福祉施設の休廃止の手続を規定していることからも裏付けられる。つまり，保育の実施の解除の差止や保育所入所契約に基づく権利主張が認められたとしても，特定の保育所の廃止を法的に禁止することはできない。それゆえ，本事例の紛争の解決にとっては，第 6 保育所を廃止する法的効果をもつ保育所廃止条例を対象とする訴訟が最適と考えられる（同様の考え方を提示する裁判例として，大阪地判 2005（平成 17）・1・18 判例集未登載）。前掲・横浜市

保育所民営化の行政過程		利用しうる訴訟類型
保育所廃止条例　処分		取消訴訟
保育所の廃止		
契約に基づく保育の実施義務	公法上の当事者訴訟	給付訴訟
		確認訴訟
保育の実施の解除　処分		差止訴訟

保育所民営化条例事件最高裁判決は，このような考え方を踏まえ，保育所廃止条例の処分性を肯定した。廃止条例に処分性があることを前提とすれば，

- 保育の実施の解除の差止訴訟（⇨90）は補充性要件を欠き不適法となる。
- 契約に基づき第6保育所で保育の実施期間満了まで保育するようA市に対して求める当事者訴訟としての給付訴訟（⇨91）は，廃止条例の処分性を認めた結果，廃止条例に関して取消訴訟の排他的管轄が働くこととなるので，廃止条例が無効であることを主張立証した上で，契約に基づく権利主張をしなければならない。具体的には，行政行為の無効に関する判断基準（例解 62頁）がここで準用できるとすれば，条例の違法の重大（明白）性を主張立証しなければならなくなる。
- 契約に基づき第6保育所で保育を受ける地位の確認訴訟（⇨91）は，保育所廃止条例の取消訴訟の方がより適切な訴訟方法であるため方法選択の適切性を欠き，確認の利益が否定されて不適法となる。

よって，保育の実施の解除の差止訴訟や保育を受ける地位の確認訴訟よりも，保育所廃止条例に対する抗告訴訟が選択されるべきである。また給付訴訟に関しては，上述のように契約に基づく特定の保育所における保育の実施が当該保育所の存続を保障するものでないとすれば，給付請求権が認められない可能性があり，この場合には訴訟要件を欠くことになる。

2. 違法性の主張

> 保育所廃止・民営化が違法であることを主張して下さい。

児童福祉法35条3項は，市町村は都道府県知事に事前届出して児童福祉施設を設置することができるとする。逆に廃止の場合にも，知事への廃止1ヶ月前までの届出が求められている（同条6項）。しかしこの規定の中には，いかなる場合に児童福祉施設を廃止できるかに関する要件は含まれていない。これは，保育の実施が市町村の一般財源によってなされることから，市町村の有する限られた資産の有効活用や保育に欠ける児童の状況を総合的に考慮した上で，市町村の政策的な裁量判断に委ねる趣旨と考えられる（同

法56条の7も参照)。他方で、児童福祉法24条1・3項は保護者の保育所選択権を認め、選択した保育所において継続的に保育を受ける地位を保障している。それゆえ、保育所廃止に当たっては現に保育サービスを受けている児童やその保護者の利益が十分に保護されるような配慮が必要と考えられる。

　このように、保育所廃止が市町村の財政問題をはじめとするさまざまな考慮事項の総合考慮を要する決定であることから、考慮すべき事情が考慮されたかどうか、考慮事項に適切な重み付けがなされていたかどうかを審査する実体的判断過程統制が、裁量審査の判断基準として適切であると考えられる（⇨ ③, 例解 66頁）。すなわち、保育所廃止に係る市町村の判断は、その基礎とされた重要な事実に誤認があること等により重要な事実の基礎を欠くこととなる場合や、事実に対する評価が明らかに合理性を欠くこと、判断の過程において考慮すべき事情を考慮しないこと等によりその内容が社会通念に照らし著しく妥当性を欠くものと認められる場合に限り、裁量権の範囲を逸脱し又はこれを濫用したものとして違法となる。また、その際に重み付けされるべき考慮事項は現に保育を受けている児童・保護者の利益である。これは、児童福祉法24条が保育所に関する保護者の選択権を認めていることから導出される。

　これを本件について見れば、保育所の一部を民営化すること、その際に民間保育所が存在しない地域を対象とすること、民営化によって保育ニーズの質的・量的拡大に対応しようとすることは、A市の政策的判断として合理性を欠くとまでは言えない。しかし、A市の保育所民営化方針が打ち出されたのは民営化に踏み切るまでに1年を切った前年6月であり、現に当該保育所で保育されている児童・保護者のニーズや意向を十分に配慮したものとは言えない。また、民営化方針に不満を持つベテラン保育士が移行先に移籍しないと、児童福祉施設の最低基準（児童福祉法45条）の人員要件を満たさない状況になることが想定され、他の公立保育所も満員に近い状況にあることから、他の公立保育所への民営化対象保育所入所者の移籍もA市の市立保育所の保育環境を全体として悪化させる可能性が極めて高い。

　こうした事情からすれば、保育所民営化に関するA市の判断は、民営化される保育所や他の公立保育所が児童福祉施設の最低基準を充足しない状況になるおそれを生じさせ、現に保育されている児童やその保護者の利益を十

分に確保した上で民営化を行うという最も重視すべき考慮事項を考慮しておらず，それゆえ社会観念上著しく妥当を欠き，裁量権の逸脱・濫用であって違法である。

▶ 答案例

[設問（A）]

　行政庁の処分（行政事件訴訟法3条2項）とは，公権力の主体たる国または公共団体が行う行為のうち，その行為によって，直接国民の権利義務を形成しまたはその範囲を確定することが法律上認められているものをいう。

　保育の実施の解除（児童福祉法33条の4）は，同法24条1項によって設定された個別の児童に対する保育の実施の権利義務関係を将来に向かって消滅させる効果を有している。そのため，保育の実施の解除が処分と言えるかどうかは，この行為に公権力性が認められるかによって決まる。具体的には，法令に基づく行政の一方的判断によって国民の権利義務関係が変動・確定するものといえるかどうかで判断される。

　これを本件について見れば，解除の根拠規定である同法33条の4には解除の要件が定められておらず，処分性が認められる手がかりを欠く。他方で同法33条の5は，保育の実施の解除について行政手続法第3章の規定を適用しないと定めており，このことは保育の実施の解除が不利益処分にあたることを前提にしているとも考えられる。このように，解除の規定だけからでは公権力性の有無が判断できないため，解除に先行する保育の実施の開始に注目して，保育所利用関係の法的性格を判断し，それを前提に解除の処分性を検討することとする。

　[1] 保育の実施の開始に関して児童福祉法24条1項は，児童の「保育に欠ける」ところがある場合には，市町村は保育所において保育しなければならないと規定する。どのような場合が「保育に欠ける」かについては，同項の委任を受けた児童福祉法施行令27条が詳細に条件を定め，A市保育実施条例2条がこの要件を具体的に定めている。そして保育に欠けると認められれば，児童福祉法が定めている保育の実施内容

（同法45条）や費用負担に基づき（同法51条4号，56条3項）市に保育の実施義務が生じる。これらの規定からすれば，保育の実施に欠けるかどうかに関する市の判断は法令に基づく行政の一方的判断であって，これにより国民の権利義務関係が変動・確定するものといえるから，この判断は行政行為であって処分性が認められる。

［2］他方で，児童福祉法24条は保護者からの「申込み」（同条1項）があったときには，定員に余裕がある限り，保護者の「希望する保育所」（同条2項）で保育を行うことを求めている（同条3項）。これは保護者の選択権を法的に保障するために行政契約の方式を法定したものと考えることができる。

児童福祉法33条の4が規定する保育の実施の解除とは，上記の区別で言えば，［1］の「保育に欠ける」との認定判断を事情変更に応じて否定し，これによっていずれかの保育所での保育の実施を解除することを意味する。［2］について児童福祉法は，入所後に保護者の希望に反して別の保育所に移らせることを想定した規定を置いていないからである。それゆえ保育の実施の解除は，市町村が一旦認定した当該児童が「保育に欠ける」との判断を撤回するものであり，行政行為の撤回と位置づけられるが故に処分性を有する。

よって，保育の実施の解除には処分性が認められる。

［設問（B）］
I. 訴訟類型の選択・訴訟要件の充足

本件において，Qが平成25年4月1日以降も第6保育所に行くことができるようにするためには，1.保育の実施の解除を対象とする訴訟，2.保育所入所契約に基づく訴訟，3.保育所廃止条例を対象とする訴訟の3つの訴訟の利用が考えられる。

1. 保育の実施の解除を対象とする訴訟

設問（A）で検討したように，保育の実施の解除は処分である。現時点ではA市は解除を行っていないので，処分の差止訴訟（行政事件訴訟

法3条7項）を提起することが考えられる。

差止訴訟の訴訟要件は，一定の処分・処分の蓋然性・原告適格・狭義の訴えの利益（処分発令前であること）・損害の重大性・補充性である（同法37条の4）。このうち，差止対象となる処分は保育の実施の解除であって特定されており，保育所の廃止時期が迫ってもPは転所希望書を出していないので，保育の実施の解除がなされる蓋然性は高い。Pはその名宛人なので原告適格を有し，処分発令前なので狭義の訴えの利益も消滅していない。保育の実施は児童の発達にとって極めて重要であり，処分取消訴訟を提起してその執行停止決定を待つ一時的な期間であっても，それが欠落すると児童の発達に大きな悪影響を与えることから，損害の重大性も満たされる。さらに，後述の保育所廃止条例取消訴訟が不可能であれば，補充性も充足される。

以上から，保育所廃止条例取消訴訟が許されない限り，差止訴訟の訴訟要件は充足される。

2. 保育所入所契約に基づく訴訟

A市は第6保育所で保育実施期間満了まで保育の実施を行うことを承諾したにもかかわらず，同保育所が廃止されることにより，Qは同保育所で保育されなくなるおそれがある。そこでPは，市との契約に基づき第6保育所で保育するよう求める給付訴訟，または同保育所で保育を受ける地位の確認訴訟を提起することが考えられる（行政事件訴訟法4条後段）。給付訴訟の訴訟要件は給付請求権の主体であるかどうかであり，請求権の存否は本案の問題である。そこで以下では，確認訴訟の訴訟要件（確認の利益）の存否を検討する。

確認の利益の存否は，対象選択の適否・即時確定の利益・方法選択の適否から判断される。確認の対象は第6保育所で保育を受けうる地位の確認であり，現在の法律関係に基づく訴えであるから，対象選択は適切である。また，保育所廃止の時期が迫っていることから，即時確定の利益も認められる。そこで，保育所廃止条例取消訴訟または上述の保育の実施の解除の差止訴訟が許容されない限り，方法選択としても適当と考

えることができ、確認の利益が充足されることになる。
3. 保育所廃止条例を対象とする訴訟

 一般に条例は不特定多数者を対象とする法規範定立行為であって処分性がなく、取消訴訟の訴訟要件を充足しない。しかし、保育所廃止条例の場合には、他に行政上の決定を経ることなく、条例そのものの法的効果として保育所が廃止される（地方自治法244条の2第1項）。また、児童福祉法は保護者と市町村との間でどの保育所において保育を実施するかを契約によって決定する方式を採用しており（同法24条2・3項）、廃止が予定される保育所で保育されている児童やその保護者は、廃止条例の制定によって、保育の実施期間満了まで当該保育所で保育を受ける地位が奪われる。このような点から、保育所廃止条例の処分性が肯定できる。

 保育所廃止条例に対する取消訴訟のその他の訴訟要件について、Pは廃止される予定の保育所に児童Qを通わせている保護者であるから原告適格が認められる。また保育所はまだ廃止されていないので、狭義の訴えの利益は消滅していない。

II. 違法性の主張

 次に、違法性主張の内容を検討する。児童福祉法35条6項には、児童福祉施設を廃止できる要件が含まれていない。これは、市町村が保育に欠ける児童の状況を総合的に考慮した上で、市町村の一般財源の状況を踏まえ、どの程度の市町村立保育所を設置するかを市町村の政策的な裁量判断に委ねる趣旨と考えられる。他方で、同法24条1・3項は保護者の保育所選択権を認め、選択した保育所において継続的に保育を受ける地位を保障している。それゆえ、保育所廃止に当たっては、現に保育を受けている児童やその保護者の利益が十分に保護されるような配慮が強く求められていると考えられる。

 そこで、保育所廃止に係る市町村の判断は、その基礎とされた重要な事実に誤認があること等により重要な事実の基礎を欠くこととなる場合や、事実に対する評価が明らかに合理性を欠くこと、判断の過程において考慮すべき事情を考慮しないこと等によりその内容が社会通念に照ら

し著しく妥当性を欠くと認められる場合に限り，裁量権の範囲を逸脱し又はこれを濫用したものとして違法となると解するのが相当である。

これを本件について見れば，保育所の一部を民営化すること，その際に民間保育所が存在しない地域を対象とすること，民営化によって保育ニーズの質的・量的拡大に対応しようとすることは，いずれもA市の政策的判断として合理性を欠くとは言えない（児童福祉法56条の7も参照）。しかし，民営化方針が打ち出されたのは民営化に踏み切るまでに1年を切った時点であり，現に当該保育所で保育されている児童やその保護者の利益に十分に配慮したものとは言えない。また，民営化方針に不満を持つベテラン保育士が移行先に移籍しないと児童福祉施設の最低基準（同法45条）を満たさない状況になることが想定でき，他の公立保育所も満員に近い状況にあることから，他の公立保育所への移籍もA市立保育所全体の保育環境の悪化につながる可能性が極めて高い。

こうした事情からすれば，保育所民営化に関する市の判断は，現に保育されている児童やその保護者の利益を十分に確保した上で民営化を行うという最も重視すべき考慮事項を考慮しておらず，それゆえ社会観念上著しく妥当を欠き，裁量権の逸脱・濫用であって違法である。

III. 最も効果的な主張が可能な訴訟類型

Iで提示した3つの訴訟の対象のうち，保育の実施の解除はいずれかの保育所での保育の実施を解除することであり，特定の保育所の廃止と法的に連動しているものではない。また，保護者と市町村との契約による特定の保育所における保育の実施は，当該特定の保育所が存続する限りにおいて保護されるべきものの，その保育所が廃止されることを禁止する法的効果を持つとまでは言い難い（児童福祉法35条6項）。そこで，保育の実施の解除や保育所入所契約に注目した訴訟では本事例の紛争の解決にとって直截な手段とは言えず，第6保育所を廃止する法的効果をもつ保育所廃止条例を対象とする訴訟が適切と考えられる。

事例 ②

介護保険法の是正勧告

Level・3

　医療法人社団であるAは，平成13年1月24日，B県の知事から，介護保険法（以下「法」という。）第94条第1項に基づく開設許可を得て，介護老人保健施設（以下「本件施設」という。）を運営してきた。本件施設は，要介護者を対象に，施設サービス計画に基づき，看護，医学的管理の下における介護及び機能訓練，その他必要な医療や日常生活上の世話を行うことを目的としている。現在，本件施設には60名が入所して利用しており，大半が70歳を超えた高齢者で，長期間の入所者である。

　平成19年10月1日，本件施設を退職して間もない元職員から，B県高齢福祉課に対し，本件施設では法令上必要とされている医師が存在せず，看護師，介護職員の人数が足りていない，との通報が入った。本件施設は，法第97条第2項，第3項により，厚生労働省令（介護老人保健施設の人員，施設及び設備並びに運営に関する基準。以下「省令」という。）の定める基準を満たさなければならないとされている。上記通報を契機に，同月15日，B県高齢福祉課職員（以下「B県職員」という。）が，法第100条に基づき本件施設に立ち入り，質問，報告の聴取等の調査を実施した。Aの理事長は，「ほかの施設では行政指導として実地指導が行われているにもかかわらず，いきなり法律に基づく調査を実施するのは穏当ではない。」と抗議をしたが，B県職員は，これを聞き入れることなく，調査に着

手した。B県職員は，本件施設の職員から，身分や調査の趣旨を説明するよう要請されたにもかかわらず，身分証の提示を拒否し，公的な調査であり抵抗すれば罰則の対象になることを繰り返し述べた上，事務机の上にあった帳簿等書類を段ボール箱に詰めて持ち帰った。

　B県高齢福祉課としては，医師が存在しないという事実は確認できなかったものの，当日の調査に基づき，本件施設では，看護師数，介護職員数が不足しており，さらには，一部入所者に対する身体的拘束が常時行われているなど，法第97条第2項，第3項，省令第2条第1項，第13条第4項違反の状況が継続していると判断するに至った。

　そこで，B県知事は，Aに対し，平成20年1月15日，勧告書を交付し，法第103条第1項に基づく勧告を行った。同勧告書には，同年3月24日を期限として，①省令の定める基準を遵守できるよう常勤の看護師，介護職員の人員を確保すること，②入所者に対する常時の身体的拘束をやめ，定期的に研修等を行い，身体的拘束の廃止に関する普及啓発を図ること，③上記①及び②に関する改善状況を文書で報告することの3点が記載されていた。さらに，勧告に従わない場合には，B県知事が，Aの勧告不服従を公表することがあること，措置命令や業務停止命令を発することがあることも明記されていたが（法第103条第2項，第3項），勧告の基礎となる事実は示されていなかった。

　Aの理事長は，前記調査以来，B県からは，何の連絡もなく，問い合わせに一切応じてこなかった状況の中で，いきなり勧告書が交付された上，内容的にも誤っているとして，激怒した。そこで，Aは，同年3月14日，勧告が違法であると考え，勧告に応ずる意思が無い旨を回答した。

　しかし，Aの理事長は，このままでは，勧告書に書かれていたように公表がされ，市民からの信頼が失われること，Aとしては多くの利用者が本件施設を離れてしまい，経営難に陥ること，仮に施設経営が立ち行かなくなれば，施設変更に伴う環境の変化や別の

施設への移動により，高齢の利用者に身体面でも，精神面でも，大きな健康リスクが及ぶこと，入所者の移ることのできる施設が近隣には無いため，自宅待機となれば，入所者家族が大きな負担を負わざるを得ないことなどを懸念した。そこで，Aは，弁護士Cに訴訟提起を依頼することとした。

【資料1》法律事務所の会議録】を読んだ上で，弁護士Dの立場に立って，Cの指示に応じ，設問に答えなさい。なお，介護保険法，介護老人保健施設の人員，施設及び設備並びに運営に関する基準，B県行政手続条例の抜粋は，【資料2》介護保険法等】に掲げてあるので，適宜参照しなさい。

設問1

勧告に従わなかった旨の公表がされることを阻止するために考えられる法的手段（訴訟とそれに伴う仮の救済措置）を検討し，それを用いる場合の行政事件訴訟法上の問題点を中心に論じなさい。解答に当たっては，複数の法的手段を比較検討した上で，最も適切と考える法的手段について自己の見解を明らかにすること。

設問2

前記1の最も適切と考える法的手段において勧告や調査の適法性を争おうとする場合に，Aはいかなる主張をすべきかについて，考えられる実体上及び手続上の違法事由を挙げて詳細に論じなさい。

【資料1》法律事務所の会議録】

弁護士C：本日は，Aの案件の基本処理方針を議論したいと思います。本件では調査のやり方が目を引きますね。
弁護士D：B県の説明では，通報の内容が重大なものであり，証拠隠滅も懸念された結果だということです。

弁護士Ｃ：納得できる理屈ではありませんね。Ａはいきなり調査が行われたと主張していますが，これはどういった趣旨なのですか。

弁護士Ｄ：Ｂ県の作成した調査の実施要綱によりますと，実務上は２種類の調査形態が存在するようです。１つは実地指導と呼ばれるもので，行政指導として行われる調査です。もう１つが本件で問題となっている，法律に基づく調査でして，調査に基づき勧告がされると，公表，措置命令，業務停止命令，開設許可取消しがされる可能性があります。

弁護士Ｃ：Ａは調査について何を主張しているのですか。

弁護士Ｄ：調査の手順がひどい上，その中身も誤りだというのです。具体的には，①調査が，一部の出勤簿を対象としていない上，実施された特定曜日以外に週５日働いている看護師２名，介護職員５名を計算に含めていないなど，人員の把握を誤ったものであり，本件施設は看護師数及び介護職員数についての省令の基準を満たしていたこと，②ベッドからの転倒防止を第一に考え，５時間に限って，入所者家族の同意の下に１名のベッドに柵を設置しただけであり，常時の身体的拘束には該当しないことが主張されています。

弁護士Ｃ：調査が違法に行われたとして，そのことは勧告にどういった影響を及ぼすのか，両者の関係を整理してください。

弁護士Ｄ：分かりました。

弁護士Ｃ：それと，勧告についてですが，Ａは唐突に出された点が不満のようですね。

弁護士Ｄ：そうです。これに対し，Ｂ県の側は，手順は行政の自由であるという理解のようです。

弁護士Ｃ：それは，勧告をソフトなものととらえているからでしょうか。本件の法的仕組みの中で勧告が占める位置や，その性格からさかのぼって，どのような手続が要求されるのか，もう一度検討してください。Ａの言い分からしますと，最も恐れているのは，勧告に続く公表のようですね。

弁護士Ｄ：勧告不服従事業者として市民に公表されるのだけは避けたいようです。

弁護士Ｃ：Ｄ君には，勧告と公表の法的性格を分析した上で，採るべき法的手段について，公表を阻止する観点から検討をお願いします。

【資料２≫介護保険法等】

○介護保険法（平成９年12月17日法律第123号）（抜粋）

（帳簿書類の提示等）

第24条　１，２　（略）

3　前２項の規定による質問を行う場合においては，当該職員は，その身分を示す証明書を携帯し，かつ，関係人の請求があるときは，これを提示しなければならない。

4　第１項及び第２項の規定による権限は，犯罪捜査のために認められたものと解釈してはならない。

（開設許可）
第94条　介護老人保健施設を開設しようとする者は，厚生労働省令で定めるところにより，都道府県知事の許可を受けなければならない。
2～6　（略）
（介護老人保健施設の基準）
第97条　介護老人保健施設は，厚生労働省令で定めるところにより，療養室，診察室，機能訓練室，談話室その他厚生労働省令で定める施設を有しなければならない。
2　介護老人保健施設は，厚生労働省令で定める員数の医師，看護師，介護支援専門員及び介護その他の業務に従事する従業者を有しなければならない。
3　前2項に規定するもののほか，介護老人保健施設の設備及び運営に関する基準は，厚生労働大臣が定める。
4　厚生労働大臣は，前項に規定する介護老人保健施設の設備及び運営に関する基準（介護保健施設サービスの取扱いに関する部分に限る。）を定めようとするときは，あらかじめ社会保障審議会の意見を聴かなければならない。
5　介護老人保健施設の開設者は，要介護者の人格を尊重するとともに，この法律又はこの法律に基づく命令を遵守し，要介護者のため忠実にその職務を遂行しなければならない。
（報告等）
第100条　都道府県知事又は市町村長は，必要があると認めるときは，介護老人保健施設の開設者，介護老人保健施設の管理者若しくは医師その他の従業者（以下「介護老人保健施設の開設者等」という。）に対し報告若しくは診療録その他の帳簿書類の提出若しくは提示を命じ，介護老人保健施設の開設者等に対し出頭を求め，又は当該職員に，介護老人保健施設の開設者等に対して質問させ，若しくは介護老人保健施設に立ち入り，その設備若しくは診療録，帳簿書類その他の物件を検査させることができる。
2　第24条第3項の規定は，前項の規定による質問又は立入検査について，同条第4項の規定は，前項の規定による権限について準用する。
3　（略）
（設備の使用制限等）
第101条　都道府県知事は，介護老人保健施設が，第97条第1項に規定する施設を有しなくなったとき，又は同条第3項に規定する介護老人保健施設の設備及び運営に関する基準（設備に関する部分に限る。）に適合しなくなったときは，当該介護老人保健施設の開設者に対し，期間を定めて，その全部若しくは一部の使用を制限し，若しくは禁止し，又は期限を定めて，修繕若しくは改築を命ずることができる。
（業務運営の勧告，命令等）
第103条　都道府県知事は，介護老人保健施設が，その業務に従事する従業者の人員について第97条第2項の厚生労働省令で定める員数を満たしておらず，又は同条第3項に規定する介護老人保健施設の設備及び運営に関する基準（運営に関する部分に限る。以下この条において同じ。）に適合していないと認めるときは，当該介護老人保健施設の開設者に対し，期限を定めて，第97条第2項の厚生労働省

令で定める員数の従業者を有し，又は同条第3項に規定する介護老人保健施設の設備及び運営に関する基準を遵守すべきことを勧告することができる。

2　都道府県知事は，前項の規定による勧告をした場合において，その勧告を受けた介護老人保健施設の開設者が，同項の期限内にこれに従わなかったときは，その旨を公表することができる。

3　都道府県知事は，第1項の規定による勧告を受けた介護老人保健施設の開設者が，正当な理由がなくてその勧告に係る措置をとらなかったときは，当該介護老人保健施設の開設者に対し，期限を定めて，その勧告に係る措置をとるべきことを命じ，又は期間を定めて，その業務の停止を命ずることができる。

4　都道府県知事は，前項の規定による命令をした場合においては，その旨を公示しなければならない。

5　（略）

（許可の取消し等）

第104条　都道府県知事は，次の各号のいずれかに該当する場合においては，当該介護老人保健施設に係る第94条第1項の許可を取り消し，又は期間を定めてその許可の全部若しくは一部の効力を停止することができる。

　一〜八　（略）

　九　前各号に掲げる場合のほか，介護老人保健施設の開設者が，この法律その他国民の保健医療若しくは福祉に関する法律で政令で定めるもの又はこれらの法律に基づく命令若しくは処分に違反したとき。

　十〜十二　（略）

2，3　（略）

第14章　罰則

第209条　次の各号のいずれかに該当する場合には，その違反行為をした者は，30万円以下の罰金に処する。

　一　（略）

　二　第42条第3項，第42条の3第3項，第45条第8項，第47条第3項，第49条第3項，第54条第3項，第54条の3第3項，第57条第8項，第59条第3項，第76条第1項，第78条の6第1項，第83条第1項，第90条第1項，第100条第1項，第112条第1項，第115条の6第1項，第115条の15第1項又は第115条の24第1項の規定による報告若しくは帳簿書類の提出若しくは提示をせず，若しくは虚偽の報告若しくは虚偽の帳簿書類の提出若しくは提示をし，又はこれらの規定による質問に対して答弁をせず，若しくは虚偽の答弁をし，若しくはこれらの規定による検査を拒み，妨げ，若しくは忌避したとき。

　三　（略）

○介護老人保健施設の人員，施設及び設備並びに運営に関する基準
　（平成11年3月31日厚生省令第40号）（抜粋）

第2章　人員に関する基準

（従業者の員数）

第2条　介護保険法（略）第97条第2項の規定による介護老人保健施設に置くべき医師，看護師，介護支援専門員及び介護その他の業務に従事する従業者の員数は，次のとおりとする。
　一　医師　常勤換算方法で，入所者の数を100で除して得た数以上
　二　薬剤師　介護老人保健施設の実情に応じた適当数
　三　看護師若しくは准看護師（以下「看護職員」という。）又は介護職員（以下「看護・介護職員」という。）　常勤換算方法で，入所者の数が3又はその端数を増すごとに1以上（看護職員の員数は看護・介護職員の総数の7分の2程度を，介護職員の員数は看護・介護職員の総数の7分の5程度をそれぞれ標準とする。）
　四　支援相談員　入所者の数が100又はその端数を増すごとに1以上
　五　理学療法士又は作業療法士　常勤換算方法で，入所者の数を100で除して得た数以上
　六　栄養士　入所定員100以上の介護老人保健施設にあっては，1以上
　七　介護支援専門員　1以上（入所者の数が100又はその端数を増すごとに1を標準とする。）
　八　調理員，事務員その他の従業者　介護老人保健施設の実情に応じた適当数
2　前項の入所者の数は，前年度の平均値とする。ただし，新規に許可を受ける場合は，推定数による。
3　第1項の常勤換算方法は，当該従業者のそれぞれの勤務延時間数の総数を当該介護老人保健施設において常勤の従業者が勤務すべき時間数で除することにより常勤の従業者の員数に換算する方法をいう。
4　介護老人保健施設の従業者は，専ら当該介護老人保健施設の職務に従事する者でなければならない。ただし，入所者の処遇に支障がない場合には，この限りでない。
5～7　（略）
第4章　運営に関する基準
（介護保健施設サービスの取扱方針）
第13条1～3　（略）
4　介護老人保健施設は，介護保健施設サービスの提供に当たっては，当該入所者又は他の入所者等の生命又は身体を保護するため緊急やむを得ない場合を除き，身体的拘束その他入所者の行動を制限する行為（以下「身体的拘束等」という。）を行ってはならない。
5，6　（略）

○B県行政手続条例（抜粋）

（定義）
第2条　この条例において，次の各号に掲げる用語の意義は，当該各号に定めるところによる。
　一～六　（略）

七　行政指導　県の機関がその任務又は所掌事務の範囲内において一定の行政目的を実現するため特定の者に一定の作為又は不作為を求める指導，勧告，助言その他の行為であって処分に該当しないものをいう。

八　（略）

第4章　行政指導

（行政指導の一般原則）

第30条　行政指導にあっては，行政指導に携わる者は，当該県の機関の任務又は所掌事務の範囲を逸脱してはならないこと及び行政指導の内容が相手方の任意の協力によって実現されるものであることに留意しなければならない。

2　行政指導に携わる者は，その相手方が行政指導に従わなかったことを理由として，不利益な取扱いをしてはならない。

3　前項の規定は，公益の確保その他正当な理由がある場合において，県の機関が行政指導の事実その他必要な事項を公表することを妨げない。

（申請に関連する行政指導）

第31条　申請の取下げ又は内容の変更を求める行政指導にあっては，行政指導に携わる者は，申請者が当該行政指導に従う意思がない旨を明確に表明したにもかかわらず当該行政指導を継続すること等により当該申請者の権利の行使を妨げるようなことをしてはならない。

2　前項の規定は，申請者が行政指導に従わないことにより公益が著しく害されるおそれがある場合に，当該行政指導を継続することを妨げない。

（許認可等の権限に関連する行政指導）

第32条　許認可等をする権限又は許認可等に基づく処分をする権限を有する県の機関が，当該権限を行使することができない場合又は行使する意思がない場合においてする行政指導にあっては，行政指導に携わる者は，当該権限を行使し得る旨を殊更に示すことにより相手方に当該行政指導に従うことを余儀なくさせるようなことをしてはならない。

（行政指導の方式）

第33条　行政指導に携わる者は，その相手方に対して，当該行政指導の趣旨及び内容並びに責任者を明確に示さなければならない。

2　行政指導が口頭でされた場合において，その相手方から前項に規定する事項を記載した書面の交付を求められたときは，当該行政指導に携わる者は，行政上特別の支障がない限り，これを交付しなければならない。

3　（略）

（複数の者を対象とする行政指導）

第34条　同一の行政目的を実現するため一定の条件に該当する複数の者に対し行政指導をしようとするときは，県の機関は，あらかじめ，事案に応じ，これらの行政指導に共通してその内容となるべき事項を定め，かつ，行政上特別の支障がない限り，これを公表しなければならない。

（この章の解釈）

第35条　この章の規定は，県の機関が公益上必要な行政指導を行うことを妨げるも

のと解釈してはならない。

Milestone

94 勧告は通常どのような法的性格の行為とされますか。勧告に処分性が認められることはありますか。

95 公表は通常どのような性格の行為とされますか。公表に処分性が認められることはありますか。

96 行政手続法と行政手続条例の適用関係は，どのように調整されていますか。

97 行政調査手続の瑕疵や行政処分手続の瑕疵は処分に対してどのような影響を与えると考えられますか。

98 介護老人保健施設に対する不利益処分の行政過程を整理し，どの行政活動を対象にどのような訴訟類型・仮の救済の利用が考えられるか説明して下さい。

99 勧告の処分性を肯定した上で，その取消訴訟の訴訟要件や執行停止の要件を充足する主張をして下さい。

100 勧告の処分性を否定し，公表の処分性を肯定した上で，その差止訴訟の訴訟要件や仮の差止めの要件を充足する主張をして下さい。

101 上記以外に考えられる訴訟類型・仮の救済も含めて，どの手段が最も効果的な権利救済に資するか検討して下さい。

102 調査手続に注目して違法性主張をするとともに，それが後続の行政決定（勧告等）に効果を及ぼしうることを主張して下さい。

103 勧告の実体面に注目した違法性を主張して下さい。

104 勧告に適用される手続ルールを明らかにしたうえで，手続的瑕疵を主張して下さい。

解 説

事例のねらい

　本事例は，2008年度の新司法試験論文式・行政法の問題である。その下敷きになったとされる裁判例が，宇都宮地決2007（平成19）・6・18判例集未登載である。司法試験論文式が要求する個別行政法規の解釈能力や，答案構成に必要な基礎的能力を体感するのに適した問題であるため，ここで取り上げることにした。介護保険法は2010年の地方分権改革に伴って改正され，資料2で示されている条文のうち，人員・設備・運営に関する基準は，厚生労働省令ではなく，厚生労働省令で示されている内容を踏まえた都道府県条例によって決定される方式に変更されている。ただしこの点は答案構成上決定的な影響を与えるものではなく，モデルとなっている事案も改正前のものであるため，旧条文のままとしている。

　設問は，訴訟類型選択・訴訟要件充足（仮の救済を含む）と本案における違法性主張を求める事例問題のいわば王道である。訴訟類型・訴訟要件に関しては，不利益処分に向けた行政過程の中にいろいろな行為形式が存在しており，どの行為をターゲットにどの訴訟類型を選択するのが最も有効かを，仮の救済の実効性も含めて検討する能力が求められている。また，本案における違法性主張に関しては，調査手続の違法をどう主張するか，勧告の法的性格を論じた上でこれに対応する違法性主張の内容をどう組み立てるかが問われている。

▶Key Points◀
[行政過程論] 行政手続法と条例，行政調査，手続的瑕疵，行政裁量
[行政救済論] 処分性，執行停止，仮の差止め
[社会保障法] 医療提供体制整備の過程（例解 305頁以下），福祉・介護提供体制整備の過程（例解 323頁以下）

● 前提知識の確認

1. 勧告・公表の法的性格

> 勧告は通常どのような法的性格の行為とされますか。勧告に処分性が認められることはありますか。

　勧告は，何らかの行為を推奨することであり，勧告に従わなかったことに伴う不利益（刑事罰等）が法令で定められていなければ，法的拘束力を伴わない行政指導と扱われ，処分（＝公権力の主体たる国または公共団体が行う行為のうち，その行為によって，直接国民の権利義務を形成しまたはその範囲を確定することが法律上認められているもの）（⇨24）にはあたらない。

　しかし，本事例にも見られるように，勧告が後続の不利益処分（改善命令・許認可等の撤回）に先行し，勧告が出されていることが処分の要件となっている場合がある。このような場合には，勧告不服従に対する不利益が法律上規定されていることになり（法的効果），また後続の不利益処分の要件事実を先行して確定していることにもなるので（成熟性），処分性を肯定することがあり得る。最高裁はさらに，医療法勧告事件（判百Ⅱ167　判Ⅱ26　CB11-14　最二小判2005（平成17）・7・15民集59巻6号1661頁）において，医療法に基づく勧告そのものは法的効果がない行政指導と理解しつつ，その不服従が後続の健康保険法等の保険医療機関の指定の拒否事由と事実上連動していることから，勧告の処分性を肯定している（例解 309頁）。

> 公表は通常どのような性格の行為とされますか。公表に処分性が認められることはありますか。

　公表それ自体は法的効果を伴わない事実行為である。事実行為であれば，法的効果を伴わないので，最高裁の処分性の定式（⇨24 94）には該当しない。しかし，事実行為の中でも，人の収容，物の留置その他その内容が継続的性質を有するもの（行政不服審査法2条1項）は権力的事実行為と呼ばれ，

処分に含まれるとされる（行政事件訴訟法にはこのような明文規定はないものの，行政不服審査法と同様に解されている）。これは，事実行為の中にも，強制的性格や相手方に対する権利・利益侵害の強度が処分性のある行為に匹敵するものがあることを重視し，これらに抗告訴訟の利用可能性を開くものである。

この定義のなかに「継続的性質」が含まれているのは，そのような性質のない一瞬で終わってしまう行為に対して取消訴訟が機能することは考えられないためである。一瞬で終わってしまう行為の取消を求めても，行為はすでに終わってしまっているから取り消す意味がない（取消訴訟の狭義の訴えの利益が消滅している）。しかし，2004年の行政事件訴訟法改正によって差止訴訟・義務付け訴訟が法定化された現在においては，一瞬で終わってしまう行為がなされる前にそれを差し止めたり義務付けたりすることが考えられるから，継続的性質を有していない行為であっても，抗告訴訟を利用して権利救済を実現することが可能である。そのため，継続的性質を有しないものも権力的事実行為に含めて考え，その処分としての性格を肯定してよいと考えられる（同旨，深澤龍一郎「障害者総合支援法に基づく勧告および処分に係る公表の差止め」法学教室400号（2014年）108-115（113）頁）。

では，公表は権力的事実行為に含めうるだろうか。その判断基準は，人の収容や物の留置に匹敵するような強制的性格や相手方に対する権利・利益侵害の強度があるかどうかである。公表の中でも，情報提供を目的とするものの場合には，権利・利益侵害の強度は一般には大きくない。しかし，制裁としての公表は，それが相手方に与える社会的影響の大きさや，一度公表されてしまうとそれに伴う不利益が容易には解消されない性格を有するので，人の収容や物の留置に匹敵する不利益を与えるものと言える。それゆえ，公表を権力的事実行為に含めて考える余地はあると思われる。

2. 手続的瑕疵とその効果

> 行政手続法と行政手続条例の適用関係は，どのように調整されていますか。

行政手続法3条3項は、行政手続法が地方公共団体のどの行為に適用されるかを規定している。行政手続法の適用除外となっているのは、すべての行政指導・命令等と、処分・届出についてはその根拠規定が条例・規則に置かれているものである。逆に言えば、処分・届出のうちその根拠規定が法令に置かれているものは、地方公共団体の行為であっても行政手続法が適用されることになる。それ以外の部分は地方公共団体が定めている行政手続条例がその規定内容に応じて適用されることになる。

> 行政調査手続の瑕疵や行政処分手続の瑕疵は処分に対してどのような影響を与えると考えられますか。

　我が国の最高裁判例は、一方では行政手続に関する判例法理を立法に先行して生み出し、その内容の多くが行政手続法に実定化しているものの、他方で手続瑕疵を単独の取消事由とするかどうかをめぐっては、理由提示義務違反を除き消極的な姿勢を示してきた。

(1) 行政調査手続の瑕疵
① 行政調査手続の不実施・調査の不十分性
　行政調査手続が法定されているかどうかを問わず、行政機関が処分等の決定を行う場合には、行政活動の要件を充足しているかどうかの調査義務を負っている。行政調査がなされなかった、あるいはなされたものの調査内容が不正確であったという場合には、多くの場合、処分等の要件事実の認定が誤っていることになるから、処分等の実体法的な違法性主張と重なり合うことになり、行政調査の手続法的な瑕疵を別途主張する必要はない（塩野宏『行政法Ⅰ［第5版補訂版］』（有斐閣・2013年）261頁）。

② 調査方法の不適切性
　上記と異なり、行政調査がなされて適切な要件事実の認定が結果として行われた場合には、たとえ調査の手続・手法に問題があっても、調査手続の違法が行政処分の違法には直結しないのが通例と考えられる。その理由は、行政調査手続と行政処分手続とは相互に独立していると考えられるからである（塩野・前掲書265頁）。なお、念のため付言すれば、行政調査は行政処分に時

間的に先行してなされる事実行為であって処分ではないから，行政調査と後続の行政処分との間で違法性の承継の問題（⇨⑤）を論じる余地はそもそもない。行政調査の中に講学上の即時強制にあたるような強制力を伴った調査活動がある場合には，当該行為が権力的事実行為であって処分性があると評価される可能性があるものの，上述のように調査と後続の処分は実体法的には独立の行為なので，違法性の承継の要件が充足される場面は考えにくい。

　ただし，行政調査手続の瑕疵が極めて重大なもので，その瑕疵がなければ後続の処分の内容に影響を与えたと考えられるような場合には，行政調査手続の違法が単独の取消事由となる可能性はある。また，行政調査と後続の処分の内容・効果とが極めて密接に結びついている場合（例：生活保護法の資産調査と生活保護決定）には，調査手続の違法が後続の処分の単独の取消事由となると考えられる（ 例解 270 頁）。

(2) 行政処分手続の瑕疵

　行政処分手続の瑕疵が単独の取消事由になるかどうかについて，行政手続法制定以前の最高裁判例は，理由提示義務違反を除いてこれを否定してきた。その背景には，手続よりも実体面の適法性を重視する考え方に加え，裁判所の判決によって紛争を終局的に解決したいという方向性（紛争の一回的解決指向）が強かったことが挙げられる。手続的瑕疵を理由に処分を取り消した場合，行政は判決で指摘された手続上の違法を是正した上で，内容的には判決で取り消された処分と同じ処分を行う可能性があり，これでは判決で紛争を終局的に解決できないからである。これに対して学説からは，行政手続法の制定によって当該手続を履践した上での決定がなされることが法的に保障されたのだから，行政手続法違反は単独で取消事由になるとの見解が強く示されている。行政手続法制定後にこの問題が争点となった最高裁判例は現れておらず，以下の整理は現段階における最高裁判例を手がかりとした暫定的なものにとどまる（原田大樹「判批（処分基準と理由提示）」法政研究（九州大学）78 巻 4 号（2012 年）1129-1145（1143）頁， 例解 211 頁）。

① 法定手続の懈怠（不実施）

　法定されている行政手続（例：基準設定，告知聴聞，審議会への諮問手続）を全く実施しなかった場合には，当該手続的瑕疵が単独の取消事由となる。法

律が行政に対して一定の手続の履践を要求したのは，当該手続の中で行政が適切に調査義務を果たし，考慮事項を発見し，要件事実該当性を判断することを期待してのことと考えられる。そのような法定手続の不実施は，行政が慎重な判断を行わなかったことを推認させ，判断結果に影響を与えている蓋然性が高い（聴聞の不実施に注目してこのような判断を行ったものとして，判百Ⅰ125 判Ⅰ97 CB 3-1 最一小判1971（昭和46)・10・28民集25巻7号1037頁［個人タクシー事件］）（大橋洋一「行政手続と行政訴訟」法曹時報63巻9号（2011年）2039-2070（2044）頁）。また法律が行政に対して一定の手続の履践を求めたことは，相手方私人に対して当該手続を経た行政上の決定が下される地位を保障したと考えることもできる。理由提示の瑕疵一般（理由提示の程度が不十分な場合も含む）について最高裁が単独の取消事由と考えているのは，理由提示が十分になされていないことは法定手続の懈怠と同程度に重大な手続的瑕疵と考えているからであるように思われる。また，申請に対する処分に関して理由の差替えを鷹揚に認める最高裁が差替えを認めなかった和歌山労基署長事件（判百Ⅱ198 判Ⅱ77 最三小判1993（平成5)・2・16民集47巻2号473頁）は，行政が労災保険給付の要件である業務起因性（例解 295頁）について実質的に判断しないまま（法律の施行前に業務に従事していたことを理由に）拒否処分し，訴訟の中で拒否処分の理由を差替えた事例であり（例解 119頁），法定手続の懈怠と同視しうるものであった。これらのように法定手続を全く実施していない場合には，裁判所は処分の要件・効果面の適法性（実体的審理）に入ることなく手続的瑕疵のみを理由に取消判決を下すことで，行政過程のやり直しを命じている（行政過程への差戻し（興津征雄『違法是正と判決効』（弘文堂・2010年）227頁以下））と考えることができる。

② **手続の不十分な実施**

これに対して，手続は実施されたもののそのやり方に問題があった場合には，取消判決を出して行政手続をやり直すことに，裁判手続では代替できない独自の意義・機能が認められる場合に，手続的瑕疵を理由とする取消がなされると考えられる。裁判所には法律上の争訟を終局的に裁断する権限と責任が憲法上与えられているから，行政手続が曲がりなりにも履践され，行政の判断が一旦下されているという場面においては，訴訟手続の中で両当事者に主張・立証させた上で，実体法的な判断を示して紛争を終局的に解決する

のが通例と考えられる（不十分な聴聞手続の実施に関してこのような判断を行ったものとして，判百Ⅰ126 判Ⅰ106/115 CB 3-3 最一小判1975（昭和50）・5・29民集29巻5号662頁［群馬中央バス事件］）。しかし裁判所としては，自ら実体法的な判断を示すことなく手続的瑕疵を理由に取消判決を下し，行政手続をもう一度履践させることで紛争の解決を図る選択肢も持っている。このような選択に意味がある場面として考えられるのは，当該行政活動が政策的な判断の要素を強く持っている場合，行政手続の中で幅広く利害関係者を取り込んだ上でその利害調整がなされる場合，行政手続を改めてとらせれば違う結果が出ることが予想される場合などである。また，当該手続が法定のものであれば，立法者がその行政手続に裁判手続とは異なる独自の意義を与えていると理解することができるので，その不十分な履践は手続的瑕疵を理由とする取消を強く支える要素となると思われる。

●答案作成のヒント💡●

① 問題文を読む

問題文の前半部分からは，介護保険法の介護老人保健施設が紛争の舞台であり，B県側が施設の人員数の不足と身体的拘束を問題にしていることを読み取ることができる。また後半部分では，行政調査の後に勧告が出され，不服従の場合には公表・措置命令・業務停止命令を発する可能性があることが示されている。これに対して医療法人Aの理事長は，勧告には手続的・実体的な違法があると考えて勧告に応じないと回答している。このような事実関係の下で，勧告に従わなかった場合の公表を阻止する法的手段（訴訟と仮の救済）と，勧告の違法性主張の2つが設問として設定されている。

② 条文を読む

設問1について，関係する介護保険法の条文を確認すると，B県による立入調査は介護保険法100条1項に基づくものであることが分かる。B県は同法103条1項に基づいて勧告を行っている。勧告に従わなかった場合には同条2項で不服従の事実を公表することができ，また正当な理由なく勧告に係る措置をとらなかった場合には同条3項で措置命令・業務停止命令を出すことができる。この命令違反に対する罰則は設けられていないものの，同法

104条1項9号で命令違反が介護老人保健施設の許可の取消（講学上の撤回）の要件となっている。こうした規定から勧告や公表に処分性を認めることができるかが検討の中心となる。

　設問2について，勧告の違法性を主張する際には，実体的な違法と手続的な違法の双方から検討する必要がある。このうち手続的な違法については，勧告が行政手続法上の行政指導なのか，行政処分なのかによって，適用されるルールが変わってくる。具体的には，実体的な側面については，介護保険法97条2・3項に基づく「介護老人保健施設の人員，施設及び設備並びに運営に関する基準」が定めている人員要件や身体的拘束の禁止が問題となる。また手続的な側面については，勧告に先立つ行政調査手続が介護保険法100条1・2項の規定に合致しているか，行政手続法（勧告が行政処分の場合）または行政手続条例（勧告が行政指導の場合）の定める手続ルールを遵守しているかが問題となる。

③ 答案構成を考える

　設問1の解答にあたっては，勧告と公表に処分性を認めるかどうかによって，訴訟類型と仮の権利救済の選択が変わってくる。勧告に処分性を認める場合には，前掲・医療法勧告事件最高裁判決を手がかりとしつつ，介護保険法のしくみを踏まえて処分性の定式に合致するかどうかを示すことが求められる。勧告に処分性を認めない場合には，当事者訴訟（確認訴訟）の利用可能性を探るか，公表に処分性を認めて公表の差止訴訟の利用を検討することが考えられる。

　設問2の解答にあたっては，勧告に先行する行政調査手続の瑕疵と勧告そのものの瑕疵に分け，勧告については実体的瑕疵と手続的瑕疵の双方を論じる必要がある。手続的瑕疵を論じる場合には，それが単独の取消事由となるかどうかも意識することが重要である。あてはめにあたって注目すべき事実として，行政調査手続に関しては，実地指導が行われなかったこと，身分証の提示を拒否していること，帳簿書類等を持ち帰っていることが挙げられる。また勧告の実体的側面については，人員の計算に誤りがあること，ベッドからの転倒防止目的で5時間に限って同意の下に柵を設置していること，さらに手続的側面については，勧告の基礎となる事実が示されていなかったこと，（勧告が不利益処分に該当するとすれば）告知や弁明の機会の付与手続を

とることなく唐突に出されたことが挙げられる。

設問1について

1. 不利益処分の行政過程

> 介護老人保健施設に対する不利益処分の行政過程を整理し、どの行政活動を対象にどのような訴訟類型・仮の救済の利用が考えられるか説明して下さい。

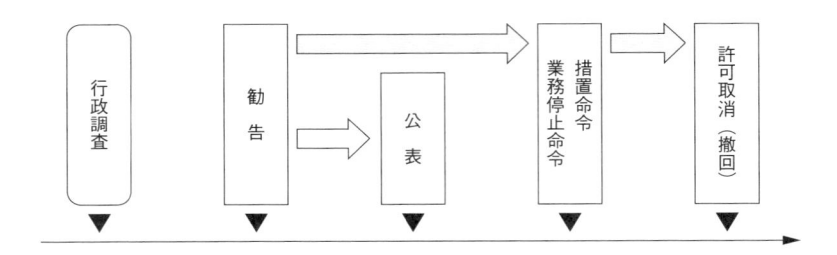

行政調査 → 勧告 → 公表 → 措置命令・業務停止命令 → 許可取消（撤回）

　介護老人保健施設は、医療と介護の双方のサービスを提供する施設で、介護老人福祉施設（＝老人福祉法上の特別養護老人ホーム）と異なり、介護保険法独自の施設類型である。介護老人保健施設を設置するためには、都道府県知事の許可を受ける必要がある（介護保険法94条1項）（例解 330頁）。

　介護老人保健施設の人的・物的設備や運営・処遇については、介護保険法97条1～3項の規定に基づく「介護老人保健施設の人員、施設及び設備並びに運営に関する基準」（厚生労働省令）が定められており、この内容を踏まえて都道府県が条例を制定することとされている（本事例の時点では条例を制定するしくみはなく、厚生労働省令が直ちに基準として機能していた）。この基準に合致しているかどうかを調査するため、都道府県知事・市町村長に行政調査権が認められている（同法100条）。行政調査への不協力・不誠実な応答に対しては30万円以下の罰金が科される（同法209条2号）。上記の基準のうち施設面の違反（例：設置すべき施設を設置していない場合）があれば、都道府県

知事は直ちに使用禁止命令・改善命令が出せる（同法101条）。そして，この命令に違反すると6ヶ月以下の懲役または50万円以下の罰金が科される（同法206条2号）。これに対して本事例で問題となっている処遇などの運営面については，前頁の図のような段階的な行政過程が設定されている。

同法103条1項によれば，運営面での基準への不適合があった場合，都道府県知事は基準への適合を勧告する。この勧告に従わなければ，不服従の事実を公表することができる（同条2項）。勧告の内容を正当な理由なく実現しなかった場合には，知事はその勧告に係る措置を採るよう命令することができる（同条3項）。この命令は公示される（同条4項）。命令違反に対する刑事罰は，施設・設備面への命令とは異なり，予定されていない。しかし，この命令に従わないと許可の取消（撤回）がなされうる（同法104条1項9号）。

本事例では，勧告に従わなかった旨の公表がされることを阻止することが求められているので，後続の命令・許可撤回を対象とした訴訟は意味をなさない。そこで訴訟の対象となる行政活動としては，勧告と公表が考えられる。勧告も公表も通常は処分性がない行為と考えられている（⇨94 95）。しかし場合によっては処分性を肯定する余地があり，その帰趨によって，下の表に示すような訴訟類型の選択が考えられる。

		勧　告	
		処分性あり	処分性なし
公表	処分性あり		公表の差止訴訟（勧告に従う義務がないことの確認訴訟は方法選択の適否を充足しない）
	処分性なし	勧告の取消訴訟（公表の差止訴訟は補充性要件を充足しない）	勧告に従う義務がないことの確認訴訟
			公表に対する民事差止・公法上の当事者訴訟としての差止（給付）訴訟

また，仮の権利救済としては，取消訴訟に対しては執行停止，差止訴訟に

対しては仮の差止め，当事者訴訟・民事訴訟に対しては仮処分がそれぞれ考えられる。以下 99 100 では，典型的な解答として考えられる勧告の取消訴訟＋執行停止と，公表の差止訴訟＋仮の差止めの要件充足可能性を検討する。

2. 訴訟類型の選択

> 勧告の処分性を肯定した上で，その取消訴訟の訴訟要件や執行停止の要件を充足する主張をして下さい。

(1) 勧告に対する取消訴訟

勧告に対する取消訴訟を提起するには，勧告に処分性（行政事件訴訟法3条2項）が認められる必要がある。ここで処分とは，公権力の主体たる国または公共団体が行う行為のうち，その行為によって，直接国民の権利義務を形成またはその範囲を確定することが法律上認められているものをいう。処分性の4つの要素（公権力性・成熟性・外部性・法的効果）のうち，ここで問題になるのは成熟性と法的効果である（例解 103頁以下）。

① 成熟性

介護保険法103条3項は，正当な理由なく勧告に従わない場合に，これと同内容の措置を採ることを命じることができるとし，この措置命令に従わない場合には介護老人保健施設の設置許可が撤回されうる（同法104条1項9号）。このように，勧告は後続の措置命令の要件事実を先行して確定させ，措置命令に従わない場合には最終的に許可の撤回がなされうる構造となっている（橋本73頁は「勧告に従わないことが，同法の定める不利益処分の『要件』として『仕組まれて』いる」と表現している）。この点に注目すると，勧告に従わないことによって後続の措置命令がなされることが実質的にみて最終的に確定するなら，勧告の内容は事業者が従うべき具体的な義務を示すものと考えられる。それゆえ，このような法的効果を持つ勧告には処分性が認められる（類似の方法で勧告の処分性を認めた最高裁判例として，判Ⅱ23 CB11-12 最一小判2004（平成16）・4・26民集58巻4号989頁［食品衛生法通知事件］がある）。しか

し，措置命令には効果裁量が認められているため，勧告の段階で措置命令がなされることが最終的に確定するとまでは言えない（例解 273 頁）。

② 法的効果

本件における勧告（介護保険法103条1項）それ自体には，違反に対する刑事罰が規定されているわけではなく，実効性確保措置として公表（同条2項）が予定されているのみであるから，勧告に従う法的義務があるとは言えない。しかし，勧告に対する不服従に対して本件の場合には公表がなされうる蓋然性が高く（B県知事の勧告書には「勧告に従わない場合には，B県知事が，Aの勧告不服従を公表することがあること」が明記されている），公表された場合に施設が受ける不利益が極めて大きい。後で勧告を基礎付ける事実に誤りがあったことが分かり，その訂正がなされたとしても，一旦勧告不服従の事実が公表されれば，これに伴う信用の失墜や利用者の喪失を回復することは現実には難しい。このような勧告とその不服従の場合になされる公表に伴う不利益の重大性に注目すれば，勧告は単なる行政指導ではなく，介護老人保健施設に対して勧告の内容を実現することを法的に義務付ける行為と捉えるべきであり，それゆえ処分性が肯定される（類似の方法で勧告の処分性を認めた最高裁判例として，前掲・医療法勧告事件がある）。

Aは勧告の名宛人であるから，処分を取り消す原告適格（行政事件訴訟法9条1項）を有する。また，公表がなされていないので，狭義の訴えの利益は消滅していない。現時点では勧告を受けてから半年を経過していないので，出訴期間制限（行政事件訴訟法14条1項）を徒過していない。

以上から，Aは勧告に対する取消訴訟を適法に提起できる。

(2) 執行停止の申立て

行政事件訴訟法25条1項によれば，取消訴訟を提起しても処分の効力，処分の執行または手続の続行は妨げられない。勧告取消訴訟を提起しただけでは勧告不服従の公表がなされるおそれがあるので，仮の救済として執行停止の申立てをすることが考えられる。具体的には，勧告不服従に後続する公表を停止する必要があるから，手続の続行の停止を求めることになる。

執行停止の積極要件は，本案の適法な係属，「重大な損害を避けるため緊急の必要があるとき」（同条2項）である（「重大な損害」「緊急の必要」は通常は

一体的に判断される（宇賀克也『行政法概説Ⅱ［第4版］』（有斐閣・2013年）285頁））。(1)で述べたように本件では取消訴訟の訴訟要件を充足する。重大な損害を生ずるかどうかの判断にあたっては、損害の回復の困難の程度を考慮するものとし、損害の性質・程度や処分の内容・性質をも勘案することとされている（同条3項）。もし勧告不服従の事実が公表されれば、施設に対する信頼が一気に失われ、多くの利用者が施設を離れて施設の経営が立ちゆかなくなるおそれがある。そして信頼は一旦失われると回復するのに長い年月と努力を要する。また勧告書には公表の可能性があることが明記されている。このような点からすれば、重大な損害を避けるため緊急の必要があると言える。

執行停止の消極要件は、「公共の福祉に重大な影響を及ぼすおそれ」、「本案について理由がないとみえる」（同条4項）である。手続の続行停止の効果は、従前通りの施設運営を継続することにとどまるから、公共の福祉に重大な影響を及ぼすおそれがあるとは言えない。また、設問2で詳論するように、本案について理由がないとみえるとも言えない。

以上から、執行停止の要件を充足すると考えられる。

勧告の処分性を否定し、公表の処分性を肯定した上で、その差止訴訟の訴訟要件や仮の差止めの要件を充足する主張をして下さい。

---

(1) 公表に対する差止訴訟

介護保険法103条1項の勧告は、不服従の場合に公表の制裁が予定されているものの、勧告に従う法的義務があるとは言えないので、それ自体は行政指導であって処分性はない。これに対して制裁手段としての公表は、その強制的性格やこれによって名宛人が受ける不利益の程度が大きく、その程度は人の収容や物の留置などの権力的事実行為に匹敵する（行政不服審査法2条1項）（⇒95）。そこで公表に処分性を認め、これに対する差止訴訟（行政事件訴訟法3条7項）を提起することを検討する。差止訴訟の訴訟要件は、一定の処分・処分の蓋然性・原告適格・狭義の訴えの利益・損害の重大性・補充性である（同法37条の4）。

① 一定の処分・処分の蓋然性
　差止対象はAの勧告不服従の事実を公表することであり，公表は権力的事実行為であるから処分性が認められ，また公表の内容も一定程度特定されている。Aにはすでに勧告が出されており，不服従の場合に公表があり得ることが予告されているので，処分の蓋然性も満たす。

② 原告適格・狭義の訴えの利益
　Aは公表による不利益を受ける者なので，原告適格を有する。公表はまだなされていないので，狭義の訴えの利益は消滅していない。

③ 損害の重大性・補充性
　差止訴訟における損害の重大性とは，処分がされた後に取消訴訟等を提起して執行停止の決定を受けることなどにより容易に救済を受けることができるものではなく，処分がされる前に差止めを命ずる方法によるのでなければ救済を受けることが困難なものであることを意味する（判百Ⅱ214　判Ⅱ59　CB 15-6 最一小判 2012（平成 24）・2・9 民集 66 巻 2 号 183 頁［君が代訴訟］）。これを本件について見れば，公表後にその取消訴訟を提起しても救済上の意味はないから，重大性要件を充足する。

　差止訴訟における補充性とは，当該処分の差止判決と同等程度の救済を可能とする他の訴訟方法がないことを意味する（前掲・君が代訴訟）。これを本件について見れば，勧告が処分でないとすると，勧告の取消訴訟と執行停止の申立て（⇨99）によって公表を阻止することが困難になることから，要件を充足すると考えられる。

(2) 仮の差止めの申立て

　差止訴訟を提起しても，判決が確定するまでは行政は差止対象となっている「一定の処分」を発令できる。そこで，判決確定まで処分を止めるために，仮の差止めの申立て（行政事件訴訟法37条の5第2項）が必要となる。
　仮の差止めの積極要件は，差止訴訟の適法な係属，「償うことのできない損害を避けるため緊急の必要」があること，「本案について理由があるとみえる」ことである。(1)で示したように本件では差止訴訟の要件を充足している。また，公表の結果として失われる信頼それ自体は事後的な金銭賠償で回復できず，本件では勧告書で公表の可能性が予告されているから，償う

ことのできない損害を避けるため緊急の必要があると言える。また，設問2で詳論するように，本案について理由があるとみえるという要件も充足する。

仮の差止めの消極要件は，「公共の福祉に重大な影響を及ぼすおそれ」（同条3項）である。仮の差止めの効果は，従前通りの施設運営を継続することにとどまるから，公共の福祉に重大な影響を及ぼすおそれがあるとまでは言えない。

以上から，仮の差止めの要件を充足すると考えられる。

> 上記以外に考えられる訴訟類型・仮の救済も含めて，どの手段が最も効果的な権利救済に資するか検討して下さい。

上記以外に考えられる訴訟類型として，勧告・公表の処分性を共に否定した上で，勧告に従う義務のないことの確認訴訟や，公表の民事差止訴訟または公法上の当事者訴訟（行政事件訴訟法4条）としての差止訴訟が考えられる。勧告・公表の処分性を否定する前提をとると行政事件訴訟法44条の制約（処分に対する民事仮処分の排除）が及ばないことから，これらの仮の権利救済手段としては民事保全法に規定する仮処分を用いることになる（同法7条）。この方法の利点は，保全訴訟のみ単独提起できることである。その際には仮の地位を定める仮処分（民事保全法23条2項）が用いられることになる。ただし，仮処分が認められる要件として被保全権利と保全の必要性が必要であるものの，本件の場合に被保全権利の内容として何を位置づけるのかがはっきりしないから，この点にこの手段の難があるように思われる。

そこで，上で検討した勧告の取消訴訟と公表の差止訴訟のいずれが適切かを検討する。公表の差止訴訟の仮の権利救済手段である仮の差止めでは「償うことのできない損害」という非常に厳しい積極要件を充足せねばならない。上で示したように確かに信頼自体は金銭賠償により回復できない損害ではあるものの，紛争の実質が事業者の営業上の損害という経済的な損害であると捉えると，償うことのできない損害とまで言えるのかどうかは微妙である。そこで，勧告の取消訴訟を提起して執行停止の申立てをする方法が，救済手段としては最も適切であると考えられる。

設問2について

1. 行政調査手続の違法性

> 調査手続に注目して違法性主張をするとともに，それが後続の行政決定（勧告等）に効果を及ぼしうることを主張して下さい。

　介護老人保健施設への調査について介護保険法は，診療録その他の帳簿書類の提出命令，立入調査と立入調査時における診療録・帳簿書類等の物件検査権を規定し（同法100条1項），質問・立入調査の際には職員は証明書を携帯し，関係人の請求に応じて提示しなければならない（同条2項，同法24条3項）としている。

　本件の行政調査手続においては，①他の施設では実地指導が行政指導として行われているのに同法100条に基づく行政調査がなされるのは穏当ではない，②身分証の提示を拒否，③帳簿等書類を段ボール箱に詰めて持ち帰る，の3点が上記の規定との関係で問題となりうる。

　①については，同法100条は行政調査の前に必ず行政指導を行うことを求めてはおらず，調査の必要があれば立入調査等が可能である。B県は通報を受けて立入調査が必要と判断したものであり，それが他の施設との均衡を欠くからという理由のみによっては手続的にみて違法とは評価されない。

　②については，同法100条2項で準用されている同法24条3項に明らかに違反している。

　③については，同法100条1項が認めているのは提出命令または立入調査時におけるその場での検査であって，持ち帰ることは認められていない。帳簿等書類はAの施設運営の根幹をなす書類であって，持ち帰ることはAの営業上の権利・利益に対する重大な侵害であり，侵害留保理論の観点からみても法律の根拠なしには許されない。同法100条1項が明示的にこのことを許容していない以上，B県のこの行為は違法である。

　以上の通り，②と③については行政調査手続に瑕疵があると言える。ただし調査手続と勧告とは介護保険法上は別々の制度として予定されており，調

査手続違反が直ちに勧告の違法を帰結するとは言えない。しかし、②の事情が勧告の裁量統制の際に考慮されたり、③の事情が勧告の事実認定の違法性判断の際に考慮されたりする可能性はある。

2. 勧告の違法性

> 勧告の実体面に注目した違法性を主張して下さい。

① 勧告の要件不充足

介護保険法 103 条 1 項は、勧告の要件として、従業員の人員の不充足、運営基準への不適合を挙げている。本件では、（ⅰ）看護師・介護職員の人員不足と、（ⅱ）身体的拘束が勧告の理由として挙げられている。そこで、（ⅰ）については出勤簿の一部が対象となっていないこと、特定曜日以外に働いている職員等を計算に含めていないこと、（ⅱ）についてはベッドからの転倒防止のために時間を限って入所者家族の同意を得た上で柵を設置しただけであるとの主張が考えられる。

② 勧告の効果裁量の逸脱・濫用

また同項は、勧告することが「できる」と規定しており、施設や利用者の個別の事情、さらには介護サービス整備の状況等を十分に考慮した上で勧告するかどうか、するとしてどのような内容の勧告をするかの判断を都道府県知事に要請していると考えることができる。そこで、勧告の要件を充足した場合に、都道府県知事は、勧告すべきかどうか、勧告するとしてどのような内容とするかについて決定する裁量権を有しており、その判断は、それが社会観念上著しく妥当を欠いて裁量権の範囲を逸脱し、又はこれを濫用したと認められる場合に、違法となるものと解される（同様の理由から社会観念審査を採用している最高裁判例として、判百Ⅰ83　判Ⅰ140　CB 4-2　最三小判 1977（昭和 52）・12・20 民集 31 巻 7 号 1101 頁［神戸税関事件］がある）。

これを本件についてみれば、通常の場合には実地指導がとられるところ法 100 条に基づく行政調査権限が発動され、非法定行政指導による改善要請がなされることなく法 103 条の勧告がなされている。このうち行政調査権限の

発動に関しては，元職員からの通報の内容が利用者の処遇に直接関わるものであることから首肯できるものの，調査結果からみた事案の切迫性の観点からすれば，まずは他の施設と同様に非法定行政指導による改善要請で対応すべきであり，平等原則・比例原則に反する取り扱いがなされている。それゆえ，本件勧告は社会観念上著しく妥当を欠く判断であって，裁量権の範囲を逸脱し又は濫用した違法なものというべきである。

> 勧告に適用される手続ルールを明らかにしたうえで，手続的瑕疵を主張して下さい。

　勧告が行政指導なのか（行政手続法上の）行政処分なのかによって，適用される手続ルールが異なる。

(1) 勧告が行政指導であると考える場合

　勧告が行政指導であるとすると，行政手続法3条3項により，B県行政手続条例が適用されることとなる（⇨96）。同条例が定める手続は国の行政手続法の行政指導手続とほぼ同様であるものの，同条例30条3項に行政指導への不服従に対する不利益取り扱いの禁止に関連して「公益の確保その他正当な理由がある場合において，県の機関が行政指導の事実その他必要な事項を公表することを妨げない」，同条例35条に「この章の規定は，県の機関が公益上必要な行政指導を行うことを妨げるものと解釈してはならない」との規定が含まれている点が異なる。本件と関係があるのは，「行政指導に携わる者は，その相手方に対して，当該行政指導の趣旨及び内容並びに責任者を明確に示さなければならない」（同条例33条1項）との規定である。ここで「行政指導の趣旨」とは，行政指導の目的のみならず，行政指導を基礎付ける事実の摘示や，要件が法律・条例に規定されている法定行政指導の場合には要件の適用関係も含まれると考えられる。

　これを本件について見れば，勧告の内容や不服従の場合の措置は明記されていたのに対して，勧告の基礎となる事実は示されていなかった。また，本件の勧告は介護保険法103条1項に基づく法定行政指導であるにもかかわらず，同項が定める要件を勧告の基礎となる事実にどう適用したかも明らかに

されていなかった。そこで事実の摘示を欠いていることを理由に，本件勧告が同条例33条1項に違反すると主張することが考えられる。

(2) 勧告が（行政手続法上の）行政処分であると考える場合

勧告が行政手続法上も行政処分と考えると，行政手続法が適用されることになる（同法3条3項（⇨96））。行政手続法が定めている2つの処分類型のうち，勧告との関係で問題となるのは不利益処分（同法2条4号）である。同号は不利益処分を「行政庁が，法令に基づき，特定の者を名あて人として，直接に，これに義務を課し，又はその権利を制限する処分」と定義している。本件における勧告は，Aを名宛人として直接に勧告記載の措置を採るよう義務付けるものであるから，同法の不利益処分にあたる。

そのため，本件の勧告には同法第3章の規定が適用されることになる。

① 理由提示義務違反

行政手続法14条1項は，不利益処分の場合にその理由を提示しなければならないと規定する。これは，名宛人に直接に義務を課し又はその権利を制限するという不利益処分の性質に鑑み，行政庁の判断の慎重と合理性を担保してその恣意を抑制するとともに，処分の理由を名宛人に知らせて不服申立の便宜を与える趣旨に出たものと解される。そして，同項本文に基づいてどの程度の理由を提示すべきかは，当該処分の根拠法令の規定内容，当該処分に係る処分基準の存否及び内容並びに公表の有無，当該処分の性質及び内容，当該処分の原因となる事実関係の内容等を総合考慮してこれを決定すべきである（判百Ⅰ128 判Ⅰ111/118 CB3-9 最三小判2011（平成23）・6・7民集65巻4号2081頁）。

これを本件についてみれば，勧告の根拠規定である介護保険法103条1項は，勧告の要件を2種類挙げ，それぞれに対応する形で勧告の内容を規定している。このような規定の構造からすれば，どのような事実認定に基づき勧告の要件に該当すると判断されたのかが極めて重要である。また，同条2項は勧告不服従の場合にはその事実を公表できることとなっており，その不利益の程度は極めて大きい。しかし本件の場合，勧告の内容・不服従の場合の措置は明記されていたのに対して，勧告の基礎となる事実は示されていなかった。勧告の基礎となる事実が示されなければ，勧告がそもそも適法なも

のであるかをその名宛人が知ることはできず，不服申立や訴訟においてどのような点を攻撃防御すべきか判然としないから，本件勧告は同法14条1項の定める理由提示の要件を欠いた違法な処分である。この理由提示違反は単独の取消事由となる（⇨97）。

② 告知・聴聞（弁明の機会の付与）義務違反

　行政手続法13条1項は，不利益処分の際に，聴聞または弁明の機会を与えなければならないと規定している。本件勧告は，同項1号が定める要件に該当しないので，同法29条以下に規定される弁明の機会がAに与えられなければならない。行政手続法が不利益処分に際して行政機関に一定の手続の履践を要求したのは，当該手続の中で行政機関が適切に調査義務を果たし，考慮事項を発見し，要件事実該当性を判断することを期待してのことと考えられる。そのような法定手続の不実施は，行政が慎重な判断を行わなかったことを推認させ，その判断結果に影響を与えている蓋然性が高い（⇨97）。

　これを本件について見れば，Aに対して行政手続法に基づく弁明の機会の付与が一切なされていない。この手続を実施してAに意見表明・証拠提出の機会を与え，B県知事がこれを斟酌すれば，本件勧告とは異なった判断がなされた可能性が高いから，弁明の機会の付与が一切なされなかった本件勧告は違法である。

▶答案例

[設問1]

　勧告に従わなかった旨の公表がされることを阻止するために考えられる法的手段は，勧告に注目した法的手段と，公表に注目した法的手段の2つに大別できる。

1. 勧告に注目した法的手段

（1）勧告の取消訴訟と執行停止

　勧告（介護保険法103条1項）に注目した法的手段として，勧告に処分性を認めた上でその取消訴訟を提起し，執行停止の申立てをすることが考えられる。

① 取消訴訟の訴訟要件

処分(行政事件訴訟法3条2項)とは、公権力の主体たる国または公共団体が行う行為のうち、その行為によって、直接国民の権利義務を形成しまたはその範囲を確定することが法律上認められているものをいう。
　これを本件について見れば、勧告に従わない場合には公表が予定され(介護保険法103条2項)、公表された場合に施設が受ける不利益は極めて大きい。すなわち、勧告を基礎付ける事実に誤りがあったことが分かり、事後的に訂正がなされたとしても、一旦勧告不服従の事実が公表されれば、これに伴う信用の失墜や利用者の喪失といった損害の回復は極めて困難である。このような勧告とその不服従の場合になされる公表に伴う不利益の重大性に注目すれば、勧告は単なる行政指導ではなく、介護老人保健施設に対して勧告の内容を実現することを法的に義務付ける行為と捉えるべきであり、それゆえ処分性が肯定される。
　Aは勧告の名宛人であるから、処分を取り消す原告適格(行政事件訴訟法9条1項)を有する。また、現時点では公表がなされていないので、狭義の訴えの利益は消滅していない。さらに、勧告を受けてから半年を経過していないので、出訴期間(同法14条1項)を徒過していない。
　以上から、Aは勧告に対する取消訴訟を適法に提起できる。
② 執行停止の申立て
　行政事件訴訟法25条1項によれば、取消訴訟を提起しても処分の効力、処分の執行または手続の続行は妨げられない。勧告取消訴訟を提起しただけでは勧告不服従の公表がなされるおそれがあるので、手続の続行の停止を求める申立てをする必要がある。
　執行停止の積極要件は、本案の適法な係属、「重大な損害を避けるため緊急の必要があるとき」(同条2項)である。
　これを本件についてみれば、①で述べたように本件では取消訴訟の訴訟要件を充足する。重大な損害を生ずるかどうかの判断にあたっては、損害の回復の困難の程度を考慮するものとし、損害の性質・程度や処分の内容・性質をも勘案することとされている(同条3項)。もし勧告不服従の事実が公表されれば、施設に対する信頼が一気に失われ、多くの利

用者が施設を離れて施設の経営が立ちゆかなくなるおそれがある。また勧告書には公表の可能性があることが明記されている。このような点からすれば，重大な損害を避けるため緊急の必要があると言える。

執行停止の消極要件は，「公共の福祉に重大な影響を及ぼす恐れ」，「本案について理由がないとみえる」（同条4項）である。

これを本件についてみれば，手続の続行停止の効果は従前通りの施設運営を継続することにとどまるから，公共の福祉に重大な影響を及ぼすおそれがあるとは言えない。また，〔設問2〕で詳論するように，本案について理由がないとみえるとも言えない。

以上から，執行停止の要件を充足すると考えられる。

(2) 勧告に従う義務がないことの確認訴訟・民事仮処分

勧告の処分性を否定した場合には，勧告に従う義務がないことの確認訴訟（行政事件訴訟法4条）と仮の救済としての仮の地位を定める仮処分（民事保全法23条2項）を用いることが考えられる。しかし (1) ①で検討したように勧告に処分性が認められるので，検討を省略する。

2. 公表に注目した法的手段

(1) 公表の差止訴訟と仮の差止め

公表（介護保険法103条2項）に注目した法的手段として，公表に処分性を認めた上でその差止訴訟を提起し，仮の差止めの申立てをすることが考えられる。

① 差止訴訟

差止訴訟の訴訟要件は，一定の処分・処分の蓋然性・原告適格・狭義の訴えの利益・損害の重大性・補充性である（行政事件訴訟法37条の4）。

差止の対象はAの勧告不服従の事実を公表することである。制裁手段としての公表は，その強制的性格やこれによって名宛人が受ける不利益の程度が大きく，その程度は人の収容や物の留置などの権力的事実行為（行政不服審査法2条1項）に匹敵するものであるがゆえに，処分性が認められる。また公表の内容も一定程度特定されている。Aにはすでに勧告が出されており，不服従の場合に公表があり得ることが予告され

ているので，処分の蓋然性も満たす。

　Aは公表による不利益を受ける者なので，原告適格を有する。公表はまだなされていないので，狭義の訴えの利益は消滅していない。

　差止訴訟における損害の重大性とは，処分がされた後に取消訴訟等を提起して執行停止の決定を受けることなどにより容易に救済を受けることができるものではなく，処分がされる前に差止めを命ずる方法によるのではなければ救済を受けることが困難なものであることを意味する。これを本件について見れば，公表後にその取消訴訟を提起しても救済上の意味はないから，重大性要件を充足する。

　差止訴訟における補充性とは，当該処分の差止判決と同等程度の救済を可能とする他の訴訟方法がないことを意味する。これを本件について見れば，勧告が処分でないとすれば，勧告の取消訴訟と執行停止の申立てによって公表を阻止することが困難になることから，要件を充足すると考えられる。

② 仮の差止め

　差止訴訟を提起しても，判決が確定するまでは行政は差止対象となっている「一定の処分」を発令できる。そこで，判決確定まで処分を止めるために，仮の差止めの申立て（行政事件訴訟法37条の5第2項）が必要となる。

　仮の差止めの積極要件は，差止訴訟の適法な係属，「償うことのできない損害を避けるため緊急の必要」があること，「本案について理由があるとみえる」ことである。これを本件についてみれば，①で示したように勧告に処分性が認められなければ，差止訴訟の要件を充足している。また，公表の結果として失われる信頼それ自体は事後的な金銭賠償で回復できるものではなく，本件では勧告書で公表の可能性が予告されていることから，償うことのできない損害を避けるため緊急の必要があると言える。また，［設問2］で詳論するように，本案について理由があるとみえるという要件も充足する。

　仮の差止めの消極要件は，「公共の福祉に重大な影響を及ぼすおそれ」

である。仮の差止めの効果は，従前通りの施設運営を継続することにとどまり，公共の福祉に重大な影響を及ぼすおそれがあるとは言えない。
　以上から，勧告に処分性が認められなければ，仮の差止めの要件を充足すると考えられる。
(2) 公表の民事差止訴訟・民事仮処分
　勧告・公表の処分性を否定した場合には，公表の民事差止訴訟または公法上の当事者訴訟（行政事件訴訟法4条）としての差止訴訟と仮の救済としての仮の地位を定める仮処分（民事保全法23条2項）を用いることが考えられる。しかしこれまで検討したように勧告または公表に処分性が認められる。
3. 最も適切と考えられる法的手段
　以上の検討から，勧告に対する取消訴訟と，公表に対する差止訴訟の2つが考えられ，勧告に対する取消訴訟が肯定されれば公表に対する差止訴訟は訴訟要件を欠くことになる。そこで，勧告に対する取消訴訟を提起し，執行停止の申立てをすることが考えられる。

[設問2]
　Aが勧告の取消訴訟を提起する際，いかなる違法性の主張をすることができるかを，実体法上の違法と手続法上の違法に分けて検討する。
1. 実体法上の違法
① 勧告の要件不充足
　介護保険法103条1項は，勧告の要件として，従業員の人員の不充足，運営基準への不適合を挙げている。本件では，(i) 看護師・介護職員の人員不足（省令2条1項3号）と，(ii) 身体的拘束（同13条4項）が勧告の理由として挙げられている。そこで，(i)については出勤簿の一部が対象となっていないこと，特定曜日以外に働いている職員等を計算に含めていないこと，また(ii)についてはベッドからの転倒防止のために時間を限って入所者家族の同意を得た上で柵を設置しただけであるとの主張が考えられる。

② 勧告の効果裁量の逸脱・濫用

　また同項は，勧告することが「できる」と規定しており，施設や利用者の個別の事情，さらには介護サービス整備の状況等を十分に考慮した上で勧告するかどうか，するとしてどのような内容の勧告をするかの判断を，こうした事情に通じた都道府県知事に要請していると考えることができる。そこで，勧告の要件を充足した場合に，都道府県知事は，勧告すべきかどうか，勧告するとしてどのような内容とするかについて決定する裁量権を有しており，その判断は，それが社会観念上著しく妥当を欠いて裁量権の範囲を逸脱し，又はこれを濫用したと認められる場合に，違法となるものと解される。

　これを本件についてみれば，通常の場合には実地指導がとられるところ介護保険法100条に基づく行政調査権限が発動され，非法定行政指導による改善要請がなされることなく同法103条の勧告がなされている。このうち行政調査権限の発動に関しては，元職員からの通報の内容が利用者の処遇に直接関わるものであることから首肯できるものの，調査からみた事案の切迫性の観点からすれば，他の施設と同様に非法定行政指導による改善要請で対応すべきであった。にもかかわらず法定の勧告で対応した点に，平等原則あるいは比例原則に反する取り扱いが認められる。それゆえ，本件勧告は社会観念上著しく妥当を欠く判断であって，裁量権の範囲を逸脱し又は濫用した違法なものというべきである。

2. 手続法上の違法

　勧告が行政指導なのか（行政手続法上の）行政処分なのかによって，適用される手続ルールが異なる。

(1) 勧告が行政指導であると考える場合

　勧告が行政指導であるとすると，行政手続法3条3項により，B県行政手続条例が適用されることとなる。同条例33条1項は，行政指導の相手方に対して，行政指導の趣旨等を明示することを義務付けている。ここで「行政指導の趣旨」とは，行政指導の目的のみならず，行政指導を基礎付ける事実の摘示や，要件が法律・条例に規定されている法定行

政指導の場合には要件の適用関係も含まれていると考えられる。

これを本件について見れば，勧告の内容や不服従の場合の措置は明記されていたのに対して，勧告の基礎となる事実は示されていなかった。また，本件の勧告は介護保険法103条1項に基づく法定行政指導であるにもかかわらず，同項が定める要件を勧告の基礎となる事実にどう適用したかも明らかにされていなかった。そこで事実の摘示を欠いていることを理由に，本件勧告が同条例33条1項に違反すると主張することが考えられる。

(2) 勧告が（行政手続法上の）行政処分であると考える場合

勧告が行政手続法上も行政処分と考えると，行政手続法が適用されることになる。行政手続法は2つの処分類型に分けて手続規定を置いている。このうち同法2条4号は不利益処分を「行政庁が，法令に基づき，特定の者を名あて人として，直接に，これに義務を課し，又はその権利を制限する処分」と定義している。本件における勧告は，Aを名宛人として直接に勧告記載の措置を採るよう義務付けるものであるから，同法の不利益処分にあたる。そのため，本件の勧告には同法第3章の規定が適用されることになる。

① 理由提示義務違反

行政手続法14条1項は，不利益処分の場合にその理由を提示しなければならないと規定する。これは，名宛人に直接に義務を課し又はその権利を制限するという不利益処分の性質に鑑み，行政庁の判断の慎重と合理性を担保してその恣意を抑制するとともに，処分の理由を名宛人に知らせて不服申立の便宜を与える趣旨に出たものと解される。そして，同項本文に基づいてどの程度の理由を提示すべきかは，当該処分の根拠法令の規定内容，当該処分に係る処分基準の存否及び内容並びに公表の有無，当該処分の性質及び内容，当該処分の原因となる事実関係の内容等を総合考慮してこれを決定すべきである。

これを本件についてみれば，勧告の根拠規定である介護保険法103条1項は，勧告の要件を2種類挙げ，それぞれに対応する形で勧告の内容

を規定している。このような規定の構造からすれば、どのような事実認定に基づき勧告の要件に該当すると判断されたのかが極めて重要である。また、同条2項は勧告不服従の場合にはその事実を公表できることとなっており、その不利益の程度は極めて大きい。しかし本件の場合、勧告の基礎となる事実は示されていなかった。勧告の基礎となる事実が示されなければ、勧告がそもそも適法なものであるかをその名宛人が知ることはできず、不服申立や訴訟においてどのような点を攻撃防御すべきか判然としないから、本件勧告は同法14条1項の定める理由提示の要件を欠いた違法な処分である。

② 告知・聴聞義務違反

行政手続法13条1項は、不利益処分の際に、聴聞または弁明の機会を与えなければならないと規定している。本件勧告は、同項1号が定める要件に該当しないので、同法29条以下に規定される弁明の機会がAに与えられなければならないことになる。行政手続法が不利益処分に際して行政機関に一定の手続の履践を要求したのは、当該手続の中で行政機関が適切に調査義務を果たし、考慮事項を発見し、要件事実該当性を判断することを期待してのことと考えられる。そのような法定手続の不実施は、行政が慎重な判断を行わなかったことを推認させ、その判断結果に影響を与えている蓋然性が高い。

これを本件について見れば、Aに対して行政手続法に基づく弁明の機会の付与が一切なされていない。この手続を実施してAに意見表明・証拠提出の機会を与え、B県知事がこれを斟酌すれば、本件勧告とは異なった判断がなされなかったとは言えないから、弁明の機会の付与が一切なされなかった本件勧告は違法である。

第3章 環境法

事例 ① 原子力発電所をめぐる紛争

Level・2

　○○県伊都市には，電力会社Rが設置するS原子力発電所がある。2011年に発生した大地震によってO県にあるP発電所の原子炉から放射能が漏れる事故が発生した。この事故の5年前の2006年に，内閣府に設置されていた原子力安全委員会は「発電用原子炉施設に関する耐震設計審査指針」（以下「耐震設計審査指針」または「指針」と表記することがある）を改定し，新規の原子力発電所設置許可の際の審査基準とした。この改定は，阪神・淡路大震災（1995年）により未知の活断層による直下型地震の危険性が広く認識されたこと，また2000年以降には，現に発電用原子炉が設置・運転されている近くの活断層が地震を引き起こしたことが契機となってなされたものである。また同委員会は，既存の原子力発電所に対しては，この指針に基づく自己評価を原子力事業者に要請し，事業者はその結果を原子力安全・保安院に報告し，原子力安全・保安院がその評価結果の妥当性を確認した上で原子力安全委員会に報告するよう求めた（バックチェック）。

　S発電所でもP発電所でもこの要請に従ったバックチェックが行われ，2008年に全ての発電所のバックチェック中間報告書が原子力安全・保安院に提出された。しかしその後，設置からの年数が長くすでに老朽化が進んでいたP発電所では，耐震性を向上させるのに莫大な費用がかかることが問題となって地震対策が進まず，他

の全ての発電所がバックチェック最終報告書を提出したにもかかわらず、P発電所の報告書提出期限だけが何度も延期され、原子力安全・保安院もこれを黙認していた。そしてその最終期限の直前に大地震が発生し、P発電所だけがその揺れに耐えられず、原子炉から放射能が漏れる大事故となった。これに対して同程度の揺れに見舞われたS発電所はすでにバックチェックを完了しており、放射性物質が自然界に放出されるような事態は発生しなかった。

　P発電所の周辺に居住し、この事故により避難を余儀なくされたQは、2006年の指針改定の際に発電用原子炉の設置許可権者である経済産業大臣が、新たな指針への適合性を確認し、確認が取れなければ設置許可を撤回すべきであったとし（バックフィット）、仮に撤回に至らなくても、バックチェックを徹底して行っていればここまでの大規模な被害は生じなかったとして、国Yに対して金銭賠償を求める訴えを起こそうとしている。

　2012年には、P発電所の事故を教訓に、新たな規制機関である原子力規制委員会を環境省の外局として設置する大規模な制度改正が行われた。同時に、「核原料物質、核燃料物質及び原子炉の規制に関する法律」（以下「原子炉等規制法」という）も改正され、原子力発電所設置者に対して最新の安全基準を満たすことを義務付け、これを満たさない場合には最終的に許可を撤回するバックフィットが明文化された。電力会社Rは、最新の安全基準を満たすように改善命令が出された場合の対応を検討し始めている。新たな安全基準を満たすための新たな設備投資には数千億単位の費用がかかることが見込まれており、その費用を国Yに対して請求できないかという声が社内から上がっている。

　以上の事案について、【資料1≫古墳山法律事務所会議録】及び【資料2≫七隈法律事務所会議録】を読んだ上で、Q及びRから依頼を受けた弁護士の立場に立って、以下の設問に答えなさい。

　なお、原子力基本法、原子炉等規制法（2012年改正前・改正後）など本問に関連する法令の抜粋を【資料3≫関係法令】に、関連する指針等の抜粋を【資料4≫関係資料】に、それぞれ掲げるので、適

宜参照しなさい。

設問 1

Q が国家賠償法 1 条 1 項に基づく賠償請求訴訟を国 Y に対して提起するとして，国家賠償請求権の要件を充足することを主張せよ。なお，原子力損害の賠償に関する法律・原子力損害賠償支援機構法の規定については考慮する必要はない。

設問 2

R が安全基準を満たすための新たな設備投資の費用を国 Y に対して訴訟で請求するとして，どのような法的構成を用いるべきか，またその請求の要件を充足するか検討せよ。

【資料 1 ≫ 古墳山法律事務所会議録】

弁護士 A：これから会議を始めます。今日の議題は，原子力発電所のバックチェックに関する 2 つの事件についてです。どちらもマスコミなどの関心が高いようですね。ではまず B さんから報告してもらいます。

弁護士 B：はい。2011 年の大地震によって O 県の P 発電所から放射能が漏れ，現在でも周囲 20km での立ち入りが制限されていることはご承知の通りです。Q さんは P 発電所の半径 10km 圏に居住し，農牧業を営んでいましたが，立ち入りができなくなっているため生計を立てるのも困難になっている状況にあります。当面の資金については災害対策関係の給付金や P 発電所を運営する電力会社からの賠償・補償金でなんとか工面しているようですが，そもそも国が原子力発電所に対するきちんとした地震対策を行わせてこなかった責任を追及したいそうです。

弁護士 C：規制権限の不行使に対する国家賠償請求については，最高裁判例でも認容されている例がすでに 2 つあるので，これを参考にすればいいと思っています。ただ，ちょっと難しいのは，十分な地震対策を要求する法律上の権限が当時あったのかが微妙であることです。

弁護士 A：そうだね。その前に C さん，原子力発電所に対する規制のしくみはおおむねどうなっているのかな。

弁護士 C：少し複雑です。P 発電所の事故が起こった段階での規制のしくみは次の

ようなものでした。原子力発電所を電力会社などが設置しようとする場合には，原子炉等規制法23条（改正後は43条の3の5）に基づく許可を得る必要がありました。許可要件は法律に規定されており，手続としては，内閣府に設置された諮問機関である原子力委員会と原子力安全委員会に諮問して答申を得る必要がありました。この段階では原子力発電所の基本設計だけが審査対象で，許可を得た後になされる工事計画の認可で詳細設計が審査され，工事後には使用前検査が行われました。また運転方法については保安規定を定めることになっており，これも認可の対象になっていました。運転開始後は施設の定期検査のほか，保安規定の遵守状況も検査されました。

弁護士A：今回の事件では2006年に原子力安全委員会が耐震設計審査指針を改定しているね。この指針はどういう性格のものなのかな。

弁護士B：さきほどCさんが説明したように，原子力安全委員会は許可手続の際に諮問を受け，安全性の観点から経済産業大臣とのダブルチェックを行うというしくみになっていました。その際の審査の基準としてこの耐震設計審査指針が策定されていました。原子炉等規制法には指針制定を委任する規定はなく，行政手続法の審査基準にあたるものと思います。旧指針は原子力委員会から原子力安全委員会が分離した直後の1981年に策定されていたのですが，1995年の阪神・淡路大震災や2000年の鳥取県西部地震で未知の活断層による大地震を考慮すべきという声が高まり，2006年に改定されました。内容としては活断層の調査範囲を拡大したほか，耐震設計基準そのものも厳しくしていました。

弁護士A：ただ，これはあくまで改定後に新設される原子力発電所のみが対象だというのが原子力安全委員会などの見解だったようだね。

弁護士C：そうなのです。指針そのものには，対象となる原子力発電所についての記述はありません。しかし指針が決定される前の意見公募手続への応答の中で，既存の原子炉は対象外であると表明されています。それでも，行政指導やインフォーマルな協議などの方法，いわゆるバックチェックを実施することで，新しい指針と同程度の安全対策を実現しようということになっていたようで，経済産業省の外局の資源エネルギー庁の特別の機関で，実際の原子力規制を担当していた原子力安全・保安院もそのような見解に立っていました。

弁護士A：そうすると，Qさんについては，そのバックチェックが不十分だったということを争点にすることになるのかな。

弁護士B：そうですね。バックチェックは行政指導でなされているのですが，下級審ではありますが例えば水俣病事件のときに，たとえ法律上の規制権限がなかったとしても，行政指導によって被害を最小限に抑える義務が行政側にあったと判断しているケースもあります（東京地判1992（平成4）・2・7訟月38巻11号1987頁）。

弁護士A：ところで，新しい耐震指針に対応していないと原子炉設置許可が撤回されるとか，許可が職権取消されるというようなことは考えられなかったのかな。

弁護士C：それはバックフィットの問題ですね。2012年の法改正以前の条文では原子炉等規制法33条に許可の取消の規定があり，同条2項3号で，同法36条1項の施設使用停止等の改善命令に違反した場合が含まれています。この改善命令の

要件の1つが，同法29条2項の技術上の基準に適合していないと認めるときなのですが，これは施設定期検査の基準であって，原子炉設置許可の基準ではありません。それゆえ，定期検査の基準の中に改定後の耐震設計審査指針を盛り込んで改善命令を出し，最終的に原子炉設置許可を撤回するのは不可能です。

弁護士A：でも，行政行為の撤回に法律の根拠は必要なのかな。原子炉設置許可のしくみを十分分析した上で，バックフィットまたはバックチェックが実施されなかったことを捉えて，権限不行使の国家賠償請求の主張を考えてみて下さい。

【資料2》七隈法律事務所会議録】

弁護士D：E君！ 例の電力会社Rからの相談についてはどうなったかね？

弁護士E：はい，なかなか難しいですね。電力会社Rの意見は，原子炉設置許可はその時点での法令に基づいて安全性が確認されて原子炉の設置ができる地位が設定されるものであり，事後の基準の変更で改善命令が出されたり設置許可が取消になったりするのは本来おかしいのではないかというのです。

弁護士D：確かに。しかし2012年の法改正によって，そのような改善命令や許可の撤回ができることが明文化されたのだから，改善命令や許可の撤回が違法だとは言えないのでは？

弁護士E：そうなのです。そこで今考えているのは，改善命令や許可の撤回が適法であることを前提とし，しかしそれが原子炉を現在設置している特定の事業者のみに莫大な経済的負担を課すものであるところから，国に対して何らかの請求をする方法なのです。

弁護士D：原子力基本法21条には補償規定があるけれども…。

弁護士E：この規定は核原料物質の開発のための権利制限の際の補償を規定したもので，今回のような場面とは異なっています。2012年改正後の原子炉等規制法にはこうした補償規定はありません。

弁護士D：うーん，法律の規定がないのであれば，諦めるしかないのかね？

弁護士E：そんなことはありません‼ 私が法科大学院で学んだところによれば，現在の日本の判例や通説は，法律に補償規定がなくても補償を要する場面では，確か…憲法を根拠にして補償の請求が可能なはず…です。

弁護士D：さすがは法科大学院で行政法が得意だったE君だな‼ もう安心なので，あとは任せたよ‼

弁護士E：あ，いや…。確か，要否の基準についてはいろいろと考える必要があるのですが…。困ったなあ。法科大学院の後輩に相談してみようかなあ…。

【資料3》関係法令】

○原子力基本法（昭和30年12月19日法律第186号）（2012年改正後）（抜粋）

（補償）
第21条　政府又は政府の指定する者は，この法律及びこの法律を施行する法律に基き，核原料物質の開発のためその権限を行う場合において，土地に関する権利，鉱業権又は租鉱権その他の権利に関し，権利者及び関係人に損失を与えた場合においては，それぞれ法律で定めるところにより，正当な補償を行わなければならない。

○原子炉等規制法（昭和32年6月10日法律第168号）（2012年改正前）（抜粋）

（目的）
第1条　この法律は，原子力基本法（昭和30年法律第186号）の精神にのっとり，核原料物質，核燃料物質及び原子炉の利用が平和の目的に限られ，かつ，これらの利用が計画的に行われることを確保するとともに，これらによる災害を防止し，及び核燃料物質を防護して，公共の安全を図るために，製錬，加工，貯蔵，再処理及び廃棄の事業並びに原子炉の設置及び運転等に関する必要な規制を行うほか，原子力の研究，開発及び利用に関する条約その他の国際約束を実施するために，国際規制物資の使用等に関する必要な規制を行うことを目的とする。

（設置の許可）
第23条　原子炉を設置しようとする者は，次の各号に掲げる原子炉の区分に応じ，政令で定めるところにより，当該各号に定める大臣の許可を受けなければならない。
　一　発電の用に供する原子炉（次号から第4号までのいずれかに該当するものを除く。以下「実用発電用原子炉」という。）　経済産業大臣
　二～五　（略）
2～3　（略）

（許可の基準）
第24条　主務大臣は，第23条第1項の許可の申請があった場合においては，その申請が次の各号に適合していると認めるときでなければ，同項の許可をしてはならない。
　一　原子炉が平和の目的以外に利用されるおそれがないこと。
　二　その許可をすることによって原子力の開発及び利用の計画的な遂行に支障を及ぼすおそれがないこと。
　三　その者（原子炉を船舶に設置する場合にあっては，その船舶を建造する造船事業者を含む。）に原子炉を設置するために必要な技術的能力及び経理的基礎があり，かつ，原子炉の運転を適確に遂行するに足りる技術的能力があること。
　四　原子炉施設の位置，構造及び設備が核燃料物質（使用済燃料を含む。以下同じ。），核燃料物質によって汚染された物（原子核分裂生成物を含む。以下同

じ。）又は原子炉による災害の防止上支障がないものであること。
2　主務大臣は，第23条第1項の許可をする場合においては，あらかじめ，前項第1号，第2号及び第3号（経理的基礎に係る部分に限る。）に規定する基準の適用については原子力委員会，同項第3号（技術的能力に係る部分に限る。）及び第4号に規定する基準の適用については原子力安全委員会の意見を聴かなければならない。

（設計及び工事の方法の認可）
第27条　原子炉設置者は，主務省令（…）で定めるところにより，原子炉施設の工事に着手する前に，原子炉施設に関する設計及び工事の方法（…）について主務大臣の認可を受けなければならない。原子炉施設を変更する場合における当該原子炉施設についても，同様とする。
2　（略）
3　主務大臣は，前2項の認可の申請に係る設計及び工事の方法が次の各号に適合していると認めるときは，前2項の認可をしなければならない。
　一　第23条第1項若しくは第26条第1項の許可を受けたところ又は同条第2項の規定により届け出たところによるものであること。
　二　主務省令で定める技術上の基準に適合するものであること。
4　（略）

（施設定期検査）
第29条　原子炉設置者は，主務省令で定めるところにより，原子炉施設のうち政令で定めるものの性能について，主務大臣が毎年1回定期に行う検査を受けなければならない。ただし，第43条の3の2第2項の認可を受けた原子炉については，主務省令で定める場合を除き，この限りでない。
2　前項の検査は，その原子炉施設の性能が主務省令で定める技術上の基準に適合しているかどうかについて行う。
3　（略）

（許可の取消し等）
第33条　（略）
2　主務大臣は，原子炉設置者が次の各号のいずれかに該当するときは，第23条第1項の許可を取り消し，又は1年以内の期間を定めて原子炉の運転の停止を命ずることができる。
　一〜二　（略）
　三　第36条又は第36条の2第4項の規定による命令に違反したとき。
　四〜二十　（略）
3　（略）

（施設の使用の停止等）
第36条　主務大臣（…）は，原子炉施設の性能が第29条第2項の技術上の基準に適合していないと認めるとき，又は原子炉施設の保全，原子炉の運転若しくは核燃料物質若しくは核燃料物質によって汚染された物の運搬，貯蔵若しくは廃棄に関する措置が前条第1項の規定に基づく主務省令又は国土交通省令の規定に違反していると認めるときは，原子炉設置者又は外国原子力船運航者に対し，原子炉

施設の使用の停止，改造，修理又は移転，原子炉の運転の方法の指定その他保安のために必要な措置を命ずることができる。
2　（略）

○原子炉等規制法（2012年改正後）（抜粋）

（目的）
第1条　この法律は，原子力基本法（昭和30年法律第186号）の精神にのっとり，核原料物質，核燃料物質及び原子炉の利用が平和の目的に限られることを確保するとともに，原子力施設において重大な事故が生じた場合に放射性物質が異常な水準で当該原子力施設を設置する工場又は事業所の外へ放出されることその他の核原料物質，核燃料物質及び原子炉による災害を防止し，及び核燃料物質を防護して，公共の安全を図るために，製錬，加工，貯蔵，再処理及び廃棄の事業並びに原子炉の設置及び運転等に関し，大規模な自然災害及びテロリズムその他の犯罪行為の発生も想定した必要な規制を行うほか，原子力の研究，開発及び利用に関する条約その他の国際約束を実施するために，国際規制物資の使用等に関する必要な規制を行い，もって国民の生命，健康及び財産の保護，環境の保全並びに我が国の安全保障に資することを目的とする。

（設置の許可）
第43条の3の5　発電用原子炉を設置しようとする者は，政令で定めるところにより，原子力規制委員会の許可を受けなければならない。
2　（略）

（許可の基準）
第43条の3の6　原子力規制委員会は，前条第1項の許可の申請があった場合においては，その申請が次の各号のいずれにも適合していると認めるときでなければ，同項の許可をしてはならない。
　一　発電用原子炉が平和の目的以外に利用されるおそれがないこと。
　二　その者に発電用原子炉を設置するために必要な技術的能力及び経理的基礎があること。
　三　その者に重大事故（発電用原子炉の炉心の著しい損傷その他の原子力規制委員会規則で定める重大な事故をいう。第43条の3の22第1項及び第43条の3の29第2項第2号において同じ。）の発生及び拡大の防止に必要な措置を実施するために必要な技術的能力その他の発電用原子炉の運転を適確に遂行するに足りる技術的能力があること。
　四　発電用原子炉施設の位置，構造及び設備が核燃料物質若しくは核燃料物質によって汚染された物又は発電用原子炉による災害の防止上支障がないものとして原子力規制委員会規則で定める基準に適合するものであること。
2　（略）
3　原子力規制委員会は，前条第1項の許可をする場合においては，あらかじめ，第1項第1号に規定する基準の適用について，原子力委員会の意見を聴かなければならない。

(変更の許可及び届出等)
第43条の3の8　第43条の3の5第1項の許可を受けた者(以下「発電用原子炉設置者」という。)は，同条第2項第2号から第5号まで又は第8号から第10号までに掲げる事項を変更しようとするときは，政令で定めるところにより，原子力規制委員会の許可を受けなければならない。ただし，同項第4号に掲げる事項のうち工場若しくは事業所の名称のみを変更しようとするとき，又は同項第5号に掲げる事項の変更のうち第4項の原子力規制委員会規則で定める変更のみをしようとするときは，この限りでない。
2　第43条の3の6の規定は，前項本文の許可に準用する。
3～8　(略)
(工事の計画の認可)
第43条の3の9　発電用原子炉施設の設置又は変更の工事(核燃料物質若しくは核燃料物質によって汚染された物又は発電用原子炉による災害の防止上特に支障がないものとして原子力規制委員会規則で定めるものを除く。)をしようとする発電用原子炉設置者は，原子力規制委員会規則で定めるところにより，当該工事に着手する前に，その工事の計画について原子力規制委員会の認可を受けなければならない。ただし，発電用原子炉施設の一部が滅失し，若しくは損壊した場合又は災害その他非常の場合において，やむを得ない一時的な工事としてするときは，この限りでない。
2　(略)
3　原子力規制委員会は，前2項の認可の申請が次の各号のいずれにも適合していると認めるときは，前2項の認可をしなければならない。
　一　その工事の計画が第43条の3の5第1項若しくは前条第1項の許可を受けたところ又は同条第3項若しくは第4項前段の規定により届け出たところによるものであること。
　二　発電用原子炉施設が第43条の3の14の技術上の基準に適合するものであること。
　三　その者の設計及び工事に係る品質管理の方法及びその検査のための組織が原子力規制委員会規則で定める技術上の基準に適合するものであること。
4～6　(略)
(発電用原子炉施設の維持)
第43条の3の14　発電用原子炉設置者は，発電用原子炉施設を原子力規制委員会規則で定める技術上の基準に適合するように維持しなければならない。ただし，第43条の3の33第2項の認可を受けた発電用原子炉については，原子力規制委員会規則で定める場合を除き，この限りでない。
(許可の取消し等)
第43条の3の20　原子力規制委員会は，発電用原子炉設置者が正当な理由がないのに，原子力規制委員会規則で定める期間内に発電用原子炉の運転を開始せず，又は引き続き1年以上その運転を休止したときは，第43条の3の5第1項の許可を取り消すことができる。
2　原子力規制委員会は，発電用原子炉設置者が次の各号のいずれかに該当すると

きは，第43条の3の5第1項の許可を取り消し，又は1年以内の期間を定めて発電用原子炉の運転の停止を命ずることができる。
　一～三　（略）
　四　第43条の3の23の規定による命令に違反したとき。
　五～二十二　（略）
（施設の使用の停止等）
第43条の3の23　原子力規制委員会は，発電用原子炉施設の位置，構造若しくは設備が第43条の3の6第1項第4号の基準に適合していないと認めるとき，発電用原子炉施設が第43条の3の14の技術上の基準に適合していないと認めるとき，又は発電用原子炉施設の保全，発電用原子炉の運転若しくは核燃料物質若しくは核燃料物質によって汚染された物の運搬，貯蔵若しくは廃棄に関する措置が前条第1項の規定に基づく原子力規制委員会規則の規定に違反していると認めるときは，その発電用原子炉設置者に対し，当該発電用原子炉施設の使用の停止，改造，修理又は移転，発電用原子炉の運転の方法の指定その他保安のために必要な措置を命ずることができる。
2　原子力規制委員会は，防護措置が前条第2項の規定に基づく原子力規制委員会規則の規定に違反していると認めるときは，発電用原子炉設置者に対し，是正措置等を命ずることができる。

【資料4≫関係資料】

○発電用原子炉施設に関する耐震設計審査指針
　　（平成18年9月19日原子力安全委員会決定）（抜粋）

1. はしがき
　本指針は，発電用軽水型原子炉の設置許可申請（変更許可申請を含む。以下同じ。）に係る安全審査のうち，耐震安全性の確保の観点から耐震設計方針の妥当性について判断する際の基礎を示すことを目的として定めたものである。
　従前の「発電用原子炉施設に関する耐震設計審査指針（昭和56年7月20日原子力安全委員会決定，平成13年3月29日一部改訂。以下，「旧指針」という。）」は，昭和53年9月に当時の原子力委員会が定めたものに基づき，昭和56年7月に，原子力安全委員会が，当時の知見に基づいて静的地震力の算定法等について見直して改訂を行い，さらに平成13年3月に一部改訂したものであった。
　このたびは，昭和56年の旧指針策定以降現在までにおける地震学及び地震工学に関する新たな知見の蓄積並びに発電用軽水型原子炉施設の耐震設計技術の著しい改良及び進歩を反映し，旧指針を全面的に見直したものである。
　なお，本指針は，今後の新たな知見と経験の蓄積に応じて，それらを適切に反映するように見直される必要がある。
2. 適用範囲
　本指針は，発電用軽水型原子炉施設（以下，「施設」という。）に適用される。しかし，これ以外の原子炉施設及びその他の原子力関係施設にも本指針の基本的な

考え方は参考となるものである。(以下略)

○原子力安全委員会原子力安全基準・指針専門部会耐震指針検討分科会「耐震指針検討分科会報告書 (その2)」(2006年) 2 (2) (抜粋)

改定指針はその策定目的からすれば、指針の改訂時及びそれ以降における『安全審査』の対象となる原子炉施設に適用されるものであり、既存の原子炉施設には直接的に適用されるものではなく、また、あえてそのことを改定指針案の記述に盛り込む必要もないとの判断に至った。

○「発電用原子力設備に関する技術基準を定める省令の解釈について」
 (平成17年12月15日原院第5号) 5条の解釈 (抜粋)

なお、耐震設計審査指針策定以前において原子炉の設置または増設に係わる許可を受け現在運転中の原子力発電所にあっては、重要な建物・建築物及び機器・配管系の耐震安全性が評価され、その結果に基づいて、資源エネルギー庁がとりまとめた「指針策定前の原子力発電所の耐震安全性 (平成7年9月)」において耐震設計審査指針の考え方に照らしても耐震安全性が確保されていると判断されていること。

Milestone

105 国家賠償法1条1項にいう「公権力の行使」は、行政事件訴訟法と同義ですか。

106 損失補償が必要な場合を判断する基準としてどのようなものがありますか。その基準に照らして補償が必要になるにもかかわらず、立法者が損失補償規定を置いていない場合は、どうすればよいですか。

107 本件 (設問1) において、国家賠償責任を追及する対象となる加害行為は何ですか。またそれは、国家賠償法1条にいう「公権力の行使」に該当しますか。

108 権限不行使の違法を国家賠償で追及する場合、どのような判断基準に基づいて具体的な主張をどのように組み立てればよいですか。

109 本件 (設問2) で問題となるのは国家賠償・損失補償のどちらですか。また損失補償である場合、請求の根拠となる規定は何ですか。

110 本件 (設問2) で損失補償は必要と考えられますか。損失補償が必要と考えられる要素、不要と考えられる要素を挙げた上で検討して下さい。

解説

事例のねらい

　2011年の東京電力福島第一原発事故では，それ以前に耐震設計審査指針が改定されていたにもかかわらず，これに対する対応が十分になされないままになっていたところに地震・津波が押し寄せたことが問題視された。そこで，2012年の法改正により，原子炉を最新の技術基準に適合させることが義務付けられ，これを果たしていない場合には許可の撤回が可能となる法制度が導入された（バックフィット）。他方で，そのために必要となる費用に関しては電力会社の自己負担が想定されており，法改正で特段の手当はなされていない。本事例はこうした状況を前提に，法改正以前の段階で地震・津波対策がなされなかったことの違法を国家賠償で追及する設問（なお，改正前の原子炉等規制法73条は同法27～29条の規定を，電気事業法に基づく検査を受けるべき原子炉施設であって実用発電用原子炉に係るものにつき適用除外としていたものの，本事例では問題を単純化するためにこの規定がないものとしている）と，法改正後に基準適合に要する費用について損失補償がなされる必要があるかを問う設問を設定している。いずれも国家補償における論点としては標準的なものであり，原子炉等規制法の正確な理解に基づいて答案を構成できるかが評価のポイントとなる。本事例は，2012年度前期に九州大学法科大学院（既修者向け基幹科目）で出題した期末試験問題の一部（改題）である。

▶Key Points◀
[行政過程論]　行政行為の撤回，行政裁量（消極的裁量濫用）
[行政救済論]　国家賠償法1条の責任，権限不行使，損失補償の根拠と要否
[環境法]　排出絶対抑制型の行政過程（例解 370頁以下）

● 前提知識の確認

1. 国家賠償法の「公権力の行使」

> 国家賠償法1条1項にいう「公権力の行使」は，行政事件訴訟法と同義ですか。

　国家賠償法1条1項は，行政不服審査法1条1項・行政事件訴訟法3条1項と同じく「公権力の行使」という語を用いている。

　立法時には両者は一致すると考えられていた（狭義説）とされる。しかしその後，国家賠償法が民法の使用者責任よりも被害者救済に手厚いこと（例：使用者免責規定の不存在）や，最高裁判例により公務員個人が免責される扱いが確定していることを踏まえ，なるべく国家賠償の成立範囲を広げようとする方向が判例・学説で有力化した。現在では，国・公共団体の全ての作用から国家賠償法2条の責任と純粋私経済作用を除く全ての作用を「公権力の行使」と考える広義説が判例・通説となっている。そのため，行政事件訴訟法においては処分性が認められないものであっても，国家賠償法上は公権力の行使に該当し，1条の責任を追及できる（例解 142頁）。

2. 損失補償の根拠と要否

> 損失補償が必要な場合を判断する基準としてどのようなものがありますか。その基準に照らして補償が必要になるにもかかわらず，立法者が損失補償規定を置いていない場合は，どうすればよいですか。

　損失補償とは，適法な行政活動によって私人に生じた特別犠牲に対して，公平負担の観点から損害を填補する制度である（憲法29条3項）。その要否の判断基準は，問題となっている適法な侵害行為により生じた不利益が「特別犠牲」にあたるかどうかである（例解 154頁）。特別犠牲の基準は以下の

ように複数あり，これらの総合判断がなされるため，どの要素を重視するかによって結論が変わりうる（一般的には，実質的基準や規制目的が重視される）。

- 侵害行為の対象者が一般的か，特定的かという区別がある（形式的基準）。対象者が特定的であれば，特定者に犠牲が集中していることになるから特別犠牲にあたり，損失補償が必要と考えられる。典型的な場面として，数人の土地所有者が所有権を失うことによって道路が拡幅され，多くの住民の交通の便が図られるような場合には，特別犠牲が肯定される。ただし，何が「一般的」「特定的」なのかは相対的に確定されるものであるため（上記の例で所有権を失う者が何人までなら「特定的」なのかは一概には言えない），決め手になる基準とは言いがたい（宇賀克也『行政法概説Ⅱ［第4版］』（有斐閣・2013年）491頁）。

- 侵害の強度がどの程度かという基準がある（実質的基準）。財産権の内在的制約にとどまるのであれば補償は不要であるのに対し，これを超えるような財産権に対する本質的制約であれば犠牲であることが肯定できるから特別犠牲にあたり，損失補償が必要と考えられる。上記の例の場合，所有権が完全に奪われるのは財産権に対する本質的制約であり，補償が必要となる。これに対して，都市計画の用途地域（⇨16, 例解 438頁）のように土地の利用方法を規制するにとどまる場合には，一般に損失補償は不要と考えられている。

- 規制目的に注目した判断基準もしばしば利用される（実質的基準の系列に位置づけるものとして，大橋洋一『行政法Ⅱ』（有斐閣・2012年）397頁）。これは，規制目的を消極目的（警察規制）と積極目的（公用制限）に二分し，安全・秩序維持を目的とする警察規制に対しては補償不要，それを超えて社会の福利増進を目指す公用制限には補償が必要，とする。所有者には社会の安全や秩序維持に悪影響を与えないように所有権を行使する義務がもともと存在し，それを所有者自らが果たさない場合に国家が規制を及ぼしたとしても，これに伴って所有者に生じた経済的な不利益は本来所有者の責任領域に属するものであるから，損失補償は不要とする考え方がここには見られる。危険物の所有者にはそのことに伴う状態責任（危険責任）を負わせ，危険防止に係る規制に対しては補償不要とする考え方は，この系列に位置づけられる。

本件のように許認可の基準が事後的に変更された場合，変更前の許認可を受けた施設・事業等が適法に存続できるかどうかは，法令の定めによって異なる。例えば建築基準法3条2項は，建築工事の着手後に建築基準関係規定が変更されても，次に当該建築物の改築等がなされるまでは変更された規定の適用がなされない既存不適格を規定している（ 例解 464頁）。

•答案作成のヒント•

① 問題文を読む

本事例では，原子力発電所の耐震設計審査指針の改定に既存の発電所の施設を対応させる際のバックチェック（行政指導による改善要請）とバックフィット（基準不適合の場合には原子力発電所の設置許可等を撤回）が問題となっている。設問として，当事者・利害状況を異にする次の2つが設定されている。設問1は，原子力発電所の事故によって避難を余儀なくされたQが国の規制権限不行使の違法を国家賠償訴訟によって追及できるかが問われている。設問2は，2012年の法改正でバックフィットが制度化されたことにより莫大な設備投資が必要となった電力会社Rが，その費用を国に補償してもらえるかが問われている。

② 条文を読む

設問1に関して，発電用原子炉を設置する際には，同法23条1項1号（改正前）の規定に従い，経済産業大臣の許可を受ける必要があった。その要件は同法24条1項に規定され，本事例との関係では地震等に起因する放射能漏れ事故が問題であるから，同項4号の「災害の防止上支障がないものであること」の要件に注目することになる。同条2項はこの要件に関して原子力安全委員会への意見聴取を義務付けている。発電用原子炉施設に関する耐震設計審査指針は，この意見聴取に先立って原子力安全委員会で行われる安全審査の審査基準として同委員会によって決定されたものである。

次に，発電用原子炉の許可基準が許可後に変更された場合に関する原子炉等規制法の規定を確認する。同法33条には許可取消（講学上の撤回）の規定が置かれているものの，ここに同法24条1項4号違反は含まれていない。また，2012年改正以後の原子炉等規制法43条の3の14のような技術上の

基準への適合義務の規定もない。許可基準の事後的変更に関係する原子炉等規制法の明文の規定は上記のものにとどまり，行政指導の実施を求める規定は存在しないことが確認できる。

これに対して設問2では，バックフィットに対応する措置に要する費用の損失補償が問題で，2012年改正後の原子炉等規制法を確認すると損失補償規定がないことが分かる。そこで，憲法29条3項を根拠に損失補償請求権が生じる余地がないかを検討することになる。

③ **答案構成を考える**

設問1のような国家賠償請求に関する問題の解答にあたっては，国家賠償法の条文が定めている要件を充足するかどうかを順に検討することが通例である。本設問では，バックチェックのような行政指導が国家賠償法1条1項にいう「公権力の行使」にあたるかどうかと，権限不行使の違法の判断（消極的裁量濫用論）が特に重要である。

設問2のような損失補償に関する問題の解答にあたっては，損失補償の根拠と要否を明確に示すことが求められている。要否の基準は，問題となっている侵害行為が特別犠牲にあたるかどうかであり，具体的には対象者の特定性や財産権の本質的内容を強度に侵害するものかどうか等が考慮される。

設問1について

> 本件において，国家賠償責任を追及する対象となる加害行為は何ですか。またそれは，国家賠償法1条にいう「公権力の行使」に該当しますか。

国家賠償法1条1項の要件は，「国又は公共団体」「公務員」「公権力の行使」「故意・過失・違法性」「職務を行うについて」「因果関係」である。このうち「公権力の行使」の要件の充足は，国家賠償請求か民法715条の使用者責任に基づく賠償請求かを振り分ける意味を持つ。そこでまず，本件における加害行為の「公権力の行使」該当性を検討する。

本件においてQはP発電所の周辺に居住し，2011年のP発電所の事故に

より避難を余儀なくされている。Qは，2006年の耐震設計審査指針改定の際に発電用原子炉の設置許可権者である経済産業大臣が，新たな指針への適合性を確認し，確認が取れなければ設置許可を撤回すべきであったとし，仮にそれが当時の法令上不可能でも行政指導により新たな指針への適合を確保していればこのような被害は生じなかったとして，国家賠償請求訴訟を提起することを検討している。そこで，加害行為として問題となりうるのは，①新たな耐震設計審査指針に適合しない既存の発電用原子炉の許可を撤回しなかったこと，または②新たな耐震設計審査指針に適合しない既存の発電用原子炉が指針に適合するように行政指導しなかったこと，である。

① バックフィットの可能性とその法的性格

　2012年改正前の原子炉等規制法にも，同法36条に基づく施設使用停止命令や同法33条に基づく原子炉設置許可の撤回権限は規定されていた。同法36条に基づく施設使用停止命令は，施設定期検査の際に用いられる原子炉施設の性能に関する技術上の基準（同法29条2項）に適合しない場合に原子炉施設の使用停止・改造・修理等の必要な措置を命ずるものであった。また，同法33条2項3号により，原子炉設置許可の取消（講学上の撤回）の要件にこの施設使用停止命令違反が含まれているので，命令に従わない場合に原子炉設置許可が撤回される可能性はあった。

　しかし，伊方原発訴訟最高裁判決（判百Ⅰ81　判Ⅰ139/Ⅱ17　CB4-5 最一小判1992（平成4)・10・29民集46巻7号1174頁）では「段階的安全規制方式」と呼ばれる考え方がとられ，原子炉設置許可と後続の詳細設計・施設工事・運転管理の段階とは審査項目が独立しているとされた。このため，運転管理の段階である施設定期検査の際に用いられる技術的基準と，原子炉設置許可段階の基準である耐震設計審査指針とは完全に切り離され，耐震設計審査指針の改定は，同法29条2項の技術的基準とは無関係とされた（事例のねらいも参照）。それゆえ，これらの規定を使って新たな耐震設計審査指針に発電用原子炉を対応させることはできなかった（解釈論に基づくバックフィットの可能性の詳細につき参照，阿部泰隆「原発事故から発生した法律問題の諸相」自治研究87巻8号（2011年）3-33(9)頁）。

　それでは，【資料1】の会議録の弁護士Aが示唆するように，行政行為の撤回に関する法律の根拠は不要と考えることはできるだろうか。最高裁は菊

田医師事件判決（判百Ⅰ93　判Ⅰ157　CB 2-4　最二小判1988（昭和63）・6・17判時1289号39頁）で，行政行為の撤回には法律の根拠は不要と判断している。その理由は，もとの行政行為を授権する規定の中に，その撤回を許容する趣旨も含まれていると解釈できるからである。この判決を踏まえれば，明文の撤回規定を欠いていた2012年改正以前の原子炉等規制法のもとでも，改定後の耐震設計審査指針の安全基準に達しない原子炉設置許可の撤回は考えられることになる。行政行為の撤回は行政事件訴訟法3条2項の「処分」に該当する行為であり，国家賠償法1条1項にいう「公権力の行使」にも該当する。

② バックチェックの根拠と法的性格

　上述の通り，2012年改正前の原子炉等規制法がバックフィットを明文で規定していないとしても，原子炉設置許可の根拠規定に基づいてその撤回を行うことはあり得る。ただし，この場合には行政行為の撤回権制限の法理が働く（例解 63頁）。原子炉設置許可はその名宛人である電力会社に利益を与える授益的行為なので，行政がこれを自由に撤回することは原則として許されない。他方で，地震による原子力発電所事故の被害の重大性を念頭に置けば，2006年の耐震設計審査指針の改定を受け，その指針の内容が既存の発電用原子炉にも反映されるようにする公益上の必要性は高い。

　そこで，原子炉設置許可権者である経済産業大臣は，許可の撤回権を背景としつつ行政指導を通じて事業者に耐震対策の実施を働きかける義務があったと考えることができる（⇨108）。この場合の加害行為は，行政指導（の不作為）である。これは行政事件訴訟法3条2項にいう「処分その他公権力の行使に当たる行為」には該当しない。しかし，国家賠償法1条1項にいう「公権力の行使」は，国・公共団体の全ての作用から国家賠償法2条の責任と純粋私経済作用を差し引いたものとされている（広義説）。この定義によれば，行政指導（の不作為）もまた国家賠償法にいう「公権力の行使」に該当する。

> 権限不行使の違法を国家賠償で追及する場合，どのような判断基準に基づいて具体的な主張をどのように組み立てればよいですか。

　国又は公共団体の公務員による規制権限の不行使は，その権限を定めた法令の趣旨・目的や，その権限の性質等に照らし，具体的事情の下において，

その不行使が許容される限度を逸脱して著しく合理性を欠くと認められるときは，その不行使により被害を受けた者との関係において，国家賠償法1条1項の適用上違法となる（判百Ⅱ229　判Ⅱ150　CB 18-6　最二小判1989（平成元)・11・24民集43巻10号1169頁［宅建業法事件]）。この判断基準のあてはめの際に具体的な判断要素として用いられるのが，被侵害法益・予見可能性・結果回避可能性・（期待可能性）である（例解 143頁）。権限の不行使の結果として侵害される法益が重大であって，行政が侵害の結果を予見でき，与えられた権限を適切に行使していればそのような結果を回避できた場合に，権限不行使の違法が認められる。行政による権限の行使に期待しなければ被侵害者の自助努力では対応できないという期待可能性の要素は，上記の判断の中で補助的に考慮されることがある。そこで，権限不行使の違法に関する答案のあてはめの部分を構成する際には，法律に基づく規制のしくみを分析し，そのしくみの中で被侵害法益の重要性がどのように評価された上でこれを保護するしくみが設けられているか，またその被害が予見可能であり，権限を行使すればそのような結果を回避できたのかを示すことになる。

① 規制のしくみ・被侵害法益

　原子炉等規制法（2012年改正前）は，原子炉の利用による災害を防止し，公共の安全を図るために必要な規制を行うことを目的としている（同法1条）。そして，実用発電用原子炉を設置しようとする場合には経済産業大臣の許可を必要とし（同法23条1項），許可の要件として，原子炉による災害の防止上支障がないものであること（同法24条1項4号）を定めている。さらに，この要件に関して経済産業大臣は，原子力安全委員会の意見を聴かなければならないとされている（同条2項）。

　一方，稼働後の原子炉に対する停止命令・許可撤回の規定は，2006年に改定した耐震設計審査指針との適合性をその要件に含めていないので，指針への不適合を理由に原子炉設置許可の取消を行うことはできない（⇨107）。

　しかし，発電用原子炉の付近を震源とする大地震が起きて当該原子炉の設計当時には想定していなかった強い揺れが原子炉を襲えば，原子炉から放射性物質が漏出する事故が発生する可能性があり，その場合に周辺住民等に与える生命・健康上の被害は計り知れないほど大きくなるおそれがある。原子炉等規制法は前述の通り，そのような事態を避けるために同法23・24条で

原子炉設置許可のしくみを定め，安全面に関しては専門家により構成される原子力安全委員会の意見を尊重する手続を置いている（前掲・伊方原発訴訟）。そうすると23・24条は，現在の科学技術水準の下で事故が起こる危険性のない原子炉の設置を許容するのみならず，すでに許可を得て運転されている原子炉についても現在の科学技術水準に照らして重大事故が発生しないような安全性を維持することを求めるものであって，もしその水準を下回る原子炉があれば，許可を撤回することで事故を未然に防止することもその趣旨に含まれていると解するべきである。よって，2012年改正前の原子炉等規制法がバックフィットに関する明文規定を欠いていたとしても，原子炉設置許可の根拠規定である同法23・24条の趣旨を踏まえ，改定後の耐震設計審査指針に適合しない原子炉に対する設置許可を撤回することはあり得る。

　ただし，同条の許可授権規定を根拠とする撤回は，行政行為の撤回権制限の法理（塩野宏『行政法Ⅰ［第5版補訂版］』（有斐閣・2013年）175頁）に服する。原子炉設置許可は電力会社に対する授益的行為であり（授益的行為の撤回は不自由），莫大な設備投資をして許可を得た電力会社の信頼を保護する必要があるからである。それゆえ，原子炉設置許可の撤回が許されるかどうかは，撤回によって得られる社会全体の安全面での利益（事故のリスクの低減）と，撤回によって失われる電力会社の経済的利益との比較衡量によって決まることになり，改定後の耐震設計審査指針に適合しないという理由のみで撤回が許されるわけではない。そこで，原子炉設置許可権者である経済産業大臣には，現在の科学技術水準を反映している改定後の耐震設計審査指針と比較して原子炉の安全性が十分維持されているかを検証し，もし安全性に欠けるところがあればその改善を電力会社に対して要請し，危険な状態にある原子炉に対しては同法23条に基づき許可を撤回する義務があると考えられる。

② **予見可能性**

　2006年の耐震設計審査指針の改定は，1995年の阪神・淡路大震災以降，それまでは知られていなかった活断層による直下型地震の危険性が広く認識され，また2000年以降には，現に発電用原子炉が設置されている近くの活断層が地震を引き起こしたことが契機となってなされたものである。たしかに，P発電所事故までは原子炉から放射能が漏れる事故は地震によって生じてはいなかった。しかし上記の通り，不知の活断層による大地震が発電用原

子炉近くで発生する可能性があることは予見できたはずである。また、P発電所事故以前にもチェルノブイリ原子力発電所事故のように放射性物質が漏出した事故は存在したから、放射性物質が自然界に放出された場合の被害の甚大性・不可逆性についても予見可能であった。

③ 結果回避可能性

上記のように、原子炉設置許可の根拠規定である原子炉等規制法23条を根拠とする許可の撤回には行政行為の撤回権制限の法理が働くことから、②のような大地震あるいはそれに伴う事故が予見可能であるとしても、改定後の耐震設計審査指針に適合しない原子炉に対して直ちに許可を撤回することはできない。しかし経済産業大臣は、原子炉設置許可の授権規定の趣旨を踏まえ、改定後の耐震設計審査指針の内容を前提に原子炉の安全設備等を見直すように電力会社に対して強く要請することは可能であり、またそうすべきであった。

これを本件について見れば、耐震設計審査指針の改定後にP発電所でもこの要請に従ったバックチェックが開始され、2008年にP発電所も含む全ての発電所のバックチェック中間報告書が原子力安全・保安院に提出されていた。しかしその後、P発電所のバックチェックの作業だけが進展せず、原子力安全・保安院もこれを黙認していた。その結果、同程度の揺れに見舞われた発電所のうちバックチェックが完了できていなかったP発電所だけで事故が生じている。このことから、P発電所に対しても他と同程度のバックチェックを実施するよう経済産業大臣が撤回の可能性を背景に強く要請し、P発電所が作業を完了させていれば事故を防ぐことができたと考えられる。

よって、経済産業大臣が新たな指針への適合性を確認し、確認が取れなければ設置許可を撤回すべきであったし（バックフィット）、仮に撤回に至らなくても、バックチェックを徹底して行っていれば、事故発生という結果の回避は可能であった。

設問2について

本件で問題となるのは国家賠償・損失補償のどちらですか。また損失補

償である場合，請求の根拠となる規定は何ですか。

　2012 年改正後の原子炉等規制法 43 条の 3 の 14 は，発電用原子炉施設を技術上の基準に適合するように維持する義務を設置者に課している。そして，この基準に適合していない場合には原子炉施設の使用停止・改造・修理・移転等の措置を命ずることができ（同法 43 条の 3 の 23 第 1 項），これに違反すると，原子炉設置許可の取消（講学上の撤回）が可能となっている（同法 43 条の 3 の 20 第 2 項 4 号）。新たな基準に合致するように原子炉を維持しなければならないこと，これに違反した場合に不利益処分が出されることは，いずれも上記のような法律の根拠に基づくものであり，その要件を充足している限りにおいてこれらは適法な行政活動である。それゆえ，法律に基づく技術上の基準への適合に要する費用負担の補償を求めるとすれば，国家賠償ではなく損失補償を請求することとなる。

　原子炉等規制法には 2012 年改正後も損失補償に関する規定は置かれていない。原子力基本法 21 条には確かに損失補償規定が存在するものの，同条は核原料物質の開発の場合を念頭に置くもので，原子炉を安全基準に適合させる場合とは関係がない。損失補償が必要であるにもかかわらず実定法上その規定を欠く場合には，補償規定を欠く当該法律を違憲無効とする（違憲無効説）か，憲法 29 条 3 項から直接請求権が生ずる（請求権発生説）とすることが考えられる。我が国においては後者の請求権発生説が判例・学説の立場である（判百Ⅱ260　判Ⅱ178　CB 20-1　最大判 1968(昭和 43)・11・27 刑集 22 巻 12 号 1402 頁［名取川事件］）。

本件で損失補償は必要と考えられますか。損失補償が必要と考えられる要素，不要と考えられる要素を挙げた上で検討して下さい。

　損失補償を要するかどうかは，原子炉を安全基準に適合させることによる財産上の損失が，「特別犠牲」に当たるかどうかで決定される。具体的には，侵害行為の対象者が特定的かどうか（形式的基準），あるいは侵害行為の強度が財産権に内在する社会的制約を超えるような強度のものかどうか（実質的基準）を総合考慮して判断することとなる（⇨106）。

損失補償が必要と考えられる要素として，次のようなものが挙げられる。まず，原子炉を安全基準に適合させる義務は原子炉を保有する電力会社にしか課されておらず，対象者は特定的である。次に，適合させるために必要となる費用は莫大であり，しかもその費用は許可を受けた段階では想定されていなかったという事情が挙げられる。

これに対して，損失補償が不要と考えられる要素として，次のようなものが挙げられる。原子炉を安全基準に適合させるのは安全・秩序維持を目的とする消極目的の規制である。また，原子炉という非常に危険な装置を運転している者には，それに伴う危険を回避する責任が認められ（危険責任），安全基準への適合義務は財産権の内在的制約の範囲内と捉えることができる。

▶答案例

[設問1]

P発電所の事故により避難を余儀なくされたQは，2006年の耐震設計審査指針の改定にもかかわらず，この基準を満たすように経済産業大臣が規制権限を行使しなかったために事故が発生したとして，国家賠償法1条1項に基づき国Yに対して損害賠償請求したいと考えている。

1. 公権力の行使

その際にまず問題となるのは，事故までの間に経済産業大臣が有していた規制権限が国家賠償法1条1項にいう「公権力の行使」に該当するかという点である。国家賠償法1条1項にいう「公権力の行使」は，国・公共団体の全ての作用から国家賠償法2条の責任と純粋私経済作用を除いたものである。

これを本件について見れば，経済産業大臣の規制権限としては，原子炉等規制法（2012年改正前，以下同じ）33条が定める原子炉設置許可処分の取消（講学上の撤回）があり，この要件に合致しない場合でも同法24条1項の定める原子炉設置許可処分の規定を根拠にその撤回が可能である。これらは行政行為（処分）であり，国家賠償法1条1項にいう公権力の行使に該当することは明らかである。また，撤回を行わずに行政指導を通じて事業者に働きかけることも考えられる。この行政指導

（の不作為）もまた国家賠償法にいう公権力の行使に該当する。
2. 権限不行使の違法
　次に問題となるのは，上記の規制権限の不行使の違法性である。国又は公共団体の公務員による規制権限の不行使は，その権限を定めた法令の趣旨・目的や，その権限の性質等に照らし，具体的事情の下において，その不行使が許容される限度を逸脱して著しく合理性を欠くと認められるときは，その不行使により被害を受けた者との関係において，国家賠償法1条1項の適用上違法となる。
① 権限を定めた法令の趣旨・目的，権限の性質
　原子炉等規制法は，原子炉の利用による災害を防止し，公共の安全を図るために必要な規制を行うことを目的としている（同法1条）。そして，実用発電用原子炉を設置しようとする場合には経済産業大臣の許可を必要とし（同法23条1項），許可の要件として，原子炉による災害の防止上支障がないものであること（同法24条1項4号）を定め，この要件に関して原子力安全委員会の意見を聴かなければならない（同条2項）とする。耐震設計審査指針はその際の審査基準と位置づけられている。
　一方，稼働後の原子炉について耐震設計審査指針に適合しない場合に同法23条の許可を撤回しうるとする明文の規定は存在しない。しかし，発電用原子炉の付近を震源とする大地震が起きて当該原子炉の設計当時には想定していなかった強い揺れが原子炉を襲えば，原子炉から放射性物質が漏出する事故が発生する可能性があり，その場合に周辺住民等に与える生命・健康上の被害は計り知れないほど大きくなるおそれがある。そうすると同条は，現在の科学技術水準（伊方原発訴訟最高裁判決参照）の下で事故が起こる危険性のない原子炉のみの設置を許容するだけでなく，すでに許可を得て運転されている原子炉についても重大事故が発生しないように現在の科学技術水準の下での安全性を維持することを求めており，もしこれを下回る原子炉があれば，許可を撤回することで事故を未然に防止することも同条の趣旨に含まれていると考えるべきである。よって，原子炉等規制法が撤回に関する明文規定を欠いていたと

しても，同法23・24条の趣旨を踏まえ，改定後の耐震設計審査指針に適合しない原子炉に対する設置許可を撤回することはありうる。

ただし同条に基づく原子炉設置許可の撤回は，撤回そのものに関する明文規定を欠いているから，撤回に際しては，莫大な設備投資をして原子炉設置許可を得た電力会社の事情をも十分に考慮する必要がある。すなわち，原子炉設置許可の撤回が許されるかどうかは，撤回によって得られる社会全体の安全面での利益（事故のリスクの低減）と，撤回によって失われる電力会社の経済的利益との比較衡量によって決まることになり，改定後の耐震設計審査指針に適合しないという理由のみで直ちに撤回が許されるわけではない。そこで，原子炉設置許可権者である経済産業大臣には，現在の科学技術水準を反映している改定後の耐震設計審査指針と比較して原子炉の安全性が十分維持されているかを検証し，もし安全性に欠けるところがあればその改善を電力会社に対して要請し，これに応じず極めて危険な状態にある原子炉が放置されている場合には，同法23条に基づき許可を撤回する義務があったと考えられる。

② 具体的事情（1）予見可能性

2006年の耐震設計審査指針の改定は，1995年の阪神・淡路大震災以降，それまでは知られていなかった活断層による直下型地震の危険性が広く認識され，また2000年以降には，現に発電用原子炉が設置されている近くの活断層が地震を引き起こしたことが契機となってなされたものであった。たしかに，P発電所事故までは原子力発電所から放射能が漏出する事故は地震によって生じてはいなかった。しかし，不知の活断層による大地震が発電用原子炉近くで発生する可能性があることは上記の通り予見できたはずである。また，P発電所事故以前にもチェルノブイリ原子力発電所事故のように放射性物質が発電所外に漏出した事故は存在したから，このような事故が生じた場合の被害の甚大性・不可逆性についても予見可能であった。

③ 具体的事情（2）結果回避可能性

①で述べたように，原子炉設置許可の根拠規定である原子炉等規制法

23条を根拠とする許可の撤回には行政行為の撤回権制限の法理が働くことから，②のような大地震あるいはそれに伴う事故が予見可能であるとしても，改定後の耐震設計審査指針に適合しない原子炉に対して直ちに許可を撤回することはできない。しかし経済産業大臣は，原子炉設置許可の授権規定の趣旨を踏まえ，改定後の耐震設計審査指針の内容を原子炉の安全設備等に反映させるように電力会社に対して強く要請することは少なくとも可能であった。

これを本件について見れば，耐震設計審査指針の改定後にP発電所でもこの要請に従ったバックチェックが開始されたものの，P発電所のバックチェックの作業だけが進展せず，原子力安全・保安院もこれを黙認していた。その結果，同程度の揺れに見舞われた発電所のうちバックチェックが完了できていなかったP発電所だけで事故が発生した。このことから，P発電所に対しても他の発電所と同程度のバックチェックを実施するよう経済産業大臣が許可撤回の可能性を視野に入れつつ要請し，P発電所がその作業を完了させていれば，事故を防ぐことができたと考えられる。

以上の事情を考えると，事故に至るまで上記の原子炉設置許可の撤回権限を行使せず，また権限の行使の可能性を視野に入れた行政指導を経済産業大臣が十分に行わなかったことは，その趣旨，目的に照らし，著しく合理性を欠くものであって，国家賠償法1条1項の適用上違法というべきである。

さらに，QがP発電所の事故により被っている多大な経済的損害や精神的損害と，上記の経済産業大臣の権限不行使との間には因果関係が認められる。

よってQは国家賠償法1条1項に基づき，国Yに対して損害賠償請求できる。

[設問2]
1. 費用請求の法律構成

Rは，新たな安全基準を満たすために必要となった設備投資に要する費用を国Yに請求したいと考えている。

　この費用は，2012年改正後の原子炉等規制法43条の3の14が，発電用原子炉施設を技術上の基準に適合するように維持する義務を設置者に課し，この基準に適合していない場合には最終的には原子炉設置許可が取り消されうる（同法43条の3の20第2項4号）と規定したために生じている。それゆえ，新たな設備投資に必要な金銭負担の補償を国Yに求めるとすれば，損失補償を請求することとなる。

　原子炉等規制法には2012年改正後も損失補償に関する規定はない。しかし，財産上の犠牲が一般的に当然受忍すべきものとされる制限の範囲を超え，特別の犠牲を課したものである場合には，憲法29条3項を根拠にしてその補償請求をする余地がある。

2. 損失補償の要否

　上記の通り，損失補償を要するかどうかは，財産上の犠牲が，一般的に当然受忍すべき範囲を超えた「特別犠牲」に当たるかどうかで決定される。具体的には，侵害行為の対象者が特定的かどうか（形式的基準），あるいは侵害行為の強度が財産権に内在する社会的制約を超えるような強度のものかどうか（実質的基準）を総合考慮して判断することとなる。

　これを本件について見れば，原子炉を安全基準に適合させる義務は原子炉を保有する電力会社にしか課されておらず，対象者は特定的である。また，適合させるために必要となる費用は莫大であり，その費用は許可を受けた段階では想定されていなかったという事情が挙げられる。

　しかし，原子炉を安全基準に適合させるのは「災害の防止」（原子炉等規制法1条）が目的であり，消極目的の規制である。また，原子炉という非常に危険な装置を運転している者には，それに伴う危険を回避する責任が認められるから，これらの点から安全基準への適合義務は財産権の内在的制約の範囲内と捉えることができる。

　よって，Rが安全基準を満たすために設備投資費用を負担することは「特別犠牲」に該当せず，損失補償を請求することはできない。

事例 ②

産廃処理場設置をめぐる紛争

Level・3

　A県では産業廃棄物処理施設の設置をめぐる紛争が絶えなかったため、産業廃棄物処理場設置手続条例（以下「本件条例」という）を制定した。これは廃棄物の処理及び清掃に関する法律（廃掃法）が定める許可手続の前に、周辺住民や立地市町村との合意を促進する手続を設定するものである。

　A県内の伊都市で産業廃棄物処理業を営むことを計画したBは、産業廃棄物処理場の許可を得ようとしたところ、伊都市や処理場設置予定地の周辺住民の反対運動が強く、本件条例に基づく手続を終える見通しが立たないことが予想された。Bは七隈法律事務所の弁護士Sに相談したところ、本件条例は廃掃法に反する内容であり違法・無効だから、条例上の手続を無視して廃掃法上の手続のみをとればよいとの回答が得られた。そこでBは廃掃法に基づく産業廃棄物処理施設の許可申請を行ったところ、A県の担当者は、本件条例6条1項の規定により、条例の定める手続をとらないと不許可になる可能性があると告げた。Bは弁護士Sからの回答内容をA県担当者に説明し、廃掃法の許可基準に合致しているはずだと主張し、申請書を提出した。A県は審査の結果、許可基準のうち生活環境保全への適正な配慮の要件（廃掃法15条の2第1項2号）以外を充足すると判断し、本件条例29条による通知を得ることを効力発生の条件とし、伊都市との公害防止協定締結に応じるように求

めた上で設置許可（本件許可処分）を出した。Bはこれに不満で，すぐに弁護士Sのもとに相談に行った。

処理場建設予定地に隣接する土地の所有者である居住者Cと，予定地の崖の下700mのところに居住し常時地下水を利用しているDは，条件付きとはいえBに許可が与えられたことに危機感を持ち，将来許可をめぐる紛争が裁判所に持ち込まれたらどうすればよいか相談するため，前原法律事務所の弁護士Tに相談に行った。

【資料1≫七隈法律事務所の会議録】と【資料2≫前原法律事務所の会議録】を読んだ上で，設問に応じ弁護士SまたはTの立場に立って，設問に答えなさい。なお，関連する法令・条例の抜粋を【資料3≫関係法令】に，伊都市とBとの公害防止協定の抜粋を【資料4≫関連協定】に掲げてあるので，適宜参照しなさい。

設問1

本件において，Bが本件条例の定める手続を経ることなく廃掃法の許可を有効に取得するためには，どのような訴訟の利用が考えられるか，またその訴訟要件を充足するか，答えなさい。解答に当たっては，複数の可能性を比較検討した上で，最も適切と考える訴訟について自己の見解を明らかにすること。

設問2

Bが取消訴訟を提起した場合，C及びDは自己の権利・利益を守るためにどのような法的手段をとることが考えられるか，またその要件を充足するか，答えなさい。

設問3

本件許可処分の適法性について，Bの立場から処分を違法とする法律論，C及びDの立場から処分を適法とする法律論としてそれぞれ考えられる内容を示しなさい。

【資料1》七隈法律事務所の会議録】

弁護士S：A県は結局，条件付きの許可を出したそうですね。

B：はい。先生のアドバイスを得ていることを担当者に伝えたので，廃掃法上の許可の審査まではやってくれたのですが，最終的には生活環境保全要件と絡めた条件付きの許可が出されました。このうち伊都市との公害防止協定はなんとか締結に漕ぎ着けたのですが，もう1つの条例に基づく通知を得るのは事実上困難です。周辺住民の反対運動が強硬で，調整手続を終わらせようにも何度も本件条例27条に基づく異議申立がされるおそれが高く，終了の通知に漕ぎ着けるのが困難です。また，調整に当たる産業廃棄物処理施設等意見調整委員会の委員は，産業廃棄物処理業者に対して厳しい意見を持っている人が大半で，他の業者が意見の調整手続を行った際には，処理場の建設が経済的に見合わなくなるほどの条件が要求されたと聞きます。

弁護士S：本件条例の手続を踏まずに許可を得るための法的手段はいくつか考えられますが，本件処分がすでに出されているため，取消訴訟を中心に検討することになると思います。Bさんが求めた処分の一部が拒否されているとみるか，条件部分を取り出して争うか，考えてみたいと思います。

B：ありがとうございます。先生は本件条例が違法・無効であると前からおっしゃっていますが，裁判所でもそのようなご主張をされるのですか。

弁護士S：もちろんです。そもそも条例は法律の範囲内において制定できると憲法上規定されており，本件条例は廃掃法に明らかに違反しています。

B：では，どうぞよろしくお願いいたします。

【資料2》前原法律事務所の会議録】

弁護士T：まずはA県が許可に条件を付けたのでよかったですね。

C：はい，最悪の事態は免れました。しかし噂によると，Bは訴訟をしてでも廃棄物処理場の設置に漕ぎ着けたいようです。もしBがA県を相手に訴訟を提起した場合，我々はどうすればいいのでしょうか。

D：仮にBが勝訴しても私たちに影響がなければいいのですが…。

弁護士T：取消判決には第三者効が認められており，訴訟当事者であるBとA県以外の第三者にも取消判決の効力が及びます。そのためCさんやDさんのような反対利害関係者との関係でもBに不利な内容が取り消され，Bは適法に処理場の建設を行うことができるようになります。

C：処理場紛争の関係の本を読んでいたら，民事差止訴訟がしばしば使われていることが分かりました。A県とBとの訴訟の帰趨がはっきりしてから民事差止訴訟をBに対して提起するというのはどうでしょうか。

弁護士T：たしかにその方法もあります。ただ，民事差止訴訟は被害発生前の段階ではもともと請求が認められにくく，またA県は本件許可処分の際に技術基準・申請者の能力・欠格事由といった生活環境配慮要件以外の要件は充足すると判断しているので，被害発生による人格権侵害の蓋然性を立証するのは簡単ではありません。

D：ではどうすればいいのですか。許可処分の差止訴訟を提起するとか…？

弁護士T：それも考えられますが，処分の差止訴訟についても訴訟要件や本案勝訴要件を充足するのはやはりそれほど楽ではありません。他に考えられるのは，A県とBとの訴訟の中で我々の主張を展開することです。

C：なるほど，そうすると早い段階での紛争解決にはつながりそうですね。でも，当事者でない我々が訴訟に参加する資格はあるのでしょうか。

D：もしかして，予定地に隣接するCさんは参加できて私は参加できないということはあるのでしょうか。Bが建設する予定の処理場は大規模な汚泥脱水施設で，廃掃法施行令7条1号に該当するものだそうです。私はCさんよりも予定地との距離が離れたところに住んでいるのですが，この処理場からは脱水後の水が放流され，これが地下水に流れ込むと，私の健康に悪影響を与えるのではないかと心配です。私も先般締結された伊都市とBとの公害防止協定においては，周辺住民に含まれているようなのですが…。

弁護士T：このあたりはいろいろと見解が分かれるところなので，行政法に詳しい若手弁護士の意見を聞いて適切な対応を考えます。

C：何としても処理場の建設を阻止して下さい！

D：よろしくお願いします！

【資料3》関係法令】

○廃棄物の処理及び清掃に関する法律（昭和45年12月25日法律第137号）（抜粋）

（目的）
第1条　この法律は，廃棄物の排出を抑制し，及び廃棄物の適正な分別，保管，収集，運搬，再生，処分等の処理をし，並びに生活環境を清潔にすることにより，生活環境の保全及び公衆衛生の向上を図ることを目的とする。

（定義）
第2条　この法律において「廃棄物」とは，ごみ，粗大ごみ，燃え殻，汚泥，ふん尿，廃油，廃酸，廃アルカリ，動物の死体その他の汚物又は不要物であって，固形状又は液状のもの（放射性物質及びこれによって汚染された物を除く。）をいう。

2　この法律において「一般廃棄物」とは，産業廃棄物以外の廃棄物をいう。

3　（略）

4　この法律において「産業廃棄物」とは，次に掲げる廃棄物をいう。
　一　事業活動に伴って生じた廃棄物のうち，燃え殻，汚泥，廃油，廃酸，廃アルカリ，廃プラスチック類その他政令で定める廃棄物

二　輸入された廃棄物（前号に掲げる廃棄物，船舶及び航空機の航行に伴い生ずる廃棄物（政令で定めるものに限る。第15条の4の5第1項において「航行廃棄物」という。）並びに本邦に入国する者が携帯する廃棄物（政令で定めるものに限る。同項において「携帯廃棄物」という。）を除く。）

5～6　（略）

（事業者及び地方公共団体の処理）

第11条　事業者は，その産業廃棄物を自ら処理しなければならない。

2～3　（略）

（産業廃棄物処理業）

第14条　産業廃棄物（…）の収集又は運搬を業として行おうとする者は，当該業を行おうとする区域（運搬のみを業として行う場合にあっては，産業廃棄物の積卸しを行う区域に限る。）を管轄する都道府県知事の許可を受けなければならない。ただし，事業者（自らその産業廃棄物を運搬する場合に限る。），専ら再生利用の目的となる産業廃棄物のみの収集又は運搬を業として行う者その他環境省令で定める者については，この限りでない。

2～4　（略）

5　都道府県知事は，第1項の許可の申請が次の各号に適合していると認めるときでなければ，同項の許可をしてはならない。
　一　その事業の用に供する施設及び申請者の能力がその事業を的確に，かつ，継続して行うに足りるものとして環境省令で定める基準に適合するものであること。
　二　申請者が次のいずれにも該当しないこと。
　　イ　第7条第5項第4号イからトまでのいずれかに該当する者
　　ロ　暴力団員による不当な行為の防止等に関する法律第2条第6号に規定する暴力団員（以下この号において「暴力団員」という。）又は暴力団員でなくなった日から5年を経過しない者（以下この号において「暴力団員等」という。）
　　ハ～ヘ　（略）

6　産業廃棄物の処分を業として行おうとする者は，当該業を行おうとする区域を管轄する都道府県知事の許可を受けなければならない。ただし，事業者（自らその産業廃棄物を処分する場合に限る。），専ら再生利用の目的となる産業廃棄物のみの処分を業として行う者その他環境省令で定める者については，この限りでない。

7～9　（略）

10　都道府県知事は，第6項の許可の申請が次の各号に適合していると認めるときでなければ，同項の許可をしてはならない。
　一　その事業の用に供する施設及び申請者の能力がその事業を的確に，かつ，継続して行うに足りるものとして環境省令で定める基準に適合するものであること。
　二　申請者が第5項第2号イからへまでのいずれにも該当しないこと。

11　第1項又は第6項の許可には，生活環境の保全上必要な条件を付することがで

きる。
12～17　（略）
（産業廃棄物処理施設）
第15条　産業廃棄物処理施設（廃プラスチック類処理施設，産業廃棄物の最終処分場その他の産業廃棄物の処理施設で政令で定めるものをいう。以下同じ。）を設置しようとする者は，当該産業廃棄物処理施設を設置しようとする地を管轄する都道府県知事の許可を受けなければならない。
2　前項の許可を受けようとする者は，環境省令で定めるところにより，次に掲げる事項を記載した申請書を提出しなければならない。
　　一～九　（略）
3　前項の申請書には，環境省令で定めるところにより，当該産業廃棄物処理施設を設置することが周辺地域の生活環境に及ぼす影響についての調査の結果を記載した書類を添付しなければならない。ただし，当該申請書に記載した同項第2号から第7号までに掲げる事項が，過去になされた第1項の許可に係る当該事項と同一である場合その他の環境省令で定める場合は，この限りでない。
4　都道府県知事は，産業廃棄物処理施設（政令で定めるものに限る。）について第1項の許可の申請があった場合には，遅滞なく，第2項第1号から第4号までに掲げる事項，申請年月日及び縦覧場所を告示するとともに，同項の申請書及び前項の書類（同項ただし書に規定する場合にあっては，第2項の申請書）を当該告示の日から1月間公衆の縦覧に供しなければならない。
5　都道府県知事は，前項の規定による告示をしたときは，遅滞なく，その旨を当該産業廃棄物処理施設の設置に関し生活環境の保全上関係がある市町村の長に通知し，期間を指定して当該市町村長の生活環境の保全上の見地からの意見を聴かなければならない。
6　第4項の規定による告示があったときは，当該産業廃棄物処理施設の設置に関し利害関係を有する者は，同項の縦覧期間満了の日の翌日から起算して2週間を経過する日までに，当該都道府県知事に生活環境の保全上の見地からの意見書を提出することができる。
（許可の基準等）
第15条の2　都道府県知事は，前条第1項の許可の申請が次の各号のいずれにも適合していると認めるときでなければ，同項の許可をしてはならない。
　　一　その産業廃棄物処理施設の設置に関する計画が環境省令で定める技術上の基準に適合していること。
　　二　その産業廃棄物処理施設の設置に関する計画及び維持管理に関する計画が当該産業廃棄物処理施設に係る周辺地域の生活環境の保全及び環境省令で定める周辺の施設について適正な配慮がなされたものであること。
　　三　申請者の能力がその産業廃棄物処理施設の設置に関する計画及び維持管理に関する計画に従って当該産業廃棄物処理施設の設置及び維持管理を的確に，かつ，継続して行うに足りるものとして環境省令で定める基準に適合するものであること。
　　四　申請者が第14条第5項第2号イからヘまでのいずれにも該当しないこと。

2　都道府県知事は，前条第1項の許可の申請に係る産業廃棄物処理施設の設置によって，ごみ処理施設又は産業廃棄物処理施設の過度の集中により大気環境基準の確保が困難となると認めるときは，同項の許可をしないことができる。
3　都道府県知事は，前条第1項の許可（同条第4項に規定する産業廃棄物処理施設に係るものに限る。）をする場合においては，あらかじめ，第1項第2号に掲げる事項について，生活環境の保全に関し環境省令で定める事項について専門的知識を有する者の意見を聴かなければならない。
4　前条第1項の許可には，生活環境の保全上必要な条件を付することができる。
5　（略）

○A県産業廃棄物処理場設置手続条例（抜粋）

（目的）
第1条　この条例は，産業廃棄物処理施設等の設置等に係る事業計画の周知の手続，これに対する関係住民等の意見を求めるための手続その他必要な事項を定めることにより，産業廃棄物処理施設等の設置等に係る手続の適正化と透明性の確保を図り，もって産業廃棄物処理施設等の設置等に係る合意の形成及び生活環境の保全に寄与することを目的とする。
（定義）
第2条　この条例において，次の各号に掲げる用語の意義は，当該各号に定めるところによる。
一　法　廃棄物の処理及び清掃に関する法律（昭和45年法律第137号）をいう。
二　令　廃棄物の処理及び清掃に関する法律施行令（昭和46年政令第300号）をいう。
三　省令　廃棄物の処理及び清掃に関する法律施行規則（昭和46年厚生省令第35号）をいう。
四～八　（略）
九　生活環境影響調査　法第15条第3項（…）の規定による周辺地域の生活環境に及ぼす影響についての調査をいう。
十　周知地域　産業廃棄物処理施設等の設置等に係る事業計画の周知を行う地域をいう。
十一　関係住民　産業廃棄物処理施設等の設置等を行おうとする土地から10メートル以内の土地について所有権又は賃借権その他の当該土地を使用する権利を有する者，周知地域内に居住する者その他生活環境の保全上利害関係を有する者として規則で定める者をいう。
（条例手続の時期）
第5条　事業者は，次に掲げる手続を行おうとするときは，あらかじめこの条例に規定する手続を実施し，第29条の規定による通知を受けなければならない。
一　法第14条第6項若しくは第14条の2第1項又は第14条の4第6項若しくは第14条の5第1項の許可に係る申請（自ら排出する産業廃棄物を処理するために産業廃棄物処理施設を設置している事業者が当該産業廃棄物処理施設を使用

して産業廃棄物の処分の業を行おうとするもの（許可の更新に係るものを除く。）に限る。）
　二　法第15条第1項の許可に係る申請
（許可の制限等）
第6条　知事は，産業廃棄物処理施設等の設置等について，事業者が第29条の規定による通知を受ける前に前条第1項第2号の申請を行った場合は，当該申請が法第15条の2第1項第2号（…）の規定に適合していないものとして，当該許可をしないことができる。
2　知事は，産業廃棄物処理施設等の設置等について，事業者が第29条の規定による通知を受ける前に前条第1項第1号の申請を行った場合は，法第14条第11項（…）又は第14条の4第11項（…）の規定により，当該許可に係る行為を行う前に第29条の規定による通知を受けるべき旨の条件を当該許可に付することができる。
（事業計画書の提出）
第7条　事業者は，産業廃棄物処理施設等の設置等を行おうとするときは，規則で定めるところにより，次に掲げる事項を記載した事業計画書を知事に提出しなければならない。
　一～十　（略）
（周知計画書の提出）
第11条　事業者は，第7条第1項の規定による事業計画書の提出を行ったときは，規則で定めるところにより，次に掲げる事項を記載した周知計画書を知事に提出しなければならない。
　一　周知地域及び関係住民に関する事項
　二　第15条第1項の縦覧に関する事項
　三　第16条第1項の説明会に関する事項
　四　前各号に定めるもののほか，規則で定める事項
2　周知地域は，産業廃棄物処理施設等の設置等により生活環境に影響を及ぼすおそれがある地域として規則で定める地域を基準として定めなければならない。
（縦覧）
第15条　事業者は，規則で定めるところにより，事業計画書の写しを30日以上の期間公衆の縦覧に供しなければならない。
（説明会の開催）
第16条　事業者は，前条第1項の縦覧の期間内に関係住民に対し事業計画に関する説明会を開催しなければならない。
（生活環境影響調査を行う方法についての意見書の提出）
第19条　生活環境影響調査を行う方法について周辺地域の生活環境の保全上の見地から意見を有する者は，事業者（第7条第2項第1号の規定により事業計画書に生活環境影響調査方法書を添付した事業者（環境影響評価実施事業者を除く。）に限る。以下この条及び次条において同じ。）が第15条第2項第1号の規定により生活環境影響調査を行う方法について周辺地域の生活環境の保全上の見地から意見を有する者が当該意見を記載した意見書を提出することができることを表示し

て，同条第1項の縦覧を開始したときは，当該縦覧の期間の満了の日の翌日から起算して14日を経過する日までに，規則で定めるところにより，事業者に当該意見を記載した意見書を提出することができる。
(生活環境影響調査を行う方法の検討)
第20条　事業者は，前条第3項の規定による意見書の送付があったときは，その日から30日以内に，当該意見書の内容に配慮して生活環境影響調査を行う方法に検討を加えなければならない。
2～3　(略)
4　事業者は，第2項の規定による届出を行う前に生活環境影響調査を行ってはならない。
(意見書の提出)
第23条　事業計画について周辺地域の生活環境の保全上の見地から意見を有する者は，事業者が第15条第2項第3号若しくは第4号又は第22条において準用する第15条第2項の規定により事業計画について周辺地域の生活環境の保全上の見地から意見を有する者が当該意見を記載した意見書を提出することができることを表示して，第15条第1項(第7条第2項第1号の規定により事業計画書に生活環境影響調査方法書を添付した事業者にあっては，第22条において準用する第15条第1項)の縦覧を開始したときは，当該縦覧の期間の満了の日の翌日から起算して14日を経過する日までに，規則で定めるところにより，事業者に当該意見を記載した意見書を提出することができる。
(見解書の提出等)
第24条　事業者は，前条第3項の規定による意見書の送付があったときは，速やかに，規則で定めるところにより，当該意見書に記載された意見及びこれに対する見解を記載した見解書を作成し，知事に提出しなければならない。
2　知事は，前項の規定による見解書の提出があったときは，その写しを関係市町村長に送付するものとする。
3　事業者は，第1項の規定による見解書の提出をしたときは，速やかに，規則で定めるところにより，関係住民に対し見解の周知を行わなければならない。
(合意の形成の判断等)
第26条　知事は，第23条第2項(前条第1項において準用する場合を含む。)の規定による意見書の送付がなかったとき，又は前条第2項の規定による報告があったときは，第18条(第22条において準用する場合を含む。)の規定による報告，第23条第1項(前条第1項において準用する場合を含む。)に規定する意見書，第24条第1項(前条第1項において準用する場合を含む。)に規定する見解書，次項の規定により提出を求めた資料又は意見書，第36条第2項に規定する書面の写しその他の資料に基づき，合意の形成について，次のいずれに該当するかについて判断し，その結果を事業者及び関係市町村長に通知するとともに，規則で定めるところにより，関係住民に対し周知するものとする。
　一　合意の形成が図られていると認めるとき。
　二　この条例に規定する手続に関する事業者の取組が不十分であり，合意の形成が図られていないと認めるとき。

三　この条例に規定する手続に関する事業者の取組は十分であるが，合意の形成が図られていないと認めるとき。
２　知事は，前項の規定による判断のため必要があると認めるときは，事業者，関係住民又は関係市町村長に対し資料又は意見書の提出を求めることができる。
３　知事は，第１項の規定による判断をしようとする場合において，必要があると認めるときは，産業廃棄物処理施設等意見調整委員会の意見を聴くことができる。
４　知事は，第１項の場合において，事業者に同項第２号に該当する旨の通知をするときは，併せて，この条例に規定する手続のうち再度実施する必要があると認められるもののうち最も早い段階の手続を指定するものとする。

（異議の申立て）
第27条　前条第１項（第３項において準用する場合を除く。）の規定による判断に不服がある事業者は，同条第１項の規定による通知のあった日から14日以内に，規則で定めるところにより，知事に異議を申し立てることができる。
２　前項の規定は，関係住民について準用する。この場合において，同項中「事業者」とあるのは「関係住民」と，「通知のあった日から14日以内」とあるのは「周知が開始された日から20日以内」と読み替えるものとする。
３　前条の規定は，第１項（前項において準用する場合を含む。）の規定による申立てがあった場合について準用する。

（意見の調整）
第28条　事業者及び関係住民（第25条第１項において準用する第23条第１項の規定による意見書の提出を行った者に限る。以下この項において同じ。）は，前条第３項において準用する第26条第１項の規定による同項第３号に該当する旨の通知及び周知があったとき，又は前条第４項の規定による通知及び周知があったときは，知事が定める日から14日以内に，規則で定めるところにより，意見の調整（事業者の見解及び関係住民の意見についての論点の整理，事業者及び関係住民による会議の開催その他適当と認められる方法により合意の形成を促すことをいう。以下同じ。）を知事に申し出ることができる。
２　前項の規定による申出は，意見の調整の目的となる事項を示して行わなければならない。
３　知事は，第１項の規定により意見の調整の申出の受付を開始する日を定めたときは，事業者及び関係住民（第25条第１項において準用する第23条第１項の規定による意見書の提出を行った者に限る。）に対しこれを通知するとともに，規則で定めるところにより，関係住民に対し周知するものとする。
４　知事は，第１項の規定による申出があったときは，その旨を事業者が意見の調整の相手方としようとする関係住民及び関係市町村長（当該申出をした者が関係住民である場合にあっては，事業者及び関係市町村長）に通知するとともに，規則で定めるところにより，関係住民に対し周知するものとする。
５　知事は，第１項の規定による申出があったときは，当該申出に係る意見の調整を産業廃棄物処理施設等意見調整委員会に付するものとする。
６　事業者と事業者が意見の調整の相手方としようとする関係住民との意見の調整の結果に関し生活環境の保全上の見地から意見を有する関係住民は，第４項の規

定による周知が開始された日から7日以内に，規則で定めるところにより，当該意見の調整への参加を知事に申し出ることができる。
7　知事は，前項の規定による申出があったときは，その旨を産業廃棄物処理施設等意見調整委員会に通知するものとする。
8　第6項の規定による申出をした関係住民は，意見の調整に参加し，意見を述べることができる。
9　産業廃棄物処理施設等意見調整委員会は，意見の調整の結果，合意の形成が図られたと認めるときは，その旨を知事に報告するものとする。
10　知事は，前項の規定による報告があったときは，事業者，第1項の規定による申出をした関係住民，事業者が意見の調整の相手方とした関係住民，第6項の規定による申出をした関係住民及び関係市町村長に通知するとともに，規則で定めるところにより，関係住民に対し周知するものとする。
11　産業廃棄物処理施設等意見調整委員会は，事業者又は関係住民が意見の調整に応じないとき，合意の形成の見込みがないと認めるときその他意見の調整を続けることが適当でないと認めるときは，意見の調整を打ち切ることができる。
12　第9項及び第10項の規定は，前項の場合について準用する。この場合において，第9項中「意見の調整の結果，合意の形成が図られたと認めるとき」とあるのは，「第11項の規定により意見の調整を打ち切ったとき」と読み替えるものとする。

（終了の通知等）
第29条　知事は，次の各号のいずれかに該当するときは，その旨を事業者及び関係市町村長に通知するとともに，規則で定めるところにより，関係住民に対し周知するものとする。
一　第26条第1項の規定による同項第1号に該当する旨の通知をした場合において，第27条第1項（同条第2項において準用する場合を含む。次号において同じ。）の規定による申立てがなかったとき。
二　第26条第1項の規定による同項第3号に該当する旨の通知をした場合において，第27条第1項の規定による申立て及び前条第1項の規定による申出がなかったとき。
三　第27条第3項において準用する第26条第1項の規定による同項第1号に該当する旨の通知をしたとき。
四　第27条第3項において準用する第26条第1項の規定による同項第3号に該当する旨の通知をした場合において，前条第1項の規定による申出がなかったとき。
五　前条第9項（同条第12項において準用する場合を除く。）の規定による報告があったとき。

（設置）
第30条　次に掲げる事務を行わせるため，産業廃棄物処理施設等意見調整委員会（以下「委員会」という。）を置く。
一　この条例により委員会の権限に属させられたこと。
二　前号に掲げるもののほか，この条例の施行に関する重要な事項について調査

審議すること。
2　委員会は、産業廃棄物処理施設等の設置等に係る合意の形成に関する事項について、知事に意見を述べることができる。
（組織等）
第31条　委員会は、委員7人以内で組織する。
2　委員は、環境保全、行政手続又は産業廃棄物に関する法令に関し必要な知識又は経験を有する者その他知事が適当と認める者のうちから、知事が任命する。
3　委員の任期は、2年とする。ただし、補欠の委員の任期は、前任者の残任期間とする。
4　委員は、再任されることができる。
（環境保全協定の締結）
第36条　事業者は、産業廃棄物処理施設等の設置等に関し、関係住民又は関係市町村長から生活環境の保全上必要な事項を定めた協定（以下「環境保全協定」という。）の締結を求められたときは、これに応じるよう努めなければならない。

○Ａ県産業廃棄物処理場設置手続条例施行規則（抜粋）

（関係住民）
第3条　条例第2条第11号の生活環境の保全上利害関係を有する者として規則で定める者は、次に掲げる者とする。
　一　周知地域内に事務所若しくは事業場を有する個人又は法人
　二　周知地域内において農業又は林業を営む者
　三　周知地域内の水域の管理者若しくは水利権者（慣行水利権者を含む。）又は当該水域において漁業を営む者若しくは漁業権者
　四　町又は字の区域その他市町村内の一定の地域に住所を有する者の地縁に基づいて形成された団体（以下「自治会等」という。）であって周知地域内に居住する者が属する団体
（周知地域）
第8条　条例第11条第2項の規則で定める地域は、次の各号に掲げる施設の区分に応じ、当該各号に定める地域とする。
　一　令第7条第1号、第2号、第4号、第6号、第7号、第8号の2、第9号、第10号及び第11号に該当する産業廃棄物処理施設　計画地の敷地境界から200メートル以内の地域
　二～五　（略）
　六　産業廃棄物処理施設等のうち施設からの放流水（雨水及び水質汚濁防止法（昭和45年法律第138号）第2条第9項に規定する生活排水を除く。以下同じ。）を伴うもの　前各号に定める範囲に加え、放流水が流入する公共用水域（同法第2条第1項に規定する公共用水域をいう。）における放流地点から500メートル以内の水域

【資料4》関係協定】

○伊都市とBとの公害防止協定（抜粋）

（周辺住民への情報提供）
第7条　乙は，周辺住民（処理場から半径1km以内に居住する住民をいう，以下同じ。）からの求めがあれば，以下の情報を提供するものとする。
　①　処理場に搬入された廃棄物の種類・量・搬入日時・搬入者。
　②　処理場の周辺の地下水から検出された化学物質の種類・量。
2　甲及び周辺住民の代表者は，乙に対し3日前までに予告した上で処理場に立ち入って処理場の状況を確認することができる。乙は調査に応じられない場合には，甲及び周辺住民代表者にその理由を説明すると共に，代替日を提案するものとする。

Milestone

⑪ 産業廃棄物処理場の設置をめぐり紛争が生ずる原因はどこにあると考えられますか。

⑫ 本件条例と同様に産業廃棄物処理場の設置に関して特別な手続を定める都道府県の条例が複数存在しています。その理由はどこにあると考えられますか。

⑬ 公害防止協定の法的性格と許容条件を簡単に整理して下さい。

⑭ 行政行為の附款とはどのようなもので，どのような類型がありますか。また本件の附款はどの類型に該当しますか。

⑮ 本件の附款付許可処分をBが争う場合，どのような訴訟の利用が考えられますか。

⑯ 取消訴訟における訴訟参加にはどのようなものがありますか。また本件で利用できそうな訴訟参加の類型はどれですか。

⑰ Cの訴訟参加は認められますか。

⑱ Dの訴訟参加は認められますか。

⑲ 本件許可処分において，本件のような附款を付加することはそもそも適法ですか。

⑳ 本件条例は適法ですか。法律と条例の抵触関係を中心に，違法とする法律論と適法とする法律論の双方の立場から検討して下さい。

解説

事例のねらい

　1990年代から廃棄物処理が社会問題化し，とりわけ産業廃棄物処理場の立地をめぐる紛争が各地で発生している。1997年に廃掃法が大きく改正され，処理場の設置に関する手続（生活環境影響調査）が導入されたものの，住民参加手続としての不十分性が指摘されている（北村喜宣『環境法［第2版］』（弘文堂・2013年）475頁以下）。これに対応して県レベルで廃掃法よりも参加時期を早めたり，参加対象者を拡張したりする独自の処理場設置許可手続を設定する例がみられる。この設問では，「岐阜県産業廃棄物処理施設の設置に係る手続の適正化等に関する条例」を素材に紛争事例を設定している（事例設定の都合上，同条例の一部の条文を変更している）。訴訟法上の論点としては，附款付の行政行為の訴訟方法と訴訟参加に関する問題を，実体法上の論点としては，附款の許容性の判断基準と本件条例のような法定の手続を加重する手続条例の適法性を取り扱う。なお本問は，2011年度司法試験の環境法の事例をベースに，行政法の論点を問う問題に改題したものである。

▶Key Points◀
［行政過程論］法律と条例の関係，行政裁量，行政行為の附款，行政契約
［行政救済論］取消訴訟における訴訟参加，附款に対する訴訟方法
［環境法］産業廃棄物処理の行政過程（例解 383頁以下）

● 前提知識の確認

1. 産廃処理場問題

> 産業廃棄物処理場の設置をめぐり紛争が生ずる原因はどこにあると考えられますか。

　産業廃棄物処理場の設置をめぐる紛争にはいくつかの背景がある（例解389頁）。第1は、廃棄物の不適正な処理に起因する深刻な環境汚染の可能性である。とりわけ廃棄物を最終的に埋立処分する最終処分場については安定型（＝埋め立てても化学変化を起こさないものを埋め立てる施設）・管理型（＝安定型・遮断型以外の施設）・遮断型（＝有害性の高い物質を含むものを埋め立てる施設）の3つのタイプが存在しているものの、本来捨ててはならない廃棄物をより設計・管理基準の甘い（建設・維持コストの安い）処分場に埋め立てるケース（例：有害な物質を管理型処理場に持ち込むこと）が見られる。こうした違反事例の全てが行政の監督によって発見され是正されるわけではないので（執行の欠缺）、結果として重大な環境被害が生じ、それが周辺住民の健康に対して悪影響をもたらすことが考えられる。第2は、受益者と負担者の分離である。処理場の設置・運営には大きなリスクがあるにもかかわらず、それが設置されるのは山間部などの地域に限られている。そのため、なぜ都会で発生したごみを押しつけられなければならないのかという周辺住民の反発が生ずることになる。第3は、設置許可手続における周辺住民・地元市町村の手続的権利の弱さである。産業廃棄物に関する権限はすべて都道府県に割り当てられており、住民に身近な市町村には何も権限がない。また、許可の中で周辺住民の意向や利害をくみ上げる手続が存在しない。

　このうち第3の点については、1997年の廃掃法改正で一定の対応が図られた。それが生活環境影響調査の導入である。これは、施設設置に伴って生活環境に及ぼす影響（自然環境への影響は含まれない）を設置許可申請者に調査させて申請書に添付させるもので、その内容は縦覧され、関係市町村長や利害関係者は生活環境の保全上の見地から意見書を提出できるというもので

ある。生活環境影響調査の導入は，手続の整備による周辺住民の不安解消と同時に，それまで存在していた要綱による住民同意要求を解消させる目的もあった。

2. 産廃処理場と条例

> [112] 本件条例と同様に産業廃棄物処理場の設置に関して特別な手続を定める都道府県の条例が複数存在しています。その理由はどこにあると考えられますか。

　しかし，生活環境影響調査制度にはいくつもの限界がある。とりわけ大きな問題は，設置許可申請書提出時に調査結果が添付され，その後の手続に入ってようやく周辺住民にその内容が示される（周辺住民に処理場設置計画が周知される時期が遅い）点と，対象が「生活環境の保全上の見地」に限定されており住民との利害調整の手続として位置づけられていない点にある。そこで，業者がまだ設置計画を練っている段階から生活環境に配慮した決定を行うように方向付け，また周辺住民がこれに対して意見表明を行って双方の利害が調整されるような手続が必要と考えられ，本件条例のような法定手続よりも時間的に先行する手続の設定が要請されたのである。このような条例は，本件がモデルとした岐阜県のほか，例えば「鳥取県廃棄物処理施設の設置に係る手続の適正化及び紛争の予防，調整等に関する条例」も類似の包括的手続を設定している。また紛争予防調整条例という名称で，処理場設置に関する手続や公害防止協定の締結を要請する内容を持つ条例も多い。

3. 産廃処理場と公害防止協定

> [113] 公害防止協定の法的性格と許容条件を簡単に整理して下さい。

　公害防止協定は行政主体が締結する契約（行政契約）の一種である（例解

69頁）。その許容条件として，法律による行政の原理のうち法律の優位原則からは，法律の定める内容と協定とが抵触しないことが求められる。また法律の留保原則からは，相手方同意が強制されたものではないことが要求される。法律の優位原則に関して，廃掃法は都道府県に産業廃棄物関連の権限を一元的に付与しているものの，これだけでは市町村が公害防止協定を締結し，相手方との合意に基づいて規制（例：立入検査権・情報要求権）を行いうるようになることを違法と評価できない。そうではなく，廃掃法の個々の規定と公害防止協定の内容とを対照させて，協定上の権利・義務が廃掃法による権限配分や義務規定に違反しないかどうかを確認した上で，協定の適法性を判断しなければならない（判百Ⅰ98　判Ⅰ189　CB 9-8　最二小判2009（平成21)・7・10判時2058号53頁［福間町公害防止協定事件］）。

●答案作成のヒント●

① 問題文を読む

問題文の冒頭で，本事例が産業廃棄物処理場設置に関する紛争であること，廃掃法とは別に県が条例を制定していることが示されている。処理場の設置許可を取得しようとしているBは，周辺住民の反対が強く条例の手続を終える見通しが立たないことから，廃掃法に基づく許可申請のみを行っている。これに対してA県は，条例に基づく手続を終了させることを効力発生の条件とする設置許可を出している。さらに問題文を読み進めると，利害関係者として建設予定地の隣地の土地所有者Cと予定地の崖の下700mのところに居住し地下水を利用しているDが登場している。設問は3問あり，設問1・2は訴訟手続，設問3は実体面の違法主張に関するものである。

② 条文を読む

そこで重要になるのは，廃掃法の設置許可手続と条例の手続の分析とこれらの相互関係の把握である。まず廃掃法では，15条1項で処理場の設置の際に都道府県知事の許可を得ることが要求されており，申請時に生活環境影響調査手続がとられることが規定されている（同条4〜6項）。許可基準は同法15条の2第1項に定められており，技術基準への適合性（1号），生活環境保全への配慮（2号），申請者の能力（3号），欠格事由の非該当（4号）の4

つが挙げられている。さらに同条4項で許可に生活環境の保全上必要な条件を付すことができるとされている（附款）。次に条例では，事業計画書の提出（条例7条）・周知計画書の提出（11条）→縦覧・意見書提出（15条），説明会の開催（16条）→生活環境影響調査を行う方法についての意見書提出（19条）→調査結果に対する意見書の提出（23条）→合意形成の判断（26条1項）→事業者・関係住民からの異議申立（27条）→意見の調整（28条）→手続終了の通知（29条）という手続が設定されている。そして，条例に基づく手続の終了通知が得られなかった場合には，条例6条1項により，廃掃法に基づく設置許可の申請が同法15条の2第1項2号（生活環境保全への配慮）に適合しないものとして不許可とできると規定されている。

③ 答案構成を考える

設問1の解答にあたっては，Bが得た許可が附款付きのものであること，附款をめぐる不服の争い方には附款の部分だけの取消訴訟と附款を含む行政行為全体の取消訴訟の2つがあることを押さえた上で，附款と行政行為本体との関係を検討し，どちらの争い方が適切かを論じる必要がある。

設問2の解答にあたっては，Bが取消訴訟を提起した場合のC・Dの訴訟参加（民事訴訟法の補助参加，行政事件訴訟法の第三者の訴訟参加）の可能性を検討する必要がある。C・Dの利益が法律上保護された利益と言えるかどうかを，第三者の原告適格に関する検討方法に倣って論じていくことになる。

設問3の解答にあたっては，廃掃法と条例の矛盾抵触関係の有無の検討が中心になる。徳島市公安条例事件最高裁判決（判I 19 CB 1-2 最大判1975（昭和50）・9・10刑集29巻8号489頁）の定式を踏まえ，条例が法律の範囲内と言えるかどうかを判断する必要がある。

設問1について

1. 行政行為の附款

行政行為の附款とはどのようなもので，どのような類型がありますか。

また本件の附款はどの類型に該当しますか。

　行政行為の附款は，伝統的には「行政行為の効果を制限するために意思表示の主たる内容に附加された従たる意思表示」（田中二郎『行政法総論』（有斐閣・1957年）313頁）と整理されてきた。つまり，行政行為の法律で定められている効力の発生に関して，行政庁がその意思に基づき制約をかけるものと理解されていた（「法律」でそのような制約が課されている場合を法定附款と呼んでいた）。現在では，附款は意思表示の問題ではなく法律と行政行為の関係の問題と位置づけられることが一般化している。すなわち，附款は法律で規定された事項以外の内容を行政庁の判断によって課すものと理解され（塩野宏『行政法Ⅰ〔第5版補訂版〕』（有斐閣・2013年）179頁はこれを「法律既定事項外の付加」と表現する），行政裁量の一環と理解されている（例解 68頁）。

　行政行為の附款の類型として従来挙げられてきたのは「条件」「期限」「負担」「撤回権留保」である（これらは例示であって限定列挙の趣旨ではない）。このうち条件と期限は民法の用語法と同じく，行政行為の効力の発生・消滅を，発生不確実な事実（条件の場合）または発生確実な事実（期限の場合）と結びつけるものである。負担は，行政行為の本来の内容（行政行為の根拠規定によって定められている法的効果）とは独立に，特別の義務を課すことを内容とする。撤回権留保は，撤回があり得ることを予め表明するものである。撤回権留保の附款に法的な意義が認められるかどうかは，撤回自体に法律の根拠が必要と考えるかどうか（例解 63頁）によって変わる。撤回に法律の根拠が必要と考える立場からは，相手方の事前同意を撤回権留保の附款という形で獲得することに法的意味を持たせるとする見解が示されている（芝池義一『行政法総論講義第4版〔補訂版〕』（有斐閣・2006年）189頁）。これに対して撤回に法律の根拠が不要と考える立場からは，法律の根拠が不要である以上，これに代わる撤回権留保の附款を付しても法的に見て意味がなく，撤回権留保の附款が付された行政行為が撤回される場面においても行政行為の撤回権制限の法理（⇒108）は及ぶと解されている（塩野・前掲書183頁）。

　附款の類型の中でその区別に注意を要するのが「条件」と「負担」である。ここでは，ある事業活動を適法に実施できるようになること（許可）を行政行為本体の内容とし，それに講習を受けることという附款が付されてい

るとし，この附款が停止条件である場合と負担である場合とを比較してみよう。条件も負担も行政行為の相手方に何らかの義務を課している（ここでは講習受講義務）点は共通である。異なっているのは，その義務が果たされない限り行政行為の効力が生じないのかどうかという点にある。「条件」の場合には，条件として定められた義務の履行がなされないと行政行為の効力が生じない（講習受講義務を果たさないと許可は有効にならない）。これに対して「負担」は，行政行為の内容とは独立して義務を課すものと理解されているため，その義務が履行されなくても行政行為の効力には影響を及ぼさない（講習を受講しなくても許可は有効である）。負担に対する違反行為があったとしても行政行為の取消は不可能で（行政行為の撤回が可能とする説（田中二郎『新版行政法上巻全訂第2版』（弘文堂・1974年）128頁）はある），行政上の義務履行強制や行政上の制裁（行政罰など）による履行確保ができるにとどまる。

本事例においては，産業廃棄物処理場設置許可処分に2つの附款が付されている。このうち，伊都市との公害防止協定を締結するよう求める部分は，廃掃法上の義務とは無関係であるので，上記の分類で言えば「負担」に当たる。これに対して，A県の本件条例が定めている手続を履践したうえで通知を得るよう求める部分は，これを許可処分の効力発生要件としていることから，上記の分類の「条件」に当たると解される。

2. 行政行為の附款の争い方

> 本件の附款付許可処分をBが争う場合，どのような訴訟の利用が考えられますか。

附款の争い方は大きく2通りある（例解 68頁）。1つは，附款のみを対象とする取消訴訟（出訴期間経過後は無効確認訴訟）であり，もう1つは，附款を含む行政行為全体の取消訴訟（本事例のような申請に対する処分の場合には，附款のない処分を求める申請型義務付け訴訟との併合提起）である。原則としては前者が用いられ，「その附款なかりせば当該行政行為がなされなかったであろうことが客観的にいえるような場合」には後者が用いられる（塩野宏『行

政法Ⅰ［第5版補訂版］』（有斐閣・2013年）185頁）。例えば，当該行政行為の要件の充足を附款によって求めた上で許可処分した場合がこれに当たる（芝池義一『行政法総論講義第4版［補訂版］』（有斐閣・2006年）194頁）。

　先に示した「条件」と「負担」の2つの類型に即して考えると，「条件」の場合には当該義務が履行されなければ行政行為の法効果が生じないし，当該義務に違反すれば行政行為の職権取消もありうる（条件違反は行政行為の成立時からの瑕疵にあたるので，行政行為の撤回ではなく職権取消になる）。そのため，本事例で問題となっている「条件」の場合には附款のみを対象とする取消訴訟ではなく，条件付の許可を申請の一部拒否処分とみて，その全体の取消訴訟と申請型義務付け訴訟を併合提起するべきと考えられる。これに対して，本事例では問題になっていない「負担」については，行政行為の成立・消滅やその内容規定とは切り離して考えることができるため，附款のみを対象とする取消訴訟が適切と考えられる（芝池・前掲書195頁）。

設問2について

1. 取消訴訟における訴訟参加

> 取消訴訟における訴訟参加にはどのようなものがありますか。また本件で利用できそうな訴訟参加の類型はどれですか。

　取消訴訟における私人の訴訟参加（例解 121頁）は，訴訟の帰趨に重大な関心を持つ第三者を訴訟に参加させることによってその権利・利益を守るために攻撃防御を尽くさせる機能（第三者の権利・利益保護）と，関係者に主張立証させることで処分の前提となった事実に関する情報を幅広く収集し，処分の実体的意味での適法性を審理しやすくする機能（法治主義担保機能）を有する（南博方＝高橋滋編『条解行政事件訴訟法［第3版補正版］』（弘文堂・2009年）437-438頁［新山一雄］）。訴訟参加に関しては民事訴訟法による補助参加が取消訴訟においても利用可能と考えられ（行政事件訴訟法7条），さらに行政事件訴訟法22条は第三者の訴訟参加を規定している（訴訟実務632頁以下）。

両者には，手続的な差異（民事訴訟法の補助参加は相手方の異議がなければ裁判所の決定を受けることなく参加可能（民事訴訟法44条2項）であるのに対して，第三者の訴訟参加はいかなる場合でも裁判所の決定を受ける必要がある（行政事件訴訟法22条1項））に加え，訴訟参加可能な者の範囲に違いがあるとされる。民事訴訟法の補助参加は「訴訟の結果について利害関係を有する第三者」（民事訴訟法42条）が可能とされるのに対し，行政事件訴訟法の第三者の訴訟参加は「訴訟の結果により権利を害される第三者」（行政事件訴訟法22条1項）が対象である。民事訴訟における補助参加の利益は比較的幅広く解されている（新堂幸司『新民事訴訟法［第5版］』（弘文堂・2012年）804頁は「被参加人の受ける判決の判断によって参加人の法的地位が事実上不利な影響を受けるおそれがある関係」とし，伊藤眞『民事訴訟法［第4版］』（有斐閣・2011年）632頁は「法律上の利益」でなければならず，感情的利益・経済的利益は含まれないとする）。これに対して第三者の訴訟参加は文言からみても訴訟参加の利益を限定しており，その理由は行政事件訴訟法32条が規定する形成力の第三者効と併せて，取消判決の効力が及ぶ第三者に攻撃防御の機会を与える趣旨でこのしくみが導入されたからとされる。さらに，第三者の訴訟参加の場合には共同訴訟的補助参加人としての地位が認められ（行政事件訴訟法22条4項），被参加人の訴訟行為と抵触する訴訟行為も可能となることから，ここでいう「権利」を限定的に解するべきとする立場もある（新山・前掲444頁）。

第三者の訴訟参加が取消判決の第三者効が及ぼされる第三者に攻撃防御の機会を与えるために設けられた手続であることからすれば，その利用可能範囲はその判決効が及ぼされる範囲と一致させるのが最もすっきりしている。この点について，行政事件訴訟法32条1項は，「処分又は裁決を取り消す判決は，第三者に対しても効力を有する」と規定しているにとどまり，誰が「第三者」なのかは明確に定められてはいない。このうち，原告と反対利害関係にある者（例：収用裁決取消訴訟における起業者）については，取消判決の効力を及ぼさなければ紛争解決上の意味をなさないので，同項にいう第三者に含まれることに見解の一致がある。これに対して原告と共通利害関係にある者（例：鉄道運賃上限認可取消訴訟における原告以外の鉄道利用者⇨83）については，第三者に含まれるとする説（絶対効説）と含まれないとする説（相対効説）の対立があり（塩野宏『行政法Ⅱ［第5版補訂版］』（有斐閣・2013年）183

頁），この点を明確に判示した最高裁判例はまだ出されていない。本事例の場合にはCとDはBの反対利害関係者であり，判決効が及ぼされることに争いはない。ただし本事例は，競業者が提起する取消訴訟のように反対利害関係者かどうかの線引きが明確にできない事実的侵害に関するものである。そこで，少なくとも本件処分の取消訴訟の原告適格が認められる第三者であれば，第三者の訴訟参加を許容しうると思われる。

　これに対して民事訴訟法の補助参加は，理論的に考えれば第三者の訴訟参加よりも広い範囲の第三者の補助参加の利益を肯定しうる。この点について最高裁（判百Ⅱ195　判Ⅱ100　最三小決2003（平成15）・1・24裁時1332号3頁）は，本事例に類似する産業廃棄物処理場の不許可処分に対する業者の取消訴訟への周辺住民の補助参加に関して，「人体に有害な物質を含む産業廃棄物の処理施設である管理型最終処分場については，設置許可処分における審査に過誤，欠落があり有害な物質が許容限度を超えて排出された場合には，その周辺に居住する者の生命，身体に重大な危害を及ぼすなどの災害を引き起こすことがあり得る。このような同項の趣旨・目的及び上記の災害による被害の内容・性質等を考慮すると，同項は，管理型最終処分場について，その周辺に居住し，当該施設から有害な物質が排出された場合に直接的かつ重大な被害を受けることが想定される範囲の住民の生命，身体の安全等を個々人の個別的利益としても保護すべきものとする趣旨を含むと解するのが相当である。したがって，上記の範囲の住民に当たることが疎明された者は，民事訴訟法42条にいう『訴訟の結果について利害関係を有する第三者』に当たるものと解するのが相当である」との判断を示した。これは，生活環境利益の侵害のような場合にどこまでが法律上保護すべき利益と言えるかが明確ではないため，原告適格の判断枠組（⇨例解111頁，(4)）を借用した結果なのかもしれない。そこで以下では，民事訴訟法の補助参加または行政事件訴訟法の第三者の訴訟参加の双方を念頭におき（便宜上，上記の最高裁決定の結論を前提に，両者の要件は共通と考える），CとDの訴訟参加の利益が満たされるか検討する。

2. Cの訴訟参加可能性

> Cの訴訟参加は認められますか。

　Cは産業廃棄物処理施設予定地に隣接する土地の所有者であり，処理施設からの有毒物質の流出が起こった場合には直ちに生命・安全上の危険にさらされる不利益を受ける立場にある（不利益要件）。

　廃掃法は15条の2において産業廃棄物処理場設置の許可要件を定め，技術上の基準への適合や生活環境保全への配慮などを要求している。また本件条例は，廃掃法が定める設置手続における合意形成と生活環境保全への寄与を目的とするため（同条例1条）廃掃法と目的を共通にするから，本件処分の関連法令に該当する。同条例では事業計画書の縦覧（同条例15条），説明会の開催（同条例16条），生活環境影響調査の方法についての意見書提出（同条例19条），事業計画書についての意見書提出（同条例23条）などの規定が設けられ，生活環境保全に関する利益を保護する趣旨が認められる。このような関連法令の趣旨目的をも参酌すれば，産業廃棄物処理場設置許可要件を定める廃掃法15条の2は，こうした生活環境保全に関する利益を保護する趣旨と考えられる（保護範囲要件）。

　さらに本件条例は，処理施設予定地から10m以内の土地についての所有権者等を関係住民と規定し（同条例2条11号），知事の合意の形成の判断（同条例26条）に対して異議申立ができる（同条例27条2項）地位を与えているほか，事業計画について意見書を提出した関係住民に対しては意見の調整の申出を認めている（同条例28条1項）。これは，廃掃法が定める生活環境影響調査に対する意見書提出手続（廃掃法15条6項）と比較してもより強度の手続的参加権を，一定の限定された範囲の住民に認めるものであり，廃掃法及び本件条例は関係住民のこれらの利益を個々人の個別的利益としても保護する趣旨を含むと考えられる（個別保護要件）。

　Cは処理場建設予定地に隣接する土地の所有者である居住者であり，条例2条11号の関係住民に該当するから，Cには行政事件訴訟法に基づく第三者の訴訟参加または民事訴訟法に基づく補助参加の利益が認められる。

3. Dの訴訟参加可能性

> Dの訴訟参加は認められますか。

① Dの「関係住民」該当性

117で検討したように，本件条例2条11号の関係住民に該当する場合には訴訟参加が認められるから，Dが同条例の関係住民に該当するかどうかをまず検討する。

同号は，［1］「産業廃棄物処理施設等の設置等を行おうとする土地から10メートル以内の土地について所有権又は賃借権その他の当該土地を使用する権利を有する者」，［2］「周知地域内に居住する者」，［3］「その他生活環境の保全上利害関係を有する者として規則で定める者」が関係住民であると定めている。Dは崖の下700mのところに居住しているから［1］には該当せず，関係住民となる可能性があるのは［2］または［3］の要件である。

◆Tips◆　「その他の」と「その他」

　本件条例2条11号の規定には，［1］で「その他の」，［3］で「その他」が使われている。この2つの言葉の意味は全く異なる（法制執務用語研究会『条文の読み方』（有斐閣・2012年）39頁の解説が簡明である）。

　「その他の」は，その前に置かれている語句が後ろに置かれている語句の例示であることを意味する。［1］の例では「所有権又は賃借権」は「その他の」の後ろにある「土地を使用する権利」の例示である。

　「その他」は，前後に置かれている語句が並列関係にあることを意味する。例えば「周知地域内に居住する者その他生活環境の保全上利害関係を有する者として規則で定める者」は「周知地域内に居住する者」と「生活環境の保全上利害関係を有する者として規則で定める者」とが並列されていることになる（「周知地域内に居住する者」が「生活環境の保全上利害関係を有する者として規則で定める者」の例示の関係にあるわけではない）。そのため［2］と［3］は別々の要件であり，［3］の「…として規則で定める…」という規則委任は［2］には及ばないことになる。

そこでまず［2］の「周知地域内に居住する者」にDが含まれるかどうか検討する。本件条例2条10号には周知地域の定義規定があり，「産業廃棄物処理施設等の設置等に係る事業計画の周知を行う地域をいう」とされている。そこで周知に関する本件条例の規定を探すと，同条例11条2項に「周知地域は，産業廃棄物処理施設等の設置等により生活環境に影響を及ぼすおそれがある地域として規則で定める地域を基準として定めなければならない」と規定されていることが分かる。この「規則で定める地域」は本件条例施行規則8条に規定されている。

これを本件についてみれば，Bの計画する処理施設は廃掃法施行令7条1号に該当する大規模な汚泥脱水施設であるから，本件条例施行規則8条1号の規定によると計画地の敷地境界から200m以内が周知地域となる。また，Bの処理施設は放流水を伴うから，同条6号の規定も適用があり，放流地点から500m以内の水域も周知地域となる。しかしDは崖の下700mに居住していることから，これらの要件を充足せず，Dは「周知地域内に居住する者」にあたらない。

次に，［3］の「生活環境の保全上利害関係を有する者として規則で定める者」に該当するかどうか検討する。この規則委任規定を受けて，本件条例施行規則3条が具体的な内容を定めている。それによるといずれも「周知地域内」が要件となっていることが分かる。

これを本件についてみれば，Dの居住地は上述の通り周知地域内には含まれていないので，同規則3条各号の定める要件には該当しない。

よってDは，本件条例2条11号の関係住民に該当しない。そこで、117のように本件条例が定める手続的参加権を手がかりとすることができないため，被侵害利益の内容・性質から個別保護要件の充足を導出する方向で訴訟参加の可能性を検討する。

② Dの訴訟参加可能性

Dは産業廃棄物処理施設予定地の崖の下700mのところに居住し，常時地下水を利用しており，処理施設からの有毒物質の流出が起こった場合には直ちに生命・安全上の危険にさらされる不利益を受ける（不利益要件）。

廃掃法は15条の2において産業廃棄物処理場設置の許可要件を定め，技術上の基準への適合や生活環境保全への配慮などを要求している。それゆ

え，産業廃棄物処理場設置許可要件を定める廃掃法15条の2は，こうした生活環境保全に関する利益を保護する趣旨と考えられる（保護範囲要件）。

上述の通りDは本件条例にいう関係住民に該当しないため，条例の定める特別な参加権を有してはいない。しかし，違法に許可処分がされた場合には当該施設から有害物質が流出した場合，それが崖の下に居住するDまで地下水を経由して悪影響が及ぶおそれがあり，それによって害される法益はDの生活環境保全に関する利益の中核というべき生命・健康の安全である。このような被侵害利益の重要性や侵害される程度の重大性・被害の不可逆性からすれば，廃掃法はこうした利益を個々人の個別的利益として保護する趣旨を含むと解される（個別保護要件）。

それゆえDには行政事件訴訟法に基づく第三者の訴訟参加または民事訴訟法に基づく補助参加の利益が認められる。

設問3について

1. 附款の適法性の判断基準

> 本件許可処分において，本件のような附款を付加することはそもそも適法ですか。

附款を付すことができるかどうかは，当該行政行為の根拠規定が，法律で定めたこと以外の規律を行政行為に許しているかの解釈問題になる。具体的には，法律の中に附款を付すことができるとの明文規定があればその解釈により，そのような規定がなければ行政行為の授権規定の趣旨や行政行為の性質を考慮して具体的に解釈する必要がある（塩野宏『行政法Ⅰ［第5版補訂版］』（有斐閣・2013年）184頁）。本事例では，許可について定める廃掃法の中に，「生活環境の保全上必要な条件を付することができる」（廃掃法15条の2第4項）という規定が置かれているため，この条文の解釈問題になる。具体的には，本件条例の手続を履践したうえで通知（同条例29条）を得ることを条件とすることが，廃掃法の上記規定にいう「生活環境の保全上必要な条

件」に該当するかが問題となる。

本件条例は、条例の定める手続を履践したうえで通知を受ける前に産廃処理施設の許可申請をした場合に、許可要件の1つである生活環境配慮要件（同法15条の2第1項2号）を充足しないものとして不許可とすることができるとしている（同条例6条1項）。ここで、廃掃法の定める生活環境保全要件がこのような手続的要件を条例によって付加することを許容する趣旨と考えることができれば、本件のような附款を付すことは許されると考えられる。そこで、本件条例と廃掃法との間に矛盾抵触関係があるかどうかを検討する。

2. 廃掃法と本件条例との関係

> 本件条例は適法ですか。法律と条例の抵触関係を中心に、違法とする法律論と適法とする法律論の双方の立場から検討して下さい。

① 違法とする法律論

条例が法令に違反するかどうかは、対象事項の重なり合いで決まるものではなく、両者に矛盾抵触があるかによる（前掲・徳島市公安条例事件最高裁判決）。その際には、法律と条例の規制の目的の相違や、両者の目的が共通である場合に法律が全国一律同一内容の規制をする趣旨か問題となる（⇨①、例解 21頁）。

本事例において、本件条例は廃掃法と共通の目的を達成するために制定されている（本件条例1条、廃掃法1条）。

また、廃掃法は廃棄物を一般廃棄物と産業廃棄物とに分け、一般廃棄物の収集・運搬・処理に関しては市町村処理原則（同法6条の2）をとる一方で、産業廃棄物に関しては排出した事業者が処理をすることを原則とし（同法11条）、自家処理に代えて許可業者と委託契約を締結した上で産業廃棄物の収集・運搬・処理を行わせるものとしている。このような廃掃法の全体のしくみからすれば、産業廃棄物処理業や処理場に対する廃掃法上の規制は、産業廃棄物処理業者の営業活動に対して安全・衛生面の維持を図る警察目的の規制である。確かに、同法15条の2第1項は1～4号の要件の「いずれにも適

合していると認めるときでなければ，同項の許可をしてはならない」と定めているから，全ての要件を充足したとしても許可をしないことが法律上認められているようにも見える。しかし前述の通り，産業廃棄物処理業に対する規制は営業の自由に対する安全・衛生面の維持を図る警察目的の規制であって，この目的との関係で最小限度の規制にとどまるべきと考えられるから，同条の要件を充足すれば，同条2項で明確に定められている不許可事由を除き，知事は許可を与えなければならないものと考えることができる。そうであるとすれば，廃掃法が定めている規制は全国一律最高限度の規制であって，これに条例によって規制を上乗せすることは許されない。

よって，本件条例は廃掃法に違反する違法な条例であり憲法94条によって無効となるから，本件条例に基づく手続を履践することを要求する本件附款は違法である。

② **適法とする法律論**

本事例において，本件条例は廃掃法と共通の目的を達成するために制定されている（本件条例1条，廃掃法1条）。そこで問題は，廃掃法が定めている産業廃棄物処理施設の許可手続が，これ以上に強度の規制を条例に認めない趣旨を含むかどうかである。

廃掃法は，産業廃棄物処理施設の許可にあたり，「生活環境の保全」を強く要求している（同法15条の2第1項2号，同条3・4項）。ここで必要とされる生活環境への配慮の内容や程度は，立地場所によって大きく異なり，また周辺住民の居住・生活の状況によっても大きく変化すると考えられる。そこで，生活環境配慮の内容について関係住民との間の意見調整を図り，合意を形成する手続を条例で定め，合意形成状況を見極めて許可を出したり附款を付したりすることも，廃掃法は許容していると考えられる。

よって，本件条例は廃掃法と矛盾するものではなく適法であるから，本件条例に基づく手続を履践することを要求する本件附款も適法である。

③ **条例は適法であるものの本件附款付許可処分を違法とする法律論**

[1] 生活環境配慮要件に関する裁量権の存在

産業廃棄物処理場の設置許可基準を定める廃掃法15条の2第1項の規定は，4つの要件を規定している。このうち，技術上の基準への適合（同項1号）と，施設の維持管理を的確に行いうる申請者の能力（同項3号）は，そ

の詳細が環境省令で定められる。また欠格要件への非該当性（同項4号）は，欠格要件を定めた同法14条5項2号の解釈問題となる。これに対して「その産業廃棄物処理施設の設置に関する計画及び維持管理に関する計画が当該産業廃棄物処理施設に係る周辺地域の生活環境の保全及び環境省令で定める周辺の施設について適正な配慮がなされたものであること」（同項2号）という要件（生活環境配慮要件）は，「生活環境の保全」「適正な配慮」という不確定概念が用いられ，またこれに関する省令等への委任規定は見られない。これは，生活環境への配慮の内容や程度は立地場所によって大きく異なり，また周辺住民の居住・生活の状況によっても大きく変化すると考えられるため，この要件に該当するかどうかの判断を同法が定める生活環境影響調査（同法15条3項）やその結果の縦覧・意見書提出（同法15条4～6項），さらに専門的知識を有する者からの意見聴取（同法15条の2第3項）も踏まえ，都道府県知事の専門的・技術的な判断に委ねる趣旨と考えられる。

[2] 本件条例の法的性格とその適法性

本件条例は，廃掃法が定めている施設の設置許可手続に先行する独自の手続を定め，知事による合意形成の判断とその通知があるまで廃掃法による手続を行わせない構造になっている。廃掃法と本件条例とは，条例の手続を経ずに許可申請がされた場合には，生活環境配慮要件を欠くとして許可の拒否が可能とされ（同条例6条1項），自家処理用にすでに処理施設を有している者がこれを用いて産業廃棄物処理業を営もうとして業の許可の申請をした場合には，条例の定める手続を取るように許可に条件を付すことができる（同条例6条2項）という形で接続している。これは，上記のように廃掃法上裁量の余地を認めた生活環境配慮要件（北村喜宣『環境法［第2版］』（弘文堂・2013年）478頁以下）の裁量権行使のあり方を条例で定めたとも評価しうる。この場合には，法律が予定している考慮事項の内容を変更するような条例は違法と評価される（小早川光郎「基準・法律・条例」塩野古稀『行政法の発展と変革（下）』（有斐閣・2001年）381-400（398）頁）。

これを本件についてみれば，本件条例は，純粋に手続的な義務を付加したにとどまっており，生活環境配慮要件に係る実体的な考慮要素を追加したり削減したりしてはいない。また，手続を履践しないことが生活環境配慮要件の不充足を帰結する構造とはなっているものの，条例上は拒否処分「でき

る」という規定にとどまっている。そこで，本件条例が裁量基準を条例化したものとすれば，本件条例が廃掃法の内容に反するとまでは言えず，本件条例は違法とは言えない。

[3] 本件附款付許可処分の違法性

そこで，本件条例が適法であることを前提に，本件条例が定める手続を履践しないことが生活環境配慮要件を充足しないとした知事の判断がその裁量権を逸脱・濫用したものと言えるかどうか検討する。

[1]で検討したように，生活環境配慮要件に該当するかどうかの判断に関しては，知事に裁量が認められる。これは，生活環境配慮の内容の地域的・個別的性格に基づくものであり，それゆえ知事の判断は，その基礎とされた重要な事実に誤認があること等により重要な事実の基礎を欠くこととなる場合，又は，事実に対する評価が明らかに合理性を欠くこと，判断の過程において考慮すべき事情を考慮しないこと等によりその内容が社会通念に照らし著しく妥当性を欠くものと認められる場合に限り，裁量権の範囲を逸脱し又はこれを濫用したものとして違法となると考えられる。

これを本件についてみれば，法律が生活環境配慮要件について知事の裁量権を認めた趣旨は個別事情を考慮することにあるから（⇨②），知事は廃掃法で定められた生活環境影響調査やその結果の縦覧・意見書提出，専門的知識を有する者からの意見聴取も踏まえ，幅広く生活環境への影響に関する事項を収集し，これらを適切に考慮することが求められている。

以上の見地から本件の事実関係を検討すると，知事は，条例の定める手続を履践しなければ処分の効力が生じないという附款付の許可処分を出している。これは知事が，本件条例の定める手続を履践しないことが生活環境配慮要件の不充足に直結すると判断した結果であると考えられる（他の要件については充足すると判断したので附款付許可処分となっている）。その結果，知事は条例手続の履践以外に生活環境配慮要件を充足したかどうかに関係する事実の調査やこれに対する評価を一切行っていない。本件処分はこのような個別考慮を行わず，条例の定める手続を取っていないという一点を理由に許可処分に附款を付したものであり，生活環境配慮要件の判断に関して行政側に認められている裁量権を逸脱・濫用したものと考えることができる。

よって本件附款付許可処分は違法である。

答案例

[設問1]
1. 考えられる訴訟形態

本件において、Bが本件許可に付された条例に基づく手続の履践を求める条件（行政行為の附款）部分の違法を主張し、廃掃法の許可を有効に取得するためには、次の2つの訴訟形態が考えられる。

① 附款のみを対象とする取消訴訟

本件許可に付された「本件条例29条による通知を得ること」という附款部分のみを対象に取消訴訟を提起する方法であり、この部分が違法として取り消されれば、行政行為の本体部分の廃掃法の許可のみが有効に存続することになる。

② 附款を含む本件許可の取消訴訟と申請型義務付け訴訟の併合提起

「本件条例29条による通知を得ること」という附款が付された許可は、Bの申請に対する一部拒否処分であるとみて、本件許可全体の取消訴訟を提起し、あわせて附款が付されない許可を求める申請型義務付け訴訟を併合提起する方法である。

2. 最も適切な訴訟形態

附款に対する不服を争う場合には原則として①が用いられ、附款と行政行為本体との結びつきが密接な場合には②が用いられる。具体的には、附款に示された内容が実現されて初めて行政行為本体の要件が充足され、行政行為が適法・有効に成立する場合には、附款のみの取消訴訟ではなく附款を含む行政行為全体の取消訴訟が用いられる。

これを本件についてみれば、A県の本件条例が定めている手続を履践したうえで通知を得るよう求める部分は、許可の効力発生要件となっていることから、附款の内容の実現が行政行為の成立の条件になっている。また、本件条例6条1項は、本件条例に基づく手続終了の通知なしに廃掃法上の設置許可申請がなされた場合には、廃掃法15条の2第1項2号の要件に適合しないものとして不許可にできると規定している。こうしたことから、本件許可における「本件条例29条による通知を得

ること」という附款の内容が実現されて初めて許可の要件が充足され，行政行為が適法・有効に成立することが条例上は想定されている。

よって，最も適切な訴訟形態は，附款を含む本件許可全体の取消訴訟と申請型義務付け訴訟の併合提起である。

3. 訴訟要件の充足

取消訴訟の訴訟要件については，廃掃法の許可には処分性が認められ，Bはその申請者であるため原告適格も認められる。許可処分は失効していないので訴えの利益も認められる。Bは許可を得た直後なので，出訴期間も経過していない。

また，申請型義務付け訴訟の訴訟要件については，申請に対する一部拒否処分が出され，Bはその申請者であり，拒否処分取消訴訟との併合提起もなされているので，要件を充足する。

[設問2]

Bが取消訴訟を提起した場合，C及びDは行政事件訴訟法22条1項に基づく第三者の訴訟参加または民事訴訟法42条に基づく補助参加をすることが考えられる。

1. 訴訟参加・補助参加の要件

(1) 第三者の訴訟参加

行政事件訴訟法に基づく第三者の訴訟参加が認められるためには，C・Dが「訴訟の結果により権利を害される第三者」（行政事件訴訟法22条1項）であることが必要である。第三者の訴訟参加は，取消判決の第三者効が及ぼされる第三者に攻撃防御の機会を与えるために設けられた手続であるから，その利用可能範囲はその判決効が及ぼされる範囲と一致させるべきである。取消判決の第三者効について規定した同法32条1項は，誰が判決の効力を受ける「第三者」なのかを明確に定めてはいない。しかし，原告と反対利害関係にある者については，取消判決の効力を及ぼさなければ紛争解決上の意味をなさないので，同項にいう第三者に含まれる。これを本件についてみれば，CとDはBの反対利害関

係者であり、判決効が及ぼされることに争いはない。ただし本件は事実的侵害に関する紛争なので、少なくとも本件処分の取消訴訟の原告適格が認められる第三者であれば、第三者の訴訟参加を許容しうる。

(2) 補助参加

民事訴訟法の補助参加が認められるためには、C・Dが「訴訟の結果について利害関係を有する第三者」（民事訴訟法42条）であることが必要である。ここでの利害関係は参加申出人の法的利益でなければならないとされている。そこで、少なくとも本件処分の取消訴訟の原告適格が認められる第三者であれば、補助参加を許容しうる。

2. Cの参加可能性

Cは産業廃棄物処理施設予定地に隣接する土地の所有者であり、処理施設からの有毒物質の流出が起こった場合には直ちに生命・安全上の危険にさらされる不利益を受ける立場にある。

廃掃法は15条の2において産業廃棄物処理場設置の許可要件を定め、技術上の基準への適合や生活環境保全への配慮などを要求している。また本件条例は、廃掃法が定める設置手続における合意形成と生活環境保全への寄与を目的とするため（同条例1条）、廃掃法と目的を共通にするから、本件処分の関連法令に該当する。同条例では事業計画書の縦覧（同条例15条）、説明会の開催（同条例16条）、生活環境影響調査の方法についての意見書提出（同条例19条）、事業計画書等についての意見書提出（同条例23条）などの規定が設けられ、生活環境保全に関する利益を保護する趣旨が認められる。このような関連法令の趣旨目的をも参酌すれば、産業廃棄物処理場設置許可要件を定める廃掃法15条の2は、こうした生活環境保全に関する利益を保護する趣旨と考えられる。

さらに本件条例は、処理施設予定地から10m以内の土地についての所有権者等を関係住民と規定し（同条例2条11号）、知事の合意の形成の判断（同条例26条）に対して異議申立ができる（同条例27条2項）地位を与えているほか、事業計画について意見書を提出した関係住民に対しては意見の調整の申出を認めている（同条例28条1項）。これは、廃掃法

が定める生活環境影響調査に対する意見書提出手続（廃掃法15条6項）と比較してもより強度の手続的参加権を，一定の限定された範囲の住民に認めるものであり，廃掃法及び本件条例は関係住民のこれらの利益を個々人の個別的利益としても保護する趣旨を含むと考えられる。

Cは処理場建設予定地に隣接する土地の所有者である居住者であり，条例2条11号の関係住民に該当するから，Cには行政事件訴訟法に基づく第三者の訴訟参加または民事訴訟法に基づく補助参加の利益が認められる。

3. Dの参加可能性

Dは予定地の崖の下700mのところに居住していることから，本件条例2条11号の関係住民に該当しない（本件条例2条10号，11条2項，本件条例施行規則3条，8条1号参照）。そのため，2.で検討したCの場合と同一の理由に基づく訴訟参加は認められないことになる。

Dは産業廃棄物処理施設予定地の崖の下700mのところに居住し，常時地下水を利用しており，処理施設からの有毒物質の流出が起こった場合には直ちに生命・安全上の危険にさらされる不利益を受ける。

廃掃法は15条の2において産業廃棄物処理場設置の許可要件を定め，技術上の基準への適合や生活環境保全への配慮などを要求している。それゆえ，産業廃棄物処理場設置許可要件を定める廃掃法15条の2は，こうした生活環境保全に関する利益を保護する趣旨と考えられる。

上述の通りDは本件条例にいう関係住民に該当しないため，条例の定める特別な参加権を有してはいない。しかし，違法に許可処分がされた場合には当該施設から有害物質が流出した場合，それが崖の下に居住するDまで地下水を経由して悪影響が及ぶおそれがあり，それによって害される法益はDの生活環境保全に関する利益の中核というべき生命・健康の安全である。このような被侵害利益の重要性や侵害される程度の重大性・被害の不可逆性からすれば，廃掃法はこうした利益を個々人の個別的利益として保護する趣旨を含むと解される。

それゆえDには，行政事件訴訟法に基づく第三者の訴訟参加または

民事訴訟法に基づく補助参加の利益が認められる。

[設問3]
　本件許可が適法かどうかは，本件条例の手続を履践したうえで通知（同条例29条）を得ることを条件とすることが，「生活環境の保全上必要な条件」（廃掃法15条の2第4項）に該当するかどうかによって決まる。本件条例は，条例の定める手続を履践したうえで通知を受ける前に産廃処理施設の許可申請をした場合に，許可要件の1つである生活環境配慮要件（同法15条の2第1項2号）を充足しないものとして不許可とすることができるとしている（同条例6条1項）。そこで，廃掃法の定める生活環境保全要件が，このような手続を条例によって付加することを許容する趣旨と考えることができれば，本件の附款を付すことは許される。

1. 違法とする法律論
　憲法94条にいう「法律の範囲内で」条例を制定することができるとは，法令に違反する条例が無効であることを意味している。ここで条例が法令に違反するかどうかは，対象事項の重なり合いで決まるものではなく，両者に矛盾抵触があるかどうかによる。その際には，法律と条例の規制の目的が異なるかどうか，両者の目的が共通であるとしても法律が全国一律同一内容の規制をする趣旨かどうかが問題となる。
　本事例において，本件条例は廃掃法と共通の目的を達成するために制定されている（本件条例1条，廃掃法1条）。
　また，廃掃法は廃棄物を一般廃棄物と産業廃棄物とに分け，産業廃棄物に関しては排出した事業者が処理をすることを原則とし（同法11条1項），自家処理に代えて許可業者と委託契約を締結した上で産業廃棄物の収集・運搬・処理を行わせるものとしている。このような廃掃法の全体のしくみからすれば，産業廃棄物処理業や処理場に対する廃掃法上の規制は，産業廃棄物処理業者の営業活動に対して安全・衛生面の維持を図る警察目的の規制である。確かに，同法15条の2第1項の規定は，全ての要件を充足したとしても許可をしないことが法律上認められてい

るようにも解釈できる。しかし前述の通り，産業廃棄物処理業に対する規制は営業の自由に対する安全・衛生面の維持を図る警察目的の規制であって，この目的との関係で最小限度の規制にとどまるべきと考えられるから，同条の要件を充足すれば，同条2項で明確に定められている不許可事由を除き，知事は許可を与えなければならないものと解するべきである。そうすると，廃掃法は全国一律同一内容の規制を定める趣旨であるから，これに条例によって規制を上乗せすることは許されない。

よって，本件条例は廃掃法に違反する違法な条例であり憲法94条によって無効となるから，本件条例に基づく手続を履践することを要求する本件附款は違法である。

2. 適法とする法律論

本件条例は廃掃法と共通の目的を達成するために制定されている（本件条例1条，廃掃法1条）。そこで問題は，廃掃法が定めている産業廃棄物処理施設の許可手続が，これ以上に強度の規制を条例に認めない趣旨を含むかどうかである。

廃掃法は，産業廃棄物処理施設の許可にあたり，「生活環境の保全」を強く要求している（同法15条の2第1項2号，同条3・4項）。ここで必要とされる生活環境への配慮の内容や程度は，立地場所によって大きく異なり，また周辺住民の居住・生活の状況によっても大きく変化すると考えられる。そこで，生活環境配慮の内容について関係住民との間の意見調整を図り，合意を形成する手続を条例で定め，合意形成状況を見極めて許可を出したり附款を付したりすることも，廃掃法が許容する範囲と考えられる。よって，本件条例は廃掃法と矛盾する内容を含むものではなく適法であるから，本件条例に基づく手続を履践することを要求する本件附款も適法である。

第4章 都市法

事例 ① 高層マンション建築

Level・2

　建設会社Aは，B県C市内に所在するA所有地（以下「本件土地」という。）において，鉄筋コンクリート造，地上9階，地下2階で，住戸100戸のほか，135台収容の地下駐車場を備えるマンション（以下「本件建築物」という。）の建築を計画した。本件建築物は，高さ30メートル，敷地面積5988平方メートル，建築面積3321平方メートル，延べ面積2万1643平方メートルである。本件土地は，都市計画法上の第2種中高層住居専用地域に位置している。

　Aは，平成20年7月23日，本件土地の周辺住民からの申出に基づき，本件建築物の建築計画に関する説明会を開催した。本件土地の周辺住民で構成する「D地域の生活環境を守る会」は，B県建築主事E（C市には建築主事が置かれていない。）に対し，同年9月26日付け申入書をもって，周辺住民とAとの協議が整うまで，Aに対し，本件建築物に係る建築計画について建築基準法第6条第1項に基づく確認をしないこと，また，同計画については，建築基準法等に違反している疑いがあり，周辺住民の反対も強いので，公聴会を開催することを求める申入れをした。

　その後，Aと周辺住民の間で何度か協議が行われたが，話合いはまとまらなかった。同年12月12日，Aは，Eに対し，建築基準法第6条第1項により建築確認の申請を行った。Eは，公聴会を開催することなく，Aに対し，平成21年1月8日付けで建築確認

（以下「本件確認」という。）をした。

本件土地の周辺住民であるF，G，H，Iの4名（以下「Fら」という。）は，同年1月22日，B県建築審査会に対し，本件確認の取消しを求める審査請求をしたが，同年4月8日，B県建築審査会は，これを棄却する裁決を行った。

そこで，Fらは，訴訟の提起を決意し，同年4月14日，弁護士Jの事務所を訪問して，同事務所に所属する弁護士Kと面談した。これを受けて，同月下旬，本件に関し，弁護士Jと弁護士Kが会議を行った。

【資料1≫法律事務所の会議録】を読んだ上で，弁護士Kの立場に立って，弁護士Jの指示に応じ，設問に答えなさい。

なお，本件土地等の位置関係は【資料2≫説明図】に示してあり，また，建築基準法，B県建築安全条例，B県中高層建築物の建築に係る紛争の予防と調整に関する条例（以下「本件紛争予防条例」という。）の抜粋は，【資料3≫関係法令】に掲げてあるので，適宜参照しなさい。

設問1

Fらが本件建築物の建築を阻止するために考えられる法的手段（訴訟とそれに伴う仮の救済措置）を挙げた上で，それを用いる場合の行政事件訴訟法上の問題点を中心に論じなさい。

設問2

考え得る本件確認の違法事由について詳細に検討し，当該違法事由の主張が認められ得るかを論じなさい。また，原告Fがいかなる違法事由を主張できるかを論じなさい。

【資料1》法律事務所の会議録】

弁護士J：本日はFらの案件について基本的な処理方針を議論したいと思います。Fらは，本件建築物が違法であると主張しているようですが，その理由はどのようなものですか。

弁護士K：本件土地は，幅員6メートルの道路（以下「本件道路」という。）に約30メートルにわたって接しているのですが，Fらは，本件建築物のような大きなマンションを建築する場合，この程度の道路では道路幅が不十分だと主張しています。また，本件道路が公道に接する部分にゲート施設として遮断機が設置されているため，遮断機が下りた状態では車の通行が不可能であり，遮断機を上げた状態でも実際に車が通行できる道路幅は3メートル弱しかないそうです。さらに，Aの説明では，遮断機の横にインターホンが設置されており，非常時には遮断機の設置者であるL神社の事務所に連絡して遮断機を上げることができるそうですが，Fらは，常に連絡が取れて遮断機を上げることができるか心配であると話しています。つまり，火災時などに消防車等が進入することが困難で，防災上問題があると述べております。

弁護士J：どうして，道路に遮断機が設置されているのですか。

弁護士K：本件道路は，L神社の参道なのですが，B県知事から幅員6メートルの道路として位置指定を受けており，いわゆる位置指定道路に当たるそうです。L神社では，参道への違法駐車が後を絶たないことから，本件道路が公道に接する部分に遮断機を設置しているとのことです。

弁護士J：なるほど，位置指定道路ですか。宅地造成等の際に，新たに開発される敷地予定地が接道義務を満たすようにするため，位置の指定を受けた私道を建築基準法上の道路として扱う制度ですね（建築基準法第42条第1項第5号）。まず，本件土地については，幅員がどれだけの道路に，どれだけの長さが接していなければならないか調べてください。その上で，本件道路との関係で，本件建築物の建築に違法な点がないかを検討してください。

弁護士K：分かりました。このほか，本件建築物の地下駐車場出入口から約10メートルのところに，市立図書館（以下「本件図書館」という。）に設置されている児童室（以下「本件児童室」という。）の専用出入口があります。Fらは，地下駐車場の収容台数が135台とかなり大規模なものなので，本件児童室を利用する子供の安全性に問題がある，と主張しています。

弁護士J：本件児童室は一体どのようなものですか。

弁護士K：本件図書館内にあって，児童関係の図書を1ヵ所に集め，一般の利用者とは別に閲覧場所等を設けたもので，児童用の座席が10人分程度用意されています。本件児童室には，本件図書館の出入口とは別に，先ほど触れた専用出入口が設けられ，専用出入口は午後5時に閉鎖されますが，本件図書館の他の部分とは内部の出入口でつながっており，本件図書館の利用者はだれでも自由に行き来できるようです。本件児童室内には，児童用のサンダルが置かれたトイレがあり，

また，幼児の遊び場コーナーがあるなど，児童の利用しやすい設備が整っています。本件図書館は，総床面積3440平方メートル，地下1階，地上4階ですが，本件児童室は，1階部分のうち約100平方メートルを占めています。

弁護士J：なるほど。本件児童室との関係で，本件建築物の建築に違法な点がないかを検討してください。確認ですが，本件建築物は，容積率，高さ，建ぺい率の点では法令に合致しているのですね。

弁護士K：はい，そのようです。

弁護士J：Fらの主張はそれだけですか。

弁護士K：Aは，本件建築物の建築について一応説明会を開催したのですが，情報の開示が不十分で，住民に質問の機会を与えず，一方的に終了を宣言するなど，形ばかりのものだったそうです。

弁護士J：そもそもAには説明会の開催義務があるのですか。

弁護士K：本件紛争予防条例には，説明会の開催についての規定があり，Fらは，Aの行為は条例違反に当たると主張しております。

弁護士J：そうですか。本件において当該条例違反が認められるか，仮に認められるとして，それが本件確認との関係でどのような意味を持つのか，それぞれについて検討してください。

弁護士K：分かりました。最後になりますが，Fらは，本件確認を行う際には，公聴会を開催する必要があったにもかかわらず，建築主事Eはこれを行っていない，という点も強調しておりました。

弁護士J：なるほど。それでは，以上のFらの主張について，その当否も含めて検討しておいてください。

弁護士K：はい，分かりました。

弁護士J：次に，訴訟手段についてですが，本件建築物の建築を阻止するためには，どのような方法が考えられるか検討してください。建築基準法第9条第1項に基づく措置命令をめぐる行政訴訟も考えられますが，これについては後日議論することとして，今回は検討の対象から外してください。また，検査済証の交付を争っても建築の阻止には役立ちませんから，これも除外してください。

弁護士K：了解しました。それでは，本件確認を争う手段を検討してみます。

弁護士J：本件確認が処分に当たることは疑いありませんし，審査請求も既に行われています。出訴期間も現時点では問題ないようですね。訴訟を提起するとして，Fらは本件建築物とどのような関係にあるのですか。

弁護士K：Fは，本件土地から10メートルの地点にあるマンションの一室に居住しています。Gは，Fの居住するマンションの所有者ですが，そこには住んでおりません。したがって，FとGは，本件建築物から至近距離に居住するか，建築物を所有しているといえます。

弁護士J：HとIはどうですか。

弁護士K：Hは，小学2年生で，本件児童室に毎週通っており，Iはその父親です。2人は，本件土地から500メートル離れたマンションに住んでいます。

弁護士J：そうですか。全員が訴訟を提起する資格があるのか，ここは今回の案件で特に重要だと思いますので，個別具体的に丁寧に検討してください。

弁護士K：はい，分かりました。
弁護士J：訴訟を適法に提起できるとして，自らの法律上の利益との関係で，本案においていかなる違法事由を主張できるのでしょうか。まず，Fについて検討してみてください。
弁護士K：分かりました。
弁護士J：建築工事の進ちょく状況はどうですか。
弁護士K：急ピッチで進められており，この調子でいくと，余り遠くない時期に完成に至りそうです。
弁護士J：Fらが望んでいるのは建築を阻止することですし，本件建築物が完成してしまうと訴訟手続上不利になる可能性もありますね。本件建築物が完成した場合，どのような法的問題が生じるかを整理した上で，訴訟係属中の工事の進行を止めるための法的手段について，それが容認される見込みがあるかどうかも含めて検討してください。
弁護士K：そうですね。よく調べてみます。

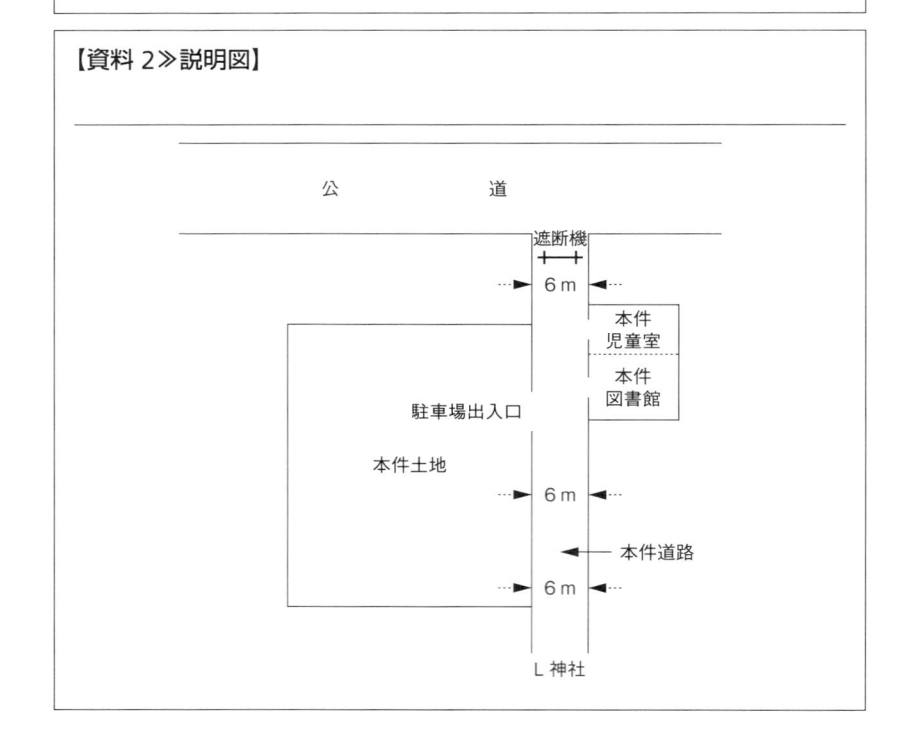

【資料2≫説明図】

```
                    公       道
                              ┃遮断機
                         ┣┳┫
                    ┈→  6m  ←┈  ┃本件
                              ┃児童室
                              ┃
                              ┃本件
     駐車場出入口              ┃図書館

     本件土地
                    ┈→  6m  ←┈  ← 本件道路

                    ┈→  6m  ←┈

                         L神社
```

【資料３≫関係法令】

○建築基準法（昭和25年5月24日法律第201号）（抜粋）

（目的）
第１条　この法律は，建築物の敷地，構造，設備及び用途に関する最低の基準を定めて，国民の生命，健康及び財産の保護を図り，もって公共の福祉の増進に資することを目的とする。

（用語の定義）
第２条　この法律において次の各号に掲げる用語の意義は，それぞれ当該各号に定めるところによる。
　一～九　（略）
　九の二　耐火建築物　次に掲げる基準に適合する建築物をいう。
　　イ　その主要構造部が(1)又は(2)のいずれかに該当すること。
　　　(1)　耐火構造であること。
　　　(2)　次に掲げる性能（外壁以外の主要構造部にあっては，（ⅰ）に掲げる性能に限る。）に関して政令で定める技術的基準に適合するものであること。
　　　　（ⅰ）　当該建築物の構造，建築設備及び用途に応じて屋内において発生が予測される火災による火熱に当該火災が終了するまで耐えること。
　　　　（ⅱ）　当該建築物の周囲において発生する通常の火災による火熱に当該火災が終了するまで耐えること。
　　ロ　（略）
　九の三～三十五　（略）

（建築物の建築等に関する申請及び確認）
第６条　建築主は，第１号から第３号までに掲げる建築物を建築しようとする場合（中略），これらの建築物の大規模の修繕若しくは大規模の模様替をしようとする場合又は第４号に掲げる建築物を建築しようとする場合においては，当該工事に着手する前に，その計画が建築基準関係規定（この法律並びにこれに基づく命令及び条例の規定（以下「建築基準法令の規定」という。）その他建築物の敷地，構造又は建築設備に関する法律並びにこれに基づく命令及び条例の規定で政令で定めるものをいう。以下同じ。）に適合するものであることについて，確認の申請書を提出して建築主事の確認を受け，確認済証の交付を受けなければならない。
　（以下略）
　一～四　（略）
２，３　（略）
４　建築主事は，第１項の申請書を受理した場合においては，同項第１号から第３号までに係るものにあってはその受理した日から35日以内に，同項第４号に係るものにあってはその受理した日から７日以内に，申請に係る建築物の計画が建築基準関係規定に適合するかどうかを審査し，審査の結果に基づいて建築基準関係規定に適合することを確認したときは，当該申請者に確認済証を交付しなければならない。

5～15　（略）
（建築物に関する完了検査）
第7条　建築主は，第6条第1項の規定による工事を完了したときは，国土交通省令で定めるところにより，建築主事の検査を申請しなければならない。
2，3　（略）
4　建築主事が第1項の規定による申請を受理した場合においては，建築主事又はその委任を受けた当該市町村若しくは都道府県の職員（以下この章において「建築主事等」という。）は，その申請を受理した日から7日以内に，当該工事に係る建築物及びその敷地が建築基準関係規定に適合しているかどうかを検査しなければならない。
5　建築主事等は，前項の規定による検査をした場合において，当該建築物及びその敷地が建築基準関係規定に適合していることを認めたときは，国土交通省令で定めるところにより，当該建築物の建築主に対して検査済証を交付しなければならない。
（違反建築物に対する措置）
第9条　特定行政庁は，建築基準法令の規定又はこの法律の規定に基づく許可に付した条件に違反した建築物又は建築物の敷地については，当該建築物の建築主，当該建築物に関する工事の請負人（請負工事の下請人を含む。）若しくは現場管理者又は当該建築物若しくは建築物の敷地の所有者，管理者若しくは占有者に対して，当該工事の施工の停止を命じ，又は，相当の猶予期限を付けて，当該建築物の除却，移転，改築，増築，修繕，模様替，使用禁止，使用制限その他これらの規定又は条件に対する違反を是正するために必要な措置をとることを命ずることができる。
2～15　（略）
（大規模の建築物の主要構造部）
第21条　高さが13メートル又は軒の高さが9メートルを超える建築物（その主要構造部（床，屋根及び階段を除く。）の政令で定める部分の全部又は一部に木材，プラスチックその他の可燃材料を用いたものに限る。）は，第2条第9号の2イに掲げる基準に適合するものとしなければならない。ただし，構造方法，主要構造部の防火の措置その他の事項について防火上必要な政令で定める技術的基準に適合する建築物（政令で定める用途に供するものを除く。）は，この限りでない。
2　延べ面積が3000平方メートルを超える建築物（その主要構造部（床，屋根及び階段を除く。）の前項の政令で定める部分の全部又は一部に木材，プラスチックその他の可燃材料を用いたものに限る。）は，第2条第9号の2イに掲げる基準に適合するものとしなければならない。
（道路の定義）
第42条　この章の規定において「道路」とは，次の各号の一に該当する幅員4メートル（特定行政庁がその地方の気候若しくは風土の特殊性又は土地の状況により必要と認めて都道府県都市計画審議会の議を経て指定する区域内においては，6メートル。次項及び第3項において同じ。）以上のもの（地下におけるものを除く。）をいう。

一　道路法（昭和27年法律第180号）による道路
　　二～四　（略）
　　五　土地を建築物の敷地として利用するため，道路法（中略）によらないで築造する政令で定める基準に適合する道で，これを築造しようとする者が特定行政庁からその位置の指定を受けたもの
2～6　（略）
（敷地等と道路との関係）
第43条　建築物の敷地は，道路（中略）に2メートル以上接しなければならない。
　　（以下略）
　　一，二　（略）
2　地方公共団体は，特殊建築物，階数が3以上である建築物，政令で定める窓その他の開口部を有しない居室を有する建築物又は延べ面積（中略）が1000平方メートルを超える建築物の敷地が接しなければならない道路の幅員，その敷地が道路に接する部分の長さその他その敷地又は建築物と道路との関係についてこれらの建築物の用途又は規模の特殊性により，前項の規定によっては避難又は通行の安全の目的を充分に達し難いと認める場合においては，条例で，必要な制限を付加することができる。

（容積率）
第52条　建築物の延べ面積の敷地面積に対する割合（以下「容積率」という。）は，次の各号に掲げる区分に従い，当該各号に定める数値以下でなければならない。
　　（以下略）
　　一　（略）
　　二　第1種中高層住居専用地域若しくは第2種中高層住居専用地域内の建築物又は第1種住居地域，第2種住居地域，準住居地域，近隣商業地域若しくは準工業地域内の建築物（中略）　10分の10，10分の15，10分の20，10分の30，10分の40又は10分の50のうち当該地域に関する都市計画において定められたもの
　　三～六　（略）
2～15　（略）

（建築物の各部分の高さ）
第56条　建築物の各部分の高さは，次に掲げるもの以下としなければならない。
　　一，二　（略）
　　三　第1種低層住居専用地域若しくは第2種低層住居専用地域内又は第1種中高層住居専用地域若しくは第2種中高層住居専用地域（中略）内においては，当該部分から前面道路の反対側の境界線又は隣地境界線までの真北方向の水平距離に1.25を乗じて得たものに，第1種低層住居専用地域又は第2種低層住居専用地域内の建築物にあっては5メートルを，第1種中高層住居専用地域又は第2種中高層住居専用地域内の建築物にあっては10メートルを加えたもの
2～7　（略）

○B県建築安全条例（昭和25年B県条例第11号）（抜粋）

（趣旨）
第1条　建築基準法（以下「法」という。）（中略）第43条第2項による建築物の敷地及び建築物と道路との関係についての制限の付加（中略）については，この条例の定めるところによる。

（建築物の敷地と道路との関係）
第4条　延べ面積（同一敷地内に2以上の建築物がある場合は，その延べ面積の合計とする。）が1000平方メートルを超える建築物の敷地は，その延べ面積に応じて，次の表に掲げる長さ以上道路に接しなければならない。

延べ面積	長　さ
1000平方メートルを超え，2000平方メートル以下のもの	6メートル
2000平方メートルを超え，3000平方メートル以下のもの	8メートル
3000平方メートルを超えるもの	10メートル

2　延べ面積が3000平方メートルを超え，かつ，建築物の高さが15メートルを超える建築物の敷地に対する前項の規定の適用については，同項中「道路」とあるのは，「幅員6メートル以上の道路」とする。

3　前2項の規定は，建築物の周囲の空地の状況その他土地及び周囲の状況により知事が安全上支障がないと認める場合においては，適用しない。

（敷地から道路への自動車の出入口）
第27条　自動車車庫等の用途に供する建築物の敷地には，自動車の出入口を次に掲げる道路のいずれかに面して設けてはならない。ただし，交通の安全上支障がない場合は，第5号を除き，この限りでない。
一　道路の交差点若しくは曲がり角，横断歩道又は横断歩道橋（地下横断歩道を含む。）の昇降口から5メートル以内の道路
二　勾配が8分の1を超える道路
三　道路上に設ける電車停留場，安全地帯，橋詰め又は踏切から10メートル以内の道路
四　児童公園，小学校，幼稚園，盲学校，ろう学校，養護学校，児童福祉施設，老人ホームその他これらに類するものの出入口から20メートル以内の道路
五　前各号に掲げるもののほか，知事が交通上支障があると認めて指定した道路

○B県中高層建築物の建築に係る紛争の予防と調整に関する条例（昭和53年B県条例第64号）（抜粋）

（目的）
第1条　この条例は，中高層建築物の建築に係る計画の事前公開並びに紛争のあっせん及び調停に関し必要な事項を定めることにより，良好な近隣関係を保持し，

もって地域における健全な生活環境の維持及び向上に資することを目的とする。
（定義）
第2条　この条例において，次の各号に掲げる用語の意義は，それぞれ当該各号に定めるところによる。
　一　中高層建築物　高さが10メートルを超える建築物（第1種低層住居専用地域及び第2種低層住居専用地域（都市計画法（昭和43年法律第100号）第8条第1項第1号に掲げる第1種低層住居専用地域及び第2種低層住居専用地域をいう。）にあっては，軒の高さが7メートルを超える建築物又は地階を除く階数が3以上の建築物）をいう。
　二　紛争　中高層建築物の建築に伴って生ずる日照，通風及び採光の阻害，風害，電波障害等並びに工事中の騒音，振動等の周辺の生活環境に及ぼす影響に関する近隣関係住民と建築主との間の紛争をいう。
　三　建築主　中高層建築物に関する工事の請負契約の注文者又は請負契約によらないで自らその工事をする者をいう。
　四　近隣関係住民　次のイ又はロに掲げる者をいう。
　　イ　中高層建築物の敷地境界線からその高さの2倍の水平距離の範囲内にある土地又は建築物に関して権利を有する者及び当該範囲内に居住する者
　　ロ　中高層建築物による電波障害の影響を著しく受けると認められる者
（知事の責務）
第3条　知事は，紛争を未然に防止するよう努めるとともに，紛争が生じたときは，迅速かつ適正に調整するよう努めなければならない。
（当事者の責務）
第4条　建築主は，紛争を未然に防止するため，中高層建築物の建築を計画するに当たっては，周辺の生活環境に及ぼす影響に十分配慮するとともに，良好な近隣関係を損なわないよう努めなければならない。
2　建築主及び近隣関係住民は，紛争が生じたときは，相互の立場を尊重し，互譲の精神をもって，自主的に解決するよう努めなければならない。
（説明会の開催等）
第6条　建築主は，中高層建築物を建築しようとする場合において，近隣関係住民からの申出があったときは，建築に係る計画の内容について，説明会等の方法により，近隣関係住民に説明しなければならない。
2　知事は，必要があると認めるときは，建築主に対し，前項の規定により行った説明会等の内容について報告を求めることができる。

Milestone

121 取消訴訟における処分の名宛人以外の第三者の原告適格の有無はどのように判断されますか。

122 取消訴訟における原告側の主張制限としてどのようなものがありますか。

123 F・G・H・Iの原告適格が認められるかどうか検討して下さい。

124 建築確認取消訴訟の狭義の訴えの利益はどの段階で消滅しますか。

125 本件の仮の権利救済として何を利用するのが適切ですか。またその要件を充足することを主張して下さい。

126 本件の実体面に注目した違法性を主張して下さい。

127 本件の手続面に注目した違法性を主張して下さい。またその違法性は処分取消事由となるかどうかも併せて検討して下さい。

128 原告Fがいかなる違法主張ができるかを検討して下さい。

解説

事例のねらい

　本問は 2009 年度の新司法試験論文式・行政法の問題をそのまま掲載している。その素材となったのは，東京地判 2007（平成 19）・9・7（及び控訴審：東京高判 2008（平成 20）・7・9）である。この裁判例では本問で問われている建築確認取消訴訟の他に，建築基準法 9 条 1 項に基づく是正命令の義務付け訴訟も提起されている。本問で問われている内容は，原告適格・執行停止といった，行政救済論の講義で時間をかけて説明される論点ばかりであり，その内容を踏まえて具体的な事例に的確にあてはめて結論を導き出す力があるかどうかが試されている。ただし，基本書の重要部分から一歩踏み込んだ内容（第三者の原告適格の具体的な原告の範囲の切り出し，自己の利益に関係ない違法主張制限の具体的あてはめなど）も出題されており，基本書の理解を超えて，判例の読み込みを行っているかどうかで，答案に対する評価は大きく変わるものと思われる。また，接道義務・位置指定道路（例解 427，447 頁）などの用語についての予備知識があれば，答案作成の筋道が立てやすくなる。

▶Key Points◀
[行政過程論] 法律と条例の関係
[行政救済論] 原告適格，狭義の訴えの利益，執行停止，自己の利益と関係ない違法主張制限
[都市法] 単体規定と集団規定（例解 426 頁以下），道路に関する規制（例解 446 頁以下），建築規制の行政過程（例解 457 頁以下）

● 前提知識の確認

1. 第三者の原告適格

> 取消訴訟における処分の名宛人以外の第三者の原告適格の有無はどのように判断されますか。

　取消訴訟における第三者の原告適格に関する基本的な考え方や答案の構成方法は④で説明した。ここでは，本問と関係のあるやや発展的な内容として，関連法令該当性の判断方法と，具体的な原告の範囲の切り出しについての理解を確認する。

(1) 関連法令該当性の判断方法

　第三者の原告適格に関する解釈規定と位置づけられている行政事件訴訟法9条2項は「当該法令の趣旨及び目的を考慮するに当たっては，当該法令と目的を共通にする関係法令があるときはその趣旨及び目的をも参酌するものとし」と規定している。これは新潟空港事件最高裁判決（判百Ⅱ170　判Ⅱ39　CB 12-2　最二小判 1989（平成元）・2・17 民集 43 巻 2 号 56 頁）の判示を実定化したものとされている。新潟空港の周辺に居住する住民が，運輸大臣が航空会社に対して出した定期航空運送事業免許の取消を求めたこの事件で，最高裁は「航空運送事業の免許権限を有する運輸大臣は，他方において，公共用飛行場の周辺における航空機の騒音による障害の防止等を目的とする公共用飛行場周辺における航空機騒音による障害の防止等に関する法律3条に基づき，公共用飛行場周辺における航空機の騒音による障害の防止・軽減のために必要があるときは，航空機の航行方法の指定をする権限を有しているのであるが，同一の行政機関である運輸大臣が行う定期航空運送事業免許の審査は，関連法規である同法の航空機の騒音による障害の防止の趣旨をも踏まえて行われることが求められるといわなければならない」とし，関連法令として公共用飛行場周辺における航空機騒音による障害の防止等に関する法律を挙げていた。

その後，2004年の行政事件訴訟法改正後に出された小田急事件（判百Ⅱ177　判Ⅱ37　CB 12-11　最大判 2005（平成 17）・12・7 民集 59 巻 10 号 2645 頁）では，都市計画法の関連法令として公害対策基本法（現：環境基本法）と東京都環境影響評価条例が挙げられた。この事件は，建設大臣が東京都に対して与えた鉄道事業に関する都市計画事業認可等の取消を同事業の事業地周辺に居住する住民が求めたものである。このうち公害対策基本法が関連法令とされたのは，都市計画法 13 条 1 項が公害防止計画に都市計画が適合する義務を規定していることを根拠にしており（計画間調整），都市計画法に基づく認可処分の前提である都市計画の義務的考慮事項となっていることが決め手になっている。これに対して東京都条例については，同条例に基づく環境影響評価の対象となる対象事業が都市計画に定められている場合には都市計画決定手続にあわせて条例の定める環境影響評価手続をとるように努めるとする規定が挙げられ，これらの規定は「都市計画の決定又は変更に際し，環境影響評価等の手続を通じて公害の防止等に適正な配慮が図られるようにすることも，その趣旨及び目的とするものということができる」として，関連法令に含められている。このように小田急事件最高裁判決では，新潟空港事件判決と異なり「同一の行政機関」が行う許認可かどうかや処分の義務的考慮事項であるかを関連法令該当性に含めておらず，目的の共通性を手がかりに処分根拠規定の考慮事項（⇨④）になる可能性があるものを広く関連法令と捉える姿勢を示しているように思われる。

　学説上は，関連法令該当性をどう解するかをめぐる議論がなお続いており，定説と呼びうるものはまだない状況にある。狭く解する見解として，一括法として提出しうる法律群や，ある法律に基づく処分の要件または考慮事項が他の法律中に規定されている場合とする説（仲野武志『公権力の行使概念の研究』（有斐閣・2007 年）338 頁）や，処分根拠規定と一体となって当該処分について行政権の行使に制約を課す規範でなければならないとする説（神橋一彦「取消訴訟における原告適格判断の枠組みについて」立教法学（立教大学）71 号（2006 年）1-34（16）頁）がある。これに対してより広く解する見解として，目的を共通にしていれば処分要件・考慮事項を含んでいない（法的関連性がない）ものであっても関連法令にあたるとする説（村上裕章「原告適格拡大の意義と限界」論究ジュリスト 3 号（2012 年）102-108（105）頁）がある。この立場

は，行政事件訴訟法9条2項の文言は「目的を共通にする」としか書かれていないこと，関連法令はあくまで保護範囲の探究の手がかりであるので，広く捉えても不合理はないことを根拠としている。

　小田急事件においては，都市計画事業認可処分の考慮事項を条例が追加する構造となっていた。処分根拠規定を含む法律が処分要件等の詳細を条例に委任している委任条例の場合には，関連法令として位置づけやすい。これに対して処分根拠規定とは独立した自主条例の場合には，処分根拠規定を含む法律が，処分根拠規定に対する条例による考慮事項の追加を許容する趣旨と解釈できれば，関連法令に位置づける前提条件が整うことになる。

(2) 具体的な原告の範囲の切り出し

　第三者の原告適格は，問題となっている利益が法律上保護されているかどうかをめぐって議論が展開される。許認可数が限定されている場合の競業者が取消訴訟を提起する競願事例の場合には，競業者への許認可認容処分と自己に対する許認可拒否処分が表裏の関係にあるから，当該競業者に原告適格が認められる。これに対して，建築紛争や迷惑施設の建設をめぐる紛争のような事実的な侵害の場合には，問題となっている利益が法律上保護されている性格を有するかを確定した後に，訴訟を提起している原告が個別・具体的に原告となり得る資格を有しているかを判断することが必要となる。本事例の設問1でもこの作業が求められている。

　具体的な原告の範囲の切り出し方は，個別保護要件をどのように認めたかによって変わってくる。個別保護要件を法令の定めるしくみに注目して認めた場合には，そのしくみが一般国民とは異なる資格で特別に保護しているとみられる人的範囲に属している原告に原告適格が認められる。例えば，一定地域の住民にのみ行政手続参加権を認める立法がなされていれば，立法で定められた参加権者のみが原告適格を具体的に有することになる。これに対して，被侵害利益や侵害の態様に注目して認めた場合には，不利益を発生させる原因となる施設までの距離が近いなどの，直接的で重大な被害が社会通念上予想される範囲内の住民に原告適格が認められることになる。

2. 取消訴訟における主張制限

> 取消訴訟における原告側の主張制限としてどのようなものがありますか。

　取消訴訟において原告は原則として，取消を求めている処分が違法であることを基礎付ける一切の主張をすることができる。その例外として位置づけられるのが，違法性の承継が認められない場合（⇨ 5, 57）と自己の利益と関係ない違法主張制限である（例解 117 頁）。ここでは本事例と関係する後者の内容のみ確認する。

　行政事件訴訟法 10 条 1 項は「取消訴訟においては，自己の法律上の利益に関係のない違法を理由として取消しを求めることができない」と規定する。これは，取消訴訟が主観訴訟であることに由来する当然の主張制限であると理解されている。この主張制限が認められる典型例として，租税滞納者の財産が差し押えられて公売処分がなされたことに対して，滞納者が公売処分の取消訴訟を提起する場合がある。国税徴収法 96 条 1 項には，公売処分の際に，公売対象となる財産に質権・抵当権等を持つ権利者に対して通知を義務付ける規定がある。しかし滞納者は，この規定に違反して通知がなされていなかったことを違法理由として主張することはできない。その理由は，この規定は質権等の権利者を保護する趣旨の規定であって，滞納者の権利利益とは関係がないからである。それゆえ，この規定に違反したことを滞納者が主張することは，「自己の法律上の利益に関係のない違法」の主張に該当する。前掲・新潟空港事件最高裁判決では，最高裁は周辺住民の原告適格は肯定したものの，免許が与えられた路線の利用者の大部分が遊興目的の韓国ツアーの団体客であって免許基準（「当該事業の開始が公衆の利用に適応するものであること」［航空法 101 条 1 項 1 号］）に適合しないなどとした主張に対して，この規定は周辺住民の利益を保護する趣旨の規定ではないから，この主張が「自己の法律上の利益に関係のない違法」主張に該当するとした。

　第三者による違法性主張が「自己の法律上の利益に関係のない違法」制限に該当するかどうかに関する判断基準はなお不透明である（⇨ 61）。下級審

裁判例・学説の考え方は大きく2つに分けられる。第1は，行政事件訴訟法9条1項の原告適格の判断基準を充足した利益と同法10条1項にいう「自己の法律上の利益」とを一致させる考え方である（宇賀克也『行政法概説Ⅱ［第4版］』（有斐閣・2013年）248頁は，この立場に立った上で行政事件訴訟法9条2項を同法10条の解釈に反映させるべきとする）。これは，取消訴訟の主観訴訟としての性格を重視し，原告適格判断の際に当該原告の利益を公益としてのみならず個別的に保護しているとされた利益のみが，原告の自己の利益にあたるとの発想に立つものである。第2は，原告適格の判断における法律の保護範囲（ないし考慮事項）に含まれている利益であれば，個別保護要件を充足しなくても当該利益に関する違法性主張が可能であるとする見解である（塩野宏『行政法Ⅱ［第5版補訂版］』（有斐閣・2013年）174頁）。これは，処分の第三者も処分要件（考慮事項）が充足されて初めて利益侵害を甘受すべき地位に立たされるのであって，その構造は処分の名宛人の場合と変わらないことを重視した見解である。

・答案作成のヒント・

① 問題文を読む

問題文の冒頭から，本事例がマンション建設をめぐる紛争であることが分かる。建設に反対している周辺住民として4名（F・G・H・I）が挙げられており，説明会の開催や協議が行われたものの，最終的に話合いがまとまらず，Aは建築確認の申請を行い，公聴会を開催することなくB県建築主事Eは建築確認を出している。設問は2問あり，設問1はこの時点でマンション建設を阻止する法的手段（訴訟・仮の権利救済）を，設問2は建築確認の違法性主張を問うものである。続いて会議録を読むと，実体的な違法に関しては接道義務と駐車場出入口の位置が，また手続的な違法に関しては県の紛争予防条例に基づく説明会が形式的なものであったこと，建築確認の前に公聴会を開催すべきであるのに開催しなかったことが指摘されている。

② 条文を読む

上記のように本件紛争の中心には建築確認があるので，まずその根拠規定から確認する。建築基準法6条1項は，建築物の建築の前に建築計画（設計

図）が建築基準関係規定に適合しているかを確認するものである。ここで建築基準関係規定とは，同項の括弧書きに示されているように「この法律並びにこれに基づく命令及び条例の規定」であり，建築基準法のみならずその委任を受けた同法施行令・施行規則，建築基準法施行条例（建築安全条例）も含まれている。実体面の違法のうち接道義務については，建築基準法43条に規定があり，接道義務を満たしうる道路の定義は同法42条1項にある（会議録で示されているように，本件で問題となっているのは位置指定道路（同項5号）である）。同法43条2項には条例で必要な制限を付加できるとの規定が置かれており，委任条例での規制強化が可能になっている。

そこで次にB県建築安全条例に目を移すと，同条例1条でこの条例が建築基準法43条2項の委任に基づくものであることが示されており，この条例も建築基準関係規定に該当することが分かる。本件のマンションの規模からすると，同条例4条2項の規定が適用され，幅員6m以上の道路に10m以上接しなければならないことになる。また実体面の違法のうち駐車場出入口については，同条例27条4号で児童公園その他これらに類する物の出入口から20m以内の道路に面して出入口を設けてはならないと規定されている。手続面の違法については，県の紛争予防条例（条例への委任規定が建築基準法にないからこの条例は自主条例であり，建築基準関係規定に含まれない）6条に説明会開催規定があることがわかる。また周辺住民らが求めている公聴会の開催は，建築確認の前の行政手続として位置づけられているため，行政手続法10条に定められている公聴会開催努力義務のことと考えられる。

③ 答案構成を考える

設問1の解答にあたっては，会議録で建築基準法9条1項に基づく措置命令をめぐる行政訴訟（直接型義務付け訴訟）や検査済証の交付（同法7条5項）を争う訴訟（差止訴訟）の検討をする必要はないことが示されているので，端的に建築確認取消訴訟を提起すればよいことが分かる。そして処分性・不服申立前置・出訴期間の点には問題がないことが示されているので，争点はFらの原告適格である。さらに，工事が急ピッチに進んでいるとあることから訴訟係属中に狭義の訴えの利益の消滅のおそれがあり，仮の権利救済として執行停止の申立てを検討すべきことが分かる。

設問2の解答にあたっては，実体的な違法と手続的な違法に分け，根拠と

なる法令・条例の性格の違いに留意しながら説得的な議論を展開する必要がある。その際には，会議録における弁護士Jの指示にもあるように，自らの法律上の利益との関係で違法主張の内容が制限されること（行政事件訴訟法10条1項）に留意しなければならない。事案へのあてはめの際に重要となる事実は会議録の部分に集約されている。実体的な違法に関しては，位置指定道路の入口に遮断機があるために，実際に通行できる幅は3m程度であること，マンションの駐車場出入口予定地近くに図書館の児童室があることが挙げられている。また手続的な違法に関しては，条例に基づく説明会が一方的なものであったこと，建築主事が行政手続法に基づく公聴会を開催せずに建築確認を行ったことが示されている。

設問1について

1．訴訟要件の充足

> F・G・H・Iの原告適格が認められるかどうか検討して下さい。

　Fらはいずれも建築確認の名宛人以外の第三者であり，行政事件訴訟法9条1項にいう「処分又は裁決の取消しを求めるにつき法律上の利益を有する者」にあたるかどうかが問題となる。この「法律上の利益を有する者」とは，当該処分により自己の権利若しくは法律上保護された利益を侵害され，又は必然的に侵害されるおそれのある者をいうのであり，当該処分を定めた行政法規が，不特定多数者の具体的利益を専ら一般的公益の中に吸収解消させるにとどめず，それが帰属する個々人の個別的利益としてもこれを保護すべきものとする趣旨を含むと解される場合には，このような利益もここにいう法律上保護された利益に当たり，当該処分によりこれを侵害され又は必然的に侵害されるおそれのある者は，当該処分の取消訴訟における原告適格を有するものというべきである。そして，処分の相手方以外の者について上記の法律上保護された利益の有無を判断するに当たっては，当該処分の根拠となる法令の規定の文言のみによることなく，当該法令の趣旨及び目的並びに

当該処分において考慮されるべき利益の内容及び性質を考慮し、この場合において、当該法令の趣旨及び目的を考慮するに当たっては、当該法令と目的を共通にする関係法令があるときはその趣旨及び目的をも参酌し、当該利益の内容及び性質を考慮するに当たっては、当該処分がその根拠となる法令に違反してされた場合に害されることとなる利益の内容及び性質並びにこれが害される態様及び程度をも勘案すべきものである（同条2項）。以下では、不利益・保護範囲・個別保護の各要件の充足可能性と、これらを全て充足した場合の原告の具体的な範囲の切り出しの問題を検討する（⇨ ④）。

まず不利益要件については、Fらは本件建築確認によって巨大な建築物が建築されると、(1) 本件建築物に接する道路の幅が狭く、遮断機も設置されているため、火災時等に消防車等が進入することが困難で、防災上の支障があること、(2) 本件建築物の地下駐車場出入口に接する市立図書館児童室の出入口から児童が出入りすることになり、児童の安全上の支障があること、の2つの不利益を主張している。そこで、以下ではこの2つに分けて、保護範囲要件・個別保護要件の充足可能性を検討し、Fらの原告適格が認められるかどうかを判断する。

(1) 防災上の不利益
① 保護範囲要件

取消訴訟の対象となっている建築確認の根拠規定である建築基準法6条1項は、建築基準関係規定に適合することを確認の要件としている。この中には、建築基準法のほか、同法43条2項の委任を受けて制定された条例であるB県建築安全条例（同条例1条も参照）も含まれる。これに対して、B県中高層建築物の建築に係る紛争の予防と調整に関する条例は、建築基準法の委任を受けて制定された条例ではないので、建築基準関係規定に含まれない。ただし、同条例1条は「生活環境の維持及び向上に資することを目的とする」と定めており、部分的には建築基準法の目的（同法1条参照）とその趣旨目的が重なることから、根拠規定の関連法令に含める余地はある。

建築基準関係規定に含まれる建築基準法43条1項は接道義務を定め、同法42条1項は接道義務を満たすのに必要な道路の幅員を原則4mとしている。さらに、同法43条2項は、本件建築物のような規模の大きな建築物に

関して，条例で必要な制限を付加することができるとし，この規定を受けてB県建築安全条例が定められている。接道義務に関するこれらの規定は，道路を日常生活における円滑な通行を確保するのみならず，災害時の避難経路として，あるいは消防・救急活動のための交通経路として利用することを確保するために定められているものである。このような処分要件規定の趣旨からすれば，接道義務を充足しないことによって防災上生じる不利益は，建築確認の根拠規定である建築基準法6条の保護範囲に含まれている。

② 個別保護要件

この接道義務によって保護されている利益は，建築確認対象の建築物の周辺に居住する住民の生命・身体の安全であり，極めて重要な保護法益である。また，建築基準法1条は「国民の生命，健康及び財産の保護を図り，もって公共の福祉の増進に資することを目的とする」と規定している。このような接道義務により保護されている利益の内容の重大性，利益侵害の不可逆性からすれば，建築確認に係る建築基準法6条の規定は，確認を受ける建築物の火災等によって直接的に生命・身体の安全や財産権に危険が及んだりする範囲の居住者の生命，身体，生活環境や周辺の建築物の所有者の財産権を，個々人の個別的利益としても保護すべきものとする趣旨を含むと解すべきである。よって，本件建築物の火災等により直接的な被害を受けることが社会通念上予想される範囲の建築物の居住者，またはその建物の所有者には，本件建築確認の取消訴訟の原告適格が認められると解される。

③ 具体的な原告の範囲の切り出し

本件において，Fは本件土地から10mの地点にあるマンションに居住し，Gはそのマンションの所有者である。本件建築物は高さ30mであるから，その火災・倒壊が発生した場合には，本件建築物から10mの範囲内であれば直接的な被害を受けるおそれが極めて高いから，FとGには原告適格が認められる。しかし，H・Iは本件土地から500mの地点にあるマンションに居住しているため，火災等の被害を直接的に受けうることが社会通念上予想される範囲と言えず，防災上の不利益に基づく原告適格は認められない。

なお，仮にB県中高層建築物の建築に係る紛争の予防と調整に関する条例が関連法令であると理解したとしても，同条例が説明会開催の申出を認める近隣関係住民（同条例6条1項）の定義規定（同条例2条4号）にH・Iは該

当せず，H・Iに防災上の不利益に基づく原告適格を肯定する余地はない。

(2) 児童の安全上の不利益
① 保護範囲要件
　建築基準関係規定であるB県建築安全条例27条4号は，「児童公園，小学校，幼稚園，盲学校，ろう学校，養護学校，児童福祉施設，老人ホームその他これらに類するものの出入口から20メートル以内の道路」に面して自動車の出入口を設けてはならないとする。対象施設の列挙から見れば，この規定は，交通事故に遭いやすい児童・障害者・高齢者を事故から守り，交通安全上の支障を生じさせないことを意図したものと考えられる。この規定の趣旨からすれば，本件建築物の建築によって児童の安全面に関して生じる不利益は，建築確認の処分の要件規定が保護する範囲に含まれている。

② 個別保護要件
　この規定によって保護される利益の内容が児童の生命・身体の安全に関わるものであって，それ自体極めて重大な保護法益であることを考慮すれば，建築確認に係る建築基準法の規定は，確認を受ける建築物の駐車場から出入りする自動車等によって生命・身体の安全に危険が及ぶ児童の生命・身体を個々人の個別的利益としても保護すべきものとする趣旨を含むと解すべきである。従って，児童室を定期的に利用する児童には，原告適格が認められると考えられる。

③ 具体的な原告の範囲の切り出し
　本件においてHは本件建築物の駐車場出入口設置予定地から10mのところに出入口がある本件児童室に毎週通う小学2年生なので，原告適格が認められる。しかし上記①の検討によれば，B県建築安全条例27条4号から，保護者の利益を児童の利益とは独立して保護している趣旨を読み取ることはできない。それゆえ児童Hの保護者Iに固有の原告適格は認められない。

　なお，仮にB県中高層建築物の建築に係る紛争の予防と調整に関する条例が関連法令であると理解したとしても，同条例が説明会開催の申出を認める近隣関係住民（同条例6条1項）の定義規定（同条例2条4号）にIは該当せず，Iに児童の安全上の不利益に基づく原告適格を肯定する余地はない。

124 建築確認取消訴訟の狭義の訴えの利益はどの段階で消滅しますか。

最高裁判例（判百Ⅱ183　判Ⅱ55　CB13-4　最二小判1984（昭和59）・10・26民集38巻10号1169頁）によれば，建築確認の法的効果は，建築物を適法に建築できる地位を付与するにとどまるため，当該建築物の建築工事が完了すれば狭義の訴えの利益が失われることになる（⇨58 64，例解463頁）。

2. 仮の権利救済

125 本件の仮の権利救済として何を利用するのが適切ですか。またその要件を充足することを主張して下さい。

124 で示したように，建築確認取消訴訟の狭義の訴えの利益は，建築工事の完了によって消滅する。そこで，訴訟係属中に工事が完成して訴えの利益が消滅することを防ぐため，執行停止の申立てを行う必要がある（例解135頁）。執行停止には「処分の効力の停止」（＝処分を一時的に取り消す）「処分の執行の停止」（＝処分自体の効力を否定しないで，処分に続く義務履行強制を停止する）「手続の続行の停止」（＝処分自体の効力を否定しないで，処分に続く別の処分などの後続手続を停止する）の3種類の区別がある。適法に工事を行う地位を付与する建築確認には，それに続く執行行為や後続の行政処分手続が存在しないため，効力の停止を申し立てることになる（行政事件訴訟法25条2項）。

執行停止の積極要件は，（ⅰ）取消訴訟の適法な係属と，（ⅱ）「重大な損害を避けるため緊急必要があるとき」である。重大な損害を生ずるか否かを判断するに当たっては，損害の回復の困難の程度を考慮するものとし，損害の性質及び程度並びに処分の内容及び性質をも勘案するものとされる（同条3項）。これを本件についてみれば，（ⅰ）上述の通り，本件では取消訴訟の訴訟要件を充足する。また，（ⅱ）本件建築物が建築された後に火災等が発生すると，Fの生命・身体の安全に重大な影響が生じ，そのような被害は金銭によって償うことができないものである。Gにとっては自らの財産であ

る建築物が火災の延焼等で失われる危険性があり，その被害は最終的には金銭によって償うことができるとはいえGにとっては多額の経済的損害となりうるから，いずれも重大な損害と言いうる。さらに，本件建築物建築後に駐車場出入口から自動車が出入りすると，Hが交通事故に遭う危険が高まる。その結果，Hの生命・身体の安全に重大な影響が生じ，そのような被害は金銭によって償うことができないものである。工事の完了は間近であり，その後に建築基準法9条1項の是正命令義務付け訴訟を提起し，仮の義務付けを申し立てたとしても，こうした危険が現実に除去されるには相当の期間を要するから，重大な損害を避けるため緊急の必要があると言える。

　執行停止の消極要件は，（ⅰ）「公共の福祉に重大な影響を及ぼすおそれ」と，（ⅱ）「本案について理由がないとみえる」（行政事件訴訟法25条4項）である。これを本件についてみれば，（ⅰ）民間のマンション建設が問題になっているから，公共の福祉との関係で執行停止が重大な影響を及ぼすとは考えにくい。また（ⅱ）後述の通り（⇨126 127），本案について理由がないとみえるとは言えない。

設問2について

1. 違法性の主張

> 本件の実体面に注目した違法性を主張して下さい。

　本件の実体面に注目した違法性主張は，上記の不利益に対応して（1）接道義務違反と（2）駐車場出入口規制違反とに分けられる。

(1) 接道義務違反

　この点に関するFらの主張は①幅員6m道路では道路幅が不十分であることと，②遮断機を上げた状態で通行できる道路幅が3mしかないこと，の2点である。

　①について，建築基準法42条は，接道義務を満たす道路の幅を原則4m

（場合によっては6m）とし，同法43条2項で，避難・通行の安全の目的を十分達し難いと認める場合に委任条例で必要な制限が付加できるとする。しかしB県建築安全条例4条2項は幅員を6mとする。これはB県が，6mの幅員で避難・通行の安全を十分達成しうると考えたからであると思われる。本件建築物は幅員6mの道路に接しているから，同条例4条2項を充足しており，①を理由とする違法性の主張は困難である（もし違法性の主張をするとすれば，建築基準法43条2項の委任規定を踏まえて，条例の立法裁量の統制の議論を展開する必要がある）。

②について，建築基準法43条1項が定める接道義務の趣旨は，火災等が発生した際の避難や消火活動を適切に行うためであるから，緊急時に消防車等の進入に支障がないようにするためには，現実に6mの幅が接道距離全体にわたって維持されていることが不可欠である。これを本件についてみれば，L神社の事務所と連絡が取れなかった場合には遮断機が上がらず，また連絡が取れて遮断機を上げた状態でも3mの幅しかないとすると，現実に6mの幅が接道距離全体にわたって維持されているとは言えない。

よって，本件建築確認は，建築基準法43条1項及びB県建築安全条例4条2項が定める接道義務を充足せず，違法である。

(2) 駐車場出入口規制違反

B県建築安全条例27条4号は，駐車場の出入口規制の対象として「児童公園，小学校，幼稚園，盲学校，ろう学校，養護学校，児童福祉施設，老人ホーム」から20m以内の道路と規定しており，図書館の児童室はここに含まれていない。そこで，同号にいう「その他これらに類するもの」に児童室が該当するかどうかが問題となる。

同号に列挙された施設はいずれも，専ら児童・障害者・高齢者等が日常的に過ごす場所であり，これらの施設の周辺で児童等が交通事故に遭うことを防ぐ趣旨の規定であると考えられる。本件児童室は図書館に附属する施設ではあるものの，児童を主たる利用者として想定している点で，同号に列挙された施設に類するものといえる。

これを本件についてみれば，児童室の出入口から駐車場出入口までが約10mしか離れておらず，本件建築確認はB県建築安全条例27条4号に違反

し，建築基準関係規定に適合しないから違法である。

> 本件の手続面に注目した違法性を主張して下さい。またその違法性は処分取消事由となるかどうかも併せて検討して下さい。

　本件においてＦらは，①Ａが説明会を「形ばかりに」しか開催していないことがＢ県中高層建築物の建築に係る紛争の予防と調整に関する条例（紛争予防条例）に違反する，②建築主事Ｅが建築確認の際に公聴会を開催していないことが違法である，と主張している。

　①について，前述の通り紛争予防条例は建築基準法の委任を受けた条例ではないから，建築確認の要件を規定している建築基準関係規定にあたらない。そのため，説明会における説明が不十分であっても，それが建築確認の違法事由となるわけではないと考えられる。

　②について，Ｆらが主張する公聴会は，行政手続法10条に基づくものと考えられる（例解61頁）。本件において，Ｆらの利害を考慮することも建築確認の考慮事項に含まれているため（⇨123），公聴会開催の努力義務が認められる。しかしあくまでも努力義務にとどまるため，公聴会不開催が建築確認の違法事由になるとは言えない。

2. 原告側の主張制限

> 原告Ｆがいかなる違法主張ができるかを検討して下さい。

　行政事件訴訟法10条1項は，「取消訴訟においては，自己の法律上の利益に関係のない違法を理由として取消しを求めることができない」と定めている。ここでいう自己の法律上の利益に関係のない違法とは，原告の権利・利益を法的に保護する趣旨を含まない規定に違反したとの主張である（⇨122）。

　これを本件についてみれば，上記の違法性主張のうち，接道義務違反の主張はＦの生命・身体の安全に関わるものであり，また手続的違法の主張も，これらの規定がＦの利益をも保護する趣旨で設けられていると解釈できる

ため、いずれも自己の法律上の利益に関係あるものとして、違法主張が可能である。しかし、駐車場出入口規制は、専ら児童等の交通安全上の利益を保護するための規定であって（⇨128）、児童でないFにとっては自己の利益と関わりのない内容であるから、Fはこの違法主張をすることはできない。

▶答案例

[設問1]
　Fらが本件建築物の建築を阻止するためには、建築確認取消訴訟を提起することが考えられる。建築確認（建築基準法6条1項）には処分性が認められ、すでに審査請求を行っているので不服申立前置を充足し、出訴期間制限（行政事件訴訟法14条1項）についても現時点では充足している。そこで訴訟要件として問題となるのは、原告適格と狭義の訴えの利益である。

1. 原告適格
　Fらはいずれも建築確認の名宛人以外の第三者であり、行政事件訴訟法9条1項にいう「処分又は裁決の取消しを求めるにつき法律上の利益を有する者」にあたるかどうかが問題となる。この「法律上の利益を有する者」とは、当該処分により自己の権利若しくは法律上保護された利益を侵害され、又は必然的に侵害されるおそれのある者をいうのであり、当該処分を定めた行政法規が、不特定多数者の具体的利益を専ら一般的公益の中に吸収解消させるにとどめず、それが帰属する個々人の個別的利益としてもこれを保護すべきものとする趣旨を含むと解される場合には、このような利益もここにいう法律上保護された利益に当たり、当該処分によりこれを侵害され又は必然的に侵害されるおそれのある者は、当該処分の取消訴訟における原告適格を有するものというべきである（その解釈規定として同条2項参照）。
　Fらは、本件建築確認によって本件建築物が建築されると、(1)本件建築物に接する道路の幅が狭く、遮断機も設置されているため、火災時等に消防車等が進入することが困難で、防災上の支障があること、(2)本件建築物の地下駐車場出入口に接する市立図書館児童室の出入口から

児童が出入りすることになり，児童の安全上の支障があること，の2つの不利益を主張している。そこで，以下ではこの2つに分けて，上記の見地からFらの原告適格が認められるか検討する。

(1) 防災上の不利益

建築基準法6条1項は，建築基準関係規定に適合することを建築確認の要件と規定している。建築基準関係規定には，建築基準法のほか，同法43条2項の委任を受けて制定された条例であるB県建築安全条例（同条例1条も参照）も含まれる。これに対して，B県中高層建築物の建築に係る紛争の予防と調整に関する条例（以下「紛争予防条例」という）は，建築基準法の委任を受けて制定された条例ではなく，建築基準関係規定に含まれない。

建築基準関係規定に含まれる建築基準法43条1項は接道義務を定め，同法42条1項は接道義務を満たすのに必要な道路の幅員を原則4mとしている。さらに，同法43条2項は，本件建築物のような規模の大きな建築物に関して，条例で必要な制限を付加することができるとし，この規定を受けてB県建築安全条例が定められている。接道義務に関するこれらの規定は，道路を日常生活における円滑な通行を確保するのみならず，災害時の避難経路として，あるいは消防・救急活動のための交通経路として利用することを確保するために定められているものである。このような処分要件規定の趣旨からすれば，防災上の利益は，建築確認の根拠規定である建築基準法6条の保護範囲に含まれている。

この接道義務によって保護されている利益は，建築確認対象の建築物の周辺に居住する住民の生命・身体の安全であり，極めて重要な保護法益である。また，建築基準法1条は「国民の生命，健康及び財産の保護を図り，もって公共の福祉の増進に資することを目的とする」と規定している。このような利益の内容の重大性，利益侵害の不可逆性と建築基準法の趣旨・目的からすれば，建築確認に係る建築基準法6条の規定は，確認を受ける建築物の火災等によって直接的に生命・身体の安全や財産権に危険が及んだりする範囲の居住者の生命，身体，生活環境や周

辺の建築物の所有者の財産権を，個々人の個別的利益としても保護すべきものとする趣旨を含むと解すべきである。よって，本件建築物の火災等により直接的な被害を受けることが社会通念上予想される範囲の建築物の居住者，またはその建物の所有者には，本件建築確認の取消訴訟の原告適格が認められると解される。

　本件において，Fは本件土地から10mの地点にあるマンションに居住し，Gはそのマンションの所有者である。本件建築物は高さ30mであるから，その火災・倒壊が発生した場合には，本件建築物から10mの範囲内であれば直接的な被害を受けるおそれが極めて高いから，FとGには原告適格が認められる。しかし，H・Iは本件土地から500mの地点にあるマンションに居住しているため，火災等の被害を直接的に受けることが社会通念上予想される範囲とは言えず，防災上の利益に基づく原告適格は認められない。

(2) 児童の安全上の不利益

　建築基準関係規定であるB県建築安全条例27条4号は，「児童公園，小学校，幼稚園，盲学校，ろう学校，養護学校，児童福祉施設，老人ホームその他これらに類するものの出入口から20メートル以内の道路」に面して自動車の出入口を設けてはならないとする。この規定の対象施設の列挙から見れば，この規定は，交通事故に遭いやすい児童・障害者・高齢者を事故から守り，交通安全上の支障を生じさせないことを意図したものと考えられる。この規定の趣旨からすれば，児童の安全面に関する利益は，建築確認の処分の要件規定が保護する範囲に含まれている。

　この規定によって保護される利益の内容が児童の生命・身体の安全に関わるものであってそれ自体極めて重大な保護法益であることを考慮すれば，建築確認に係る建築基準法の規定は，確認を受ける建築物の駐車場から出入りする自動車等によって生命・身体の安全に危険が及ぶ児童の生命・身体を個々人の個別的利益としても保護すべきものとする趣旨を含むと解すべきである。従って，児童室を定期的に利用する児童には，原告適格が認められると考えられる。

本件においてHは本件建築物の駐車場出入口設置予定地から10mのところに出入口がある本件児童室に毎週通う小学2年生なので，原告適格が認められる。しかし，B県建築安全条例27条4号からは，保護者の利益を児童の利益とは独立して保護している趣旨を読み取ることはできない。それゆえ児童Hの保護者Iに固有の原告適格は認められない。

2. 狭義の訴えの利益

　建築確認の法的効果は，建築物を適法に建築できる地位を付与するにとどまるため，当該建築物の建築工事が完了すれば狭義の訴えの利益が失われることになる。

3. 仮の権利救済

　訴訟係属中に工事が完成して訴えの利益が消滅することを防ぐため，執行停止の申立てを行う必要がある。適法に工事を行う地位を付与する建築確認には，それに続く執行行為や後続の行政処分手続が存在しないため，効力の停止を申し立てることになる（行政事件訴訟法25条2項）。

　執行停止の積極要件は，(i) 取消訴訟の適法な係属と，(ii)「重大な損害を避けるため緊急の必要があるとき」である。重大な損害を生ずるか否かを判断するに当たっては，損害の回復の困難の程度を考慮するものとし，損害の性質及び程度並びに処分の内容及び性質をも勘案するものとされる（同条3項）。これを本件について見れば，(i) 上述の通り，本件では取消訴訟の訴訟要件を充足する。また，(ii) 本件建築物が建築された後に火災等が発生すると，Fの生命・身体の安全に重大な影響が生じ，そのような被害は金銭によって償うことができないものである。Gにとっては自らの財産である建築物が火災の延焼等で失われる危険性があり，その被害は最終的には金銭によって償うことができるとはいえGにとっては多額の経済的損害となりうるから，いずれも重大な損害と言いうる。さらに，本件建築物建築後に駐車場出入口から自動車が出入りすると，Hが交通事故に遭う危険が高まる。その結果，Hの生命・身体の安全に重大な影響が生じ，そのような被害は金銭によって償うことができないものである。工事の完了は間近であり，その後に建

築基準法9条1項の是正命令義務付け訴訟を提起し，仮の義務付けを申し立てたとしても，仮の義務付けの決定や是正命令義務付け判決が確定してこうした危険が現実に除去されるまでには相当の期間を要すると考えられるから，重大な損害を避けるため緊急の必要があると言える。

執行停止の消極要件は，(i)「公共の福祉に重大な影響を及ぼすおそれ」と，(ii)「本案について理由がないとみえる」(行政事件訴訟法25条4項) である。これを本件についてみれば，(i) 民間のマンション建設が問題になっているから，公共の福祉との関係で執行停止が重大な影響を及ぼすとは考えにくい。また (ii) 後述の通り，本案について理由がないとみえるとは言えない。

以上から，建築確認処分の効力の停止が認められるべきである。

[設問2]

本件の建築確認の違法性の主張は，実体面に注目した違法性主張と，手続面に注目した違法性主張に分けられる。

1. 実体面に注目した違法性主張

本件の実体面に注目した違法性主張は，上記の不利益に対応して (1) 接道義務違反と (2) 駐車場出入口規制違反とに分けられる。

(1) 接道義務違反

この点に関するFらの主要な主張は，遮断機を上げた状態で通行できる道路幅が3mしかないことである。

建築基準法43条1項が定める接道義務の趣旨は，火災等が発生した際の避難や消火活動を適切に行うためであるから，緊急時に消防車等の進入に支障がないようにするためには，現実に6mの幅が接道距離全体にわたって維持されていることが不可欠である。

これを本件についてみれば，L神社の事務所と連絡が取れなかった場合には遮断機が上がらず，また連絡が取れて遮断機を上げた状態でも3mの幅しかないとすると，現実に6mの幅が接道距離全体にわたって維持されているとは言えない。よって，本件建築確認は，建築基準法

43条1項及びB県建築安全条例4条2項が定める接道義務を充足せず，建築基準関係規定に適合しないから違法である。
(2) 駐車場出入口規制違反

B県建築安全条例27条4号は，「児童公園，小学校，幼稚園，盲学校，ろう学校，養護学校，児童福祉施設，老人ホーム」から20m以内の道路に駐車場出入口を設けてはならないと規定しており，図書館の児童室はここに含まれていない。そこで，同号にいう「その他これらに類するもの」に児童室が該当するかどうかが問題となる。

同号に列挙された施設はいずれも，専ら児童・障害者・高齢者等が日常的に過ごす場所である。本件児童室は図書館に附属する施設ではあるものの，児童を主たる利用者として想定している点で，同号に列挙された施設に類するものといえ，同号の適用対象に含まれると解される。

これを本件についてみれば，児童室の出入口から駐車場出入口までが約10mしか離れておらず，本件建築確認はB県建築安全条例27条4号に違反し，建築基準関係規定に適合しないから違法である。

2. 手続面に注目した違法性主張

本件においてFらは，①Aが説明会を「形ばかりに」しか開催していないことが紛争予防条例に違反する，②建築主事Eが建築確認の際に公聴会を開催していないことが違法である，と主張している。

①について，前述の通り紛争予防条例は建築基準法の委任を受けた条例ではないから，建築確認の要件を規定している建築基準関係規定にあたらない。そのため，説明会における説明が不十分でも，それが建築確認の違法事由となるわけではない。

②について，Fらが主張する公聴会は，行政手続法10条の開催努力義務規定に基づくものと考えられる。本件においては，Fらの利害を考慮することも建築確認の考慮要素に含まれているため，公聴会開催の努力義務が認められる。しかしあくまでも努力義務にとどまるため，公聴会不開催が建築確認の違法事由になるとは言えない。

3. 原告Fが主張しうる違法事由

行政事件訴訟法10条1項は,「取消訴訟においては,自己の法律上の利益に関係のない違法を理由として取消しを求めることができない」と定めている。ここでいう自己の法律上の利益に関係のない違法とは,原告の権利・利益を法的に保護する趣旨を含まない規定に違反したとの主張であると考えられる。

　これを本件についてみれば,上記の違法主張のうち,接道義務違反の主張はFの生命・身体の安全に関わるものであり,また手続的違法の主張も,これらの規定が原告の権利・利益を法的に保護する趣旨と解釈できるため,いずれも自己の法律上の利益に関係あるものとして,違法主張が可能と考えられる。しかし,駐車場出入口規制は,専ら児童等の交通安全上の利益を保護するための規定であって,児童でないFにとっては自己の利益と関わりのない内容であるから,Fはこの違法主張をすることはできない。

事例 ② 土地区画整理組合の賦課金

Level・3

　Ａは、土地区画整理法（以下「法」という。）に基づいて1987年に設立されたＢ土地区画整理組合（以下「本件組合」という。）の組合員である。本件組合の施行する土地区画整理事業（以下「本件事業」という。）については、当初、国及びＣ県からの補助金並びに保留地（事業費を捻出するために売却に用いられる土地をいう。）の処分による収入により実施する計画であったが、地価の下落により、保留地の処分が計画どおり進まなかったため、本件組合は、度々資金計画を変更して、補助金の増額や事業資金の借入れにより対応してきた。しかし、なおも地価の下落が続き、事業費不足が生じたため、本件組合は、組合員に対して総額15億円の賦課金の負担を求めることとした。

　本件組合は、2012年6月17日に開催された臨時総会（以下「本件臨時総会」という。）において、賦課金の新設を内容とする定款変更（以下「本件定款変更」という。その内容については、【資料1】を参照。）について議決した。また、本件臨時総会においては、賦課金の額及び徴収方法を定める賦課金実施要綱（以下「本件要綱」という。）が議決された。本件要綱によると、300平方メートル以下の小規模宅地の所有者又は借地権者（以下「所有者等」という。）には、賦課金は課されず、300平方メートルを超える宅地の所有者等に対して、300平方メートルを超える地積に比例して、賦課金が割り当て

られる。すなわち，各組合員の賦課金の額は，｛(地積－300㎡) × 賦課金単価｝とされ，賦課金単価は，｛15億円÷(総地積－総賦課金免除地積)｝とされている。本件臨時総会で，本件組合の理事Dは，小規模宅地の所有者等に対する政策的配慮から，小規模宅地の所有者等については一律に賦課金支払義務を免除した旨を説明した。

　本件臨時総会における本件定款変更の議決状況は，【資料2】のとおりである。書面による議決権行使の書類については，本件組合の理事Dが組合員により署名捺印された白紙のままの書面議決書500通を受け取り，後で議案に賛成の記載を自ら施していた。

　本件組合は，法第39条第1項の規定に基づき，本件定款変更について認可を申請し，C県知事は，2012年12月13日付けで，本件定款変更の認可（以下「本件認可」という。）を行った。

　本件事業の施行区域内に2000平方メートルの宅地を所有するAは，本件認可に不満を持ち，C県の担当部署を訪れて，本件認可を見直すよう申し入れるとともに，聞き入れられない場合には，本件認可の取消しを求めて訴訟を提起する考えを伝えた。しかし，C県職員からは，本件認可を見直す予定はないこと，及び，本件認可は取消訴訟の対象とならないことを告げられた。途方に暮れたAは，知り合いの弁護士Eに相談した。

　以下に示された【法律事務所の会議録】を読んだ上で，弁護士Eの指示に応じ，弁護士Fの立場に立って，設問に答えなさい。なお，土地区画整理法の抜粋は【資料3】に掲げてあるので，適宜参照しなさい。ただし，土地区画整理法及び同法施行令の規定によると，費用の分担に関する定款変更は総会の特別議決事項とされており，組合員の3分の2以上が出席し，出席組合員の(人数及び地積における)3分の2以上で決することとされているが，これに関する規定は【資料3】には掲げていない。

設問 1

本件認可は，取消訴訟の対象となる処分に当たるか。土地区画整理組合及びこれに対する定款変更認可の法的性格を論じた上で，本件認可の法的効果を丁寧に検討して答えなさい。

設問 2

本件認可は適法か。関係する法令の規定を挙げながら，適法とする法律論及び違法とする法律論として考えられるものを示して答えなさい。

【法律事務所の会議録】

弁護士Ｅ：Ａさんは，本件認可の取消訴訟を提起したい意向です。そこで，まず，訴訟要件について検討しましょう。本件認可に処分性は認められるでしょうか。

弁護士Ｆ：「認可」という文言からして，処分性は問題なく認められるのではないでしょうか。

弁護士Ｅ：本件では，土地区画整理組合に対する認可である点に注意が必要です。Ａさんの話では，Ｃ県の職員は，「本件組合は，行政主体としての法的性格を与えられている」と述べたそうです。

弁護士Ｆ：本件組合が行政主体であるとは，どういうことでしょうか。土地区画整理法にそのようなことが規定されているのでしょうか。

弁護士Ｅ：認可の法的性格を考える上で前提になりますから，検討をお願いします。それから，Ｃ県の職員は，「下級行政機関である本件組合に対する本件認可は，処分に該当しない」と明言していたようです。なぜ本件認可の処分性が否定されることになるのか，Ｃ県側の立脚している考え方について，整理してください。その際，Ｃ県側の主張の論拠となり得る土地区画整理法の規定があれば，挙げてください。

弁護士Ｆ：承知しました。ただ，本件認可の法的効果を幅広く検討することによって，処分性が認められる余地があるのではないでしょうか。

弁護士Ｅ：なるほど。本件認可の法的効果を条文に即して幅広く検討する必要がありますね。Ａさんの話では，Ｃ県の職員は，「市町村が土地区画整理事業を行う場合には，定款ではなく施行規程を条例で定めることとされています。条例の制定行為に処分性が認められないのと同様に，本件認可は処分に該当するものではありません。」と述べたそうです。この主張がどのような法的根拠に基づいており，何を理由に処分性を否定する趣旨なのか，明らかにする必要があります。また，この主張に対してどのように反論すべきかについて，重要な点ですから，賦課金

の具体的な仕組みに即した丁寧な検討をお願いします。

弁護士F：承知しました。

弁護士E：次に，本件認可の適法性について検討しましょう。Aさんの話では，本件事業は，地価が高騰しつつあったバブル経済期に計画され，保留地を高値で売却できることが資金計画の前提とされていました。ところが，バブル経済の崩壊により，この前提が大きく崩れたにもかかわらず，本件組合は，地価はいずれ持ち直すという楽観的な見通しのもとに資金計画を変更し，さらに資金計画の変更を迫られるということを繰り返しています。今回の資金計画の変更は，事業当初から数えて7回目に当たります。このような度重なる資金計画の変更は，本件組合が本件事業を遂行できるのかについて大きな疑問を抱かせるものであること，また，本件事業は既に実質的に破綻しており，賦課金の新設を認めることは違法であることなどが，Aさんの主張です。Aさんの主張が本件認可の違法事由として法律構成できるものなのかについて，土地区画整理法の条文に即して検討してください。

弁護士F：承知しました。

弁護士E：それから，Aさんの不満は，本件定款変更が本件臨時総会で議決された経緯にもあるようです。費用の分担に関する定款変更は，特別議決事項とされていますが，本件臨時総会の議決状況を見ると，形の上では，議決の要件を満たしていますね。ただ，書面議決書の取扱いに問題があるように思われますので，この点についての違法性を，C県側の反論も想定した上で，検討してください。

弁護士F：承知しました。Aさんは，賦課金の算定方法が不公平であるという点にも不満を持っておられるようですね。私の方で少し調査しましたところ，本件組合の組合員1人当たりの平均地積は約482平方メートルですが，300平方メートル以下の宅地の所有権等を有し，賦課金が免除される組合員は930名で，総組合員の約80パーセントを占めています。また，賦課金が免除される宅地の総地積は約23万平方メートルで，施行地区内の宅地の総地積の約41パーセントを占めています。

弁護士E：なるほど。そのデータを踏まえ，本件の賦課金の算定方法の違法性につき，土地区画整理法の規定に照らして，検討してください。ただ，賦課金の算定方法は本件定款において直接定められているわけではありませんので，C県側は，賦課金の算定方法の違法性が本件認可の違法性をもたらすわけではないという主張をしてくるかもしれません。これに対する反論についても検討をお願いします。

弁護士F：承知しました。

【資料1≫本件定款変更の内容】

賦課金に関する規定を新設し，第6条第2号を挿入して同条第3号以下を繰り下げるとともに，第7条及び第8条を挿入して第9条以下を繰り下げる。変更後の第6条ないし第8条は，以下のとおりである。

(収入金)
第6条　この組合の事業に要する費用は、次の各号に掲げる収入金をもってこれに充てる。
　一　補助金及び助成金
　二　次条の規定による賦課金
　三　第9条の規定による保留地の処分金
　四　（略）
　五　寄付金及び雑収入
(賦課金)
第7条　前条第2号の賦課金の額及び賦課金徴収の方法は、総会の議決に基づき定める。
(過怠金及び督促手数料)
第8条　前条の規定による賦課金の滞納に督促状を発した場合においては、督促1回ごとに80円の督促手数料及びその滞納の日数に応じて当該督促に係る賦課金の額に年利10.75パーセントの割合を乗じて得た金額を延滞金として徴収するものとする。

【資料2≫本件臨時総会における本件定款変更の議決状況】

総組合員数　1161名
宅地の総地積　56万平方メートル
出席組合員数　907名（投票者287名、書面による議決権行使者620名）
賛成した出席組合員数　795名（投票者225名、書面による議決権行使者570名）
賛成した出席組合員が所有権又は借地権を有する宅地総地積　39万平方メートル
（投票者18万平方メートル、書面による議決権行使者21万平方メートル）

【資料3≫土地区画整理法（昭和29年5月20日法律第119号）（抜粋）】

(この法律の目的)
第1条　この法律は、土地区画整理事業に関し、その施行者、施行方法、費用の負担等必要な事項を規定することにより、健全な市街地の造成を図り、もって公共の福祉の増進に資することを目的とする。
(定義)
第2条　この法律において「土地区画整理事業」とは、都市計画区域内の土地について、公共施設の整備改善及び宅地の利用の増進を図るため、この法律で定めるところに従って行われる土地の区画形質の変更及び公共施設の新設又は変更に関する事業をいう。

2～8　（略）
(土地区画整理事業の施行)
第3条　（略）
2　宅地について所有権又は借地権を有する者が設立する土地区画整理組合は，当該権利の目的である宅地を含む一定の区域の土地について土地区画整理事業を施行することができる。
3　（略）
4　都道府県又は市町村は，施行区域の土地について土地区画整理事業を施行することができる。
5　（略）
(設立の認可)
第14条　第3条第2項に規定する土地区画整理組合（以下「組合」という。）を設立しようとする者は，7人以上共同して，定款及び事業計画を定め，その組合の設立について都道府県知事の認可を受けなければならない。　（以下略）
2～4　（略）
(定款)
第15条　前条第1項（中略）の定款には，次に掲げる事項を記載しなければならない。
　一　組合の名称
　二　施行地区（中略）に含まれる地域の名称
　三　事業の範囲
　四　事務所の所在地
　五　（略）
　六　費用の分担に関する事項
　七～十二　（略）
(設立の認可の基準等及び組合の成立)
第21条　都道府県知事は，第14条第1項（中略）に規定する認可の申請があった場合においては，次の各号（中略）のいずれかに該当する事実があると認めるとき以外は，その認可をしなければならない。
　一　申請手続が法令に違反していること。
　二　定款又は事業計画若しくは事業基本方針の決定手続又は内容が法令（中略）に違反していること。
　三　（略）
　四　土地区画整理事業を施行するために必要な経済的基礎及びこれを的確に施行するために必要なその他の能力が十分でないこと。
2～7　（略）
(組合員)
第25条　組合が施行する土地区画整理事業に係る施行地区内の宅地について所有権又は借地権を有する者は，すべてその組合の組合員とする。
2　（略）
(総会の組織)

第30条　組合の総会は，総組合員で組織する。
（総会の議決事項）
第31条　次に掲げる事項は，総会の議決を経なければならない。
　一　定款の変更
　二　事業計画の決定
　三　事業計画又は事業基本方針の変更
　四～六　（略）
　七　賦課金の額及び賦課徴収方法
　八～十二　（略）
（議決権及び選挙権）
第38条　1，2　（略）
3　組合員は書面又は代理人をもって（中略）議決権及び選挙権を行うことができる。
4　前項の規定により議決権及び選挙権を行う者は，（中略）出席者とみなす。
5，6　（略）
（定款又は事業計画若しくは事業基本方針の変更）
第39条　組合は，定款又は事業計画若しくは事業基本方針を変更しようとする場合においては，その変更について都道府県知事の認可を受けなければならない。
　（以下略）
2　（中略）第21条第1項（中略）の規定は前項に規定する認可の申請があった場合又は同項に規定する認可をした場合について準用する。　（以下略）
3～6　（略）
（経費の賦課徴収）
第40条　組合は，その事業に要する経費に充てるため，賦課金として（中略）組合員に対して金銭を賦課徴収することができる。
2　賦課金の額は，組合員が施行地区内に有する宅地又は借地の位置，地積等を考慮して公平に定めなければならない。
3　（略）
4　組合は，組合員が賦課金の納付を怠った場合においては，定款で定めるところにより，その組合員に対して過怠金を課することができる。
（賦課金等の滞納処分）
第41条　組合は，賦課金（中略）又は過怠金を滞納する者がある場合においては，督促状を発して督促し，その者がその督促状において指定した期限までに納付しないときは，市町村長に対し，その徴収を申請することができる。
2　（略）
3　市町村長は，第1項の規定による申請があった場合においては，地方税の滞納処分の例により滞納処分をする。　（以下略）
4　市町村長が第1項の規定による申請を受けた日から30日以内に滞納処分に着手せず，又は90日以内にこれを終了しない場合においては，組合の理事は，都道府県知事の認可を受けて，地方税の滞納処分の例により，滞納処分をすることができる。

5　前2項の規定による徴収金の先取特権の順位は，国税及び地方税に次ぐものとする。
（施行規程及び事業計画の決定）
第52条　都道府県又は市町村は，第3条第4項の規定により土地区画整理事業を施行しようとする場合においては，施行規程及び事業計画を定めなければならない。（以下略）
2　（略）
（施行規程）
第53条　前条第1項の施行規程は，当該都道府県又は市町村の条例で定める。
2　前項の施行規程には，左の各号に掲げる事項を記載しなければならない。
　一　土地区画整理事業の名称
　二　施行地区（中略）に含まれる地域の名称
　三　土地区画整理事業の範囲
　四　事務所の所在地
　五　費用の分担に関する事項
　六～八　（略）
（換地処分）
第103条　換地処分は，関係権利者に換地計画において定められた関係事項を通知してするものとする。
2　換地処分は，換地計画に係る区域の全部について土地区画整理事業の工事が完了した後において，遅滞なく，しなければならない。　（以下略）
3　個人施行者，組合，区画整理会社，市町村又は機構等は，換地処分をした場合においては，遅滞なく，その旨を都道府県知事に届け出なければならない。
4　国土交通大臣は，換地処分をした場合においては，その旨を公告しなければならない。都道府県知事は，都道府県が換地処分をした場合又は前項の届出があった場合においては，換地処分があった旨を公告しなければならない。
5，6　（略）
（報告，勧告等）
第123条　国土交通大臣は都道府県又は市町村に対し，都道府県知事は個人施行者，組合，区画整理会社又は市町村に対し，市町村長は個人施行者，組合又は区画整理会社に対し，それぞれその施行する土地区画整理事業に関し，この法律の施行のため必要な限度において，報告若しくは資料の提出を求め，又はその施行する土地区画整理事業の施行の促進を図るため必要な勧告，助言若しくは援助をすることができる。
2　（略）
（組合に対する監督）
第125条　都道府県知事は，組合の施行する土地区画整理事業について，その事業又は会計がこの法律若しくはこれに基づく行政庁の処分又は定款，事業計画，事業基本方針若しくは換地計画に違反すると認める場合その他監督上必要がある場合においては，その組合の事業又は会計の状況を検査することができる。

2〜7　（略）

Milestone

[129] 土地区画整理事業の概要を整理した上で，賦課金がどのようなときに用いられるか説明して下さい。

[130] 土地区画整理組合の他に公共組合にはどんな具体例がありますか。公共組合はどのような場合に用いられ，どのような機能を果たすことが期待されていますか。

[131] 土地区画整理組合と県との関係は行政内部関係であるという考え方を，この点に関連する最高裁判例を踏まえ，土地区画整理法の規定に即して説明して下さい。

[132] 土地区画整理組合に対する認可（設立認可・定款変更認可）の法的効果としてどのようなものが法律上認められていますか。またこのことは処分性を基礎付けると考えられますか。

[133] 定款と定款変更認可が機能的に条例に相当し，それゆえ処分性が認められないという考え方を，この点に関連する最高裁判例を踏まえ，土地区画整理法の規定に即して説明して下さい。

[134] 賦課金の賦課徴収に関する土地区画整理法の定めを整理した上で，上記[133]の見解に反論して下さい。

[135] 定款変更に関する総会議決の手続的側面に注目して，認可の適法性・違法性を基礎付けうる論拠を整理して下さい。

[136] 賦課金算定方法の定め方や認可の実体的要件に関して，認可の適法性・違法性を基礎付けうる論拠を整理して下さい。

解説

事例のねらい

　本問は 2013 年度の司法試験・論文式の行政法の問題をそのまま掲載している。設問 1 では組合の定款変更認可の処分性（⇨**24**）が問われている。答案の構成が比較的定型化している原告適格と異なり，処分性の答案を苦手とする学生が多い。処分性が問われた場合には，最高裁判例の定式を踏まえて問題となっている定義要素について，法令の規定を踏まえ，当該行為の性格や法的効果を具体的に論じる必要があるため，原告適格と比べても個別法の解釈力がより問われることがその背景にある。以下では，処分性に関する著名な最高裁判例と素材となっている個別法とをどのように組み合わせて答案を構成すればよいかを検討する。また，設問 2 では認可の違法性主張が求められている。土地区画整理法の条文の解釈を踏まえ，問題に含まれている事実を丁寧に拾って，手続的違法と実体的違法の主張を組み立てる方法を検討する。なお，本問は都市法を素材としてはいるものの，実質的には公課の賦課徴収が問題とされているため，租税法の知識（例解 194 頁以下，215 頁以下）があれば答案構成がしやすくなるものと思われる。

▶Key Points◀
[行政過程論] 公共組合，行政上の強制徴収
[行政救済論] 処分性
[都市法] 土地収用と換地・権利変換（例解 428 頁以下），市街地開発事業の行政過程（例解 473 頁以下）

●前提知識の確認

1. 土地区画整理と賦課金

> 土地区画整理事業の概要を整理した上で，賦課金がどのようなときに用いられるか説明して下さい。

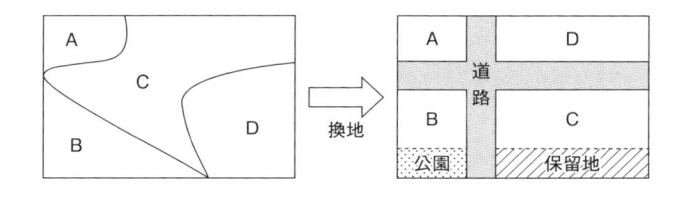

　土地区画整理事業は，土地区画整理法に基づく土地の区画形質の変更・公共施設の新設の事業で，都市計画法上は市街地開発事業に位置づけられている（ 例解 473頁以下）。道路などを単独で整備する都市施設と異なり，道路と宅地等を同時に整備する面的整備の手法として，これまで各地で用いられてきた。土地区画整理事業の施行者となるのは，個人・土地区画整理組合・土地区画整理会社・公共団体（都道府県・市町村）・国土交通大臣・独立行政法人都市再生機構・地方住宅供給公社である（土地区画整理法3条～3条の3）。中でもよく利用されるのが，組合施行と公共団体施行である。

　土地区画整理事業は，不整形で道路等の公共施設が狭隘な地区において，道路・公園等の公共施設を整備し，併せて宅地を整備して，換地処分によって地権者等の所有権を移転する方式をとる。その事業費は保留地と呼ばれる土地を保留しておき，これを売却することで捻出するほか，道路等の公共施設の用地の買収費用に相当する補助金で賄われるのが通例であった。公共施設用地や保留地の分の土地が削り取られるため，換地処分後の地権者個々人の地積は減少するものの，整備に伴う地価上昇によってその分が埋め合わされるという前提で事業が行われてきた。しかし，近時土地価格の下落が深刻化し，開発を終えても地価が想定通りに上がらず，保留地の売却が思うよう

にできずに事業の採算が合わなくなる事態となる場合が出てきている。賦課金（同法40条1項）はこのような場合に組合員から徴収する金銭であり、賦課金を徴収することで収支を均衡させるのが、組合にとっては最終手段である（土地区画整理組合に破産は予定されていない）。

賦課金の徴収を決定するまでの行政過程は次のようになっている（⇨133）。まず、土地区画整理法15条6号は費用の分担に関する事項を定款の必要的記載事項としている。賦課金を新たに徴収しようとする場合には、定款の中で費用分担の事項に賦課金を加える変更を行う必要がある。そこで、まず定款変更認可の議決を得て（同法31条1号）知事の認可を受ける必要がある。次に賦課金の額や徴収方法などの詳細を決定することも、総会の必要的議決事項に含まれている（同条7号）。賦課金の算定方法については定款の中に書き込むこともありうるものの、その詳細や徴収方法については定款ではなく別途総会議決で決定することのみ定款に定めることも想定されうる。本件では定款変更議決と賦課金の額及び徴収方法の2つが同時に総会で議決され、定款には賦課金の額に関する定めは全く置かれていなかった。

2. 公共組合の意義

130

> 土地区画整理組合の他に公共組合にはどんな具体例がありますか。公共組合はどのような場合に用いられ、どのような機能を果たすことが期待されていますか。

土地区画整理組合のように、公共性が強い一定の事業の実施について、利害が共通する人的集団を強制加入によって組織化し、そこに行政行為など権力的な権限を与えた組合組織を公共組合という。土地区画整理組合と同じように地権者等が共同で事業を実施する性格を持つものとして、市街地再開発組合（都市再開発法）や土地改良区（土地改良法）がある。また、共通のリスクに集団的に対応する社会保険事業を実施する公共組合として、健康保険組合（健康保険法）や国民健康保険組合（国民健康保険法）がある（例解 249, 297頁）。さらに、資格制度を前提とし、開業のためには組合員とならなけれ

ばならないとするしくみをとる公共組合として，弁護士会（弁護士法），司法書士会（司法書士法），日本公認会計士協会（公認会計士法）などがある。戦前の日本にはこうした資格制度型の公共組合が多数存在していたものの，戦後GHQが強制加入制の団体を嫌ったため，この種の公共組合は激減した。

　資格制度型の公共組合は，当該職業を営む者の質を担保することを目的にしており，とりわけ行政法上の懲戒権を自らの名で行使できる点に大きな特色がある。これに対して事業実施型の公共組合は，共通の利害関係者を強制的に1つの団体に組み込み，利害調整を内部化することで事業実施を円滑に進めることが期待されている。公共組合は，利害関係者に決定権限を委ねてしまう点において，最も極端な形の利害関係者参加のしくみと言える。法律が定めているのは組合の設立や基本的な運営に関する事項に限られ，事業遂行の内容に関してはかなりの程度組合自治に委ねられている。

●答案作成のヒント💡●

① 問題文を読む

　問題文から，本件の紛争が土地区画整理法に関係していること，しかし行政救済法でしばしば登場する換地の行政手続の問題ではなく，賦課金が争点となっていることが分かる。土地区画整理組合の臨時総会で賦課金新設を内容とする定款変更が行われ，そこでは大規模宅地所有者にのみ賦課金を割り当てる算定方式がとられている。さらに組合は県知事に定款変更認可を申請し，知事は認可を行っている。賦課金を多く支払わなければならない大規模宅地所有者のAはこれに不服であり，認可取消訴訟を提起したいと考えているものの，県側から本件認可は取消訴訟の対象にならないと告げられている。設問は2問あり，設問1は認可の処分性を，設問2は認可の違法性主張の内容を問うものである。

② 条文を読む

　Aが不服とする賦課金に関する土地区画整理法の規定を確認すると，組合設立の際に必要となる定款の必要的記載事項の中に費用の分担に関する事項が含まれており（同法15条6号），その変更には総会の議決を要する（同法31条1号）。定款と定款変更は都道府県知事の認可を得なければならない（同

法21・39条）。認可の要件は同法21条1項で規定され，定款変更認可にも準用されている（同法39条2項）。さらに，賦課金の額及び賦課徴収方法は，総会の議決を得なければならない事項（同法31条7号）になっている。賦課金の徴収手続としては，滞納者に対する督促→市町村長に対する徴収申請→市町村長による滞納処分または都道府県知事の認可を得て組合理事により滞納処分，という過程が設定されている（同法41条）。さらに，賦課金賦課の実体的要件については同法40条2項で「宅地又は借地の位置，地積等を考慮して公平に定めなければならない」ことが，手続的要件として総会の議決権・選挙権に関する同法38条の規定があることがわかる。

③ **答案構成を考える**

設問1の解答にあたっては，会議録で示されている誘導に従って，処分性の定義要素ごとに，賦課金賦課決定の法的性格を丹念に検討する作業が求められている。県側が処分性を否定している理由は，土地区画整理組合に行政主体性が与えられていること（外部性の欠如）と，定款に相当する内容は公共団体施行の場合には条例で定められていること（成熟性の欠如）である。そこで処分性を肯定する際には，土地区画整理法の条文を手がかりに，この両者の問題を検討する必要がある。

設問2の解答にあたっては，手続的瑕疵と実体的瑕疵に分け，予想される反論を意識しながら自らの見解を説得的に示すことが求められている。事案へのあてはめの際に重要となる事実として，手続的瑕疵に関しては，組合理事が白紙委任状に賛成の記載をしていたこと，実体的瑕疵に関しては，土地区画整理事業が実質的に破綻していること，賦課金の算定方法が公平なものではないことが挙げられる。最後の点と関連して，会議録でも指摘されているように，賦課金の算定方法に関しては実施要綱で定められているとしても認可の審査対象になることを主張する必要がある。

設問1について

1. 外部性・法的効果

行政事件訴訟法3条2項にいう「処分」とは，公権力の主体たる国または

公共団体が行う行為のうち，その行為によって，直接国民の権利義務を形成しまたはその範囲を確定することが法律上認められているものをいう。

> 土地区画整理組合と県との関係は行政内部関係であるという考え方を，この点に関連する最高裁判例を踏まえ，土地区画整理法の規定に即して説明して下さい。

　上記の処分性の定式は，公権力性（「公権力の主体たる…行為」），成熟性（「直接」），外部性（「国民の」），法的効果（「権利義務を形成しまたはその範囲を確定する」）の4つに分解できる（例解103頁）。本事例を含む処分性に関する論述問題では，この定式を示した後，問題とされている行政活動の法的性格を分析し，4つの要素の全てを充足することを示すことが求められている。本件における認可は土地区画整理法に基づく行政機関の認定判断なので，公権力性を充足する。そこで，成熟性・外部性・法的効果の要素について以下では検討する。まず131 132では外部性・法的効果の問題を扱う。

　C県側が処分性を否定する主張の第1は，土地区画整理組合と県との関係が行政内部関係であって，処分性の要件の1つである外部性を充足しないということである。

　土地区画整理組合は，都道府県知事の認可を受けて設立される（土地区画整理法14条1項）。組合が設立されると，施行地区内の宅地の所有権・借地権者は強制的に組合員となる（同法25条1項）。組合には土地区画整理事業の施行権が与えられ（同法3条2項），換地処分（同法103条）など施行に必要な処分権限が与えられている。さらに，組合は事業経費に充てるため賦課金を組合員から徴収でき（同法40条1項），納付しない組合員に対しては地方税滞納処分の例により強制的に徴収できる（同法41条3・4項）。このような点から，土地区画整理組合には行政主体性が認められる。

　土地区画整理組合に対しては，知事に様々な監督権限の行使が認められている。例えば，定款・事業計画の変更の際には知事の認可が必要となる（同法39条1項）。また，知事の認可を受けて滞納処分を行うことができる（同法41条）。さらに一般的に組合の業務の適正を確保する目的から，知事は組合に対して報告・資料提出を求め，勧告・助言・援助を行うことができる（同

法123条1項)。加えて，監督上必要があれば事業・会計の検査を行うことができ（同法125条1項)，違法是正のために必要な措置命令を出すこともできる（同条3項)。これに従わない場合には，組合の設立認可の撤回も可能である（同条4項)。

　土地区画整理組合が行政主体であり，これに対して以上のような都道府県知事の監督権限が認められていることを手がかりとすれば，組合と都道府県との関係は，C県側が主張しているように行政内部関係とみる余地がある。もしそうであるとすると，成田新幹線事件最高裁判決（判百I 2　判I 60　CB 11-4　最二小判1978（昭和53)・12・8民集32巻9号1617頁）が示したように，本件認可は行政内部の行為であるという理由で処分性が否定されることになる。

> 土地区画整理組合に対する認可（設立認可・定款変更認可）の法的効果としてどのようなものが法律上認められていますか。またこのことは処分性を基礎付けると考えられますか。

① 組合設立認可の外部性・法的効果

　しかし，土地区画整理組合の認可は，組合の構成員に対する以下に見るような法的効果をもっている。認可を得て組合が設立されると，施行区域内の宅地の所有者等は土地区画整理組合に強制加入させられる（土地区画整理法25条1項)。また，組合には土地区画整理事業の施行権が与えられる（同法3条2項)。組合員になると，総会の場で組合の諸決定（同法31条）への参加権が与えられ，役員の選挙権・解任請求権（同法27条）も認められる。他方で，組合員には事務経費の分担義務（同法40条）が課されることになる。このように，組合設立認可によって組合には施行権が与えられ，施行区域内の宅地の所有者等は，このような組合員たる地位を強制的に取得することになるため，判II 32　最三小判1985（昭和60)・12・17民集39巻8号1821頁は，土地区画整理組合の設立認可に処分性を認めている。

② 定款変更認可の外部性・法的効果

　本設問が問題にしている組合の定款変更認可は，組合設立認可の際に審査されている定款を変更するものであり，その際の要件は設立認可の規定が準用されている（同法39条2項)。定款変更認可は設立認可によって適法・有

効と判断された定款の内容を置き換えるものであるから，定款変更認可の法的効果は設立認可そのものと同視でき，上記①のような理由によって外部性・法的効果が認められると考えられる。

　このような考え方に対して，設立認可と定款変更認可とは別々の法的効果を持つものであり，従前からの組合員にとって定款変更認可は特段の法的効果を持たないという考え方もありうる。その手がかりは，（問題文の参照条文には引用されていないものの）定款変更認可の法的効果を定める同法39条6項である。同項は，認可を得てその公告があるまでは「定款又は事業計画若しくは事業基本方針の変更をもって，その変更について第1項に規定する認可があった際に従前から組合員であった者以外の第三者に対抗することができない」とする。この規定を文字通り解釈すれば，定款変更認可は従前からの組合員以外の第三者への対抗要件ということになる。しかし，定款変更認可が従前からの組合員に対して何の法的効果も持たないとすると，一旦設立認可を得ておけば，事後的な定款変更の際に同法の要件に反する内容を定めてもそれが組合員の中では有効なものとして通用してしまうことになる。本件にも見られるように，総会議決は多数決であるから，少数派の利益を著しく侵害する議決がなされることは当然あり得る。組合が民間団体であれば，不利益を受けた少数派は脱退すればよいだけであるから，このことを特に問題視する必要はない。しかし土地区画整理組合は強制加入の組織であるから，不利益を受けた少数派に組合から脱退する自由はない。そこで土地区画整理法は，設立認可のしくみのみならず，定款変更に対しても認可を要求し，設立認可と同様の要件を充足しているかを知事に審査させることとしたと考えられる。そうすると，定款変更認可にも定款認可と同様の法的効果が認められると解すべきである（土地区画整理組合による区画整理事業と私権との緊張関係につき参照，仲野武志「行政過程による〈統合〉の瑕疵」藤田退職『行政法の思考様式』（青林書院・2008年）99-139（114-119）頁）。

2. 成熟性

定款と定款変更認可が機能的に条例に相当し，それゆえ処分性が認めら

れないという考え方を，この点に関連する最高裁判例を踏まえ，土地区画整理法の規定に即して説明して下さい。

　C県側が処分性を否定する第2の根拠は，公共団体施行の場合には，組合施行において定款で定める事項を条例で定めることになっており（土地区画整理法53条1項），条例には処分性が認められないから，定款変更認可にも処分性がないという点である。確かに，条例で定められる施行規程の記載事項（同法53条2項）は定款記載事項（同法15条）とほぼ同じである。

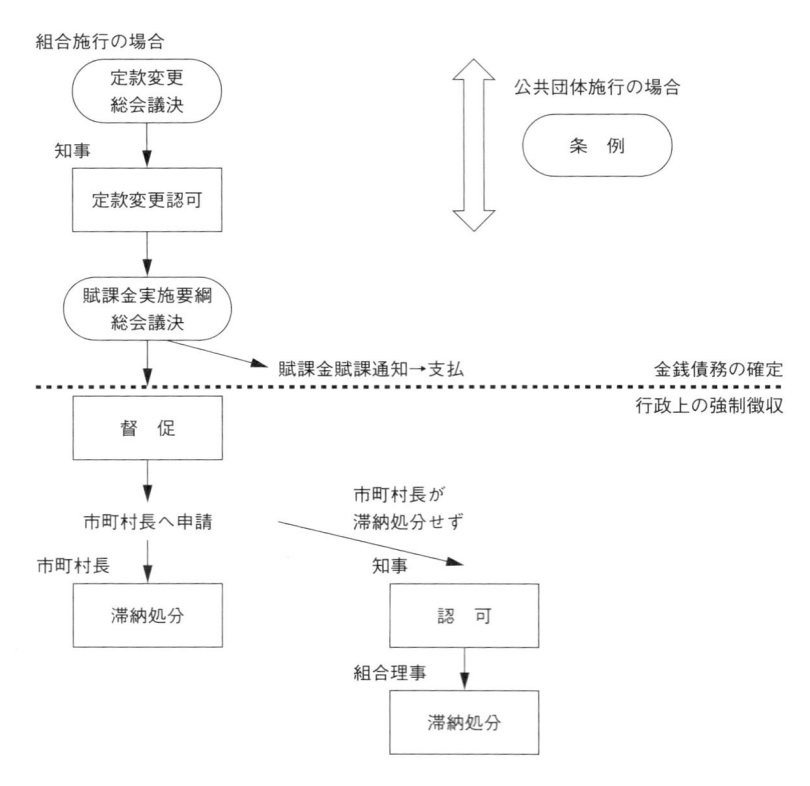

```
組合施行の場合
 ┌─────────┐
 │ 定款変更  │
 │ 総会議決  │                    公共団体施行の場合
 └────┬────┘        ↕         ┌─────────┐
   知事│                        │  条　例  │
 ┌────▼────┐                   └─────────┘
 │ 定款変更認可 │
 └────┬────┘
      │
 ┌────▼────┐
 │賦課金実施要綱│
 │ 総会議決  │
 └────┬────┘
      └──→ 賦課金賦課通知 → 支払        金銭債務の確定
- - - - - - - - - - - - - - - - - - - - - - - - - - - - - -
                                         行政上の強制徴収
 ┌─────────┐
 │   督　促  │
 └────┬────┘
      │           市町村長が
市町村長へ申請    滞納処分せず
      │          ＼
 市町村長│         知事＼
 ┌────▼────┐      ┌────▼────┐
 │  滞納処分 │      │  認　可  │
 └─────────┘      └────┬────┘
                     組合理事│
                     ┌────▼────┐
                     │ 滞納処分 │
                     └─────────┘
```

　定款が公共団体施行における条例に匹敵するものであるとすると，個別の組合員に対して具体的な賦課金支払義務はこの段階ではなお成立しておらず，処分性の要素の1つである成熟性が欠けることになる。このような発想に基づき条例の処分性を否定した最高裁判例として，高根町給水条例事件判

決（判百Ⅱ162 判Ⅰ197 CB1-8 最二小判 2006（平成 18）・7・14 民集 60 巻 6 号 2369 頁）がある。

仮に C 県の主張の通り定款変更認可に処分性がないとすると，賦課金支払義務はどの段階で確定し，組合員 A はどの段階でどのような訴訟を提起すれば賦課金の違法性を主張できるのであろうか。考えられる訴訟形態として，次の 3 つがありうる。
① 賦課金支払義務がないことの確認訴訟（公法上の当事者訴訟）

土地区画整理法の条文上は，組合員個人に対する支払義務を個別的・具体的に確定する行為が見当たらない。そこで，認可には処分性がないことを前提にすると，賦課金実施要綱の総会議決（土地区画整理法 31 条 7 号）によって支払義務が成立していると考え（租税法における自動確定方式（例解 195 頁）と同じ），賦課金支払義務がないことの確認訴訟（公法上の当事者訴訟）を提起することが考えられる（大場民男『新版縦横土地区画整理法（下）』（一粒社・2000 年）149 頁は「賦課金の額及び賦課徴収の方法が総会（総代会）で議決されたときは，組合員は議決の内容の定めるところによって賦課金の具体の納付義務を負う」とする）。
② 組合による賦課金賦課通知の取消訴訟

条文上は明確でないものの，組合が組合員個人に対して具体的な賦課金の金額を示す賦課金賦課通知を行うと考え，そこに処分性を認めて，その取消訴訟を提起することが考えられる（なお，処分性が疑われていない換地処分（同法 103 条 1 項）も，条文上は「通知して」するものとされている）。
③ 賦課金の督促・滞納処分に対する差止訴訟・取消訴訟

賦課金支払義務が存在しないことを前提に，将来的に予想される賦課金支払いの督促（同法 41 条 1 項）や滞納処分（同条 3・4 項）の差止訴訟を提起することが考えられる。これらに処分性が認められることは疑われていない。

> 賦課金の賦課徴収に関する土地区画整理法の定めを整理した上で，上記 133 の見解に反論して下さい。

土地区画整理法 15 条は，費用の分担に関する事項を定款の必要的記載事項とし（同条 6 号），定款の変更は総会の議決を経なければならないとする（同法 31 条 1 号）。さらに，定款の変更が法律で定める要件（同法 21 条 1 項）に合致しているかどうかが知事による定款変更認可（同法 39 条 1 項）の際に審査され，この認可を得て変更に係る事項を知事が公告するまでは，組合は変更について従前からの組合員以外の第三者に対抗できない（同条 6 項）と

されている。この規定は、132で説明したように、定款変更認可が定款変更の有効要件と位置づけられていることを示すものと考えられる。そして、賦課金の賦課金額を個別の組合員に対し具体化する行為は土地区画整理法上予定されておらず、滞納処分の規定のみが置かれ、督促（同法41条1項）と滞納処分（同条3・4項）がなされることとされている。このような土地区画整理法の定めからすれば、定款変更認可が賦課金支払義務を最終的に確定する行為であって、これによって組合員は賦課金を支払うべき地位に立たされると考えることができ、それゆえ変更認可に処分性を肯定できる。同様の考え方で土地区画整理事業計画に処分性を認めた最高裁判例として、浜松市土地区画整理事業事件（判百Ⅱ159　判Ⅱ1　CB 11-15　最大判2008（平成20)・9・10民集62巻8号2029頁）がある。

　また、定款変更認可に処分性がないとした場合に133で示した3つの訴訟形態には、以下で論じるようにいずれも難がある。
① 賦課金支払義務がないことの確認訴訟（公法上の当事者訴訟）
　公法上の当事者訴訟を用いると、判決の効力がAと組合との間でしか生じないことになる（行政事件訴訟法41条1項では、同法32条1項の取消判決の第三者効の規定が準用されていない）。しかし、Aに対する賦課金が違法ということになれば、他の組合員の賦課金の計算方法にも影響を与えることになり、合一確定の要請からは、処分取消訴訟の構成で第三者効を及ぼす方が実効的な権利救済に資すると考えられる。同様の考え方で条例に処分性を認めた最高裁判例として、横浜市保育所民営化条例事件判決（判百Ⅱ211　判Ⅱ29　CB 11-16　最一小判2009（平成21)・11・26民集63巻9号2124頁）がある。ただし、この点に関しては、当事者訴訟の判決効に含まれる拘束力（行政事件訴訟法41条1項では、同法33条1項の取消判決の拘束力の規定が準用されている）に期待する、あるいは民事訴訟法の補助参加（⇨116）を用いる（行政事件訴訟法41条1項では、同法22条の第三者の訴訟参加の規定が準用されていない）ことで問題を解決する可能性はある。
② 組合による賦課金賦課通知の取消訴訟
　この訴訟の請求認容判決は①と違って取消判決となるから、判決に第三者効（行政事件訴訟法32条1項）が認められるので、合一確定の要請の観点からはより好ましい。しかし次の2点の問題がある。1つは、賦課通知の存在を土地区画整理法の条文から読み取りうる要素に欠けることである。換地処分ほどの明文の手がかりがないにもかかわらず処分性を肯定するのはかなり難しい。もう1つは、何らかの解釈上の操作によって通知を観念できたとしても、それはあくまでそれ以前に確定している納付義務を知らせているだけにとどまることである（法的効果の欠如）。上記の通り、賦

課金の賦課は租税法で言えば自動確定方式である。自動確定方式における納税告知に処分性を認めた最高裁判決（判百Ⅰ64　判Ⅱ25R2　最一小判1970（昭和45）・12・24民集24巻13号2243頁）は確かに存在するものの，この判決では納税告知が滞納処分の不可欠の前提であることを重視しており，そのような性格を持たない本件賦課通知には国民の権利義務を形成・確定させる効果は認められない。

③　賦課金の督促・滞納処分に対する差止訴訟・取消訴訟

　この段階の督促は，納税告知に関する上記の最高裁判決と同じ理由から処分性が認められるので，抗告訴訟の利用は可能となる。しかし，この段階まで待って争うと，土地区画整理法41条2項（資料3での引用は省略されている）及び定款8条により督促手数料や延滞金が請求されるおそれがあり，仮に敗訴するとその分余計に支払う必要が生じてしまう。また，仮に②の段階で賦課通知の処分性が認められるとすると，金銭納付義務の賦課とその強制徴収との間では違法性の承継（⇨⑤）が認められないので，義務の不存在は③の段階で争えなくなることに注意が必要である。

設問2について

1. 手続的瑕疵の主張

> 定款変更に関する総会議決の手続的側面に注目して，認可の適法性・違法性を基礎付けうる論拠を整理して下さい。

　定款変更に関する総会議決は，土地区画整理法34条2項の定める特別議決事項であり，組合員の2/3以上の出席，出席組合員の人数・地積の2/3以上の賛成が必要である。本件では，書面議決権行使620名を含めると，出席者は総組合員1161名の2/3を満たしている。賛成組合員のうち書面議決権行使者は570名であり，うち500名が白紙委任であった。もしこの委任が無効とすれば，そもそも書面議決権行使者は出席者ではなくなるから（土地区画整理法38条4項），組合員の2/3以上の出席の要件を満たさなくなる。そこで，手続面に関する適法性・違法性の主張においては，白紙委任が適法なものと言えるかどうかが分岐点となる。

① 適法とする法律論

　土地区画整理法 38 条 3 項は，書面または代理人による議決権行使を許容している。もし書面議決権行使者が議案に反対で議決権行使を委任するなら，その旨を明示すればよく，また議案に反対の組合員に委任する方法もあるから，理事 D への白紙委任は，理事 D の意向に従うことを黙示的に表明したものと考えることができる。土地区画整理法上，白紙委任を禁止する趣旨の規定は見当たらないことから，白紙委任状も適法・有効である。

② 違法とする法律論

　公共組合は，組合自治により施行区域内の所有権者等の利害を調整して事業を行うことを目的とするものであり，公共団体施行と比較して組合員の参加権の程度は強い。組合の意思決定の場である総会は非常に重要な役割を果たしており，それに対応して土地区画整理法も，議決権・選挙権の行使について定めた同法 38 条など，組合の意思形成過程の適切性を確保することを目的とした規定を置いている（具体的には同法 30 条～38 条の 2）。

　土地区画整理事業の実施とともに，事業に関する費用負担は総会の中心的な議決事項であり，法律上も，必要的定款記載事項（土地区画整理法 15 条 6 号）になっている。そして，定款に基づく賦課金は，最終的には行政上の強制徴収によって徴収されうる。こうした点からすれば，費用負担に関する決定の手続は特に慎重になされるべきであるといえる。さらに，公共組合の理事は本来，さまざまな利害から中立な立場で職務を行うべきであって（偏頗の法理），一定の方向に組合の決定を導くために白紙委任状を使うことは適切性を欠く（問題文の参照条文には含まれていないものの，同法 38 条 5 項は「代理人は，同時に 10 人以上の組合員を代理することができない」，同法 38 条の 2 は，「組合と特定の組合員との関係について議決をする場合には，その組合員は，議決権を有しない」と定めており，これらの規定は偏頗の法理の一端を示すものである）。それゆえ，白紙委任状の取り扱いが一方に偏るものとなった本件総会議決は同法 21 条 1 項 2 号にいう決定手続が法令に違反しているとする要件に該当し，変更認可は違法と考えられる（偏頗の法理につき参照，山本隆司「判批（名古屋デザイン博事件第 1 審）」自治研究 74 巻 4 号（1998 年）107-117（111）頁）。

2. 実体的瑕疵の主張

> 賦課金算定方法の定め方や認可の実体的要件に関して，認可の適法性・違法性を基礎付けうる論拠を整理して下さい。

　本件における実体的な側面で問題となりうる事情は，(ⅰ) 保留地売却がうまくいかずに資金計画の変更を繰り返してきたこと，(ⅱ) 算定方法は定款ではなく要綱で定められていること，(ⅲ) 300 平方メートル以下の宅地所有者には賦課金を課さないこと，である。

① 適法とする法律論

(ⅰ) 土地区画整理組合には破産制度がなく，地価の低下に伴う保留地売却額の低下で事業破綻する結果を回避するためには，受益者負担金としての性格を持つ賦課金を課すことはやむを得ない。このような考え方を前提に，土地区画整理法も明文で賦課金を賦課しうることを認めている（同法 40 条 1 項）。従って，たとえこれまでに 6 回の資金計画を変更し，7 回目となる変更で初めて賦課金を徴収することを決定するとしても，そのこと自体が違法であるとは言えない。

(ⅱ) 知事が認可の際に審査すべき定款そのものには賦課金の算定方法までは含まれておらず，費用負担の方法の 1 つとして賦課金を課しうることまでしか定款には規定されていないので（同法 31 条 1 号），知事の定款審査権も賦課金を課すかどうかまでしか及んでいない。賦課金の算定方法は定款とは別に要綱で定められているから，算定方法が適法かどうかはそもそも認可の対象に含まれず，算定方法を理由として認可が違法となることはない。

(ⅲ) 仮に (ⅱ) に関して，本件では定款変更認可と算定方法に関する要綱とが同時に議決されているから，両者は一体であって，知事の定款審査の際には要綱の内容も審査されるとしても，以下の通り賦課金算定方法に違法はない。土地区画整理法上，賦課金の定め方は「組合員が施行地区内に有する宅地又は借地の位置，地積等を考慮して公平に定めなければならない」（同法 40 条 2 項）と規定されているから，公平性を欠く定め方は同項の規定に反する法令違反となる。しかし，土地区画整理法上，賦課金の定め方について

はこれ以上に詳細な実体的要件規定はなく，これは土地区画整理組合の総会議決に基づく組合自治に委ねる趣旨と考えられる（判Ⅰ2R2 最三小判2006（平成18)・3・28判時1930号83頁）。よって，都道府県知事が認可を行う際には，法令違反でない限り組合の判断を基本的には尊重すべきと考えられる（同法21条1項2号）。本件において，組合が小規模宅地所有者の経済的負担を考慮してこれらに一律に賦課金を課さないとした判断は，地積を考慮した上で小規模宅地所有者に相対的に大きな経済的負担が生じないようにすることを目的としたものであり，同法40条2項の定めに反するとまでは言えない。それゆえ知事は，定款変更に関する組合議決を尊重すべきであり，知事の認可は適法である。

② **違法とする法律論**

（ⅰ）土地区画整理法21条1項4号は，「土地区画整理事業を施行するために必要な経済的基礎及びこれを的確に施行するために必要なその他の能力が十分でないこと」に該当する事実があると認めるとき以外を定款認可の要件としており，これは定款変更認可にも準用されている（同法39条2項）。これを本件についてみれば，今回の資金計画の変更は7回目であり，この事実だけからでも本件土地区画整理事業は実質的に破綻していることが推定される。それゆえ，本件定款変更認可は同号の要件に違反して違法である。

（ⅱ）賦課金の計算方法は定款ではなく要綱に書かれているものの，両者は一体のものとして議論された上で同時に議決されている。また，土地区画整理法上，費用負担の方法が定款の必要的記載事項とされ，定款・定款変更に知事の認可を要することとされている趣旨は，組合内部の意思決定の結果として組合の一部の少数者に費用負担が集中し，その支払いがなされなければ行政上の強制徴収が行われるような事態を避けることにある。そうすると，定款変更認可にあたって賦課金がどのような算定方法で算定されるのかを全く審査せず，単に組合が賦課金を課すかどうかだけを知事が審査するのでは同法の趣旨に反するから，要綱の内容も審査対象に含まれるべきである。

（ⅲ）土地区画整理法40条2項は，賦課金を「組合員が施行地区内に有する宅地又は借地の位置，地積等を考慮して公平に定めなければならない」と規定している。これは，（ⅱ）でも述べたように，組合員の間で公平に負担を分任すべきであって，一部の少数者に費用負担が集中する事態を避けること

を同法が求めているものと考えられる。これを本件についてみれば，賦課金が免除される組合員は全体の約8割にも上り，残りの約2割の組合員がそれぞれの地積に応じて賦課金総額（15億円）を負担するものとなっている。これは，負担を引きうけない多数の組合員の賛成を得て一部の少数者に負担を集中させるものであって，同法40条2項に反する違法な賦課金算定方法である。これは同法39条2項が準用する同法21条1項2号にいう定款が法令に違反していることにあたるから，知事の認可要件を充足していない。にもかかわらずなされた本件認可は違法である。

▶答案例

[設問1]

　取消訴訟の対象となる行政事件訴訟法3条2項にいう「処分」とは，公権力の主体たる国または公共団体が行う行為のうち，その行為によって，直接国民の権利義務を形成しまたはその範囲を確定することが法律上認められているものをいう。本件において，C県側が定款変更認可の処分性を否定する理由は，認可が行政機関相互の行為であること（外部性・法的効果の欠如）と，組合員に個別具体的な地位の変動をもたらすものではないこと（成熟性の欠如）の2点に大別される。

1. 外部性・法的効果の欠如

(1) C県側の主張

　土地区画整理組合は，都道府県知事の認可を受けて設立される（土地区画整理法14条1項）。組合が設立されると，施行地区内の宅地の所有権・借地権者は強制的に組合員となる（同法25条1項）。組合には土地区画整理事業の施行権が与えられ（同法3条2項），換地処分（同法103条）など施行に必要な処分権限が与えられる。さらに，組合は事業経費に充てるため賦課金を組合員から徴収でき（同法40条1項），納付しない組合員に対しては地方税滞納処分の例により強制的に徴収できる（同法41条）。それゆえ，土地区画整理組合には行政主体性が認められる。

　他方で土地区画整理組合に対しては，知事に様々な監督権限が認められている。例えば，定款・事業計画の変更・滞納処分の際には知事の認

可が必要となる（同法39条1項，41条）。また，より一般的に組合の業務の適正を確保する目的から，知事は組合に対して報告・資料提出を求め，勧告・助言・援助を行うことができる（同法123条1項）。さらに，監督上必要があれば事業・会計の検査を行うことができ（同法125条1項），違法是正のために必要な措置命令を出すこともできる（同条3項）。これに従わない場合には，設立認可の撤回も可能である（同条4項）。

　土地区画整理組合が行政主体であり，これに対して以上のような都道府県知事の監督権限が認められていることを手がかりとすれば，組合と都道府県との関係は行政内部関係とみることができる。そうすると，本件認可は行政内部の行為であり，国民の権利義務を形成またはその範囲を確定するものとは言えないという理由で処分性が否定される。

(2) 反論

　しかし，土地区画整理組合の認可を得て組合が設立されると，施行区域内の宅地の所有者等は土地区画整理組合に強制加入させられる（土地区画整理法25条1項）。組合員になると，総会の場で組合の諸決定（同法31条）への参加権が与えられ，役員の選挙権・解任請求権（同法27条）も認められる。他方で，組合員には事務経費の分担義務（同法40条）が課されることになる。このように，組合設立認可によって施行区域内の宅地の所有者等は，このような組合員たる地位を強制的に取得することになるため，土地区画整理組合の設立認可には処分性が認められている。

　本件で問題となっている組合の定款変更認可は，組合設立認可の際に審査されている定款を変更するものであり，その際の要件は設立認可の規定が準用されている（同法39条2項）。そうすると，定款変更認可にも組合員の権利義務を変動させる法的効果が認められると解すべきである。

2. 成熟性の欠如

(1) C県側の主張

　土地区画整理事業を地方公共団体が施行する場合には，組合施行において定款で定める事項を条例で定めることになっている（土地区画整理

法53条1項)。条例で定められる施行規程の記載事項(同法53条2項)は定款記載事項(同法15条)とほぼ同じである。定款が公共団体施行における条例と対応するものであるとすると，条例が「直接」国民の権利義務を変動させるものではないのと同様，定款変更認可によっては個別の組合員に対して具体的な賦課金支払義務が確定していないため，その処分性は否定される。

(2) 反論

 土地区画整理法15条は，費用の分担に関する事項を定款の必要的記載事項とし(同条6号)，定款の変更は総会の議決を経なければならないとする(同法31条1号)。さらに，定款の変更が法律で定める要件(同法21条1項)に合致しているかどうかが知事による定款変更認可(同法39条1項)の際に審査され，この認可を得ることで定款変更が有効になると考えられる。加えて，賦課金の賦課金額を個別の組合員に対し具体化する行為は土地区画整理法上予定されておらず，滞納処分の規定のみが置かれている(同法40条3・4項)。このような同法の定めからすれば，定款変更認可が賦課金支払義務を最終的に確定する行為であって，これによって組合員は賦課金を支払うべき地位に立たされると考えることができ，それゆえ変更認可に処分性を肯定できる。

[設問2]

 本件認可の適法性につき，手続的な違法と，実体的な違法に分けて論じる。

1. 手続的な違法

 定款変更に関する総会議決は，土地区画整理法34条2項の定める特別議決事項であり，組合員の2/3以上の出席，出席組合員の人数・地積の2/3以上の賛成が必要である。本件では，書面議決権行使620名を含めると，出席者は総組合員1161名の2/3を満たしている。賛成組合員のうち書面議決権行使者は570名であり，うち500名が白紙委任であった。もしこの委任が無効とすれば，そもそも書面議決権行使者は出席者

ではなくなるから（同法38条4項），組合員の2/3以上の出席の要件を満たさなくなる。そこで，手続面に関する主張においては，白紙委任が適法なものと言えるかどうかが問題となる。

(1) 適法とする法律論

土地区画整理法38条3項は，書面または代理人による議決権行使を許容している。もし書面議決権行使者が議案に反対で議決権行使を委任するなら，その旨を明示すればよく，また議案に反対の組合員に委任する方法もあるから，理事Dへの白紙委任は，理事Dの意向に従うことを黙示的に示したものと考えることができる。

(2) 違法とする法律論

しかし，〔設問1〕で示したように，土地区画整理組合は行政主体としての性格を有する。土地区画整理組合は，組合自治により施行区域内の所有権者等の利害を調整して事業を行うことを目的とするものであり，組合の意思決定の場である総会は非常に重要な役割を果たすから，それに対応して土地区画整理法も，議決権・選挙権の行使について定めた同法38条など，組合の意思形成過程の適切性を確保することを目的とした規定を置いている。そして，事業に関する費用負担は総会の中心的な議決事項であり，法律上も必要的定款記載事項（同法15条6号）に該当する。さらに，定款に基づく賦課金は，最終的には行政上の強制徴収によって徴収されうる。こうした点からすれば，費用負担に関する決定の手続は特に慎重になされるべきであるといえる。加えて，公共組合の理事は本来，諸利害から中立な立場で職務を行うべきであって，一定の方向に組合の決定を導くために白紙委任状を使うことは適切性を欠く。それゆえ，白紙委任状の取り扱いが一方に偏るものとなった本件総会議決は同法21条1項2号にいう決定手続が法令に違反しているとする要件に該当し，変更認可は違法と考えられる。

2. 実体的な違法

本件における実体的な側面で問題となりうる事情は，(i) 保留地売却がうまくいかずに資金計画の変更を繰り返してきたこと，(ii) 算定方

法が定款ではなく要綱で定められていること，(iii) 300平方メートル以下の宅地所有者には賦課金を課さないこと，である。

(1) 適法とする法律論

(i) 地価の低下に伴う保留地売却額の低下で事業破綻する結果を回避するためには，受益者負担金としての性格を持つ賦課金を課すことはやむを得ない。このような考え方を前提に，土地区画整理法は賦課金を賦課しうることを認めている（同法40条1項）。従って，たとえこれまでに6回の資金計画を変更し，7回目となる変更で初めて賦課金を徴収することを決定するとしても，そのこと自体が違法であるとは言えない。

(ii) 知事が認可の際に審査すべき定款そのものには賦課金の算定方法までは含まれておらず，費用負担の方法の1つとして賦課金を課しうることまでしか定款には規定されていないので（同法31条1号，資料1参照），知事の定款審査権も賦課金を課すかどうかまでしか及んでいない。それゆえ，算定方法を理由として認可が違法となることはない。

(iii) 土地区画整理法上，賦課金の定め方は「組合員が施行地区内に有する宅地又は借地の位置，地積等を考慮して公平に定めなければならない」（同法40条2項）と規定されているから，公平性を欠く定め方は同項の規定に反する法令違反となる。しかし，土地区画整理法上，賦課金の定め方についてはこれ以上に具体的な規定はなく，これは土地区画整理組合の総会議決に基づく組合自治に委ねる趣旨と考えられる。よって，都道府県知事が認可を行う際には，法令違反でない限り組合の判断を基本的には尊重すべきと考えられる（同法21条1項2号）。本件において，組合が小規模宅地所有者の経済的負担を考慮してこれらに一律に賦課金を課さないとした判断は，地積を考慮した上で小規模宅地所有者に相対的に大きな経済的負担が生じないようにすることを目的としたものであり，同法40条2項の定めに反するとまでは言えない。それゆえ知事は，この組合議決を尊重すべきであり，知事の認可は適法である。

(2) 違法とする法律論

(i) 確かに土地区画整理法40条1項は賦課金の賦課を許容している。

しかし他方で同法21条1項4号は，土地区画整理事業を施行するために必要な経済的基礎を定款認可の際に要求しており，これは定款変更認可にも準用されている（同法39条2項）。これを本件についてみれば，今回の資金計画の変更は7回目であり，この事実だけからでも本件土地区画整理事業は実質的に破綻していることが推定される。それゆえ，本件定款変更認可は同号の要件に違反して違法である。

(ii) 確かに賦課金の計算方法は定款ではなく要綱に書かれているものの，本件において両者は一体のものとして議論された上で同時に議決されている。また，土地区画整理法上，費用負担の方法が定款の必要的記載事項とされ，定款・定款変更に知事の認可を要することとされている趣旨は，組合内部の意思決定の結果として組合の一部の少数者に費用負担が集中し，その支払いがなされなければ行政上の強制徴収がなされるような事態を避けることにある。そうすると，定款変更認可にあたって賦課金がどのような算定方法で算定されるのかを全く審査せず，単に組合が賦課金を課すかどうかだけを知事が審査するのでは同法の趣旨に反するから，要綱の内容も認可の審査対象に含まれるべきである。

(iii) 確かに土地区画整理法40条2項は，賦課金の定め方について宅地の位置・地積に応じて公平に定めることのみを要求しており，基本的には組合自治に委ねる趣旨と考えられる。しかし同項の規定は(ii)でも述べたように，組合員の間で公平に負担を分任すべきであって，強制加入のもとで一部の少数者に費用負担が集中する事態を避けることを求めているものと解される。これを本件についてみれば，賦課金が免除される組合員は全体の約8割にも上り，残りの約2割の組合員がそれぞれの地積に応じて賦課金総額を負担するものとなっている。これは，負担を引きうけない多数の組合員の賛成を得て一部の少数者に負担を集中させるものであって，同法40条2項に反する違法な賦課金算定方法である。そして，このことは同法39条2項が準用する同法21条1項2号にいう定款が法令に違反していることにあたるから，認可要件を充足していない。それにもかかわらずなされた本件認可は違法である。

判例索引

1960–1969 年

最一小判 1964（昭和 39）・10・29 民集 18 巻 8 号 1809 頁（判百Ⅱ 156，判Ⅱ 18，CB11-2）［東京都ごみ焼却場事件］……………………………………………………………………139, 318
最大判 1968（昭和 43）・11・27 刑集 22 巻 12 号 1402 頁（判百Ⅱ 260，判Ⅱ 178，CB20-1）［名取川事件］……………………………………………………………………………………427

1970–1979 年

最一小判 1970（昭和 45）・12・24 民集 24 巻 13 号 2243 頁（判百Ⅰ 64，判Ⅱ 25R2）………………525
最一小判 1971（昭和 46）・10・28 民集 25 巻 7 号 1037 頁（判百Ⅰ 125，判Ⅰ 97，CB3-1）［個人タクシー事件］………………………………………………………………………………383
東京地判 1971（昭和 46）・11・8 行裁例集 22 巻 11＝12 号 1785 頁（判Ⅱ 35）……………………322
最二小判 1973（昭和 48）・9・14 民集 27 巻 8 号 925 頁（判Ⅰ 140R4）［分限降任処分］…………45
最一小判 1973（昭和 48）・12・20 民集 27 巻 11 号 1594 頁………………………………………178
最一小判 1974（昭和 49）・5・30 民集 28 巻 4 号 594 頁（判百Ⅰ 1，判Ⅰ 61）……………………104
最一小判 1975（昭和 50）・5・29 民集 29 巻 5 号 662 頁（判百Ⅰ 126，判Ⅰ 106/115，CB3-3）［群馬中央バス事件］………………………………………………………………………………384
最大判 1975（昭和 50）・9・10 刑集 29 巻 8 号 489 頁（判Ⅰ 19，CB1-2）……………19, 98, 325, 450
最三小判 1977（昭和 52）・12・20 民集 31 巻 7 号 1101 頁（判百Ⅰ 83，判Ⅰ 140，CB4-2）［神戸税関事件］………………………………………………………………………………45, 394
最三小判 1978（昭和 53）・3・14 民集 32 巻 2 号 211 頁（判百Ⅱ 141，判Ⅱ 36，CB12-1）［主婦連ジュース訴訟］……………………………………………………………………………104
最三小判 1978（昭和 53）・4・4 判時 887 号 58 頁…………………………………………………179
最大判 1978（昭和 53）・10・4 民集 32 巻 7 号 1223 頁（判百Ⅰ 80，判Ⅰ 7，CB4-4）［マクリーン事件］………………………………………………………………………………………45
最二小判 1978（昭和 53）・12・8 民集 32 巻 9 号 1617 頁（判百Ⅰ 2，判Ⅰ 60，CB11-4）………321, 520
最一小判 1978（昭和 53）・12・21 民集 32 巻 9 号 1723 頁（判Ⅰ 20）……………………………20

1980–1989 年

最一小判 1982（昭和 57）・4・22 民集 36 巻 4 号 705 頁（判百Ⅱ 160，判Ⅱ 31，CB11-6）………140, 206
最二小判 1982（昭和 57）・4・23 民集 36 巻 4 号 727 頁（判百Ⅰ 131，判Ⅰ 137，CB5-1）［通行認定留保事件］………………………………………………………………………………68
福岡高判 1983（昭和 58）・3・7 判時 1083 号 58 頁（判Ⅰ 23）［飯盛町条例事件］………………100
最二小判 1984（昭和 59）・10・26 民集 38 巻 10 号 1169 頁（判百Ⅱ 183，判Ⅱ 55，CB13-4）
……………………………………………………………………………………219, 249, 494
最三小判 1985（昭和 60）・12・17 民集 39 巻 8 号 1821 頁（判Ⅱ 32）……………………209, 520
最二小判 1986（昭和 61）・10・17 判時 1219 号 58 頁……………………………………………177
最二小判 1988（昭和 63）・6・17 判時 1289 号 39 頁（判百Ⅰ 93，判Ⅰ 157，CB2-4）……………423

最二小判 1989（平成元）・2・17 民集 43 巻 2 号 56 頁（判百Ⅱ 170, 判Ⅱ 39, CB12-2）［新潟空港訴訟］ ………………………………………………………………………………60, 484
最一小判 1989（平成元）・4・13 判時 1313 号 121 頁（判百Ⅱ 172, 判Ⅱ 47, CB12-3） …………323
最二小判 1989（平成元）・11・24 民集 43 巻 10 号 1169 頁（判百Ⅱ 229, 判Ⅱ 150, CB18-6）［宅建業法事件］ ………………………………………………………………………………424

1990–1999 年

東京地判 1992（平成 4）・2・7 訟月 38 巻 11 号 1987 頁 ………………………………………409
最三小判 1992（平成 4）・9・22 民集 46 巻 6 号 571 頁（判百Ⅱ 171, 判Ⅱ 41, CB12-5）［もんじゅ訴訟］ ………………………………………………………………………………60
最一小判 1992（平成 4）・10・29 民集 46 巻 7 号 1174 頁（判百Ⅰ 81, 判Ⅰ 139/Ⅱ 17, CB4-5）［伊方原発訴訟］ ………………………………………………………………………………46, 422
最三小判 1993（平成 5）・2・16 民集 47 巻 2 号 473 頁（判百Ⅱ 198, 判Ⅱ 77） ……………383
最三小判 1993（平成 5）・3・16 民集 47 巻 5 号 3483 頁（判百Ⅰ 82, 判Ⅰ 145） ………………53
最二小判 1993（平成 5）・9・10 民集 47 巻 7 号 4955 頁（CB13-7） …………………………248
最二小判 1994（平成 6）・4・22 判時 1499 号 63 頁（判Ⅱ 31R） ………………195, 227, 229
最二小判 1996（平成 8）・3・8 民集 50 巻 3 号 469 頁（判百Ⅰ 84, 判Ⅰ 141, CB4-6）［エホバの証人（剣道受講拒否）事件］ ……………………………………………………………………45
最三小判 1997（平成 9）・1・28 民集 51 巻 1 号 147 頁（判百Ⅱ 216, 判Ⅱ 96） ………………43
最三小判 1997（平成 9）・1・28 民集 51 巻 1 号 250 頁（CB12-7） ……………………………246
最一小判 1999（平成 11）・7・19 判時 1688 号 123 頁（判百Ⅰ 76, 判Ⅰ 100, CB8-5） ………114

2000–2009 年

最三小判 2002（平成 14）・1・22 民集 56 巻 1 号 46 頁（判百Ⅱ 176, 判Ⅱ 43, CB12-10） ………215, 247
最一小判 2002（平成 14）・1・31 民集 56 巻 1 号 246 頁（判Ⅰ 178, CB1-6）［児童扶養手当受給資格喪失処分事件］ ………………………………………………………………………………77
東京地判 2002（平成 14）・3・26 判時 1787 号 42 頁 …………………………………………314
最一小判 2002（平成 14）・3・28 民集 56 巻 3 号 613 頁 ………………………………………215
津地判 2002（平成 14）・7・4 判タ 1111 号 142 頁 ……………………………………………185
東京地判 2002（平成 14）・11・5 判時 1821 号 20 頁 …………………………………………111
最三小決 2003（平成 15）・1・24 裁時 1332 号 3 頁（判百Ⅱ 195, 判Ⅱ 100） …………………455
東京高判 2003（平成 15）・1・30 判時 1814 号 44 頁 …………………………………………314
最一小判 2003（平成 15）・9・4 判時 1841 号 89 頁（判百Ⅱ 164, 判Ⅱ 20, CB11-11）［労災援護費不支給事件］ ………………………………………………………………………………173
最一小判 2004（平成 16）・1・15 民集 58 巻 1 号 226 頁（判Ⅱ 145, CB18-10） ………………107
最三小判 2004（平成 16）・3・16 民集 58 巻 3 号 647 頁 ………………………………………148
東京地判 2004（平成 16）・4・13 訟月 51 巻 9 号 2304 頁 ……………………………………153
最一小判 2004（平成 16）・4・26 民集 58 巻 4 号 989 頁（判Ⅱ 23, CB11-12）［食品衛生法通知事件］ ………………………………………………………………………………388
東京高判 2004（平成 16）・9・7 判時 1905 号 68 頁 …………………………………………154
大阪地判 2005（平成 17）・1・18 判例集未登載 ………………………………………………361
最一小判 2005（平成 17）・3・10 民集 59 巻 2 号 379 頁 ……………………………287, 292
名古屋地判 2005（平成 17）・5・26 判タ 1275 号 144 頁 ………………………………………95
最二小判 2005（平成 17）・7・15 民集 59 巻 6 号 1661 頁（判百Ⅱ 167, 判Ⅱ 26, CB11-14） ………379
仙台高判 2005（平成 17）・11・30 判例集未登載 ………………………………………………270

最大判 2005(平成 17)・12・7 民集 59 巻 10 号 2645 頁(判百Ⅱ 177,判Ⅱ 37,CB12-11)[小田急訴訟] 60, 236, 485
最三小判 2006(平成 18)・2・7 民集 60 巻 2 号 401 頁(判百Ⅰ 77,判Ⅰ 144,CB4-8)[日教組教研集会事件] 45, 53
最大判 2006(平成 18)・3・1 民集 60 巻 2 号 587 頁(判百Ⅰ 27,判Ⅰ 2) 86
最三小判 2006(平成 18)・3・28 判時 1930 号 80 頁 88
最三小判 2006(平成 18)・3・28 判時 1930 号 83 頁(判Ⅰ 2R2) 528
最一小判 2006(平成 18)・3・30 民集 60 巻 3 号 948 頁 133
名古屋高判 2006(平成 18)・5・18 判例集未登載 95
最二小判 2006(平成 18)・7・14 民集 60 巻 6 号 2369 頁(判百Ⅱ 162,判Ⅰ 197,CB1-8)[高根町給水条例事件] 523
最二小判 2006(平成 18)・9・4 判時 1948 号 26 頁(判Ⅱ 16)[林試の森公園事件] 138, 237
最一小判 2006(平成 18)・10・26 判時 1953 号 122 頁(判百Ⅰ 99,判Ⅰ 192) 53
最一小判 2006(平成 18)・11・2 民集 60 巻 9 号 3249 頁(判百Ⅰ 79,判Ⅰ 185)[小田急訴訟本案判決] 45, 143, 237
宇都宮地決 2007(平成 19)・6・18 判例集未登載 378
東京地判 2007(平成 19)・9・7 判例集未登載 483
横浜地判 2008(平成 20)・3・19 判時 2020 号 29 頁 314
東京高判 2008(平成 20)・7・9 判例集未登載 483
最大判 2008(平成 20)・9・10 民集 62 巻 8 号 2029 頁(判百Ⅱ 159,判Ⅱ 1,CB11-15)[浜松土地区画整理事業事件] 142, 524
最二小判 2009(平成 21)・7・10 判時 2058 号 53 頁(判百Ⅰ 98,判Ⅰ 189,CB9-8)[福間町公害防止協定事件] 449
最一小判 2009(平成 21)・10・15 民集 63 巻 8 号 1711 頁(判百Ⅱ 178,判Ⅱ 45,CB12-12[大阪サテライト事件]) 61
最一小判 2009(平成 21)・11・26 民集 63 巻 9 号 2124 頁(判百Ⅱ 211,判Ⅰ 29,CB11-16)[保育所民営化条例] 142, 319, 351, 524
最一小判 2009(平成 21)・12・17 民集 63 巻 10 号 2631 頁(判百Ⅰ 87,判Ⅱ 75,CB2-9)[たぬきの森事件最高裁判決] 70, 218

2010 年-

東京高判 2010(平成 22)・2・25 判時 2074 号 32 頁 314
東京地判 2010(平成 22)・4・16 判時 2079 号 25 頁 77
東京地判 2010(平成 22)・10・22 判例集未登載 230
最三小判 2011(平成 23)・6・7 民集 65 巻 4 号 2081 頁(判百Ⅰ 128,判Ⅰ 111/118,CB3-9)
 ....291, 396
最三小判 2011(平成 23)・6・14 裁時 1533 号 24 頁 186
最一小判 2011(平成 23)・7・14 判時 2129 号 31 頁(判Ⅰ 167) 160
最一小判 2012(平成 24)・1・16 判時 2147 号 127 頁(判Ⅰ 12) 53
最一小判 2012(平成 24)・2・9 民集 66 巻 2 号 183 頁(判百Ⅱ 214,判Ⅱ 59,CB15-6)[君が代訴訟] 97, 233, 324, 359, 391
最三小判 2012(平成 24)・2・28 民集 66 巻 3 号 1240 頁(判Ⅰ 181)[生活保護老齢加算廃止訴訟] 46
東京地判 2012(平成 24)・4・27 判例集未登載 232
最二小判 2013(平成 25)・1・11 民集 67 巻 1 号 1 頁(判Ⅰ 177,CB1-10)[医薬品ネット販売禁

止事件〕 …………………………………………………………………………………97
最一小判 2013（平成 25）・3・21 民集 67 巻 3 号 438 頁 ……………………………314
東京地判 2013（平成 25）・3・26 判例集未登載 ………………………………………324
札幌地判 2013（平成 25）・3・27 判例集未登載 ………………………………………270
最三小判 2013（平成 25）・4・16 民集 67 巻 4 号 1115 頁 ……………………………53

事項索引

あ 行

青色申告 …………………………………288-291
空き家管理条例 ……………………………258

違憲審査基準………………………………31
違憲無効説 …………………………………427
遺族厚生年金 …………………………111-114
一元的費用調達システム ………………………185
一部負担金 ………………171-173, 177, 179-181
一定の処分 ………………………259, 358, 391
委任条例 ………10, 18, 19, 26, 277, 357, 486, 496
委任命令…………………………32, 33, 42
違法性の承継 ……69-76, 139, 218, 382, 487, 525

内払調整 ……………………………………153
訴えの利益……219, 248-250, 358-360, 380, 389-
  391, 494
上乗せ条例……………………………19-21, 27

横断条項………………………………………68

か 行

街区 ………………………………123, 192
介護契約 ……………………………164, 165
介護保険法 …82, 86-90, 155, 160-165, 371, 384-
  386, 388-390, 393-396
介護老人福祉施設 ……………………………386
介護老人保健施設 …………384-386, 388, 389, 393
解釈基準 ……………………………33-38, 111-114
開発許可 ………6, 7, 123, 193-195, 229, 244-250
開発整備促進区 ……………………………228-238
外部性 …………………140, 172, 318, 319, 321, 518-521
確認訴訟（当事者訴訟）…96-98, 141, 142, 173,
  187, 195, 196, 206, 208, 230-233, 259, 318, 319,
  360, 362, 387, 392, 523, 524
課税標準 ………………………289, 293, 314, 315, 317
過大考慮・過小考慮 ……………………………46, 49
学校教育法 ……………………………………47
神奈川県臨時特例企業税 ……………………314

仮の差止め ……………………………388, 390-392
環境影響評価法………………………………68
観念の通知 ……………………………………186
関連法令 ……60, 61, 68, 235, 247, 248, 456, 484-
  486, 491-493

規制権限の不行使 ……………………8, 421-424
既存不適格 …………………………………420
給付訴訟（当事者訴訟） ……173, 187, 360, 362
狭義説（国賠法の公権力の行使）………………418
行政過程への差戻し ……………………………383
強制加入 …………………209, 516, 517, 520, 521
行政基準 …………………………19, 32, 33, 42
行政規則…………………………33, 34, 42, 113, 172
行政契約 …53, 120, 121, 124, 178, 188, 259, 357,
  448
行政行為…5, 10, 151, 152, 160, 178, 352, 356, 423
  ――の公定力 ………………69, 76, 152, 160-165
  ――の遮断効果 ……………………………76
  ――の職権取消 ……………151-154, 249, 453
  ――の撤回 …10, 151, 187, 289, 357, 379, 387,
  388, 422, 423, 425, 426, 451-453, 520
  ――の附款…………………………10, 450-452
  ――の無効 …………………………………362
  ――の規律力 ………………………………356
  ――の構成要件的効力 ………………………76
  ――の存続力 ………………………………76
行政裁量…10, 42-53, 68, 143, 263, 363, 394, 423-
  426, 451, 460-464
行政指導指針…………………………………33
行政上の強制徴収………………87, 270, 522-528
行政代執行 ………………………10, 260, 264
行政調査 ……258, 289, 356, 381, 382, 393, 394
行政不服申立 ……………………………7, 104, 208
行政立法（→行政基準）
業務起因性 …………………………………383

区域区分 …………………………………120, 244
国地方係争処理委員会 ………………………313, 320
組合設立認可 ………………205, 208, 209, 520

景観計画 …………………………………130-133
景観地区 …………………………………130-132
景観法 ……………………………125, 130-133
警察規制 ……………………………………419
経常的経費 …………………………………185
形態意匠 …………………………123, 124, 130-132
決定裁量（→行政裁量）
現金給付の現物化 ………………160, 161, 164
権限不行使（→規制権限の不行使）
原告側の主張制限 ………………237, 487, 497
原告適格……5, 8, 54-68, 104, 107, 213-217, 233-236, 238, 244-247, 260-262, 322, 323, 359, 389, 391, 455, 484-486, 488, 490-493
原告の範囲の切り出し（→原告適格）
現在の科学技術水準 ………………………425
現存利益 ……………………………………154
建築基準法…71, 98, 118, 120-124, 131, 132, 140, 191, 192, 194, 198, 210, 213-219, 224, 228-231, 236, 242, 244, 247, 249-250, 251, 258, 265, 275, 420, 477, 488, 489, 491-493, 495-497
建築協定 ………………………………121, 124
減点査定 ………………………………177-181
権力的事実行為 …… 259, 260, 379, 380, 382, 390, 391
けん連性………………………………………87

公営住宅法 ……………………………18, 22
公開空地 ……………………………………213
公害防止協定 ……………………448, 449, 452
高額療養費 ……………………171, 177, 179, 180
効果裁量（→行政裁量）
広義説（国賠法の公権力の行使） ……418, 423
公共組合 …………………………516, 517, 526
公権力性 ………………139, 172, 321, 356-358
公権力の行使（地方公共団体への関与）…320
厚生年金保険法 …………108, 111-114, 149, 151
拘束力
　　行政行為の—— ……………………………76
　　裁決の—— ………………………………107
　　判決の—— ……………………148, 249, 524
公聴会 …………………235, 316, 323, 488-490, 497
高度地区 ……………………………………122, 132
高度利用地区 …………………………205-208
公用制限 ……………………………………419
効率法 ……………………………………289, 294
考慮事項 8, 45, 46, 50, 53, 68, 143, 233, 238, 247, 277, 363, 364, 383, 397, 462, 485, 486, 488, 497

考慮不尽・他事考慮（→実体的判断過程統制）
告示 ………………………41, 88, 112-114, 207
告知聴聞 ……………………………………382
国民健康保険団体連合会（国保連）…174, 178, 179, 181
国民健康保険審査会 ………………104-107
国民健康保険法 …89, 101, 104, 106, 107, 168, 171-174, 178, 181, 516
個別保護要件（→原告適格）
固有の資格 ……………………………105, 106
根拠規範 ……………………………………………8
混合診療禁止原則 ………………………160, 181

さ 行

再開発等促進区 ………………………230, 231
裁定（→年金裁定）
財務会計行為 …………………………268-270
裁量基準………………34, 37, 38, 111, 113, 114, 463

市街化区域 ……………………………120, 244
市街化調整区域 ………………120, 228, 244
市街地開発事業 ………………204, 207, 515
市街地再開発事業 ……………………204-209
市街地再開発促進区域 ………………207, 208
事業認定（土地収用法） …………………138
自己の利益と関係ない違法主張制限（→原告側の主張制限）
自主条例 …………18, 19, 26, 99, 277, 486, 489
自治権 ……………………………104, 107, 321
執行停止…141, 142, 219, 248, 260, 275, 319, 324, 359, 387, 391, 389-390, 391, 494, 495
執行の欠缺 …………………………………447
執行命令 ……………………………………32, 41
実体的判断過程統制………45-46, 49, 50, 53, 363
自動確定方式 …………………………523, 525
児童福祉法 ……182, 185-188, 352-357, 361-363
児童養護施設 ……………………………186, 188
シャウプ勧告 ………………………………312
社会観念審査 ………………44-45, 49, 53, 394
社会保険診療報酬支払基金 ………………178
住民訴訟 ……………………………163, 185, 268-270
収用裁決 ……………………………138-142, 454
純資産増減法 ………………………………289
障害年金 ……………………………………151, 154
条例 …10, 18-31, 38, 61, 86, 88-90, 95-100, 123, 132, 162, 172, 193, 194, 219, 229, 249, 258, 265, 277, 313-320, 324-327, 355, 356, 361, 362, 381,

386, 395, 448-450, 452, 456, 460-464, 485, 486, 489, 490, 492, 493, 496, 518, 521-524
食品衛生法……………………………………7-11
職権措置モデル ……………………………185
職権取消 ……………………………151-153, 249, 453
処分基準 ……………………………33, 53, 291, 354, 396
処分性……96, 138-142, 171-173, 177-179, 181, 185
-187, 192, 194-196, 204-209, 217, 228-233,
260, 275, 317-319, 321, 322, 355-358, 360-362,
379, 380, 382, 385, 387-392, 418, 489, 517-525
処分の蓋然性 ……………………………358, 390, 391
白色申告 ……………………………………288, 291
申告納付 ……………………………………………315
審査基準 ……………………31-41, 113, 114, 420
申請型義務付け訴訟…96-98, 146, 148, 173, 452, 453
診療報酬 ……………160, 171, 177-179, 181, 185
診療報酬明細書 ……………………………179

推計課税 ……………………288-291, 293-295

生活環境影響調査 ………447, 448, 456, 462, 463
生活保護法…43, 53, 144, 146-148, 172, 266, 268-270, 382
請求権発生説 ……………………………………427
生計維持……………………………………38, 112-114
性質説（行政行為の裁量）………………………43
成熟性 ……96, 140, 194, 195, 208, 229-232, 318, 319, 321, 361, 379, 388, 522
責務規定 ……………………………………6, 8
接道義務…………70, 488, 489, 491, 492, 495-497
専従管理者 …………………………………162
選択裁量（→行政裁量）

総合設計許可 ……………………213-219, 247
相対的行政処分論 ……………………195, 230
即時執行………………………………11, 258, 259
訴訟参加 ……………………………450, 453-458
租税………………………………86, 87, 90, 312, 326
措置制度 ……………………………………352
損害の重大性（差止訴訟）…358, 359, 390, 391
損失補償 ……………………418, 419, 426-428
損失補償規定 ……………………265, 418, 427

た 行

大規模小売店舗立地法 ……………226, 228, 235
第三者効

建築協定の―― ………………………………124
判決の―― ……………………142, 454, 524
第三者の訴訟参加 …………450, 453-459, 524
宅地造成等規制法 ……………………242, 247, 248
段階的安全規制方式 ……………………………422

地域地区 …………………120, 122, 123, 131, 205
地区計画 …123, 132, 133, 192-196, 206, 228-238
地区計画条例 ……………………………123, 133
地区計画等形態意匠条例 ………………132, 133
地方公共団体の課税権 ……………………315, 324
地方自治の本旨……………………………………90
地方税………………………………90, 312, 324
地方税滞納処分 ……………………………162, 519
聴聞 ………………………………383, 384, 397
直接型義務付け訴訟 ……………258-265, 489
直接強制………………………………………11

撤回権留保（行政行為の附款） ……………451
手続的瑕疵（＝手続的違法）…46, 147, 148, 380
-385, 395-397, 497, 518, 525-526

投資的経費 …………………………………185
特定行政庁………73, 124, 213, 231-233, 235, 236
特別犠牲 ……………………………418, 419, 427-428
都市計画区域 ……………………………6, 120, 228
都市計画決定 …138-143, 205-207, 213, 237, 485
都市計画事業認可 ……………………138, 142, 485, 486
都市計画法 …5, 6, 43, 95, 97, 115, 120-123, 131, 132, 134, 138-140, 143, 189, 192-194, 197, 204-207, 213, 220, 228, 229, 232, 234-239, 244-250, 485, 515
都市再開発法 ……………199, 204-207, 209, 516
都市施設 ……………………138, 140-143, 204, 515
土地区画整理事業…141, 142, 204, 205, 209, 515, 518-520, 524, 526, 528

な 行

二元的費用調達システム ……………………185
日米構造協議 ……………………………………228

年金裁定 ……………………………………151-154

納税告知……………………………………525

は 行

バックフィット ………………420-423, 425, 426

反対給付 ……………………………………86, 87, 312
判断過程の過誤欠落審査………………44, 46, 53

非申請型義務付け訴訟（→直接型義務付け訴訟）
非線引き都市計画区域 ………………120, 228
比率法 ……………………………………………289
比例原則………………………45, 53, 98-100, 164, 395

風俗営業等の規制及び業務の適正化等に関する法律 ………………………………………91, 95
賦課金 …………………………515-519, 522-529
附則 ………………………………………7, 264, 265
不当利得返還請求 ……………162, 181, 269, 270
不服申立資格 ……………………………104, 105
不服申立適格 ……………………………………104
不利益処分…10, 33, 97, 98, 291, 354, 357, 358, 379, 385, 386, 396, 397, 427
不利益要件（→原告適格）
紛争の一回的解決 ………………………………382

偏頗の法理 ………………………………………526
弁明の機会 ………………………………385, 397

保育所廃止条例 ………………353-355, 358-362
保育の実施の解除 ……………………353-362
法規命令………………19, 33, 34, 37, 41, 111, 113
法定外税 …………………………311-315, 320, 321
法的効果…7, 70, 76, 138-141, 164, 172, 193-195, 217-219, 229, 230, 236, 248-250, 275, 280, 321, 353-356, 361, 379, 389, 451, 494, 518-521, 524
法的三段論法 ………………………………3, 278
法律上の原因 …………………………………160, 163
法律先占論 …………………………………20, 21
法律による行政の原理 …3, 33, 41, 98, 151-153, 449
法律の法規創造力の原則 ………………………33
法律の優位原則 ………………………………449
法律の留保原則 …………………………8, 449
保険医療機関 …………………171, 177-181, 379

保険医療機関及び保険医療養担当規則……160, 177
保護範囲要件（→原告適格）
補充性 ……………………………………………260
　直接型義務付け訴訟における―― ………263
　差止訴訟における―― …………359, 362, 391
補助参加 …………………………450, 453-456, 524
保留地 ……………………………………515, 527

ま　行

みなし拒否処分 ………………………………147
民事仮処分 ……………………………………392

命令等 ……………………………………33, 381

モーターボート競走法……………………………56
目的規定……………5, 8, 21, 27, 99, 247, 277, 323
目的税 ……………………………………………312
文言説（行政行為の裁量）……………………43

や　行

要件裁量（→行政裁量）
容積率 ……………………121, 123, 206, 213, 215
用途地域……74, 95, 120-124, 130, 132, 140, 192, 193, 205, 206, 218, 231, 250, 419
横出し条例………………………………19, 20, 26
横浜市勝馬投票券発売税条例 ………………313

ら　行

濫給防止 ………………………………………268

理由提示……46, 288, 291, 354, 381, 383, 396, 397
理由の差替え ……………………………………383
療担規則（→保険医療機関及び保険医療養担当規則）

例外許可 …………………………218, 231, 235, 236
レセプト（→診療報酬明細書）

漏給防止 ………………………………………268

著者略歴

1977年　福岡に生まれる
2000年　九州大学法学部卒業
2005年　九州大学大学院法学府公法・社会法学専攻博士後期課程修了（博士（法学））
　　　　同大学院法学研究院講師，同助教授（准教授）を経て
現　在　京都大学大学院法学研究科准教授

主要著書

『自主規制の公法学的研究』（有斐閣・2007年）
『例解　行政法』（東京大学出版会・2013年）
『公共制度設計の基礎理論』（弘文堂・2014年）

演習　行政法

2014年3月25日　初　版

［検印廃止］

著　者　原田大樹
　　　　（はらだひろき）

発行所　一般財団法人　東京大学出版会

　　　　代表者　渡辺　浩
　　　　153-0041　東京都目黒区駒場4-5-29
　　　　電話 03-6407-1069　Fax 03-6407-1991
　　　　振替 00160-6-59964

印刷所　大日本法令印刷株式会社
製本所　牧製本印刷株式会社

Ⓒ2014 Hiroki Harada
ISBN 978-4-13-032385-7　Printed in Japan

JCOPY〈(社)出版者著作権管理機構 委託出版物〉
本書の無断複写は著作権法上での例外を除き禁じられています．複写される場合は，そのつど事前に，(社)出版者著作権管理機構（電話 03-3513-6969，FAX 03-3513-6979，e-mail: info@jcopy.or.jp）の許諾を得てください．

例解 行政法 　　原田大樹 著	A5	3600円
行政法理論の基礎と課題 　　E. シュミット-アスマン 著／太田＝大橋＝山本 訳	A5	6200円
国際租税法 ［第2版］ 　　増井良啓＝宮崎裕子 著	A5	3000円
社会保障法総論 ［第2版］ 　　堀 勝洋 著	A5	4600円

融ける境　超える法 ［全5巻］
［編集代表］渡辺 浩／江頭憲治郎

1	個を支えるもの 　　岩村正彦＝大村敦志 編	A5	4800円
2	安全保障と国際犯罪 　　山口 厚＝中谷和弘 編	A5	4800円
3	市場と組織 　　江頭憲治郎＝増井良啓 編	A5	4800円
4	メディアと制度 　　ダニエル・フット＝長谷部恭男 編	A5	4500円
5	環境と生命 　　城山英明＝山本隆司 編	A5	5200円

ここに表示された価格は本体価格です．御購入の際には消費税が加算されますので御了承下さい．